高等学校土木工程专业"卓越工程师"教育"十二五"规划教材
普通高等教育土木工程专业指导性规范配套"十二五"规划教材

结构力学

（下）

主　编　刘金春　杜　青
副主编　李万龙　刘润星　刘然慧
主　审　商伟军

武汉理工大学出版社
·武　汉·

内 容 简 介

本书是根据国家教育部批准试行的《高等工业学校结构力学教学基本要求》和当前课程教学实践编写的，可作为工业与民用建筑、土建结构、桥梁与隧道、水工结构、地下建筑、防灾减灾与防护、铁道及公路工程等专业的结构力学教材，也可供土建类其他各专业及有关工程技术人员参考使用。

本书分上、下两册，上册内容包括：绪论，平面体系的几何组成分析，静定梁、静定平面刚架受力分析，三铰拱的受力分析，静定平面桁架的受力分析，影响线及其应用，弹性体系的位移计算，力法等。下册内容包括：位移法、渐近法和超静定结构的影响线、矩阵位移法、结构动力学、结构的极限荷载、结构的稳定计算等。不同的专业可根据需要各自取舍。本书每章后均附有较丰富的习题及部分习题答案。

本书在编写过程中，吸取了现有教材的优点并反映当代结构力学的研究成果，力图使阐述的内容原理严密，概念清晰，理论联系实际，说理透彻；力图使本教材体现学科上的科学性、系统性和内容上的先进性；力图适应我国国情和教学上不同层次的要求，既方便教师教，也方便学生自学。

图书在版编目(CIP)数据

结构力学(下)/刘金春，杜青主编. —武汉：武汉理工大学出版社，2014.7(2017.7 重印)
ISBN 978-7-5629-4210-8

Ⅰ. ①结… Ⅱ. ①刘… ②杜… Ⅲ. ①结构力学-高等学校-教材 Ⅳ. ①O342

中国版本图书馆 CIP 数据核字(2014)第 167394 号

项目负责人：高　英　汪浪涛　戴皓华
责 任 编 辑：高　英
责 任 校 对：雷红娟
装 帧 设 计：一　尘
出 版 发 行：武汉理工大学出版社
地　　　址：武汉市洪山区珞狮路 122 号
邮　　　编：430070
网　　　址：http://www.techbook.com.cn
经　　　销：各地新华书店
印　　　刷：崇阳文昌印务股份有限公司
开　　　本：787×1092　1/16
印　　　张：25.25
字　　　数：646 千字
版　　　次：2014 年 7 月第 1 版
印　　　次：2017 年 7 月第 2 次印刷
印　　　数：3001～4000 册
定　　　价：45.00 元

凡购本书，如有缺页、倒页、脱页等印装质量问题，请向出版社发行部调换。
本社购书热线：027—87515778　87515848　87785758　87165708(传真)

前　言

本书是根据国家教育部批准试行的《高等工业学校结构力学教学基本要求》和当前课程教学实践编写的，可作为工业与民用建筑、土建结构、桥梁与隧道、水工结构、地下建筑、防灾减灾与防护、铁道及公路工程等专业的结构力学教材，也可供土建类其他各专业及有关工程技术人员参考使用。

本书分上、下两册，上册内容包括：绪论，平面体系的几何组成分析，静定梁、静定平面刚架受力分析，三铰拱的受力分析，静定平面桁架的受力分析，影响线及其应用，弹性体系的位移计算，力法等。下册内容包括：位移法、渐近法和超静定结构的影响线、矩阵位移法、结构动力学、结构的极限荷载、结构的稳定计算等。不同的专业可根据需要各自取舍。本书每章后均附有较丰富的习题和部分习题答案，以活跃思维、启发思考，有助于精解多练，提高对本专业问题的本质认识。

本书在编写过程中，吸取了现有教材的优点并反映了当代结构力学的研究成果，力图体系完整，特色鲜明，阐述原理严密，概念清晰，文字精练、生动；力图使本教材内容体现科学性、系统性、先进性和教学适用性；力图适应我国国情和教学上不同层次的要求，便于因材施教。

本书从“大土木”的专业要求出发，精选内容，抓住关键，突出重点，特别注重教材内容上的更新，并吸收了各校教学改革的阶段性成果，以适应 21 世纪土木工程人才的培育要求，是面向新世纪、适应新专业的全新教材。

本书由河北工业大学刘金春、杜青担任主编，内蒙古大学李万龙、刘润星，山东科技大学刘然慧担任副主编，具体编写分工为：河北工业大学刘金春编写第 1、8、13 章，山东科技大学刘然慧编写第 2、7 章，河北工业大学杜青编写第 3、5、11 章，内蒙古大学刘润星编写第 4、14 章，内蒙古大学李万龙编写第 6、10 章，河北工业大学乔金丽编写第 9 章，河北工业大学高淑玲编写第 12 章。全书由刘金春、杜青修改定稿，商伟军教授主审。

本书在编写过程中，吸收、引用了部分国内优秀结构力学教材的观点、例题和习题，在此谨向这些文献的作者们致以衷心的感谢。

在本书的编写和出版过程中，得到了窦远明教授、田稳苓教授、阎西康教授的大力支持，他们对本书的编写大纲及书稿提出了许多宝贵意见，在此，向他们深表感谢。

本书在编写过程中，我们的编审者、编辑出版者夙兴夜寐、尽心竭力，但限于编者的水平和经验，加之时间仓促，书中难免存在不足之处，恳请读者批评指正。

编　者

2013.10

前 言

目　录

9 位移法

9.1 位移法的基本概念

力法和位移法是分析超静定结构的两种基本方法。19 世纪末力法就用来分析各种超静定结构问题，随着结构的日益复杂，出现了大量高次超静定刚架结构，若再用力法计算就会十分烦琐。于是在 20 世纪初，人们在力法的基础上又建立了位移法。

力法以结构中的多余未知力作为基本未知量，选取静定结构作为基本结构进行计算，按位移条件求出多余未知力后，再据此进一步算得其他的反力、内力和位移。然而，在确定的外因作用下，结构的内力和位移具有一定的函数关系，因此，也可遵循另一途径，即把结构的某些位移作为基本未知量，先设法求出它们，再求出结构的内力和其他位移，这种方法就是本章将要讨论的位移法。从位移法的基本原理出发，可衍生出多种计算方法，例如力矩分配法和迭代法等，这些计算方法在生产实际中应用十分普遍。因此，学习本章的目的，除使初学者掌握位移法的基本原理外，还为以后学习其他方法打下良好的基础。此外，应用电子计算机计算结构常用的直接刚度法也是根据位移法而来的，故本章的内容也是学习电算应用的一个基础。

总之，结构在一定的外因作用下，其内力与位移之间具有一定的函数关系，确定的内力与确定的位移相对应。因此，可以先求内力再求位移，亦可先求位移再求内力。

为了说明位移法的基本概念，我们来研究图 9-1(a)所示的连续梁，在荷载 q 作用下，产生的变形如图中虚线所示。其中 AB 杆和 BC 杆在结点 B 处的杆端转角是相等的。杆件 AB 和 BC 在结点 B 处是刚性连接，如同在刚架中杆件连接的情况一样，称结点 B 为刚结点。为了使问题简化，在受弯杆件中，略去杆件的轴向变形和剪切变形的影响，并认为弯曲变形是很小的，因而假定在变形过程中受弯杆件两端之间的距离保持不变。图 9-1(a)所示连续梁的变形，可拆分为如图 9-1(b)所示，其中 BC 杆相当于左端固定右端铰支的梁，上面承受荷载 q 的作用，且在左端发生转角 φ_B；AB 杆则相当于右端固定左端铰支的梁，在其右端发生转角 φ_B。因此，如果把结点 B 的转角 φ_B 当作支座位移这一外因来看待，则上述连续梁即可转化为两个单跨超静定梁来计算。只要知道了转角 φ_B 的大小，则按上册中介绍的力法即可求得这两个单跨超静定梁的全部反力和内力，因而图 9-1(a)所示连续梁的计算问题便可得以解决。由上可知，问题的关键在于确定未知量 φ_B 的大小。下面就以此连续梁为例说明基本未知量 φ_B 的计算方法以及 φ_B 确定之后如何进一步计算梁的内力。

为了能将图 9-1(a)转化为图 9-1(b)来计算，设想在连续梁的结点 B 处装上一个阻止转动的装置“∇”，称它为附加刚臂约束[图 9-1(c)]。它的作用是控制结点 B 不发生转动(但不能阻止移动)。因为结点 B 无线位移，故在加入此附加刚臂后，B 就变成了固定端，原结构变成了由 AB 和 BC 这样两根一端固定另一端铰支的单跨超静定梁组成的组合体。这一组合体称为原结构按位移法计算时的基本结构。将外荷载作用于基本结构,并使基本结构的附加刚臂发生与实际情况相同的转角 φ_B(在计算中以未知量 Z_1 表示),则基本结构的受力和变形情况[图 9-1(c)]就将与图 9-1(a)所示原结构的情况完全相同。因此,可用基本结构的计算来代替原结构的计算。

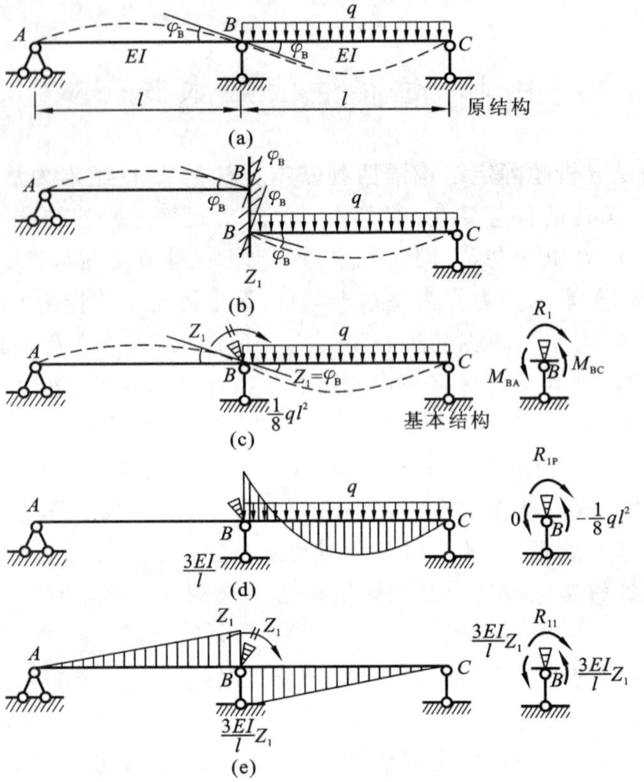

图 9-1　位移法计算连续梁

(a)两跨连续梁;(b)单跨超静定梁组合体;(c)位移法基本结构;

(d)荷载单独作用下的弯矩图;(e)结点位移单独作用下的弯矩图

根据上述概念,可按如下方法导出求解 Z_1 的方程。由叠加原理,可把图 9-1(c)所示连续梁分解为图 9-1(d)、图 9-1(e)所示两种情况。在图 9-1(d)中,只有荷载 q 的作用而无转角 Z_1 的影响,其中 AB 杆无荷载作用,不发生变形,故无内力,而荷载 q 作用下的 BC 杆其弯矩图可按上册的 8.3 节确定。在图 9-1(e)中,杆 AB 和 BC 均相当于一端固定另一端铰支的梁在其固端 B 处发生支座转动(大小为 Z_1)的情况,其弯矩图同样可用力法求得。设以 R_{1P} 表示基本结构由于荷载单独作用时在附加刚臂上产生的反力偶[图 9-1(d)],R_{11} 表示基本结构由于发生转角 Z_1 时在附加刚臂上产生的反力偶[图 9-1(e)]。则当荷载 q 与转角 Z_1 共同作用时,基本结构的附加刚臂上的反力偶 R_1 自然应等于上述两项之和,即 $R_1=R_{11}+R_{1P}$。但由于此时基本结构的受力变形情况已与原结构相同,故知基本结构结点 B 处附加刚臂上的反力偶 R_1 应等于零。据此,可建立解算转角 Z_1 的方程如下:

$$R_{11}+R_{1P}=0$$

如令 r_{11} 表示当 Z_1 为单位转角 $Z_1=1$ 时附加刚臂上的反力偶(图 9-2),则有 $R_{11}=r_{11}Z_1$,故上述方程可写为

$$r_{11}Z_1+R_{1P}=0$$

这一方程称为位移法的典型方程。式中系数 r_{11} 和自由项 R_{1P} 的方向都规定为与 Z_1 方向相同时为正;反之为负。故知 r_{11} 总是正值。

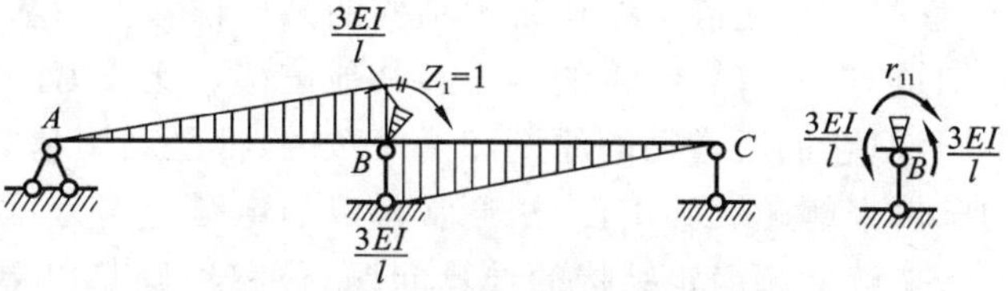

图 9-2 附加刚臂上反力偶的计算

为求解典型方程,须分别求其系数和自由项,为此,取图 9-2 的结点 B 为隔离体,由力矩平衡条件可得

$$r_{11}=\frac{3EI}{l}+\frac{3EI}{l}=\frac{6EI}{l}$$

再取图 9-1(d)的结点 B 为隔离体,由力矩平衡条件可得

$$R_{1P}=-\frac{ql^2}{8}$$

负号表示 R_{1P} 的方向与 Z_1 的方向相反。

将系数和自由项代入位移法典型方程,得

$$\frac{6EI}{l}Z_1-\frac{ql^2}{8}=0$$

故

$$Z_1=\frac{ql^3}{48EI}$$

求出 Z_1 后,根据叠加原理 $M=M_1+M_P$ 即可求出原结构的最后弯矩图[图 9-3(a)]。再依据静力平衡条件可作出其剪力图[图 9-3(b)]。

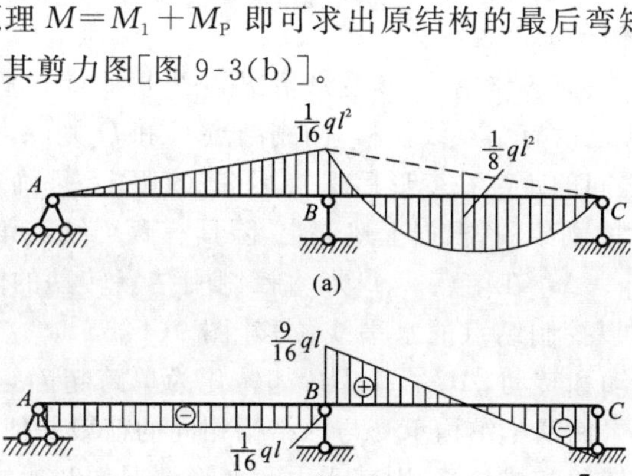

图 9-3 结构的内力图

(a)结构的最后弯矩图;(b)结构的最后剪力图

综上所述,位移法的基本思路是“先固定后放松”。“先固定”是指在原结构产生位移的结点上设置附加约束,使结点固定,从而得到由单跨超静定梁的组合体组成的基本结构,然后加上原有的外荷载;“后放松”是指人为地迫使原先被“固定”的结点恢复到结构原有的位移。通过上述两个步骤,使基本结构与原结构的受力和变形完全相同,从而可以通过基本结构来计算原结构的内力和变形。

由上例可知,用位移法计算超静定结构是把结构的某些位移作为基本未知量,由位移法典型方程求出基本未知量,进而解算结构的内力和其他位移。比较力法和位移法可以看出,两者所取途径虽然不同,但它们所遵循的原则却是一致的:都是利用基本结构的变形和受力情况与原结构相同的条件来解题。其中,力法通常是以静定结构作为其基本结构,利用已知的静定结构的计算方法来解决超静定结构的计算问题;位移法则是以单跨超静定梁的组合体作为它的基本结构,利用已知的力法作为其计算基础。对于基本结构与原结构一致的条件,力法是通过去掉多余联系处的约束代之以多余力,并使该多余力的大小能保证基本结构的变形与原结构一致从而达到内力一致;位移法则是使附加约束处发生与原结构相同的位移,使基本结构与原结构的变形一致从而达到内力一致。值得指出的是:位移法的典型方程虽然是按静力平衡条件建立的,但是这并不意味着解算超静定结构无须利用位移条件,因为整个计算过程是在符合结构约束条件的情况下进行的,而且计算位移法方程中的系数和自由项时又需借助力法,所以按位移法求解仍然离不开变形条件。

9.2 基本未知量数目的确定

在 9.1 节中已经介绍了位移法的基本概念,用位移法解算超静定结构是以结点位移为基本未知量,由位移法典型方程先将基本未知量求出,然后再计算各杆的内力。因此,在用位移法计算超静定梁和刚架时,必须首先确定基本未知量的数目,亦即确定结点位移的数目。9.1 节中的两跨连续梁,只有一个结点角位移,这是最简单的情况。在一般情况下,结点位移分为结点角位移和结点线位移两类,前者指刚结点的角位移,后者指刚结点或铰结点的线位移。下面举几个例子加以说明。

图 9-4 所示的刚架,在荷载作用下,其变形情况如图 9-4(a)中虚线所示,其上 A、B 为固定端,即没有结点角位移也没有结点线位移,而刚结点 C 和 D 则除发生转角外,还将发生线位移。“受弯直杆两端之间的距离在变形后保持不变”的假定,是确定独立结点线位移数目的依据。图 9-4(a)所示的刚架中,根据上述假定,除具有两个结点角位移 φ_C 和 φ_D 外,还有一个结点线位移 $\Delta_C=\Delta_D=\Delta$。在结点 C、D 加入控制刚结点转动的附加刚臂,在结点 D(或 C)处加入一根附加链杆以控制结点的水平线位移[图 9-4(b)]。这样,C、D 结点受附加约束的作用就不再发生移动和转动,AC、CD、DB 都转化为单跨超静定梁,与此同时也组成了位移法的基本结构。如果使基本结构承受与原结构相同的荷载并使附加联系(刚臂和链杆)发生与实际情况相同的转角和线位移,则其受力和变形情况便与原结构相同,而在附加联系上即不应有任何反力偶和反力。据此,便可列出位移法典型方程,求解方程即可确定结点的转角和线位移,进而求出各杆的内力。

由上可看出,可以把确定基本未知量的数目与选定位移法的基本结构结合起来同时进行。因为将原结构转化为基本结构时，为了使各杆都转化为两端固定或一端固定另一端铰支的单跨超静定梁，应在每一刚结点上加入附加刚臂以控制其转动，有几个刚结点就应加入几个附加刚臂，显然，附加刚臂的数目恰好等于结构中刚结点的数目。此外，还需加入一定数量的附加链杆以阻止各结点发生线位移，有几个独立结点线位移就应加入几个附加链杆，显然，附加链杆的数目与原结构各结点的独立线位移数目相等。由此可见，位移法中基本未知量的数目就等于基本结构上所应具有的附加联系的数目。因此，在选定基本结构的同时，基本未知量的数目也就确定了。

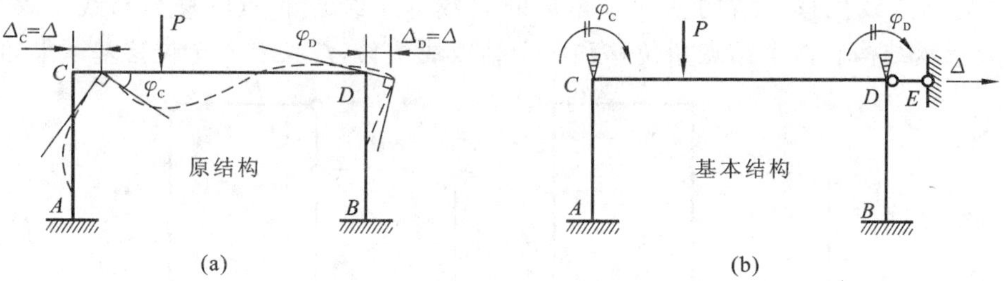

图 9-4　位移法分析刚架结构

(a)刚架在荷载作用下的变形；(b)位移法的基本结构

确定基本结构所需附加刚臂的数目是很容易的，因为在原结构上，凡属各杆互相刚结的结点，都应加入一附加刚臂，故刚结点的数目数就是所需附加刚臂的数目，即结点角位移的数目。

需要指出，在结构中有些结点虽然也有结点角位移或结点线位移，由于分析内力时可以不需要先计算出该位移，因而不必将其列入基本未知量内，以减少计算工作量。如图 9-5(a)所示结构中，对连接 CD 与 DE 杆而言，D 结点为刚结点，也有转角位移，但由于 CDE 部分可以转化为 D 端铰支并在端部作用有已知外力(可根据静定外伸段 DE 上的荷载，利用平衡条件求出)的超静定梁，这样，便不需以 D 结点的角位移为基本未知量，而该结构的基本未知量就只有 C 结点的角位移 φ_C 和水平线位移 Δ_C 了。又如图 9-5(b)所示结构中，EF 附属部分为一静定简支梁，由其上荷载所致的作用于 BD 杆之 E 处的外力，先利用平衡条件求出后，可径直将 BD 视作基本结构中的一个杆件，所以分析此结构内力时，无须计算 E 结点的角位移及线位移，因而 E 结点的角位移及线位移就不作为基本未知量。同理，图 9-5(c)所示结构中只有 C 结点的角位移及水平线位移共两个基本未知量。

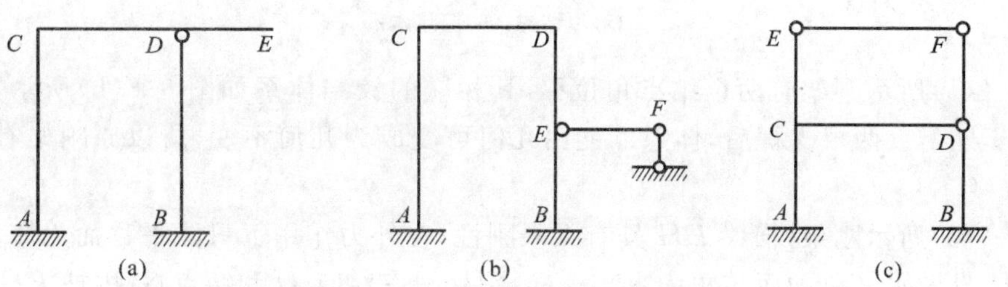

图 9-5　不作为基本未知量的结点位移

由于在确定结点线位移数目的过程中，不计及杆件的轴向变形和弯曲变形，因此，在计算结点线位移的数目时，可以先把所有的刚性结点和固定支座全部改成铰结，使结构变成一个铰结体系。然后分析该铰结体系的几何组成,如果它是几何不变的,说明结构无结点线位移,相反,如果铰结体系是几何可变的,再看最少需要增设几根附加支杆才能确保体系成为几何不变。或者说使铰结体系上每个结点成为不动点,所增设附加支杆的数目即为结构独立的结点线位移的数目。图 9-6(a)所示的结构,把其所有的刚性结点和固定支座改成铰结后,则变为如图 9-6(b)所示的铰结体系。由几何组成分析可知,该体系是几何可变的,至少需要在上层横梁连接的结点和下层横梁连接的结点处分别加一支杆[图 9-6(b)中虚线所示],才能使体系由几何可变变为几何不变(实际上成为一个简单桁架),由此判定原结构有两个独立的结点线位移。结构基本未知量的总数等于结点的角位移数与线位移数之和。图 9-6(a)所示结构有四个结点角位移和两个结点线位移,总共有六个位移基本未知量。

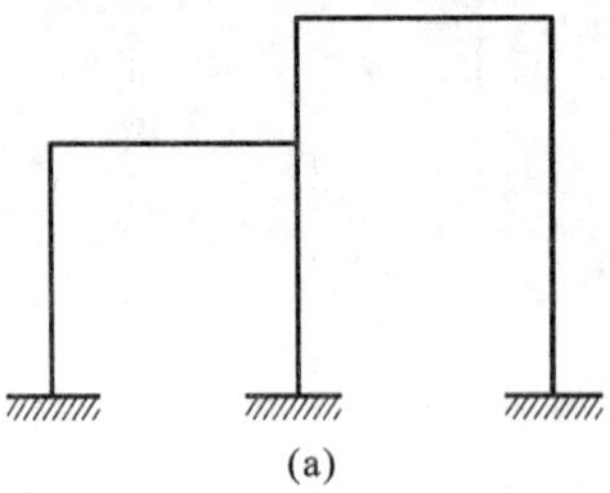

图 9-6 确定独立的结点位移数(一)

(a)原结构;(b)铰结体系

图 9-7(a)所示的刚架有 B、C、D 和 G 四个刚性结点,即有四个角位移。图 9-7(b)为图 9-7(a)所示刚架相应的铰结体系,按几何组成分析,至少要在结点 B 和 G 处加上两根水平支杆后,方可使该体系成为几何不变。所以,原结构有两个独立的结点线位移,总共有六个位移基本未知量。

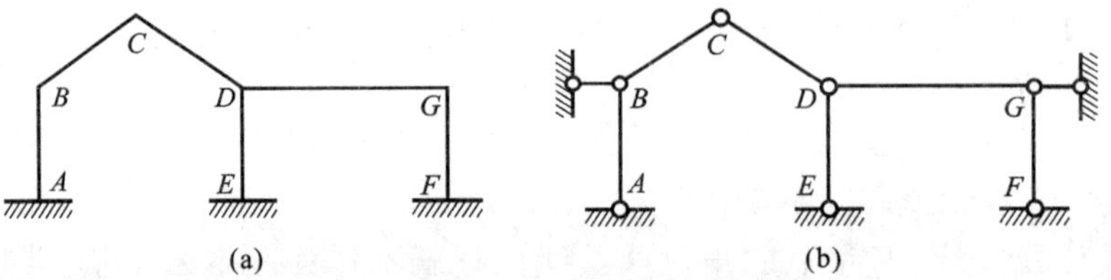

图 9-7 确定独立的结点位移数(二)

(a)原结构;(b)铰结体系

图 9-8(a)所示刚架有两个结点角位移,其相应的铰结体系如图 9-8(b)所示,需要在结点 F 和 H 处增设两根支杆后,体系才能由几何可变成为几何不变,所以原刚架有两个独立结点线位移。

图 9-9(a)所示刚架,横梁 EH 具有无限刚性,在外力作用下只能平移而无转动,所以结点 E 和 H 只做水平移动而转角为零。这样,刚架只有结点 D 和结点 G(因柱 FH 的上段和下段的刚度不同,因而把 G 视为结点)两个未知角位移。刚架的铰结体系如图 9-9(b)所示,需要在结点 G、H 和 D 处各加上一水平支杆,即可成为几何不变体系。所以原刚架有三个独立结点线位移。

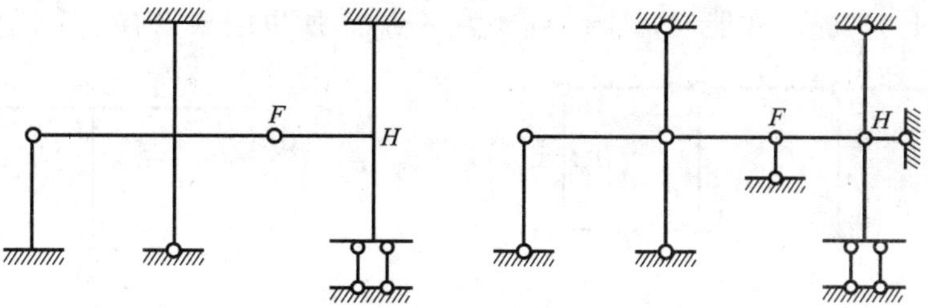

图 9-8 确定独立的结点位移数(三)

(a)原结构;(b)铰结体系

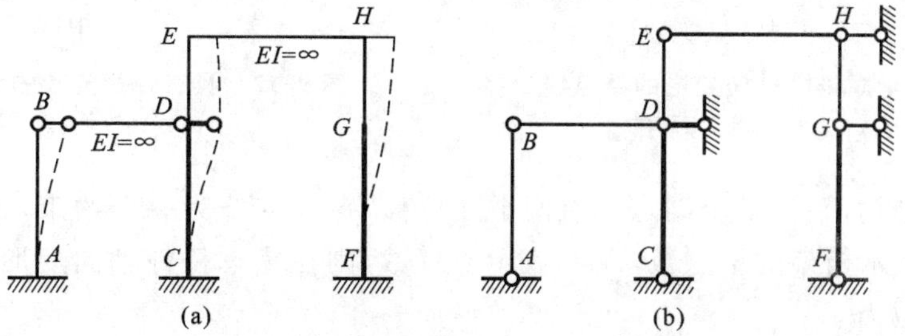

图 9-9 确定独立的结点位移数(四)

(a)原结构;(b)铰结体系

图 9-10(a)所示刚架具有阴影部分的刚度为无限刚性,它只能平动而不能转动,故结点 E、F 和 H 的角位移均为零,于是刚架只有 B、C 两个刚结点的角位移。图 9-10(b)为刚架的铰结体系,只要在结点 B 处加上一支杆,体系即成为几何不变。所以原刚架只有一个线位移。

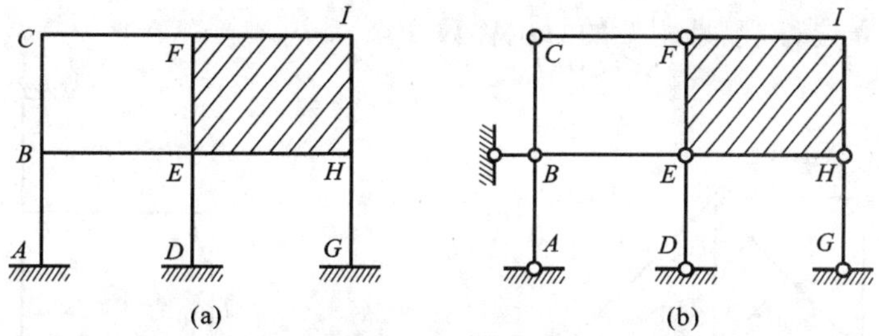

图 9-10 确定独立的结点位移数(五)

(a)原结构;(b)铰结体系

应当指出,上述确定结点线位移数目的方法是以不考虑受弯直杆的轴向变形为前提的。对于二力杆(即链杆)必须考虑轴向变形。因此,当确定图 9-11(a)所示刚架的线位移数目时,在其相应的铰结体系[图 9-11(b)]上,DF 和 GH 为二力杆,因而要加上三根支杆后,才能使每个结点成为不动点(即几何不变)。所以原刚架具有三个线位移。

刚架中,如果具有弹簧支承,在确定位移未知量数目时,需计及弹簧支承的位移。如图 9-12(a)所示刚架,支座 A 为铰弹簧、支座 D 为线弹簧,在外力作用下,铰弹簧要发生转动,是一个未知的角位移。因此,原刚架共有两个角位移。图 9-12(b)为刚架的铰结体系,

需要在 D 处加上一支杆,才能使每个结点成为不动点,所以刚架只有一个线位移。

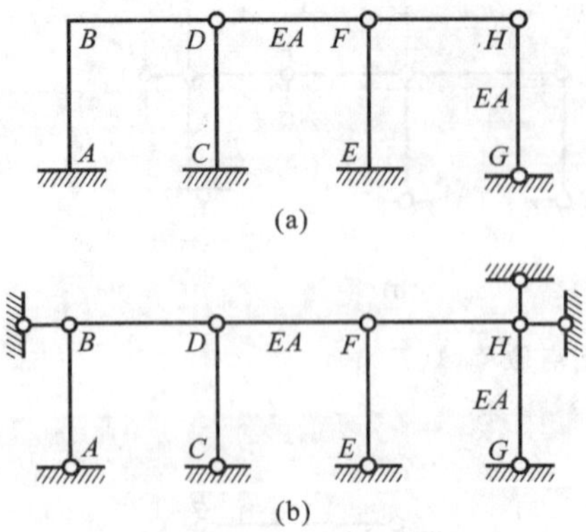

图 9-11　考虑链杆轴向变形的结点线位移

(a)刚架结构;(b)铰结体系

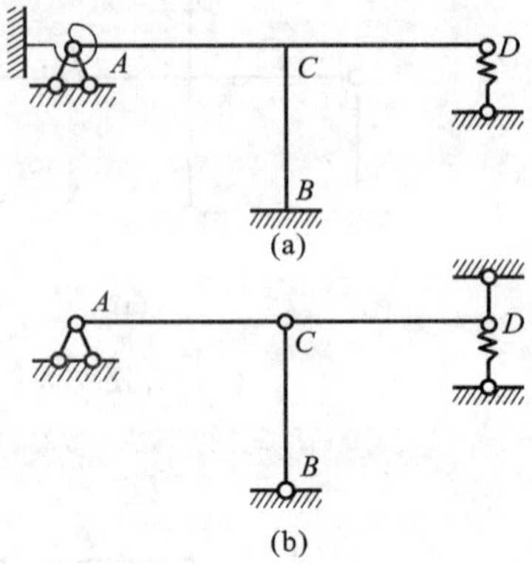

图 9-12　具有弹簧支承的结点位移数

(a)原结构;(b)铰结体系

对于桁架结构而言,每个结点具有两个线位移,每一支杆为一个约束,相当于减少一个位移。若以 j 表示桁架的结点数,以 S 表示支杆数,则在考虑杆件轴向变形的情况下,桁架的结点位移总数为

$$n=2j-S$$

如图 9-13 所示桁架,$j=5$,$S=4$,由此可得 $n=2\times5-4=6$,即该桁架共有六个位移未知量。

如果考虑受弯直杆的轴向变形,在刚架中每个刚性结点将有三个独立的位移未知量(其中一个结点角位移,两个独立结点线位移)。这样刚架的总位移数将大为增加。如图 9-14 所示刚架,当不计各杆的轴向变形时,总位移数是三个,当计及各杆的轴向变形时,刚性结点 B、D 各有三个独立位移,于是刚架的总位移数增至六个。

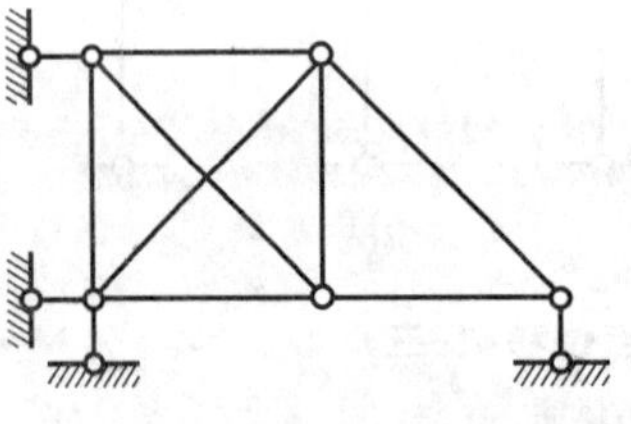

图 9-13　计算桁架结点位移数

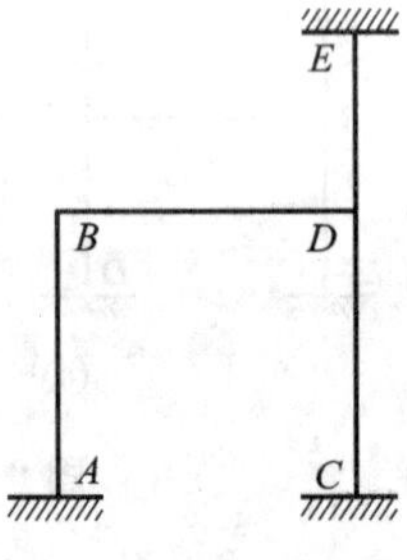

图9-14　计算刚架结点位移数

9.3　等截面直杆的转角位移方程

由以上讨论可知,位移法是以单跨超静定梁的组合体作为它的基本结构。在计算位移法典型方程中的系数和自由项时,需要用到单跨超静定梁在荷载、支座位移(包括结点角位移和独立的结点线位移)情况下的杆端弯矩和剪力。例如,在图 9-2 中,当求系数 r_{11} 时需要

知道单位结点位移影响下 AB 杆和 BC 杆的杆端弯矩；而在计算 R_{1P} 时[图 9-1(d)]，又需知道单跨超静定梁 BC 在荷载作用下的杆端弯矩。而有了杆端弯矩后，则杆端剪力即可利用平衡条件求出。因此，应先讨论单跨超静定梁的杆端弯矩与荷载和杆端位移(转角和线位移)之间的关系。说明这种关系的表达式即称为转角位移方程。下面来推导等截面直杆的转角位移方程。

在推导转角位移方程之前，首先说明杆端弯矩的表示方法和正负号的规定。在位移法中，对于杆端弯矩，用符号 M_{ik} 表示，下标 ik 表示该弯矩所属的杆件，并规定前一个下标表示该弯矩所属的杆端，后一个下标表示同一杆件的另一端(或称为远端)。例如，对于图 9-15(a)所示的 AB 梁，其 A 端的弯矩以 M_{AB} 表示，而 B 端的弯矩则以 M_{BA} 表示。至于它们的正负号则采用如下规定：对杆端而言，弯矩以顺时针方向为正；对支座或结点而言，则以逆时针方向为正。在图 9-15(a)中，A 端的弯矩 M_{AB} 为负，而 B 端的弯矩 M_{BA} 则为正。然后给出杆端位移的表示方法和正负号规定。图 9-15(b)所示一刚架或连续梁中的杆件 AB，它承受任意荷载且其两端发生了位移。因为不考虑剪切变形的影响，杆轴挠曲线上某点之切线的倾角 φ 便等于该点横截面的转角。设以 φ_A、φ_B 分别表示 A、B 端的转角，以顺时针转动为正。又因挠度、转角是微小的，可认为直杆两端的距离在变形前后保持不变，故杆件两端的水平位移必然相等，即 $u_A = u_B$。以 v_A、v_B 分别表示 A、B 端的竖向位移，$\Delta_{AB} = v_B - v_A$ 称为 A、B 两端的相对线位移，以使杆件顺时针转动时为正。则杆端弯矩 M_{AB}、M_{BA} 是由 φ_A、φ_B、Δ_{AB} 和作用于杆上的原有荷载所决定的。在转角位移方程中，也常用 $\beta_{AB} = \dfrac{\Delta_{AB}}{l}$ 表示杆端的相对位移[图 9-15(b)]，β 称为弦转角，以使杆顺时针转动时为正。

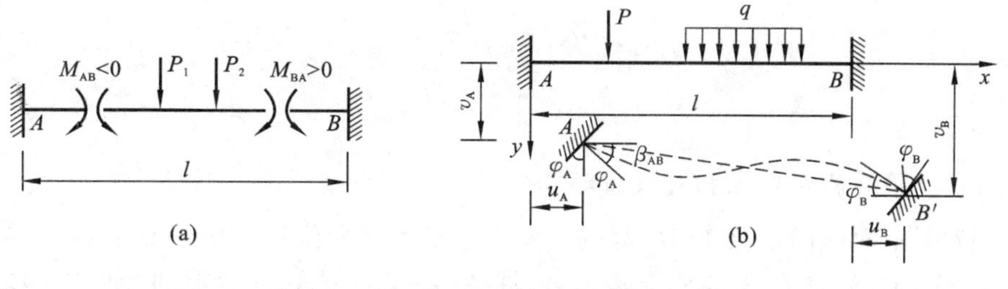

图 9-15 杆端内力及位移的表示

(a)杆端弯矩；(b)杆端位移

为了导出等截面直杆的转角位移方程，下面首先讨论各种因素单独作用的特殊情况，然后加以综合。

9.3.1 两端固定单跨超静定梁的杆端内力与杆端位移及荷载的关系

9.3.1.1 梁的一端发生角位移

设以 φ_A、φ_B 分别表示梁的 A 端和 B 端的转角，以顺时针转动为正。图 9-16(a)所示两端固定梁，已知 A 端发生角位移 φ_A，而 B 端固定不动，应用力法计算出其杆端弯矩为：

$$\left.\begin{aligned}M_{AB}&=\frac{4EI}{l}\varphi_A\\M_{BA}&=\frac{2EI}{l}\varphi_A\end{aligned}\right\}\tag{9-1}$$

由静平衡条件可求出杆端剪力（正负号规定与前同）：

$$Q_{AB}=Q_{BA}=-\frac{6EI}{l^2}\varphi_A\tag{9-2}$$

绘出弯矩图和剪力图如图 9-16(b)所示。

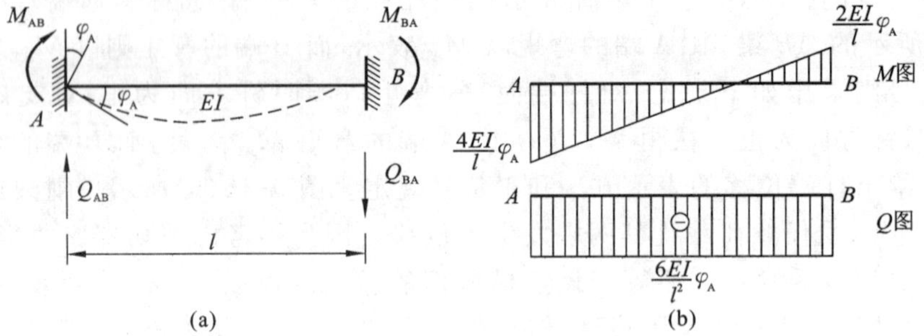

图 9-16　两端固定单跨超静定梁

(a)A 端发生角位移 φ_A；(b)弯矩图和剪力图

同理，当 A 端固定不动，仅 B 端发生角位移 φ_B 时，可求得该梁的杆端弯矩和杆端剪力分别为：

$$\left.\begin{aligned}M_{AB}&=\frac{2EI}{l}\varphi_B\\M_{BA}&=\frac{4EI}{l}\varphi_B\end{aligned}\right\}\tag{9-3}$$

$$Q_{AB}=Q_{BA}=-\frac{6EI}{l^2}\varphi_B\tag{9-4}$$

9.3.1.2　梁的两端发生相对线位移

图 9-17 所示两端固定梁，A、B 两端均发生水平和竖向位移。根据变形假定，A、B 两端距离保持不变，故 A、B 两端水平位移相等，即 $\Delta_{AH}=\Delta_{BH}$。A、B 两端的竖向位移之差称为 A、B 两端的相对线位移，用 Δ_{AB} 表示，即 $\Delta_{AB}=\Delta_{BV}-\Delta_{AV}$。变形后杆两端连线 $A'B'$ 与变形前轴线的夹角 β_{AB} 称为弦转角，$\beta_{AB}=\frac{\Delta_{AB}}{l}$，以使杆件顺时针转动为正。而相对线位移的正负号与弦转角的正负号相对应，即弦转角为正时，对应的相对线位移也为正。由于杆件平行移动（图 9-17 中杆 AB 移动到 $A'B''$ 位置）时不引起杆端弯矩。因此，只需考虑两端在垂直杆轴方向发生相对线位移 Δ_{AB} 的情形。

图 9-18(a)所示两端固定梁，两端发生相对线位移 Δ_{AB}。用力法计算出杆端弯矩为：

$$\left.\begin{aligned}M_{AB}&=-\frac{6EI}{l}\cdot\frac{\Delta_{AB}}{l}\\M_{BA}&=-\frac{6EI}{l}\cdot\frac{\Delta_{AB}}{l}\end{aligned}\right\}\tag{9-5}$$

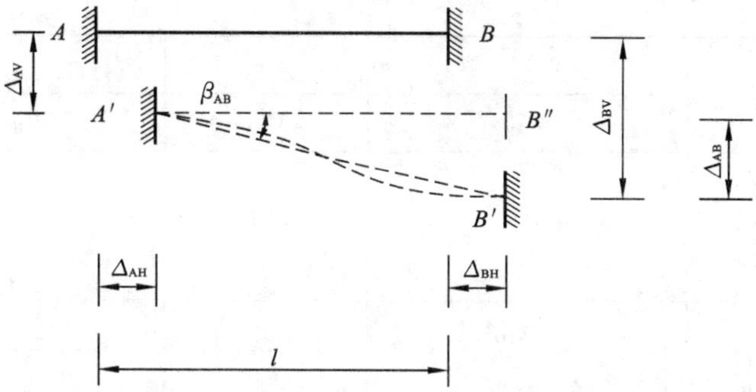

图 9-17　两端固定梁的两端发生相对线位移

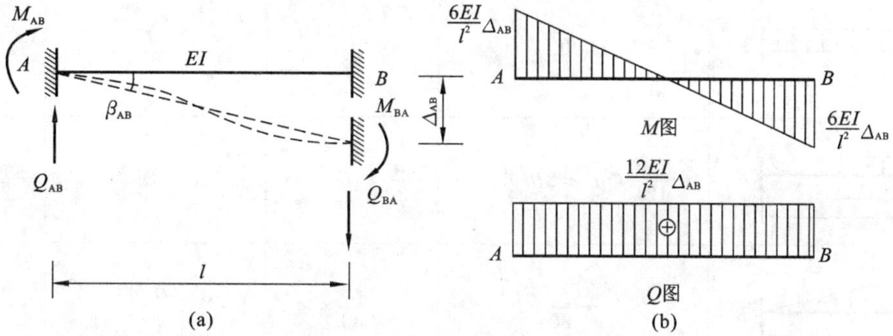

图 9-18　两端固定单跨超静定梁

(a)两端发生相对线位移；(b)弯矩图和剪力图

利用静平衡条件可以求得杆端剪力为：

$$Q_{AB}=Q_{BA}=\frac{12EI}{l^2}\cdot\frac{\Delta_{AB}}{l} \tag{9-6}$$

绘出弯矩图和剪力图如图 9-18(b)所示。

9.3.1.3　梁上只有荷载作用

由荷载引起的杆端弯矩和杆端剪力分别称为固端弯矩和固端剪力。它们的字母表示是在端弯矩和端剪力的符号上加右上标“F”。例如，杆 AB 的 A 端固端弯矩用 M^F_{AB} 表示，固端剪力用 Q^F_{AB} 表示。固端弯矩和固端剪力也可以按力法计算得出，现将不同荷载作用下的固端弯矩值和固端剪力值列于表 9-1 中。

表 9-1　不同荷载作用下的固端弯矩值和固端剪力值

编号	梁的简图	弯矩		剪力	
		M^F_{AB}	M^F_{BA}	Q^F_{AB}	Q^F_{BA}
1	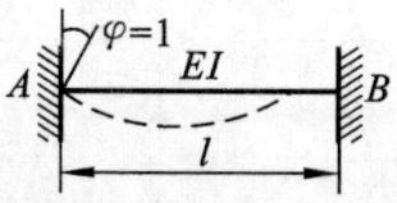	$4i\left(i=\frac{EI}{l},\text{下同}\right)$	$2i$	$-\frac{6i}{l}$	$-\frac{6i}{l}$

续表 9-1

编号	梁的简图	弯矩		剪力	
		M^F_{AB}	M^F_{BA}	Q^F_{AB}	Q^F_{BA}
2	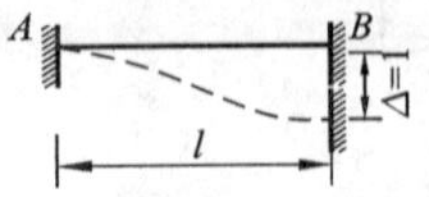	$-\frac{6i}{l}$	$-\frac{6i}{l}$	$-\frac{12i}{l}$	$\frac{12i}{l^2}$
3	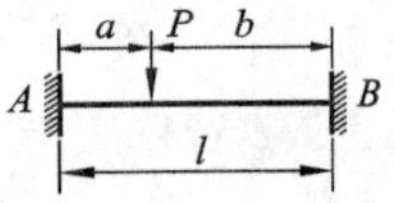	$-\frac{Pab^2}{l^2}$	$\frac{Pa^2b}{l^2}$	$\frac{Pb^2(l+2a)}{l^3}$	$-\frac{Pa^2(l+2b)}{l^3}$
		当 $a=b=l/2$ 时，$-\frac{Pl}{8}$	$Pl/8$	$P/2$	$-P/2$
4	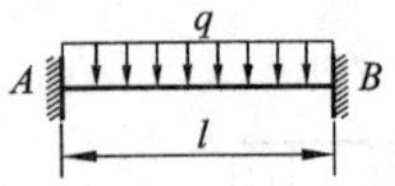	$-\frac{ql^2}{12}$	$\frac{ql^2}{12}$	$\frac{ql}{2}$	$-\frac{ql}{2}$
5	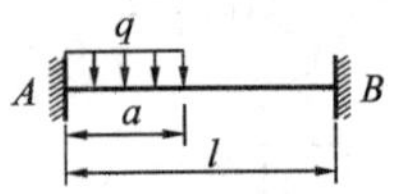	$-\frac{qa^2}{12l^2}(6l^2-8la+3a^2)$	$\frac{qa^3}{12l^2}(4l-3a)$	$\frac{qa}{2l^3}(2l^3-2la^2+a^3)$	$-\frac{qa^3}{2l^3}(2l-a)$
6	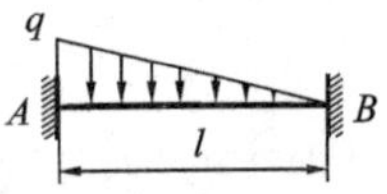	$-\frac{ql^2}{20}$	$\frac{ql^2}{30}$	$\frac{7ql}{20}$	$-\frac{3ql}{20}$
7	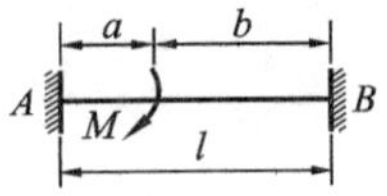	$M\frac{b(3a-l)}{l^2}$	$M\frac{a(3b-l)}{l^2}$	$-M\frac{6ab}{l^3}$	$-M\frac{6ab}{l^3}$
8	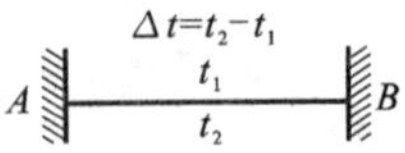	$-\frac{EI\alpha\Delta t}{h}$	$\frac{EI\alpha\Delta t}{h}$	0	0
9	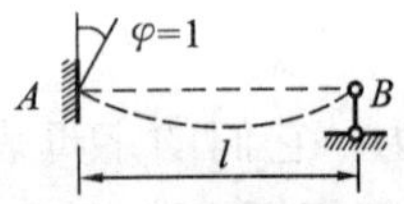	$3i$	0	$-\frac{3i}{l}$	$-\frac{3i}{l}$
10	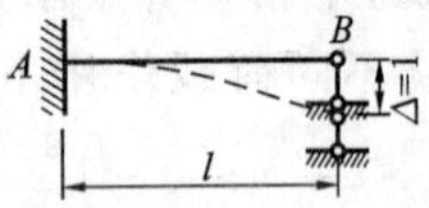	$-\frac{3i}{l}$	0	$\frac{3i}{l^2}$	$\frac{3i}{l^2}$
11	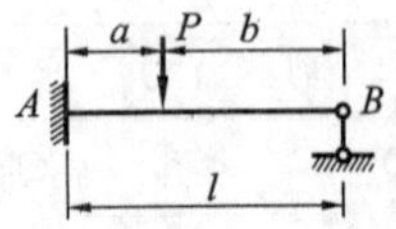	$-\frac{Pab(l+b)}{2l^2}$	0	$\frac{Pb(3l^2-b^2)}{2l^3}$	$-\frac{Pa^2(2l+b)}{2l^3}$
		当 $a=b=l/2$ 时，$-\frac{3Pl}{16}$	0	$\frac{11P}{16}$	$-\frac{5P}{16}$
12	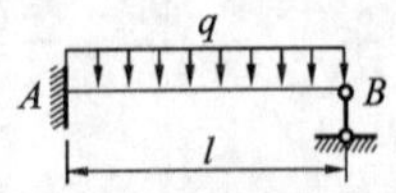	$-\frac{ql^2}{8}$	0	$\frac{5ql}{8}$	$-\frac{3ql}{8}$

续表 9-1

编号	梁的简图	弯矩		剪力	
		M_{AB}^{F}	M_{BA}^{F}	Q_{AB}^{F}	Q_{BA}^{F}
13	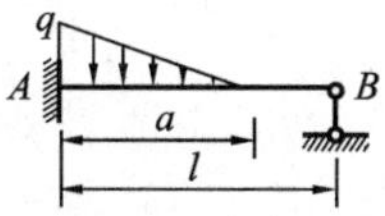	$-\frac{qa^2}{24}\left(4-\frac{3a}{l}+\frac{3a^2}{5l^2}\right)$	0	$\frac{qa}{8}\left(4-\frac{a^2}{l^2}+\frac{a^3}{5l^3}\right)$	$-\frac{qa^3}{8l^2}\left(1-\frac{a}{5l}\right)$
		当 $a=l$ 时，$-\frac{ql^2}{15}$	0	$\frac{4al}{10}$	$-\frac{ql}{10}$
14	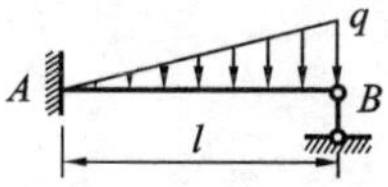	$-\frac{7ql^2}{120}$	0	$\frac{9ql}{40}$	$-\frac{11ql}{40}$
15	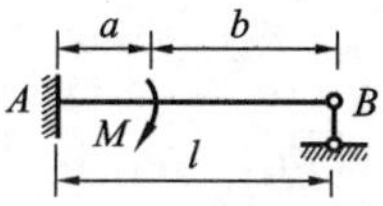	$M\frac{l^2-3b^2}{2l^2}$	0	$-M\frac{3(l^2-b^2)}{2l^3}$	$-M\frac{3(l^2-b^2)}{2l^3}$
		当 $a=l$ 时，$\frac{M}{2}$	$M_{B左}=M$	$-M\frac{3}{2l}$	$-M\frac{3}{2l}$
16	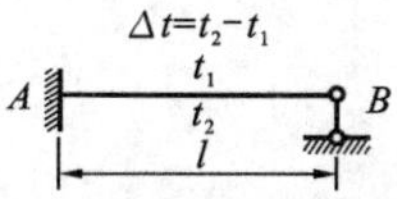	$-\frac{3EI\alpha\Delta t}{2h}$	0	$\frac{3EI\alpha\Delta t}{2hl}$	$\frac{3EI\alpha\Delta t}{2hl}$
17	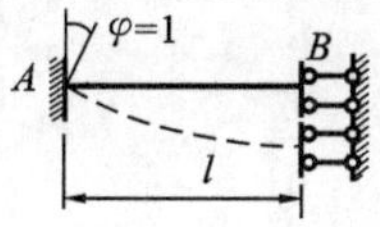	i	$-i$	0	0
18	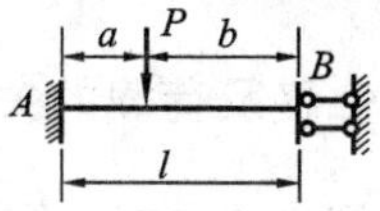	$-\frac{Pa}{2l}(2l-a)$	$-\frac{Pa^2}{2l}$	P	0
		当 $a=\frac{l}{2}$ 时，$-\frac{3Pl}{8}$	$-\frac{Pl}{8}$	P	0
19	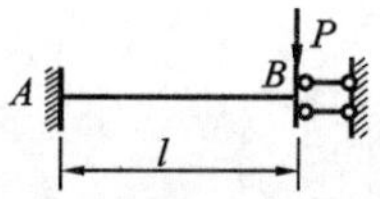	$-\frac{Pl}{2}$	$-\frac{Pl}{2}$		$Q_{B左}=P$ $Q_{B右}=0$
20	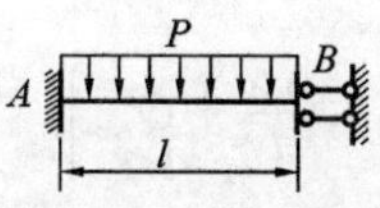	$-\frac{ql^2}{3}$	$-\frac{ql^2}{6}$	ql	0
21	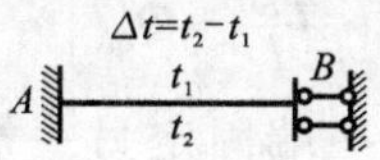	$-\frac{EI\alpha\Delta t}{h}$	$\frac{EI\alpha\Delta t}{h}$	0	0

9.3.1.4　荷载、支座位移共同作用

综上所述，当荷载、支座位移（φ_A、φ_B 及 Δ_{AB}）共同作用（图 9-19）时，将式(9-1)、式(9-3)、式(9-5)及由荷载引起的固端弯矩进行叠加，得：

$$\left.\begin{aligned}M_{AB}&=4i\varphi_A+2i\varphi_B-6i\frac{\Delta_{AB}}{l}+M_{AB}^F\\M_{BA}&=4i\varphi_B+2i\varphi_A-6i\frac{\Delta_{AB}}{l}+M_{BA}^F\end{aligned}\right\}\tag{9-7}$$

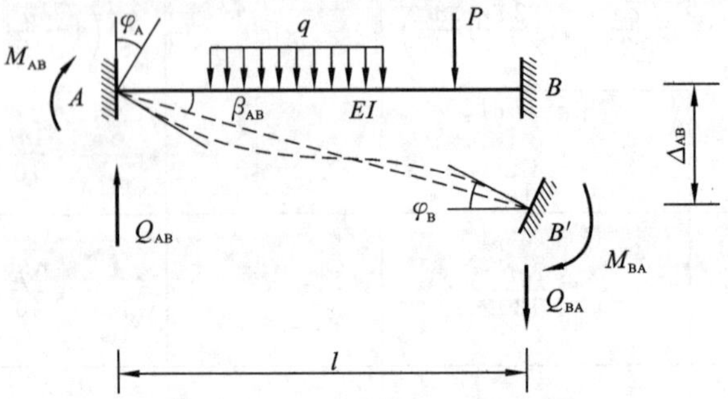

图 9-19　荷载、支座位移共同作用的两端固定梁

将式(9-2)、式(9-4)、式(9-6)及由荷载引起的固端剪力进行叠加,得:

$$\left.\begin{aligned}Q_{AB}&=-6\frac{i}{l}\varphi_A-6\frac{i}{l}\varphi_B+12\frac{i}{l}\cdot\frac{\Delta_{AB}}{l}+Q_{AB}^F\\Q_{BA}&=-6\frac{i}{l}\varphi_A-6\frac{i}{l}\varphi_B+12\frac{i}{l}\cdot\frac{\Delta_{AB}}{l}+Q_{BA}^F\end{aligned}\right\}\tag{9-8}$$

式中　i——杆件的线抗弯刚度,简称线刚度,$i=\dfrac{EI}{l}$。

各式中的$\dfrac{\Delta_{AB}}{l}$也可以用弦转角β_{AB}代替。

式(9-7)、式(9-8)称为等截面直杆转角位移方程。

9.3.2　一端固定另一端铰支的单跨超静定梁的杆端内力与杆端位移及荷载的关系

对于一端固定另一端铰支的单跨梁,当荷载、支座位移共同作用(图 9-20)时,可以按与前面相同的方法和步骤得出转角位移方程为:

$$\left.\begin{aligned}M_{AB}&=3i\varphi_A-3i\frac{\Delta_{AB}}{l}+M_{AB}^F\\M_{BA}&=0\end{aligned}\right\}\tag{9-9}$$

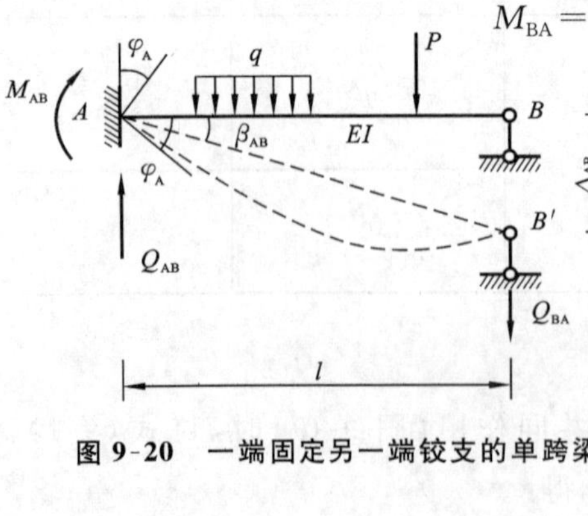

图 9-20　一端固定另一端铰支的单跨梁

$$\left.\begin{aligned}Q_{AB}&=-3\frac{i}{l}\varphi_A+3\frac{i}{l}\cdot\frac{\Delta_{AB}}{l}+Q_{AB}^F\\Q_{BA}&=-3\frac{i}{l}\varphi_A+3\frac{i}{l}\cdot\frac{\Delta_{AB}}{l}+Q_{BA}^F\end{aligned}\right\}\tag{9-10}$$

式中　$M_{AB}^F,Q_{AB}^F,Q_{BA}^F$——一端固定另一端铰支的单跨梁的固端弯矩和固端剪力。

不同荷载作用下的固端弯矩和固端剪力值见表 9-1。

9.3.3 一端固定另一端为滑移支座(定向支座)的单跨超静定梁的杆端内力与杆端位移及荷载的关系

对于一端固定另一端为滑移支座的单跨梁，当荷载、支座位移共同作用(图 9-21)时，也可用与前面相同的方法和步骤得出以下转角位移方程：

$$\left.\begin{aligned}M_{AB}&=i\varphi_A+M_{AB}^F\\M_{BA}&=-i\varphi_A+M_{BA}^F\end{aligned}\right\}\tag{9-11}$$

$$\left.\begin{aligned}Q_{AB}&=Q_{AB}^F\\Q_{BA}&=0\end{aligned}\right\}\tag{9-12}$$

式中 $M_{AB}^F,M_{BA}^F,Q_{AB}^F$——一端固定另一端为滑移支座的单跨梁固端弯矩和剪力。

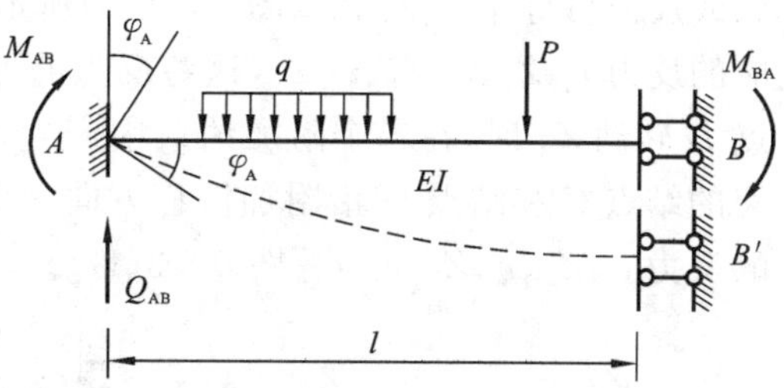

图 9-21 一端固定另一端为滑移的单跨梁

不同荷载作用下的值见表 9-1。

由图 9-21 可见，在竖向荷载及固端角位移作用下，滑移端有竖向位移出现。但从式(9-11)可以看出，该竖向位移的数值对杆端弯矩的计算并不是必需的，因此可不作为基本未知量。

9.3.4 两端铰支的等截面直杆的物理方程

图 9-22 为两端铰支的等截面直杆，在支座两端沿轴向产生相对位移 Δ_{AB} 时，其杆端轴力为：

$$\left.\begin{aligned}N_{AB}&=-\frac{EA}{l}\Delta_{AB}\\N_{BA}&=\frac{EA}{l}\Delta_{AB}\end{aligned}\right\}\tag{9-13}$$

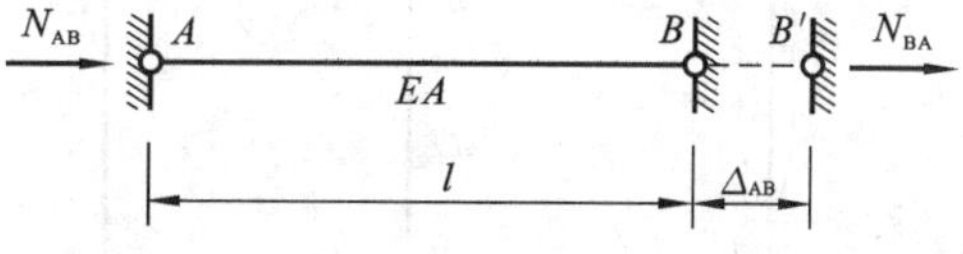

图 9-22 两端铰支的等截面直杆

式中 A——杆件的截面面积。

现将以上四种等截面直杆在外荷载、支座转动 $\theta_A=1$ 和相对线位移 $\Delta_{AB}=1$ 单独作用下的杆端内力列于表 9-1 中，以备查用。

9.4 应用位移法典型方程计算超静定结构

现在结合图 9-23(a)所示刚架来说明在一般情况下如何建立位移法典型方程。图 9-23(a)中虚线表示刚架由于荷载作用而产生的变形曲线。这一刚架的基本未知量有三个：结点 C 和结点 D 的角位移未知量 Z_1 和 Z_2，以及结点 C 和结点 D 的水平线位移 Z_3。在原结构的结点 C 和结点 D 上装上附加刚臂以阻止它们的转动，而且在结点 D 上装上一个支座链杆以阻止其移动[图 9-23(b)]，这样，各个杆件就变成彼此独立的单跨超静定梁。这些单跨超静定梁是位移法分析的基础，即位移法的基本结构。

为使基本结构的变形和受力情况与原结构相同，必须使附加联系发生与实际情况相同的位移。同时注意到，在原结构上不存在附加约束，因此，基本结构在荷载和各结点位移共同作用下,附加刚臂上的反力偶和附加链杆上的反力都应等于零,即 $R_1=R_2=R_3=0$。据此即可建立三个方程来求得各基本未知量。

设 R_{iP} 表示在基本结构的附加联系 i 上由于荷载单独作用($Z_i=0$)时所引起的反力偶或反力,如图 9-23(c)所示的 R_{1P}、R_{2P} 和 R_{3P}。设以 r_{ik} 表示在基本结构的附加联系 i 上由于联系 k 发生单位位移 $Z_k=1$ 所引起的反力偶或反力,则当联系 k 发生位移 Z_k 时,相应的反力偶或反力将等于 $r_{ik}Z_k$。如图 9-23(d)所示,当结点 C 转动 Z_1 时,在各个附加约束中产生相应的反力 $r_{11}Z_1$、$r_{21}Z_1$、$r_{31}Z_1$,这些反力的方向假定与所在结点的位移方向一致。同理,当结点 D 转动 Z_2 时,在各个附加约束中产生相应的反力 $r_{12}Z_2$、$r_{22}Z_2$、$r_{32}Z_2$[图 9-23(e)];当刚架的结点 C 和结点 D 沿附加链杆方向发生水平线位移 Z_3 时,在各个附加约束中产生相应的反力 $r_{13}Z_3$、$r_{23}Z_3$、$r_{33}Z_3$[图 9-23(f)]。

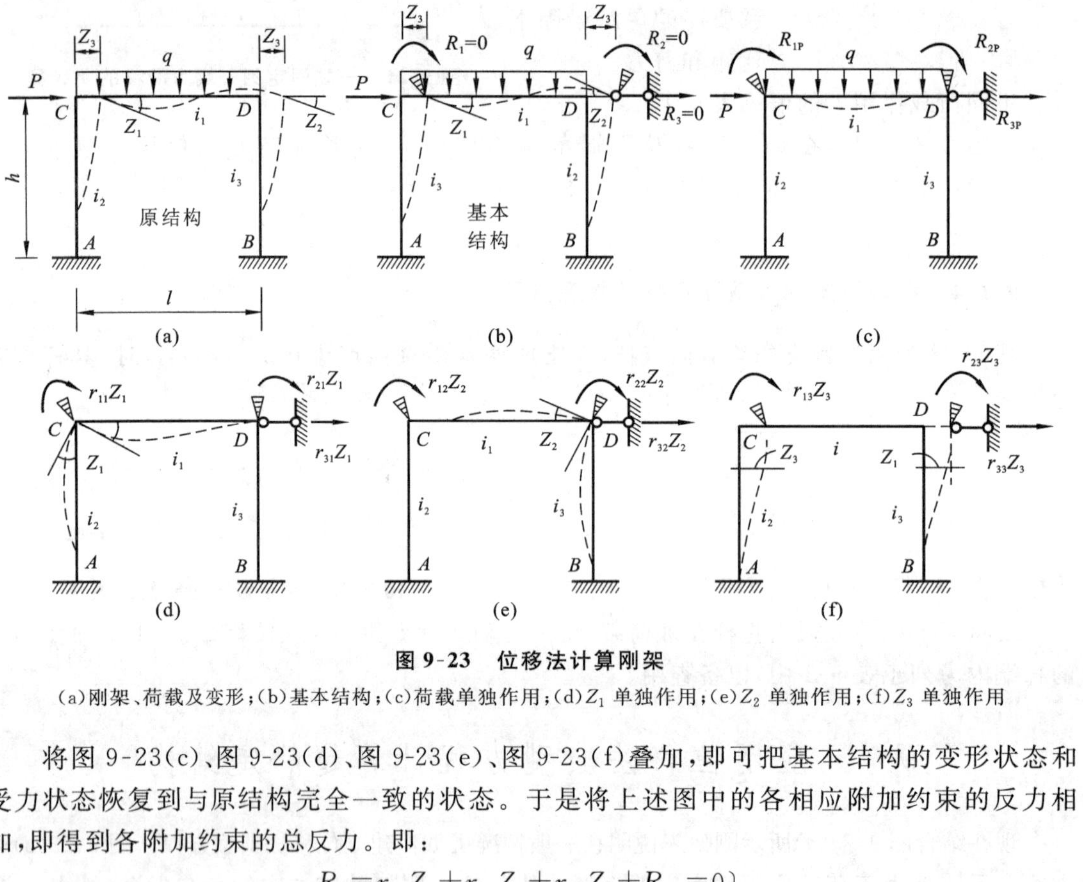

图 9-23　位移法计算刚架

(a)刚架、荷载及变形;(b)基本结构;(c)荷载单独作用;(d)Z_1 单独作用;(e)Z_2 单独作用;(f)Z_3 单独作用

将图 9-23(c)、图 9-23(d)、图 9-23(e)、图 9-23(f)叠加,即可把基本结构的变形状态和受力状态恢复到与原结构完全一致的状态。于是将上述图中的各相应附加约束的反力相加,即得到各附加约束的总反力。即:

$$\left.\begin{aligned}R_1&=r_{11}Z_1+r_{12}Z_2+r_{13}Z_3+R_{1P}=0\\R_2&=r_{21}Z_1+r_{22}Z_2+r_{23}Z_3+R_{2P}=0\\R_3&=r_{31}Z_1+r_{32}Z_2+r_{33}Z_3+R_{3P}=0\end{aligned}\right\}\tag{9-14}$$

上述方程组的前两式的物理意义为结点 C 和结点 D 的附加刚臂上的总反力偶等于零。这也可以看成是原来结构结点 C 和结点 D[图 9-24(a)、图 9-24(b)]的力矩平衡条件:$R_1=M_{CA}+M_{CD}=0$;$R_2=M_{DC}+M_{DB}=0$。因为附加刚臂上的总反力偶为零,则汇交于该结点的各杆端弯矩(在结点受有外力偶的情况下,还应包括该力偶在内)自然应互相平衡。第三式

则表示附加链杆上的总反力为零，对它可理解为如下平衡条件：在由截断各竖柱顶端所得的隔离体[图 9-24(c)]上，各竖柱的剪力应与隔离体上的全部荷载的水平投影维持平衡，即 $R_3=Q_{CA}+Q_{DB}-P=0$。由此可见，位移法方程实质上是静力平衡方程。

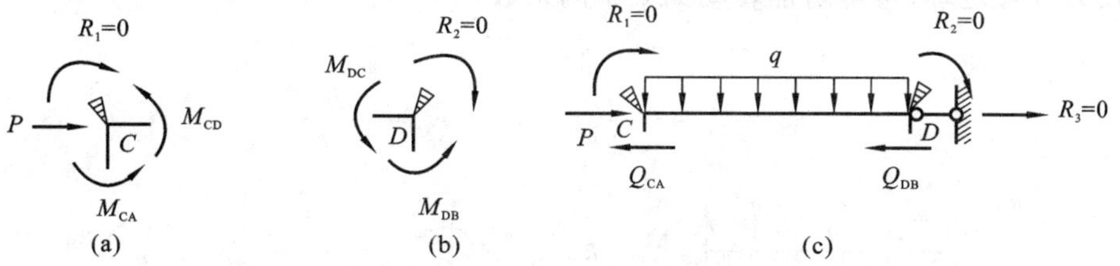

图 9-24 部分隔离体

(a)结点 C 隔离体；(b)结点 D 隔离体；(c)横梁 CD 隔离体

对于具有 n 个基本未知量的结构，做同样的分析并根据每一附加约束上的总反力偶或总反力都应等于零的静力平衡条件，可列出如下 n 个方程：

$$\left.\begin{aligned}
r_{11}Z_1+r_{12}Z_2+\cdots+r_{1i}Z_i+\cdots+r_{1n}Z_n+R_{1P}=0\\
r_{21}Z_1+r_{22}Z_2+\cdots+r_{2i}Z_i+\cdots+r_{2n}Z_n+R_{2P}=0\\
\vdots\qquad\qquad\qquad\\
r_{i1}Z_1+r_{i2}Z_2+\cdots+r_{ii}Z_i+\cdots+r_{in}Z_n+R_{iP}=0\\
\vdots\qquad\qquad\qquad\\
r_{n1}Z_1+r_{n2}Z_2+\cdots+r_{ni}Z_i+\cdots+r_{nn}Z_n+R_{nP}=0
\end{aligned}\right\}\tag{9-15}$$

在这些方程中，R_{iP}称为自由项或荷载项，主对角线上的系数 r_{ii} 称为主系数或主反力，主系数以外的其他系数 $r_{ik}(k\neq i)$称为副系数或副反力。它们的正负号规定如下：凡与所属联系的位移所设方向一致的为正，反之为负。主反力 r_{ii} 的方向与所设位移 $Z_i=1$ 的方向相同，故恒为正；而副反力 r_{ik}和自由项 R_{iP}，则要看其方向与所设位移 $Z_i=1$ 的方向是否一致而分别取正号、负号或零。根据反力互等定理，在主对角线的两边处于对称位置的两个副反力 r_{ik} 和 r_{ki}彼此相等，即有 $r_{ik}=r_{ki}$。

以上方程组是按一定规则写出，具有副系数互等的关系，且不管结构的形式如何，只要具有 n 个基本位移未知量时，位移法方程就有统一的形式。因此，称为位移法的典型方程。为了计算典型方程中的系数和自由项以及按照叠加原理绘制结构的内力图，须分别绘出基本结构的 $\overline{M}_i$ 和 M_P 图。此处 $\overline{M}_i$ 和 M_P 图分别为基本结构发生单位位移 $Z_i=1$ 和在原荷载作用下的弯矩图。由于基本结构的各杆都是一单跨超静定梁，故其弯矩图可利用表 9-1 逐杆进行绘制。

仍以图 9-23(a)所示结构为例说明系数和自由项的计算方法。为此绘出基本结构在荷载作用下的弯矩图 M_P 图[图 9-25(a)]以及由附加约束发生单位位移时所产生的单位弯矩图 $\overline{M}_i$ 图[图 9-26(a)、图 9-27(a)、图 9-28(a)]。利用静力平衡条件即可求出各系数和自由项。它们可分为两类：①代表附加刚臂上的反力偶；②代表附加链杆上的反力。

对于第一类系数和自由项，可取结点为隔离体，利用力矩平衡方程 $\sum M=0$ 求出。例如，求 R_{1P}、R_{2P}时，可由图 9-25(b)、图 9-25(c)所示隔离体的力矩平衡条件求得：

$$R_{1P}=-\frac{1}{12}ql^2,\quad R_{2P}=\frac{1}{12}ql^2$$

同理，由图 9-26(b)、图 9-26(c)；图 9-27(b)；图 9-28(b)、图 9-28(c)所示隔离体的平衡条件和反力互等定理，可得附加转动约束中的系数：

$$r_{11}=4i_1+4i_2,\quad r_{21}=r_{12}=2i_1,\quad r_{22}=4i_1+4i_3,$$

$$r_{13}=r_{31}=-\frac{6i_2}{h},\quad r_{23}=r_{32}=-\frac{6i_3}{h}$$

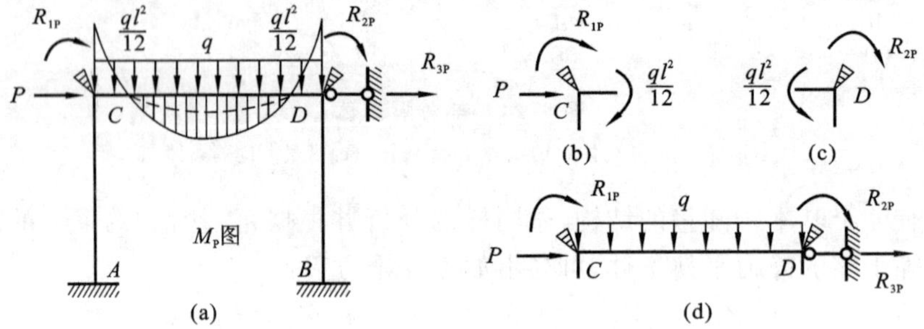

图 9-25　方程的自由项的计算

(a)基本结构在荷载作用下的 M_P 图；

(b)结点 C 隔离体；(c)结点 D 隔离体；(d)横梁 CD 隔离体

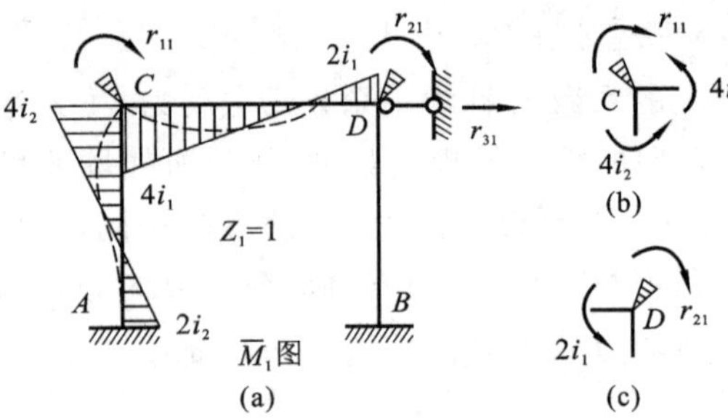

图 9-26　方程的系数的计算(一)

(a)$Z_1=1$ 作用的 $\overline{M}_1$ 图；(b)计算 r_{11}；(c)计算 r_{21}

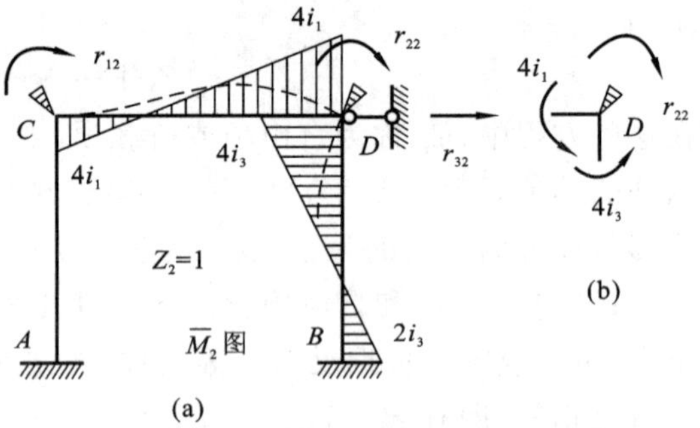

图 9-27　方程的系数的计算(二)

(a)$Z_2=1$ 作用的 $\overline{M}_2$ 图；(b)计算 r_{22}

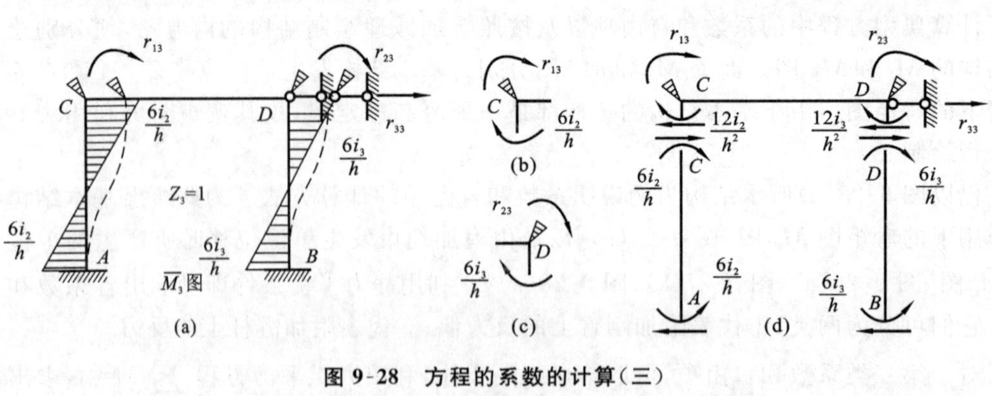

图 9-28　方程的系数的计算(三)

(a)$Z_3=1$ 作用的 $\overline{M}_3$ 图；(b)计算 r_{13}；(c)计算 r_{23}；(d)计算 r_{33}

至于第二类系数和自由项，可作一截面并取刚架的某一部分为隔离体，利用投影平衡方程进行计算。例如，为求图 9-25(a)所示结构附加链杆上的反力 R_{3P} 时，可取柱顶以上横梁部分作为隔离体[图 9-25(d)]，由 $\sum X=0$，可得：

$$R_{3P}=-P$$

同理，根据图 9-28(d)所示隔离体，由各柱端剪力与附加链杆约束反力 r_{33} 平衡，可得：

$$r_{33}=\frac{12i_2}{h^2}+\frac{12i_3}{h^2}$$

系数和自由项确定之后，即可解算典型方程以求出各基本未知量，然后进一步计算各杆的内力。

根据以上所述，用位移法计算超静定结构的步骤可归纳如下：

(1) 首先加入附加约束，固定结构各结点使之不发生转动和移动，从而得到一个由单跨超静定梁组成的组合体作为基本结构。

(2) 使基本结构承受原来的荷载，并令附加约束发生与原结构相同的位移，然后再根据附加约束上反力或反力偶等于零的条件建立位移法的典型方程。为此，需要：

① 绘出单位弯矩图 $\overline{M}_i$ 图和荷载弯矩图 M_P 图；

② 利用平衡条件求出各系数和自由项。

(3) 解典型方程，求出各基本未知量 Z_1、Z_2、…、Z_n。

(4) 按照 $M=\overline{M}_1Z_1+\overline{M}_2Z_2+\cdots+\overline{M}_nZ_n+M_P$，叠加得出最后弯矩图。

(5) 在最后弯矩图的控制点处将结构切开成若干个杆件，取杆件为隔离体，由平衡条件求杆端剪力，并绘制剪力图。

(6) 取结点为隔离体，由平衡条件求杆端轴力，并绘制轴力图。

(7) 对所求得的内力图进行校核，其校核方法与力法相同。

【例 9-1】 图 9-29 所示三跨连续梁，试用位移法计算并绘制其弯矩图。

【解】 (1) 确定基本未知量和基本结构

此连续梁具有两个刚结点 B 和 C，无结点线位移，其基本结构如图 9-29(b)所示。

(2) 建立典型方程并求系数和自由项

根据基本结构附加刚臂上的反力矩等于零这一条件，可建立位移法典型方程如下：

$$r_{11}Z_1+r_{12}Z_2+R_{1P}=0$$

$$r_{21}Z_1+r_{22}Z_2+R_{2P}=0$$

为计算典型方程中的系数和自由项，分别绘出 $\overline{M}_1$ 图、$\overline{M}_2$ 图和 M_P 图，如图 9-29(c)、图 9-29(d)、图 9-29(e)所示。

这些系数和自由项均属前述的第一类系数，可取结点 B 或 C 为隔离体，利用力矩平衡条件 $\sum M=0$ 求出。现分别计算如下：

由 $\overline{M}_1$ 图得：

$$r_{11}=4i_{AB}+4i_{BC}=0.5EI+0.75EI=1.25EI$$

$$r_{21}=2i_{BC}=0.375EI$$

由 $\overline{M}_2$ 图得：

$$r_{22}=4i_{BC}+3i_{CD}=0.75EI+0.375EI=1.125EI$$

$$r_{12}=2i_{BC}=0.375EI$$

由 M_P 图得：

$$R_{1P}=20-80=-60\ \text{kN}\cdot\text{m}$$

$$R_{2P}=80-60.94=19.06\ \text{kN}\cdot\text{m}$$

实际上，r_{12} 和 r_{21} 必然是互等的，只需计算其中之一即可。

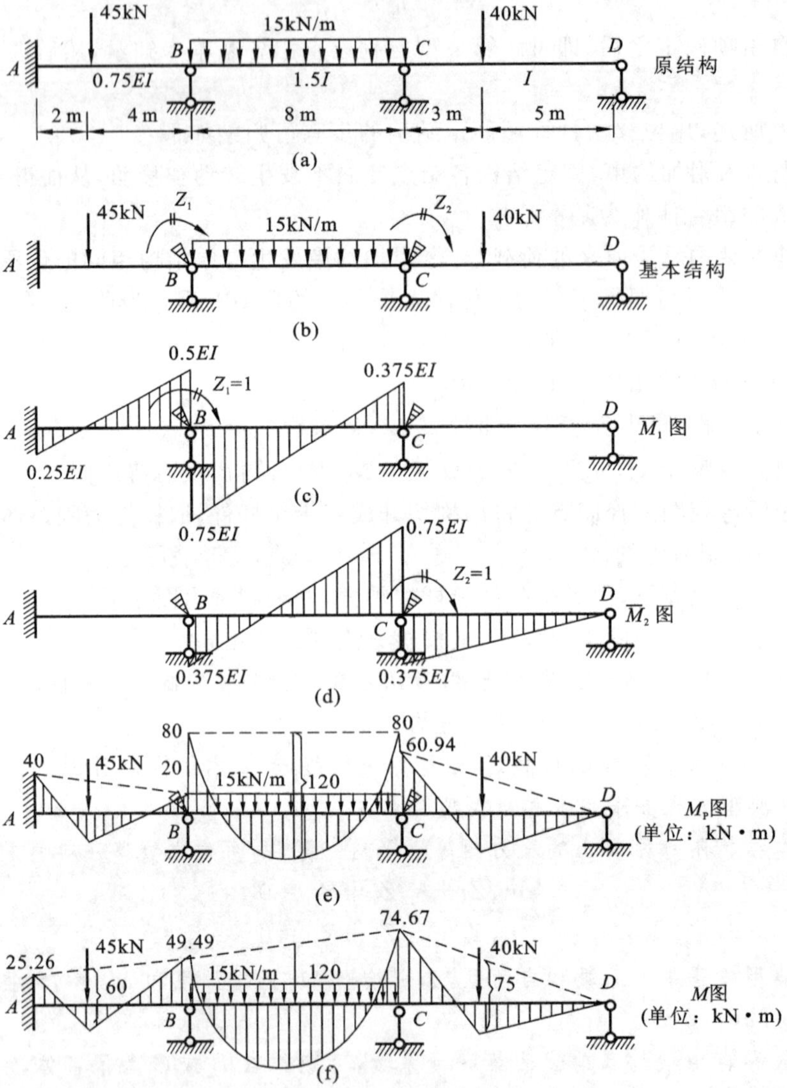

图 9-29　例 9-1 图

(a)连续梁及荷载；(b)基本结构；(c)$\overline{M}_1$ 图；(d)$\overline{M}_2$ 图；(e)M_P 图；(f)M 图

(3) 解方程求基本未知量

将求得的各系数和自由项代入位移法典型方程，得：

$$1.25EIZ_1+0.375EIZ_2-60=0$$

$$0.375EIZ_1+1.125EIZ_2+19.06=0$$

解以上联立方程，可求得：

$$Z_1=\frac{58.98}{EI},\quad Z_2=-\frac{36.6}{EI}$$

其中 Z_2 为负值，表示结点 C 的转角方向与原假设的相反，即为逆时针方向转动。

最后按 $M=\overline{M}_1Z_1+\overline{M}_2Z_2+M_P$ 可作出该连续梁的最后 M 图[图 9-29(f)]。根据该 M 图，利用每段梁的平衡条件，就不难作出其剪力图。建议读者自行完成，以资练习。

【例 9-2】 试用位移法绘制图 9-30 所示刚架弯矩图。

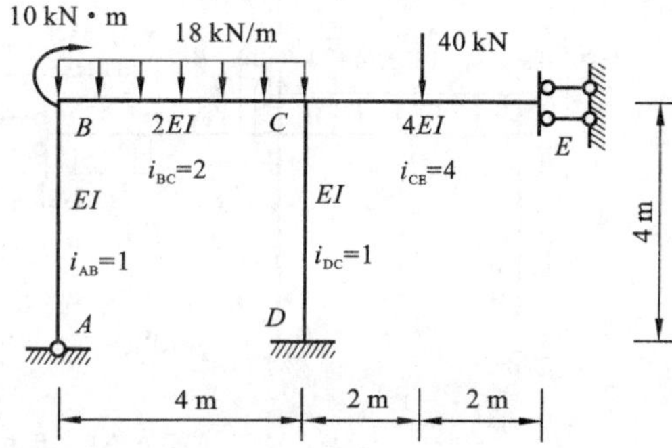

图 9-30　例 9-2 图

【解】 (1) 确定基本未知量，建立位移法典型方程

此刚架有两个角位移未知量 Z_1 和 Z_2，无结点线位移，位移法典型方程为：

$$r_{11}Z_1+r_{12}Z_2+R_{1P}=0$$

$$r_{21}Z_1+r_{22}Z_2+R_{2P}=0$$

(2) 求典型方程中的系数和自由项

在力法计算中，已经知道超静定结构在荷载作用下的内力只和各杆的相对刚度有关。因此，为方便起见，可设 $EI=4$，算得各杆的线刚度 i 示于图 9-30 中。在基本结构上利用表 9-1分别绘出单位弯矩图 $\overline{M}_1$ 图、$\overline{M}_2$ 图，以及荷载弯矩图 M_P 图，如图 9-31(a)、图 9-31(b)、图 9-31(c)所示。在图 9-31(a)、图 9-31(b)中，由结点 B、C 隔离体的力矩平衡条件，可得出各附加约束上的反力矩为：

$$r_{11}=3i_{AB}+4i_{BC}=3+8=11$$

$$r_{12}=r_{21}=2i_{BC}=4$$

$$r_{22}=4i_{BC}+4i_{CD}+i_{CE}=8+4+4=16$$

在图 9-31(c)中，由结点 B、C 隔离体的力矩平衡条件，可得各附加约束上的反力矩为：

$$R_{1P}=-24-10=-34\ \text{kN}\cdot\text{m}$$

$$R_{2P}=-60+24=-36\ \text{kN}\cdot\text{m}$$

(3) 解方程求出基本未知量

将算得的各系数和自由项代入上述典型方程中，并解得：

$$Z_1=\frac{5}{2},\quad Z_2=\frac{13}{8}$$

所得的 Z_1 和 Z_2 均为正值，说明结点 B、C 的实际角位移方向与所假设的位移方向(顺时针方向)相同。应当指出，上述所得的角位移值并非真实值，这是由于在计算中采用了相对刚度 $EI=4$。若要计算结点的真实位移，应采用各杆的绝对刚度进行计算。

(4) 绘制最后弯矩图

根据叠加原理，由 $M=\overline{M}_1Z_1+\overline{M}_2Z_2+M_P$ 可求出各杆的杆端弯矩，从而绘出刚架的最后弯矩图[图 9-31(d)]。

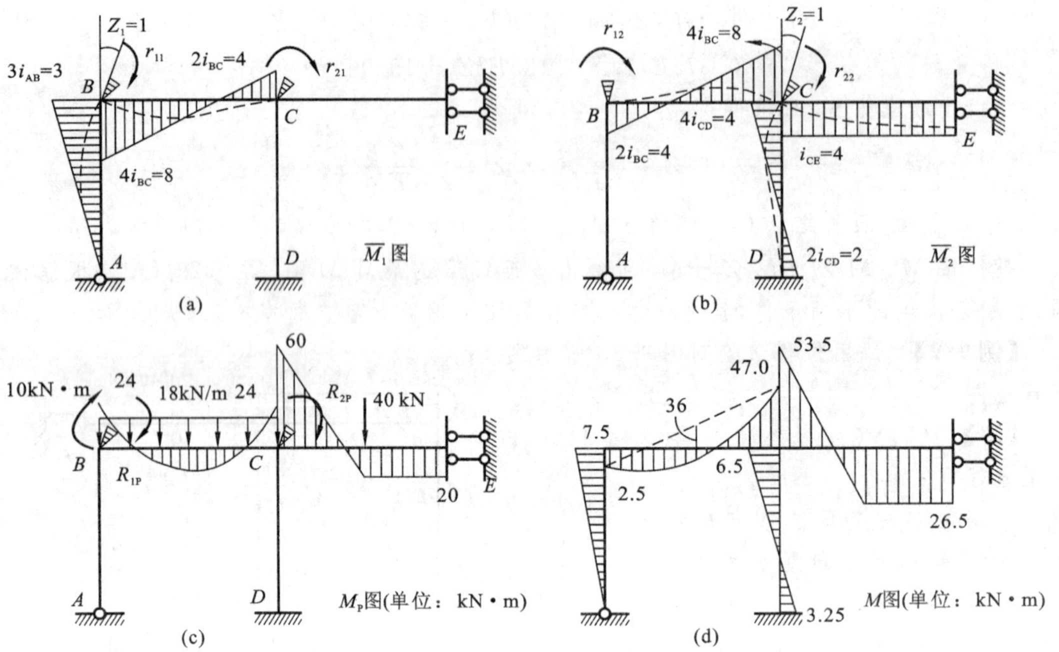

图 9-31　用位移法绘制刚架弯矩图

(a)$\overline{M}_1$ 图；(b)$\overline{M}_2$ 图；(c)M_P 图；(d)最后的 M 图

【例 9-3】 试用位移法计算图 9-32(a)所示刚架的弯矩。

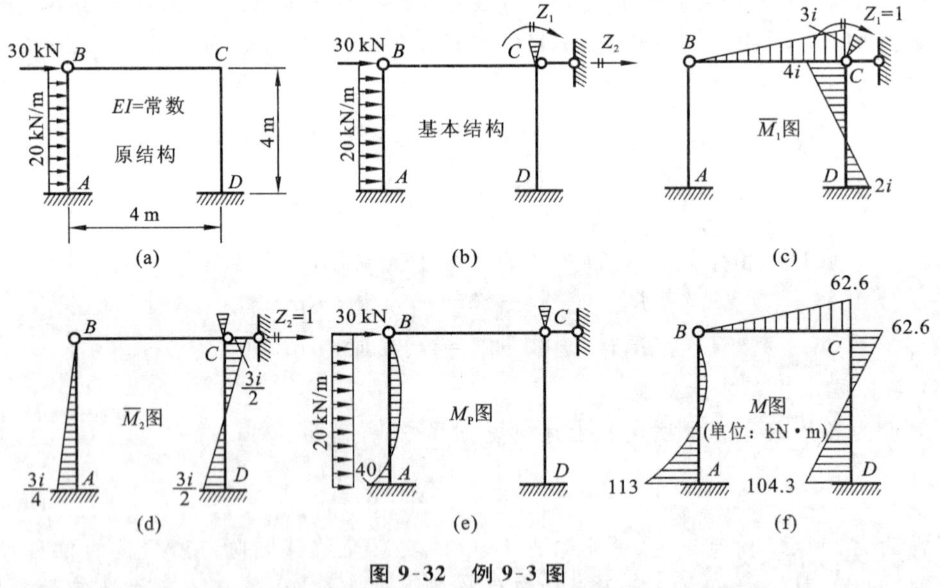

图 9-32　例 9-3 图

(a)刚架及荷载；(b)位移法基本结构；(c)$\overline{M}_1$ 图；(d)$\overline{M}_2$ 图；(e)M_P 图；(f)最后的 M 图

【解】 (1) 确定基本未知量和基本结构

此刚架具有一个独立转角 Z_1 和一个独立线位移 Z_2。若在结点 C 加入一个附加刚臂和附加链杆，便得到图 9-32(b)所示的基本结构。

(2) 建立典型方程并求系数和自由项

根据附加刚臂和链杆上的反力矩和反力应等于零的条件，可建立位移法典型方程如下：

$$r_{11}Z_1+r_{12}Z_2+R_{1P}=0$$

$$r_{21}Z_1+r_{22}Z_2+R_{2P}=0$$

为了计算典型方程的系数和自由项，利用表 9-1 中的数据，可分别绘出基本结构的单位弯矩图 $\overline{M}_1$ 图、$\overline{M}_2$ 图和荷载弯矩图 M_P 图[图 9-32(c)、图 9-32(d)和图 9-32(e)]。如前所述，这些系数和自由项可分为两类。属于第一类的有 r_{11}、r_{12} 和 R_{1P}，对于它们，可取结点 C 为隔离体，利用力矩平衡条件 $\sum M_C=0$ 求出。例如，取图 9-32(c)的结点 C 为隔离体，由 $\sum M_C=0$ 可求得：

$$r_{11}=4i+3i=7i$$

同理取图 9-32(d)的结点 C 为隔离体，可得：

$$r_{12}=-\frac{3i}{2}$$

负号表示 r_{12} 的方向与所设 Z_1 的方向相反。至于 R_{1P}，则由 M_P 图可知为零。

属于第二类的有 r_{21}、r_{22} 和 R_{2P}，它们的计算与第一类稍有不同，即在运用静力平衡条件时，须截取刚架的某一部分为隔离体，利用投影方程求之。由 $\overline{M}_2$ 图，取出如图 9-33 所示隔离体，可求得：

$$r_{21}=-\frac{3i}{2}$$

$$r_{22}=Q_{BA}+Q_{CD}=\frac{1}{4}\times\frac{3i}{4}+\frac{1}{4}\times\left(\frac{3i}{2}+\frac{3i}{2}\right)=\frac{15i}{16}$$

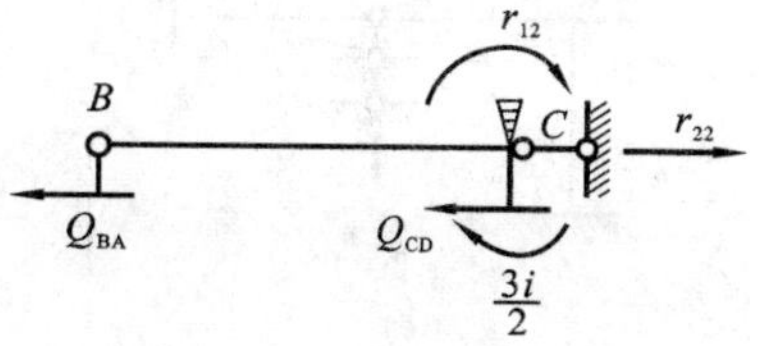

图 9-33 横梁 BC 隔离体

由 M_P 图求得：

$$R_{2P}=-40+\frac{40}{4}-30=-60\ \text{kN}$$

(3) 解方程求出基本未知量

把求得的各系数和自由项代入典型方程中得：

$$7iZ_1-\frac{3}{2}iZ_2=0$$

$$-\frac{3}{2}iZ_1+\frac{15}{16}iZ_2-60=0$$

解得

$$Z_1=\frac{480}{23i},\quad Z_2=\frac{2240}{23i}$$

最后，按照 $M=\overline{M}_1Z_1+\overline{M}_2Z_2+M_P$，即可作出最后弯矩图[图 9-32(f)]。

为了验证所得结果的正确性，应进行校核。由于位移法的典型方程是按静力平衡条件建立的，故通常只需按平衡条件进行校核。由图 9-32(f)取结点 C 为隔离体，可知它能满足 $\sum M_C=0$ 的条件；又作截面割断竖柱顶端，取其上部为隔离体，考察 $\sum X=0$ 这一条件能否满足。为此，先算出竖柱顶端的剪力 Q_{BA} 和 Q_{CD}：

$$Q_{BA}=-40+\frac{1}{4}\times113=-11.8\ \text{kN}$$

$$Q_{CD}=\frac{1}{4}\times(104.3+62.6)=41.7\ \text{kN}$$

显然,它们恰能满足下列平衡条件

$$\sum X=30-Q_{BA}-Q_{CD}=30+11.8-41.7\approx0$$

故表明所得结果无误。

【例 9-4】 用位移法绘制图 9-34(a)所示刚架的弯矩图。

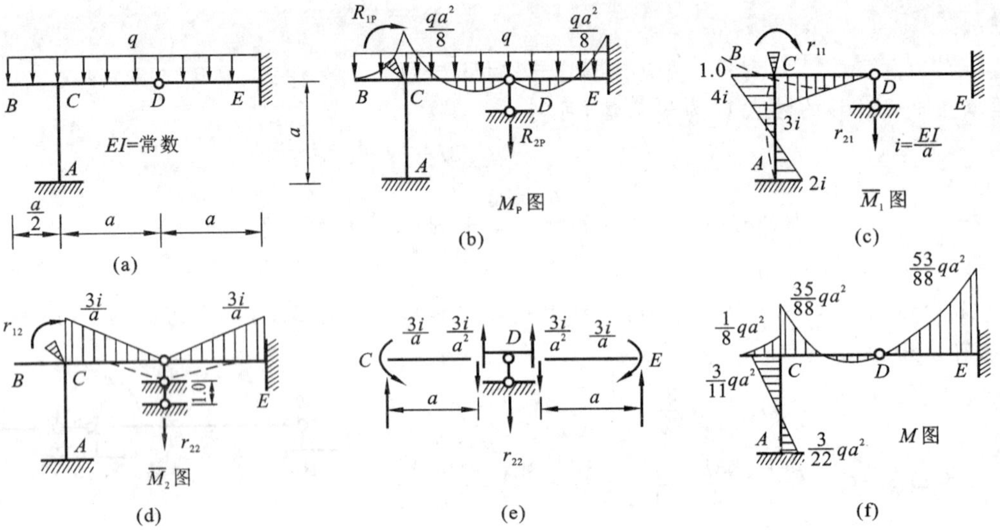

图 9-34 例 9-4 图

(a)刚架及荷载;(b)弯矩图 M_P;(c)$\overline{M}_1$ 图;(d)$\overline{M}_2$ 图;(e)结点 D 的隔离体;(f)最后的 M 图

【解】 (1) 确定基本未知量,建立位移法典型方程

此刚架 BC 部分为悬臂梁,其内力只用平衡条件就可确定,故在确定基本未知量的数目时可以不予考虑。于是,刚架在荷载作用下,结点 C 上有一个角位移 Z_1,无结点线位移,结点 D 上有一个竖向线位移 Z_2。故位移法典型方程为:

$$r_{11}Z_1+r_{12}Z_2+R_{1P}=0$$

$$r_{21}Z_1+r_{22}Z_2+R_{2P}=0$$

(2) 求典型方程中的系数和自由项

利用表 9-1 绘出基本结构在荷载作用下的弯矩图 M_P[图 9-34(b)]和单位弯矩图 $\overline{M}_1$ 图、$\overline{M}_2$ 图[图 9-34(c)、图 9-34(d)]。根据这些图可得自由项和系数如下:

由图 9-34(b)可得:

$$R_{1P}=\frac{1}{8}qa^2-\frac{1}{8}qa^2=0$$

$$R_{2P}=-\frac{3}{8}qa-\frac{3}{8}qa=-\frac{3}{4}qa$$

由图 9-34(c)可得:

$$r_{11}=4i+3i=7i$$

由图 9-34(d)可得：

$$r_{12}=r_{21}=-\frac{3i}{a}$$

根据图 9-34(e)结点 D 所示的隔离体，由 $\sum Y=0$ 得：

$$r_{22}=\frac{3i}{a^2}+\frac{3i}{a^2}=\frac{6i}{a^2}$$

(3) 解方程求出基本未知量

将求得的各系数和自由项代入典型方程中得：

$$7iZ_1-\frac{3i}{a}Z_2=0$$

$$-\frac{3i}{a}Z_1+\frac{6i}{a^2}Z_2-\frac{3}{4}qa=0$$

解方程，得：

$$Z_1=\frac{3qa^2}{44i},\quad Z_2=\frac{7qa^3}{44i}$$

最后，按公式 $M=\overline{M}_1Z_1+\overline{M}_2Z_2+M_P$ 计算各杆端弯矩值，并绘得最后弯矩图 M 图[图 9-34(f)]。

【例 9-5】 用位移法绘制图 9-35(a)所示刚架的弯矩图。

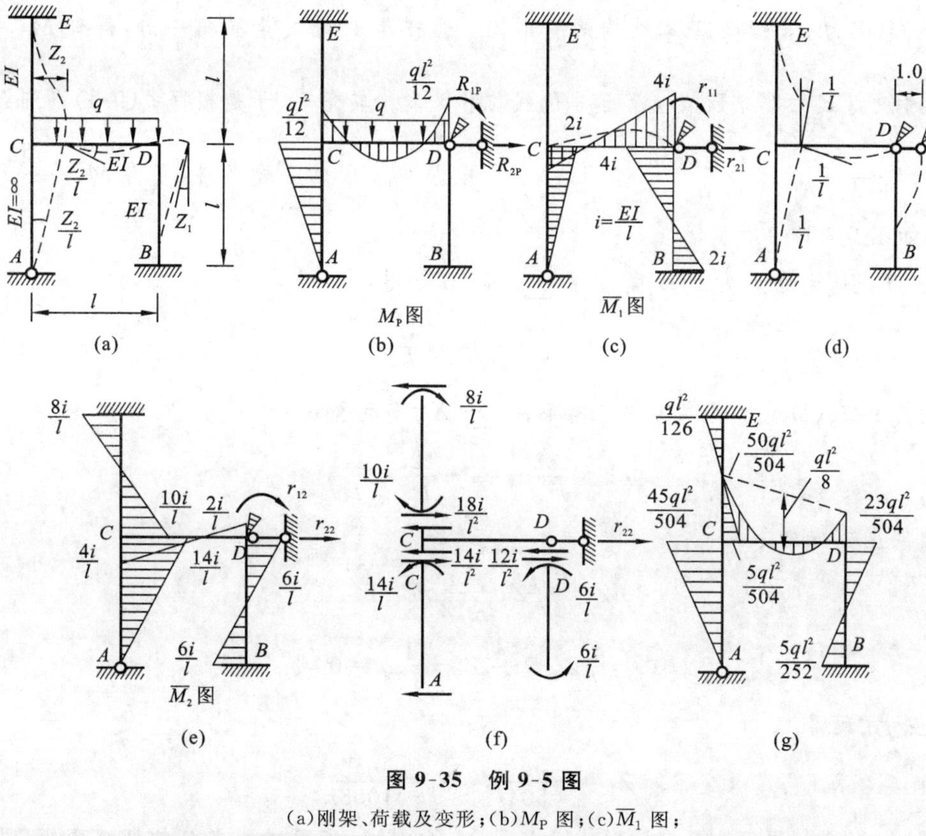

图 9-35 例 9-5 图

(a)刚架、荷载及变形；(b)M_P 图；(c)$\overline{M}_1$ 图；

(d)$Z_2=1$ 时基本结构的变形图；(e)$\overline{M}_2$ 图；(f)隔离体；(g)最后的弯矩图

【解】 此刚架在荷载作用下,结点 D 将发生角位移 Z_1 和线位移 Z_2,结点 C 除发生线位移 Z_2 外,也将发生角位移,但它不是独立的变量。这是由于 AC 柱具有无限刚性($EI=\infty$),不发生变形,只能绕铰 A 做刚体转动,显然,其转角为 $\frac{Z_2}{l}$。由于结点 C 是刚结的,它的角位移应与 AC 柱的转角相同,即应等于 $\frac{Z_2}{l}$。该题独立的位移未知量只有两个,即结点 D 的角位移 Z_1 和线位移 Z_2。

在结点 D 上加上刚臂和附加水平链杆即为位移法的基本结构。荷载作用在基本结构上,横梁 CD 的杆端弯矩可直接从表 9-1 查得。柱子 AC 具有无限刚性,尽管不发生变形,但仍有杆端弯矩,它的值可由结点 C 的平衡条件 $\sum M=0$ 直接得出,即:$M_{CA}=\frac{1}{12}ql^2$。绘出 M_P 图,如图 9-35(b)所示。

根据 M_P 图不难求出:

$$R_{1P}=\frac{ql^2}{12},\quad R_{2P}=-\frac{ql}{12}$$

图 9-35(c)为 $Z_1=1$ 时的单位弯矩图 M_1 图,图中 AC 柱上端的弯矩是根据结点平衡条件得到的。由结点 D 的弯矩平衡条件可得:

$$r_{11}=8i$$

图 9-35(d)为 $Z_2=1$ 时基本结构的变形图。当横梁 C 端发生转角 $\frac{1}{l}$ 时,得到 $M_{CD}=\frac{4i}{l}$,$M_{DC}=\frac{2i}{l}$,柱子 CE 的 C 端既发生等于 1 的线位移又发生转角 $\frac{1}{l}$,于是根据式(9-1)得到 $M_{CE}=\frac{4i}{l}-\frac{6i}{l}(-1)=\frac{10i}{l}$,$M_{EC}=\frac{2i}{l}-\frac{6i}{l}(-1)=\frac{8i}{l}$。根据结点 C 的平衡条件,可得 $M_{CA}=\frac{14i}{l}$。绘出 M_2 图如图 9-35(e)所示。

根据 M_2 图,由结点 D 的平衡条件 $\sum M=0$ 可得:

$$r_{12}=r_{21}=-\frac{4i}{l}$$

根据图 9-35(f)所示隔离体的平衡条件 $\sum X=0$ 可得:

$$r_{22}=\frac{18i}{l^2}+\frac{14i}{l^2}+\frac{12i}{l^2}=\frac{44i}{l^2}$$

列出典型方程如下:

$$8iZ_1-\frac{4i}{l}Z_2+\frac{1}{12}ql^2=0$$

$$-\frac{4i}{l}Z_1+\frac{44i}{l^2}Z_2-\frac{1}{12}ql=0$$

解上述方程得:

$$Z_1=-\frac{5ql^2}{504i},\quad Z_2=\frac{ql^3}{1008i}$$

最后,根据叠加原理,按公式 $M=M_1Z_1+M_2Z_2+M_P$ 即可求出各杆的杆端弯矩,并绘出最后弯矩图[图 9-35(g)]。

刚架结构中常有斜柱存在，对于有斜柱刚架无侧移情况的计算方法与无斜柱刚架的计算方法相同。现在以图 9-36(a)所示的刚架为例讨论有侧移情况的计算方法。

(1) 确定侧移时各杆的杆端相对位移和弦转角

图 9-36(a)所示为一有侧移的斜杆刚架。取结点 B 的转角 θ_B 和横梁的水平位移 Δ 作为基本未知量。现在根据横梁的水平位移 Δ 来确定各杆的杆端相对位移和弦转角。为此，在结点 A 和 B 处加铰，把刚架变成铰结体系，并令横梁产生水平位移 Δ[图 9-36(b)]。这里结点 A 和 C 的位移向量为已知，结点 B 的位移向量可利用位移图来求得。

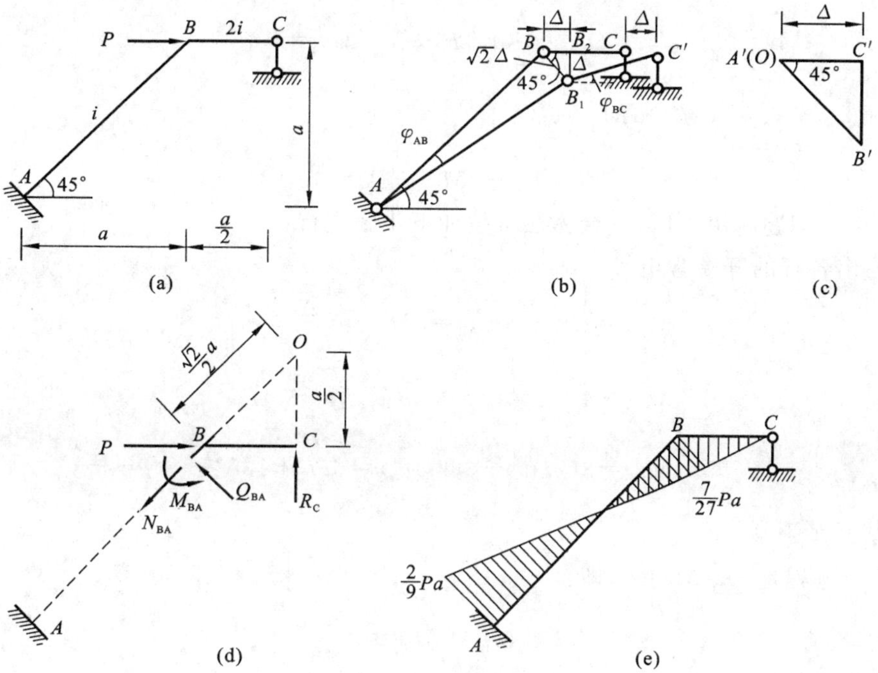

图 9-36　斜柱刚架的计算

(a)刚架及荷载；(b)刚架变成铰结体系；(c)位移图；(d)取横梁 BC 为隔离体；(e)最后的弯矩图

位移图如图 9-36(c)所示。先任取一点 O 作极点。由于已知结点 A 的位移为零，故 A' 点与 O 点重合。由于结点 C 已知有水平位移 Δ，故在图中可定出 C' 点。再从 A' 点作杆 AB 的垂线，由 C' 点作杆 BC 的垂线，其交点即为 B' 点。由图 9-36(c)可知：

结点 B 的总位移 $=OB'=\sqrt{2}\Delta$

杆 AB 的杆端相对位移 $=A'B'=\sqrt{2}\Delta$

杆 BC 的杆端相对位移 $=B'C'=\Delta$

由此可求出各杆的弦转角 φ：

$$\left.\begin{aligned}\varphi_{AB}&=\frac{\sqrt{2}\Delta}{l_{AB}}=\frac{\Delta}{a}\\ \varphi_{BC}&=-\frac{\Delta}{l_{BC}}=-\frac{2\Delta}{a}\end{aligned}\right\}\tag{9-16}$$

由于 φ_{BC} 为逆时针转向,故取负值。

(2) 建立与侧移 Δ 对应的基本方程

为了建立与横梁水平位移 Δ 对应的位移法基本方程,可取横梁 BC 为隔离体[图 9-36(d)],列出平衡方程。

如果列水平投影平衡方程 $\sum X=0$,则:

$$Q_{BA}\cos 45°+N_{BA}\cos 45°-P=0$$

这里的 Q_{BA} 和 N_{BA} 都要用基本未知量来表示,比较麻烦。

如果改用力矩平衡方程,并以图 9-36(d)中的 O 点作为矩心,则:

$$Q_{BA}\cdot\frac{\sqrt{2}}{2}a-P\cdot\frac{a}{2}-M_{BA}=0$$

由于 $Q_{BA}=-\frac{1}{\sqrt{2}a}(M_{AB}+M_{BA})$,故:

$$M_{AB}+3M_{BA}+Pa=0 \tag{9-17}$$

上面两个问题解决之后,其余做法可按如下步骤进行:

① 写出各杆的杆端弯矩

$$M_{AB}=2i\theta_B-6i\varphi_{AB}=2i\theta_B-6i\frac{\Delta}{a}$$

$$M_{BA}=4i\theta_B-6i\varphi_{AB}=4i\theta_B-6i\frac{\Delta}{a}$$

$$M_{BC}=3(2i)\theta_B-3(2i)\varphi_{BC}=6i\theta_B+12i\frac{\Delta}{a}$$

② 建立基本方程

第一个方程是 $\sum M_B=0$,即:

$$M_{BA}+M_{BC}=0 \tag{9-18}$$

将各杆的杆端弯矩代入式(9-18),得:

$$10i\theta_B+6i\frac{\Delta}{a}=0 \tag{9-19}$$

第二个方程就是式(9-17),将各杆的杆端弯矩代入,得:

$$14i\theta_B-24i\frac{\Delta}{a}+Pa=0 \tag{9-20}$$

联立解方程式(9-19)和式(9-20),得:

$$\theta_B=-\frac{1}{54}\frac{Pa}{i}$$

$$\Delta=\frac{5}{162}\frac{Pa}{i}$$

由此可得各杆的杆端弯矩为:

$$M_{AB}=-\frac{2}{9}Pa,\quad M_{BA}=-\frac{7}{27}Pa,\quad M_{BC}=\frac{7}{27}Pa$$

弯矩图如图 9-36(e)所示。

【例 9-6】 用位移法绘制图 9-37(a)所示刚架的弯矩图。

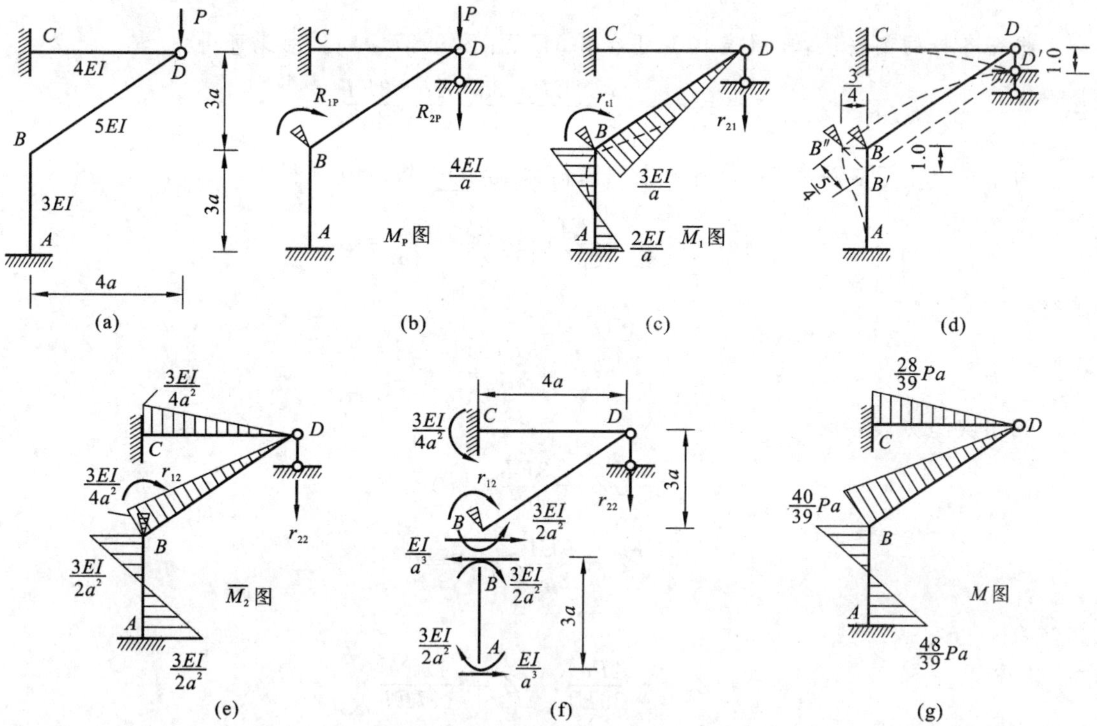

图 9-37 例 9-6 图

(a)刚架及荷载;(b)荷载作用下的 M_P 图;(c)$\overline{M}_1$ 图;

(d)结点 D 竖向位移的结构变形;(e)$\overline{M}_2$ 图;(f)求 r_{22} 时所取隔离体;(g)最后的弯矩图

【解】 此刚架在荷载作用下,结点 B 上有一个角位移 Z_1、结点 D 上有一个独立的竖向线位移 Z_2。

选取基本结构如图 9-37(b)所示。在基本结构上,由于荷载作用下的弯矩图 M_P 为零。由此可得:

$$R_{1P}=0, \quad R_{2P}=-P$$

利用表 9-1 绘出 $\overline{M}_1$ 图[图 9-37(c)]。由此可得:

$$r_{11}=\frac{4EI}{a}+\frac{3EI}{a}=\frac{7EI}{a}$$

该刚架具有斜杆,结点 B 上的两根杆件是非正交的,结点发生线位移的情况[图 9-37(d)]要较前两例的情况复杂得多,结点 D 沿竖向移动到 D',并令位移 $DD'=1$,这时 CD 杆的侧移等于 1,而其他杆件也会产生侧移,但它们不是独立的,称它们为牵连侧移。通常可以利用几何作图的方法来确定这些牵连侧移。作法如下:先作 $DD'=1$,并设想 BD 杆的 B 端无约束,这时 BD 杆做平行移动,B 点移至 B' 点,并得 $BB'=DD'=1$。实际上由于 AB 杆的存在,使 BD 杆 B 端受到约束,B 点不可能移到 B' 点,只能沿垂直于 AB 杆的水平方向移动,因此,必须自 B' 点作一垂直于 $B'D'$ 的直线,使它与垂直于 AB 杆的水平线相交,交点 B'' 即为 B 点的最终位置。由于$\triangle BB'B''$与$\triangle BCD$ 相似,不难求得 AB 杆的侧移 $BB''=\frac{3}{4}$,BD

杆的侧移 $B'B''=\frac{5}{4}$。

根据各杆的侧移值,参照表 9-1 可绘出 $\overline{M}_2$ 图[图 9-37(e)]。由此可得:

$$r_{12}=r_{21}=\frac{3}{2}\cdot\frac{EI}{a^2}-\frac{3}{4}\cdot\frac{EI}{a^2}=\frac{3EI}{4a^2}$$

为了求 r_{22},可取图 9-37(f)所示上部隔离体,由 $\sum M_C=0$ 可得:

$$4ar_{22}+r_{12}-\frac{3EI}{2a^2}-3a\frac{EI}{a^3}-\frac{3EI}{4a^2}=0$$

求得:

$$r_{22}=\frac{9EI}{8a^3}$$

列出典型方程:

$$\frac{7EI}{a}Z_1+\frac{3EI}{4a^2}Z_2=0$$

$$\frac{3EI}{4a^2}Z_1+\frac{9EI}{8a^3}Z_2-P=0$$

解得:

$$Z_1=-\frac{4Pa^2}{39EI},\quad Z_2=\frac{112Pa^3}{117EI}$$

根据叠加原理 $M=M_1Z_1+M_2Z_2+M_P$ 计算各杆端弯矩值,并绘出最后弯矩图[图 9-37(g)]。

【例 9-7】 用位移法计算图 9-38(a)所示桁架各杆的轴力。

【解】 在该桁架的结点 B 上有一个独立水平位移 Z_1,结点 C 上有一个独立竖向位移 Z_2,总共有两个独立的位移未知量。沿着结点 B 和结点 C 的位移方向上加上附加链杆,即为位移法的基本结构[图 9-38(b)]。由该图的结点平衡条件不难求得:

$$R_{1P}=0,\quad R_{2P}=59\ \text{kN}$$

图 9-38(c)为 $Z_1=1$ 时各杆的变形图,由此可得:

$$N_{1AB}=\frac{EA}{l}$$

$$N_{1BC}=\frac{\frac{5}{6}EA}{\frac{5}{6}l}\times\frac{3}{5}=\frac{3EA}{5l}$$

$$N_{1AC}=0$$

根据图 9-38(d)和图 9-38(e)的结点平衡条件可分别求得:

$$r_{21}=\frac{3}{5}\times\frac{EA}{l}\cdot\cos\frac{\beta}{2}=\frac{3}{5}\times\frac{EA}{l}\times\frac{4}{5}=\frac{12EA}{25l}$$

$$r_{11}=\frac{3}{5}\times\frac{EA}{l}\cos\alpha+\frac{EA}{l}=\frac{9EA}{25l}+\frac{EA}{l}=\frac{34EA}{25l}$$

图 9-38(f)为 $Z_2=1$ 时各杆的变形图,由此可得:

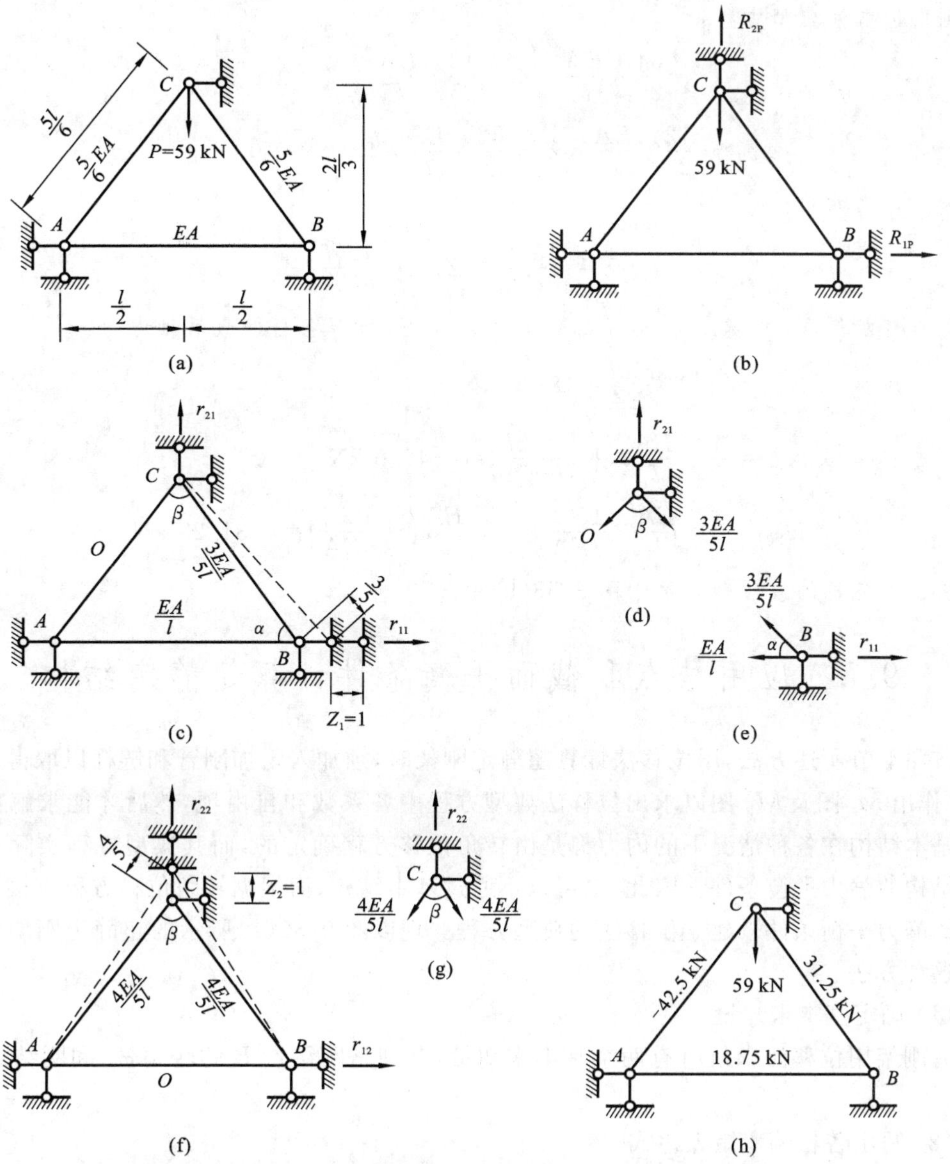

图 9-38 例 9-7 图

(a)桁架及其荷载;(b)位移法的基本结构;(c)$Z_1=1$时的变形图;(d)计算r_{21}时的隔离体;(e)计算r_{11}时的隔离体;(f)$Z_2=1$时的变形图;(g)计算r_{22}时的隔离体;(h)最后各杆内力

$$N_{2AC}=N_{2BC}=\frac{\frac{5}{6}EA}{\frac{5}{6}l}\times\frac{4}{5}=\frac{4EA}{5l}$$

$$N_{2AB}=0$$

根据图 9-38(g)的结点平衡可得:

$$r_{22}=\frac{4}{5}\times\frac{EA}{l}\times\cos\frac{\beta}{2}\times 2=\frac{4}{5}\times\frac{EA}{l}\times\frac{4}{5}\times 2=\frac{32EA}{25l}$$

列出位移法典型方程:

$$\frac{34}{25}\times\frac{EA}{l}\times Z_1+\frac{12}{25}\times\frac{EA}{l}\times Z_2=0$$

$$\frac{12}{25}\times\frac{EA}{l}\times Z_1+\frac{32}{25}\times\frac{EA}{l}\times Z_2+59=0$$

解上述方程得:

$$Z_1=\frac{150l}{8EA},\quad Z_2=-\frac{425l}{8EA}$$

根据叠加原理,可按公式 $N=N_1Z_1+N_2Z_2+N_P$ 计算各杆的最后轴力为:

$$N_{AB}=\frac{EA}{l}\times\frac{150l}{8EA}=18.75\ \text{kN}$$

$$N_{AC}=\frac{4}{5}\times\frac{EA}{l}\times\left(-\frac{425l}{8EA}\right)=-42.5\ \text{kN}$$

$$N_{BC}=\frac{3}{5}\times\frac{EA}{l}\times\frac{150l}{8EA}+\frac{4}{5}\times\frac{EA}{l}\left(-\frac{425l}{8EA}\right)=-31.25\ \text{kN}$$

将以上各杆的最后轴力示于图 9-38(h)中。

9.5 应用结点和截面平衡条件计算超静定结构

按照上节所述方法,用位移法计算超静定刚架时,须加入附加刚臂和链杆以取得基本结构,并作出 $\overline{M}_i$ 图及 M_P 图以求出位移法典型方程中各系数和自由项,然后才能求解典型方程。基本结构在各种情况下的内力都是由转角位移方程确定的,而其典型方程实际上又反映原结构的静力平衡条件。因此,也可以不通过基本结构,而根据转角位移方程直接利用原结构的静力平衡条件来建立位移法的典型方程。现以图 9-39(a)所示的超静定刚架为例来说明这种方法。

(1) 确定基本未知量

此刚架用位移法求解时有两个基本未知量,分别是刚结点 B 的转角 φ_B 和刚结点 C 的转角 φ_C。

(2) 写出各杆端弯矩表达式

由已知条件可知各杆的线刚度为:

$$i_{AB}=\frac{EI}{4},\quad i_{BC}=\frac{2EI}{4}=\frac{EI}{2},\quad i_{CD}=\frac{EI}{4},\quad i_{CF}=\frac{2EI}{4}=\frac{EI}{2}$$

利用转角位移方程和表 9-1 写出各杆的杆端弯矩:

$$M_{BC}=4i_{BC}\varphi_B+2i_{BC}\varphi_C+\left(-\frac{1}{12}\times20\times4^2\right)=2EI\varphi_B+EI\varphi_C-26.67$$

$$M_{CB}=4i_{BC}\varphi_C+2i_{BC}\varphi_B+\frac{1}{12}\times20\times4^2=2EI\varphi_C+EI\varphi_B+26.67$$

$$M_{CF}=3i_{CF}\varphi_C+\left(-\frac{3}{16}\times40\times4\right)=\frac{3}{2}EI\varphi_C-30$$

$$M_{FC}=0$$

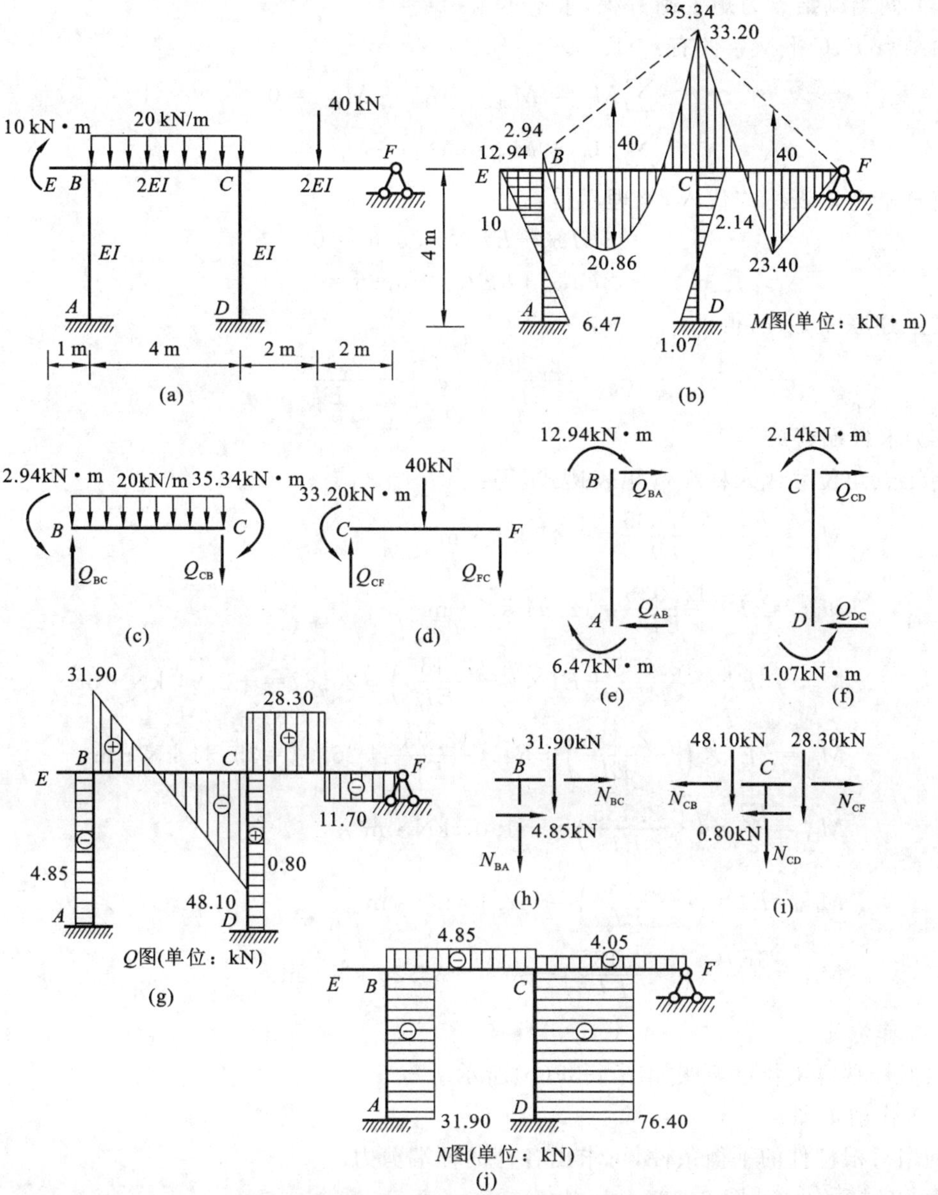

图 9-39 位移法计算刚架内力

(a)刚架及荷载；(b)最后的弯矩图；(c)BC 杆隔离体；(d)CF 杆隔离体；(e)AB 杆隔离体；(f)CD 杆隔离体；(g)剪力图；(h)结点 B 隔离体；(i)结点 C 隔离体；(j)轴力图

$$M_{AB}=2i_{AB}\varphi_B=\frac{EI}{2}\varphi_B,\quad M_{BA}=4i_{AB}\varphi_B=EI\varphi_B$$

$$M_{CD}=4i_{CD}\varphi_C=EI\varphi_C,\quad M_{DC}=2i_{CD}\varphi_C=\frac{EI}{2}\varphi_C$$

悬臂端：

$$M_{EB}=10\ \text{kN}\cdot\text{m},\quad M_{BE}=-10\ \text{kN}\cdot\text{m}$$

(3) 列出刚结点力矩平衡方程,求基本未知量

由结点 B、C 平衡条件有:

$$\sum M_B = M_{BE} + M_{BA} + M_{BC} = 0$$

$$\sum M_C = M_{CB} + M_{CD} + M_{CF} = 0$$

将杆端弯矩表达式代入,整理后得:

$$3EI\varphi_B + EI\varphi_C - 36.67 = 0$$
$$2EI\varphi_B + 9EI\varphi_C - 6.66 = 0$$

解上述联立方程,得:

$$\varphi_B = \frac{12.935}{EI}, \quad \varphi_C = -\frac{2.135}{EI}$$

(4) 求杆端弯矩

将结点角位移代入杆端弯矩表达式,得:

$$M_{AB} = \frac{EI}{2} \times \frac{12.935}{EI} = 6.47\ \text{kN}\cdot\text{m}$$

$$M_{BA} = EI \times \frac{12.935}{EI} = 12.94\ \text{kN}\cdot\text{m}$$

$$M_{BC} = 2EI \times \frac{12.935}{EI} + EI \times \left(-\frac{2.135}{EI}\right) - 26.67 = -2.94\ \text{kN}\cdot\text{m}$$

$$M_{CB} = 2EI \times \left(-\frac{2.135}{EI}\right) + EI \times \frac{12.935}{EI} + 26.67 = 35.34\ \text{kN}\cdot\text{m}$$

$$M_{DC} = \frac{EI}{2} \times \left(-\frac{2.135}{EI}\right) = -1.07\ \text{kN}\cdot\text{m}$$

$$M_{CD} = EI \times \left(-\frac{2.135}{EI}\right) = -2.14\ \text{kN}\cdot\text{m}$$

$$M_{CF} = \frac{3EI}{2} \times \left(-\frac{2.135}{EI}\right) - 30 = -33.20\ \text{kN}\cdot\text{m}$$

(5) 作弯矩图

根据杆端弯矩作弯矩图如图 9-39(b)所示。

(6) 作剪力图

利用每根杆件的平衡条件,可求出各杆的杆端剪力。

由 BC 杆的平衡[图 9-39(c)],得:

$$\sum M_C = 0, \quad Q_{BC} = -\frac{1}{4} \times (-2.94 + 35.34) + \frac{1}{2} \times 20 \times 4 = 31.90\ \text{kN}$$

$$\sum M_B = 0, \quad Q_{CB} = -\frac{1}{4} \times (-2.94 + 35.34) - \frac{1}{2} \times 20 \times 4 = -48.10\ \text{kN}$$

求出 Q_{BC} 后,也可利用 $\sum Y = 0$ 求出 Q_{CB}。

同理,分别由杆 CF、AB 及 CD 的平衡条件[图 9-39(d)、图 9-39(e)、图 9-39(f)]可求出杆端剪力:

$$Q_{CF} = -\frac{1}{4} \times (-33.20) + \frac{1}{2} \times 40 = 28.30\ \text{kN}$$

$$Q_{FC}=-\frac{1}{4}\times(-33.20)-\frac{1}{2}\times 40=-11.70\ \text{kN}$$

$$Q_{AB}=Q_{BA}=-\frac{1}{4}\times(6.47+12.94)=-4.85\ \text{kN}$$

$$Q_{CD}=Q_{DC}=-\frac{1}{4}\times(-2.14-1.07)=0.80\ \text{kN}$$

杆 BE 的杆端剪力为：

$$Q_{BE}=Q_{EB}=0$$

根据杆端剪力作剪力图[图 9-39(g)]。

(7) 作轴力图

利用刚结点的平衡条件，求杆端轴力。

由结点 B 的平衡[图 9-39(h)]，得：

$$\sum X=0,\quad N_{BC}=-4.85\ \text{kN}$$

$$\sum Y=0,\quad N_{BA}=-31.90\ \text{kN}$$

由于杆 BC、AB 上均无与其轴线平行的荷载，所以：

$$N_{CB}=N_{BC}=-4.85\ \text{kN}$$

$$N_{AB}=N_{BA}=-31.90\ \text{kN}$$

由结点 C 的平衡[图 9-39(i)]，得：

$$\sum X=0,\quad N_{CF}=N_{CB}+0.80=-4.05\ \text{kN}$$

$$\sum Y=0,\quad N_{CD}=-(48.10+28.30)=-76.40\ \text{kN}$$

由于杆 CF、CD 上也无与其轴线平行的荷载，所以：

$$N_{FC}=N_{CF}=-4.05\ \text{kN}$$

$$N_{DC}=N_{CD}=-76.40\ \text{kN}$$

根据杆端轴力作轴力图[图 9-39(j)]。

(8) 校核

在位移法中，通常只需进行平衡条件的校核。对图 9-39 中的内力图进行平衡条件的校核如下：首先分别截取结点 B、C 为隔离体[图 9-40(a)、图 9-40(b)]，校核力矩平衡条件：

$$\sum M_B=0,\quad 12.94-2.94-10=0$$

$$\sum M_C=0,\quad 35.34-33.20-2.14=0$$

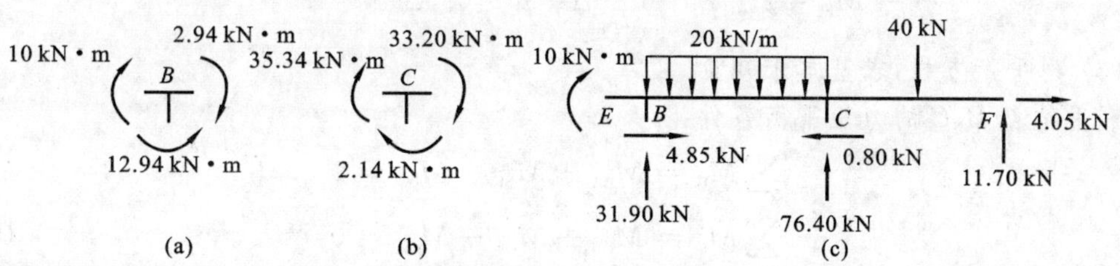

图 9-40 校核内力图

(a)结点 B 隔离体；(b)结点 C 隔离体；(c)横梁 $EBCF$ 隔离体

其次,截取横梁 $EBCF$,连同柱端为隔离体[图 9-40(c)],校核水平和竖向平衡条件:

$$\sum X = 0,\quad 4.85 - 0.80 - 4.05 = 0$$

$$\sum Y = 0,\quad 31.90 + 76.40 + 11.70 - 20 \times 4 - 40 = 0$$

故计算无误。

在以上计算中所求得的各杆内力值都不包含 EI 和 i 值,说明由于荷载引起的刚架内力只与杆件的 EI 或 i 的相对值有关,而与其绝对值无关。因此,为了方便计算,常取$EI=1$或其他便于计算的数值,而不会影响内力的计算结果。

【例 9-8】 求作图 9-41(a)所示刚架的内力图。

【解】 (1) 确定基本未知量

此刚架有三个基本未知量:结点角位移 φ_B、φ_C 及结点的水平线位移 Δ。

(2) 写出杆端弯矩表达式

设 $EI=1$,各杆的线刚度为:

$$i_{AB}=\frac{4EI}{4}=1,\quad i_{BC}=\frac{5EI}{5}=1,\quad i_{CD}=\frac{4EI}{4}=1,$$

$$i_{BE}=\frac{3EI}{4}=0.75,\quad i_{CF}=\frac{3EI}{6}=0.5$$

利用转角位移方程和表 9-1 写出各杆端弯矩表达式:

$$M_{AB}=0$$

$$M_{BA}=3i_{AB}\varphi_B+M_{BA}^F=3\varphi_B+45$$

$$M_{BC}=4i_{BC}\varphi_B+2i_{BC}\varphi_C+M_{BC}^F=4\varphi_B+2\varphi_C-50$$

$$M_{CB}=2i_{BC}\varphi_B+4i_{BC}\varphi_C+M_{CB}^F=2\varphi_B+4\varphi_C+50$$

$$M_{CD}=3i_{CD}\varphi_C=3\varphi_C$$

$$M_{DC}=0$$

$$M_{BE}=4i_{BE}\varphi_B-6\,\frac{i_{BE}}{l_{BE}}\Delta=3\varphi_B-1.125\Delta$$

$$M_{EB}=2i_{BE}\varphi_B-6\,\frac{i_{BE}}{l_{BE}}\Delta=1.5\varphi_B-1.125\Delta$$

$$M_{CF}=4i_{CF}\varphi_C-6\,\frac{i_{CF}}{l_{CF}}\Delta=2\varphi_C-0.5\Delta$$

$$M_{FC}=2i_{CF}\varphi_C-6\,\frac{i_{CF}}{l_{CF}}\Delta=\varphi_C-0.5\Delta$$

(3) 列平衡方程,求基本未知量

利用结点 B、C 的力矩平衡条件:

$$\sum M_B = M_{BA} + M_{BE} + M_{BC} = 0 \tag{9-21}$$

$$\sum M_C = M_{CB} + M_{CF} + M_{CD} = 0 \tag{9-22}$$

将杆端弯矩表达式分别代入式(9-21)、式(9-22),整理后得:

$$10\varphi_B+2\varphi_C-1.125\Delta-5=0 \tag{9-23}$$

$$2\varphi_B+9\varphi_C-0.5\Delta+50=0 \tag{9-24}$$

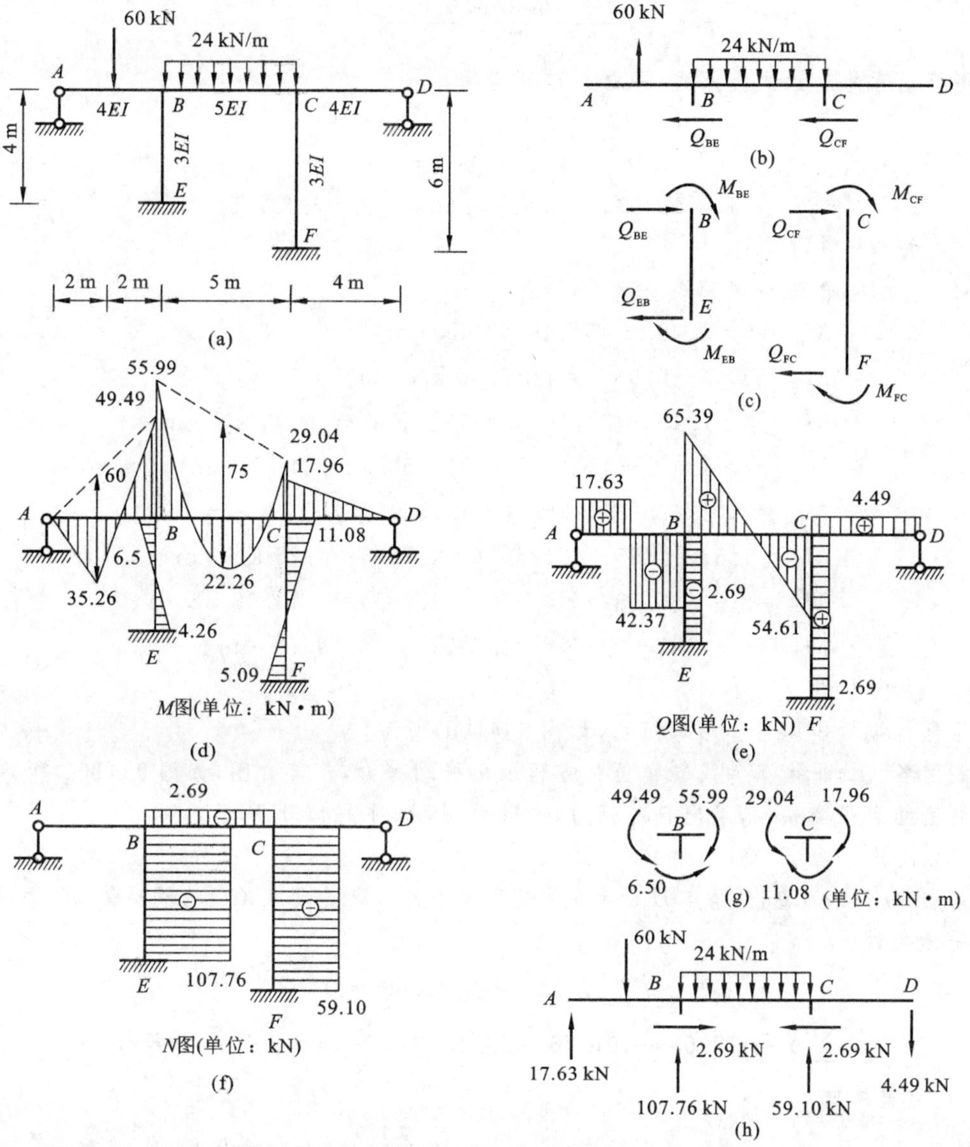

图 9-41　例 9-8 图

(a)刚架及荷载；(b)*ABCD* 梁隔离体；(c)*BE*、*CF* 柱隔离体；(d)*M* 图；(e)*Q* 图；

(f)*N* 图；(g)结点 *B*、*C* 隔离体；(h)校核 *ABCD* 梁平衡条件

截取横梁 *ABCD*(连同柱端)为隔离体[图 9-41(b)]，考虑杆端剪力平衡条件 $\sum X=0$，得：

$$Q_{BE}+Q_{CF}=0 \tag{9-25}$$

再考虑柱 *BE* 和柱 *CF* 的平衡条件 $\sum M_E=0$ 及 $\sum M_F=0$[图 9-41(c)]，得：

$$Q_{BE}=-\frac{M_{BE}+M_{EB}}{4},\quad Q_{CF}=-\frac{M_{CF}+M_{FC}}{6}$$

将其代入式(9-25),得

$$\frac{M_{BE}+M_{EB}}{4}+\frac{M_{CF}+M_{FC}}{6}=0 \tag{9-26}$$

将杆端弯矩表达式代入式(9-26),整理后得:

$$13.5\varphi_B+6\varphi_C-8.75\Delta=0 \tag{9-27}$$

联立方程式(9-23)、式(9-24)、式(9-27),解得:

$$\varphi_B=1.495,\quad \varphi_C=-5.987,\quad \Delta=-1.795$$

(4) 求各杆杆端弯矩

将结点位移代入杆端弯矩表达式,得:

$$M_{BA}=3\times1.495+45=49.49\ \text{kN}\cdot\text{m}$$
$$M_{CD}=3\times(-5.987)=-17.96\ \text{kN}\cdot\text{m}$$
$$M_{BC}=4\times1.495+2\times(-5.987)-50=-55.99\ \text{kN}\cdot\text{m}$$
$$M_{CB}=2\times1.495+4\times(-5.987)+50=29.04\ \text{kN}\cdot\text{m}$$
$$M_{BE}=3\times1.495-1.125\times(-1.795)=6.50\ \text{kN}\cdot\text{m}$$
$$M_{EB}=1.5\times1.495-1.125\times(-1.795)=4.26\ \text{kN}\cdot\text{m}$$
$$M_{CF}=2\times(-5.987)-0.5\times(-1.795)=-11.08\ \text{kN}\cdot\text{m}$$
$$M_{FC}=-5.987-0.5\times(-1.795)=-5.09\ \text{kN}\cdot\text{m}$$

(5) 作内力图

根据杆端弯矩即可作出弯矩图,如图 9-41(d)所示。

利用各杆的平衡条件或转角位移方程求出杆端剪力,作剪力图,如图 9-41(e)所示。

利用结点平衡条件,求出杆端轴力,作轴力图,如图 9-41(f)所示。

(6) 校核

从图 9-41(g)可看出,结点 B、C 满足力矩平衡条件。取横梁 $ABCD$ 为隔离体[图 9-41(h)],校核平衡条件:

$$\sum X=2.69-2.69=0$$

$$\sum Y=17.63+107.76+59.10-60-24\times5-4.49=0$$

满足,故计算无误。

9.6 用位移法分析具有剪力静定杆的刚架

如图 9-42 所示的刚架,在荷载作用下,B、C、D 三个结点有三个角位移和三个水平线位移,共有六个位移未知量,用前一节所述的位移法计算,显然是较烦琐的。但考虑到该刚架具有以下特点,可使独立位移未知量大为减少。

(1) 各柱两端的结点虽然有侧向线位移,但各层柱子的剪力是静定的,称它为剪力静定杆。如上层柱的剪力可由静力平衡条件直接得到 $Q_{CD}=P$,同理可得中间层柱子的剪力 $Q_{BC}=2P$,底层柱的剪力 $Q_{AB}=3P$。

(2) 各层横梁的两端无垂直于杆轴的相对线位移,称它为无侧移杆。

考虑到上述特点，在确定位移法的独立位移未知量时，可以不把各柱端的侧移作为独立的位移未知量，从而使位移未知量减为三个角位移，使计算得以简化。在选取位移法的基本结构时，只需在刚性结点上加上阻止转动的刚臂约束即可，如图 9-43(a)所示。在该基本结构中，由于各层柱端无侧向约束，柱子两端有相对线位移而无角位移，所以各层柱子可视为上端可做水平滑动的定向支座、下端固定的杆件，从而满足剪力静定的要求。如中间的柱子 BC，其计算简图如图 9-43(b)所示，柱顶承受的剪力等于柱顶以上各层所有水平荷载的代数和，因此，$Q_{BC}=2P$。利用表 9-1 可求出该柱的柱端弯矩 $M_{CB}=M_{BC}=-Pl$。同理，可求出其他各柱的柱端弯矩。各横梁的梁端虽有水平位移，但它对梁的内力无影响，因此，在上述基本结构中，各横梁可视为一端固定另一端铰支的杆件，利用表 9-1 求出其梁端的弯矩，如上层横梁 DG 的端弯矩 $M_{DG}=-\dfrac{3Pl}{16}$。将得出的各梁端和各柱端的弯矩绘在基本结构上，即得到荷载作用下的 M_P 图[图 9-43(c)]。由各结点的平衡条件可得：

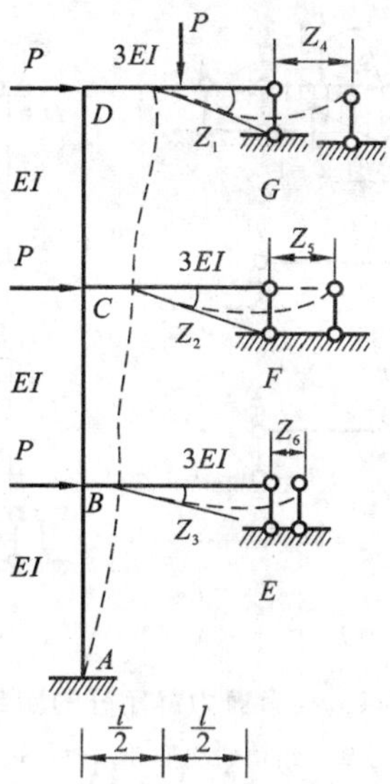

图 9-42　具有剪力静定杆的刚架

$$R_{1P}=-\frac{3Pl}{16}-\frac{Pl}{2}=-\frac{11Pl}{16}$$

$$R_{2P}=-\frac{Pl}{2}-Pl=-\frac{3Pl}{2}$$

$$R_{3P}=-Pl-\frac{3Pl}{2}=-\frac{5Pl}{2}$$

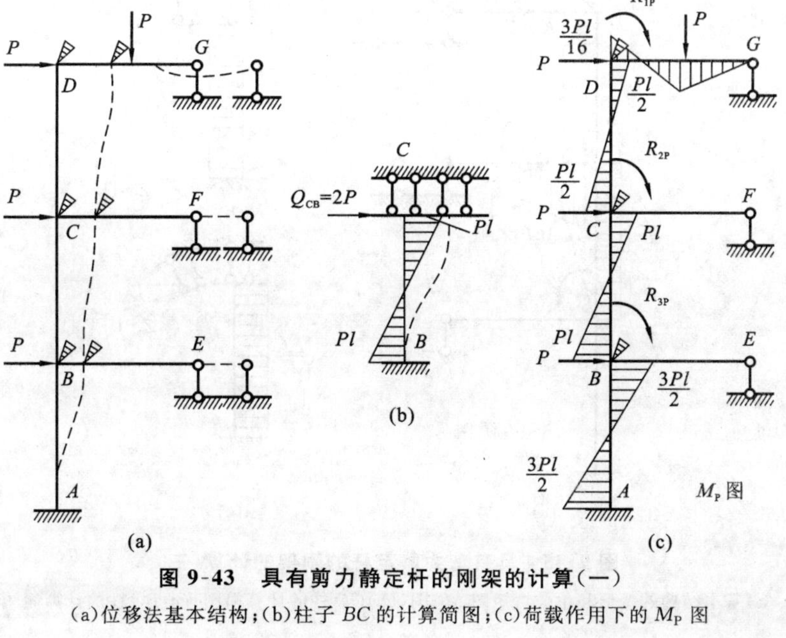

图 9-43　具有剪力静定杆的刚架的计算(一)

(a)位移法基本结构；(b)柱子 BC 的计算简图；(c)荷载作用下的 M_P 图

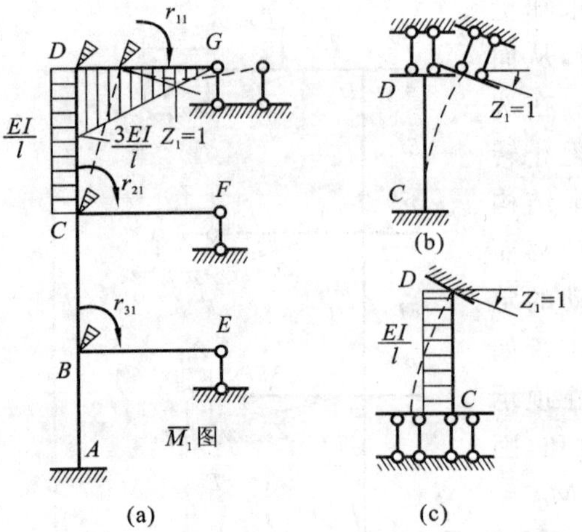

图 9-44　具有剪力静定杆的刚架的计算(二)

(a)基本结构的变形和单位弯矩图 $\overline{M}_1$ 图；(b)CD 柱的计算简图；(c)$Z_1=1$ 时 CD 柱的变形和受力

图 9-44(a)为 $Z_1=1$ 时，基本结构的变形和单位弯矩图 $\overline{M}_1$ 图。CD 柱的计算简图如图 9-44(b)所示，当其定向端顺时针转动 $Z_1=1$ 时，该端会向右移动，而无剪力，即处于纯弯曲受力状态。这种情况与上端固定下端定向支承，且固定端转动 $Z_1=1$ 时的变形和受力状态[图 9-44(c)]是相同的，其柱端弯矩可从表 9-1中查得。至于 AB 柱和 BC 柱，由于柱端无转角，故不产生弯矩。由 M_1 图各结点的平衡条件可得：

$$r_{11}=\frac{3EI}{l}+\frac{EI}{l}=\frac{4EI}{l}$$

$$r_{21}=-\frac{EI}{l}$$

$$r_{31}=0$$

图 9-45(a)为 $Z_2=1$ 时基本结构的变形和单位弯矩图 $\overline{M}_2$ 图。这时 CD、BC 柱的计算简图如图 9-45(b)、图 9-45(c)所示。由 M_2 图各结点的平衡条件可得：

$$r_{12}=-\frac{EI}{l}$$

$$r_{22}=\frac{EI}{l}+\frac{EI}{l}+\frac{3EI}{l}=\frac{5EI}{l}$$

$$r_{32}=-\frac{EI}{l}$$

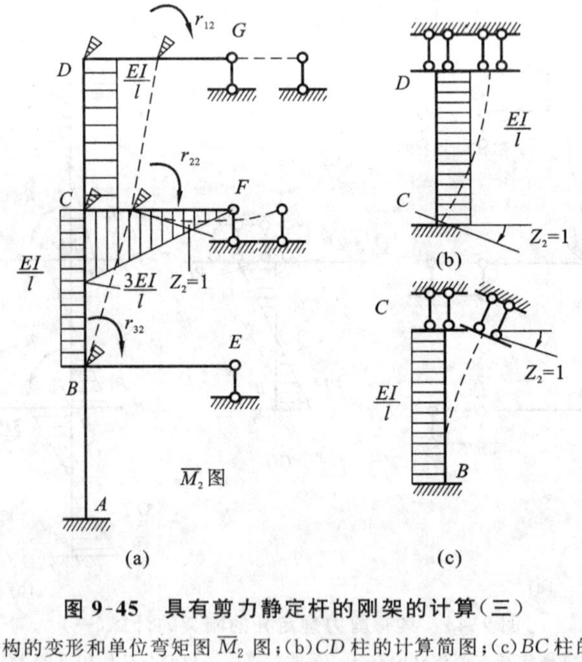

图 9-45　具有剪力静定杆的刚架的计算(三)

(a)基本结构的变形和单位弯矩图 $\overline{M}_2$ 图；(b)CD 柱的计算简图；(c)BC 柱的计算简图

图 9-46(a)为 $Z_3=1$ 时基本结构的变形和单位弯矩图 $\overline{M}_3$ 图。这时,BC 和 AB 柱的计算简图如图 9-46(b)所示。由 M_3 图各结点的平衡条件可得:

$$r_{13}=0$$

$$r_{23}=-\frac{EI}{l}$$

$$r_{33}=\frac{EI}{l}+\frac{EI}{l}+\frac{3EI}{l}=\frac{5EI}{l}$$

列出位移法的典型方程如下:

$$\frac{4EI}{l}Z_1-\frac{EI}{l}Z_2-\frac{11Pl}{16}=0$$

$$-\frac{EI}{l}Z_1+\frac{5EI}{l}Z_2-\frac{EI}{l}Z_3-\frac{3Pl}{2}=0$$

$$-\frac{EI}{l}Z_2+\frac{5EI}{l}Z_3-\frac{5Pl}{2}=0$$

解上述方程,得出位移未知量。最后根据叠加原理,可绘出最后弯矩图。

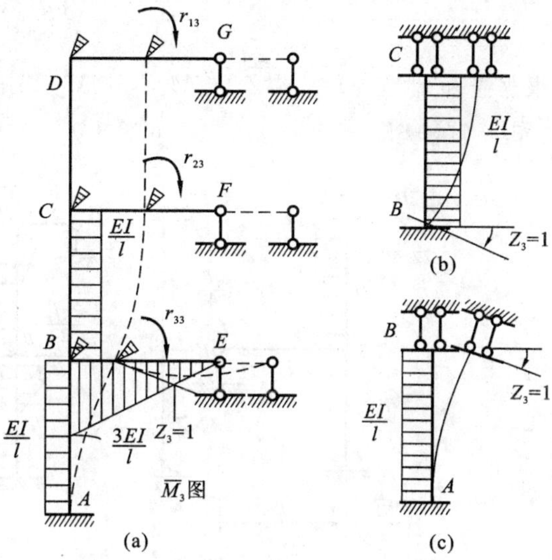

图 9-46 具有剪力静定杆的刚架的计算(四)

(a)基本结构的变形和单位弯矩图 $\overline{M}_3$ 图;

(b)BC 柱的计算简图;(c)AB 柱的计算简图

【例 9-9】 用位移法求图 9-47(a)所示刚架的弯矩图。

【解】 在此刚架中,AB 柱和 BC 柱为剪力静定杆,在结点 B 和结点 C 上各有个一独立的角位移未知量。因此,在结点 B、C 加上阻止转动的附加刚臂,得到位移法的基本结构[图 9-47(b)]。绘出荷载作用在基本结构上的弯矩图 M_P 图[图 9-47(b)]。由结点 C 和结点 B 的隔离体的力矩平衡条件,可分别得到:

$$R_{1P}=\frac{ql^2}{6}$$

$$R_{2P}=\frac{ql^2}{8}+\frac{ql^2}{2}+\frac{ql^2}{3}=\frac{23ql^2}{24}$$

图 9-47(c)为 $Z_1=1$ 时基本结构的变形和单位弯矩图 $\overline{M}_1$ 图,由结点 C、B 的隔离体平衡条件可得:

$$r_{11}=5i,\quad r_{21}=-2i$$

图 9-47(d)为 $Z_2=1$ 时基本结构的变形和单位弯矩图 $\overline{M}_2$ 图,由结点 C、B 的隔离体平衡条件可得:

$$r_{12}=-2i,\quad r_{22}=10i$$

列出典型方程如下:

$$5iZ_1-2iZ_2+\frac{ql^2}{6}=0$$

$$-2iZ_1+10iZ_2+\frac{23ql^2}{24}=0$$

解得

$$Z_1=-\frac{43ql^2}{552i},\quad Z_2=-\frac{61.5ql^2}{552i}$$

根据叠加原理 $M=\overline{M}_1Z_1+\overline{M}_2Z_2+M_P$ 求出各杆端的弯矩值，由此可绘出最后弯矩图[图 9-47(e)]。

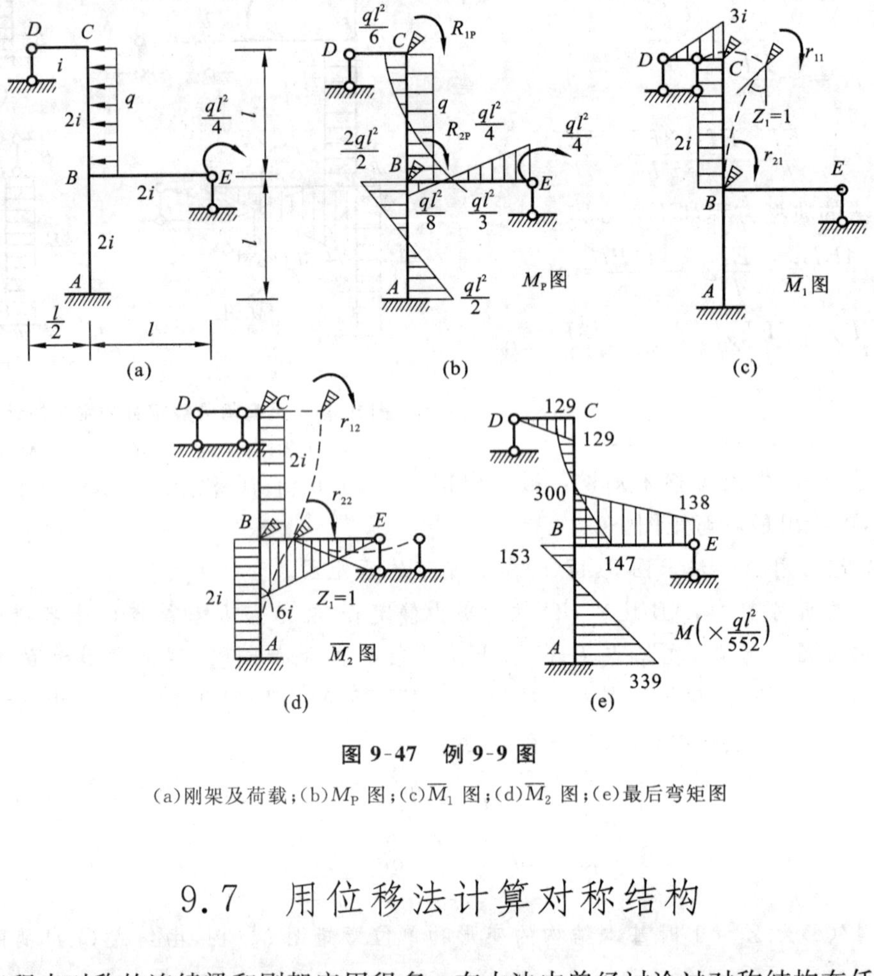

图 9-47　例 9-9 图

(a)刚架及荷载；(b)M_P 图；(c)$\overline{M}_1$ 图；(d)$\overline{M}_2$ 图；(e)最后弯矩图

9.7　用位移法计算对称结构

在工程中对称的连续梁和刚架应用很多。在力法中曾经讨论过对称结构在任意荷载作用下的简化计算方法，将作用于对称结构上的任意荷载分为正对称荷载和反对称荷载两部分分别计算，然后叠加。对称结构在正对称荷载作用下，其变形是对称的，弯矩图和轴力图是对称的，而剪力图是反对称的；对称结构在反对称荷载作用下，其变形是反对称的，弯矩图和轴力图是反对称的，而剪力图是对称的。利用这些特性，用位移法计算对称连续梁或对称刚架时，可以取这些结构的半结构进行计算。

【例 9-10】　试计算图 9-48(a)所示刚架。设 EI=常数。

【解】　由于此刚架为一对称刚架，故可利用对称性以简化计算。将荷载分解成一组正对称的[图 9-48(b)]和一组反对称的[图 9-48(c)]，然后分别各取相应的半刚架[图 9-48(d)、图 9-48(e)]进行计算。

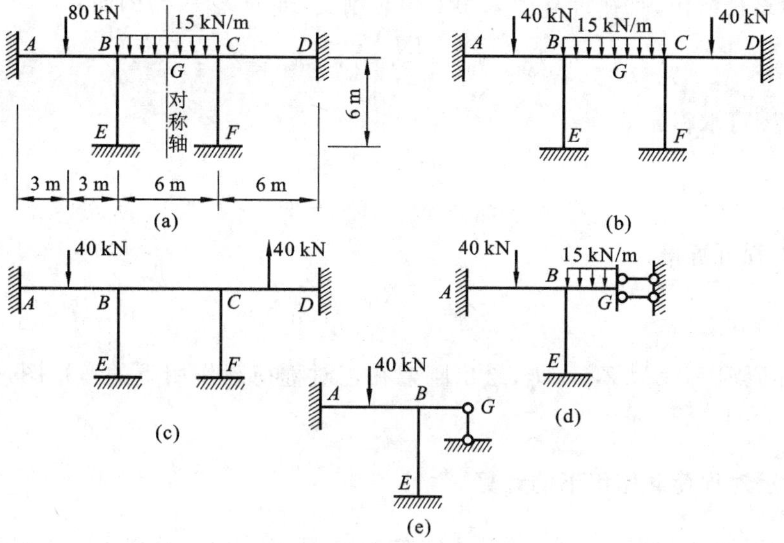

图 9-48 例 9-10 图

(a)对称结构;(b)正对称荷载;(c)反对称荷载;(d)对称荷载下的半刚架;(e)反对称荷载下的半刚架

9.7.1 正对称荷载作用下的计算

取基本结构如图 9-49(a)所示,基本未知量只有 Z_1(结点 B 的角位移)。根据附加刚臂上的反力偶等于零的条件,建立位移法方程为:

$$r_{11}Z_1+R_{1P}=0$$

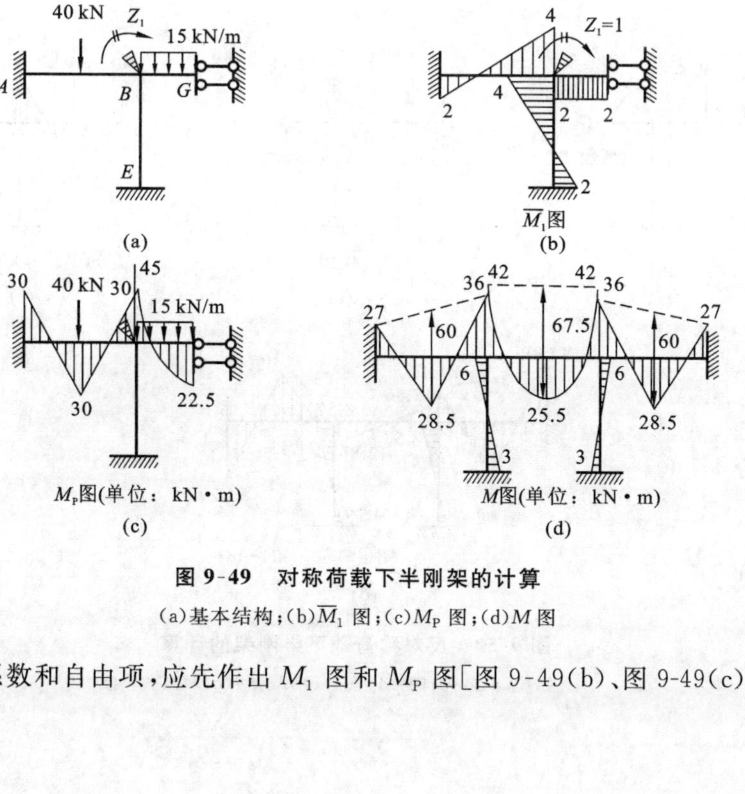

图 9-49 对称荷载下半刚架的计算

(a)基本结构;(b)$\overline{M}_1$ 图;(c)M_P 图;(d)M 图

为了计算系数和自由项,应先作出 M_1 图和 M_P 图[图 9-49(b)、图 9-49(c)]。图中竖标

均根据表 9-1逐杆绘出,且在计算中采用了相对刚度,即令 $EI=6$,因而:

$$i_{AB}=i_{BE}=\frac{EI}{l}=1,\quad i_{BG}=2$$

由 M_1 和 M_P 图可求得:

$$r_{11}=4+4+2=10$$
$$R_{1P}=30-45=-15$$

代入位移法方程可解得:

$$Z_1=-\frac{R_{1P}}{r_{11}}=1.5$$

根据叠加原理 $M=\overline{M}_1Z_1+M_P$,绘出刚架在正对称荷载作用下的弯矩图,如图 9-49(d)所示。

9.7.2 反对称荷载作用下的计算

基本结构如图 9-50(a)所示,其基本未知量也只有一个。绘出 $\overline{M}_1$ 图和 M_P 图分别如图 9-50(b)、图 9-50(c)所示。据此可求得:

$$r_{11}=4+4+6=14$$
$$R_{1P}=30$$

故

$$Z_1=-\frac{R_{1P}}{r_{11}}=-\frac{30}{14}=-\frac{15}{7}$$

根据叠加原理 $M=\overline{M}_1Z_1+M_P$,绘出刚架在反对称荷载作用下的弯矩图,如图 9-50(d)所示。

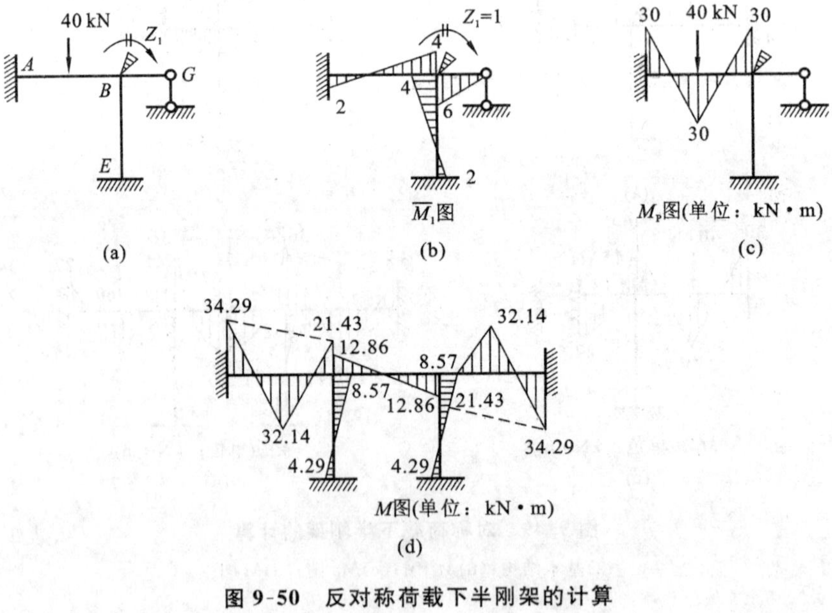

图 9-50 反对称荷载下半刚架的计算

(a)基本结构;(b)$\overline{M}_1$ 图;(c)M_P 图;(d)M 图

最后，把图 9-49(d)与图 9-50(d)进行叠加，即得原结构的最后弯矩图[图 9-51]。

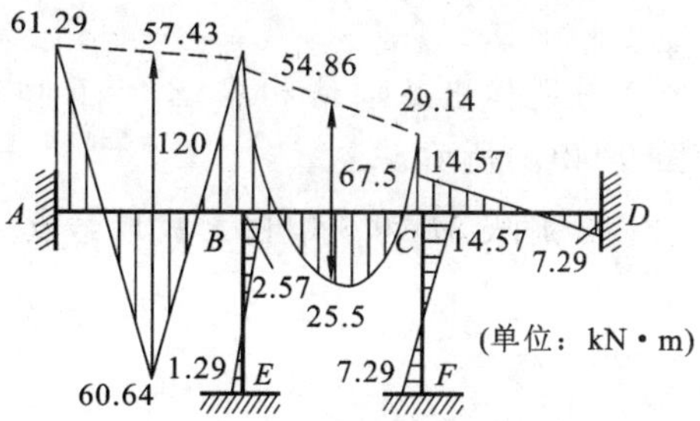

图 9-51 原结构的最后弯矩图

【例 9-11】 试计算图 9-52(a)所示刚架，并作出弯矩图。设各杆的 EI 为常数。

【解】 图 9-52(a)所示刚架无支座支承，在承受相互平衡的一组荷载作用时，仍可计算它的内力。

(1) 基本未知量

由于刚架和荷载都具有两个对称轴，因此，可以取刚架的$\frac{1}{4}$部分进行计算。相应的计算简图如图 9-52(b)所示。取结点 A 的角位移 Z_1 作为基本未知量。

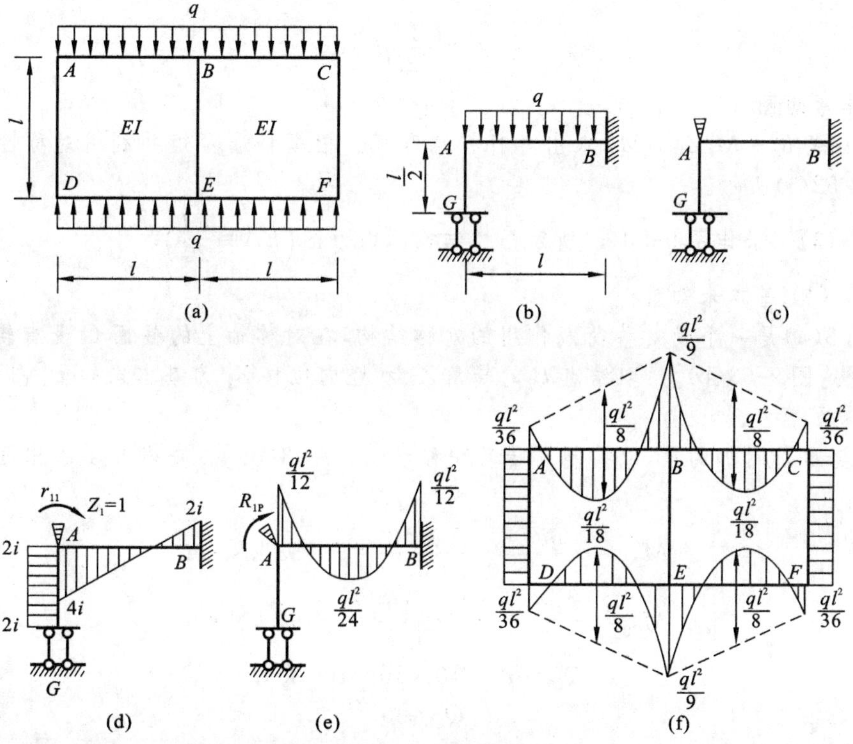

图 9-52 对称结构的计算

(a)刚架及荷载；(b)$\frac{1}{4}$部分计算简图；(c)位移法基本结构；(d)$\overline{M}_1$ 图；(e)M_P 图；(f)最后的 M 图

(2) 基本结构

在计算简图所示结构的结点 A 处加附加刚臂，构成基本结构[图 9-52(c)]。

(3) 位移法典型方程

$$r_{11}Z_1+R_{1P}=0$$

(4) 求系数和自由项

设 $i=\frac{EI}{l}$，各杆的线刚度为

$$i_{AB}=i,\quad i_{AG}=2i$$

分别作出基本结构在 $Z_1=1$ 和荷载单独作用下的 $\overline{M}_1$ 图和 M_P 图，如图 9-52(d)、图 9-52(e)所示。

分别从 $\overline{M}_1$ 和 M_P 图上截取结点 A 为隔离体，利用平衡条件 $\sum M_A=0$，可得：

$$r_{11}=4i+2i=6i$$

$$R_{1P}=-\frac{1}{12}ql^2$$

(5) 求基本未知量

将系数和自由项代入位移法典型方程，得：

$$6iZ_1-\frac{1}{12}ql^2=0$$

解得：

$$Z_1=\frac{1}{72i}ql^2$$

(6) 作弯矩图

利用公式 $M=\overline{M}_1Z_1+M_P$ 求出各杆杆端弯矩。根据杆端弯矩并利用对称性绘制弯矩图，如图 9-52(f)所示。

【例 9-12】 求作图 9-53(a)所示吊桥结构的内力图$\left(EA=\frac{EI}{20}\right)$。

【解】 (1) 基本未知量

图 9-53(a)是一个受对称荷载作用的对称结构，在对称轴上的截面 C 没有转角。计算时取半结构[图 9-53(b)]。取结点 B 的转角 Z_1 和竖向位移 Z_2 为基本未知量[图 9-53(c)]。

(2) 求固端力

在结点 B 加附加约束，以控制其转动和移动[图 9-53(d)]。查表 9-1 求出固端弯矩和剪力如下：

$$M_{BC}^F=-\frac{ql^2}{3}=-\frac{10\times10^2}{3}=-333\ \text{kN}\cdot\text{m}$$

$$M_{CB}^F=-\frac{ql^2}{6}=-\frac{10\times10^2}{6}=-167\ \text{kN}\cdot\text{m}$$

$$Q_{BC}^F=ql=10\times10=100\ \text{kN}$$

$$Q_{CB}^F=0$$

(3) 求杆端力

按等截面直杆的转角位移方程求杆端力，先求由转角位移 Z_1 和竖向位移 Z_2 所产生的杆端力。对有荷载作用的杆，再叠加上固端力即得杆端力。

杆 AB：

$$M_{AB}=2i_{AB}Z_1-6i_{AB}\frac{Z_2}{l}=2\frac{EI}{20}Z_1-\frac{6EI}{20^2}Z_2$$

$$M_{BA}=4i_{AB}Z_1-6i_{AB}\frac{Z_2}{l}=4\frac{EI}{20}Z_1-\frac{6EI}{20^2}Z_2$$

$$Q_{BA}=-\frac{M_{AB}+M_{BA}}{l}=-\frac{6EI}{20^2}Z_1+\frac{12EI}{20^3}Z_2$$

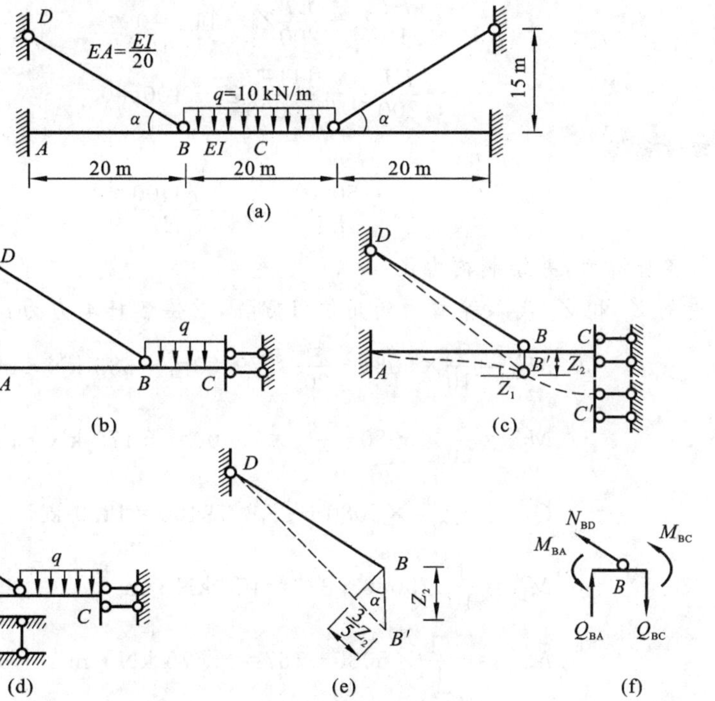

图 9-53 组合结构的计算

(a)吊桥结构计算简图;(b)半结构;(c)基本未知量及变形;(d)基本结构;(e)B 端竖向位移图;(f)结点 B 隔离体

杆 BC:因为 C 端为滑动支承端、B 端有线位移时不引起杆端弯矩,所以:

$$M_{BC}=\frac{EI}{10}Z_1-333$$

$$M_{CB}=-\frac{EI}{10}Z_1-167$$

$$Q_{BC}=100$$

杆 BD:当 B 端有竖向位移 Z_2 移至 B' 时[图 9-53(e)],杆 BD 伸长 $\frac{3}{5}Z_2$。所以,链杆 BD 的轴力为:

$$N_{BD}=\frac{EA}{l}\left(\frac{3}{5}Z_2\right)=\frac{\frac{EI}{20}}{25}\left(\frac{3}{5}Z_2\right)=\frac{3EI}{2500}Z_2$$

(4) 列位移法方程

考虑结点 B 的平衡[图 9-53(f)中横梁轴力未画出]

$$\sum M=0,\quad M_{BA}+M_{BC}=0$$

$$\sum Y=0,\quad \frac{3}{5}N_{BD}+Q_{BA}-Q_{BC}=0$$

将杆端力代入上式,整理后得:

$$\frac{EI}{10}Z_1-\frac{EI}{200}Z_2-111=0$$

$$-\frac{EI}{200}Z_1+\frac{111EI}{50000}Z_2-100=0$$

(5) 解方程得

$$Z_1=\frac{5080}{EI},\quad Z_2=\frac{79400}{EI}$$

(6) 求各杆端力,并绘制内力图

将求得的 Z_1 和 Z_2 代入等截面转角位移方程,求得各杆端力为:

$$M_{AB}=\frac{1}{10}\times5080-\frac{6}{20^2}\times79400=-683\ \text{kN}\cdot\text{m}$$

$$M_{BA}=\frac{4}{20}\times5080-\frac{6}{20^2}\times79400=-175\ \text{kN}\cdot\text{m}$$

$$Q_{BA}=-\frac{6}{20^2}\times5080+\frac{12}{20^3}\times79400=42.9\ \text{kN}$$

$$M_{BC}=\frac{1}{10}\times5080-333=175\ \text{kN}\cdot\text{m}$$

$$M_{CB}=-\frac{1}{10}\times5080-167=-675\ \text{kN}\cdot\text{m}$$

$$Q_{BC}=100\ \text{kN}$$

$$N_{BD}=\frac{3}{2500}\times79400=95.3\ \text{kN}$$

根据求出的内力绘制弯矩图和剪力图以及拉杆的轴力,如图 9-54(a)、图 9-54(b)所示。

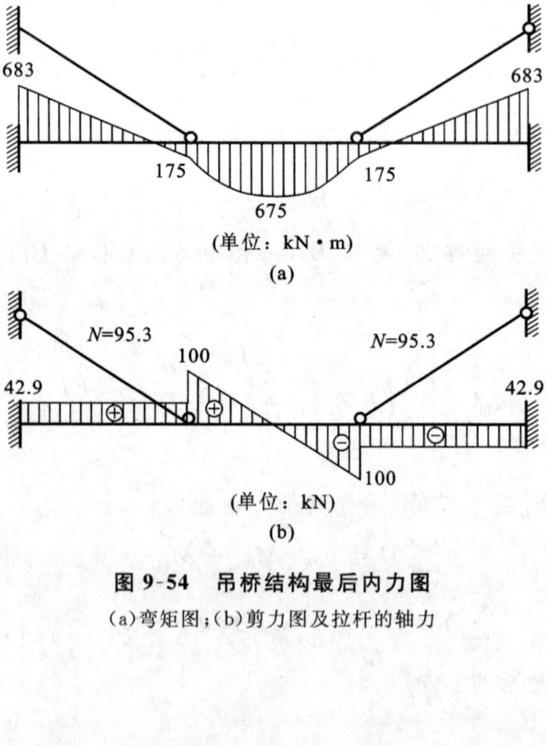

图 9-54 吊桥结构最后内力图

(a)弯矩图;(b)剪力图及拉杆的轴力

9.8 支座位移和温度变化影响下超静定结构的计算

9.8.1 由于支座位移引起的内力计算

超静定结构当支座产生已知的位移(移动或转动)时,结构中一般会引起内力。用位移法计算时,基本未知量和基本方程以及做题步骤都与荷载作用时一样,不同的只有固端力一项,例如,由荷载作用产生的固端弯矩改变成由已知位移作用产生的"固端弯矩"。具体计算通过下面的例题来说明。

【例 9-13】 已知图 9-55(a)所示刚架的支座 A 顺时针转动 0.01 rad,支座 B 向下沉陷 $0.02l$。试用位移法绘制其弯矩图。

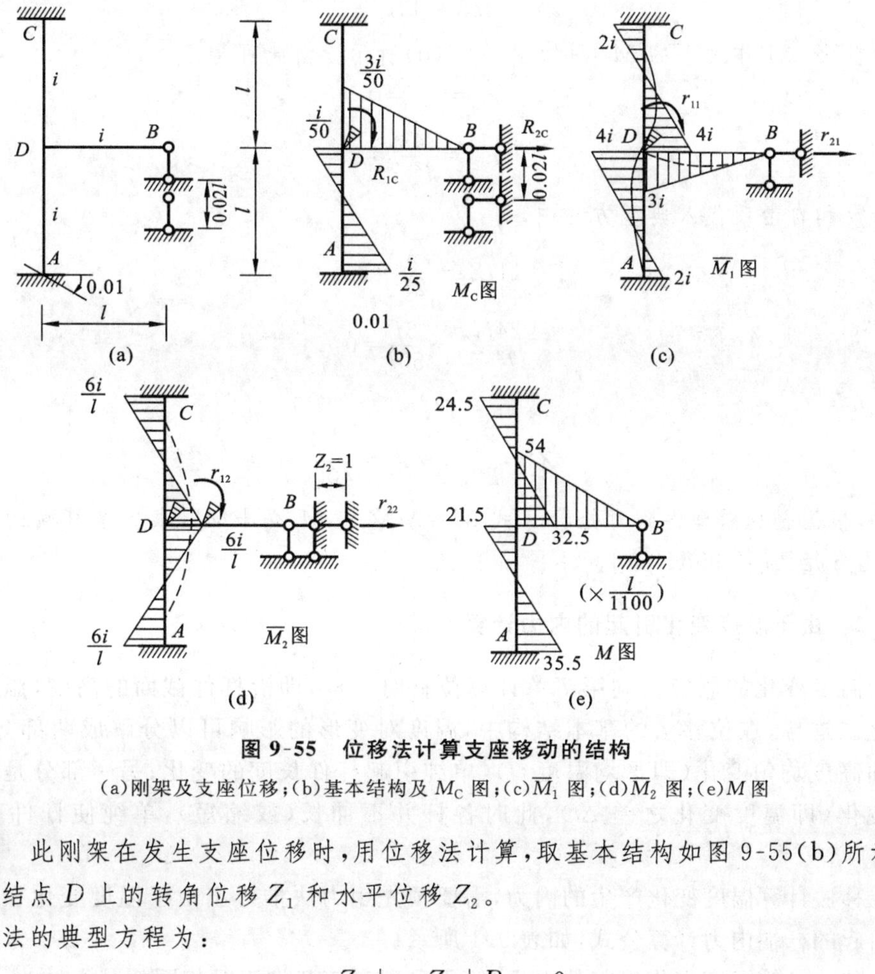

图 9-55 位移法计算支座移动的结构

(a)刚架及支座位移;(b)基本结构及 M_C 图;(c)$\overline{M}_1$ 图;(d)$\overline{M}_2$ 图;(e)M 图

【解】 此刚架在发生支座位移时,用位移法计算,取基本结构如图 9-55(b)所示。基本未知量为结点 D 上的转角位移 Z_1 和水平位移 Z_2。

位移法的典型方程为:

$$r_{11}Z_1+r_{12}Z_2+R_{1C}=0$$

$$r_{21}Z_1+r_{22}Z_2+R_{2C}=0$$

式中 R_{1C},R_{2C}——基本结构在支座位移作用下在附加约束中产生的约束力。

在图 9-55(b)所示的基本结构中,在支座位移作用下各杆端产生的固端弯矩经查表 9-1 得出:

$$M_{DB}^{F}=-\frac{3i}{l}\times 0.02l=-\frac{3i}{50}$$

$$M_{DA}^{F}=2i\times 0.01=\frac{i}{50}$$

$$M_{AD}^{F}=4i\times 0.01=\frac{i}{25}$$

将上述结果绘于基本结构上,称它为 M_C 图,如图 9-55(b)所示。由此可得:

$$R_{1C}=\frac{i}{50}-\frac{3i}{50}=-\frac{i}{25}$$

$$R_{2C}=-\frac{3i}{50l}$$

基本结构在 $Z_1=1$ 作用下的 $\overline{M}_1$ 图如图 9-55(c)所示。由此可得:

$$r_{11}=11i$$

基本结构在 $Z_2=1$ 作用下的 $\overline{M}_2$ 图如图 9-55(d)所示。由此可得:

$$r_{12}=r_{21}=0$$

$$r_{22}=\frac{24i}{l^2}$$

将以上系数和自由项代入典型方程中,得:

$$11iZ_1-\frac{i}{25}=0$$

$$\frac{24i}{l^2}Z_2-\frac{3i}{50l}=0$$

解得

$$Z_1=\frac{1}{275},\quad Z_2=\frac{l}{400}$$

最后,根据叠加原理得到弯矩计算式 $M=\overline{M}_1Z_1+\overline{M}_2Z_2+M_C$,求出各杆端的最后弯矩值,并绘出弯矩图[图 9-55(e)]。

9.8.2 由于温度变化引起的内力计算

对于温度变化的假定仍同第 7 章计算位移时一样,即沿杆件截面的高度,温度按直线规律变化。这样,在位移法的基本结构中,温度对变形的影响可以分解成两部分:一部分是沿截面高度均匀变化(即平均温度 t_0),单纯引起杆件长度的变化;另一部分是对中和轴反对称变化(即温度变化之差 Δt),此时各杆并不伸长(或缩短),单纯使杆件引起弯曲变形。

用位移法计算温度变化产生的内力,需要预先用力法推导出由于温度变化在单跨超静定梁中引起的杆端内力计算公式,如表 9-1 所示。

用位移法计算温度变化引起的内力时,仍采用和荷载作用时相同的基本结构,仍根据附加约束的总反力为零的条件建立典型方程。所不同的是自由项 R_{it} 的计算。R_{it} 表示由于温度变化在基本结构的第 i 个附加约束中所引起的反力。为计算方便起见,通常把 R_{it} 分解为 R'_{it} 和 R''_{it} 两部分。其中 R'_{it} 表示由于温度均匀变化在附加约束中产生的反力,R''_{it} 表示由于温度变化之差在附加约束中产生的反力。

【例 9-14】 已知图 9-56(a)所示刚架结构各杆的截面为矩形，其高度为 $h=\dfrac{l}{10}$，线膨胀系数为 α，刚度 EI 均相同。刚架发生温度变化为 $t_1=40$ ℃，$t_2=20$ ℃，试用位移法求作其弯矩图。

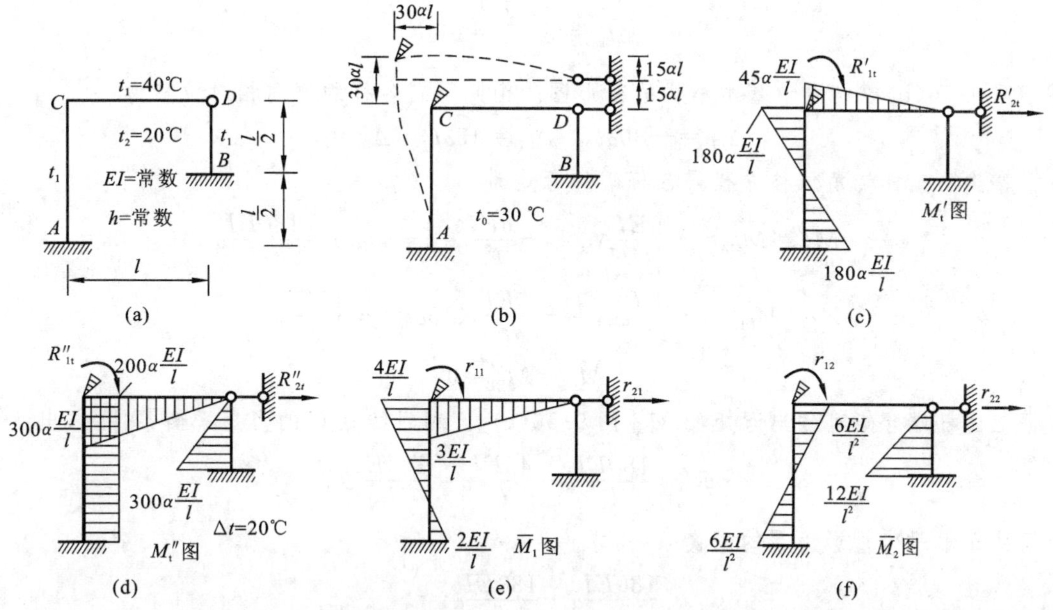

图 9-56 温度变化时的结构分析

(a)刚架及温度变化；(b)基本结构及变形图；(c)M_t'图；(d)M_t''图；(e)$\overline{M}_1$ 图；(f)$\overline{M}_2$ 图

【解】 此刚架在结点 C 上有一个独立的结点角位移 Z_1。考虑轴向变形时，结点 C、D 均分别有水平和竖向线位移。但各杆由于温度变化产生的伸长(或缩短)可事先算出，因此，两结点的竖向位移即为已知；在求出了一个结点的水平位移之后，另一结点的水平位移也就随之确定。所以独立的结点线位移只有一个，今以结点 D 的水平位移 Z_2 作为基本未知量。于是，此刚架只有两个基本未知量，位移法的典型方程为：

$$r_{11}Z_1+r_{12}Z_2+R_{1t}'+R_{2t}''=0$$

$$r_{21}Z_1+r_{22}Z_2+R_{2t}'+R_{2t}''=0$$

为求自由项 R_{it}'和 R_{it}''，应算出基本结构在温度变化时各杆的固端弯矩并绘出 M_t 图。为此，先考虑平均温度对基本结构的影响。

平均温度：

$$t_0=\frac{t_1+t_2}{2}=\frac{40+20}{2}=30\ ℃$$

温度变化之差：

$$\Delta t=t_1-t_2=40-20=20\ ℃$$

现忽略刚架的轴力对杆轴温度伸缩的限制作用，算出各杆件的长度变化如下：

AC 杆

$$\Delta l_{AC}=\alpha t_0 l=30\alpha l$$

CD 杆

$$\Delta l_{CD}=\alpha t_0 l=30\alpha l$$

BD 杆

$$\Delta l_{BD}=\alpha t_0 \frac{l}{2}=15\alpha l$$

图 9-56(b)虚线表示基本结构的变形图。由此得到各杆的侧向相对位移为：

$$\Delta_{AC}=-30\alpha l,\quad \Delta_{CD}=15\alpha l,\quad \Delta_{BD}=0$$

根据等截面直杆转角位移方程得各杆端的弯矩为：

$$M_{AC}'=M_{CA}'=-\frac{6EI}{l^2}\Delta_{AC}=-\frac{6EI}{l^2}\times(-30\alpha l)=\frac{180EI}{l}\alpha$$

$$M_{CD}'=-\frac{3EI}{l^2}\Delta_{CD}=-\frac{3EI}{l^2}\times 15\alpha l=-\frac{45EI}{l}\alpha$$

$$M_{BD}'=M_{DB}'=0$$

根据上述杆端弯矩可作出弯矩图 M_t'[图 9-56(c)]。利用结点 C 的力矩平衡条件,求出：

$$R_{1t}'=\frac{180EI}{l}\alpha-\frac{45EI}{l}\alpha=\frac{135EI}{l}\alpha$$

利用截面水平力投影为零的平衡条件,求得：

$$R_{2t}'=-\frac{\frac{180EI}{l}\alpha+\frac{180EI}{l}\alpha}{l}=-\frac{360EI}{l^2}\alpha$$

再考虑温度变化之差对基本结构的影响。温差只引起杆件的弯曲变形,由此引起的杆端弯矩可利用表 9-1 得到。其弯矩图 M_t''如图 9-56(d)所示。利用结点 C 和截面的平衡条件,可以求出各附加约束中的反力为：

$$R_{1t}''=\frac{300EI}{l}\alpha-\frac{200EI}{l}\alpha=\frac{100EI}{l}\alpha$$

$$R_{2t}''=\frac{\frac{300EI}{l}\alpha}{\frac{l}{2}}=\frac{600EI}{l^2}\alpha$$

基本结构在 $Z_1=1$ 和 $Z_2=1$ 作用下的弯矩图 $\overline{M}_1$ 图和 $\overline{M}_2$ 图如图 9-56(e)、图 9-56(f)所示。由此可得：

$$r_{11}=\frac{7EI}{l},\quad r_{22}=\frac{36EI}{l^3}$$

$$r_{12}=r_{21}=-\frac{6EI}{l^2}$$

将求得的全部系数和自由项代入典型方程中,得：

$$\frac{7EI}{l}Z_1-\frac{6EI}{l^2}Z_2+\frac{235EI}{l}\alpha=0$$

$$-\frac{6EI}{l^2}Z_1+\frac{36EI}{l^3}Z_2+\frac{240EI}{l^2}\alpha=0$$

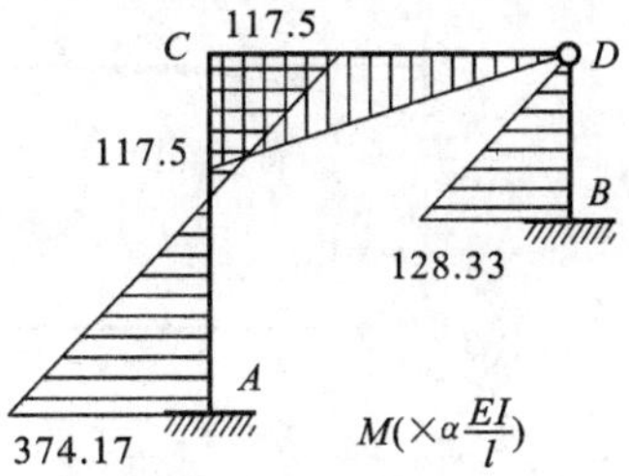

图 9-57　最后弯矩图

解方程得：

$$Z_1=-\frac{275}{6}\alpha,\quad Z_2=-\frac{515}{36}l\alpha$$

最后，根据叠加原理得到弯矩计算式 $M=\overline{M}_1Z_1+\overline{M}_2Z_2+M_C$，求出各杆端的最后弯矩值，并绘出弯矩图（图 9-57）。

9.9　位移法计算变截面结构

9.9.1　常用系数

在实际工程中，为了节约材料，往往采用变截面杆件，以适用内力的分布，从而达到合理使用材料的目的。例如，加腋梁的刚架[图 9.58(a)]、具有直线加腋梁的箱形立体桥[图 9-58(b)]、曲线加腋的连续梁桥[图 9-58(c)]等，都是变截面结构的例子。很多情况下，在弯矩和剪力较大的截面采用变截面杆件不仅能改善杆件的受力情况，而且对钢筋混凝土结构来说也有利于其结点处的钢筋布置。用位移法计算变截面连续梁和刚架，在原理上与计算等截面杆件的同类结构并无不同之处，但变截面杆件的转角位移方程中的系数和固端弯矩的数值与等截面杆的有所不同，它们将随截面变化规律的不同而异，需另行推导。为此，先介绍几个有关名词，然后再推导其转角位移方程。

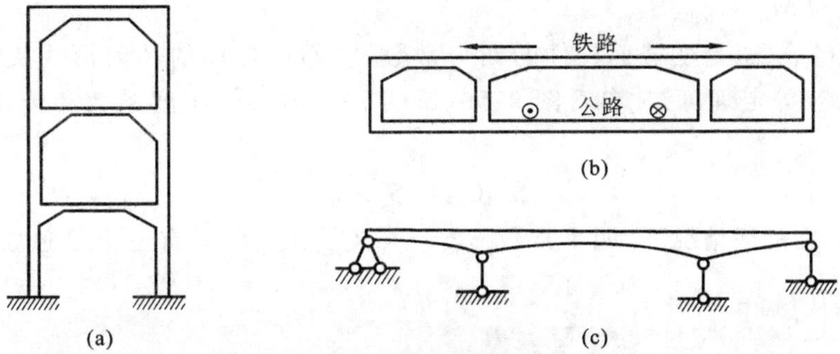

图 9-58　变截面结构

(a)带加腋梁的刚架；(b)带加腋梁的箱形桥；(c)带加腋的连续梁桥

(1) 刚度系数 S

图 9-59(a)所示一两端固定的变截面梁，若在 A 端施加某一力矩，使该端恰好转动单位角度，此力矩即称为 AB 杆在 A 端的刚度系数（又称为转动刚度或劲度系数），并以 S_{AB} 表示[图 9-59(b)]。同理，若在 B 端施加某一力矩而使该端转动单位角度，则此力矩称为 AB 杆在 B 端的刚度系数，以 S_{BA} 表示[图 9-59(c)]。当梁 AB 为等截面杆件时，则由等截面直杆转角位移方程可知：$S_{AB}=S_{BA}=4i$。

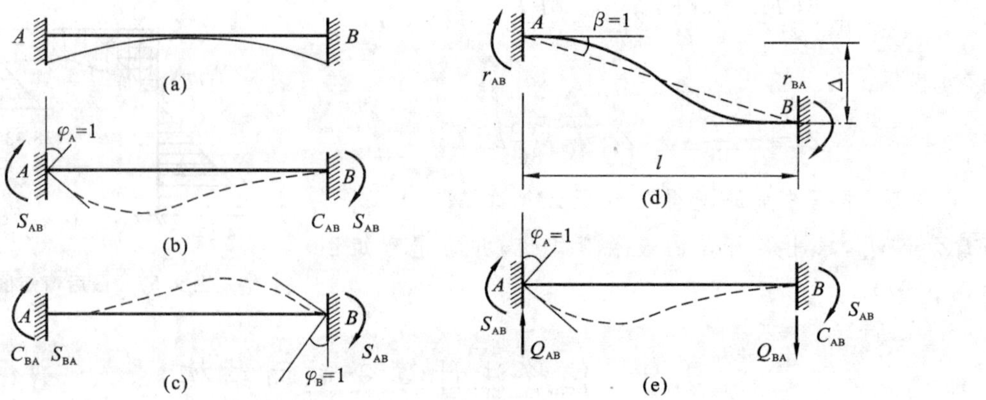

图 9-59 变截面梁的系数

(a)两端固定的变截面梁;(b)、(c)刚度系数分析;(d)、(e)传递系数分析

(2) 传递系数 C

当两端固定梁的任一端发生转动时,其远端弯矩与转动端弯矩的比值称为杆件由转动端向远端的传递系数,而相应的远端弯矩则称为传递弯矩。例如,当梁 AB 的 A 端发生单位转角时[图 9-59(b)],则由 A 端到 B 端的传递系数为:

$$C_{AB}=\frac{M_{BA}}{M_{AB}}=\frac{M_{BA}}{S_{AB}}$$

其传递弯矩为 $M_{BA}=C_{AB}S_{AB}$。同理,当 B 端发生单位转角时[图 9-59(c)],则有:

$$C_{BA}=\frac{M_{AB}}{M_{BA}}=\frac{M_{AB}}{S_{BA}}$$

此时传递弯矩为 $M_{AB}=C_{BA}S_{BA}$。

S_{AB}、S_{BA}、C_{AB}、C_{BA}是变截面杆件的四个常数,它们由杆件的几何形式决定,称为形常数。根据反力互等定理可知[参看图 9-59(b)、图 9-59(c)],刚度系数和传递系数之间具有如下关系:

$$S_{AB}C_{AB}=S_{BA}C_{BA}$$

由此可知,在一般情况下,四个常数 S_{AB}、S_{BA}、C_{AB}、C_{BA} 中只有三个是独立的。显然,对于等截面杆件有 $C_{AB}=C_{BA}=\frac{2i}{4i}=\frac{1}{2}$。

(3) 侧移系数 γ

如图 9-59(d)所示两端固定的变截面梁,当其两端发生相对线位移 Δ 时,若弦转角 $\beta=\frac{\Delta}{l}=1$,则由此产生的两端弯矩称为侧移系数,并分别以 γ_{AB} 和 γ_{BA} 表示。显然,对于等截面杆件,其侧移系数为 $\gamma_{AB}=\gamma_{BA}=-6i$。

一般变截面杆件的侧移系数都可用其刚度系数和传递系数来表示。由图 9-59(d)、图 9-59(e),再根据功的互等定理有:

$$\gamma_{AB}=Q_{BA}\times\Delta$$

其中 Q_{BA} 为图 9-59(e)所示杆件 B 端的剪力。由图可知:

$$Q_{BA}=-\frac{1}{l}(S_{AB}+S_{AB}C_{AB})$$

又

$$\Delta=\beta l=l$$

故

$$\gamma_{AB}=-S_{AB}(1+C_{AB})$$

同理，

$$\gamma_{BA}=-S_{BA}(1+C_{BA})$$

有了上述关系式，即可写出变截面杆件的转角位移方程。设两端固定的变截面梁 AB，在其两端各发生转角 φ_A 和 φ_B，且两杆端发生相对线位移 Δ，从而引起弦转角 $\beta_{AB}=\frac{\Delta}{l}$，同时梁上还受到荷载的作用，则根据上述各系数的物理意义及相应公式，并利用叠加原理，可将此种梁的两杆端弯矩表示如下：

$$\left.\begin{aligned}M_{AB}&=S_{AB}[\varphi_A+C_{AB}\varphi_B-(1+C_{AB})\beta_{AB}]+M_{AB}^F\\M_{BA}&=S_{BA}[\varphi_B+C_{BA}\varphi_A-(1+C_{BA})\beta_{AB}]+M_{BA}^F\end{aligned}\right\}\tag{9-28}$$

这就是两端固定的变截面杆件的转角位移方程。式中 M_{AB}^F 和 M_{BA}^F 分别为梁在荷载作用下在 A、B 两端产生的固端弯矩，其值由杆件的形式及荷载决定。如图 9-60(a)所示的直线加腋梁在集中荷载作用下的固端弯矩可表示为：

$$\left.\begin{aligned}M_{AB}^F&=-F_A Pl\\M_{BA}^F&=+F_B Pl\end{aligned}\right\}$$

在均布荷载作用下的固端弯矩可表示为：

$$\left.\begin{aligned}M_{AB}^F&=-F_A ql^2\\M_{BA}^F&=+F_B ql^2\end{aligned}\right\}$$

系数 F_A、F_B 通常称为载常数。

上述刚度系数、传递系数和固端弯矩都不难用力法分别求得。它们可分为两类：第一类是形常数，即刚度系数和传递系数，共有四个，其大小只与材料性质和截面形式有关。第二类是载常数，即固端弯矩，其大小不仅与材料性质和截面形式有关，而且还与荷载有关。为应用方便起见，对于各种形式的变截面杆的形常数和载常数，已编制有大量的表格，可参阅有关的专著或设计手册。特将常见的直线加腋梁的形常数和载常数列于表 9-2 和表 9-3 中，以备计算时查阅。

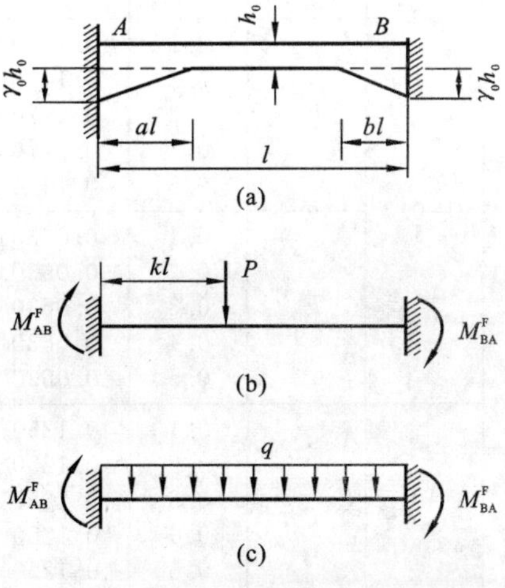

图 9-60　直线加腋梁在荷载作用下的固端弯矩

表 9-2 矩形截面对称直线加腋梁的形常数及载常数表

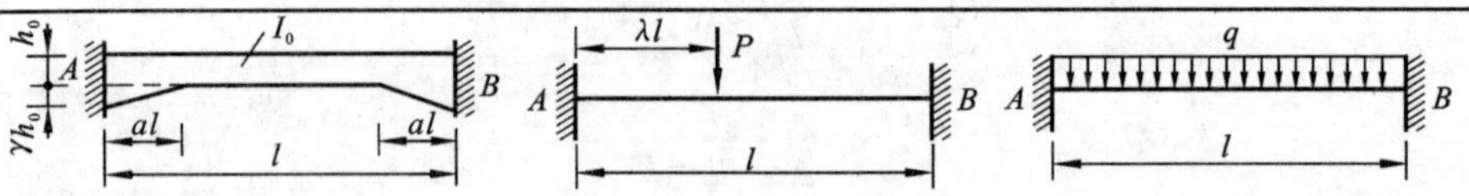

$M_{BA}^{F}=F_{a}Pl$ $\quad M_{BA}^{F}=-F_{a}ql^{2}$

$M_{BA}^{F}=F_{b}Pl$ $\quad M_{BA}^{F}=-F_{b}ql^{2}$

				a	γ					
					0.0	0.4	0.6	1.0	1.5	2.0
形常数	传递系数		$C_{AB}=C_{BA}$	0.1	0.500	0.552	0.567	0.588	0.603	0.618
				0.2	0.500	0.588	0.0618	0.659	0.691	0.711
				0.3	0.500	0.608	0.647	0.705	0.753	0.785
				0.4	0.500	0.610	0.653	0.720	0.779	0.820
				0.5	0.500	0.595	0.633	0.692	0.748	0.789
	刚度系数		$\frac{S_{AB}}{i_0}=\frac{S_{BA}}{i_0}$	0.1	4.00	4.83	5.12	5.54	5.89	6.11
				0.2	4.00	5.75	6.51	7.81	9.08	10.05
				0.3	4.00	6.65	8.04	10.85	14.27	17.42
				0.4	4.00	7.44	9.50	14.26	21.31	29.36
				0.5	4.00	8.07	10.72	17.34	28.32	42.61
	均布荷载		$F_a=F_b=F$	0.1	0.0833	0.0889	0.0905	0.0925	0.0941	0.0950
				0.2	0.0833	0.0926	0.0954	0.0993	0.1021	0.1039
				0.3	0.0833	0.0954	0.0982	0.1034	0.1074	0.1099
				0.4	0.0833	0.0947	0.0987	0.1046	0.1094	0.1126
				0.5	0.0833	0.0933	0.0969	0.1023	0.1070	0.1103
载常数（固端弯矩系数）	集中荷载	λ=0.1	F_A	0.1	0.0810	0.0884	0.0906	0.0936	0.0957	0.0969
				0.2	0.0810	0.0885	0.0908	0.0939	0.0962	0.0974
				0.3	0.0810	0.0875	0.0897	0.0924	0.0945	0.0962
				0.4	0.0810	0.0862	0.0880	0.0905	0.0925	0.0939
				0.5	0.0810	0.0852	0.0867	0.0887	0.0903	0.0914
			F_B	0.1	0.0090	0.0060	0.0050	0.0036	0.0025	0.0018
				0.2	0.0090	0.0065	0.0055	0.0039	0.0025	0.0018
				0.3	0.0090	0.0073	0.0066	0.0052	0.0039	0.0031
				0.4	0.0090	0.0081	0.0076	0.0067	0.0057	0.0049
				0.5	0.0090	0.0085	0.0081	0.0076	0.0071	0.0067
		λ=0.3	F_A	0.1	0.1470	0.1629	0.1679	0.1749	0.1802	0.1836
				0.2	0.1470	0.1732	0.1828	0.1973	0.2097	0.2184
				0.3	0.1470	0.1762	0.1876	0.2063	0.2241	0.2375
				0.4	0.1470	0.1729	0.1829	0.1991	0.2145	0.2264
				0.5	0.1470	0.1682	0.1761	0.1886	0.1999	0.2083
			F_B	0.1	0.0630	0.0617	0.0609	0.0594	0.0581	0.0572
				0.2	0.0630	0.0618	0.0600	0.0561	0.0515	0.0478
				0.3	0.0630	0.0640	0.0625	0.0577	0.0506	0.0438
				0.4	0.0630	0.0666	0.0667	0.0649	0.0608	0.0559
				0.5	0.0630	0.0672	0.0680	0.0686	0.0679	0.0667
		λ=0.5	$F_A=F_B$	0.1	0.1250	0.1340	0.1366	0.1400	0.1425	0.1441
				0.2	0.1250	0.1412	0.1463	0.1533	0.1584	0.1621
				0.3	0.1250	0.1461	0.1534	0.1640	0.1725	0.1781
				0.4	0.1250	0.1481	0.1567	0.1700	0.1816	0.1897
				0.5	0.1250	0.1458	0.1538	0.1667	0.1786	0.1875

注：$i_0=\frac{I_0}{l}$（I_0 为梁最小截面的惯性矩）。

表 9-3 一般直线加腋的矩形截面梁的形常数及载常数表

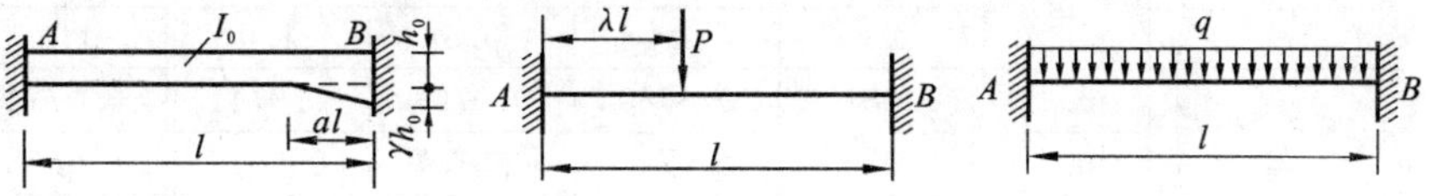

$M_{AB}=-F_A ql^2 \quad M_{AB}=-F_A Pl$

$M_{BA}=F_B ql^2 \quad M_{BA}=F_B Pl$

			a	γ					
				0.0	0.4	0.6	1.0	1.5	2.0
形常数	传递系数	C_{AB}	0.1	0.500	0.556	0.573	0.596	0.613	0.624
			0.2	0.500	0.606	0.642	0.694	0.736	0.764
			0.3	0.500	0.648	0.704	0.791	0.866	0.918
			0.4	0.500	0.679	0.754	0.879	0.996	1.082
			0.5	0.500	0.697	0.788	0.948	1.114	1.245
			1.0	0.500	0.642	0.709	0.834	0.981	1.119
		C_{BA}	0.1	0.500	0.496	0.495	0.493	0.492	0.491
			0.2	0.500	0.486	0.481	0.475	0.470	0.467
			0.3	0.500	0.470	0.461	0.449	0.439	0.433
			0.4	0.500	0.453	0.438	0.418	0.403	0.392
			0.5	0.500	0.434	0.413	0.385	0.363	0.349
			1.0	0.500	0.388	0.350	0.394	0.247	0.214
	刚度系数	$\frac{S_{AB}}{i_0}$	0.1	4.00	4.14	4.19	4.25	4.30	4.33
			0.2	4.00	4.26	4.35	4.49	4.61	4.68
			0.3	4.00	4.34	4.48	4.71	4.91	5.06
			0.4	4.00	4.39	4.57	4.87	5.18	5.42
			0.5	4.00	4.43	4.62	4.99	5.39	5.73
			1.0	4.00	5.17	5.74	6.86	8.23	9.57
		$\frac{S_{BA}}{i_0}$	0.1	4.00	4.64	4.85	5.14	5.36	5.50
			0.2	4.00	5.31	5.81	6.57	7.22	7.66
			0.3	4.00	5.98	6.84	8.29	9.68	10.72
			0.4	4.00	6.59	7.86	10.24	12.82	14.94
			0.5	4.00	7.12	8.81	12.28	16.52	20.42
			1.0	4.00	8.57	11.63	19.46	32.69	50.13

续表 9-3

				a	γ					
					0.0	0.4	0.6	1.0	1.5	2.0
载常数(固端弯矩系数)	均布荷载		F_A	0.1	0.0833	0.0780	0.0763	0.0741	0.0724	0.0714
				0.2	0.0833	0.0747	0.0717	0.0673	0.0638	0.0616
				0.3	0.0833	0.0730	0.0690	0.0630	0.0577	0.0542
				0.4	0.0833	0.0722	0.0678	0.0607	0.0541	0.0494
				0.5	0.0833	0.0718	0.0672	0.0597	0.0524	0.0468
				1.0	0.0833	0.0675	0.0618	0.0529	0.0450	0.0392
			F_B	0.1	0.0833	0.0946	0.0981	0.1029	0.1066	0.1088
				0.2	0.0833	0.1025	0.1093	0.1192	0.1274	0.1327
				0.3	0.0833	0.1069	0.1162	0.1311	0.1442	0.1534
				0.4	0.0833	0.1084	0.1192	0.1376	0.1554	0.1688
				0.5	0.0833	0.1079	0.1191	0.1390	0.1599	0.1770
				1.0	0.0833	0.1011	0.1086	0.1216	0.1352	0.1466
	集中荷载	$\lambda=0.1$	F_A	0.1	0.0810	0.0804	0.0802	0.0799	0.0797	0.0795
				0.2	0.0810	0.0798	0.0794	0.0788	0.0783	0.0780
				0.3	0.0810	0.0795	0.0789	0.0779	0.0770	0.0764
				0.4	0.0810	0.0793	0.0785	0.0772	0.0758	0.0748
				0.5	0.0810	0.0791	0.0783	0.0767	0.0749	0.0735
				1.0	0.0810	0.0766	0.0744	0.0706	0.0664	0.0627
			F_B	0.1	0.0090	0.0103	0.0108	0.0114	0.0118	0.0121
				0.2	0.0090	0.0116	0.0125	0.0140	0.0152	0.0164
				0.3	0.0090	0.0127	0.0141	0.0166	0.0190	0.0210
				0.4	0.0090	0.0133	0.0153	0.0190	0.0228	9.0258
				0.5	0.0090	0.0137	0.0161	0.0208	0.0263	0.0311
				1.0	0.0090	0.0139	0.0168	0.0224	0.0296	0.0370
		$\lambda=0.3$	F_B	0.1	0.1470	0.1426	0.1412	0.1393	0.1378	0.1369
				0.2	0.1470	0.1391	0.1363	0.1321	0.1287	0.1264
				0.3	0.1470	0.1368	0.1327	0.1262	0.1203	0.1161
				0.4	0.1470	0.1355	0.1305	0.1219	0.1134	0.1079
				0.5	0.1470	0.1346	0.1291	0.1192	0.1087	0.1001
				1.0	0.1470	0.1243	0.1154	0.1005	0.0860	0.0752
			F_A	0.1	0.0630	0.0724	0.0754	0.0795	0.0826	0.0846
				0.2	0.0630	0.0806	0.0871	0.0968	0.1049	0.1104
				0.3	0.0630	0.0870	0.0970	0.1134	0.1286	0.1397
				0.4	0.0630	0.0911	0.1041	0.1273	0.1513	0.1702
				0.5	0.0630	0.0930	0.1079	0.1364	0.1688	0.1969
				1.0	0.0630	0.0885	0.1001	0.1221	0.1475	0.1682

续表 9-3

				a	γ=0.0	0.4	0.6	1.0	1.5	2.0
载常数(固端弯矩系数)	集中荷载	$\lambda=0.5$	F_A	0.1	0.1250	0.1164	0.1137	0.1100	0.1072	0.1055
				0.2	0.1250	0.1102	0.1049	0.0971	0.0908	0.0866
				0.3	0.1250	0.1064	0.0990	0.0874	0.0771	0.0700
				0.4	0.1250	0.1044	0.0958	0.0815	0.0679	0.0578
				0.5	0.1250	0.1032	0.0941	0.0788	0.0636	0.0519
				1.0	0.1250	0.0953	0.0850	0.0691	0.0555	0.0460
			F_B	0.1	0.1250	0.1432	0.1490	0.1568	0.1629	0.1667
				0.2	0.1250	0.1581	0.1701	0.1881	0.2030	0.2129
				0.3	0.1250	0.1684	0.1862	0.2150	0.2412	0.2599
				0.4	0.1250	0.1734	0.1950	0.2327	0.2704	0.2993
				0.5	0.1250	0.1733	0.1958	0.2371	0.2812	0.3174
				1.0	0.1250	0.1583	0.1717	0.1951	0.2184	0.2371
		$\lambda=0.7$	F_A	0.1	0.0630	0.0534	0.0505	0.0464	0.0434	0.0415
				0.2	0.0630	0.0476	0.0423	0.0346	0.0285	0.0246
				0.3	0.0630	0.0453	0.0387	0.0289	0.0208	0.0155
				0.4	0.0630	0.0449	0.0383	0.0283	0.0199	0.0144
				0.5	0.0630	0.0448	0.0384	0.0288	0.0207	0.0153
				1.0	0.0630	0.0434	0.0375	0.0280	0.0221	0.0176
			F_B	0.1	0.1470	0.1672	0.1735	0.1822	0.1887	0.1928
				0.2	0.1470	0.1809	0.1929	0.2105	0.2247	0.2339
				0.3	0.1470	0.1865	0.2017	0.2252	0.2452	0.2585
				0.4	0.1470	0.1849	0.2001	0.2241	0.2453	0.2597
				0.5	0.1470	0.1812	0.1950	0.2175	0.2382	0.2529
				1.0	0.1470	0.1689	0.1766	0.1893	0.2010	0.2097
		$\lambda=0.9$	F_A	0.1	0.0090	0.0052	0.0042	0.0028	0.0018	0.0013
				0.2	0.0090	0.0050	0.0038	0.0023	0.0014	0.0009
				0.3	0.0090	0.0051	0.0039	0.0024	0.0015	0.0010
				0.4	0.0090	0.0053	0.0042	0.0028	0.0018	0.0012
				0.5	0.0090	0.0055	0.0044	0.0030	0.0020	0.0014
				1.0	0.0090	0.0055	0.0048	0.0035	0.0026	0.0020
			F_B	0.1	0.0810	0.0889	0.0911	0.0940	0.0960	0.0972
				0.2	0.0810	0.0893	0.0917	0.0948	0.0969	0.0980
				0.3	0.0810	0.0887	0.0911	0.0943	0.0965	0.0977
				0.4	0.0810	0.0877	0.0900	0.0931	0.0954	0.0968
				0.5	0.0810	0.0869	0.0890	0.0919	0.0943	0.0958
				1.0	0.0810	0.0850	0.0858	0.0877	0.0893	0.0905

9.9.2 几种特殊情况下的变截面杆件转角位移方程

下面根据式(9-28)导出几种特殊情况下的变截面杆件转角位移方程。

(1) 一端固定另一端铰支的变截面杆

当 B 端为铰支时,则由式(9-28)第二式有:

$$M_{BA}=S_{BA}[\varphi_B+C_{BA}\varphi_A-(1+C_{BA})\beta_{AB}]+M_{BA}^F=0$$

于是得:

$$\varphi_B=-C_{BA}\varphi_A+(1+C_{BA})\beta_{AB}-\frac{M_{BA}^F}{S_{BA}}$$

此时 φ_B 不是独立的,将它代入式(9-28)第一式,整理后得:

$$M_{AB}=S_{AB}(1-C_{AB}C_{BA})(\varphi_A-\beta_{AB})+(M_{AB}^F-C_{BA}M_{BA}^F)$$

命 S_{AB}'表示一端固定另一端铰支的变截面杆件在 A 端的修正刚度系数,$M_{AB}^{F'}$表示其固端弯矩,它们分别为:

$$\left.\begin{aligned}S_{AB}'&=S_{AB}(1-C_{AB}C_{BA})\\M_{AB}^{F'}&=M_{AB}^F-C_{BA}M_{BA}^F\end{aligned}\right\}\tag{9-29}$$

于是一端固定另一端铰支的变截面杆件的转角位移方程可表示为:

$$M_{AB}=S_{AB}'(\varphi_A-\beta_{AB})+M_{AB}^{F'}\tag{9-30}$$

上述修正刚度系数 S_{AB}'和 $M_{AB}^{F}{}'$都可通过相应两端固定梁的有关常数求得。当杆件为等截面时有 $S_{AB}'=3i$。

(2) 两端固定的变截面杆

① 正对称变形

图 9-61(a)所示为两端固定梁发生正对称变形的情况,其转角位移方程可由式(9-28)导出。令 $\varphi_B=-\varphi_A$,$\beta_{AB}=0$,即得:

$$M_{AB}=S_{AB}[(1-C_{AB})\varphi_A]+M_{AB}^F\tag{9-31}$$

当 $\varphi_A=1$、$M_{AB}^F=0$ 时,即可得到正对称变形时 A 端的修正刚度系数:

$$S_{AB}'=S_{AB}(1-C_{AB})\tag{9-32}$$

若取 AB 的一半,则可得如图 9-61(b)所示的半边梁的计算简图。由图可知,一端固定另一端定向支承的梁,其固定端的转角位移方程即为式(9-31),而其修正刚度系数则可按式(9-32)计算。

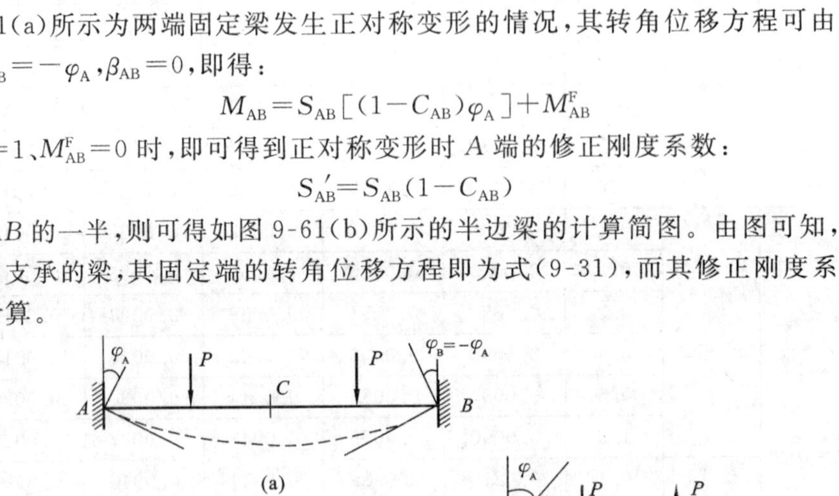

图 9-61 两端固定梁

(a)正对称变形;(b)半边梁的计算简图;(c)反对称变形

② 反对称变形

图 9-61(c)所示一两端固定梁发生反对称变形的情况。取 $\varphi_B=\varphi_A$，由式(9-28)可得：

$$M_{AB}=S_{AB}[(1+C_{AB})(\varphi_A-\beta_{AB})]+M_{AB}^F \tag{9-33}$$

当 $\varphi_A=1$、$\beta_{AB}=0$、$M_{AB}^F=0$ 时，即得到反对称变形时 A 端的修正刚度系数：

$$S_{AB}'=S_{AB}(1+C_{AB}) \tag{9-34}$$

【例 9-15】 试用位移法计算图 9-62(a)所示变截面三跨连续梁。

【解】 此连续梁是对称的，承受的又是正对称荷载，故可取半个结构进行计算，其计算简图如图 9-62(b)所示。应用位移法计算时，只有一个未知转角 Z_1，其基本结构如图 9-62(c)所示。位移法方程为：

$$r_{11}Z_1+R_{1P}=0$$

为了求出系数和自由项，必须绘出 $\overline{M}_1$ 图和 M_P 图[图 9-62(d)、图 9-62(e)]。但需注意，此时不能再利用表 9-1，而应按式(9-30)和式(9-31)计算 $\overline{M}_1$ 图和 M_P 图中各竖标值。现计算如下：

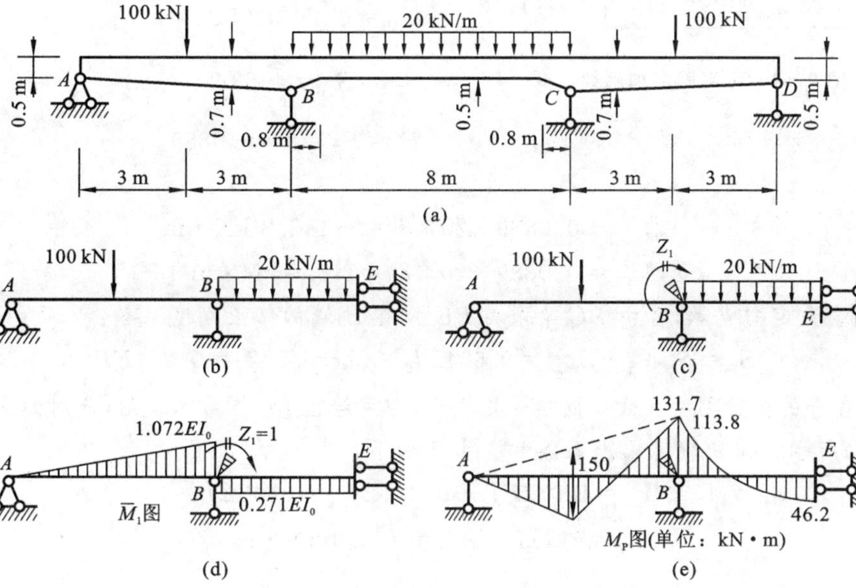

图 9-62 位移法计算变截面梁

(a)变截面连续梁及荷载；(b)半个结构计算简图；(c)位移法基本结构；(d)$\overline{M}_1$ 图；(e)M_P 图

梁 AB 的一端固定另一端铰支，先按两端固定梁(图 9-63)算出有关常数。由 $h_0=0.5$ m，$\gamma h_0=0.2$ m，得 $\gamma=\dfrac{0.2}{0.5}=0.4$，又 $a=1$。查表 9-3，可得：

$C_{AB}=0.642$，$C_{BA}=0.388$

$S_{AB}=5.17i_0=5.17\times\dfrac{EI_0}{6}=0.862EI_0$

$S_{BA}=8.57i_0=8.57\times\dfrac{EI_0}{6}=1.428EI_0$

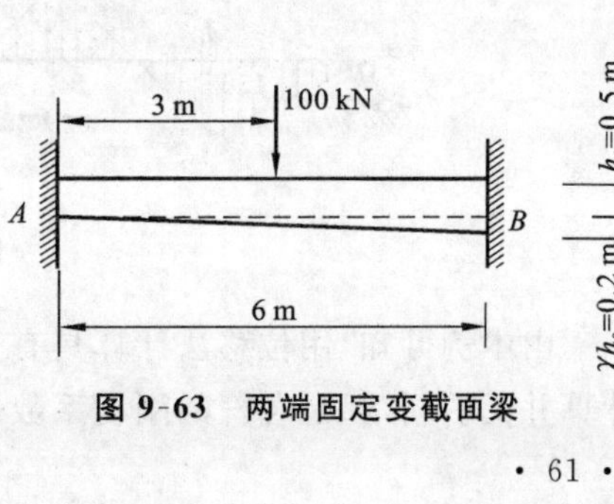

图 9-63 两端固定变截面梁

再由 $\lambda=0.5$，查表 9-3 得：

$F_A=0.0953$，$F_B=0.1583$

故有：

$$M_{AB}^F=-0.0953\times100\times6=-57.18\ \text{kN}\cdot\text{m}$$
$$M_{BA}^F=0.1583\times100\times6=94.98\ \text{kN}\cdot\text{m}$$

因 A 端为铰支，根据式(9-29)可求得 B 端固定 A 端铰支时的修正刚度系数和固端弯矩分别为：

$$S_{BA}'=S_{BA}(1-C_{BA}C_{AB})=1.428EI_0\times(1-0.642\times0.388)=1.072EI_0$$
$$M_{BA}^{F\prime}=M_{BA}^F-C_{AB}M_{AB}^F=94.98-0.642\times(-57.18)=131.7\ \text{kN}\cdot\text{m}$$

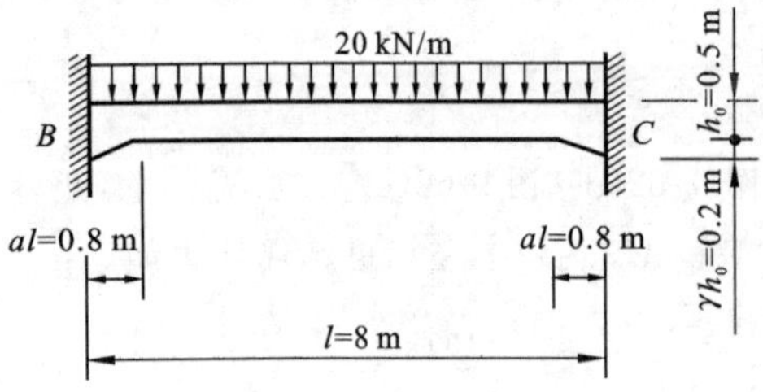

图 9-64　两端固定加腋梁

梁 BE 是一端固定一端定向支承的杆件，仍先按两端固定梁 BC(图 9-64)求出有关常数。

BC 梁为一对称式直线加腋梁，此时 $a=\dfrac{0.8}{8.0}=0.1$，$r=\dfrac{0.2}{0.5}=0.4$。查表 9-2 得：

$$C_{AB}=C_{BA}=0.552$$

$$S_{BC}=S_{CB}=4.83i_0=4.83\times\frac{EI_0}{8}=0.604EI_0$$

$$F_B=F_C=F=0.0889$$

故

$$M_{BC}^F=-0.0889\times20\times8^2=-113.8\ \text{kN}\cdot\text{m}$$
$$M_{CB}^F=0.0889\times20\times8^2=113.8\ \text{kN}\cdot\text{m}$$

因 E 端为定向支承，可由 BC 梁求得 BE 梁在 B 端的修正刚度系数：

$$S_{BC}'=S_{BC}(1-C_{BC})=0.604EI_0\times(1-0.552)=0.271EI_0$$

求得各杆的修正刚度系数和固端弯矩之后，即可绘出 $\overline{M}_1$ 图和 M_P 图，分别如图 9-62(d)、图 9-62(e)所示。据此就可求出系数和自由项如下：

$$r_{11}=1.072EI_0+0.271EI_0=1.343EI_0$$
$$R_{1P}=131.7-113.8=17.9\ \text{kN}\cdot\text{m}$$

故求得：

$$Z_1=-\frac{R_{1P}}{r_{11}}=-\frac{17.9}{1.343EI_0}=-\frac{13.33}{EI_0}$$

按照 $M=\overline{M}_1Z_1+M_P$ 可叠加求出最后弯矩图[图 9-65]。

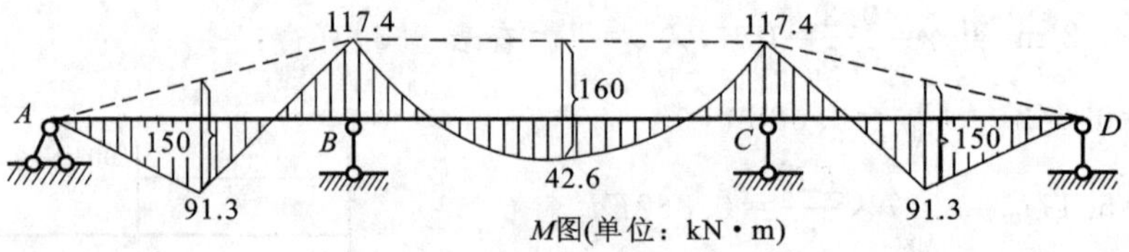

图 9-65　最后弯矩图

由本例可知，用位移法计算具有变截面杆件的结构，其计算原理和步骤与等截面杆件的计算并无不同，只是各杆的刚度系数(或修正刚度系数)和固端弯矩的计算不同而已。

(3) 带刚性边段的杆

图 9-66(a)为一杆件截面尺寸较大(相对于杆件的跨度或长度而言)的刚架。对于这种结构,图 9-66(a)中斜阴影线部分为杆件结合区,比较合理的计算简图可采用图 9-66(b)。当杆件截面尺寸较小时,杆件结合区的尺寸较大,杆件在进入结合区后刚度增大的影响已不可忽视,这时,刚架的轴线仍按各杆轴线画出,将各杆端部进入结合区的一段看作刚性段,其 EI 值视为无限大,此段称为刚域。图 9-66(c)为一刚架-剪力墙结构,计算简图如图 9-66(d)所示。图中粗线部分为刚域,因而也属于带刚性边段的杆。

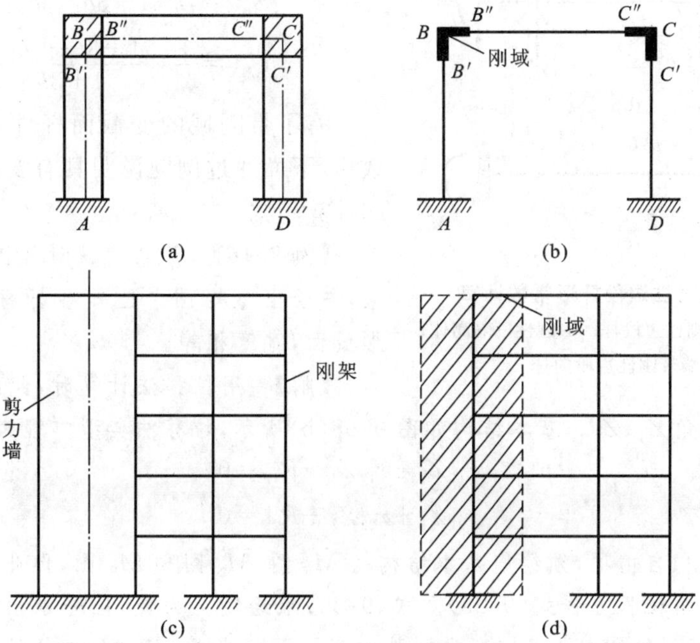

图 9-66 带刚域的结构

(a)带刚域的刚架;(b)刚架计算简图;(c)剪力墙结构;(d)剪力墙结构计算简图

带刚性边段杆的形常数可以由其净跨杆段的形常数换算得来。图 9-67(a)所示杆在 A 端有单位转角 $\varphi_A=1$ 时,则其净跨杆段的 $A'B'$ 的 A' 端除有转角 $\varphi_{A'}=1$ 外,还有线位移 $\Delta=-al_0$,因此,$A'B'$ 杆的杆端弯矩为:

$$M_{A'B'}=4i_0+6i_0a$$

$$M_{B'A'}=2i_0+6i_0a$$

剪力为:

$$Q_{A'B'}=Q_{B'A'}=-\frac{M_{A'B'}+M_{B'A'}}{l_0}=-\frac{6i_0}{l_0}(1+2a)$$

由刚性段的平衡条件[图 9-67(b)],可得:

$$M_{AB}=M_{A'B'}-Q_{A'B'}al_0=4i_0(1+3a+3a^2)$$

$$M_{BA}=M_{B'A'}-Q_{B'A'}bl_0=2i_0[1+3(a+b)+6ab]$$

根据定义,M_{AB} 即杆 AB 的转动刚度 S_{AB},而传递系数 $C_{AB}=\dfrac{M_{BA}}{M_{AB}}$。因而

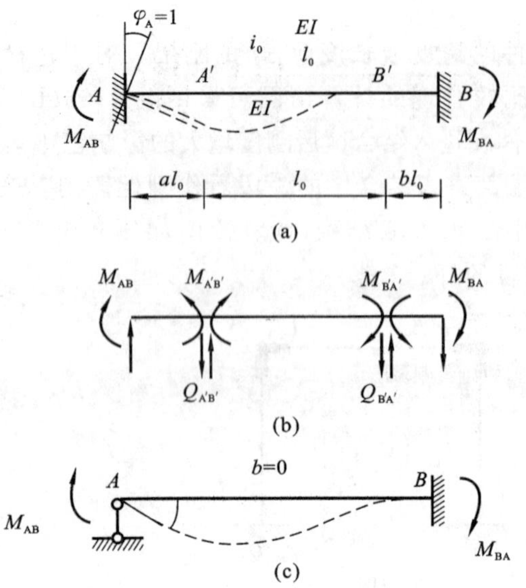

图 9-67　带刚性边段杆形常数计算

(a)两端固定的带刚性边段杆;(b)刚性段隔离体;(c)一端带刚性边段的杆

$$\left.\begin{aligned} S_{AB}&=4i_0(1+3a+3a^2)\\ C_{AB}&=\frac{1}{2}\times\frac{1+3(a+b)+6ab}{1+3a+3a^2}\end{aligned}\right\}\quad(9\text{-}35)$$

对一端带刚性边段的杆[图 9-67(c)],上两式仍然适用,但其中应取 $b=0$。

类似地,可以写出 B 端的转动刚度和 B 端到 A 端的传递系数:

$$\left.\begin{aligned} S_{BA}&=4i_0(1+3b+3b^2)\\ C_{BA}&=\frac{1}{2}\times\frac{1+3(a+b)+6ab}{1+3b+3b^2}\end{aligned}\right\}\quad(9\text{-}36)$$

有了带刚域的变截面杆件的形常数和载常数后,下面通过例题说明具有变截面杆件的刚架的计算步骤。

【例 9-16】 用位移法计算图 9-68(a)所示刚架,并绘出弯矩图。已知各杆材料相同,均为矩形截面,宽度相等。

【解】 用位移法计算时,此刚架在结点 A、B 上分别有未知转角 Z_1、Z_2。基本结构如图 9-68(b)所示,位移法典型方程为:

$$r_{11}Z_1+r_{12}Z_2+R_{1P}=0$$

$$r_{21}Z_1+r_{22}Z_2+R_{2P}=0$$

为计算系数和自由项,须绘出基本结构的 $\overline{M}_1$ 图、$\overline{M}_2$ 图和 M_P 图,但此时已不能利用表 9-1,而须根据转角位移方程式(9-28)及式(9-30)来绘制。为此,应先求出各杆的形常数和载常数。其中,杆 AB 和 BC 可按直线加腋的变截面杆考虑,杆 AD 和 BE 则按上端带刚域的杆考虑。为了计算方便,先将各杆 i_0 的相对值算出并列于表 9-4 中。

表 9-4　各杆的相对 i_0 值

杆件	l(m)	h_0(m)	$\left(\frac{h_0^3}{l}\right)$(m²)	相对 i_0
AB	8	0.4	8×10^{-3}(作为 i_0)	i_0
BC	6	0.4	10.67×10^{-3}	$1.333i_0$
AD	$l_0=4.6$	0.5	27.17×10^{-3}	$3.397i_0$
BE				

杆 AB:查表 9-2,由 $a=0.2$,$r=1.0$ 有:

$$C_{AB}=C_{BA}=0.659$$

$$S_{AB}=S_{BA}=7.81i_0$$

$$M_{AB}^F=-0.0993\times30\times8^2=-190.7\ \text{kN}\cdot\text{m}$$

$$M_{BA}^F=190.7\ \text{kN}\cdot\text{m}$$

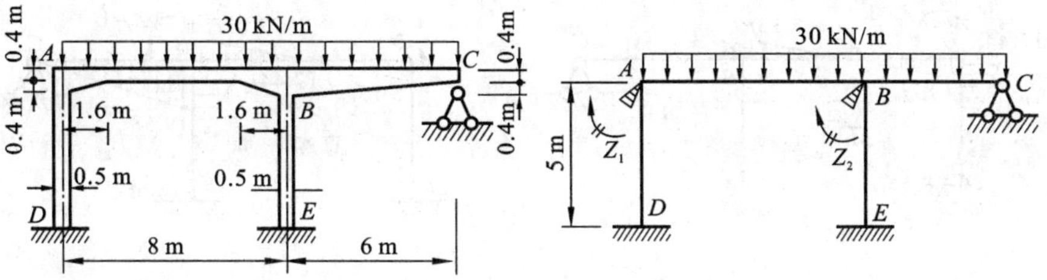

(a) (b)

图 9-68 例 9-16 图

(a)变截面刚架及荷载；(b)位移法基本结构

杆 BC：C 端为铰支，先按两端固定梁查表 9-3。由 $a=1.0, r=1.0$ 有：

$$C_{BC}=0.294,\quad C_{CB}=0.834$$

$$S_{BC}=19.46\times1.333i_0=25.94i_0$$

$$S_{CB}=6.86\times1.333i_0=9.14i_0$$

$$M_{BC}^{F}=-0.1216\times30\times6^2=-131.3\ \text{kN}\cdot\text{m}$$

$$M_{CB}^{F}=0.0529\times30\times6^2=57.1\ \text{kN}\cdot\text{m}$$

再由式(9-29)得：

$$S_{BC}'=25.94i_0(1-0.294\times0.834)=19.58i_0$$

$$M_{BC}^{F}{}'=-131.3-0.834\times57.1=-178.9\ \text{kN}\cdot\text{m}$$

杆 AD 和 BE：将 $a=\frac{0.4}{4.6}=0.08696, b=0$ 代入式(9-35)可算得：

$$S_{AD}=S_{BE}=4\times3.397i_0\times(1+3\times0.08696+3\times0.08696^2)=17.44i_0$$

$$C_{AD}=C_{BE}=\frac{1}{2}\times\frac{1+3\times0.08696}{1+3\times0.08696+3\times0.08696^2}=0.491$$

根据以上杆的形常数，即可按式(9-28)及式(9-30)绘出 $\overline{M}_1$ 图、$\overline{M}_2$ 图[图 9-69(a)、图 9-69(b)]，再由各杆固端弯矩即可绘出 M_P 图[图 9-69(c)]。然后按以前所述求系数和自由项的方法可求得：

$$r_{11}=25.25i_0,\quad r_{12}=r_{21}=5.15i_0,\quad r_{22}=44.83i_0$$

$$R_{1P}=-190.7\ \text{kN}\cdot\text{m},\quad R_{2P}=11.8\ \text{kN}\cdot\text{m}$$

代入典型方程，得

$$25.25i_0Z_1+5.15i_0Z_2-190.7=0$$

$$5.15i_0Z_1+44.83i_0Z_2+11.8=0$$

解得

$$Z_1=\frac{7.789}{i_0},\quad Z_2=-\frac{1.158}{i_0}$$

根据叠加原理 $M=\overline{M}_1Z_1+\overline{M}_2Z_2+M_P$ 绘出最后的弯矩图，如图 9-69(d)所示。

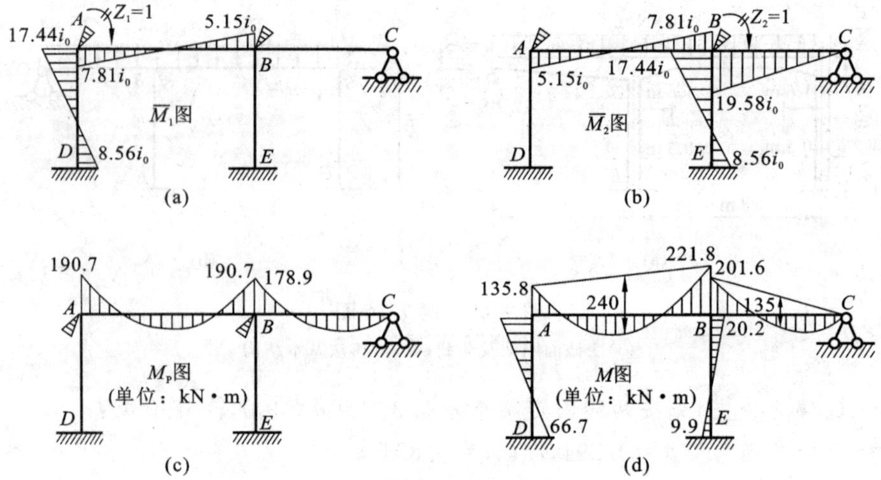

图 9-69　变截面刚架的计算

(a)$\overline{M}_1$ 图;(b)$\overline{M}_2$ 图;(c)M_P 图;(d)最后的弯矩图

本 章 小 结

位移法是计算超静定结构的基本方法之一,它是结构力学课程中的重要内容。在工程实践中应用较为广泛的剪力分配法、力矩分配法、迭代法和矩阵位移法等,都是以位移法的原理为基础的。另外,位移法不仅可用以计算超静定结构,也可用以计算静定结构;学习本章内容时,要着重将位移法的物理概念理解深透,并熟练掌握在荷载作用下超静定结构的计算方法和步骤。现将本章内容小结如下:

(1) 位移法是以结构的结点位移作为基本未知数,利用平衡条件求出这些基本未知数后,就不难求得结构的内力。解题思路为通过杆件的转角位移方程,建立杆端力和杆端位移间的关系,并由结点的平衡条件和截面平衡条件可求出结点位移未知量,然后由结点位移可计算杆端内力。

(2) 位移法的基本未知量是结点角位移和独立的结点线位移,结点角位移数目等于结构的刚结点数目;在忽略轴向变形的受弯结构中,独立的结点线位移数,等于将原结构改成铰结体系后的自由度数,或是使该铰结体系成为几何不变时所需增添的最少链杆数。若超静定结构中局部存在有静定部分,在确定基本未知数时,则可将静定部分予以去除而不会产生任何影响。

(3) 转角位移方程是单根杆件的杆端力和杆端位移及荷载之间的关系方程,一旦求出结构的结点位移后,由变形连续条件可知道杆端位移,由杆端位移就可求杆端力,最后作出内力图。

两端固定等截面直杆的转角位移方程由式(9-7)、式(9-8)表达;一端固定另一端铰支等截面直杆的转角位移方程为式(9-9)、式(9-10);一端固定另一端滑动等截面直杆的转角位移方程为式(9-11)、式(9-12)。上述转角位移方程在位移法的计算中非常重要。荷载作用下固端弯矩和固端剪力的计算，可由表 9-1 查得。在应用以上各式计算时，要注意正负号，公式中所列杆端力和杆端位移均符合位移法的符号规则。

(4) 位移法的两种解题方法（即基本结构和典型方程式法及结点和截面平衡方程式法）在原理上是相同的，都是利用平衡条件建立基本方程，但在具体做法上有所区别。前者可按 9.4 节归纳的计算步骤进行，后者可按 9.5 节归纳的计算步骤进行。

(5) 在位移法的解题过程中，为了便于计算，一般对结点位移（角位移和线位移或以弦转角 $\beta=\dfrac{\Delta}{l}$ 表示）和杆端内力（剪力和弯矩），均假定用正号标出，即以顺时针方向转动。附加刚臂中反力矩和附加链杆中反力也均假定沿着角位移和线位移方向用正号标出。以上这些量的最后结果若为正，则其实际符号也为正，反之即为负。

(6) 对于一个对称结构，在对称外界因素（荷载、支座沉陷等）作用下，结构的变形是对称的；在反对称外界因素作用下，结构的变形是反对称的。利用此两种变形特点去解题，可达到减少未知数以利简化计算的目的。

(7) 用位移法计算超静定结构由于温度变化、支座位移引起的内力时，其计算原理、基本结构及典型方程中各系数的求法均与荷载作用时相同，所不同之处是典型方程中的自由项。对于有 n 个结点位移未知数的结构，各杆最后杆端弯矩仍用叠加公式求得。

习 题

9-1 试确定图 9-70 所示各结构用位移法计算时的基本未知数数目，并绘出基本结构。

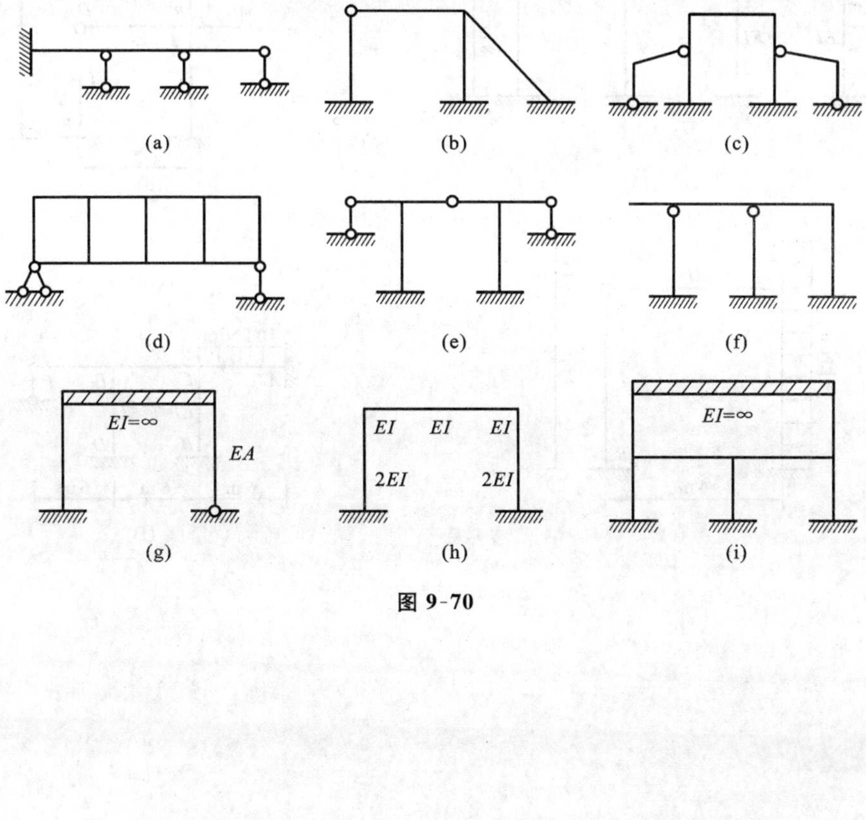

图 9-70

9-2　用位移法计算图 9-71 所示结构内力，并绘制其弯矩图、轴力图和剪力图。

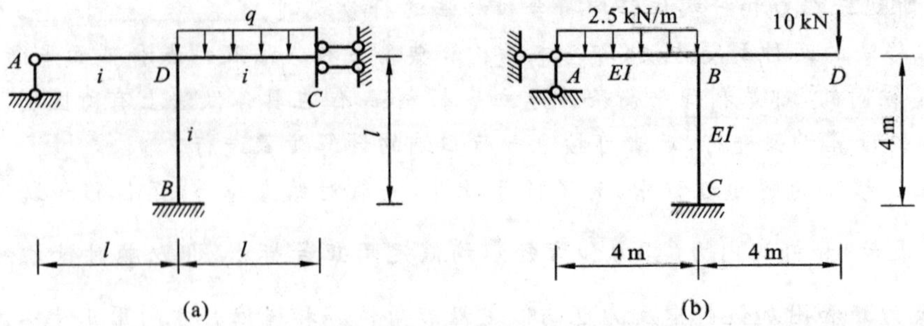

图 9-71

9-3　用位移法绘制图 9-72 所示结构的弯矩图。

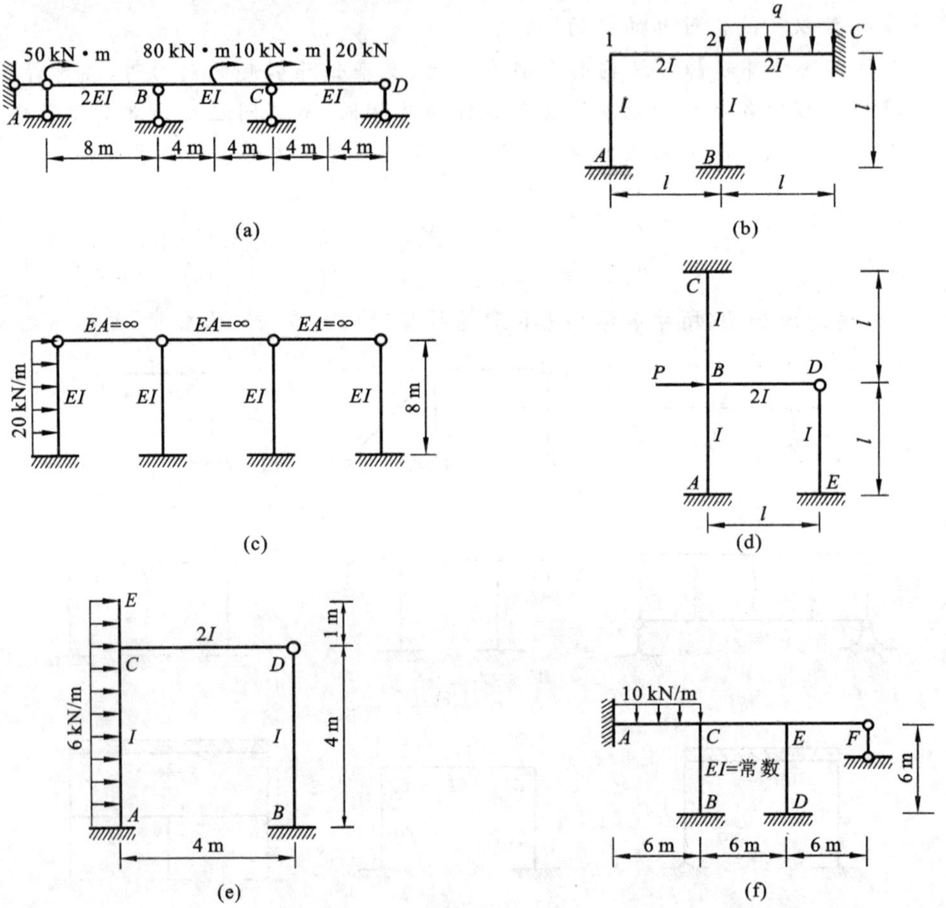

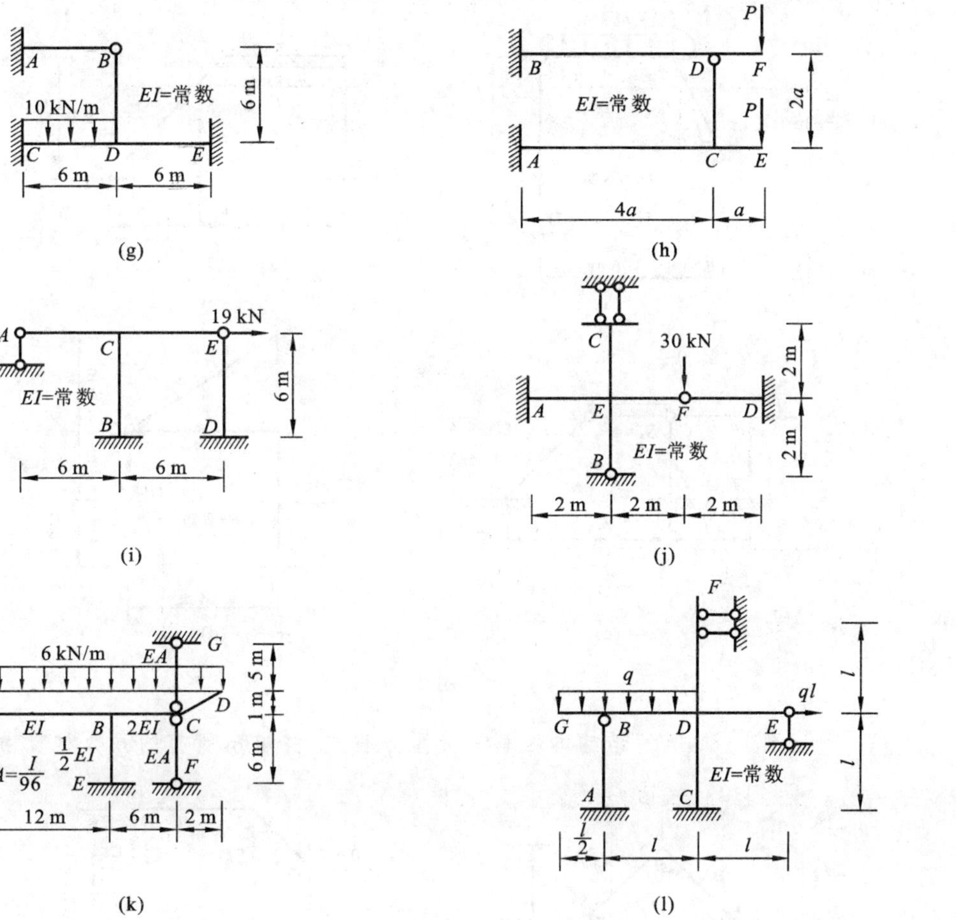

图 9-72

9-4　考虑杆件的轴向变形，试写出图 9-73 所示三角形刚架的位移法典型方程，并求出所有系数和自由项。$EI=$常数，$EA=$常数，$A=\frac{I}{l^2}$。

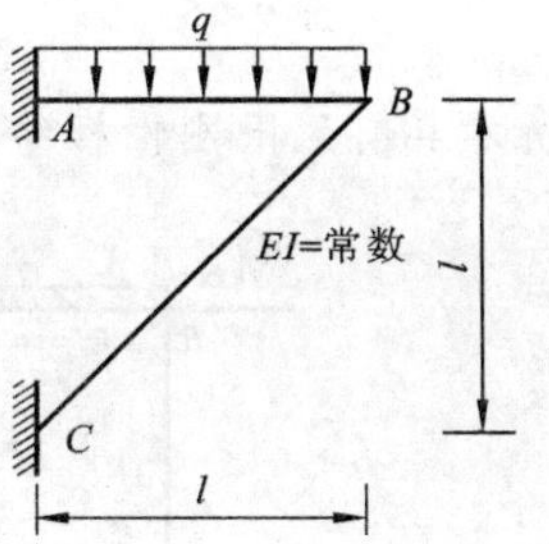

图 9-73

9-5　用位移法绘制图 9-74 所示具有斜杆的刚架的弯矩图。

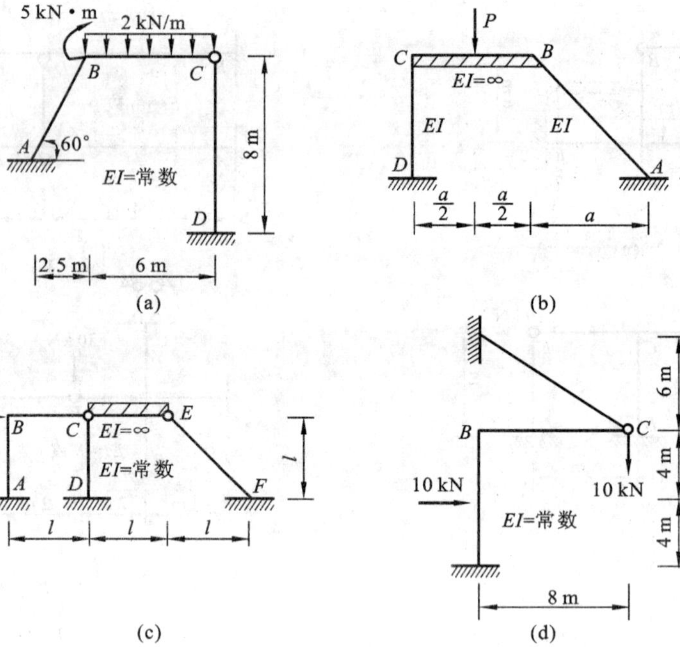

图 9-74

9-6　列出图 9-75 所示结构的位移法典型方程式,并求出所有的系数和自由项。

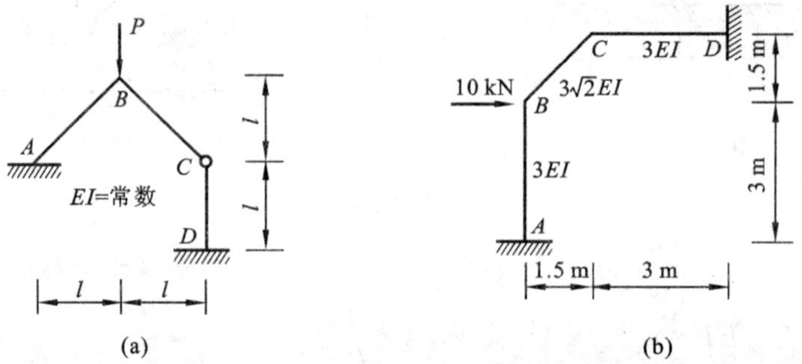

图 9-75

9-7　用位移法绘制图 9-76 所示具有无限刚性杆结构的弯矩图。

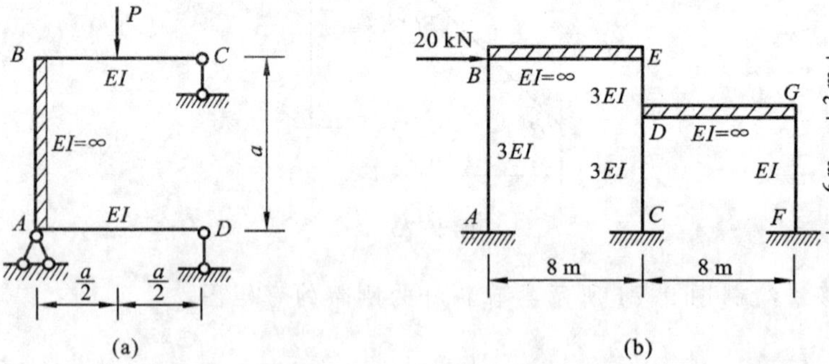

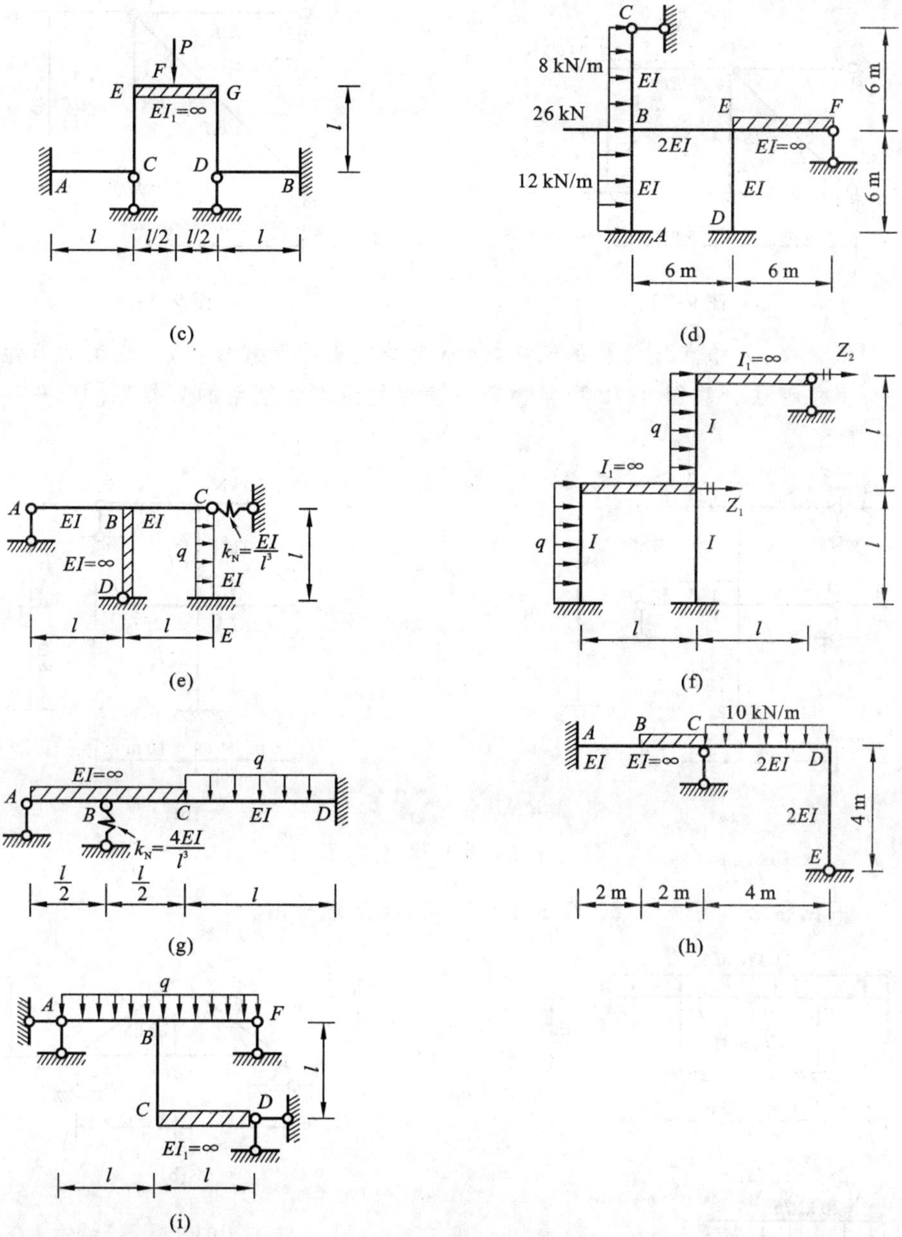

图 9-76

9-8 用位移法绘制如图 9-77 所示所示结构的弯矩图，并求桁架杆的轴向力 N_{DB}、N_{DA}。

9-9 用位移法求如图 9-78 所示桁架各杆的轴向力。

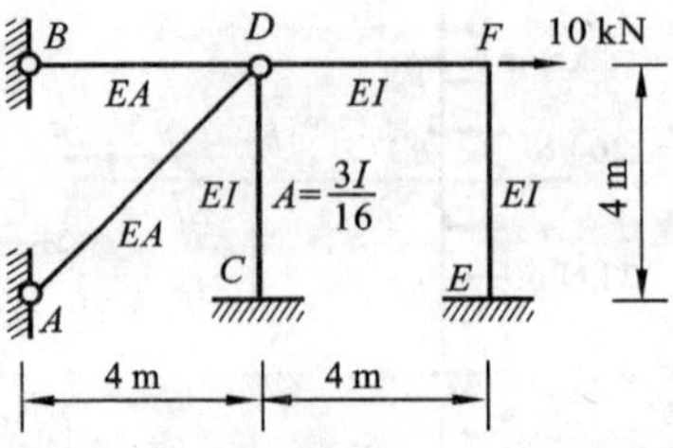

图 9-77

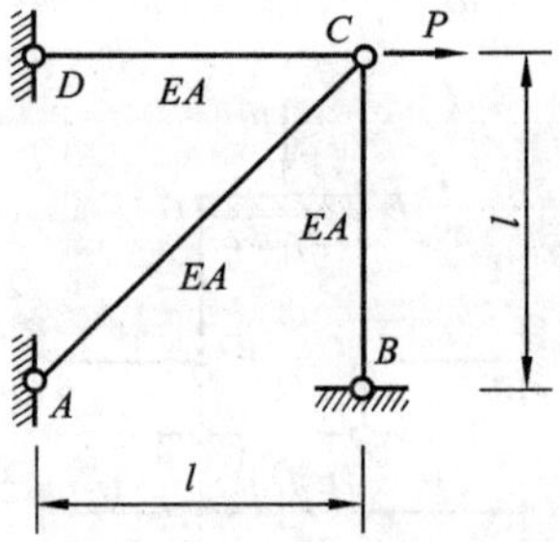

图 9-78

9-10　试说明：无结点线位移的刚架，若承受结点集中荷载作用，则刚架的弯矩为零。

9-11　用位移法计算图 9-79 所示由剪力静定杆组成的刚架的弯矩图[图 9-79(a)中各杆的 EI 为常数]。

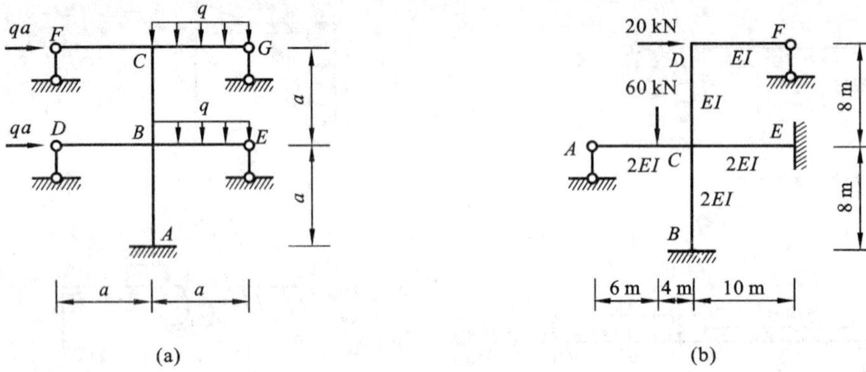

图 9-79

9-12　用位移法计算图 9-80 所示对称刚架，绘制弯矩图。

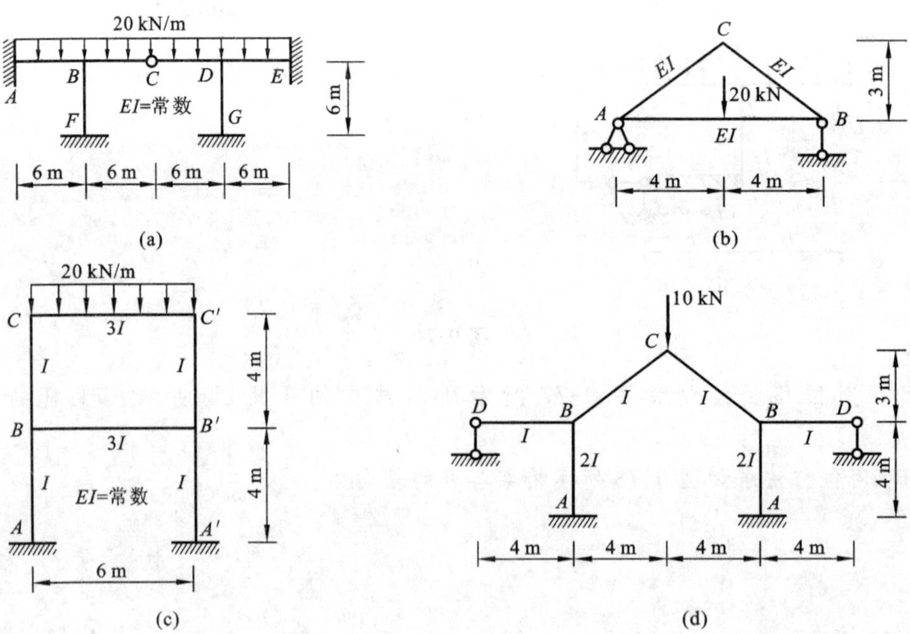

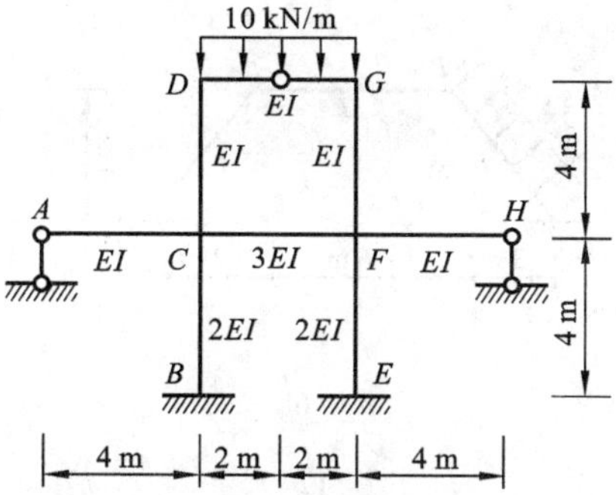

(e)

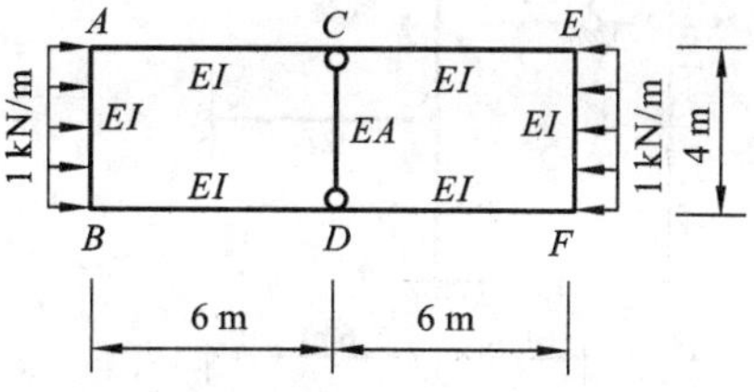

$EA=2EI/\mathrm{m}^2, EI=12\mathrm{kN\cdot m}$

(f)

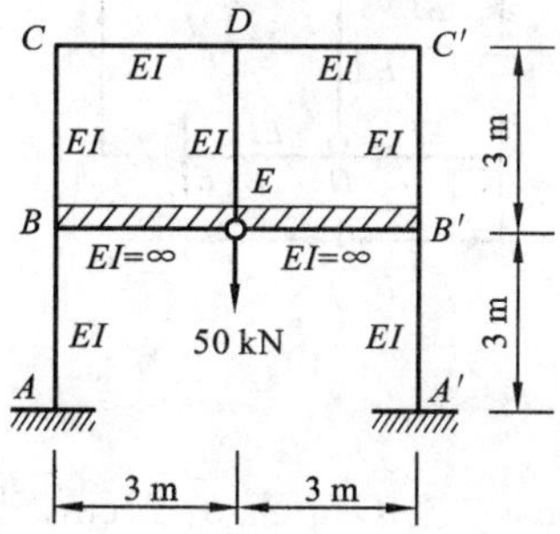

(g)

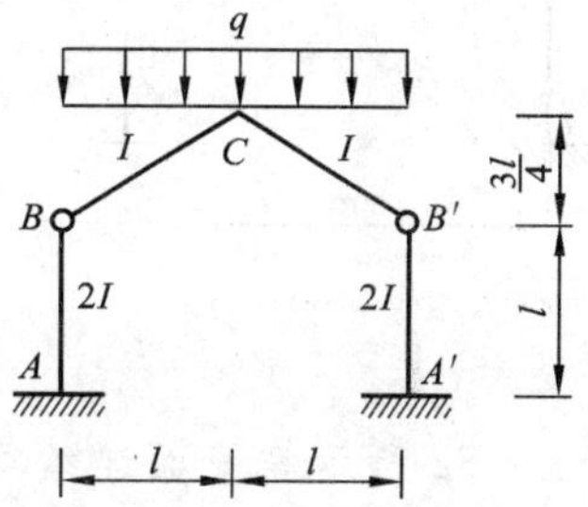

(h)

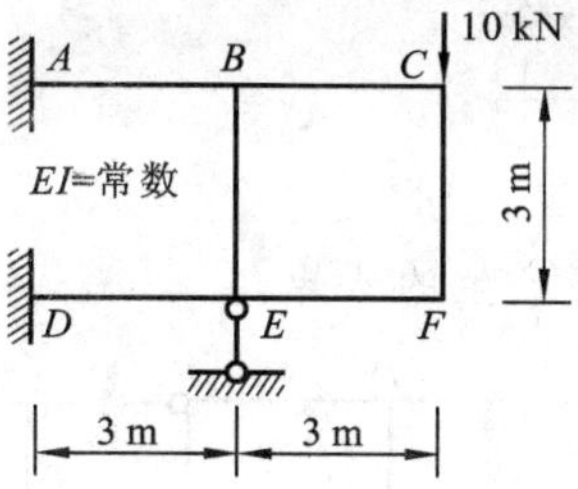

(i)

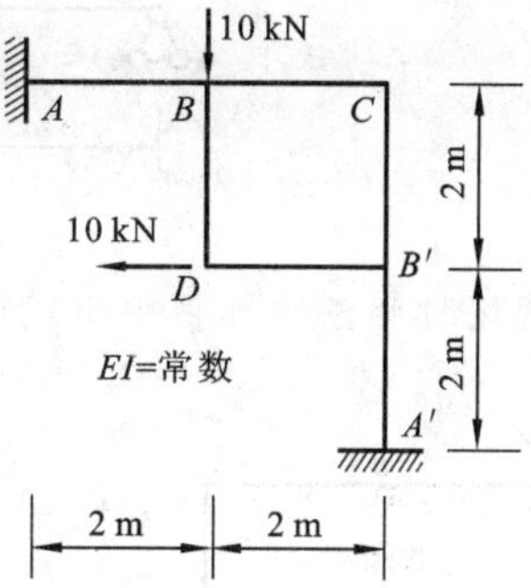

(j)

图 9-80

9-13 用适宜的方法计算图 9-81 所示结构，绘制弯矩图。各杆的 EI 为常数。

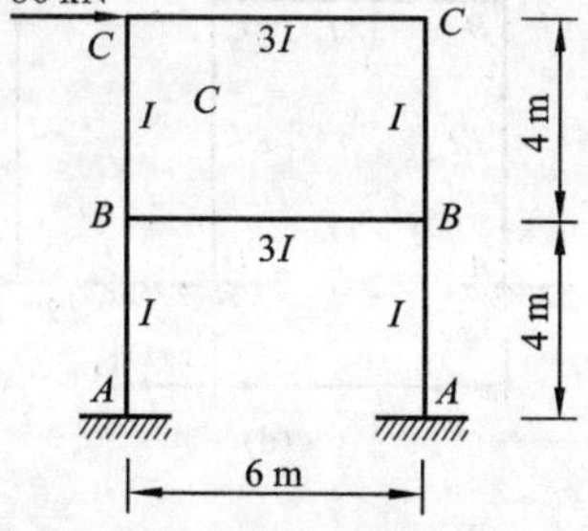

(a)

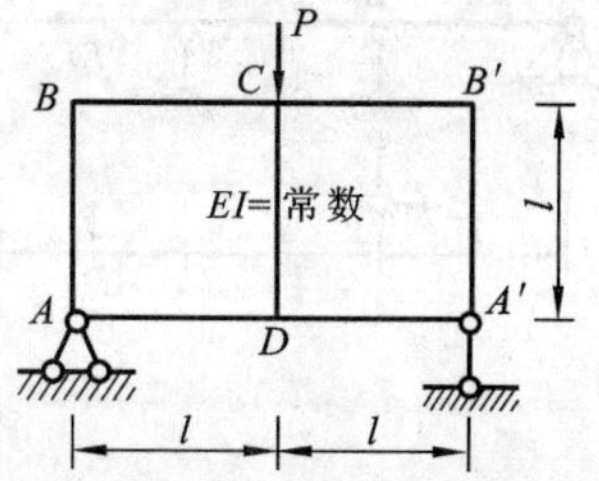

(b)

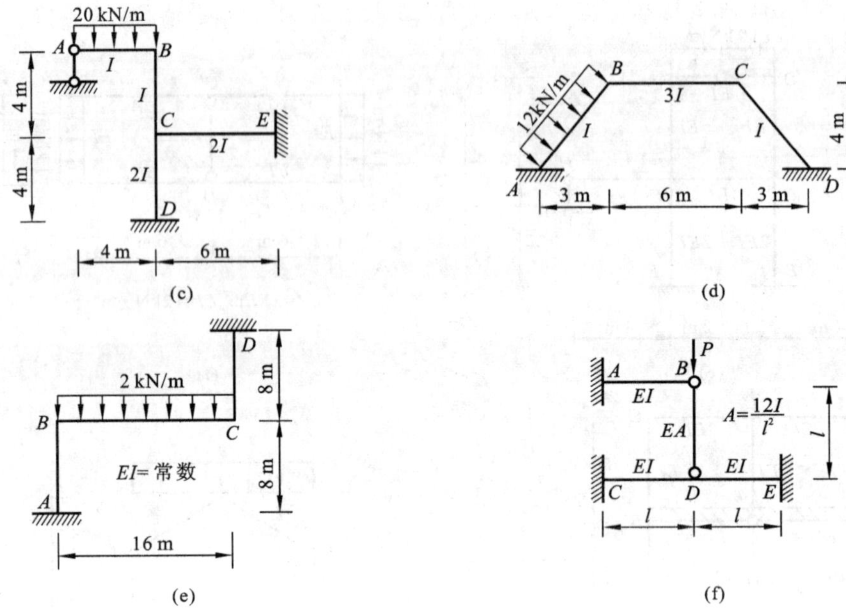

图 9-81

9-14　图 9-82 所示等截面连续梁支座 B 下沉 2 cm，支座 C 下沉 1.2 cm，已知 $E=21000\ \mathrm{kN/cm^2}$，$I=20000\ \mathrm{cm^4}$，试作其弯矩图。

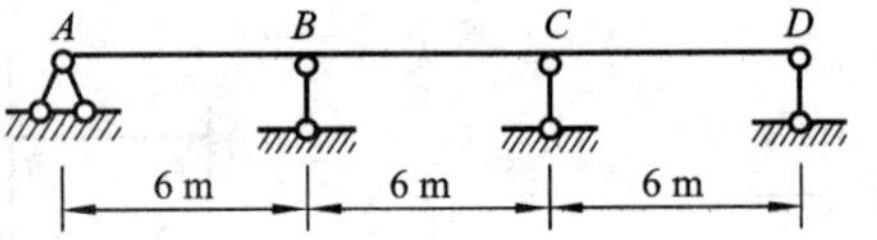

图 9-82

9-15　试用位移法求作图 9-83 所示结构由于支座位移产生的弯矩。

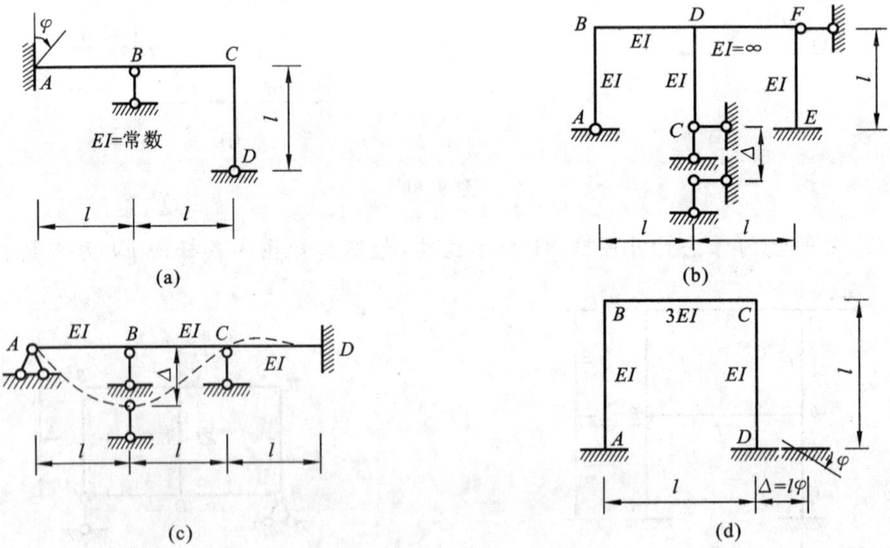

图 9-83

9-16 图 9-84 所示结构支座 A、E 处同时顺时针转动了单位位移，试用位移法求作结构的弯矩图，并求截面 C 处转角。

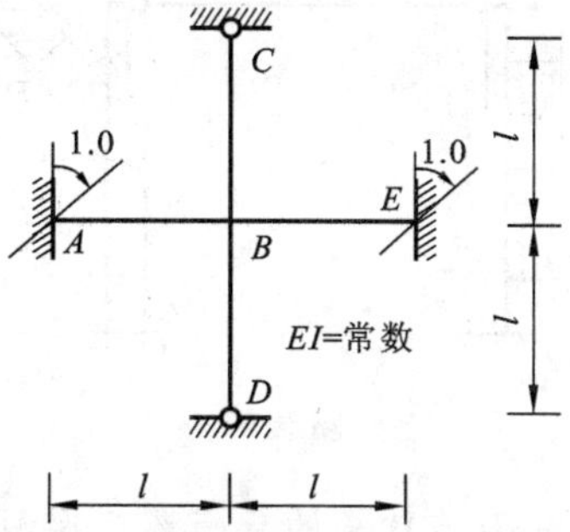

图 9-84

9-17 刚架的温度变化如图 9-85 所示，试作其弯矩图。各杆均为矩形截面，高度 $h=0.4\ \mathrm{m}$，$EI=2\times10^4\ \mathrm{kN\cdot m^2}$，线膨胀系数 $\alpha=1\times10^{-5}$。

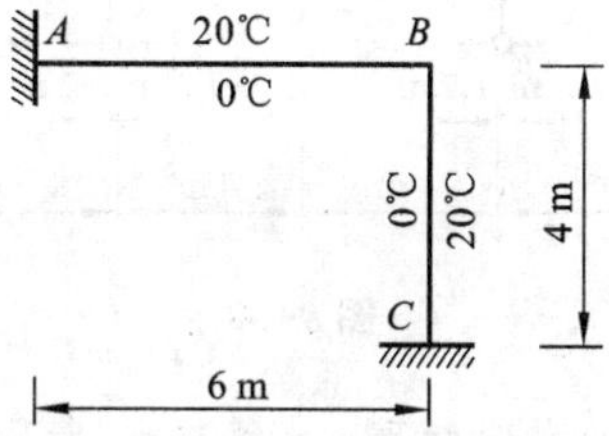

图 9-85

9-18 用混合法求作图 9-86 所示结构的弯矩图。

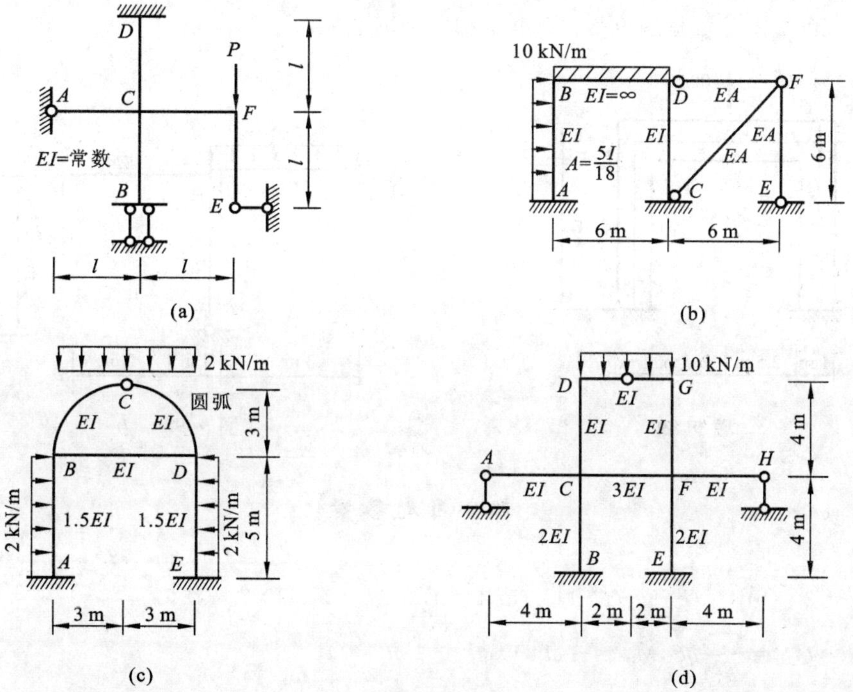

图 9-86

9-19　试用位移法计算图 9-87 所示具有阶形柱的铰结排架。

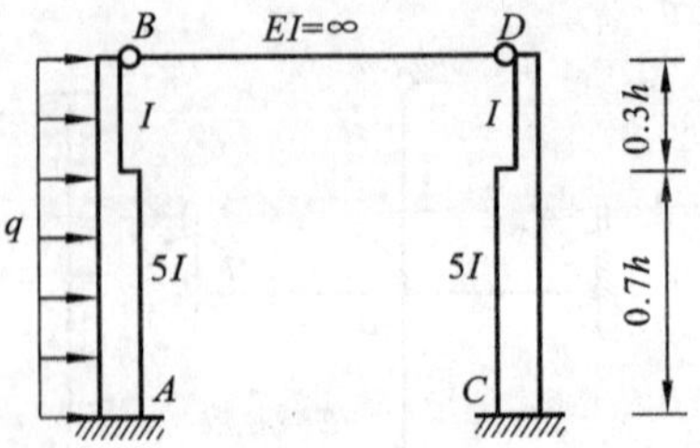

图 9-87

9-20　试作图 9-88 所示变截面连续梁的弯矩图。梁截面为矩形,宽度不变。

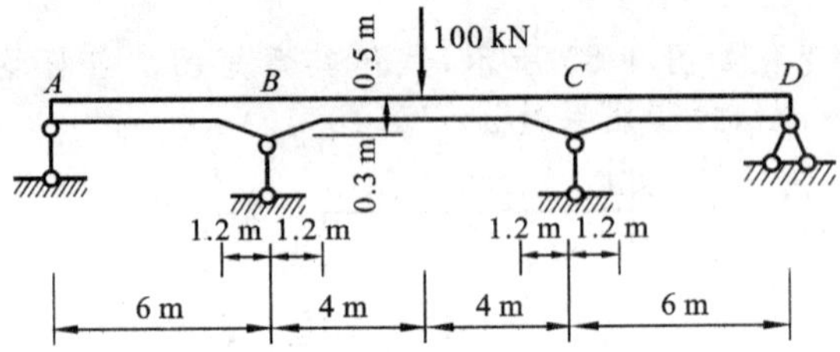

图 9-88

9-21　试作图 9-89 所示刚架的弯矩图,计算时按带刚域的杆考虑,并与不带刚域的结果比较。各杆截面均为矩形截面,宽度相同。(提示:按带刚域的杆考虑时,固端弯矩值亦可根据净跨段的固端弯矩及剪力值由平衡条件推求而得。)

9-22　用位移法求作图 9-90 所示结构的弯矩图。

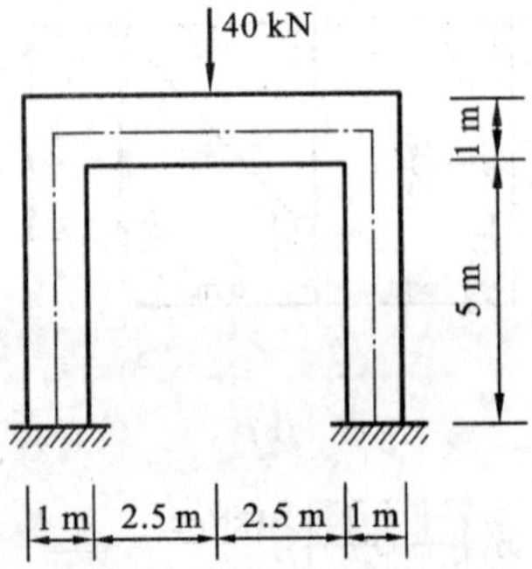

图 9-89

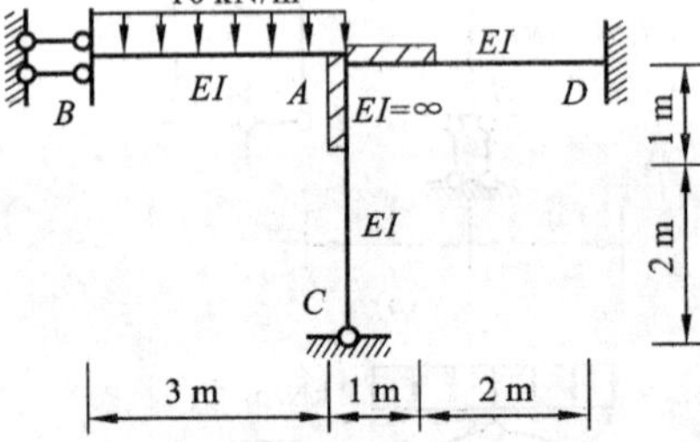

图 9-90

部分习题答案

9-1　(a) 2　(b) 1　(c) 9　(d) 14　(e) 4　(f) 3　(g) 1　(h) 7　(i) 5

9-2　(a) $M_{DC}=-\dfrac{7}{24}ql^2,M_{DB}=\dfrac{1}{6}ql^2,V_{AD}=-\dfrac{1}{8}ql$

(b) $M_{BA}=20\ \text{kN}\cdot\text{m},Q_{BA}=-10\ \text{kN},N_{BC}=-20\ \text{kN}$

9-3 (a) $M_{BA}=-3.64\ kN\cdot m, M_{CB}=15.91\ kN\cdot m, M_{CD}=-25.91\ kN\cdot m$

(b) $Z_1=-\frac{ql^2}{672i}, Z_2=\frac{ql^2}{224i}, M_{12}=\frac{ql^2}{168}ql^2$

(c) 左柱下端弯矩为$-280\ kN\cdot m$

(d) $M_{AB}=-\frac{2}{9}Pl$

(e) $M_{AC}=-38.05\ kN\cdot m, M_{CA}=-15.79\ kN\cdot m$

$M_{CD}=18.79\ kN\cdot m, M_{BD}=-18.16\ kN\cdot m$

(f) $M_{AC}=-35.17\ kN\cdot m, M_{EC}=-3.29\ kN\cdot m$

(g) $M_{AB}=-20\ kN\cdot m, M_{CD}=-75.45\ kN\cdot m$

(h) $M_{BD}=-5.4\ Pa, M_{CA}=-3.6\ Pa$

(i) $M_{BC}=-48\ kN\cdot m, M_{DE}=-30\ kN\cdot m$

(j) $M_{EA}=\frac{240}{19}kN\cdot m, M_{EC}=\frac{60}{19}kN\cdot m, M_{DF}=\frac{660}{19}kN\cdot m$

(k) $M_{AB}=-61.5\ kN\cdot m, M_{BA}=93\ kN\cdot m, M_{BC}=-114\ kN\cdot m$

(l) $M_{AB}=-0.111ql^2, M_{CD}=0.231ql^2, M_{ED}=0.213ql^2$

9-4 $r_{11}=6.83\frac{EI}{l}, r_{22}=14.48\frac{EI}{l^3}, r_{33}=3.48\frac{EI}{l^3}$

$r_{12}=-8.12\frac{EI}{l^2}, r_{13}=-2.12\frac{EI}{l^2}, r_{23}=1.77\frac{EI}{l^2}$

9-5 (a) $M_{AB}=-16.32\ kN\cdot m, M_{BA}=-4.99\ kN\cdot m, M_{DC}=-4.68\ kN\cdot m$

(b) $M_{AB}=-\frac{Pa}{14}, M_{CB}=\frac{5Pa}{56}, M_{DC}=-\frac{Pa}{14}$

(c) $M_{AB}=-0.354Pl$

(d) $M_{AB}=5.08\ kN\cdot m, M_{BA}=20.34\ kN\cdot m, M_{DC}=-10.58\ kN\cdot m$

9-6 (a) $M_{AB}=-0.1676Pl, M_{BA}=-0.1397Pl, M_{DC}=-0.2765Pl$

(b) $M_{AB}=-3.11\ kN\cdot m, M_{BA}=-3.96\ kN\cdot m, M_{CB}=3.96\ kN\cdot m$

9-7 (a) $M_{AD}=\frac{3Pa}{32}, M_{BA}=\frac{3Pa}{32}$

(b) $M_{AB}=-18.5\ kN\cdot m, M_{FG}=-11.9\ kN\cdot m, M_{DE}=24\ kN\cdot m$

(c) $\varphi_C=-\frac{Pl}{56i}, M_{AC}=-M_{BD}=-\frac{Pl}{28}$

(d) $M_{AB}=-148\ kN\cdot m, M_{DE}=-120\ kN\cdot m, M_{BC}=36\ kN\cdot m$

(e) $M_{BA}=\frac{9}{80}ql^2, M_{EC}=-\frac{19}{80}ql^2$

(f) $r_{11}=\frac{36i}{l^2}, R_{2P}=-\frac{ql}{2}$

(g) $M_{CD}=\frac{41}{348}ql^2, M_{DC}=\frac{85}{348}ql^2$

(h) $M_{AB}=\frac{48}{11}kN\cdot m, M_{CD}=-\frac{168}{11}kN\cdot m, M_{DC}=\frac{68}{11}kN\cdot m$

(i) $\varphi_B=\frac{5ql^2}{192i}, \Delta_{By}=\frac{25ql^3}{192i}, M_{CB}=\frac{15}{32}ql^2$

9-8　$M_{FE}=-7.39\ \text{kN}\cdot\text{m}, M_{CD}=-8.62\ \text{kN}\cdot\text{m}$

$N_{BD}=2.16\ \text{kN}, N_{AD}=1.08\ \text{kN}$

9-9　$N_{DC}=\frac{1+2\sqrt{2}}{2(1+\sqrt{2})}P, N_{AC}=\frac{\sqrt{2}}{2(1+\sqrt{2})}P, N_{BC}=\frac{1}{2(1+\sqrt{2})}P$

9-11　(a) $M_{CF}=\frac{159}{440}qa^2, M_{CF}=\frac{36}{55}qa^2, M_{AB}=-\frac{67}{55}qa^2$

(b) $M_{CA}=112.34\ \text{kN}\cdot\text{m}, M_{CB}=-4.69\ \text{kN}\cdot\text{m}, M_{DF}=5.60\ \text{kN}\cdot\text{m}$

9-12　(a) $M_{AB}=15\ \text{kN}\cdot\text{m}, M_{BA}=210\ \text{kN}\cdot\text{m}$

(b) $M_{AB}=-15.24\ \text{kN}\cdot\text{m}, M_{CA}=7.62\ \text{kN}\cdot\text{m}$

(c) $M_{CB}=28.7\ \text{kN}\cdot\text{m}$

(d) $M_{AB}=7.15\ \text{kN}\cdot\text{m}, M_{BA}=6.07\ \text{kN}\cdot\text{m}$

$M_{BC}=-5.26\ \text{kN}\cdot\text{m}, M_{CB}=-4.83\ \text{kN}\cdot\text{m}$

(e) $M_{CA}=-1.5\ \text{kN}\cdot\text{m}, M_{CD}=8.5\ \text{kN}\cdot\text{m}, M_{DC}=20\ \text{kN}\cdot\text{m}$

(f) $M_{AB}=0.75\ \text{kN}\cdot\text{m}$

(g) $M_{AB}=\frac{25}{3}\text{kN}\cdot\text{m}, M_{CD}=-\frac{50}{3}\text{kN}\cdot\text{m}, M_{BE}=-\frac{75}{2}\ \text{kN}\cdot\text{m}$

(h) $M_{AB}=0.4870ql^2, M_{CB}=-0.1347ql^2$

(i) $M_{AB}=1.58\ \text{kN}\cdot\text{m}, M_{BC}=-4.74\ \text{kN}\cdot\text{m}, M_{CB}=-7.11\ \text{kN}\cdot\text{m}$

(j) $M_{AB}=-\frac{100}{33}\ \text{kN}\cdot\text{m}$

9-13　(a) $M_{AB}=-91.9\ \text{kN}\cdot\text{m}$

(b) $M_{AD}=-\frac{3}{28}Pl$

(c) $M_{CE}=-3.79\ \text{kN}\cdot\text{m}$

(d) $M_{AB}=-53.82\ \text{kN}\cdot\text{m}, M_{BA}=-11.28\ \text{kN}\cdot\text{m}$

$M_{CD}=-25.17\ \text{kN}\cdot\text{m}, M_{DC}=-23.26\ \text{kN}\cdot\text{m}$

(e) $M_{AB}=-21.34\ \text{kN}\cdot\text{m}, M_{CB}=21.34\ \text{kN}\cdot\text{m}$

(f) $M_{CD}=-\frac{1}{5}Pl, M_{AB}=-\frac{1}{5}Pl$

9-14　$M_{BC}=50.4\ \text{kN}\cdot\text{m}, M_{CB}=5.6\ \text{kN}\cdot\text{m}$

9-15　(a) $M_{AB}=3.46\frac{EI}{l}\varphi, M_{BA}=0.92\frac{EI}{l}\varphi, M_{CB}=-0.23\frac{EI}{l}\varphi$

(b) $M_{BD}=-3.43\frac{EI}{l^2}\Delta, M_{DF}=10.71\frac{EI}{l^2}\Delta, M_{FD}=4.0\frac{EI}{l^2}\Delta$

(c) $M_{BA}=-3.69\frac{EI}{l^2}\Delta, M_{CD}=-5.54\frac{EI}{l^2}\Delta$

(d) $M_{AB}=3.73\frac{EI}{l}\varphi$

9-16　$M_{AB}=\frac{24}{7}\frac{EI}{l}, M_{BA}=\frac{6}{7}\frac{EI}{l}, \theta_C=\frac{1}{7}$

9-17　$Z_1=9.5\alpha, M_{AB}=11.97\ \text{kN}\cdot\text{m}$

$M_{BA}=-7.40\ \text{kN}\cdot\text{m}, M_{CB}=-13.55\ \text{kN}\cdot\text{m}$

9-18 (a) $M_{CA}=\frac{3}{14}Pl, M_{CB}=\frac{1}{14}Pl, M_{CF}=-\frac{4}{7}Pl, M_{FC}=-\frac{3}{7}Pl$

(b) $N_{DF}=N_{EF}=-0.129$ kN, $N_{FC}=0.182$ kN

$M_{AB}=-74.81$ kN·m

(c) $M_{AB}=-6.063$ kN·m

(d) $M_{CA}=-1.5$ kN·m, $M_{DC}=20$ kN·m

9-19 $M_{AB}=-0.326qh^2, M_{CD}=-0.175qh^2$

9-20 $M_{BA}=78.4$ kN·m

9-21 横梁跨中弯矩为 34.56 kN·m,不考虑刚域时为 39.43 kN·m。

9-22 $M_{BA}=15.99$ kN·m, $M_{AB}=20.09$ kN·m, $M_{AC}=9.90$ kN·m

10 渐近法和超静定结构的影响线

计算超静定刚架，不论采用力法还是位移法，都要组成和解算典型方程，当未知量较多时，解算联立方程的工作是非常繁重的。为了寻求计算超静定刚架的更简捷的途径，自20世纪30年代以来，人们又陆续提出了各种渐近法，本章介绍其中较为常用的力矩分配法、无剪力分配法、迭代法。这些方法就其本质来说都属于位移法的范畴。其计算原理及符号规则均与位移法相同，只是计算过程不同；其共同特点是避免了组成和解算典型方程，而以逐次渐近的方法来计算杆端弯矩；其结果的精度随计算轮次的增加而提高，最后收敛于精确解。这些方法的物理概念生动形象，每轮计算又是按同一步骤重复进行，因而易于掌握，适合手算，并可不经过计算结点位移而直接求得杆端弯矩，故在结构设计中广泛采用。随着电子计算机的普及，这类手算方法的应用虽会有所减少，但在许多场合下仍不失为一种简便易行的方法。

10.1 力矩分配法的基本原理

力矩分配法为美国克罗斯(H. Cross)于1930年提出，其后各国学者又做了不少改进和推广，这一方法对连续梁和无结点线位移刚架的计算特别方便。

10.1.1 相关定义

在力矩分配法中要用到劲度系数和传递系数的概念，它们的定义已在第9.9节中给出，为了应用上的需要，现就等截面直杆做进一步讨论。

(1) 劲度系数(S)

在图10-1(a)所示的单跨梁 AB 中，当杆件 AB 的 A 端转动单位转角 $\varphi_A=1$ 时，A 端的弯矩 M_{AB} 称为该杆端的劲度系数，用 S_{AB} 表示，它标志着该杆端抵抗转动能力的大小，故又称为转动刚度。根据两端固定单跨梁的转角位移方程得

$$S_{AB}=M_{AB}=\frac{4EI}{l}=4i$$

同样，在图10-1(b)所示 $\varphi_B=1$ 的情况下，B 端的转动刚度 $S_{BA}=M_{BA}=\dfrac{4EI}{l}=4i$。一根杆件的转动端常称为近端，而另一端则称为远端。同一杆件的转动刚度与远端的支承情况有关，远端相同的等截面直杆的转动刚度相等，如

$$S_{AB}=S_{BA}=\frac{4EI}{l}=4i$$

图10-1(c)所示远端为铰支座的等截面梁，A 端的转动刚度由转角位移方程可知

$$S_{AB}=\frac{3EI}{l}=3i$$

图 10-1(d)所示远端为定向支承的等截面梁，由转角位移方程可知，两端的转动刚度[图 10-1(d)中只标出 A 端的转动刚度]相同，即

$$S_{AB}=S_{BA}=\frac{EI}{l}=i$$

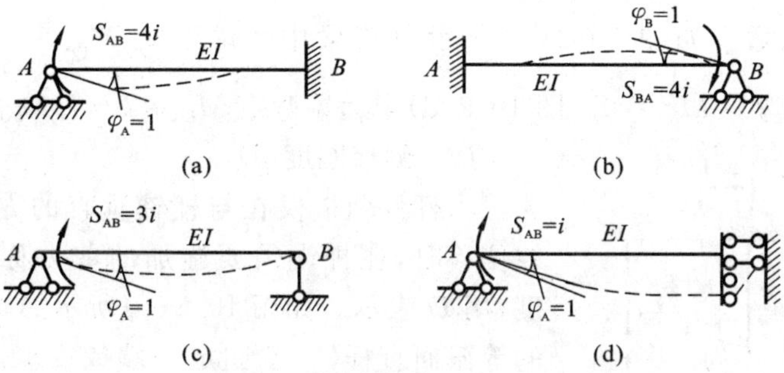

图 10-1　等截面单跨梁的劲度系数

(a)、(b)远端固定；(c)远端铰支；(d)远端滑移

(2) 传递系数(C)

杆件的近端弯矩可以用转动刚度表示。如图 10-2(a)所示两端固定的直杆，当 A 端发生转角 φ_A 时，则 A 端的弯矩 $M_{AB}=S_{AB}\varphi_A$。这时远端 B 也产生一定的弯矩 M_{BA}。这好比是近端的弯矩按一定的比例传到了远端一样，故将 B 端弯矩 M_{BA} 与 A 端弯矩 M_{AB} 之比称为由 A 端向 B 端的弯矩传递系数，用 C_{AB} 表示，即

$$C_{AB}=\frac{M_{BA}}{M_{AB}}$$

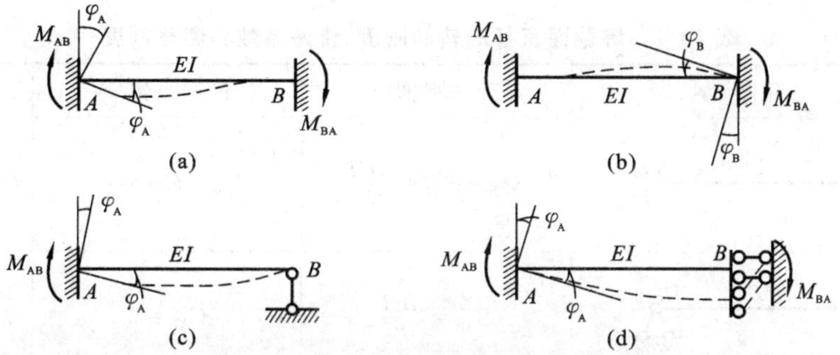

图 10-2　等截面单跨梁的传递系数

(a)、(b)远端固定；(c)远端铰支；(d)远端滑移

同样，图 10-2(b)所示的直杆发生转角 φ_B 时，由 B 端向 A 端的弯矩传递系数为

$$C_{BA}=\frac{M_{AB}}{M_{BA}}$$

由转角位移方程可知，对于远端为固定支承的等截面直杆其传递系数为

$$C_{AB}=C_{BA}=\frac{1}{2}$$

图 10-2(c)所示远端 B 为铰支承的等截面的梁，则由 A 端向 B 端的传递系数为

$$C_{AB}=0$$

图 10-2(d)所示远端为定向支承的等截面直杆,一端向另一端的传递系数为

$$C_{AB}=C_{BA}=-1$$

由于传递系数是当近端发生转动时,远端弯矩与近端弯矩的比值,因此远端弯矩等于近端弯矩乘以传递系数。如图 10-2(a)所示单跨梁中远端弯矩 $M_{BA}=\frac{1}{2}M_{AB}=2i\varphi_A$。在图 10-2(c)中,远端弯矩 $M_{BA}=0$。图 10-2(d)中远端弯矩 $M_{BA}=(-1)M_{AB}=-i\varphi_A$。

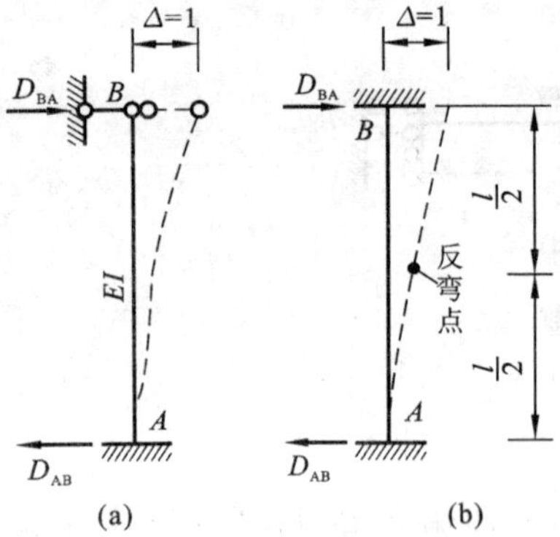

图 10-3 等截面直杆的侧移刚度

(a)一端固定一端铰支;(b)两端固定

(3) 侧移刚度(D)

当杆件两端仅在与杆轴垂直的方向发生单位相对线位移时,在杆端需要施加的剪力称为杆件的侧移刚度,用 D 表示。如图 10-3(a)所示 A 端刚结、B 端铰结的等截面直杆(一端固定一端铰支梁),当 A、B 两端仅发生单位相对线位移时,根据转角位移方程可以求得剪力,该剪力即侧移刚度,故有

$$D_{AB}=D_{BA}=\frac{3EI}{l^3}=\frac{3i}{l^2}$$

显然杆件两端的侧移刚度相等。图 10-3(b)表示两端固定的等截面直杆(两端固定梁),其侧移刚度为

$$D_{AB}=D_{BA}=\frac{12EI}{l^3}=\frac{12i}{l^2}$$

等截面直杆的转动刚度、传递系数和侧移刚度如表 10-1 所示。表中杆端位移和杆端力的正负号规定与转角位移方程相同。

表 10-1 等截面直杆的转动刚度、传递系数和侧移刚度

编号	简图	转动刚度 S	传递系数 C	侧移钢度 D
1	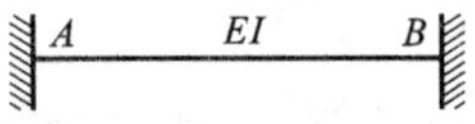	$S_{AB}=S_{BA}=\frac{4EI}{l}$	$C_{AB}=C_{BA}=\frac{1}{2}$	$C_{AB}=D_{BA}=\frac{12EI}{l^3}$
2	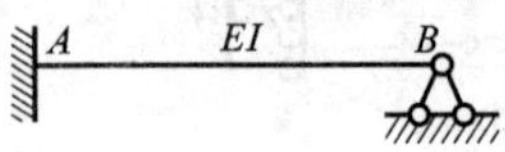	$S_{AB}=\frac{3EI}{l}$	$C_{AB}=0$	$D_{AB}=D_{BA}=\frac{3EI}{l^3}$
3	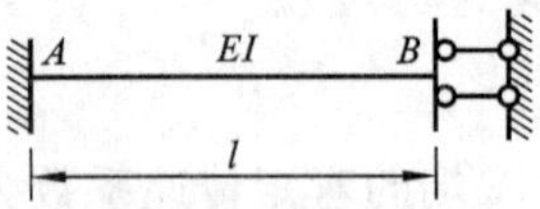	$S_{AB}=S_{BA}=\frac{EI}{l}$	$C_{AB}=C_{BA}=1$	$D_{AB}=D_{BA}=0$

(4) 分配系数(μ)

图 10-4(a)所示刚架,三杆 AB、AC 和 AD 在刚结点 A 处连接在一起,为说明问题,设 B 端为固定端、C 端为铰支座、D 端为滑动支座。设在刚结点 A 处作用顺时针方向的力矩 M。在不考虑轴向变形的情况下,外力矩 M 只能引起刚结点 A 的转动,使得汇交于结点 A 的各杆在 A 端发生相同的角位移 φ_A,同时使各杆 A 端有杆端弯矩产生。根据转动刚度的定义,

这些杆端弯矩的值为

$$\left.\begin{aligned}M_{AB}&=S_{AB}\varphi_A\\M_{AC}&=S_{AC}\varphi_A\\M_{AD}&=S_{AD}\varphi_A\end{aligned}\right\}\qquad(10\text{-}1)$$

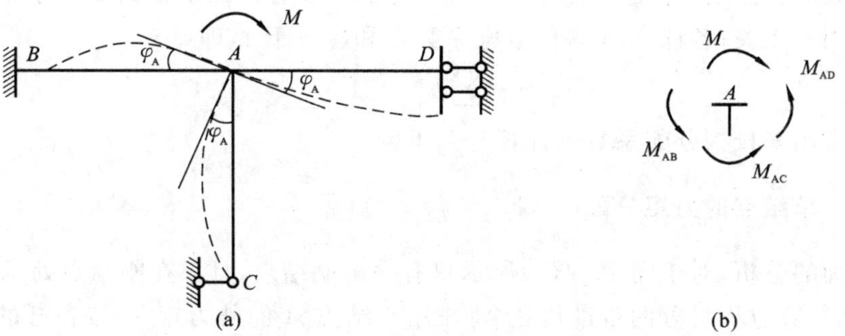

图 10-4　力矩分配法计算刚架

(a)刚架、荷载及变形；(b)结点 A 隔离体

取结点 A 为隔离体[图 10-4(b)]，由结点 A 的力矩平衡条件 $\sum M_A=0$ 得

$$M_{AB}+M_{AC}+M_{AD}=M$$

将式(10-1)代入上式，得

$$(S_{AB}+S_{AC}+S_{AD})\varphi_A=M$$

解得

$$\varphi_A=\frac{M}{S_{AB}+S_{AC}+S_{AD}}=\frac{M}{\sum\limits_A S}$$

式中　$\sum\limits_A S$——汇交于结点 A 的各杆 A 端转动刚度之和。

将 φ_A 代入式(10-1)，得各杆近端弯矩为

$$\left.\begin{aligned}M_{AB}&=\frac{S_{AB}}{\sum\limits_A S}M\\M_{AC}&=\frac{S_{AC}}{\sum\limits_A S}M\\M_{AD}&=\frac{S_{AD}}{\sum\limits_A S}M\end{aligned}\right\}\qquad(10\text{-}2)$$

由式(10-2)可看出，各杆的近端即 A 端的弯矩与各杆在 A 端的转动刚度成正比，并且等于外力矩 M 乘上一个相应的系数，此系数用 μ_{Aj} 表示，则有

$$\mu_{Aj}=\frac{S_{Aj}}{\sum\limits_A S}$$

式中　j——汇交于结点 A 各杆的远端[在图 10-4(a)刚架中即为 B、C、D 各点]。

于是式(10-2)可写成

$$M_{Aj}=\mu_{Aj}M \tag{10-3}$$

由上述可知,式(10-3)中 μ_{Aj} 起到将作用在结点 A 处的力矩 M 按比例分配到各杆近端的作用,故称 μ_{Aj} 为各杆近端的分配系数。而各杆近端弯矩又称为分配弯矩。

分配系数的特点是:汇交于结点 A 的各杆,在 A 端的分配系数只取决于该端的转动刚度而与其他因素无关;各杆在 A 端的分配系数之和应等于 1,即

$$\sum\mu_{Aj}=1 \tag{10-4}$$

这个条件通常用来校核分配系数的计算是否正确。

10.1.2 单结点的力矩分配

通过前面的分析,对于图 10-4(a)所示只有一个刚结点,且只在刚结点处承受力矩 M 作用的刚架,其解算过程可分两步进行:①将作用于结点 A 的外力矩 M 按各杆的分配系数分配给各杆近端,即求出近端弯矩,称为分配过程;②将近端弯矩乘以传递系数,求出远端弯矩,称为传递过程。即经过分配、传递两过程就可以求出各杆的杆端弯矩。

上述计算过程也可以用于基本未知量只有一个角位移、承受一般荷载的刚架和连续梁的计算。如图 10-5(a)所示连续梁,承受图示荷载作用,其变形状态如图 10-5(a)中虚线所示,此状态称为原来状态。为计算原结构各杆的杆端弯矩,可以把原来状态看成是“锁住状态”和“放松状态”的叠加。

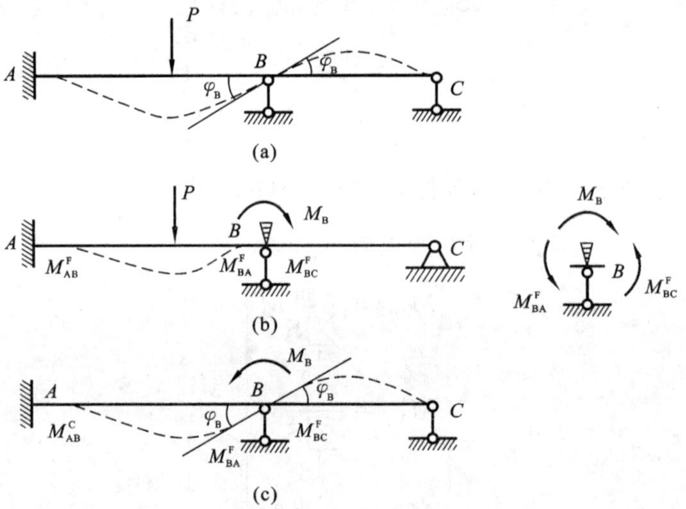

图 10-5 单结点的力矩分配

(a)连续梁及荷载;(b)锁住状态;(c)放松状态

(1) 锁住状态

在承受荷载之前,先将原结构的刚结点 B 用刚臂锁住,使结点 B 不能转动,然后再施加荷载[图 10-5(b)],这种状态为锁住状态。该状态下的杆端弯矩为固端弯矩,它们的值可由表 9-1 得出。

在锁住状态下，BC 杆上因无荷载作用，固端弯矩 $M_{BC}^{F}=0$。这时，在结点 B 处两杆固端弯矩不能相互平衡，故附加刚臂上必定产生约束力矩 M_B，由结点 B 的平衡条件 $\sum M_B=0$ 可得

$$M_B=M_{BA}^{F}+M_{BC}^{F}=\sum M_{Bj}^{F} \tag{10-5}$$

约束力矩 M_B 称为结点 B 的不平衡力矩，它等于汇交于结点 B 的各杆端固端弯矩之和。可见，锁住状态与原来状态的不同，就在于不平衡力矩 M_B 的出现。

(2) 放松状态

为消除 M_B 的影响，放松刚臂，使结点 B 自行转动 φ_B 角回到原来位置。这种使结点恢复转动的状态称为放松状态。放松结点 B 使其转动 φ_B 角回到原来位置的过程，相当于在结点 B 施加一个与不平衡力矩大小相等、方向相反的外力矩 $m_B=-M_B$，迫使结点 B 转动 φ_B 角[图 10-5(c)]。这种外力矩也以顺时针转向为正。此状态下的各杆端弯矩的计算可按前述分配、传递两过程进行。为了与杆端最后弯矩有所区别，在分配弯矩上加右上标“μ”，在传递弯矩上加右上标“C”。根据分配弯矩和传递弯矩的定义，汇交于结点 B 的各杆分配弯矩(近端弯矩)和传递弯矩(远端弯矩)的计算式分别写为

$$M_{Bj}^{\mu}=-\mu_{Bj}M_B \qquad M_{jB}^{C}=C_{Bj}M_{Bj}^{\mu} \tag{10-6}$$

式中 M_B——锁住状态下结点 B 上的不平衡力矩。

(3) 原来状态的杆端弯矩

将锁住状态[图 10-5(b)]与放松状态[图 10-5(c)]相叠加，即可消除刚臂的作用，得到原来状态[图 10-5(a)]。因此，原来状态的杆端弯矩就等于锁住、放松两种状态杆端弯矩的叠加，即

$$\begin{aligned}M_{AB}&=M_{AB}^{F}+M_{AB}^{C}\\M_{BA}&=M_{BA}^{F}+M_{BA}^{\mu}\\M_{BC}&=M_{BC}^{F}+M_{BC}^{\mu}\\M_{CB}&=0\end{aligned}$$

上述计算过程即为力矩分配法的基本运算。可见，具有一个刚结点的无结点线位移结构，若用力矩分配法计算，则不必求出结点角位移的数值，即可直接算得杆端弯矩的准确值。

【例 10-1】 试用力矩分配法计算图 10-6(a)所示连续梁，并绘出弯矩图和剪力图。

【解】 (1) 计算结点 B 处各杆的分配系数

各杆的转动刚度为

$$S_{BA}=4\times\frac{EI}{8}=\frac{EI}{2} \qquad S_{BC}=3\times\frac{EI}{9}=\frac{EI}{3}$$

各杆端的分配系数为

$$\mu_{BA}=\frac{\frac{EI}{2}}{\frac{EI}{2}+\frac{EI}{3}}=0.6 \qquad \mu_{BC}=\frac{\frac{EI}{3}}{\frac{EI}{2}+\frac{EI}{3}}=0.4$$

且 $\mu_{BA}+\mu_{BC}=0.6+0.4=1$，故计算无误。

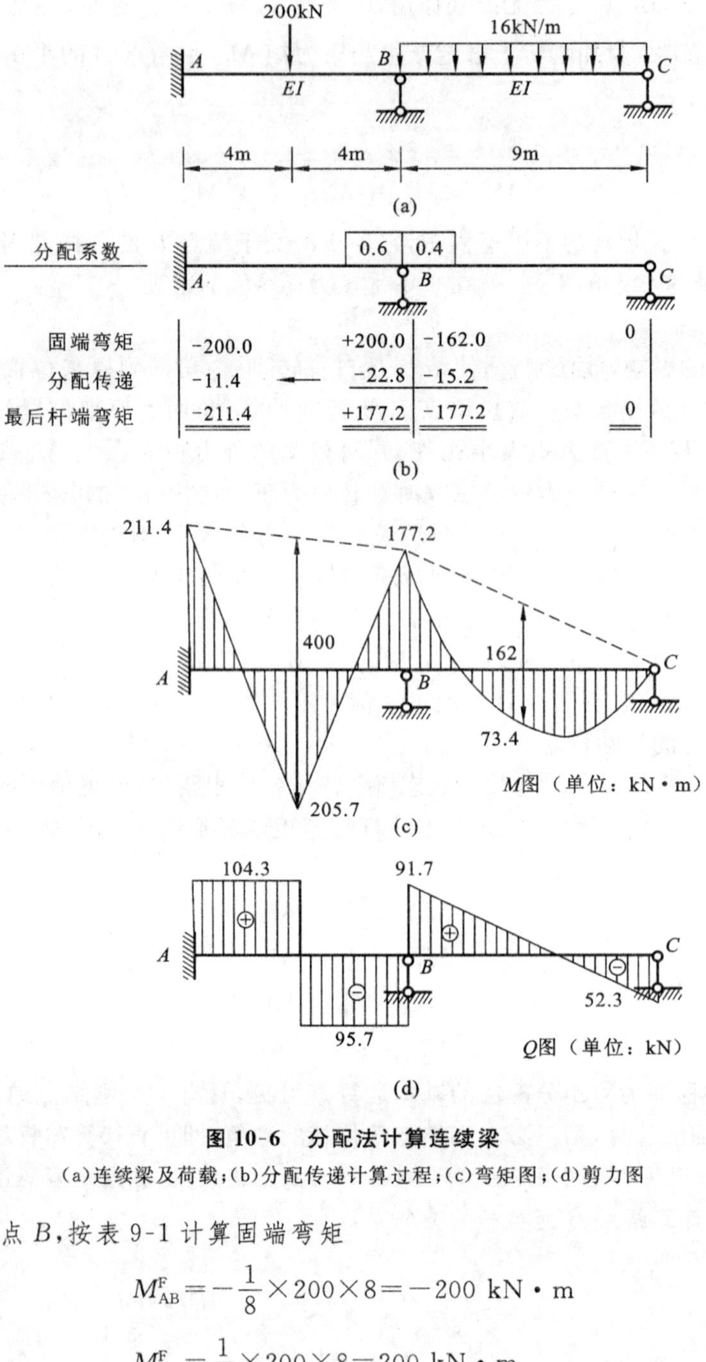

图 10-6　分配法计算连续梁

(a)连续梁及荷载;(b)分配传递计算过程;(c)弯矩图;(d)剪力图

(2) 锁住结点 B,按表 9-1 计算固端弯矩

$$M_{AB}^{F}=-\frac{1}{8}\times 200\times 8=-200\ \text{kN}\cdot\text{m}$$

$$M_{BA}^{F}=\frac{1}{8}\times 200\times 8=200\ \text{kN}\cdot\text{m}$$

$$M_{BC}^{F}=-\frac{1}{8}\times 16\times 9^{2}=-162\ \text{kN}\cdot\text{m}$$

$$M_{CB}^{F}=0$$

由式(10-5),得不平衡力矩为

$$M_B = M_{BA}^F + M_{BC}^F = 38\ \text{kN} \cdot \text{m}$$

(3) 放松结点 B,计算分配弯矩与传递弯矩

利用式(10-6),可求出

$$M_{BA}^{\mu} = -\mu_{BA} M_B = -0.6 \times 38 = -22.8\ \text{kN} \cdot \text{m}$$

$$M_{BC}^{\mu} = -\mu_{BC} M_B = -0.4 \times 38 = -15.2\ \text{kN} \cdot \text{m}$$

$$M_{AB}^{C} = C_{BA} M_{BA}^{\mu} = \frac{1}{2} \times (-22.8) = -11.4\ \text{kN} \cdot \text{m}$$

$$M_{CB}^{C} = C_{BC} M_{BC}^{\mu} = 0 \times (-15.2) = 0$$

(4) 计算原来状态的杆端弯矩

将以上结果进行叠加,即得原来状态的杆端弯矩

$$M_{AB} = M_{AB}^F + M_{AB}^C = -200 - 11.4 = -211.4\ \text{kN} \cdot \text{m}$$

$$M_{BA} = M_{BA}^F + M_{BA}^{\mu} = 200 - 22.8 = 177.2\ \text{kN} \cdot \text{m}$$

$$M_{BC} = M_{BC}^F + M_{BC}^{\mu} = -162 - 15.2 = -177.2\ \text{kN} \cdot \text{m}$$

$$M_{CB} = 0$$

(5) 作内力图

根据各杆的最后杆端弯矩作出弯矩图[图 10-6(c)]。

利用平衡条件或微分关系作出剪力图[图 10-6(d)]。

以上计算过程通常按图 10-6(b)所示格式进行。其中,分配弯矩下画一横线,表示结点的不平衡力矩已经消失或者说结点已经平衡;水平方向的箭头表示弯矩传递方向;杆端弯矩下画双横线表示最后杆端弯矩。

【例 10-2】 试用力矩分配法求出图 10-7(a)所示刚架的各杆端弯矩。

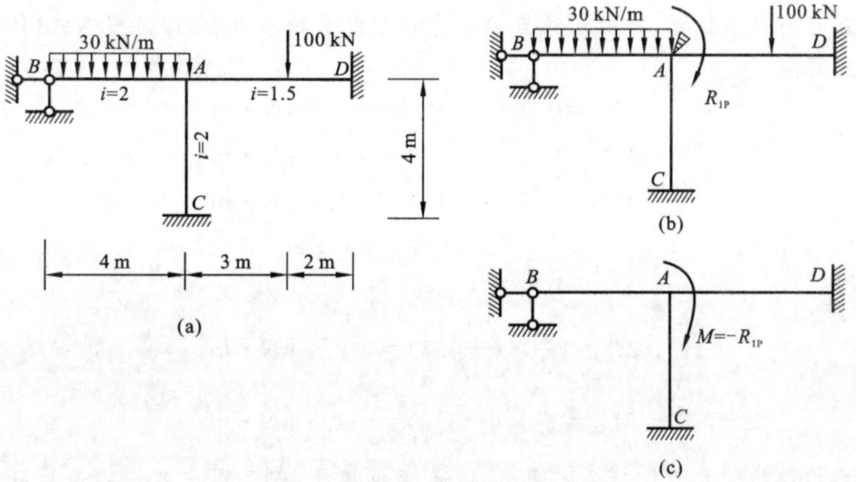

图 10-7 力矩分配法计算刚架

(a)刚架及荷载;(b)锁住状态;(c)放松状态

【解】 (1)计算结点 A 处各杆的分配系数

各杆的转动刚度为

$$S_{AB}=3\times2=6,\quad S_{AC}=4\times2=8,\quad S_{AD}=4\times1.5=6$$

因此,各杆端的分配系数为:

$$\mu_{AB}=\frac{3\times2}{3\times2+4\times1.5+4\times2}=\frac{6}{20}=0.3$$

$$\mu_{AD}=\frac{4\times1.5}{3\times2+4\times1.5+4\times2}=\frac{6}{20}=0.3$$

$$\mu_{AC}=\frac{4\times2}{3\times2+4\times1.5+4\times2}=\frac{8}{20}=0.4$$

可以利用上述公式 $\sum\mu_{Aj}=1$ 进行校核。

(2) 求各杆端的固端弯矩

先设想在结点 A 加入一个附加刚臂使结点不能转动,即锁住结点 A。此时按表 9-1 计算各杆端的固端弯矩[图 10-7(b)]:

$$M_{AB}^{F}=\frac{1}{8}\times30\times4^2=60\ \text{kN}\cdot\text{m}$$

$$M_{AD}^{F}=-\frac{100\times3\times2^2}{5^2}=-48\ \text{kN}\cdot\text{m}$$

$$M_{DA}^{F}=\frac{100\times3^2\times2}{5^2}=72\ \text{kN}\cdot\text{m}$$

根据结点 A 的平衡条件求得附加刚臂上的不平衡力矩:

$$M_A=R_{1P}=M_{AB}^{F}+M_{AC}^{F}+M_{AD}^{F}=60+0-48=12\ \text{kN}\cdot\text{m}$$

(3) 放松结点 A,计算分配弯矩与传递弯矩

为了消除此不平衡力矩,根据叠加原理,应在结点 A 加入一个与不平衡力矩大小相等、方向相反的力矩 $-R_{1P}$[图 10-7(c)],在不平衡力矩被消除的过程中,结点 A 即逐渐转动到无附加约束时的自然位置,即放松结点 A。力矩分配系数求得后,即可根据式(10-6)计算各杆近端分配弯矩:

$$M_{AB}^{\mu}=0.3\times(-12)=-3.6\ \text{kN}\cdot\text{m}$$

$$M_{AD}^{\mu}=0.3\times(-12)=-3.6\ \text{kN}\cdot\text{m}$$

$$M_{AC}^{\mu}=0.4\times(-12)=-4.8\ \text{kN}\cdot\text{m}$$

然后再求传递弯矩:

$$M_{BA}^{C}=0$$

$$M_{CA}^{C}=\frac{1}{2}\times(-4.8)=-2.4\ \text{kN}\cdot\text{m}$$

$$M_{DA}^{C}=\frac{1}{2}\times(-3.6)=-1.8\ \text{kN}\cdot\text{m}$$

最后将相应的固端弯矩与分配弯矩、传递弯矩相加,即可得出各杆的最后杆端弯矩值。为了方便起见,计算可列表进行,详见表 10-2。表中各杆端弯矩的正、负号同位移法一样,都以对杆端顺时针方向转动为正。列表时,可将同一结点的各杆端列在一起,以便于进行分配计算。

表 10-2　杆端弯矩的计算

结点	B	A			D	C
杆端	BA	AB	AC	AD	DA	CA
分配系数		0.3	0.4	0.3		
固端弯矩	0	+60.0	0	−48.0	+72.0	0
分配弯矩和传递弯矩	0	−3.6	−4.8	−3.6	−1.8	−2.4
最后弯矩	0	+56.4	−4.8	−51.6	+70.2	−2.4

注：表中弯矩的单位为 kN·m。

10.2　力矩分配法计算连续梁和无结点线位移刚架

上节介绍了结构具有一个结点角位移时的力矩分配法。可将这一计算方法推广运用到具有两个以上结点角位移的结构。对于这类结构采用逐次对每个刚结点应用单结点力矩分配的基本运算的方法，求出最后杆端弯矩。下面结合一般连续梁和无侧移刚架结构的具体实例加以说明。

图 10-8(a)所示三跨连续梁，具有两个刚结点 B、C。在荷载作用下，结点 B、C 将发生角位移，设想用附加刚臂锁住结点 B、C，使它们不能转动，此时，在荷载作用下的固端弯矩可由表 9-1 求得：

$$M_{AB}^{F}=M_{BA}^{F}=0$$

$$M_{BC}^{F}=-\frac{1}{8}\times300\times6=-225\ \mathrm{kN\cdot m}$$

$$M_{CB}^{F}=\frac{1}{8}\times300\times6=225\ \mathrm{kN\cdot m}$$

$$M_{CD}^{F}=-\frac{1}{8}\times30\times6^{2}=-135\ \mathrm{kN\cdot m}$$

$$M_{DC}^{F}=0$$

而在 B、C 两结点处有不平衡力矩产生，它们分别为

$$M_{B}=M_{BA}^{F}+M_{BC}^{F}=-225\ \mathrm{kN\cdot m}$$

$$M_{C}=M_{CB}^{F}+M_{CD}^{F}=225-135=90\ \mathrm{kN\cdot m}$$

为消除不平衡力矩，须放松结点 B 和 C，使其分别转动到它们的实际位置，亦即使它们发生与实际结构相同的角位移。在位移法中，同时放松这两个结点，使其一次恢复到原来的变形位置，这样，需要建立并解算联立方程。为了避免这一工作，可采用逐个结点依次放松的办法，使各结点逐步恢复到原来的变形位置。首先放松结点 B，而让结点 C 仍处于锁住状态。这时，可利用单结点转动的力矩分配方法，先求出汇交于结点 B 的各杆端分配系数。

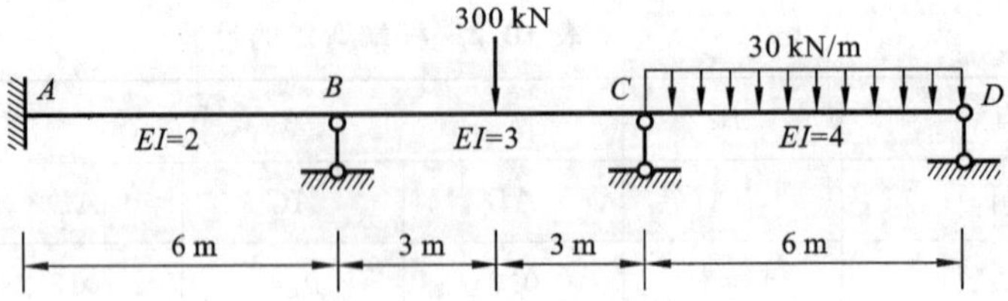

(a)

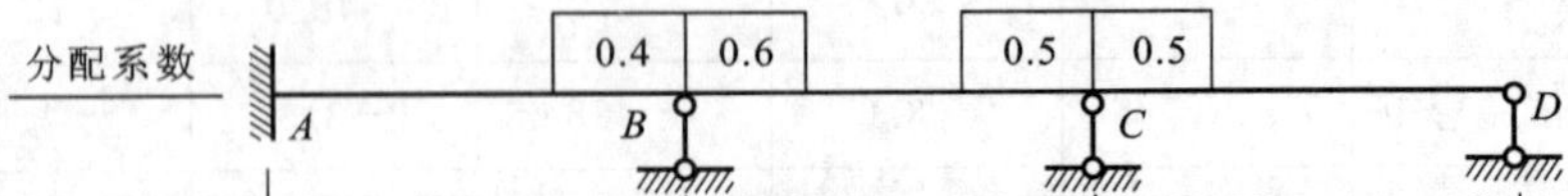

	A	B (BA)	B (BC)	C (CB)	C (CD)	D
固端弯矩	0	0	−225.00	+225.00	−135.00	0
B一次分配、传递	+45.00 ←	+90.00	+135.00 →	+67.50		
C一次分配、传递			−39.38 ←	−78.75	−78.75	
B二次分配、传递	+7.88 ←	+15.75	+23.63 →	+11.82		
C二次分配、传递			−2.95 ←	−5.91	−5.91	
B三次分配、传递	+0.59 ←	+1.18	+1.77 →	+0.88		
C三次分配、传递			−0.22 ←	−0.44	−0.44	
B四次分配、传递	+0.04 ←	+0.09	+0.13 →	+0.06		
C四次分配				−0.03	−0.03	
最后杆端弯矩	+53.51	+107.02	−107.02	+220.13	−220.13	0
校核 ΔM_{kn}	+53.51	+107.02	+117.98	−4.87	−85.13	0
校核 $-\frac{1}{2}\Delta M_{nk}$		−26.75	+2.43	−58.99	0	
校核 $\Delta M_{kn}-\frac{1}{2}\Delta M_{nk}$		+80.27	+120.41	−63.86	−85.13	
i		2	3	3	4	

(b)

图 10-8 力矩分配法计算连续梁

(a)连续梁及荷载;(b)力矩分配法计算过程

$$\mu_{BA}=\frac{S_{BA}}{S_{BA}+S_{BC}}=\frac{4\times\frac{2}{6}}{4\times\frac{2}{6}+4\times\frac{3}{6}}=0.4$$

$$\mu_{BC}=\frac{S_{BC}}{S_{BA}+S_{BC}}=\frac{4\times\frac{3}{6}}{4\times\frac{2}{6}+4\times\frac{3}{6}}=0.6$$

在结点 B 处施加力矩 $-M_B$,然后按上列分配系数分配(即将不平衡力矩 M_B 反号乘上分配系数),得分配弯矩为

$$M_{BA}^{\mu}=-0.4\times(-225)=90\ \text{kN}\cdot\text{m}$$

$$M_{BC}^{\mu}=-0.6\times(-225)=135\ \text{kN}\cdot\text{m}$$

将分配弯矩乘以相应的传递系数,向 A、C 两点传递,得到传递弯矩为

$$M_{AB}^{C}=C_{BA}M_{BA}^{\mu}=\frac{1}{2}\times 90=45\ \text{kN}\cdot\text{m}$$

$$M_{CB}^{C}=C_{BC}M_{BC}^{\mu}=\frac{1}{2}\times 135=67.5\ \text{kN}\cdot\text{m}$$

以上完成了结点 B 的一次分配、传递，结点 B 暂时平衡。这时结点 C 仍存在不平衡力矩 M_C'，它的值等于原来荷载作用下的不平衡力矩 M_C 加上由于放松结点 B 而传递过来的传递弯矩 M_{CB}^{C}，即

$$M_C'=M_C+M_{CB}^{C}=90+67.5=157.5\ \text{kN}\cdot\text{m}$$

为消除结点 C 处的不平衡力矩 M_C'，重新锁住结点 B，而放松结点 C，即在结点 C 处施加力矩 $-M_C'$，然后按下面分配系数

$$\mu_{CB}=\frac{S_{CB}}{S_{CB}+S_{CD}}=\frac{4\times\frac{3}{6}}{4\times\frac{3}{6}+3\times\frac{4}{6}}=0.5$$

$$\mu_{CD}=\frac{S_{CD}}{S_{CB}+S_{CD}}=\frac{3\times\frac{4}{6}}{4\times\frac{3}{6}+3\times\frac{4}{6}}=0.5$$

进行力矩分配（即将不平衡力矩 M_C' 反号乘上分配系数），得到分配弯矩为

$$M_{CB}^{\mu}=-0.5\times 157.5=-78.75\ \text{kN}\cdot\text{m}$$

$$M_{CD}^{\mu}=-0.5\times 157.5=-78.75\ \text{kN}\cdot\text{m}$$

将分配弯矩乘以相应的传递系数，得传递弯矩为

$$M_{BC}^{C}=\frac{1}{2}\times(-78.75)=-39.38\ \text{kN}\cdot\text{m}$$

$$M_{DC}^{C}=0$$

以上完成了结点 C 的一次分配、传递，结点 C 暂时平衡，但结点 B 又出现了新的不平衡力矩 M_B'，其值等于 M_{BC}^{C}。

为消除 M_B'，再锁住 C，放松 B，在结点 B 对 $-M_B'$ 进行二次分配，并传递到 A、C 端。

按照完全相同的步骤，继续依次在 B 和 C 交替消除不平衡力矩，如此放松、锁住，再放松、再锁住，则使不平衡力矩愈来愈小。经过若干轮以后，当不平衡力矩已小到可以忽略不计时，即可停止。即认为此时刚臂的作用已消除，结构也就非常接近真实的平衡状态。由于分配系数及传递系数都小于 1，不平衡力矩消减很快，经几轮以后就会小到可以忽略。最后，把每一杆端的固端弯矩、各次的分配弯矩和传递弯矩相加，即得所求的最后杆端弯矩。

上述分析和计算过程，可采用图 10-8(b)所示的格式进行，其中弯矩单位为 kN·m。

用力矩分配法所求得的杆端弯矩是否正确，应该进行校核，凡正确的解答必须同时满足静力平衡条件和变形条件。对于平衡条件的校核，可以检验所得最后杆端弯矩在结点处是否满足结点力矩平衡条件 $\sum M=0$。由于在力矩分配法中，每次分配时都已使各结点保持平衡，故这一条件总能满足。对于变形条件的校核，可以考察汇交于同一刚结点上各杆端角位移 φ 是否相等。下面根据转角位移方程推导校核公式。

对于连续梁和无侧移刚架中的任一杆件 kn,当两端固定 $\beta_{kn}=0$ 时,则转角位移方程为

$$M_{kn}=4i_{kn}\varphi_k+2i_{kn}\varphi_n+M_{kn}^F$$
$$M_{nk}=2i_{kn}\varphi_k+4i_{kn}\varphi_n+M_{nk}^F$$

联立解得

$$\varphi_k=\frac{M_{kn}-M_{kn}^F-\frac{1}{2}(M_{nk}-M_{nk}^F)}{3i_{kn}}$$

引用记号

$$\Delta M_{kn}=M_{kn}-M_{kn}^F$$
$$\Delta M_{nk}=M_{nk}-M_{nk}^F$$

即用 ΔM_{kn} 和 ΔM_{nk} 表示相应杆端的最后弯矩与固端弯矩之差,则有

$$\varphi_k=\frac{\Delta M_{kn}-\frac{1}{2}\Delta M_{nk}}{3i_{kn}}$$

对于一端固定另一端铰支的情况,有

$$\varphi_k=\frac{M_{kn}-M_{kn}^F}{3i_{kn}}=\frac{\Delta M_{kn}}{3i_{kn}}$$

由于铰支端,$M_{nk}-M_{nk}^F=0$,从而有 $\frac{1}{2}\Delta M_{nk}=0$,因此,当一端固定另一端铰支时,固定端的角位移同样可以表示成

$$\varphi_k=\frac{\Delta M_{kn}-\frac{1}{2}\Delta M_{nk}}{3i_{kn}}$$

对于一端固定另一端为滑移支座的情况,有

$$\varphi_k=\frac{M_{kn}-M_{kn}^F}{i_{kn}}=\frac{\Delta M_{kn}}{i_{kn}}$$

可表示成

$$\varphi_k=\frac{3\Delta M_{kn}}{3i_{kn}}$$

若所得结果满足变形条件,汇交于同一结点各杆端的角位移应相等。例如,图 10-8 中汇交于结点 B 的两杆 BA、BC 在 B 端的角位移应相等,即

$$\frac{\Delta M_{BA}-\frac{1}{2}\Delta M_{AB}}{3i_{AB}}=\frac{\Delta M_{BC}-\frac{1}{2}\Delta M_{CB}}{3i_{BC}} \tag{10-7}$$

或表示成

$$\left(\Delta M_{BA}-\frac{1}{2}\Delta M_{AB}\right):\left(\Delta M_{BC}-\frac{1}{2}\Delta M_{CB}\right)=i_{BA}:i_{BC} \tag{10-8}$$

因此,对于变形方面的校核,只需将最后杆端弯矩减去固端弯矩求出 ΔM_{kn},然后将 ΔM_{kn} 减去远端 ΔM_{nk} 的一半(远端为滑移时,将 ΔM_{kn} 乘以 3),再在每个结点处校核上述各值与相应各杆的线刚度 i_{kn} 是否成比例,就可以检验变形条件是否满足。按此办法在图 10-8(b)中将所得结果进行了校核,证实计算无误。此校核方法只适用于等截面直杆组成的连续梁和

无结点线位移刚架。对于变截面杆件和有侧移的结构是不适用的。

综上所述，在力矩分配法中，对多结点结构的力矩分配，实际上就是重复进行单结点力矩分配的基本运算，依次放松各结点以消去其上的各不平衡力矩而修正各杆端的弯矩，使其逐渐接近于真实的弯矩值，所以它是一种渐近法。放松结点的次序可以遵循任意顺序进行，并不影响最后结果，但为使计算收敛得快些，通常宜从不平衡力矩绝对值较大的结点开始着手分配。而且，上述力矩分配法的计算虽然是就一连续梁的例子来说明的，但所述方法同样可适用于一般无结点线位移刚架。现将用力矩分配法计算一般连续梁和无侧移刚架的步骤归纳如下：

① 计算汇交于各结点的每一杆端的分配系数并确定传递系数。

② 求出各杆端的固端弯矩。

③ 轮流放松各结点，每放松一个结点，按分配系数将该结点不平衡力矩反号分配给汇交于该结点的各杆端；求出分配弯矩。然后，再将分配弯矩乘以传递系数，求出远端的传递弯矩。按此步骤循环计算，直到不平衡力矩小到可以忽略不计时为止。

④ 将各杆端的固端弯矩与历次的分配弯矩和传递弯矩相加，求出最后杆端弯矩。

⑤ 对计算结果进行校核。

⑥ 作出最后内力图。

【例 10-3】 试用力矩分配法计算图 10-9(a)所示的连续梁各杆的杆端弯矩，并作弯矩图和剪力图。

【解】 此梁的外伸部分 EF 的内力可直接求出，$M_{EF}=-40\ \text{kN}\cdot\text{m}$，$Q_{EF}=20\ \text{kN}$。若将该外伸部分取为隔离体，则结点 E 可化为铰支座计算，如图 10-9(b)所示。

(1) 计算各杆端分配系数

结点 B：

$$S_{BA}=3i_{BA}=3\times3=9$$
$$S_{BC}=4i_{BC}=4\times2=8$$

所以

$$\mu_{BA}=\frac{3\times3}{3\times3+4\times2}=0.529$$

$$\mu_{BC}=\frac{4\times2}{3\times3+4\times2}=0.471$$

结点 C：

$$S_{CB}=4i_{BC}=4\times2=8$$
$$S_{CD}=4i_{CD}=4\times2=8$$

所以

$$\mu_{CB}=\frac{4\times2}{4\times2+4\times2}=0.5$$

$$\mu_{CD}=\frac{4\times2}{4\times2+4\times2}=0.5$$

结点 D：

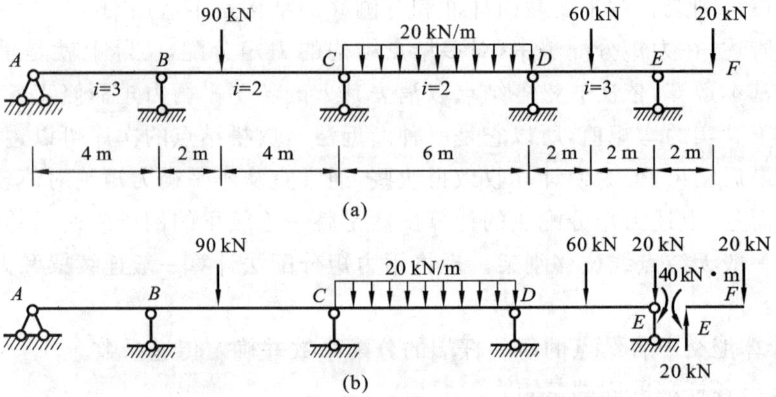

分配系数	A	B (BA)	B (BC)	C (CB)	C (CD)	D (DC)	D (DE)	E (ED)	E (EF)
分配系数		0.529	0.471	0.500	0.500	0.471	0.529		
固端弯矩	0	0	-80.00	+40.00	-60.00	+60.00	-25.00	+40.00	-40.00
B、D一次分配、传递		+42.32	+37.68	+18.84	-8.24	-16.48	-18.52		
C一次分配、传递			+2.35	+4.70	+4.70	+2.35			
B、D二次分配、传递		-1.24	-1.11	-0.55	-0.55	-1.11	1.24		
C二次分配、传递			+0.27	+0.55	+0.55	+0.28			
B、D三次分配、传递		-0.14	-0.13	-0.07	-0.07	-0.13	-0.15		
C三次分配、传递				+0.07	+0.07				
最后杆端弯矩	0	+40.94	-40.94	+63.54	+63.54	+44.91	-44.91	+40.00	-40.00
校核 ΔM_{kn}	0	+40.94	+39.06	+23.54	-3.54	-15.09	-19.91	0	
校核 $-\frac{1}{2}\Delta M_{nk}$		0	-11.77	-19.53	+7.55	+1.77	0		
校核 $\Delta M_{kn}-\frac{1}{2}\Delta M_{nk}$		+40.94	+27.29	+4.01	+4.01	-13.32	-19.91		
i		3	2	2	2	2	3		

(c)

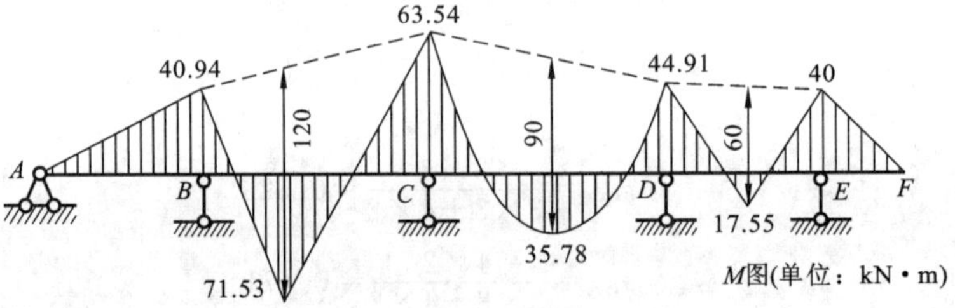

(d)

图 10-9　例 10-3 图

(a)连续梁及荷载；(b)结点 E 化为铰支座；(c)分配传递计算过程；(d)最后弯矩图

$$S_{DC}=4i_{DC}=4\times2=8$$

$$S_{DE}=3i_{DE}=3\times3=9$$

所以

$$\mu_{DC}=\frac{4\times2}{4\times2+3\times3}=0.471$$

$$\mu_{DE}=\frac{3\times3}{4\times2+3\times3}=0.529$$

分配系数都写在图 10-9(c)中结点上端的方格内。

(2) 锁住结点 B、C 和 D，计算各杆的固端弯矩

按表 9-1 计算各杆的固端弯矩

$$M_{BC}^{F}=-\frac{90\times2\times4^{2}}{6^{2}}=-80\ \text{kN}\cdot\text{m}$$

$$M_{CB}^{F}=\frac{90\times2^{2}\times4}{6^{2}}=40\ \text{kN}\cdot\text{m}$$

$$M_{CD}^{F}=-\frac{20\times6^{2}}{12}=-60\ \text{kN}\cdot\text{m}$$

$$M_{DC}^{F}=\frac{20\times6^{2}}{12}=60\ \text{kN}\cdot\text{m}$$

DE 杆的固端弯矩是由跨中的集中力和 E 端的集中力矩共同产生的，而 E 端的集中力由铰支座直接支承，对梁的内力无影响，查表 9-1，并利用叠加原理可得

$$M_{DE}^{F}=-\frac{3\times60\times4}{16}+\frac{1}{2}\times40=-25\ \text{kN}\cdot\text{m}$$

将各杆固端弯矩标注于图 10-9(c)中的第一行。

(3) 放松结点，进行分配和传递

求得分配系数和固端弯矩后，即可循环交替进行力矩的分配与传递，为缩短计算过程，第一次分配、传递可从相间隔的两结点 B、D 同时进行，其计算过程详见图 10-9(c)。

由计算过程可以看出，结点上不平衡力矩的衰减过程是很快的。进行三次循环后，结点不平衡力矩已经很小，结构已接近恢复到实际状态，故计算工作可以停止。

(4) 求最后杆端弯矩并作出弯矩图

将固端弯矩、历次的分配力矩和传递力矩相加，即得最后的杆端弯矩。容易看出，最后杆端弯矩能够满足结点的力矩平衡条件；变形条件的校核计算如图 10-9(c)所示，也得到满足，可见计算无误。

根据最后杆端弯矩作出弯矩图，如图 10-9(d)所示。

(5) 作剪力图

取每跨为隔离体，利用平衡方程求杆端剪力。

以 BC 跨为例[图 10-10(a)]。

由 $\sum M_C=0$，$Q_{BC}\times6+63.54-40.94-90\times4=0$

得

$$Q_{BC}=56.23\ \text{kN}$$

由 $\sum Y=0$，$56.23-90-Q_{CB}=0$

得

$$Q_{CB}=-33.77\ \text{kN}$$

同理，求得：

$$Q_{AB}=-10.24\ \text{kN},\quad Q_{BA}=-10.24\ \text{kN}$$
$$Q_{CD}=63.11\ \text{kN},\quad Q_{DC}=-56.90\ \text{kN}$$
$$Q_{DE}=31.23\ \text{kN},\quad Q_{ED}=-28.77\ \text{kN}$$
$$Q_{EF}=20\ \text{kN}$$

利用杆端剪力即可作出剪力图,如图 10-10(b)所示。

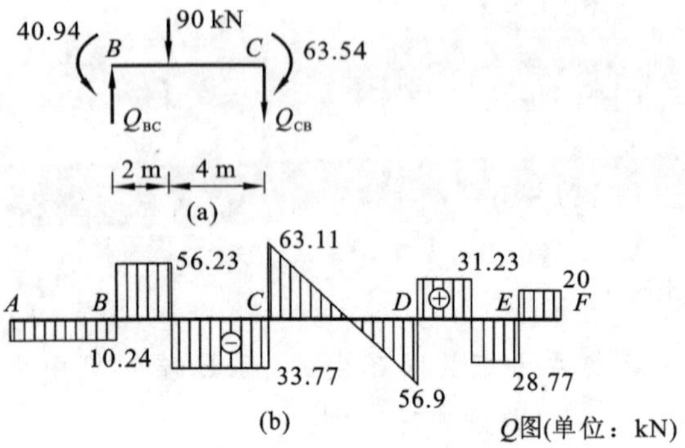

图 10-10　剪力图

(a)BC跨隔离体;(b)最后剪力图

此例的外伸部分也可以不做上述简化,而把 E 点作为一个结点直接按图 10-9(a)计算,各杆在 E 端的转动刚度为

$$S_{ED}=4i_{ED}=12,\quad S_{EF}=0$$

而分配系数

$$\mu_{ED}=1,\quad \mu_{EF}=0$$

此外,计算结点 D 处的分配系数、传递系数以及进行分配、传递工作时,均需把 E 点当作结构中的一个结点来处理。由于这种做法多计算一个结点,所以计算过程较前一种方法要长一些,但计算结果相同。

【例 10-4】 试用力矩分配法计算图 10-11(a)所示刚架各杆的杆端弯矩,并作出弯矩图。EI=常数。

【解】 此刚架有两个结点角位移,无结点线位移。其计算步骤与计算连续梁完全相同。各杆的线刚度 $i=\frac{EI}{4}$。计算分配系数如下

$$\mu_{BA}=\frac{4i}{4i+4i}=0.5,\quad \mu_{BC}=\frac{4i}{4i+4i}=0.5$$

$$\mu_{CB}=\frac{4i}{4i+3i+i}=0.5,\quad \mu_{CD}=\frac{3i}{4i+3i+i}=0.375$$

$$\mu_{CE}=\frac{i}{4i+3i+i}=0.125$$

查表 9-1 计算各杆固端弯矩

$$M_{BC}^{F}=-\frac{1}{8}\times100\times4=-50\ \text{kN}\cdot\text{m},\quad M_{CB}^{F}=\frac{1}{8}\times100\times4=50\ \text{kN}\cdot\text{m}$$

$$M_{CE}^{F}=-\frac{1}{3}\times12\times4^{2}=-64\ \text{kN}\cdot\text{m},\quad M_{EC}^{F}=-\frac{1}{6}\times12\times4^{2}=-32\ \text{kN}\cdot\text{m}$$

放松结点,循环交替进行力矩的分配与传递,计算过程列于图 10-11(b)中。根据最后杆端弯矩,作出弯矩图,如图 10-11(c)所示。

前面讨论了连续梁和刚架在荷载作用下的计算问题。这时,结构的结点只有转角,而没有线位移。用力矩分配法来解决这类问题极为简便。计算方法的要点是先锁住各刚结点,求固端弯矩;然后逐步放松各刚结点,进行分配和传递。

支座移动和温度改变常使连续梁和刚架的结点同时产生转角和线位移。在有些情况下,结点的线位移是已知的,这时,力矩分配法可以直接应用,计算方法的要点与前面是一样

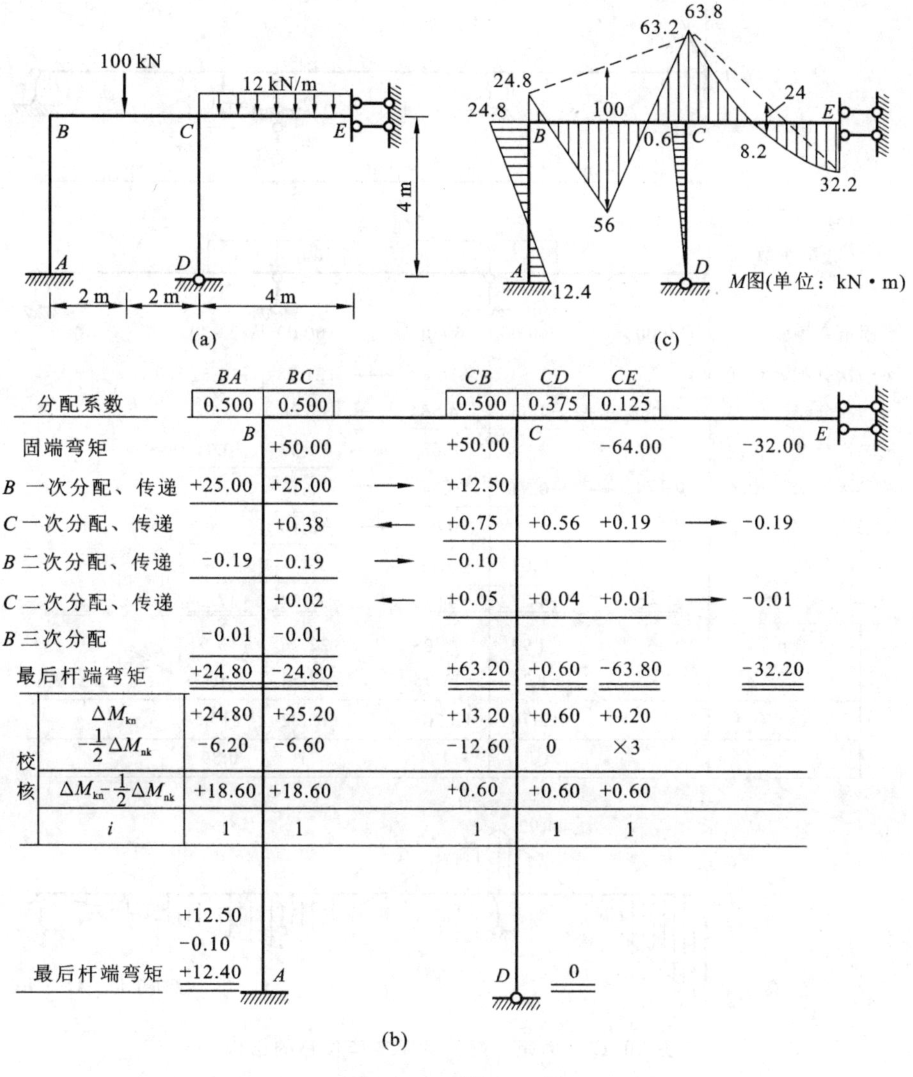

图 10-11 例 10-4 图

(a)力矩分配法计算刚架；(b)力矩分配法计算过程；(c)最后弯矩图

的。下面用例题说明支座移动和温度改变时力矩分配法的计算步骤。

【例 10-5】 图 10-12(a)所示连续梁，支座 A 发生角位移 $\varphi_A=0.01$ rad，支座 C 铅直向下移动 $\Delta=2$ cm。试用力矩分配法计算结构，并绘出弯矩图。已知 $E=2\times10^4$ kN/cm²，$I=4\times10^3$ cm⁴。

【解】 结构在支座移动时的内力计算与荷载作用下的内力计算，其步骤完全相同，只是支座移动时的固端弯矩是由支座位移产生的。

(1) 计算分配系数

结点 B：

(a)

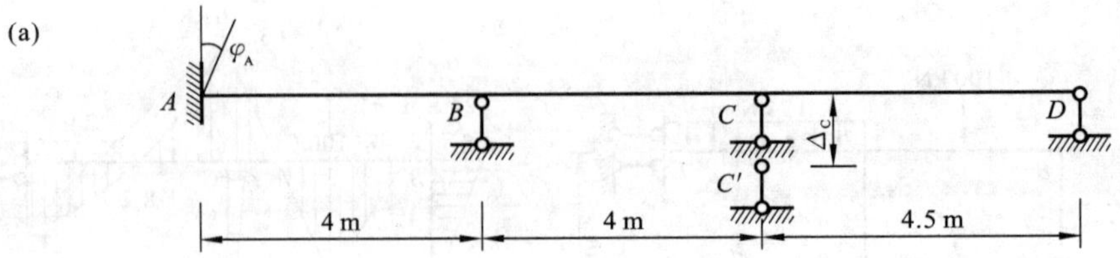

(b)

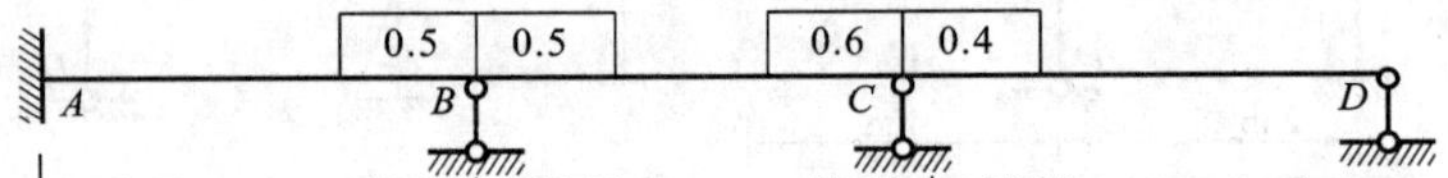

	A	B		C		D
分配系数		0.5	0.5	0.6	0.4	
固端弯矩	+80.00	+40.00	-60.00	-60.00	+23.70	0
C一次分配、传递			+10.89 ←	+21.78	+14.52	
B一次分配、传递	+2.28 ←	+4.56	+4.56 →	+2.28		
C二次分配、传递			-0.68 ←	-1.37	-0.91	
B二次分配、传递	+0.17 ←	+0.34	+0.34 →	+0.17		
C三次分配、传递			-0.05 ←	-0.10	-0.07	
B三次分配		+0.02	+0.02			
最后杆端弯矩	+82.45	+44.92	-44.92	-37.24	+37.24	0
校核 ΔM_{kn}	+2.45	+4.92	+15.08	+22.76	+13.54	
校核 $-\frac{1}{2}\Delta M_{nk}$		-1.22	-11.38	-7.54	0	
校核 $\Delta M_{kn}-\frac{1}{2}\Delta M_{nk}$		+2.70	+2.70	+15.22	+13.54	
校核 i		1	1	1	0.89	

(c)

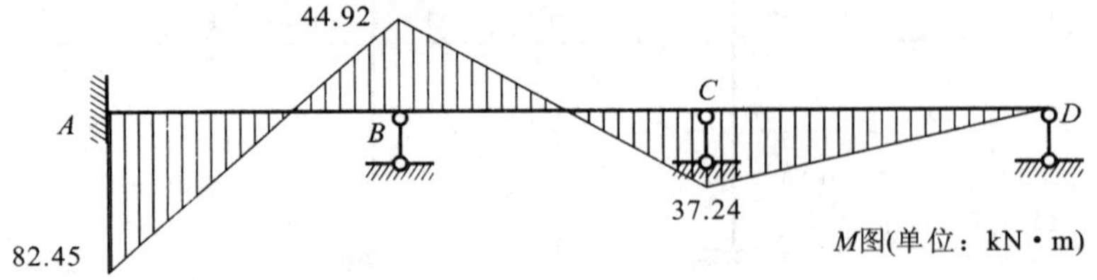

图 10-12　力矩分配法计算支座位移的结构

(a)刚架及支座位移；(b)力矩分配法计算过程；(c)最后弯矩图

$$\mu_{BA}=\frac{4\times\dfrac{EI}{4}}{4\times\dfrac{EI}{4}+4\times\dfrac{EI}{4}}=0.5$$

$$\mu_{BC}=\frac{4\times\dfrac{EI}{4}}{4\times\dfrac{EI}{4}+4\times\dfrac{EI}{4}}=0.5$$

结点 C：

$$\mu_{CB}=\frac{4\times\dfrac{EI}{4}}{4\times\dfrac{EI}{4}+3\times\dfrac{EI}{4.5}}=0.6$$

$$\mu_{CD}=\frac{3\times\dfrac{EI}{4.5}}{4\times\dfrac{EI}{4}+3\times\dfrac{EI}{4.5}}=0.4$$

(2) 计算固端弯矩

将结点 B 和 C 固定，并使支座 A 产生转角 $\varphi_A=0.01$ rad，支座 C 产生竖向位移 $\Delta=2$ cm。查表 9-1 计算固端弯矩，得

$$M_{AB}^F=4\times\frac{EI}{l_{AB}}\varphi_A=4\times\frac{2\times10^4\times4\times10^3}{4\times100^2}\times0.01=80\ \text{kN}\cdot\text{m}$$

$$M_{BA}^F=2\times\frac{EI}{l_{AB}}\varphi_A=2\times\frac{2\times10^4\times4\times10^3}{4\times100^2}\times0.01=40\ \text{kN}\cdot\text{m}$$

$$M_{BC}^F=-6\times\frac{EI}{l_{BC}^2}\Delta_C=-6\times\frac{2\times10^4\times4\times10^3}{4^2\times100^2}\times0.02=-60\ \text{kN}\cdot\text{m}$$

$$M_{CB}^F=-6\times\frac{EI}{l_{BC}^2}\Delta_C=-6\times\frac{2\times10^4\times4\times10^3}{4^2\times100^2}\times0.02=-60\ \text{kN}\cdot\text{m}$$

$$M_{CD}^F=3\times\frac{EI}{l_{CD}^2}\Delta_C=3\times\frac{2\times10^4\times4\times10^3}{4.5^2\times100^2}\times0.02=23.7\ \text{kN}\cdot\text{m}$$

(3) 力矩分配计算如图 10-12(b)所示。

(4) 作弯矩图，如图 10-12(c)所示。

若结构同时受荷载、支座移动的作用，则可分别求出荷载、支座移动下的固端弯矩，叠加后得出总的固端弯矩，然后按前述步骤做分配、传递，并求最后杆端弯矩。

【例 10-6】 图 10-13(a)所示刚架，内皮温度无变化，外皮温度下降 50 ℃。求刚架的内力。设各杆 EI=常数，截面为矩形，尺寸为 $b\times h=40\ \text{cm}\times60\ \text{cm}$。温度线膨胀系数为 α。

【解】 由于结构对称，取左边半刚架计算。

(1)求固端弯矩

将温度分解为两部分：杆件两侧温差 $t'=50$ ℃，轴线平均温度 $t_0=-25$ ℃。

在温差 t' 作用下，左边半刚架的固端弯矩为：

$$M_{BC}^{F'}=-\frac{EI\alpha t'}{h}=-EI\alpha\,\frac{50}{0.6}=-83.3EI\alpha$$

$$M_{BA}^{F'}=+\frac{1.5EI\alpha t'}{h}=EI\alpha\,\frac{1.5\times50}{0.6}=125EI\alpha$$

为了求均匀温度 t_0 引起的固端弯矩，可先在结点 B、C 加约束，阻止结点转动，然后使刚架在均匀温度 t_0 作用下自由膨胀收缩。这时，各杆的伸长值 λ 为：

$$\lambda_{AB}=\lambda_{CD}=\alpha t_0 l=\alpha\times(-25)\times6=-150\alpha$$

$$\lambda_{BC}=\alpha\times(-25)\times8=-200\alpha$$

刚架结点的线位移如图 10-13(b)所示。由于对称，横梁 BC 的弦转角 $\varphi_{BC}=0$，而立柱 AB 的弦转角为

$$\varphi_{AB}=\frac{\left|\dfrac{\lambda_{BC}}{2}\right|}{l_{AB}}=\frac{100\alpha}{6}=16.7\alpha$$

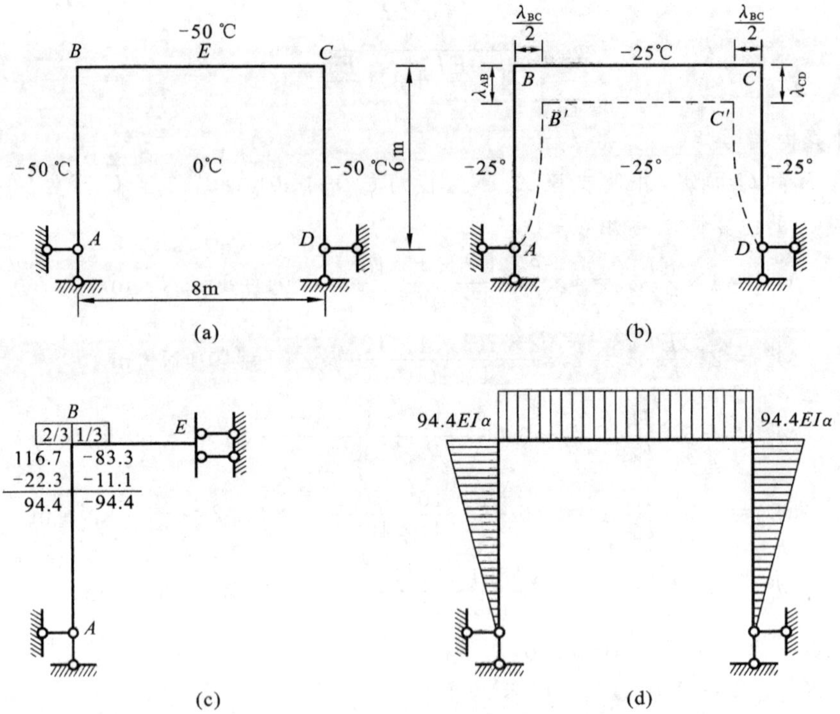

图 10-13　力矩分配法计算温度变化的结构

(a)刚架及温度变化;(b)刚架结点的线位移;

(c)力矩分配计算过程;(d)最后弯矩图

左边半刚架的固端弯矩为

$$M_{BC}^{F''}=0$$

$$M_{BA}^{F''}=-3i_{BA}\varphi_{BA}=-\frac{3EI}{6}\times 16.7\alpha=-8.3EI\alpha$$

将两部分叠加,得出固端弯矩如下:

$$M_{BC}^{F}=M_{BC}^{F'}+M_{BC}^{F''}=-83.3EI\alpha$$

$$M_{BA}^{F}=M_{BA}^{F'}+M_{BA}^{F''}=116.7EI\alpha$$

固端弯矩求出后,其余计算步骤与荷载作用下的情况完全相同。

(2) 求分配系数

设 $EI=4$,则各杆转动刚度的相对值为:

$$S_{BA}=3\frac{EI}{l_{BA}}=3\times\frac{4}{6}=2\qquad S_{BE}=\frac{EI}{l_{BE}}=\frac{4}{4}=1$$

分配系数为:

$$\mu_{BA}=\frac{2}{3}\qquad \mu_{BE}=\frac{1}{3}$$

(3) 力矩分配过程如图 10-13(c)所示;弯矩图如图 10-13(d)所示。

10.3 力矩分配法与位移法的联合应用

上面介绍的力矩分配法只能用于无结点线位移的情况，对于有结点线位移(有侧移)的刚架则除了附加刚臂上有附加反力矩需消除外，附加链杆上还有附加反力需要消除，因此上述力矩分配法就不能直接应用，但在掌握了无结点线位移的刚架受荷载作用和发生支座移动这两种情况用力矩分配法计算的原理之后，便可以把无结点线位移刚架的计算作为基础，联合运用力矩分配法和位移法来计算具有线位移的刚架。在这方面还提出了许多方法，如力矩分配法与无剪力分配法的联合应用，力矩分配法与剪力分配法的联合应用，迭代法等。

本节讨论力矩分配法与位移法的联合应用。这一方法的基本原理与位移法相同，区别在于仅以结点线位移为基本未知数，而在计算典型方程中的自由项和系数时，所需的基本结构在荷载和单位线位移作用下的弯矩，则用力矩分配法来求得。下面结合具体例子加以说明。

图 10-14(a)所示刚架，在荷载作用下，除结点 A、B 将发生转动外，还将发生水平线位移($\Delta_A=\Delta_B=\Delta$)。但在计算时只以结点线位移为基本未知量，设想先用一个附加链杆来控制刚架的线位移，使其成为无结点线位移的刚架，以此作为位移法的基本结构。当基本结构承受荷载并使其发生与实际结构相同的线位移，其变形和内力情况将与原结构完全相同。而图 10-14(a)所示结构的内力可由图 10-14(b)和图 10-14(c)两种情况下的内力叠加求得。

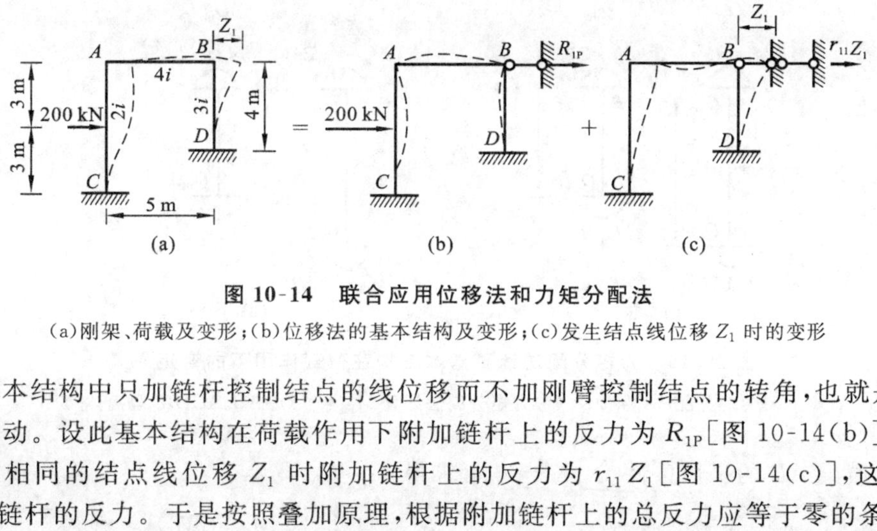

图 10-14 联合应用位移法和力矩分配法

(a)刚架、荷载及变形；(b)位移法的基本结构及变形；(c)发生结点线位移 Z_1 时的变形

在基本结构中只加链杆控制结点的线位移而不加刚臂控制结点的转角，也就是各结点可任其转动。设此基本结构在荷载作用下附加链杆上的反力为 R_{1P}[图 10-14(b)]；而发生与原结构相同的结点线位移 Z_1 时附加链杆上的反力为 $r_{11}Z_1$[图 10-14(c)]，这里 r_{11} 是 $Z_1=1$ 时链杆的反力。于是按照叠加原理，根据附加链杆上的总反力应等于零的条件，可建立位移法典型方程如下：

$$r_{11}Z_1+R_{1P}=0$$

为了确定自由项 R_{1P} 和系数 r_{11}，需分别求出基本结构在荷载和单位线位移 $Z_1=1$ 作用下的弯矩 M_P 和 M_1。求 M_P 时各结点无线位移，故可用力矩分配法求得。求 M_1 时，结点线位移 $Z_1=1$，这相当于无侧移刚架发生已知支座位移的情况，故其弯矩同样可用力矩分配法求得。求得 M_P 和 M_1 后，便可通过平衡条件算出 R_{1P} 和 r_{11}。

基本结构在荷载作用下的弯矩 M_P 可采用力矩分配法进行计算，其计算过程详见

图 10-15(a),然后取图 10-15(c)所示隔离体,由 AC、BD 两柱的平衡条件有

$$Q_{AC}=Q_{AC}^{0}-\frac{M_{AC}+M_{CA}}{h_{AC}}$$

$$Q_{BD}=-\frac{M_{BD}+M_{DB}}{h_{BD}}$$

式中 Q_{AC}^{0}——将 AC 杆视为简支梁时在荷载作用下 A 端的剪力。

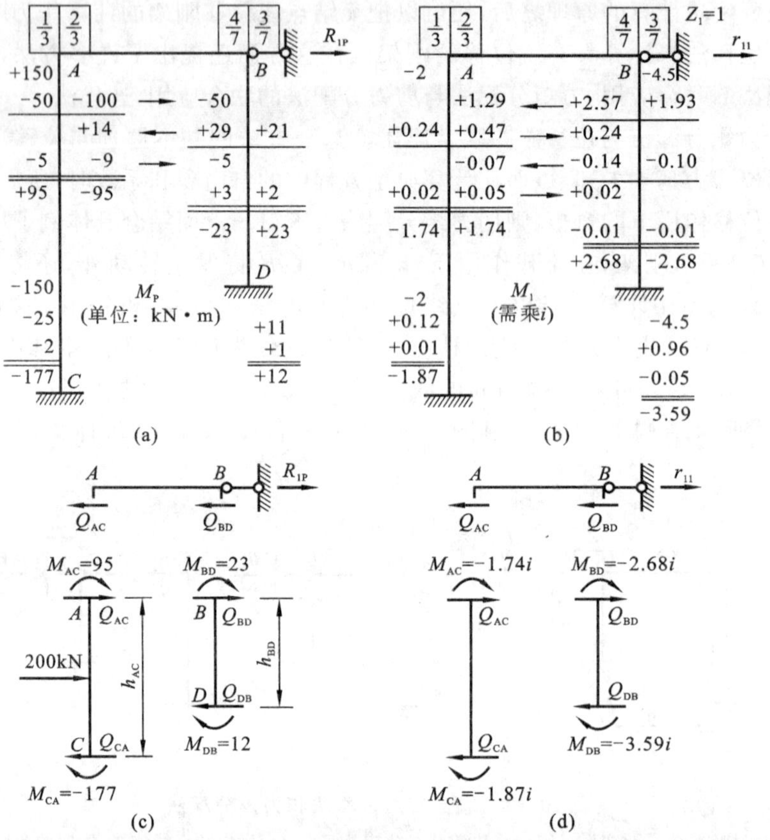

图 10-15 力矩分配法计算基本结构在荷载作用下的弯矩 M_P

(a)力矩分配法计算 M_P;(b)力矩分配法计算 $\overline{M}_1$;(c)、(d)AB、AC、BD 隔离体

再由横梁 AB 的平衡条件 $\sum X=0$ 可求得

$$R_{1P}=Q_{AC}+Q_{BD}=Q_{AC}^{0}-\frac{M_{AC}+M_{CA}}{h_{AC}}-\frac{M_{BD}+M_{DB}}{h_{BD}}$$

$$=-100-\frac{95-177}{6}-\frac{23+12}{4}=-95.1\ \text{kN}(\leftarrow)$$

基本结构在 $Z_1=1$ 作用下的弯矩 $\overline{M}_1$ 也采用力矩分配法进行计算,其计算过程详见图 10-15(b)。当 $Z_1=1$ 时,其中固端弯矩的计算如下

$$M_{AC}^{F}=M_{CA}^{F}=-\frac{6i_{AC}}{h_{AC}}=-\frac{6\times 2i}{6}=-2i$$

$$M_{BD}^{F}=M_{DB}^{F}=-\frac{6i_{BD}}{h_{BD}}=-\frac{6\times 3i}{4}=-4.5i$$

为了方便，在力矩分配法的计算中 i 可暂不计入，而在所得结果中再乘以 i。M_1 求得之后，由图 10-15(d)所示隔离体的平衡条件可求得

$$r_{11}=Q_{AC}+Q_{BD}=-\frac{M_{AC}+M_{CA}}{h_{AC}}-\frac{M_{BD}+M_{DB}}{h_{BD}}$$

$$=-\frac{-1.74i-1.87i}{6}-\frac{-2.68i-3.59i}{4}=+2.17i(\rightarrow)$$

将 r_{11} 及 R_{1P} 代入典型方程可解得

$$Z_1=-\frac{R_{1P}}{r_{11}}=-\frac{-95.1}{2.17i}=+\frac{43.8}{i}(\rightarrow)$$

刚架的最后弯矩可由叠加法求得

$$M=M_P+M_1Z_1$$

其计算见图 10-16(a)。最后弯矩图如图 10-16(b)所示。

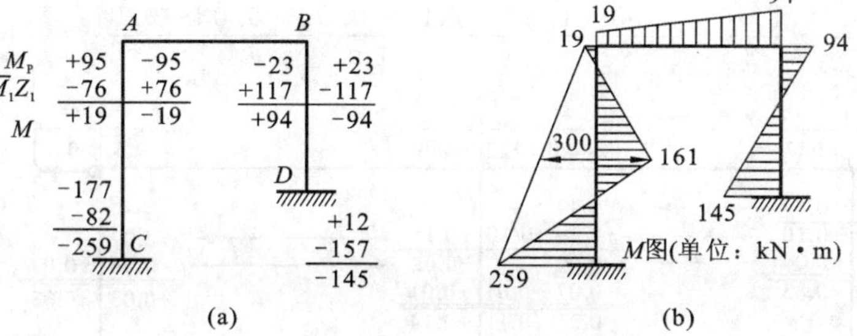

图 10-16 叠加法求弯矩图

(a)叠加法计算过程；(b)最后弯矩图

综上所述，联合运用力矩分配法与位移法计算荷载作用下有结点线位移的刚架，其基本原理仍与位移法相同。它与前章所述一般位移法不同之处，只在于是以无线位移的刚架作为基本结构而不控制它的角位移，故基本未知量只限于线位移；而单位线位移和荷载作用下的弯矩则通过力矩分配法求出。

上面只是就一个线位移的最简单情况讨论的，但对于具有多个结点线位移的情况（如多层刚架）在处理上并无原则区别。同样可用加入附加链杆的办法以得到无线位移的基本结构，然后根据附加链杆上的反力等于零的条件建立位移法方程，以求得各未知线位移。不过，此时只需组成和解算联立方程。这种方法对于任何形式的刚架和任何荷载的作用都是适用的。但是，当结点线位移的数目较多时，计算仍然是很麻烦的。

【例 10-7】 试求图 10-17(a)所示刚架的弯矩图。图中杆件旁边的小圆圈内的数值表示各杆的线刚度相对值。

【解】 此刚架有两个结点线位移。取基本结构如图 10-17(b)所示，典型方程为

$$r_{11}Z_1+r_{12}Z_2+R_{1P}=0$$
$$r_{21}Z_1+r_{22}Z_2+R_{2P}=0$$

基本结构在荷载、$Z_1=1$ 和 $Z_2=1$ 作用下的弯矩 M_P、$\overline{M}_1$ 和 $\overline{M}_2$ 均用力矩分配法求得，

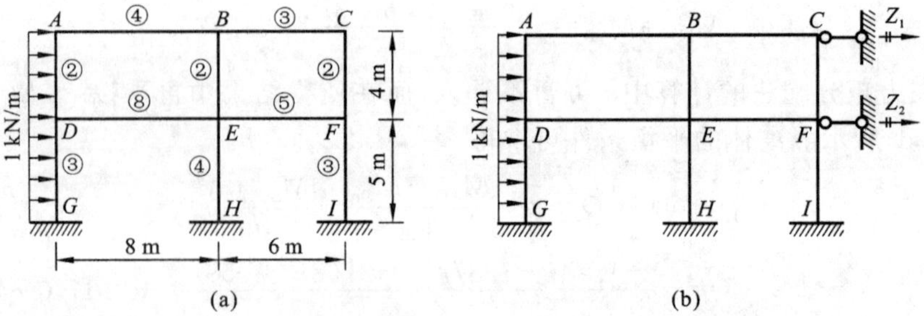

图 10-17 例 10-7 图

(a)刚架、荷载及线刚度;(b)位移法基本结构

计算过程详见图 10-18、图 10-19 和图 10-20。根据 M_P 的数据,并取图 10-18(b)中截面Ⅰ—Ⅰ以上部分为隔离体[图 10-18(c)],由 $\sum X=0$ 有

$$R_{1P}=Q_{AD}+Q_{BE}+Q_{CF}=Q_{AD}^0-\frac{M_{AD}+M_{DA}}{4}-\frac{M_{BE}+M_{EB}}{4}-\frac{M_{CF}+M_{FC}}{4}$$

$$=-\frac{1\times 4}{2}-\frac{0.83-1.64+0.11+0.06-0.03-0.01}{4}=-1.83\ \text{kN}(\leftarrow)$$

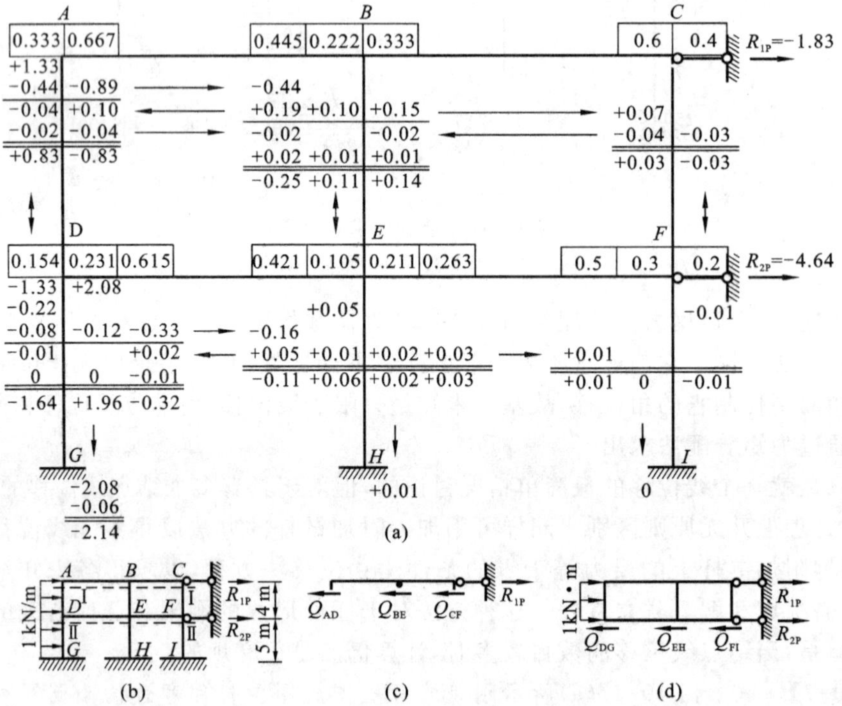

图 10-18 刚架内力的计算过程

(a)弯矩 M_P 计算过程;(b)截面示意;(c)、(d)部分隔离体

再取截面Ⅱ—Ⅱ以上部分为隔离体[图 10-18(d)],由 $\sum X=0$ 有

$$R_{2P}=-(1\times 4+R_{1P})+Q_{DG}+Q_{EH}+Q_{FI}$$

$$=-(4+R_{1P})+Q_{DG}^{0}-\frac{M_{DG}+M_{GD}}{5}-\frac{M_{EH}+M_{HE}}{5}-\frac{M_{FI}+M_{IF}}{5}$$

$$=-(4-1.83)-\frac{1\times 5}{2}-\frac{1.96-2.14+0.02+0.01+0+0}{5}=-4.64\ \mathrm{kN}$$

同理，分别在图 10-19、图 10-20 中应用以上平衡条件可求得

$$r_{11}=-\frac{-1.98-2.23-2.63-2.69-1.75-2.04}{4}=+3.33$$

$$r_{21}=-r_{11}-\frac{0.52+0.25+0.33+0.17+0.68+0.34}{5}=-3.33-0.46=-3.79$$

$$r_{12}=-\frac{2.13+2.66+2.79+3.01+1.93+2.62}{4}=-3.79$$

$$r_{22}=-r_{12}-\frac{-3.44-3.52-4.50-4.64-3.31-3.45}{5}=-(-3.79)+4.57=+8.36$$

将系数和自由项代入典型方程有

$$3.33Z_1-3.79Z_2-1.83=0$$

$$-3.79Z_1+8.36Z_2-4.64=0$$

解得

$$Z_1=2.44\quad Z_2=1.66$$

根据叠加原理，最后弯矩由 $M=M_P+M_1Z_1+M_2Z_2$ 计算[图 10-21(a)]。最后弯矩图如图 10-21(b)所示。

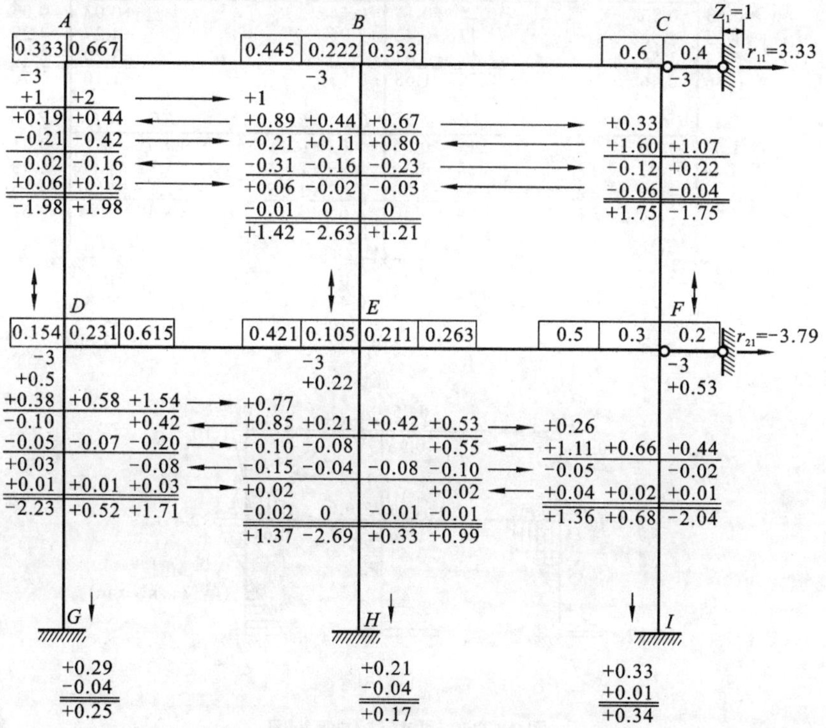

图 10-19　刚架 $\overline{M}_1$ 的计算过程

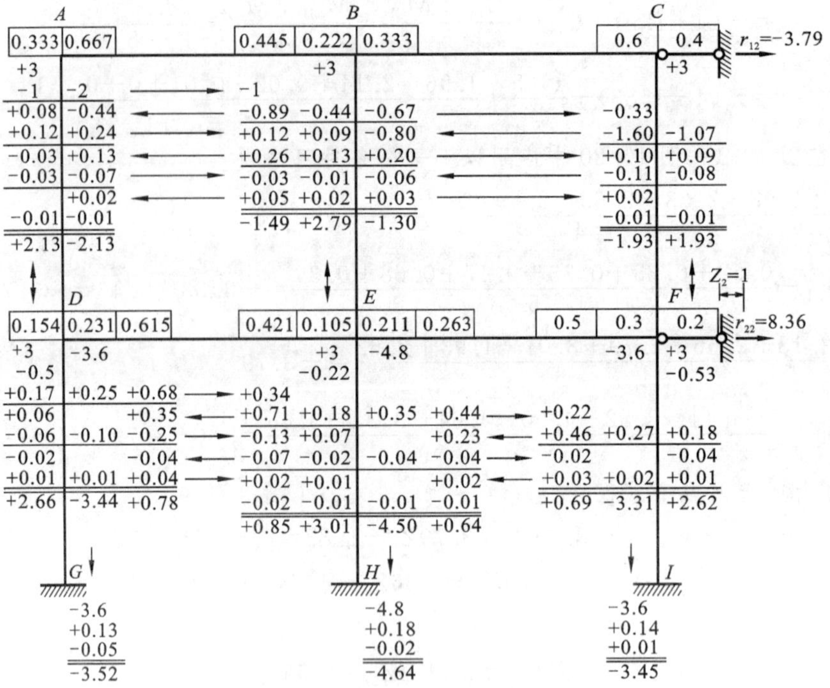

图 10-20　刚架 $\overline{M}_2$ 的计算过程

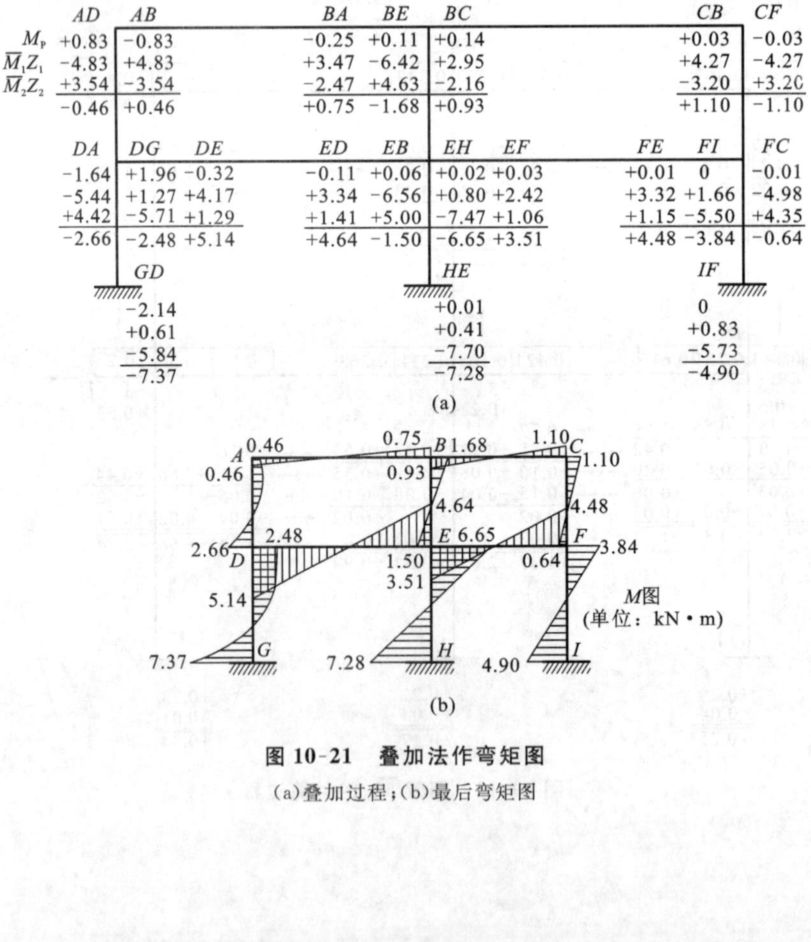

图 10-21　叠加法作弯矩图

(a)叠加过程;(b)最后弯矩图

10.4 无剪力分配法

无剪力分配法不能直接用于有侧移的一般刚架，而只能用于计算符合某些特定条件的有侧移刚架。本节以单跨对称刚架在反对称荷载作用下的半刚架为例来说明这种方法。

单跨对称刚架是工程中常见的结构形式，例如单跨厂房、刚架式桥墩以及渡槽或管道的支架等。对于图 10-22(a)所示单跨对称刚架，可将其荷载分为正、反对称两组。刚架在正对称荷载作用时[图 10-22(b)]，弯矩图、轴力图和变形是正对称的，而剪力图是反对称的，横梁两端连接的两个结点只有转角，没有侧移，故可用前述普通力矩分配法计算，不需再讲。刚架在反对称荷载作用时[图 10-22(c)]，弯矩图、轴力图和变形是反对称的，而剪力图是对称的，两结点除转角外，还有侧移，此时可采用无剪力分配法来计算。

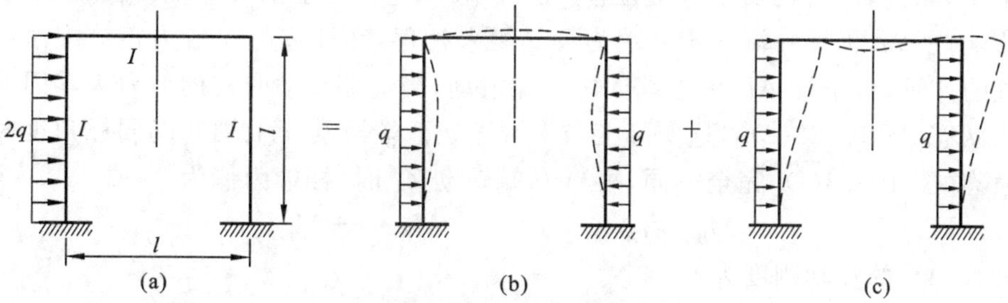

图 10-22 单跨对称刚架

(a)对称刚架；(b)对称荷载作用及变形；(c)反对称荷载作用及变形

取反对称荷载作用时的半刚架[图 10-23(a)]，C 处为一竖向链杆支座。此半刚架的变形和受力有如下特点：横梁的两端结点没有相对线位移(即没有垂直杆轴的相对位移)，这种杆件称为两端无相对线位移的杆件；竖柱 AB 两端虽有相对侧移，但由于支座 C 处无水平反力，故柱 AB 的剪力是静定的(柱 AB 的剪力可根据平衡条件直接求出)，这种杆件称为剪力静定杆件。计算此半刚架时，仍和力矩分配法一样分为两步考虑：

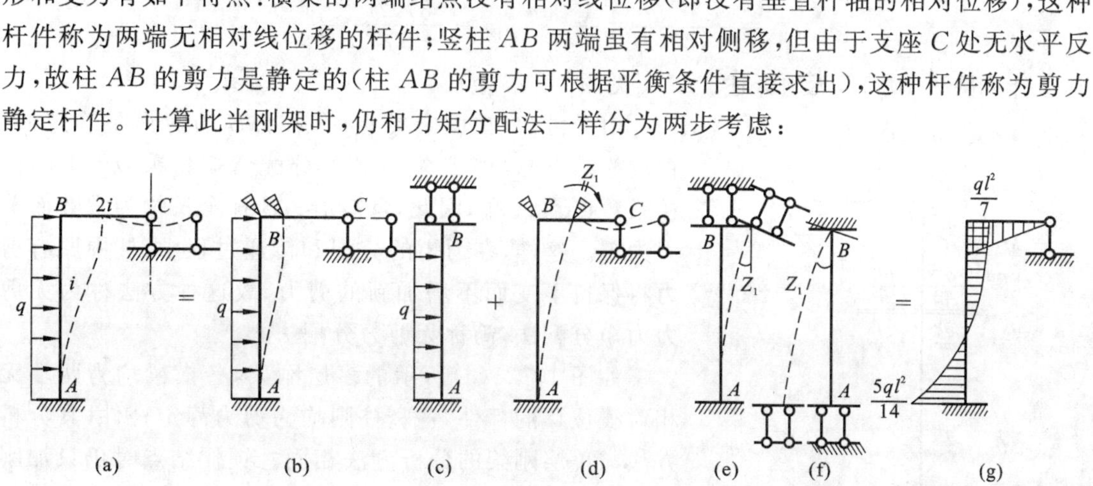

图 10-23 分析半刚架

(a)半刚架；(b)基本结构及变形；(c)柱 AB 计算简图；(d)放松 B 结点；(e)、(f)柱 AB 纯弯曲受力状态；(g)M 图

(1) 锁住结点

只加刚臂阻止结点 B 的角位移，而不加链杆阻止其线位移[图 10-23(b)]。这样柱 AB

的上端虽不能转动但仍可自由地水平滑行,故相当于下端固定上端滑动的梁[图 10-23(c)]。至于横梁 BC 则因其水平移动并不影响本身内力,仍相当于一端固定另一端铰支的梁。由表 9-1 可查得柱的固端弯矩为

$$M_{AB}^{F}=-\frac{ql^2}{3} \qquad M_{BA}^{F}=-\frac{ql^2}{6}$$

结点 B 的不平衡力矩暂时由刚臂承受。注意此时柱 AB 的剪力仍然是静定的,其两端剪力为

$$Q_{BA}=0 \qquad Q_{AB}=ql$$

即全部水平荷载由柱的下端剪力所平衡。

(2) 放松结点

为了消除刚臂上的不平衡力矩,现在来放松结点,进行力矩的分配和传递。此时结点 B 不仅转动了 Z_1 角,同时也发生水平位移[图 10-23(d)]。对于横梁来说,结点水平线位移对它没有影响,所以,仍按一端固定一端为铰支梁来处理,其计算与一般力矩分配法相同。对于 AB 柱的计算,由于柱 AB 为下端固定上端滑动,当上端转动时柱的剪力为零因而处于纯弯曲受力状态[图 10-23(e)],这实际上与上端固定下端滑动而上端转动同样角度时的受力和变形状态[图 10-23(f)]完全相同,故当 B 端转动 Z_1 时,杆端力偶为

$$M_{BA}=i_{AB}Z_1=iZ_1 \qquad M_{AB}=-M_{BA}$$

由此可知柱 AB 的转动刚度为

$$S_{BA}=i_{AB}=i$$

柱 AB 的传递系数为

$$C_{BA}=-1$$

所以,结点 B 的分配系数为

$$\mu_{BA}=\frac{i}{i+3\times 2i}=\frac{1}{7} \qquad \mu_{BC}=\frac{3\times 2i}{i+3\times 2i}=\frac{6}{7}$$

其余计算见图 10-24,无须详述。M 图见图 10-23(g)。

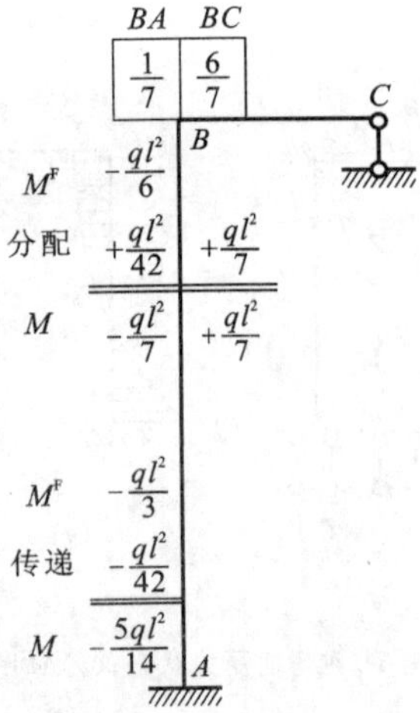

图 10-24 分配传递计算过程

由上可知,在固定结点时,柱 AB 的剪力是静定的;在放松结点时,柱 B 端得到的分配弯矩将乘以 -1 的传递系数传到 A 端,因此,弯矩沿 AB 杆全长均为常数而剪力为零。这样,在力矩的分配和传递过程中,柱中原有剪力将保持不变而不增加新的剪力,故这种方法称为无剪力力矩分配法,简称无剪力分配法。

如图 10-25(a)所示的多层刚架,各横梁均为两端无相对线位移的杆件,各竖柱则均为剪力静定杆件,其分析方法与单层刚架的分析方法相同。锁住结点时仍只加刚臂阻止各结点的角位移,而并不阻止其线位移,如图 10-25(b)所示。此时各层柱子两端均无转角,但有侧移。考察其中任一层柱子,例如 BC 两端的相对侧移时,可将其下端看作是不动的,上端是滑动的,但由平衡条件

可知，其上端的剪力值为 $Q_{CB}=2ql$[图 10-25(c)]。由此可推知，不论刚架有多少层，每一层的柱子均可视为上端滑动下端固定的梁，而除了柱身承受本层荷载外，柱顶处还承受剪力，其值等于柱顶以上各层所有水平荷载的代数和。这样，便可根据表 9-1 算出各层竖柱的固端弯矩。然后将各结点轮流放松，进行力矩的分配、传递。图 10-25(d)所示为放松某一结点 C 时的情形，这相当于将该结点上的不平衡力矩反号作为力偶荷载施加于该结点上。此时结点 C 不仅转动某一角度 θ_C，同时 BC、CD 两柱还将产生相对侧移，但由平衡条件知两柱剪力均为零，处于纯弯曲受力状态[与图 10-23(f)相同]，因而计算时各柱的转动刚度应取各自的线刚度 i 而传递系数为 -1(指等截面杆)。值得指出，此时只有汇交于结点 C 的各杆才产生变形而受力；B 以下各层无任何位移故不受力；D 以上各层则随着 D 点一起发生水平位移，但其各杆两端并无相对侧移，故仍不受力。因此，放松结点 C 时，力矩的分配、传递将只在 CB、CF、CD 三杆范围内进行。放松其他结点时情况亦相似。至于力矩分配、传递的具体计算步骤则与一般力矩分配法相同，无须赘述。

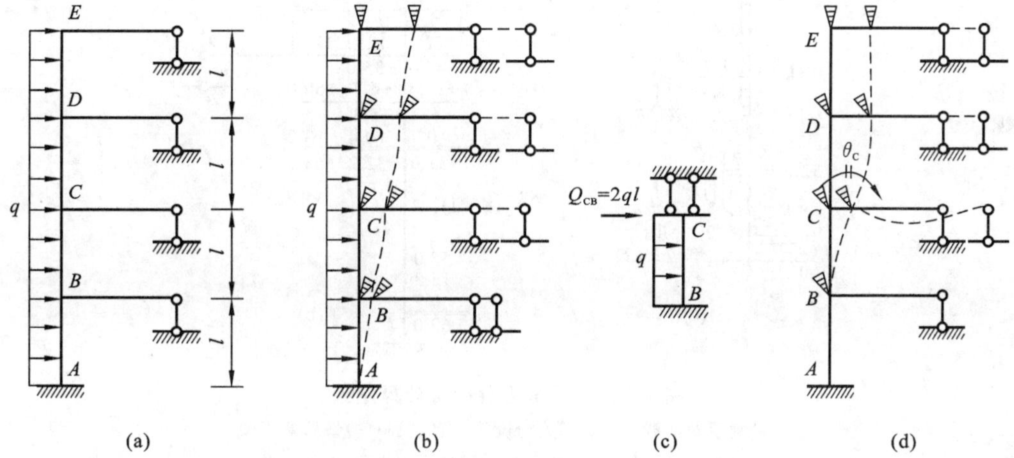

图 10-25　无剪力分配法分析多层刚架

(a)多层刚架及荷载；(b)基本结构；(c)上端滑动下端固定的梁；(d)放松结点 C 时的变形

用无剪力分配法计算有侧移刚架，由于采取了只控制结点转动而任其侧移的特殊措施，使得其计算过程和普通力矩分配法一样简便。但需注意，无剪力分配法只适用于一些特殊的有侧移刚架，也就是：刚架中除两端无相对线位移的杆件外，其余杆件都是剪力静定杆件。在图 10-26 所示有侧移的刚架中，竖柱 AB 和 CD 既不是两端无相对线位移的杆件，也不是剪力静定杆件。这种刚架不能直接用无剪力分配法求解(这种刚架可联合应用无剪力分配法与力矩分配法求解)。

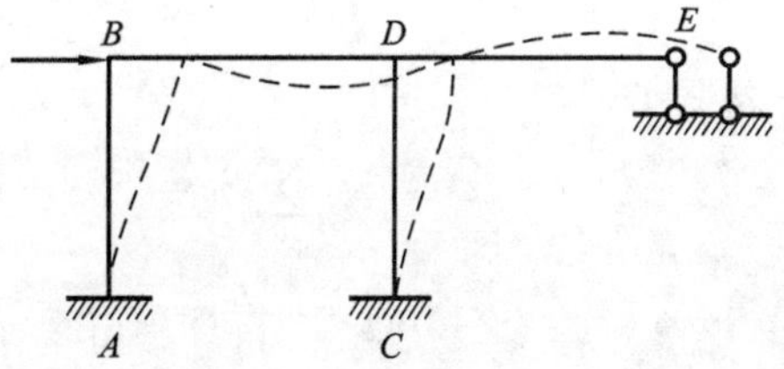

图 10-26　有侧移的刚架

【例 10-8】　试用无剪力分配法计算图 10-27(a)所示刚架。

【解】　竖杆 AC、CE、EG 均按下端固定、上端滑动考虑。

(1) 计算分配系数

计算分配系数时应注意各柱端的转动刚度应等于其柱的线刚度。

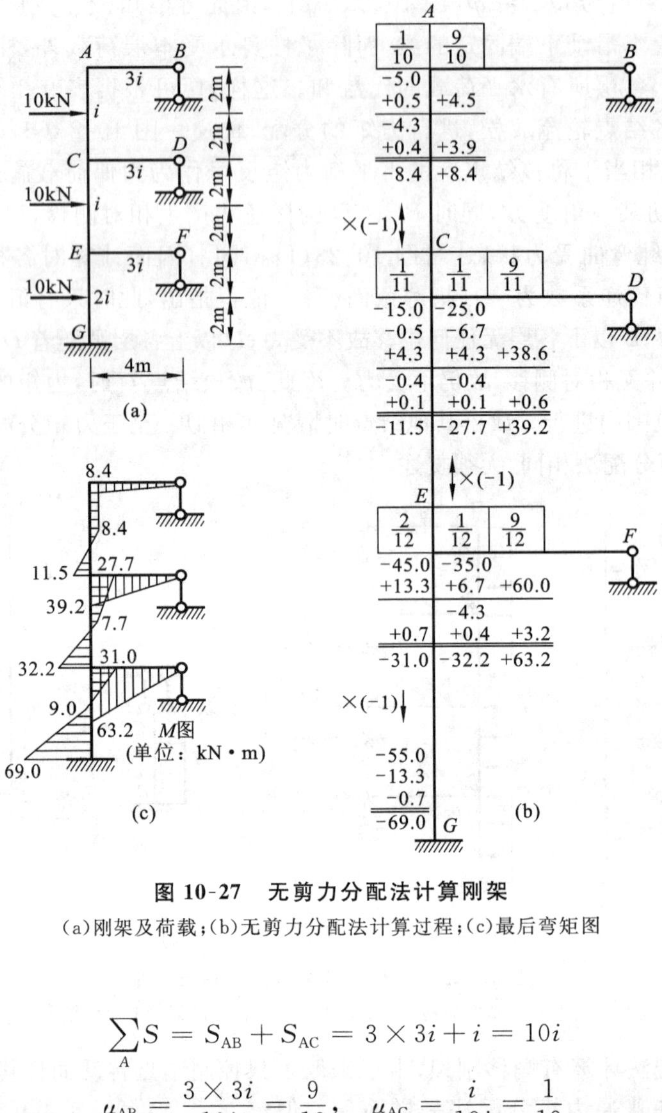

图 10-27 无剪力分配法计算刚架

(a)刚架及荷载；(b)无剪力分配法计算过程；(c)最后弯矩图

结点 A：

$$\sum_{A} S = S_{AB} + S_{AC} = 3 \times 3i + i = 10i$$

$$\mu_{AB} = \frac{3 \times 3i}{10i} = \frac{9}{10}，\quad \mu_{AC} = \frac{i}{10i} = \frac{1}{10}$$

结点 C：

$$\sum_{C} S = S_{CA} + S_{CD} + S_{CE} = i + 3 \times 3i + i = 11i$$

$$\mu_{CA} = \frac{i}{11i} = \frac{1}{11}，\quad \mu_{CD} = \frac{3 \times 3i}{11i} = \frac{9}{11}，\quad \mu_{CE} = \frac{i}{11i} = \frac{1}{11}$$

结点 E：

$$\sum_{E} S = S_{EC} + S_{EF} + S_{EG} = i + 3 \times 3i + 2i = 12i$$

$$\mu_{EC} = \frac{i}{12i} = \frac{1}{12}，\quad \mu_{EF} = \frac{3 \times 3i}{12i} = \frac{9}{12}，\quad \mu_{EG} = \frac{2i}{12i} = \frac{2}{12}$$

(2) 计算固端弯矩

按表 9-1 计算固端弯矩时，对于柱 AC，有

$$M_{AC}^{F}=-\frac{10\times4}{8}=-5\ \text{kN}\cdot\text{m}$$

$$M_{CA}^{F}=-\frac{3\times10\times4}{8}=-15\ \text{kN}\cdot\text{m}$$

对于 CE 柱，除受本层荷载外还受有柱顶剪力 10 kN，故有

$$M_{CE}^{F}=-\frac{10\times4}{8}-\frac{10\times4}{2}=-25\ \text{kN}\cdot\text{m}$$

$$M_{EC}^{F}=-\frac{3\times10\times4}{8}-\frac{10\times4}{2}=-35\ \text{kN}\cdot\text{m}$$

对于 EG 柱，除受本层荷载外还受有柱顶剪力 20 kN，于是有

$$M_{EG}^{F}=-\frac{10\times4}{8}-\frac{20\times4}{2}=-45\ \text{kN}\cdot\text{m}$$

$$M_{GE}^{F}=-\frac{3\times10\times4}{8}-\frac{20\times4}{2}=-55\ \text{kN}\cdot\text{m}$$

(3) 弯矩分配和传递

先固定结点 C 的同时放松结点 A、E，然后固定结点 A、E 而放松结点 C，分别进行弯矩分配和传递，计算过程示于图 10-27(b)。其中各柱端弯矩传递系数为 $C=-1$。经过两轮的计算结果已足够精确。

(4) 根据计算结果，作出最后弯矩图，如图 10-27(c)所示。

图 10-28 所示的三个刚架，其中图 10-28(c)所示单跨对称刚架各杆的线刚度是图 10-28(b)所示单跨对称刚架中对应杆件线刚度的 n 倍。图 10-28(c)所示刚架所承受的荷载也是图 10-28(b)所示刚架所承受荷载的 n 倍。各单跨多层对称刚架的上述关系，称为倍数关系。凡符合倍数关系的各单跨多层对称刚架，它们同层各结点的线位移和角位移相等。这时，各单跨对称刚架可以合成为一个多跨多层刚架，如图 10-28(a)所示。反过来看，如果要把多跨多层刚架[图 10-28(a)]分解为若干个单跨多层对称刚架，则各单跨多层对称刚架之间的杆件线刚度和所受荷载均应符合倍数关系。以上规律由捷克学者柯劳塞克所发现，称为倍数原理。这样，在计算符合倍数原理的多跨多层刚架在水平结点荷载作用下的内力和位移时，便可将其转换为单跨多层对称刚架来计算。由此，又可以用半刚架法将其归结为用无剪力分配法计算。

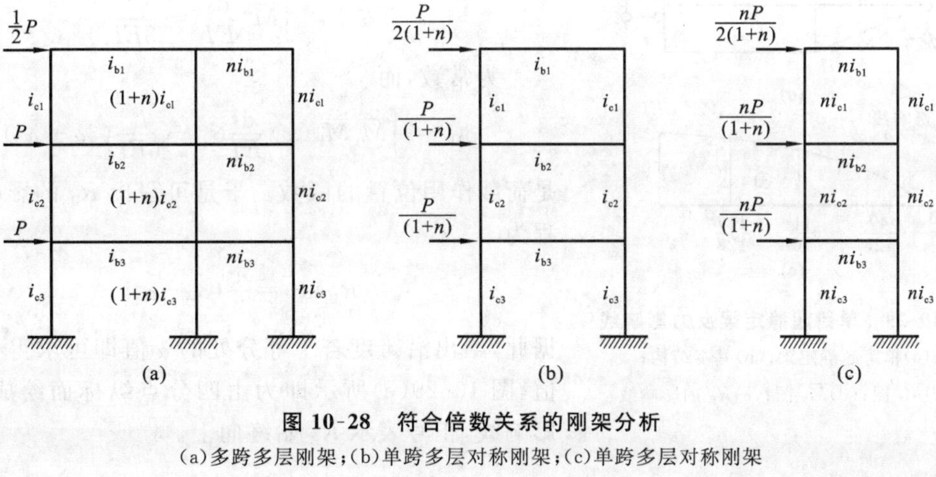

图 10-28 符合倍数关系的刚架分析

(a)多跨多层刚架；(b)单跨多层对称刚架；(c)单跨多层对称刚架

10.5 连续梁的影响线

前面各章讨论了结构在静止荷载作用下的计算，当可移动的活荷载作用于超静定结构不同位置时，对结构所产生的效应常利用影响线求算，即先就一个移动着的单位集中荷载的作用求出某一约束力的变化规律，再计算实际移动荷载组作用下该约束力的最大值或最小值。有了超静定结构各处内力、反力的影响线，可便于进行结构的构造布局及施工程序的设计等工作。超静定结构的内力、反力影响线的绘制方法从原理上可分为静力法和挠度法(机动法)。超静定结构的影响线呈曲线形式，因此需要计算承载杆上较多位置的影响纵标。无论用静力法或挠度法确定影响线纵标，均需运用超静定问题的各种分析方法，如力法、位移法及渐近法等。

此外，若欲绘制超静定结构中的位移影响线，另可参照第七章所述位移互等定理求作。

荷载作用下连续梁的诸支座截面弯矩一经求得，则其他各处的弯矩、剪力及支座反力等就极易由平衡条件求出。所以连续梁的支座截面弯矩影响线是基本未知力影响线。

10.5.1 静力法作影响线

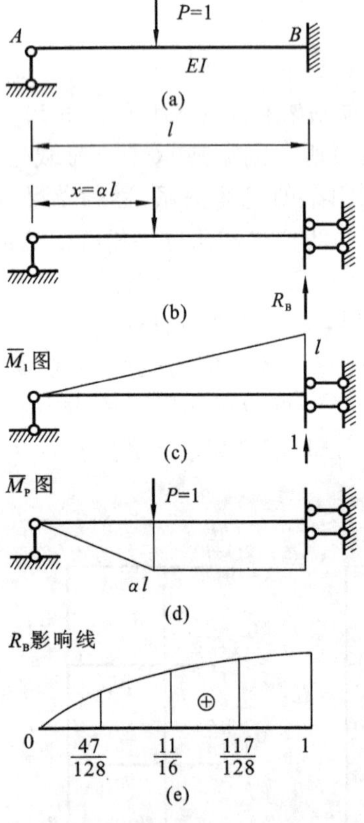

图 10-29 单跨超静定梁反力影响线

(a)单跨超静定梁；(b)基本结构；(c)$\overline{M}_1$ 图；(d)$\overline{M}_P$ 图；(e)R_B 的影响线

静力法作影响线是对结构通过静力计算，求出基本未知量与荷载位置 x 的函数关系，并以此绘制影响线图形。

(1) 影响线方程

先由单跨超静定梁 AB[图 10-29(a)]来说明用静力法求出未知约束力 R_B 的影响线方程。今选用力法求 R_B，解除支座 B 处竖向约束得基本结构如图 10-29(b)所示，设单位移动荷载 $P=1$ 位于距左端为 $x=\alpha l$ 处。力法方程为

$$\delta_{11}\cdot R_B+\delta_{1P}=0$$

其中

$$\delta_{11}=\int\overline{M}_1^2\frac{ds}{EI}=\frac{l^3}{3EI}$$

为常数，而

$$\delta_{1P}=\int\overline{M}_1\overline{M}_P(x)\frac{ds}{EI}=-\frac{l^3}{6EI}(3\alpha-\alpha^3)$$

是荷载作用位置的函数。于是可写出 R_B 的影响线方程为

$$R_B(x)=\frac{1}{2}(3\alpha-\alpha^3)$$

据此，给出沿跨度若干等分处的 α 值即可求得各纵标值，图 10-29(e)所示即为由四分点纵标而绘成的 R_B 影响线，正号表示 R_B 始终向上。

（2）用静力法求作连续梁支点弯矩影响线

如图 10-30(a)所示等截面三跨连续梁，为求单位竖向荷载 $P=1$ 移至某一位置时支座 1 截面的弯矩 M_1 值，可设想用力法或弯矩分配法计算。但具体计算时，须将荷载分别置于第一跨（设坐标为 x_1）、第二跨（设坐标为 x_2）、第三跨（设坐标为 x_3），求得 M_1 影响线在每一跨内的曲线方程式 $M_1(x_1)$、$M_1(x_2)$、$M_1(x_3)$。例如，当采用力法计算时，若所取基本结构为分跨的简支梁，多余约束未知力有 $M_1(x)$ 和 $M_2(x)$；设荷载 $P=1$ 作用于基本结构的第二跨时，$\overline{M}_P$ 图及基本结构的单位弯矩 $\overline{M}_1$ 图、$\overline{M}_2$ 图分别如图 10-30(b)、图 10-30(c)、图 10-30(d)所示，由此可求得

$$\delta_{1P}=\int\overline{M}_1\overline{M}_P\frac{ds}{EI}=\frac{1}{EI}\times\frac{l}{2}\times\alpha\times(1-\alpha)l\times\frac{(2-\alpha)}{3}$$

$$\delta_{2P}=\int\overline{M}_2\overline{M}_P\frac{ds}{EI}=\frac{1}{EI}\times\frac{l}{2}\times\alpha\times(1-\alpha)l\times\frac{(1+\alpha)}{3}$$

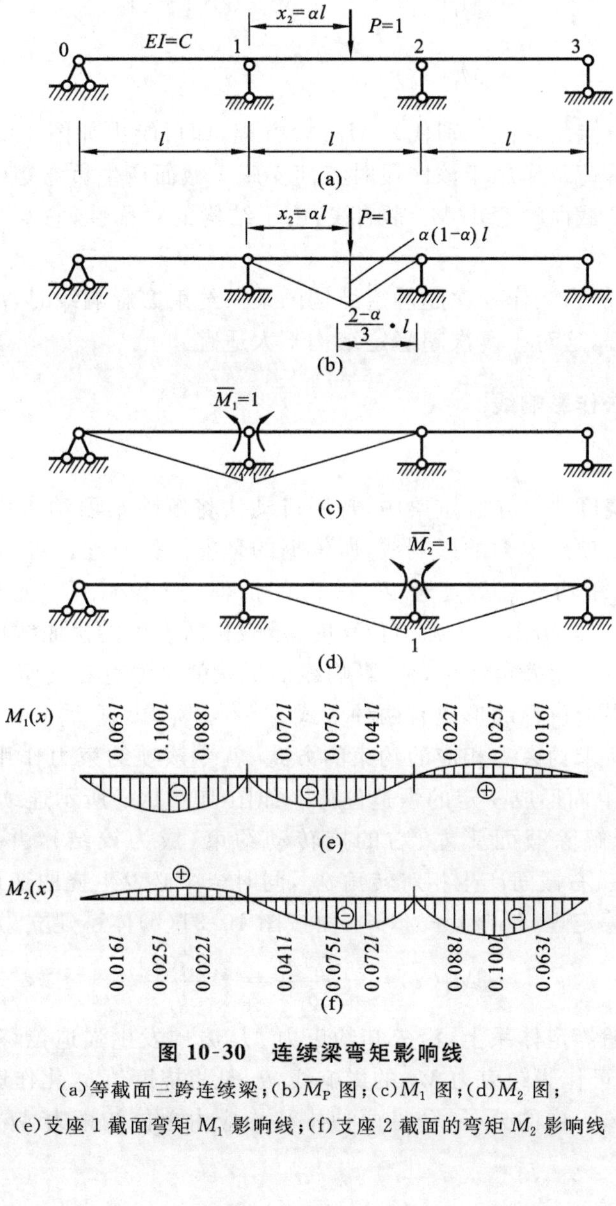

图 10-30 连续梁弯矩影响线

(a)等截面三跨连续梁；(b)$\overline{M}_P$ 图；(c)$\overline{M}_1$ 图；(d)$\overline{M}_2$ 图；

(e)支座 1 截面弯矩 M_1 影响线；(f)支座 2 截面的弯矩 M_2 影响线

相应的力法方程为

$$\left.\begin{aligned}\frac{2l}{3EI}M_1(x_2)+\frac{1}{6EI}M_2(x_2)+\frac{l^2}{6EI}\alpha(1-\alpha)(2-\alpha)=0\\ \frac{l}{6EI}M_1(x_2)+\frac{2l}{3EI}M_2(x_2)+\frac{l^2}{6EI}\alpha(1-\alpha)(1+\alpha)=0\end{aligned}\right\}$$

由此可解得

$$\left.\begin{aligned}M_1(x_2)=-\frac{l}{15}\alpha(1-\alpha)(7-5\alpha)\\ M_2(x_2)=-\frac{l}{15}\alpha(1-\alpha)(2+5\alpha)\end{aligned}\right\}\tag{10-9}$$

同理,可求出第一跨和第三跨的 M_1 影响线方程为

$$M_1(x_1)=-\frac{4l}{15}\alpha(1-\alpha)(1+\alpha)$$

$$M_1(x_3)=-\frac{l}{15}\alpha(1-\alpha)(2-\alpha)$$

若将每跨四等分点的 α 值分别代入 $M_1(x)$ 方程,即可绘出如图 10-30(e)所示的 M_1 影响线。其中负号表示荷载作用于该区段时将使支座 1 截面产生负弯矩(上缘受拉)。

同理可作支座 2 截面的弯矩 M_2 影响线,由于结构的对称性,它与 M_1 影响线呈对称形式,如图 10-30(f)所示。

由上述可见,用静力法作 n 次超静定结构的某一约束力影响线时,需同时求解 n 个未知约束力的影响线方程,这对于高次超静定结构不太适宜。

10.5.2 机动法作影响线

(1) 机动法的原理

机动法也可称挠度法。在静定梁中,曾用机动法将解除某项约束后承载杆可能发生的刚体位移图形作为该项约束力的影响线,所依据的是虚位移原理。对于超静定结构,除虚位移原理外,更可以运用功的互等定理 $T_{ij}=T_{ji}$ 的推理——位移互等定理、反力位移互等定理,使在所求约束力方向给出一个强迫位移时,承载杆所发生的挠曲线成为该约束力的影响线。例如图 10-29 单跨超静定梁中,R_B 影响线的形状就是强迫右支座 B 发生一竖向位移时所形成的挠曲线。强迫位移的形成有两种方式。

如果用解除与所求约束力相应的约束的方式,就令该项约束力作用于超静定次数已由 n 降为 $n-1$ 的结构上而形成一定的强迫位移。如图 10-31(a)所示连续梁,为求支座 1 截面弯矩 M_1 影响线,可解除截面 1 左、右的抗转动约束(成为铰结),并施加一对单位弯矩[图 10-31(b)],使左、右截面产生相对转角 θ_{11},同时全梁必发生挠曲变形,此挠曲线称为 $\delta_{P1}'(x)$。根据位移互等定理,$\delta_{1P}'(x)=\delta_{P1}'(x)$,而按图 10-31(b)体系建立力法方程后可得

$$M_1(x)=-\frac{\delta_{1P}'(x)}{\delta_{11}}=-\frac{\delta_{P1}'(x)}{\theta_{11}}\tag{10-10}$$

这表示,在 $n-1$ 次超静定体系上,沿未知约束力 M_1 方向发生强迫位移 θ_{11} 时所产生的挠曲线 $\delta_{P1}(x)$,其反号即可作为约束力 M_1 的影响线,θ_{11} 是将挠度值 δ_{P1}' 化作影响线纵标时的比例系数。显然,式(10-10)中的分子、分母两种位移均应由单位约束力 $M_1=1$ 在 $n-1$ 次超静

定梁上产生的弯矩分布图而计算确定。图 10-31(c)就是按式(10-10)求得的 M_1 影响线。

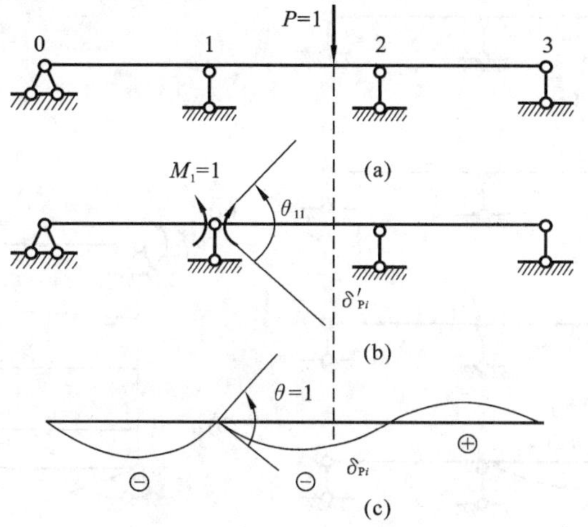

图 10-31 机动法作连续梁影响线

(a)连续梁;(b)截面改成铰结;(c)M_1 影响线

如果强迫位移在原结构的杆轴上直接给定,这将是很有利的,这时根据反力位移互等定理,由单位荷载 $P=1$ 作用于结构任一位置时产生的某约束力 r_{iP},等于在该约束方向给出一个单位强迫位移 $\delta=1$ 时所引起的单位荷载处(承载杆)的挠度 δ_{Pi},仅符号相反,即

$$r_{iP}=-\delta_{Pi}$$

若在图 10-32(a)所示连续梁的支座截面 1 处给出一个相对转角 $\theta=1$,如同杆轴在该处有一制造误差的折角,并产生符合全梁支承条件的挠曲线如图 10-32(b)所示,它就是 M_1 影响线

$$M_1(x)=-\delta_{P1}(x) \tag{10-11}$$

式(10-11)中的负号和式(10-10)一样,表示沿正号约束力方向的强迫位移所产生的挠度,在作为约束力影响线的纵标时应将其反号,即在基线下方者为负号、在基线上方者为正号。

在确定上式中挠曲线 $\delta_{P1}(x)$ 各处纵标时,可采用如图 10-32(c)、图 10-32(d)所示的位移法基本结构。在杆件 10 或杆件 12 的端点 1 处施加单位转角 $\theta=1$,用位移法或弯矩分配法求解全梁的弯矩分布图[由图 10-32(c)、图 10-32(d)所得结果是相同的],然后据以计算各段梁的挠度。

下面介绍在等截面的梁跨上,已知两端的弯矩 M_i、M_j 后计算各点挠度 δ_{P1} 的具体办法。如图 10-33 所示,运用虚拟单位荷载法,$P_k=1$ 作用于距左端 i 为 $x=\alpha l$ 处,可得梁的挠度计算公式为

$$\begin{aligned}\delta_{P1}(x)&=\frac{l^2}{6EI}[\alpha(1-\alpha)(2-\alpha)M_i+\alpha(1-\alpha^2)M_j]\\&=\frac{l^2}{6EI}[f_i(\alpha)\cdot M_i+f_j(\alpha)\cdot M_j]\end{aligned} \tag{10-12}$$

式中

$$f_i(\alpha)=\alpha(1-\alpha)(2-\alpha)$$

$$f_j(\alpha)=\alpha(1-\alpha^2)$$

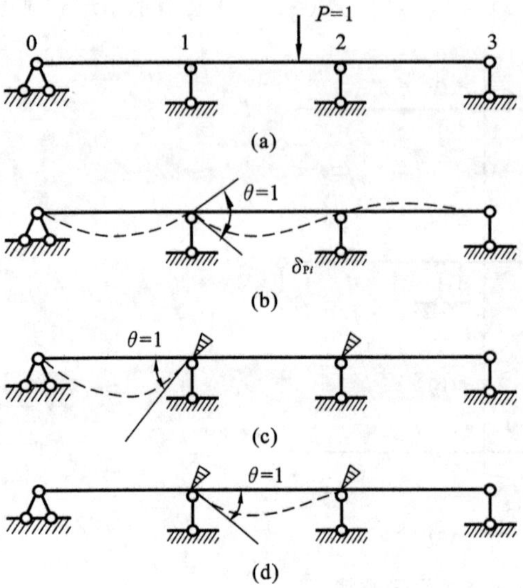

图 10-32　连续梁支座截面弯矩影响线

(a)连续梁;(b)支座截面发生单位位移;(c)、(d)位移法基本结构

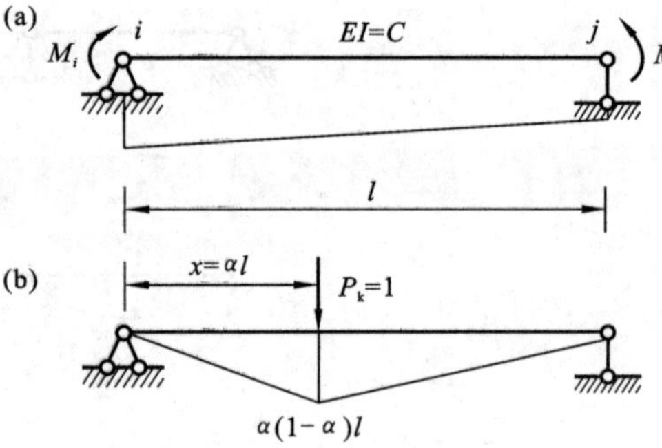

图 10-33　等截面梁的挠度计算

(a)某跨等截面梁;(b)$P_k=1$ 作用下的弯矩图

M_i、M_j 均以使梁的下缘受拉时为正,反之为负。若利用表 10-3,则可迅速按式(10-12)计算出若干等分点处的挠度纵标值。当遇一端(j 端)为定向滑动支承的梁时,由 i 端转动而产生的挠曲变形,可按梁长 $l'=2l_{ij}$ 考虑,且以 $M_j=M_i$ 代入式(10-12),计算 $0\leqslant\alpha\leqslant0.5$ 范围内的若干纵标。

表 10-3　荷载移动位置 α 的函数值

α	$f_i(\alpha)=\alpha(1-\alpha)(2-\alpha)$	$f_j(\alpha)=\alpha(1-\alpha^2)$
0.00	0.0000	0.0000
0.10	0.1710	0.0990
0.20	0.2880	0.1920
0.25	0.3281	0.2344
0.30	0.3570	0.2730
0.40	0.3840	0.3360
0.50	0.3750	0.3750
0.60	0.3360	0.3840
0.70	0.2730	0.3570
0.75	0.2344	0.3281
0.80	0.1920	0.2880
0.90	0.0990	0.1710
1.00	0.0000	0.0000

(2) 挠度法绘制连续梁支点弯矩影响线

按上述两种方式求作连续梁由于支座截面的相对转角所引起的挠曲线,其差别仅在于相应的弯矩图产生的原因不同、求解方法有不同的选择。今仍以三跨等截面连续梁

[图 10-34(a)]支座 1 截面的弯矩影响线为例来说明。

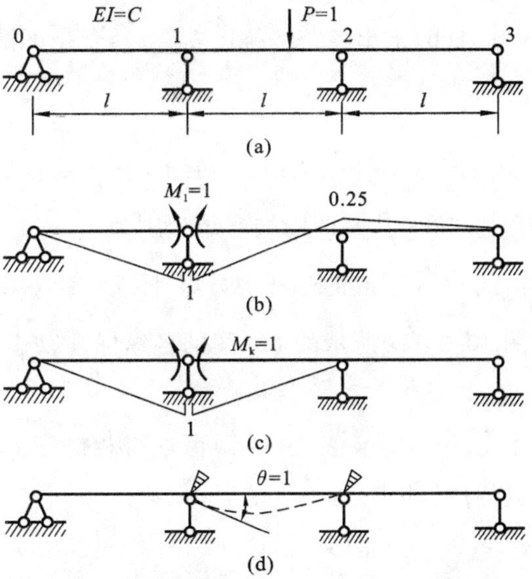

0.43	0.57	0.57	0.43	
0	+4	+2	0	乘数 $\frac{EI}{100}$
+1.72	−2.28	−1.14		
	−0.25	−0.49	−0.37	
+0.11	+0.14	+0.07		
	−0.02	−0.04	−0.03	
+0.01	+0.01			
−1.60	+1.60	+0.40	−0.40	

(e)

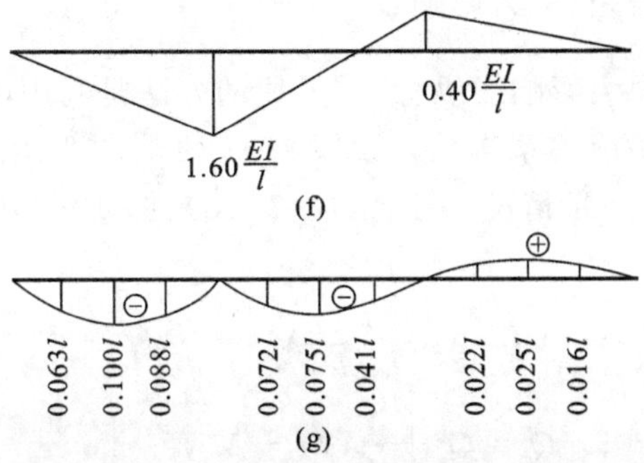

图 10-34　机动法求支点弯矩影响线

(a)三跨等截面连续梁；(b)$n-1$ 次超静定体系；(c)单位荷载 M 图；

(d)单位转角 $\theta=1$；(e)分配法计算弯矩；(f)弯矩分布 M_θ 图；(g)M_1 的影响线

① 解除约束法

图 10-34(b)为连续梁的 $n-1$ 次超静定体系，将支座 1 截面改成铰后，在其两侧施加一对单位力矩，其右部两跨的弯矩分布可用任一方法求得。按式(10-10)求未知约束力 $M_1(x)$ 方程时利用图 10-34(c)所示虚拟单位荷载状态，可得图 10-34(b)中截面 1 左、右的相对转角 θ_{11}：

$$EI\theta_{11}=\frac{l}{3}+\frac{l}{3}-\frac{l}{6}\times 0.25=\frac{15}{24}l$$

利用式(10-12)由图 10-34(b)求出各跨的挠度 $\delta_{P1}(x)$，于是可得未知约束力 M_1 的影响线如图 10-34(g)所示。

② 施加单位位移法

图 10-34(d)所示为先用刚臂将各刚结点锁住，再给支座 1 处右截面(相对于左截面)施加一个单位转角 $\theta=1$，此时杆件 12 的左、右两固端弯矩分别为 $+\frac{4EI}{l}$、$+\frac{2EI}{l}$。然后可用逐个结点放松的弯矩分配法计算由此 $\theta=1$ 引起的各杆端弯矩[图 10-34(e)]，全梁的弯矩分布 M_θ 图如图 10-34(f)所示。若将图 10-34(b)所示的 M_X 图的各纵标乘以 $\frac{1}{\theta_{11}}=\frac{24EI}{15l}=1.60\frac{EI}{l}$，其结果与 M_θ 图相符。

于是，利用挠度计算公式(10-12)及表 10-3 即可求得相应于 M_θ 的各跨挠曲线，例如，其中第二跨(杆件 12)的挠度计算如下：

$$\begin{aligned}\delta_{P1}(x)&=\frac{l}{6}\left[\frac{1.60}{l}\alpha(1-\alpha)(2-\alpha)-\frac{0.40}{l}\alpha(1-\alpha^2)\right]\\&=\frac{4}{60}l\alpha(1-\alpha)[4(2-\alpha)-(1+\alpha)]\\&=\frac{l}{15}\alpha(1-\alpha)(7-5\alpha)\end{aligned}$$

按挠度法公式式(10-11)，$M_1(x)=-\delta_{P1}(x)$，显然此方程与前面用静力法所得的式(10-9)相同。今取各跨四分点处纵标值如图 10-34(g)所示，即 M_1 影响线。

10.5.3 任意截面的弯矩、剪力影响线

求连续梁任意截面的内力影响线纵标，较方便的办法是利用已求得的支点弯矩影响线，按照截面所在跨内的静力平衡关系得出。设梁跨 ij 两端的弯矩 M_i、M_j 为已知函数，则按静力叠加原理，图 10-35(a)所示情况等于图 10-35(b)、图 10-35(c)两者之代数和，故可写出截面 n 的内力为

$$\left.\begin{aligned}M_n&=M_n^0+\frac{l-a}{l}M_i+\frac{a}{l}M_j\\Q_n&=Q_n^0+\frac{1}{l}(M_j-M_i)\end{aligned}\right\}\tag{10-13}$$

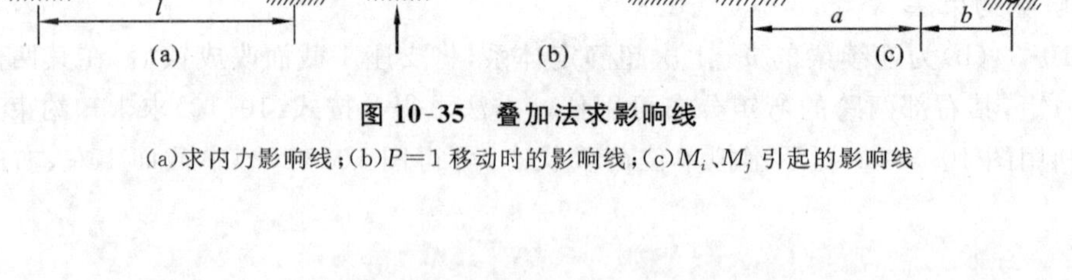

图 10-35 叠加法求影响线

(a)求内力影响线；(b)$P=1$ 移动时的影响线；(c)M_i、M_j 引起的影响线

式(10-13)对于单位移动荷载的任一作用位置都是成立的,因此,式中各项含义均为影响线的纵标。其中 M_n^0 和 Q_n^0 是 ij 跨作为简支梁考虑、有荷载 $P=1$ 移动时截面 n 的弯矩影响线和剪力影响线的纵标,显然仅在该跨内分布,左右两支点弯矩 M_i、M_j 的影响线纵标在各跨均有分布。按式(10-13)叠加后的影响线图形呈曲线,在该截面 n 处的曲线斜率或纵标值有突变。算例见后述。

10.5.4　支座反力影响线

在前述基础上,可有三种方式绘制连续梁的支座反力影响线。

(1) 利用支点弯矩影响线

连续梁的支座反力与支座两侧的梁端截面剪力有关。参照图 10-36(a),在支座 i 的左(i)跨内和右($i+1$)跨内有

$$R_{i,i-1}=-Q_{i,i-1}\qquad R_{i,i+1}=Q_{i,i+1}$$

引用剪力表达式(10-13),可写出

$$R_i=R_i^0+\frac{1}{l_i}(M_{i-1}-M_i)+\frac{1}{l_{i+1}}(M_{i+1}-M_i)\tag{10-14}$$

表明 R_i 影响线与四条影响线有关,其中 R_i^0 是基本结构简支梁的支座 i 反力的影响线,如图 10-36(b)所示。

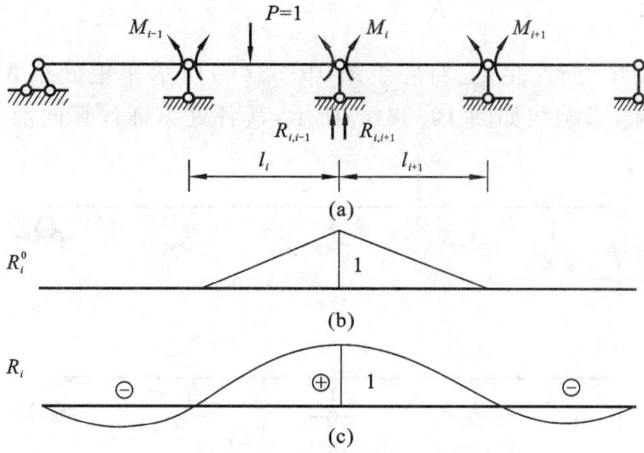

图 10-36　支座反力影响线

(a)连续梁;(b)R_i^0 的影响线;(c)R_i 影响线

(2) 直接用机动法

设在支座 i 的约束方向直接给出强迫单位位移,并求相应的全梁的挠曲线 δ_{Pi}[图 10-36(c)]。这可从图 10-37(a)所示位移法的基本结构情况出发,因此,挠曲线 δ_{Pi} 可分解为两部分,其一为不考虑梁的挠曲变形,仅由支座 i 发生移动 $\delta=1$ 使左、右两跨梁产生的刚体位移[图 10-37(b)];其二是超静定梁与弯矩分布图 M_δ 相应的挠曲线 δ_{Pi}^M[图 10-37(d)],该弯矩图[图 10-37(c)]是由支座 i 移动 $\delta=1$ 引起的。故 R_i 影响线可表达为

$$R_i=-\delta_{Pi}=-(\delta_{Pi}^0+\delta_{Pi}^M)\tag{10-15}$$

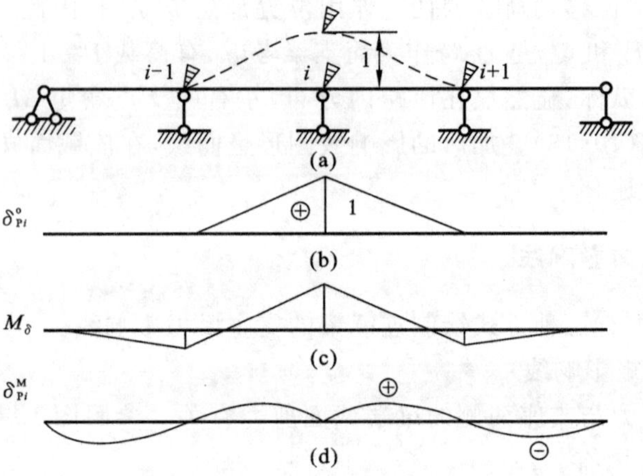

图 10-37 支座反力影响线

(a)位移法的基本结构;(b)支座 i 发生移动 $\delta=1$;(c)弯矩分布图 M_δ;(d)与 M_δ 相应的挠曲线 δ_{Pi}^{M}

(3) 端支座反力的解除约束法

对于两端的支座反力,这个做法也是较方便的,例如,图 10-38(a)中的 R_A,求其影响线时可解除该支座约束,将它作为基本未知力,在 $n-1$ 次超静定梁上用力法方程求得

$$R_A=-\frac{\delta_{1P}}{\delta_{11}}=-\frac{\delta_{P1}}{\delta_{11}}$$

其中挠曲线 δ_{P1} 由 $\overline{R}_A$ 所产生,它对应于图 10-38(b)所示弯矩分布 M_X 图;δ_{11} 是 A 处的竖向位移值。因此,R_A 影响线如图 10-38(c)所示,其各处纵标计算同前。

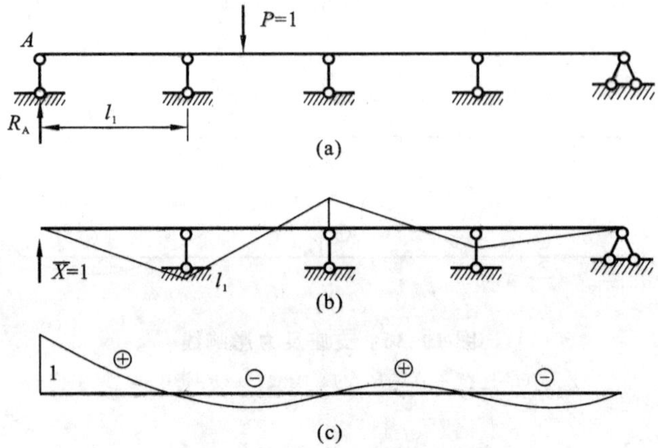

图 10-38 支座反力影响线

(a)连续梁;(b)$\overline{X}=1$ 的弯矩分布 M_X 图;(c)R_A 影响线

【例 10-9】 试绘制三跨等截面连续梁[图 10-39(a)]中第二跨内截面 n 的弯矩、剪力影响线及支座 1 的反力影响线。

【解】 由前述已知支座 1、2 截面的弯矩 M_1、M_2 影响线,见图 10-39(b)、图 10-39(c)。按式(10-13)和式(10-14)有

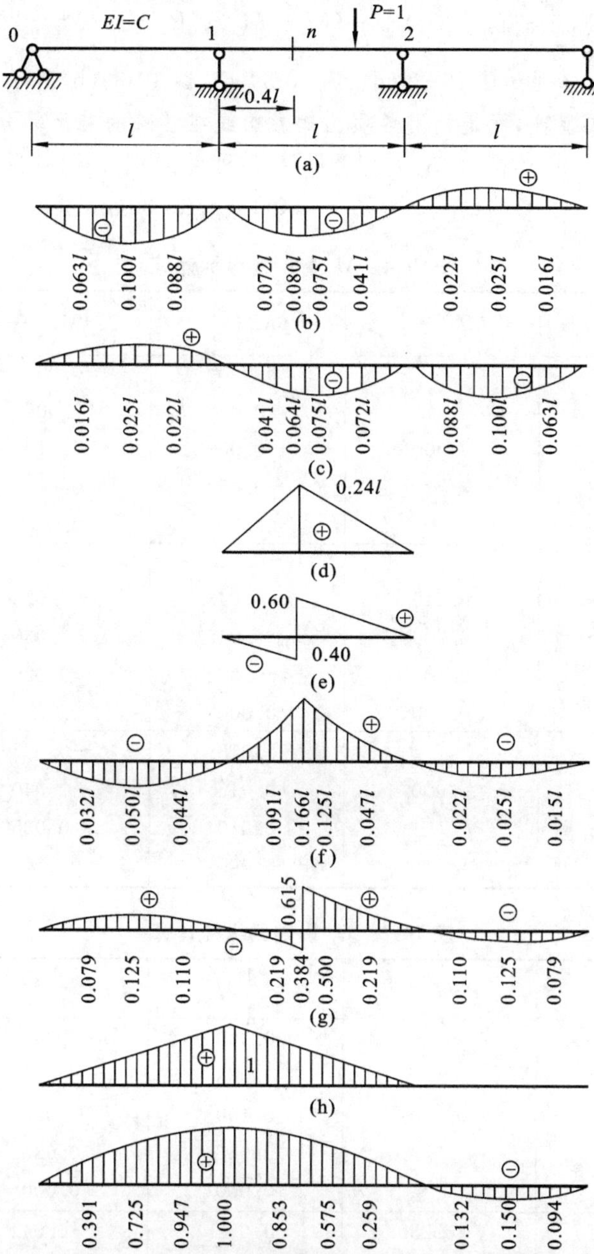

图 10-39　连续梁跨内截面内力、反力影响线

(a)三跨等截面连续梁；(b)M_1 影响线；(c)M_2 影响线；(d)M_n^0 影响线；(e)Q_n^0 影响线；(f)M_n 影响线；(g)Q_n 影响线；(h)R_1^0 影响线；(i)R_1 影响线

$$M_n = M_n^0 + 0.6M_1 + 0.4M_2$$

$$Q_n = Q_n^0 + \frac{1}{l}(M_2 - M_1)$$

$$R_1=R_1^0+\frac{1}{l_1}(0-M_1)+\frac{1}{l_2}(M_2-M_1)=R_1^0+\frac{1}{l}(M_2-2M_1)$$

其中 M_n^0、Q_n^0、R_1^0 影响线分别如图 10-39(d)、图 10-39(e)、图 10-39(h)所示。如果不是将各项已知量的方程式代入上式整理,而是利用各项已知影响线在各跨的若干等分点处的已知纵标,则可逐项列入表 10-4、表 10-5、表 10-6,进行叠加计算(注意到正负号)可得 M_n、Q_n、R_1 的各分点影响线纵标值,相应的三条影响线分别如图 10-39(f)、图 10-39(g)、图 10-39(i)所示。

表 10-4　M_n 影响线纵标计算

$P=1$ 的位置 α		$M_n^0\left(\frac{1}{l}\right)$	$0.6M_1\left(\frac{1}{l}\right)$	$0.4M_2\left(\frac{1}{l}\right)$	M_n
第一跨	0.00	0.000	0.000	0.000	0.000
	0.25		−0.038	0.006	−0.032l
	0.50		−0.060	0.010	−0.050l
	0.75		−0.053	0.009	−0.044l
	1.00		0.000	0.000	0.000
第二跨	0.25	0.150	−0.043	−0.016	0.091l
	0.40	0.240	−0.048	−0.026	0.166l
	0.50	0.200	−0.045	−0.030	0.125l
	0.75	0.100	−0.024	−0.029	0.047l
	1.00	0.000	0.000	0.000	0.000
第三跨	0.25	0.000	0.013	−0.035	−0.022l
	0.50		0.015	−0.040	−0.025l
	0.75		0.010	−0.025	−0.015l
	1.00		0.000	0.000	0.000

表 10-5　Q_n 影响线纵标计算

$P=1$ 的位置 α		Q_n^0	$-\frac{1}{l}M_1$	$+\frac{1}{l}M_2$	Q_n
第一跨	0.00	0.000	0.000	0.000	0.000
	0.25		0.063	0.016	0.079
	0.50		0.100	0.025	0.125
	0.75		0.088	0.022	0.110
	1.00		0.000	0.000	0.000
第二跨	0.25	−0.250	0.072	−0.041	−0.219
	0.40	−0.40/+0.600	0.080	−0.064	−0.384/+0.616
	0.50	0.500	0.075	−0.075	0.500
	0.75	0.250	0.041	−0.072	0.219
	1.00	0.000	0.000	0.000	0.000
第三跨	0.25	0.000	−0.022	−0.088	−0.110
	0.50		−0.025	−0.100	−0.125
	0.75		−0.016	−0.063	−0.079
	1.00		0.000	0.000	0.000

表 10-6 R_1 影响线纵标计算

$P=1$ 位置 α		R_1^0	$-\frac{2}{l}M_1$	$+\frac{1}{l}M_2$	R_1
第一跨	0.00	0.000	0.000	0.000	0.000
	0.25	0.250	0.125	0.016	0.391
	0.50	0.500	0.200	0.025	0.725
	0.75	0.750	0.175	0.022	0.947
	1.00	1.000	0.000	0.000	1.000
第二跨	0.25	0.750	0.144	−0.041	0.853
	0.50	0.500	0.150	−0.075	0.575
	0.75	0.250	0.081	−0.072	0.259
	1.00	0.000	0.000	0.000	0.000
第三跨	0.25		−0.044	−0.088	−0.132
	0.50	0.000	−0.050	−0.100	−0.150
	0.75		−0.031	−0.063	−0.094
	1.00		0.000	0.000	0.000

用挠度法(机动法)按反力位移互等定理,可以迅速地绘出连续梁以至其他结构的内力、反力影响线形状,不论结构的跨数多少以及是否为等截面,此法在结构的初步分析或定性分析时极为实用。对于上例中截面 n 的弯矩、剪力影响线,也可以直接在截面 n 处施加相应的强迫位移而获得,并因此可知,M_n 影响线在 n 处的左右切线夹角应为 $\theta=1$,Q_n 影响线在 n 处的左右纵标突变值应为 $\delta=1$。

10.6 连续梁的内力包络图

连续梁的结构设计必须以该梁在恒载及指定的活荷载作用下每一横截面上可能出现的弯矩、剪力的最大值和最小值(可能为负号)为依据,其中活荷载内力可利用相应的内力影响线进行最不利的加载计算,而各项内力影响线已用挠度法(机动法)绘制,如图 10-40 中所示。但考虑到连续梁上仅少数靠近支座的截面弯矩影响线将会在该截面所属的跨内出现正负变号情况,其他截面弯矩影响线均呈每跨一个符号、邻跨正负交替的形式,按这一特点,最不利的活荷载布局是在同符号影响线的数跨内布载,从而求得同号的活荷载内力最大值。以均匀分布的活载 P 为例,图 10-40 中表示了对应于各影响量最小值及最大值的活荷载布局情况。

由此可见,为求各截面最小、最大的活荷载弯矩值,可不必利用每个截面的弯矩影响线做加载计算,而只需逐跨单独布置活荷载,分别作出全梁的 M 图,即可对每一截面的 M 纵

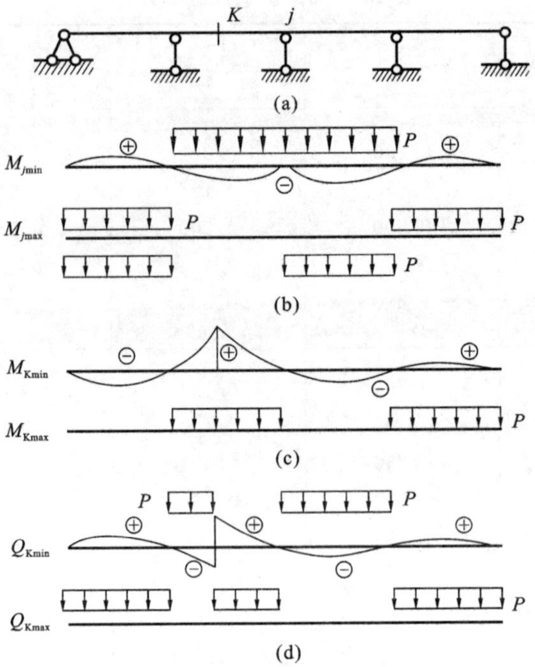

图 10-40　最不利的活荷载布置

(a)连续梁；(b)M_j 影响线及荷载布置；

(c)M_K 影响线及荷载布置；(d)Q_K 影响线及荷载布置

标做出组合。例如，当活荷载为均布荷载 $P=18$ kN/m 时，图 10-41(a)所示三跨连续梁在单跨布载情况下的弯矩分布图分别如图 10-41(b)、图 10-41(c)、图 10-41(d)所示。该梁的恒载为 $q=12$ kN/m，恒载弯矩图如图 10-41(e)所示。于是，可选出同一截面上出现的各正号活荷载弯矩(或各负号弯矩)与恒载下该截面的弯矩相加，即得该截面的弯矩最大值(或最小值)纵标。例如，第二跨的中点截面 K，有

$$M_{K\max}=96+37=133\ \text{kN}\cdot\text{m}$$

$$M_{K\min}=-20.25-20.25+37.0=-3.5\ \text{kN}\cdot\text{m}$$

由若干等分点截面的弯矩最大值纵标、最小值纵标分别连成两条包络曲线[图 10-41(f)]。这样所得的弯矩包络图在支座附近截面上的误差并不大。

连续梁截面的剪力影响线在截面所属的跨内是正负变号的[图 10-40(d)]，求活荷载剪力最大值时，本应在该跨半跨布载，但为简便起见，也和其他跨一样，分别按全跨布载。例如，在图 10-41 中连续梁承受均布活荷载 $P=18$ kN/m 及恒载 $q=12$ kN/m 时，各情况的剪力图如图 10-42(a)、图 10-42(b)、图 10-42(c)、图 10-42(d)所示，由此组合出每跨两端的最小和最大的剪力值纵标，例如第三个支座 C 的左侧截面有

$$Q_{C左\max}=7.6-48=-40.4\ \text{kN}$$

$$Q_{C左\min}=-72-7.6-48=-127.6\ \text{kN}$$

在每一跨内分别以一条直线连接两端的最大值纵标、最小值纵标，作为每跨的两条剪力包络线[图 10-42(e)]。这样的剪力包络图在跨中附近截面的剪力纵标大于应有的最不利数值，是偏于安全的。

对于汽车、火车等移动的列车荷载，使连续梁各截面可能产生的最大内力值，可参照有关规程利用影响线布置活荷载而计算。

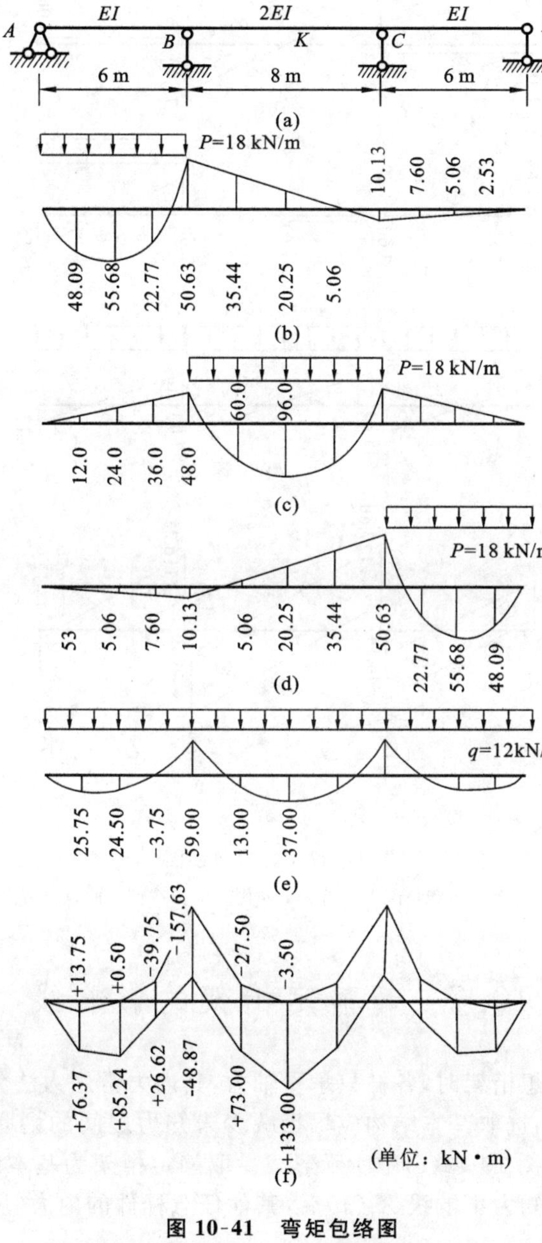

图 10-41 弯矩包络图

(a)三跨连续梁；(b)、(c)、(d)单跨布载情况下的弯矩分布图；

(e)恒载弯矩图；(f)弯矩包络图

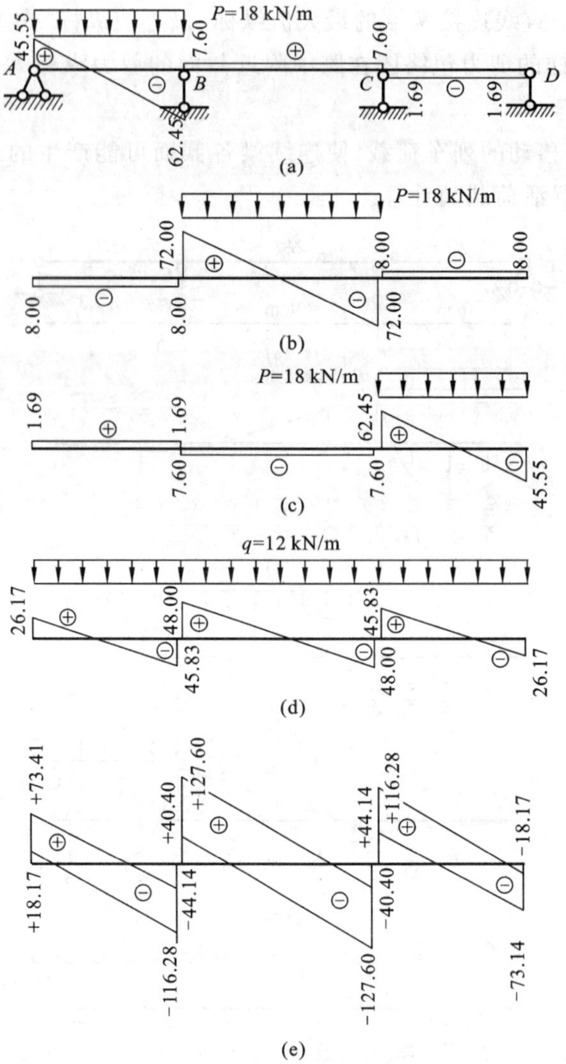

图 10-42　剪力包络图

(a)、(b)、(c)单跨布载情况下的剪力分布图；(d)恒载剪力图；(e)剪力包络图

10.7　超静定桁架的影响线

超静定桁架作为理想桁架时，各杆只承受轴力，其内力常用力法分析。在连续梁式桁架及多重腹杆梁式桁架中，选取基本结构应尽量减少未知力之间的耦联，并利用对称性，如图 10-43(a)、图 10-43(b)、图 10-43(c)中所示形式。取静定桁架为基本结构，由力法方程组求解出多余约束的基本未知力影响线 $X_i(x)$后，其他任意杆件的内力(反力)S_m 影响线方程即可写为

$$S_m(x)=\sum \overline{S}_{mi}X_i(x)+S_m^0(x) \tag{10-16}$$

式中　$\overline{S}_{mi}$——各基本未知力 X_i 等于单位力且单独作用时产生于杆件 m 的轴力；

$S_{m}^{0}(x)$——静定基本结构中该杆的内力影响线。

显然，多跨式超静定桁架的内力影响线须随荷载 $P=1$ 的移动而分跨求作，而且在每一节间内是直线形式（因承受结点荷载），因此，只需先求出各结点处的影响线纵标值。

今以某一个基本未知力 X_i 为对象，运用反力位移互等定理，有

$$X_i(x)=r_{iP}=-\delta_{Pi}(x) \tag{10-17}$$

即强迫该杆杆轴缩短单位长度 $\delta_i=1$（使其两端结点趋近，即沿该杆拉力正方向）。产生于移动荷载 $P=1$ 处的挠度图就是 X_i 影响线，符号相反。挠度法具体计算步骤如下：

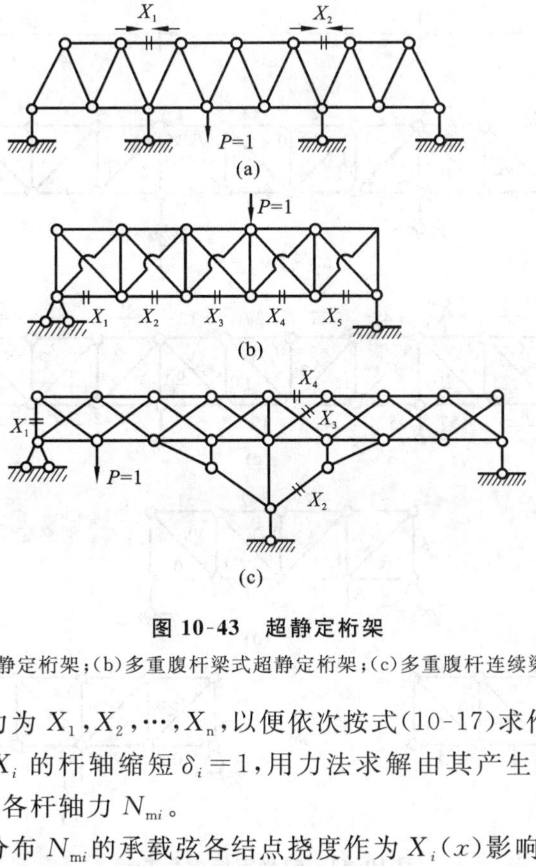

图 10-43　超静定桁架

(a)连续梁式超静定桁架；(b)多重腹杆梁式超静定桁架；(c)多重腹杆连续梁式超静定桁架

① 选定基本未知力为 $X_1, X_2, \cdots, X_n$，以便依次按式(10-17)求作。

② 令某一未知力 X_i 的杆轴缩短 $\delta_i=1$，用力法求解由其产生的各未知力 $X_j(j=1, 2, \cdots, n)$，并得桁架所有各杆轴力 N_{mi}。

③ 以相应于内力分布 N_{mi} 的承载弦各结点挠度作为 $X_i(x)$ 影响线纵标，为此需分跨在静定基本结构的承载弦结点上逐一施加单位荷载 $P_k=1$，计算各杆轴力 $\overline{N}_{mk}$，然后即可求该点竖向位移

$$\delta_{Pi}=\sum \overline{N}_{mk}\cdot\frac{l_m}{EA}\cdot N_{mi} \tag{10-18}$$

对于若干点的挠度计算可用矩阵方式表示

$$\{\boldsymbol{\delta}_{Pi}\}=[\overline{\boldsymbol{N}}_k]^T[\boldsymbol{f}_N]\{\boldsymbol{N}_i\} \tag{10-19}$$

式中　$[\overline{\boldsymbol{N}}_k]$——每列元素为在每个结点加载时相应各杆的内力 $\overline{N}_{mk}$；

$[\boldsymbol{f}_N]$——由各杆轴向柔度 $\dfrac{l_m}{EA}$ 组成的对角矩阵；

$\{\boldsymbol{N}_i\}$——由 $\delta_i=1$ 所引起的各杆内力 N_{mi}。

为实施计算,各矩阵中均应按杆件编号顺序排列。

【例 10-10】 绘制图 10-44(a)所示连续梁式桁架的上弦杆 a、竖杆 b 的内力及支座 C 的反力影响线,设各杆轴向柔度均为 $\frac{d}{EA}$,下弦承载。

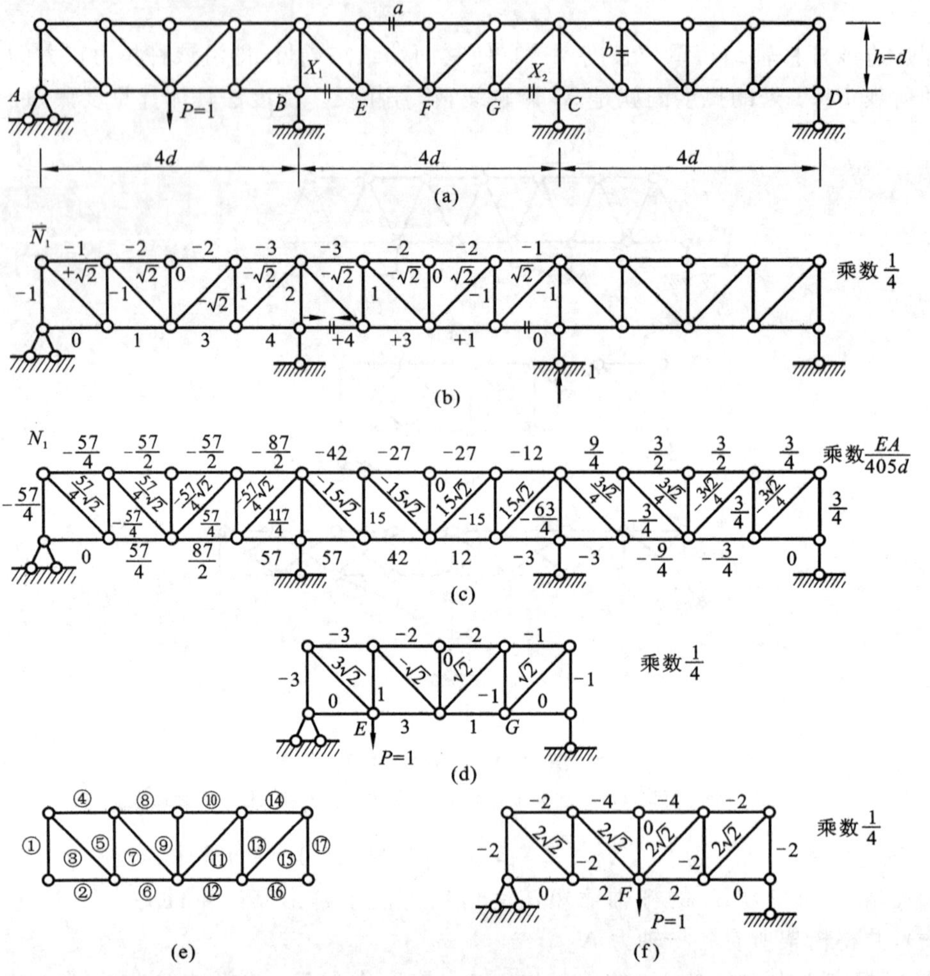

图 10-44 超静定桁架影响线

(a)连续梁式超静定桁架;(b)基本结构各杆内力;(c)桁架各杆内力;

(d)、(f)单位荷载状态的内力;(e)杆件编号

【解】 结构属二次超静定,选中间跨两支座旁的下弦杆为多余约束。先令未知力为 X_1 的杆件缩短 $\delta_1=1$,则力法方程为

$$\left.\begin{aligned}\delta_{11}X_1+\delta_{12}X_2+(-1)=0\\ \delta_{21}X_1+\delta_{22}X_2+0=0\end{aligned}\right\}$$

为求方程中的各项系数,设 $X_1=1$ 作用于静定基本结构,各杆内力值示于图 10-44(b)(注意乘数为 $\frac{1}{4}$),$X_2=1$ 作用时的情况与其左右对称。按公式 $\delta_{ij}=\sum\overline{N}_i\frac{d}{EA}\overline{N}_j$ 计算:

$$\frac{EA}{d}\delta_{11}=\frac{2}{4^2}\left[(\sqrt{2})^2\times4+1\times5+2^2\times2+3^2\times2+4^2\times1\right]+\left(\frac{2}{4}\right)^2=\frac{57}{8}$$

$$\frac{EA}{d}\delta_{22}=\frac{EA}{d}\delta_{11}$$

$$\frac{EA}{d}\delta_{12}=\frac{1}{4^2}\left[-\sqrt{2}\times\sqrt{2}\times4-1\times1\times2-1\times2\times2-1\times3\times4+2\times2\times2\right]=\frac{3}{8}$$

于是得 $\delta_1=1$ 缩短时的基本未知力

$$\begin{Bmatrix}X_1\\X_2\end{Bmatrix}=\begin{bmatrix}\frac{57}{8}&\frac{3}{8}\\\frac{3}{8}&\frac{57}{8}\end{bmatrix}^{-1}\frac{EA}{d}\begin{Bmatrix}+1\\0\end{Bmatrix}=\begin{Bmatrix}+57\\-3\end{Bmatrix}\times\frac{EA}{405d}$$

同时，桁架各杆内力按 $N_{m1}=\overline{N}_1X_1+\overline{N}_2X_2$ 求出，其结果如图 10-44(c) 所示$\left(\text{乘数为}\frac{EA}{405d}\right)$。

据此可求桁架下弦结点的挠度 δ_{P1}，例如，求第二跨的下弦诸结点 E、F、G 的挠度时，单位荷载状态的内力分别如图 10-44(d)、图 10-44(f)所示，$P=1$ 作用结点 G 时的情况与作用于结点 E[图 10-44(d)]时的对称。于是，按图 10-44(e)所示杆件编号顺序列入式(10-14)进行计算，得

$$\begin{Bmatrix}\delta_{E1}\\\delta_{F1}\\\delta_{G1}\end{Bmatrix}=\left[\{\overline{N}_{mE}\}\quad\{\overline{N}_{mF}\}\quad\{\overline{N}_{mG}\}\right]^{T}\times\frac{d}{EA}\times\{N_{m1}\}$$

$$=\begin{Bmatrix}342.0\\405.0\\252.0\end{Bmatrix}\times\frac{1}{405\times4}=\begin{Bmatrix}+0.2111\\+0.2500\\+0.1556\end{Bmatrix}$$

同样地可求出第一跨、第三跨的下弦诸结点处的挠度值。于是根据 $X_1(x)=-\delta_{P1}(x)$，可绘出 X_1 影响线在三跨各结点处的纵标如图 10-45(b)所示。

虽然，X_2 影响线在各结点处的纵标与图 10-45(b)中的顺序相反，即与 X_1 影响线呈对称形式。

第二跨的上弦杆 a 的轴力影响线为

$$N_a=N_a^0+X_1(x)\left(-\frac{2}{4}\right)+X_2(x)\left(-\frac{2}{4}\right)$$

第三跨的竖杆 b 的轴力影响线为

$$N_b=N_b^0+0+X_2(x)\left(\frac{1}{4}\right)$$

第三支座 C 的反力影响线为

$$R_C=R_C^0+X_1(x)\left(\frac{1}{4}\right)+X_2(x)\left(-\frac{2}{4}\right)$$

其中在静定基本结构上的 N_a^0、N_b^0、R_C^0 的影响线及按式叠加所得上列 N_a、N_b、R_C 三影响线的所有纵标值分别示于图 10-45(c)、图 10-45(d)、图 10-45(e)中。

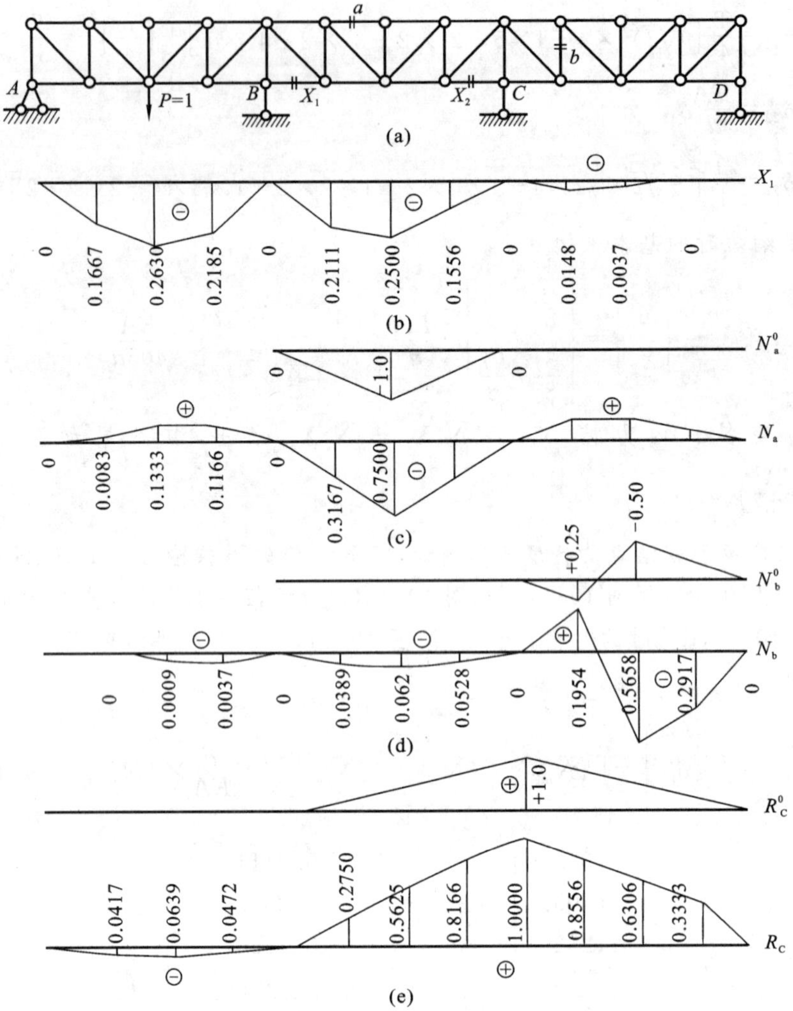

图 10-45　超静定桁架影响线

(a)超静定桁架;(b)X_1 影响线;(c)N_a^0、N_a 的影响线;(d)N_b^0、N_b 的影响线;(e)R_C^0、R_C 的影响线

本章小结

本章主要介绍了结构设计中广为应用的力矩分配法和无剪力分配法,它们是本章学习的中心内容。现将本章主要内容小结如下:

(1) 力矩分配法是由位移法原理演变而来,它是结构设计中常用的一种手算方法。力矩分配法特别适宜于连续梁和无侧移刚架的内力分析。力矩分配法的物理概念较为清晰,运算时可按简易的步骤循环进行,不需求解联立方程,能直接算出杆端弯矩,有收敛速度较快、精度可随人们需求而定等优点。

(2) 力矩分配法的计算过程中,总是重复一个基本运算——单结点的力矩分配。

(3) 力矩分配法的计算步骤及其注意事项如下:

① 确定结点角位移的数目和位置,并设置相应的附加刚臂。这一步与位移法相同。

② 查表计算各承受荷载杆件的固端弯矩，结点上各杆固端弯矩的代数和即为该结点的初始不平衡力矩。

③ 计算分配系数。计算分配系数时应注意杆端的约束情况。当远端为固定时，抗转刚度系数 $S=4i$；远端为铰支时 $S=3i$；远端为定向支承时 $S=i$。

④ 计算分配弯矩，并将分配弯矩传递至杆件的远端。当结构的结点角位移数大于或等于2时，弯矩分配和传递的过程应在各刚结点处逐个逐次地进行。分配时应注意将结点的不平衡力矩反号。弯矩传递时，远端为固定的等截面直杆传递系数是 $\frac{1}{2}$。在弯矩分配和传递的过程中，当所有结点上的不平衡力矩趋近于零时，分配和传递的过程即可结束。结构相应于此刻的变形状态即为原结构的最终变形状态。

⑤ 计算各杆端的最后弯矩。将各杆端的固端弯矩、每次的分配弯矩和传递弯矩相叠加，就得到各杆的最后杆端弯矩。

⑥ 根据各杆端的最后弯矩可作出弯矩图。力矩分配法中杆端弯矩的正负号规定，以及根据最后杆端弯矩作弯矩图的方法均与位移法相同。

(4) 本章介绍了超静定梁和超静定桁架影响线的作法，利用超静定结构内力影响线与挠度图间的比拟关系，可以极方便地绘出影响线的形状，可用来判断不利荷载的分布。这在工程中是很有用的方法。

习　题

10-1　用力矩分配法计算图10-46所示刚架，并绘制弯矩图。

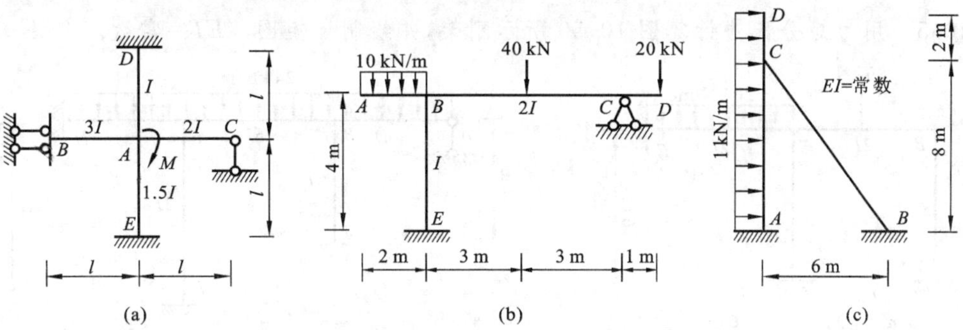

图 10-46

10-2　图10-47为开挖基坑时用以支撑坑壁的板桩立柱及其计算简图，试作其弯矩图。

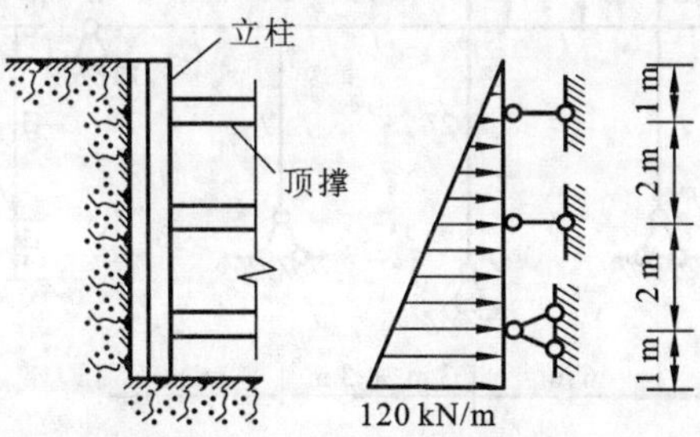

图 10-47

10-3 用力矩分配法计算图 10-48 所示连续梁,并绘制弯矩图。

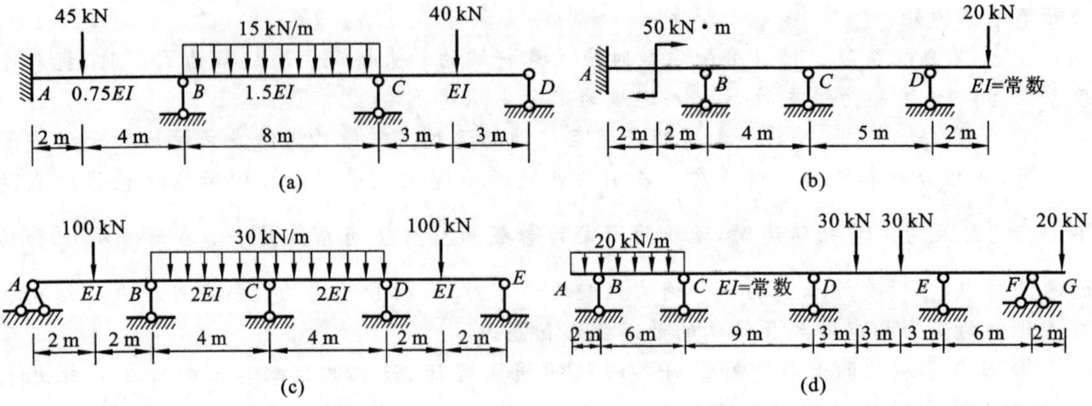

图 10-48

10-4 图 10-49 所示连续梁 EI=常数,试用力矩分配法计算其杆端弯矩,并绘制弯矩图。

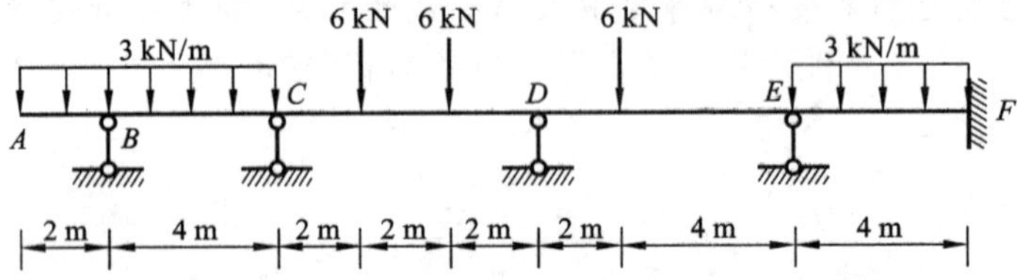

图 10-49

10-5 用力矩分配法计算图 10-50 所示刚架,并绘制弯矩图。EI= 常数。

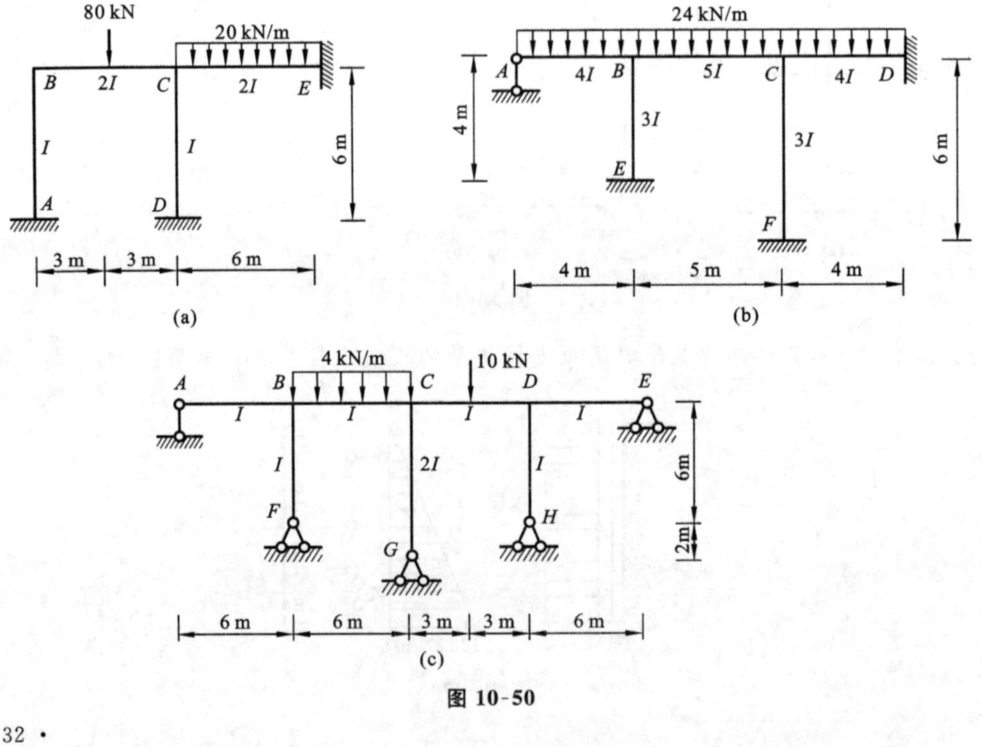

图 10-50

10-6 图 10-51 所示刚架支座 D 下沉了 $\Delta_D=0.08$ m，支座 E 下沉了 $\Delta_E=0.05$ m 并发生了顺时针方向的转角 $\varphi_E=0.01$ rad，试计算由此引起的各杆端弯矩。已知各杆的 $EI=6\times10^4$ kN·m²。

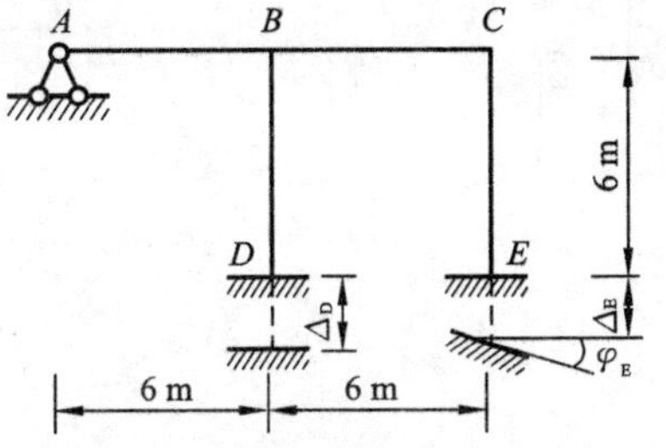

图 10-51

10-7 图 10-52 所示等截面连续梁 $EI=3.6\times10^4$ kN·m²，若欲使梁中最大正、负弯矩的绝对值相等，应将 B、C 两支座同时升降多少？

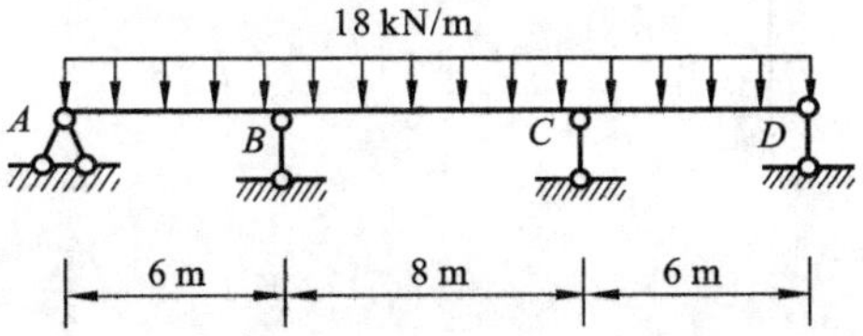

图 10-52

10-8 图 10-53 所示连续梁支座 B 下沉了 2 cm，试用力矩分配法计算该结构，绘制弯矩图。已知 $E=20000$ kN/cm²，$I=40000$ cm⁴。

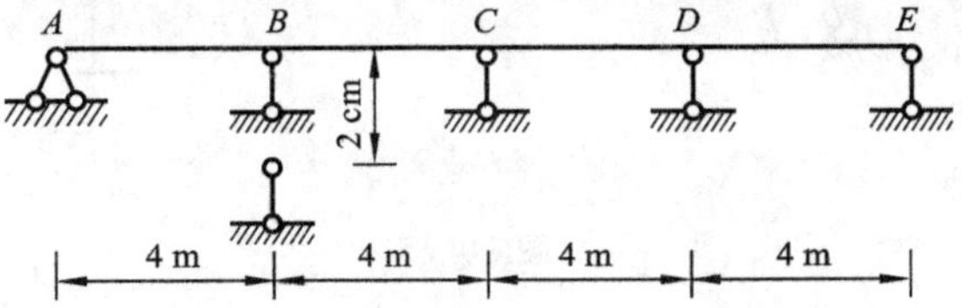

图 10-53

10-9 图 10-54 所示刚架支座 A 转动 $\varphi_A=0.03$ rad。试用力矩分配法计算该刚架，并绘制弯矩图。设各杆 EI=常数。

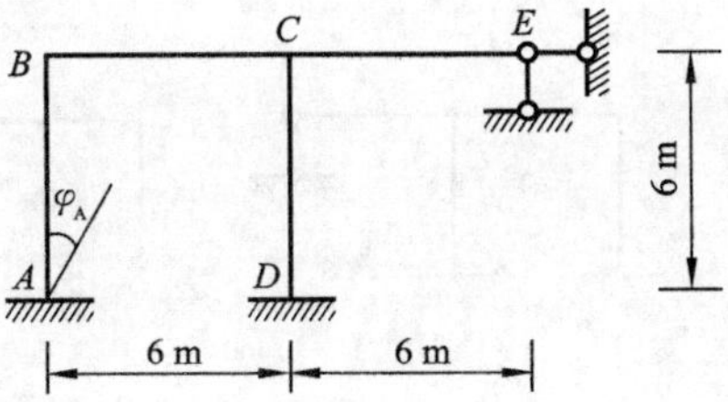

图 10-54

10-10 试用力矩分配法计算图 10-55 所示有侧移刚架并绘制弯矩图。

10-11 图 10-56 所示各结构中哪些可以用无剪力分配法计算？对于图 10-56(f)若可

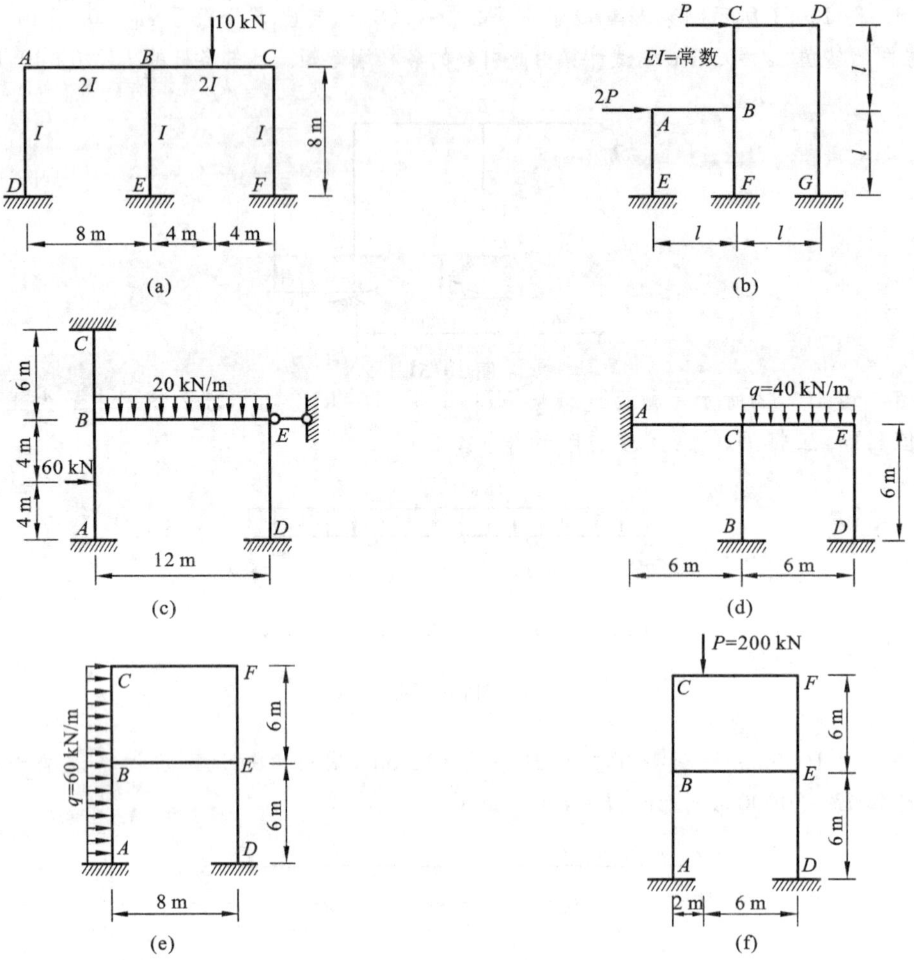

图 10-55

用无剪力分配法计算，劲度系数 S_{AB}应等于多少？

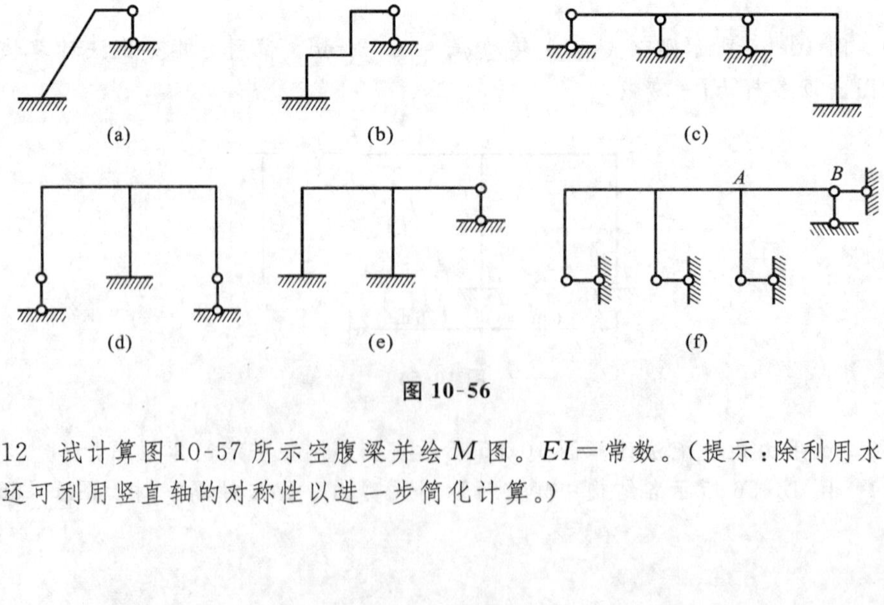

图 10-56

10-12　试计算图 10-57 所示空腹梁并绘 M 图。EI＝常数。（提示：除利用水平轴的对称性外，还可利用竖直轴的对称性以进一步简化计算。）

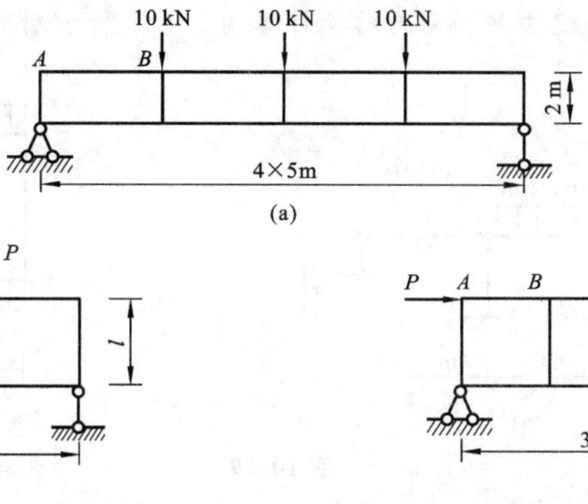

图 10-57

10-13 试用最简捷的方法绘出图 10-58 所示各结构的弯矩图。除注明者外,各杆的 EI、l 均相同。

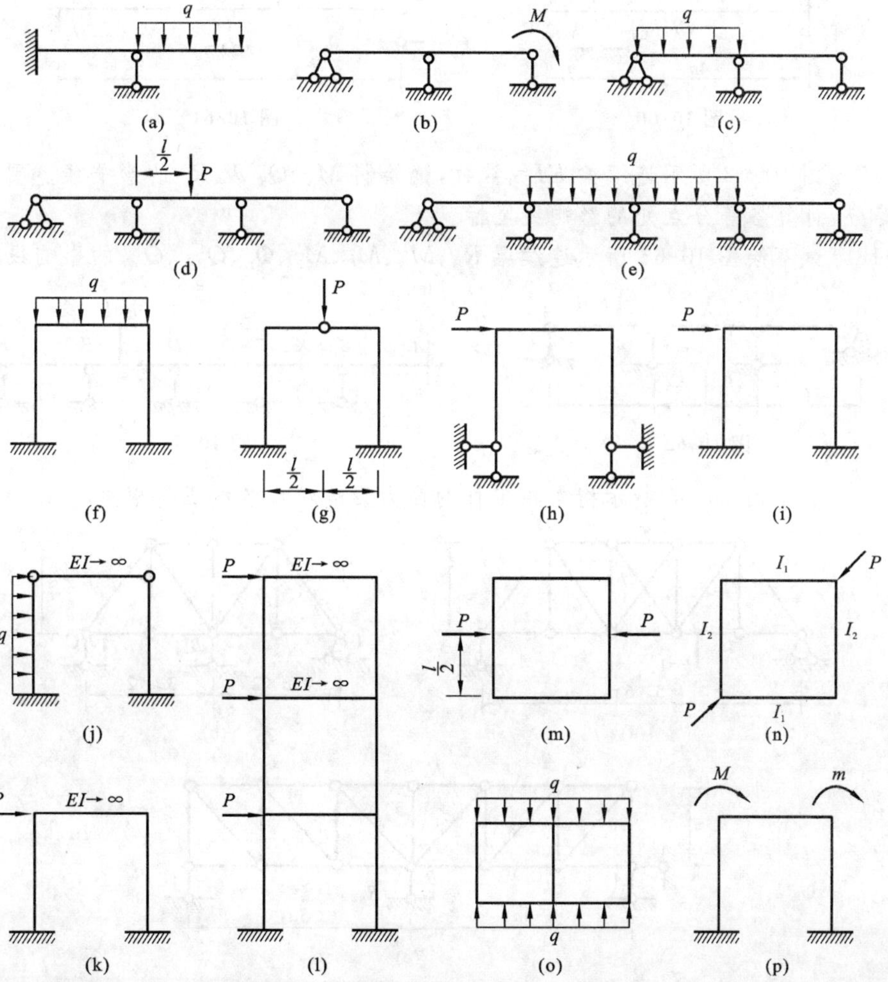

图 10-58

10-14 试用力矩分配法并利用对称性计算图 10-59 所示刚架,并绘制弯矩图。设各杆 E=常数。

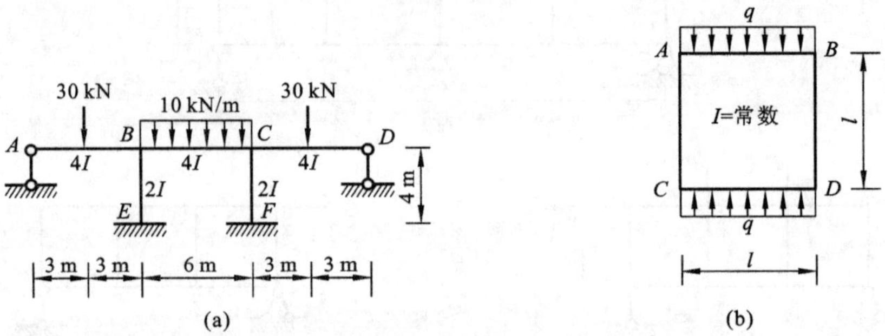

图 10-59

10-15 试用静力法绘制图 10-60 所示 M_A、M_B 影响线。

10-16 用机动法绘制图 10-61 所示等截面连续梁的 M_B、R_A 影响线,并标注各跨四等分点纵标。

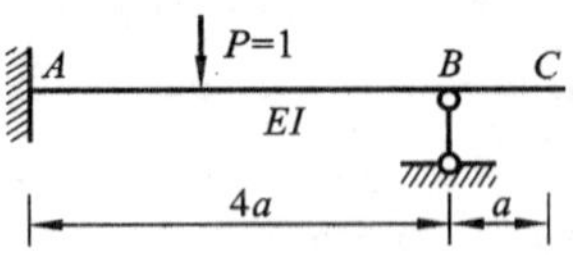

图 10-60

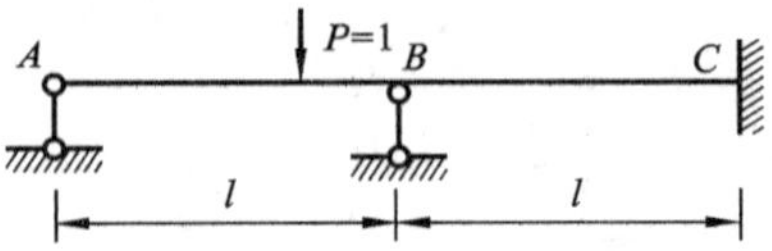

图 10-61

10-17 图 10-62 所示连续梁 EI=常数,试绘制 M_K、Q_K 及 R_0 的影响线。要求将每跨分为四等分,计算各等分点处的影响线竖标。

10-18 试草绘图 10-63 所示连续梁 R_B、M_A、M_C、M_K、Q_K、$Q_{B左}$、$Q_{B右}$ 的影响线轮廓。

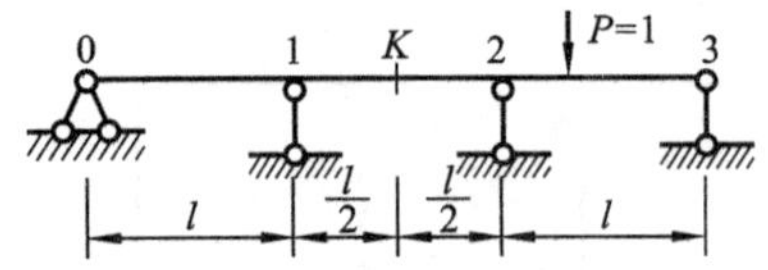

图 10-62

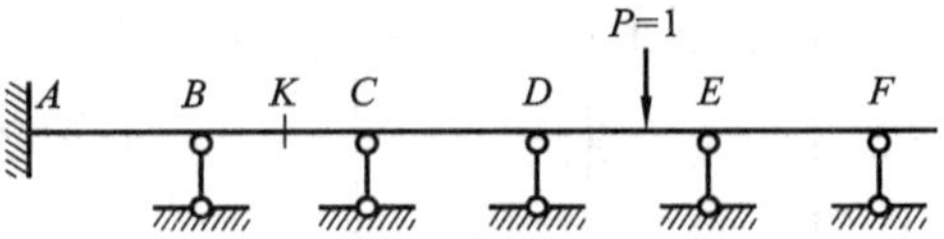

图 10-63

10-19 试求图 10-64 所示桁架指定杆的内力影响线。各杆 EA 相同。

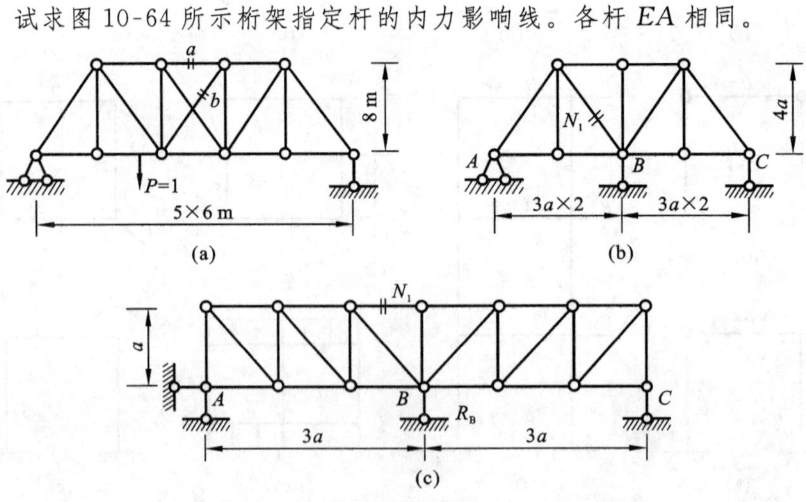

图 10-64

部分习题答案

10-1 (a) $M_{AB}=\frac{3}{19}M$

(b) $M_{BE}=7.5\ \text{kN·m}, M_{BC}=-27.5\ \text{kN·m}, M_{CB}=20\ \text{kN·m}$

(c) $M_{CA}=3.48\ \text{kN·m}$

10-2 立柱在中间顶撑处的弯矩为 15.0 kN·m(左侧受拉)。

10-3 (a) $M_{AB}=-24.5\ \text{kN·m}, M_{CD}=-68.3\ \text{kN·m}$

(b) $M_{AB}=10.80\ \text{kN·m}, M_{BA}=9.11\ \text{kN·m}, M_{CB}=-13.13\ \text{kN·m}$

(c) $M_{BA}=65.44\ \text{kN·m}, M_{CB}=27.28\ \text{kN·m}$

(d) $M_{CB}=18.8\ \text{kN·m}, M_{DC}=31.1\ \text{kN·m}, M_{EF}=-36.5\ \text{kN·m}$

10-4 $M_{CD}=-6.27\ \text{kN·m}, M_{DC}=7.14\ \text{kN·m}$

10-5 (a) $M_{BA}=21.42\ \text{kN·m}, M_{CB}=72.8\ \text{kN·m}, M_{CE}=-68.53\ \text{kN·m}$

(b) $M_{BC}=-51.48\ \text{kN·m}, M_{CB}=43.52\ \text{kN·m}, M_{DC}=28.18\ \text{kN·m}$

(c) $M_{CB}=12.73\ \text{kN·m}$

10-6 $M_{BA}=-336\ \text{kN·m}, M_{BD}=85\ \text{kN·m}$

10-7 1.90 cm(↓)

10-8 $M_{BA}=-364.5\ \text{kN·m}, M_{CB}=257.2\ \text{kN·m}, M_{DC}=-64.5\ \text{kN·m}$

10-9 $M_{AB}=0.017EI, M_{BA}=0.005EI, M_{CB}=-0.002EI$

10-10 (a) $M_{BA}=4.81\ \text{kN·m}, M_{BC}=-8.53\ \text{kN·m}$

(b) $M_{BA}=0.704Pl, M_{BC}=-0.241Pl$

(c) $M_{BC}=103.5\ \text{kN·m}, M_{ED}=-159.5\ \text{kN·m}$

(d) $M_{CA}=52.1\ \text{kN·m}, M_{ED}=-73\ \text{kN·m}$

(e) $M_{BC}=-363\ \text{kN·m}, M_{ED}=-658\ \text{kN·m}$

(f) $M_{CF}=-119\ \text{kN·m}, M_{FE}=-92\ \text{kN·m}$

10-12 (a) $M_{AB}=-19.03\ \text{kN·m}, M_{BA}=-18.47\ \text{kN·m}$

(b) $M_{AB}=-0.242Pl, M_{BA}=-0.258Pl$

(c) $M_{AB}=0.0938Pl, M_{BA}=0.0728Pl$

10-14 (a) $M_{BA}=32.4\ \text{kN·m}$

(b) $M_{AB}=\frac{1}{24}ql^2$

10-15 $M_A: y_{0.5}=-0.752a$

10-16 M_B: AB 跨 $y_{0.5}=-0.143l$, BC 跨 $y_{0.5}=-0.054l$

10-18 注意固定端 A 处转角为零,悬臂部分不受力,位移图为直线。

10-19 (a) $P=1$ 在中间节间的左右两结点时,N_a 和 N_b 影响线的竖标分别为 $-\frac{3}{4}$、$-\frac{3}{4}$ 和 $+\frac{1}{4}$、$-\frac{1}{4}$。

(b) $R_B: y_{3a}=0.5655$

(c) N_1: AB 跨 $y_a=0.131$

R_B: BC 跨 $y_{2a}=0.421$

11 矩阵位移法

结构矩阵分析方法是电子计算机进入结构力学领域而产生的一种方法。它是以传统结构力学作为理论基础、以矩阵作为数学表述形式、以电子计算机作为计算手段、三位一体的方法。

结构矩阵分析与传统的结构力学分析在原理上并无区别，仅在结构分析中应用了矩阵格式。矩阵运算早在1850年问世，到20世纪60年代，随着电子计算机的使用，才得到广泛应用。用矩阵运算，使公式推导过程书写简明，各种情况可统一处理，所得公式非常紧凑，在形式上具有规格化的优点，而且用矩阵形式表示的计算步骤容易标准化，适宜于编制通用程序，便于使计算过程程序化。因此，学习本章时，既要了解它与传统方法的共同点，更要着重了解它的一些新手法和新的着眼点。

与传统的力法、位移法相对应，在结构矩阵分析中也有矩阵力法和矩阵位移法，或称柔度法与刚度法。由于矩阵力法的基本结构可以有多种方案，因而给通用程序的编制带来麻烦，而矩阵位移法的基本结构一般是唯一的，计算比较规则，具有通用性。矩阵位移法由于具有易于实现计算过程程序化的优点而广泛应用，本章只对矩阵位移法进行讨论。

矩阵位移法是有限元法的雏形，因此，结构矩阵分析有时也称为杆件结构的有限元法。

有限元法的基本思路是先将结构离散，即先把整体拆开，分解成若干个单元(在杆件结构中，一般把每个杆件取作一个单元)，这个过程称作离散化。其次进行单元分析，建立单元杆端力与杆端位移间转换关系的单元刚度方程。然后再将这些单元按一定的条件集合成整体。进行结构整体分析，建立结构的各结点力与结点位移间的转换关系式，即结构的总刚度方程，最后求解结构总刚度方程，求出结点位移未知量，从而求出各杆端内力。在一分一合、先拆后搭的过程中，把复杂结构的计算问题转化为简单单元的分析和集合问题。

本章主要讨论平面杆件结构的单元刚度方程和单元刚度矩阵，以及它们在单元坐标系与结构坐标系间的变换、结构总刚度矩阵的组成方法、荷载及边界条件处理等内容。

11.1 概　　述

11.1.1 结构离散化

假设将结构分解成有限个单元，并由这些单元的集合体代替真实的结构。对杆系结构来说，每一根直杆通常可看作一个单元，有时可看作几个单元。

单元与单元相连接的点称为结点，杆件的转折点、汇交点、支承点以及截面突变点均是结点，这些结点是按照结构的构造特征确定的，故称为构造结点。在矩阵位移法中，荷载必须作用于结点上，作用于结点上的荷载称为结点荷载。当荷载作用于单元中间时，可用后面介绍的荷载处理方法换算到结点上去。当集中荷载作用于单元中间时，也可将荷载作用点当作结点，这种结点称为非构造结点。确定了结构的全部结点，也就确定了结构单元的划分。

对一个结构进行离散化，具体做法就是对结构进行单元编号和结点编号，图 11-1(a)所示平面桁架可划分为 7 个单元、5 个结点，每个单元、结点均应注明序号。图 11-1(b)为一平面刚架，荷载 P 作用于单元②的中间，离散后共有 4 个结点、3 个单元，用矩阵位移法计算时要把荷载 P 换算成等效结点荷载。另一离散法是将荷载 P 的作用点也作为一个结点，共有 5 个结点、4 个单元[图 11-1(c)]。因此，同一结构可采用不同的离散方法，虽然前一种方法的单元数及结点数均比后一种少，要求解的结点位移未知数也少，但也有不利之处，那就是中间荷载需换算为等效结点荷载。

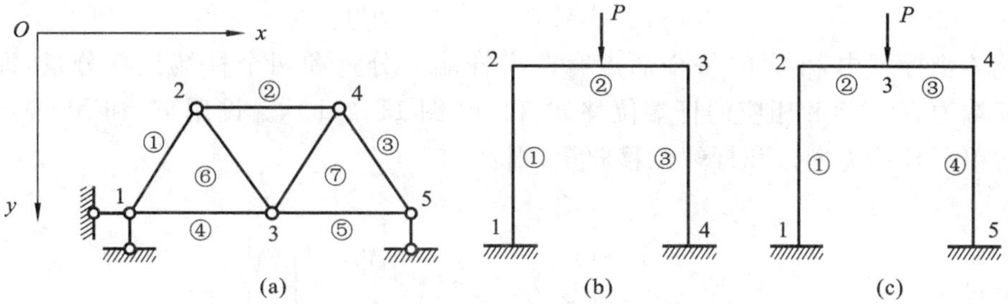

图 11-1 结构离散化

(a)平面桁架离散化；(b)、(c)平面刚架离散化

结构中的有些杆件横截面是连续变化的，对其离散化时，可以将该杆件分成为若干段，以每段中间的截面作为各分段的截面，将此变截面杆件近似地用几个等截面杆件来代替。对于等截面的曲杆，可以用每段折线形杆件来代替，所有这些措施，都可以使计算得到较好的近似结果。

必须注意的是一个桁架杆件不能离散为两个单元，否则桁架将成为瞬变结构。

11.1.2 单元坐标系中的杆端力和杆端位移

在杆件结构中，各杆的方向不尽相同。为了分析方便，在单元分析时采用单元坐标系。而在结构整体分析时，则必须采用统一的整体坐标系。

平面杆件结构的整体坐标系用 x-y 表示，单元坐标系用 $\bar{x}$-$\bar{y}$ 表示。通常，单元坐标系的原点放置在单元的始端，取单元的轴线作为 $\bar{x}$ 轴，以单元始端到末端的方向作为 $\bar{x}$ 轴的正方向，从 $\bar{x}$ 轴的正方向顺时针旋转 90°就得到 $\bar{y}$ 轴[图 11-2(a)]。

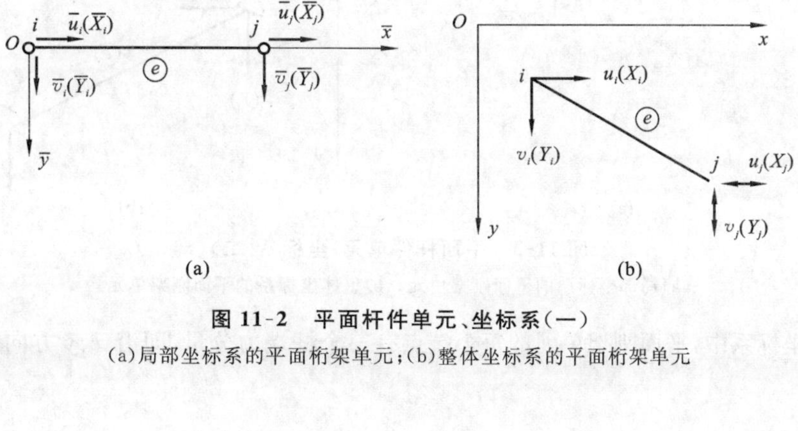

图 11-2 平面杆件单元、坐标系(一)

(a)局部坐标系的平面桁架单元；(b)整体坐标系的平面桁架单元

(1) 平面桁架单元

图 11-2 所示是平面桁架的典型单元 e,单元始端和末端结点的编号为 i 和 j。

在单元坐标系中,平面桁架单元的每个端点都只作用有一个轴向力$\overline{X}^e$,而每个端点的位移分量有两个,即沿 $\overline{x}$ 方向的位移$\overline{u}^e$ 和沿 $\overline{y}$ 方向的位移$\overline{v}^e$,由于在单元坐标系中计算轴向力与位移分量的关系时$\overline{v}^e$ 不起作用,因此,每个单元实际共有两个杆端力分量和两个杆端位移分量[图 11-2(a)]。设单元坐标系中的单元杆端力向量和杆端位移向量分别用$\overline{\boldsymbol{F}}^e$ 和$\overline{\boldsymbol{\Delta}}^e$ 表示,则:

$$\overline{\boldsymbol{F}}^e=\begin{Bmatrix}\overline{X}_i^e\\ \overline{X}_j^e\end{Bmatrix}\qquad \overline{\boldsymbol{\Delta}}^e=\begin{Bmatrix}\overline{u}_i^e\\ \overline{u}_j^e\end{Bmatrix}\tag{11-1}$$

在整体坐标系中,单元的每个端点有两个杆端力分量和两个杆端位移分量,即在 x、y 方向的杆端力 X^e、Y^e 和相应的杆端位移 u^e 和 v^e[图 11-2(b)]。设用 $\boldsymbol{F}^e$ 和 $\boldsymbol{\Delta}^e$ 表示整体坐标系中的单元杆端力向量和杆端位移向量,则:

$$\boldsymbol{F}^e=\begin{Bmatrix}\boldsymbol{F}_i^e\\ \boldsymbol{F}_j^e\end{Bmatrix}=\begin{Bmatrix}X_i^e\\ Y_i^e\\ X_j^e\\ Y_j^e\end{Bmatrix}\qquad \boldsymbol{\Delta}^e=\begin{Bmatrix}\boldsymbol{\Delta}_i^e\\ \boldsymbol{\Delta}_j^e\end{Bmatrix}=\begin{Bmatrix}u_i^e\\ v_i^e\\ u_j^e\\ v_j^e\end{Bmatrix}\tag{11-2}$$

式中 $\boldsymbol{F}_i^e$,$\boldsymbol{F}_j^e$——始端 i 和末端 j 的杆端力子向量;

$\boldsymbol{\Delta}_i^e$,$\boldsymbol{\Delta}_j^e$——始端 i 和末端 j 的杆端位移子向量。

$$\boldsymbol{F}_i^e=\begin{Bmatrix}X_i^e\\ Y_i^e\end{Bmatrix}\qquad \boldsymbol{F}_j^e=\begin{Bmatrix}X_j^e\\ Y_j^e\end{Bmatrix}$$

$$\boldsymbol{\Delta}_i^e=\begin{Bmatrix}u_i^e\\ v_i^e\end{Bmatrix}\qquad \boldsymbol{\Delta}_j^e=\begin{Bmatrix}u_j^e\\ v_j^e\end{Bmatrix}$$

无论在单元坐标系中还是在整体坐标系中都规定单元杆端力和杆端位移的方向与坐标轴正方向一致者为正,相反者为负。图 11-2 中所示方向都是规定的正方向。

(2) 平面刚架单元

图 11-3 所示为平面刚架的典型单元ⓔ,单元始端和末端的结点编号仍用 i 和 j。

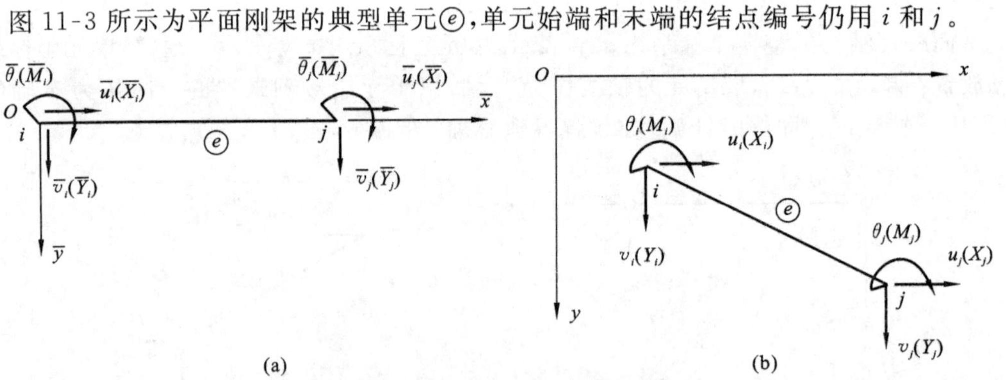

图 11-3 平面杆件单元、坐标系(二)

(a)局部坐标系的平面刚架单元;(b)整体坐标系的平面刚架单元

在单元坐标系中,平面刚架单元的每个端点有三个杆端力分量,即沿 $\overline{x}$、$\overline{y}$ 方向的杆端力$\overline{X}^e$、

$\overline{Y}^e$ 和杆端弯矩 $\overline{M}^e$。与此对应,单元的每个端点有三个杆端位移分量,即沿 $\overline{x}$、$\overline{y}$ 方向的杆端位移 $\overline{u}^e$、$\overline{v}^e$ 和角位移 $\overline{\theta}^e$[图 11-3(a)]。因此,单元杆端力向量 $\overline{\boldsymbol{F}}^e$ 和杆端位移向量 $\overline{\boldsymbol{\Delta}}^e$ 可表示如下:

$$\overline{\boldsymbol{F}}^e=\begin{Bmatrix}\overline{\boldsymbol{F}}_i^e\\ \overline{\boldsymbol{F}}_j^e\end{Bmatrix}=\begin{Bmatrix}\overline{X}_i^e\\ \overline{Y}_i^e\\ \overline{M}_i^e\\ \overline{X}_j^e\\ \overline{Y}_j^e\\ \overline{M}_j^e\end{Bmatrix},\quad \overline{\boldsymbol{\Delta}}^e=\begin{Bmatrix}\overline{\boldsymbol{\Delta}}_i^e\\ \overline{\boldsymbol{\Delta}}_j^e\end{Bmatrix}=\begin{Bmatrix}\overline{u}_i^e\\ \overline{v}_i^e\\ \overline{\theta}_i^e\\ \overline{u}_j^e\\ \overline{v}_j^e\\ \overline{\theta}_j^e\end{Bmatrix} \tag{11-3}$$

式中单元坐标系中的单元杆端力子向量和杆端位移子向量为:

$$\overline{\boldsymbol{F}}_i^e=\begin{Bmatrix}\overline{X}_i^e\\ \overline{Y}_i^e\\ \overline{M}_i^e\end{Bmatrix},\quad \overline{\boldsymbol{F}}_j^e=\begin{Bmatrix}\overline{X}_j^e\\ \overline{Y}_j^e\\ \overline{M}_j^e\end{Bmatrix}$$

$$\overline{\boldsymbol{\Delta}}_i^e=\begin{Bmatrix}\overline{u}_i^e\\ \overline{v}_i^e\\ \overline{\theta}_i^e\end{Bmatrix},\quad \overline{\boldsymbol{\Delta}}_j^e=\begin{Bmatrix}\overline{u}_j^e\\ \overline{v}_j^e\\ \overline{\theta}_j^e\end{Bmatrix}$$

在整体坐标系中,单元的每个端点在 x、y 方向杆端力分别为 X^e、Y^e,杆端弯矩为 M^e,相应的杆端位移为 u^e、v^e 和杆端角位移 θ^e[图 11-3(b)]。单元杆端力向量 $\boldsymbol{F}^e$ 和杆端位移向量 $\boldsymbol{\Delta}^e$ 可表示如下:

$$\boldsymbol{F}^e=\begin{Bmatrix}\boldsymbol{F}_i^e\\ \boldsymbol{F}_j^e\end{Bmatrix}=\begin{Bmatrix}X_i^e\\ Y_i^e\\ M_i^e\\ X_j^e\\ Y_j^e\\ M_j^e\end{Bmatrix},\quad \boldsymbol{\Delta}^e=\begin{Bmatrix}\boldsymbol{\Delta}_i^e\\ \boldsymbol{\Delta}_j^e\end{Bmatrix}=\begin{Bmatrix}u_i^e\\ v_i^e\\ \theta_i^e\\ u_j^e\\ v_j^e\\ \theta_j^e\end{Bmatrix} \tag{11-4}$$

式中整体坐标系中的单元杆端力子向量和杆端位移子向量为:

$$\boldsymbol{F}_i^e=\begin{Bmatrix}X_i^e\\ Y_i^e\\ M_i^e\end{Bmatrix},\quad \boldsymbol{F}_j^e=\begin{Bmatrix}X_j^e\\ Y_j^e\\ M_j^e\end{Bmatrix}$$

$$\boldsymbol{\Delta}_i^e=\begin{Bmatrix}u_i^e\\ v_i^e\\ \theta_i^e\end{Bmatrix},\quad \boldsymbol{\Delta}_j^e=\begin{Bmatrix}u_j^e\\ v_j^e\\ \theta_j^e\end{Bmatrix}$$

无论是单元坐标系还是整体坐标系中,平面刚架单元杆端力和杆端位移的正负号规定如下:

① 沿坐标轴正方向作用的杆端力和杆端位移为正,反之为负;

② 顺时针方向的杆端弯矩和杆端角位移为正,反之为负。

图 11-3 所示的方向都是规定的正方向。

11.2 局部坐标系的单元刚度矩阵

在位移法中,以结点位移为基本未知量,以平衡条件为基本方程。在建立基本方程时,需要用刚度方程把平衡方程中的杆端力转换为杆端位移。由基本方程解出基本未知量后,又必须用刚度方程根据杆端位移计算杆端力。因此,形成单元刚度矩阵是结构矩阵分析中的重要一环,单元分析是结构分析的基础。

本节对平面结构的杆件单元进行单元分析,得出单元刚度方程和单元刚度矩阵。

11.2.1 自由式平面刚架杆件单元

图 11-4 所示为平面刚架中一个等截面直杆单元ⓔ,单元不受任何约束,这样的单元称为自由式单元。设杆件除弯曲变形外,还有轴向变形。左右两端各有三个位移分量(两个移动、一个转动),杆件共有六个杆端位移分量,这是平面结构杆件单元的一般情况。设杆长为 l,截面面积为 A,截面惯性矩为 I,弹性模量为 E。设单元的两端产生图 11-4 所示的杆端位移后,由初始位置位移至最终位置,下面来分析该单元在单元坐标系中的刚度方程,即单元的杆端位移与杆端力之间的关系。单元刚度方程是指由单元杆端位移求单元杆端力时所建立的方程,记为"$\overline{\Delta}\rightarrow\overline{F}$"方程。即根据单元两端发生任意指定的位移$\overline{\Delta}^e$ 来推算相应的杆端力$\overline{F}^e$。

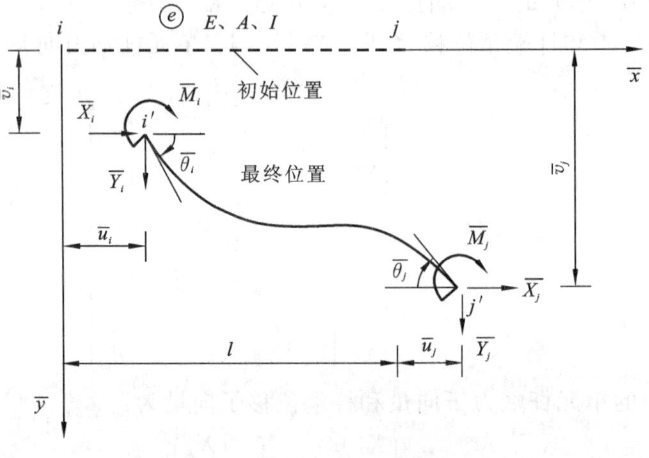

图 11-4 自由式平面刚架杆件单元

当忽略轴向受力状态和弯曲受力状态间的相互影响时,可分别推导轴向变形和弯曲变形的刚度方程。

首先,由杆端轴向位移$\overline{u}_i$、$\overline{u}_j$,根据材料力学知识,可推算出相应的杆端轴向力$\overline{X}_i^e$、$\overline{X}_j^e$ 为:

$$\left.\begin{aligned}\overline{X}_i^e&=\frac{EA}{l}\overline{u}_i^e-\frac{EA}{l}\overline{u}_j^e\\\overline{X}_j^e&=-\frac{EA}{l}\overline{u}_i^e+\frac{EA}{l}\overline{u}_j^e\end{aligned}\right\}\tag{11-5}$$

其次,由杆端横向位移$\overline{v}_i^e$、$\overline{v}_j^e$ 和转角$\overline{\theta}_i^e$、$\overline{\theta}_j^e$ 可推算出相应的杆端剪力$\overline{Y}_i^e$、$\overline{Y}_j^e$ 和杆端力矩$\overline{M}_i^e$、$\overline{M}_j^e$。根据转角位移方程式(9-2)和式(9-1),并改用本章的记号和正负号,即得:

$$\left.\begin{aligned}\overline{Y}_i^e&=\frac{12EI}{l^3}\overline{v}_i^e+\frac{6EI}{l^2}\overline{\theta}_i^e-\frac{12EI}{l^3}\overline{v}_j^e+\frac{6EI}{l^2}\overline{\theta}_j^e\\\overline{M}_i^e&=\frac{6EI}{l^2}\overline{v}_i^e+\frac{4EI}{l}\overline{\theta}_i^e-\frac{6EI}{l^2}\overline{v}_j^e+\frac{2EI}{l}\overline{\theta}_j^e\\\overline{Y}_j^e&=-\frac{12EI}{l^3}\overline{v}_i^e-\frac{6EI}{l^2}\overline{\theta}_i^e+\frac{12EI}{l^3}\overline{v}_j^e-\frac{6EI}{l^2}\overline{\theta}_j^e\\\overline{M}_j^e&=\frac{6EI}{l^2}\overline{v}_i^e+\frac{2EI}{l}\overline{\theta}_i^e-\frac{6EI}{l^2}\overline{v}_j^e+\frac{4EI}{l}\overline{\theta}_j^e\end{aligned}\right\}\tag{11-6}$$

将上面六个刚度方程式合在一起，写成矩阵形式如下：

$$\begin{Bmatrix}\overline{X}_i\\\overline{Y}_i\\\overline{M}_i\\\overline{X}_j\\\overline{Y}_j\\\overline{M}_j\end{Bmatrix}^{(e)}=\begin{bmatrix}\frac{EA}{l}&0&0&-\frac{EA}{l}&0&0\\0&\frac{12EI}{l^3}&\frac{6EI}{l^2}&0&-\frac{12EI}{l^3}&\frac{6EI}{l^2}\\0&\frac{6EI}{l^2}&\frac{4EI}{l}&0&-\frac{6EI}{l^2}&\frac{2EI}{l}\\-\frac{EA}{l}&0&0&\frac{EA}{l}&0&0\\0&-\frac{12EI}{l^3}&-\frac{6EI}{l^2}&0&\frac{12EI}{l^3}&-\frac{6EI}{l^2}\\0&\frac{6EI}{l^2}&\frac{2EI}{l}&0&-\frac{6EI}{l^2}&\frac{4EI}{l}\end{bmatrix}^{(e)}\begin{Bmatrix}\overline{u}_i\\\overline{v}_i\\\overline{\theta}_i\\\overline{u}_j\\\overline{v}_j\\\overline{\theta}_j\end{Bmatrix}^{(e)}\tag{11-7}$$

上式可简写为：

$$\overline{\boldsymbol{F}}^e=\overline{\boldsymbol{k}}^e\,\overline{\boldsymbol{\Delta}}^e\tag{11-8}$$

式(11-8)即为所求的“$\overline{\Delta}\to\overline{F}$”方程，称为平面刚架杆件单元在局部坐标系中的单元刚度方程。其中的$\overline{\boldsymbol{k}}^e$为：

$$\begin{matrix}(1)&(2)&(3)&(4)&(5)&(6)\\(\overline{u}_i=1)&(\overline{v}_i=1)&(\overline{\theta}_i=1)&(\overline{u}_j=1)&(\overline{v}_j=1)&(\overline{\theta}_j=1)\\\downarrow&\downarrow&\downarrow&\downarrow&\downarrow&\downarrow\end{matrix}$$

$$\overline{\boldsymbol{k}}^e=\begin{bmatrix}\frac{EA}{l}&0&0&-\frac{EA}{l}&0&0\\0&\frac{12EI}{l^3}&\frac{6EI}{l^2}&0&-\frac{12EI}{l^3}&\frac{6EI}{l^2}\\0&\frac{6EI}{l^2}&\frac{4EI}{l}&0&-\frac{6EI}{l^2}&\frac{2EI}{l}\\-\frac{EA}{l}&0&0&\frac{EA}{l}&0&0\\0&-\frac{12EI}{l^3}&-\frac{6EI}{l^2}&0&\frac{12EI}{l^3}&-\frac{6EI}{l^2}\\0&\frac{6EI}{l^2}&\frac{2EI}{l}&0&-\frac{6EI}{l^2}&\frac{4EI}{l}\end{bmatrix}^{(e)}\tag{11-9}$$

$\overline{\boldsymbol{k}}^e$称为局部坐标系中平面刚架杆件单元的单元刚度矩阵，简称为单刚。它的行数是杆端力分量数，列数为杆端位移分量数，它是6×6方阵。

11.2.2 单元刚度矩阵的性质

(1) 单元刚度系数的意义

$\bar{\boldsymbol{k}}^e$ 中的每个元素称为单元刚度系数,代表由于单位杆端位移所引起的杆端力。例如,第 6 行第 3 列元素$\bar{k}_{63}^e$$\left(即元素\dfrac{2EI}{l}\right)$代表当第 3 个杆端位移分量$\bar{\theta}_i=1$ 时引起的第 6 个杆端力分量 $\overline{M}_j$。一般来说,第 i 行第 j 列元素$\bar{k}_{ij}^e$代表当第 j 个杆端位移分量$\bar{\Delta}_j$等于 1(其他位移分量为零)时所引起的第 i 个杆端力分量$\bar{F}_i$的值。

$\bar{\boldsymbol{k}}^e$ 中某一列的 6 个元素分别表示当某个杆端位移分量等于 1 时所引起的 6 个杆端力分量。例如,第 1 列对应于单位位移$\bar{u}_i=1$ 所引起的杆端力。再如,图 11-5 所示杆件单元的 i 端发生位移$\bar{v}_i=1$ 而其他杆端位移均为零时所引起的各杆端力,将它们按顺序排列就得到$\bar{\boldsymbol{k}}^e$的第 2 列元素。同理,矩阵$\bar{\boldsymbol{k}}^e$ 中第 i 行的各元素,表示当各项杆端位移分别为 1 时所引起的第 i 项杆端力,例如,第 2 行中的各元素表示各项杆端位移分别为 1 时所引起的单元 i 端的剪力$\bar{Y}_i$ 值,即:

$$\bar{Y}_i=\frac{12EI}{l^3}+\frac{6EI}{l^2}-\frac{12EI}{l^3}+\frac{6EI}{l^2}=\frac{12EI}{l^2}$$

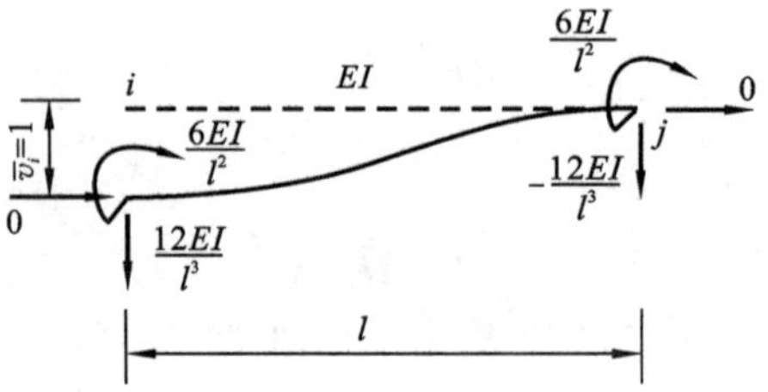

图 11-5 平面刚架杆件单元

为了帮助理解,在式(11-9)中,在$\bar{\boldsymbol{k}}^e$ 每一列的上方都标明了对应的单位杆端位移分量。

(2) $\bar{\boldsymbol{k}}^e$ 是对称矩阵

单元刚度矩阵$\bar{\boldsymbol{k}}^e$ 是一个对称矩阵,即位于主对角线两侧对称位置的两个元素是相等的,也就是:

$$\bar{\boldsymbol{k}}_{ij}^e=\bar{\boldsymbol{k}}_{ji}^e \tag{11-10}$$

这一性质可根据反力互等定理加以证明。例如,在式(11-9)中,第 3 行第 5 列的元素$\bar{k}_{35}^e\left(-\dfrac{6EI}{l^2}\right)$可看成是杆端位移$\bar{v}_j^e=1$ 所引起的在杆端位移$\bar{\theta}_i^e$方向的反力值,而第 5 行第 3 列的元素$\bar{k}_{53}^e\left(-\dfrac{6EI}{l^2}\right)$可看成是杆端位移$\bar{\theta}_i^e=1$ 所引起的在杆端位移$\bar{v}_j^e$ 方向的反力值。根据反力互等定理,必有$\bar{k}_{35}^e=\bar{k}_{53}^e$。$\bar{\boldsymbol{k}}^e$ 中独立元素的数目,将由 6×6 个减少到 $6\times\dfrac{6+1}{2}=$ 21 个。

因此,在确定单元刚度矩阵$\bar{\boldsymbol{k}}^e$ 时,只需要先求出刚度矩阵上三角部分的元素,其下三角部分的元素可根据式(11-10)来确定。

(3) $\overline{\boldsymbol{k}}^{e}$ 的分块性质

单元刚度方程式(11-7)可以写成如下分块矩阵形式：

$$\begin{Bmatrix}\overline{\boldsymbol{F}}_i\\ \cdots\\ \overline{\boldsymbol{F}}_j\end{Bmatrix}^{(e)}=\begin{bmatrix}\overline{k}_{ii} & \overline{k}_{ij}\\ \overline{k}_{ji} & \overline{k}_{jj}\end{bmatrix}^{(e)}\begin{Bmatrix}\overline{\boldsymbol{\Delta}}_i\\ \cdots\\ \overline{\boldsymbol{\Delta}}_j\end{Bmatrix}^{(e)} \tag{11-11}$$

式中：
$$\overline{\boldsymbol{F}}_i=\begin{Bmatrix}\overline{X}_i\\ \overline{Y}_i\\ \overline{M}_i\end{Bmatrix},\quad \overline{\boldsymbol{F}}_j=\begin{Bmatrix}\overline{X}_j\\ \overline{Y}_j\\ \overline{M}_j\end{Bmatrix},\quad \overline{\boldsymbol{\Delta}}_i=\begin{Bmatrix}\overline{u}_i\\ \overline{v}_i\\ \overline{\theta}_i\end{Bmatrix},\quad \overline{\boldsymbol{\Delta}}_j=\begin{Bmatrix}\overline{u}_j\\ \overline{v}_j\\ \overline{\theta}_j\end{Bmatrix}$$

分别为单元ⓔ在 i 端和 j 端的杆端力向量和杆端位移向量。$\overline{k}_{ij}$ 是单元刚度矩阵 $\overline{\boldsymbol{k}}^{e}$ 中的子块，它是 3×3 阶方阵，表示杆端位移向量 $\overline{\boldsymbol{\Delta}}_j$ 与杆端力向量 $\overline{\boldsymbol{F}}_i$ 间的刚度关系。

用方块矩阵的形式表示单元刚度方程和单元刚度矩阵，可以使运算更为方便，使向量的层次关系更加分明。

(4) 一般单元的 $\overline{\boldsymbol{k}}^{e}$ 是奇异矩阵

单元刚度矩阵 $\overline{\boldsymbol{k}}^{e}$ 是一个奇异矩阵。若将其第 1 行(或列)元素与第 4 行(列)元素相加，则所得的一行(列)元素全等于零；或将第 2 行(列)元素与第 5 行(列)元素相加也得零。这表明矩阵 $\overline{\boldsymbol{k}}^{e}$ 相应的行列式等于零，即

$$|\overline{k}^{e}|=0$$

直接计算式(11-9)的矩阵行列式，也可验证上述结论。

由此可知，$\overline{\boldsymbol{k}}^{e}$ 不存在逆矩阵。也就是说，如果给定位移 $\overline{\boldsymbol{\Delta}}^{e}$，根据单元刚度方程式(11-7)可以由杆端位移 $\overline{\boldsymbol{\Delta}}^{e}$ 求得杆端力 $\overline{\boldsymbol{F}}^{e}$，且 $\overline{\boldsymbol{F}}^{e}$ 的解是唯一解；但当杆端力 $\overline{\boldsymbol{F}}^{e}$ 为已知时，由式(11-7)却不能求得杆端位移 $\overline{\Delta}^{e}$ 的唯一解。$\overline{\boldsymbol{\Delta}}^{e}$ 可能无解，如有解，则为非唯一解。这是由于在给定杆端力 $\overline{\boldsymbol{F}}^{e}$ 的情况下，图 11-4 中所示的就是一个自由单元，单元两端没有任何支承，因而除去杆件本身的弯曲和轴向变形外，还可以有任意刚体位移。所以，当杆端力已知时，对这个任意的刚体位移仍然无法加以确定。

11.2.3 特殊单元

式(11-7)是一般单元的刚度方程，其中六个杆端位移可指定为任意值。在结构中还有一些特殊单元，单元的某个或某些杆端位移的值已知为零，而不能任意指定。各种特殊单元的刚度方程无须另行推导，只需对一般单元的刚度方程式(11-7)做一些特殊处理便可自动得到。

(1) 连续梁杆件单元

计算连续梁时，我们通常忽略了轴向变形。如取每跨梁作为单元(图 11-6)，则只有两个杆端位移分量 $\overline{\theta}_1$、$\overline{\theta}_2$ 可指定为任意值，而其余四个分量均已知为零，即

$$\overline{u}_1=\overline{v}_1=\overline{u}_2=\overline{v}_2=0 \tag{11-12}$$

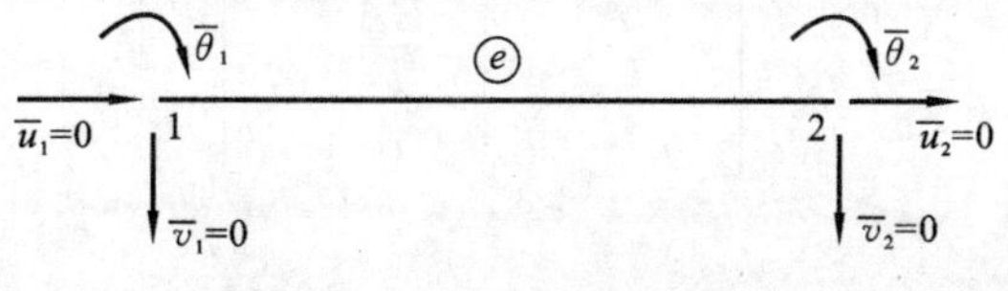

图 11-6 连续梁杆件单元

将式(11-12)代入式(11-7),即可得出连续梁单元的刚度方程如下:

$$\begin{Bmatrix} \overline{M}_1 \\ \overline{M}_2 \end{Bmatrix}^{(e)} = \begin{bmatrix} \dfrac{4EI}{l} & \dfrac{2EI}{l} \\ \dfrac{2EI}{l} & \dfrac{4EI}{l} \end{bmatrix}^{(e)} \begin{Bmatrix} \overline{\theta}_1 \\ \overline{\theta}_2 \end{Bmatrix}^{(e)} \tag{11-13}$$

此时单元刚度矩阵为:

$$\overline{\boldsymbol{k}}^e = \begin{bmatrix} \dfrac{4EI}{l} & \dfrac{2EI}{l} \\ \dfrac{2EI}{l} & \dfrac{4EI}{l} \end{bmatrix}^{(e)} \tag{11-14}$$

实际上这个特殊单元刚度矩阵式(11-14)可由式(11-9)的一般单元刚度矩阵删去第(1)、(2)、(4)、(5)行和第(1)、(2)、(4)、(5)列后自动得出。

(2) 自由式平面桁架杆单元

如图 11-7 所示的桁架杆单元,在局部坐标系中的刚度方程为式(11-5),其矩阵形式可表示为:

$$\begin{Bmatrix} \overline{X}_i \\ \overline{X}_j \end{Bmatrix}^{(e)} = \begin{bmatrix} \dfrac{EA}{l} & -\dfrac{EA}{l} \\ -\dfrac{EA}{l} & \dfrac{EA}{l} \end{bmatrix}^{(e)} \begin{Bmatrix} \overline{u}_i \\ \overline{u}_j \end{Bmatrix}^{(e)} \tag{11-15}$$

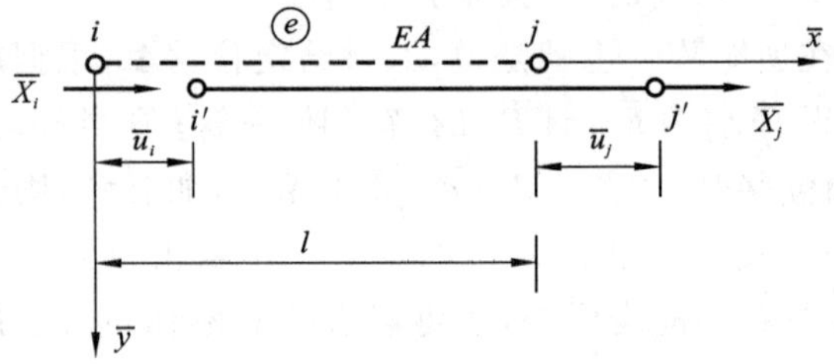

图 11-7　自由式平面桁架杆单元

上式也是平面刚架杆件单元的刚度方程式(11-7)的一个特殊情况,相当于杆件单元没有抗弯能力,即在惯性矩 $I=0$ 的情况下,将式(11-7)中的第 2、3、5、6 行和第 2、3、5、6 列删去后得出的。对于斜杆单元,其轴力和轴向位移在结构(整体)坐标系中,将有沿 x 轴和 y 轴的两个分量[图 11-2(b)],为了便于将单元坐标系的单元刚度方程转换为结构坐标系的单元刚度方程,使其规格化,并具有通用性,可将式(11-15)扩大为四阶的形式:

$$\begin{Bmatrix} \overline{X}_i \\ \overline{Y}_i \\ \overline{X}_j \\ \overline{Y}_j \end{Bmatrix}^{(e)} = \begin{bmatrix} \dfrac{EA}{l} & 0 & -\dfrac{EA}{l} & 0 \\ 0 & 0 & 0 & 0 \\ -\dfrac{EA}{l} & 0 & \dfrac{EA}{l} & 0 \\ 0 & 0 & 0 & 0 \end{bmatrix}^{(e)} \begin{Bmatrix} \overline{u}_i \\ \overline{v}_i \\ \overline{u}_j \\ \overline{v}_j \end{Bmatrix}^{(e)} \tag{11-16}$$

或

$$\overline{\boldsymbol{F}}^e = \overline{\boldsymbol{k}}^e \, \overline{\boldsymbol{\Delta}}^e \tag{11-17}$$

其中

$$\bar{\boldsymbol{k}}^{\mathrm{e}}=\frac{EA}{l}\left[\begin{array}{cc:cc}1 & 0 & -1 & 0 \\ 0 & 0 & 0 & 0 \\ \hdashline -1 & 0 & 1 & 0 \\ 0 & 0 & 0 & 0\end{array}\right]^{(\mathrm{e})} \tag{11-18}$$

上式为平面桁架杆件单元在局部坐标系中的刚度矩阵，它是 4×4 的四阶对称方阵。

在结构矩阵分析中，应着眼于计算过程的程序化、标准化和自动化。因此，不要把各种非标准化的特殊单元刚度矩阵都罗列出来，以免头绪太多，而只采用一种标准化形式——一般单元的刚度矩阵式(11-9)，关于单元刚度矩阵的各种特殊形式将由计算机程序去自动形成。

顺便指出，某些特殊单元的刚度矩阵是可逆的。例如式(11-14)中的$\bar{\boldsymbol{k}}^{\mathrm{e}}$，其逆矩阵存在。而平面桁架杆件单元的刚度矩阵式(11-18)是不可逆的，它也是奇异矩阵。

11.3 整体坐标系的单元刚度矩阵

坐标系是一个数学工具，可根据需要灵活选用。

在结构矩阵分析中单元分析采用的是单元坐标系，结构整体分析采用的是整体坐标系。结构中的各个单元方向各不相同，故单元坐标系的方向也各异。这样，为了要利用单元坐标系中的单元杆端力和杆端位移来建立整体坐标系中的整体刚度方程，就有必要建立单元杆端力和杆端位移在两种坐标系中的转换关系。

在上一节，选用局部坐标系，以杆件轴线作为 $\bar{x}$ 轴。在本节中，从整体分析的角度来考虑。因此，为了便于进行整体分析，选用一个统一的公共坐标系，称为整体(结构)坐标系。为了区别，用 $\bar{x}$、$\bar{y}$ 表示局部坐标，用 x、y 表示整体坐标。

采用坐标变换的方法来推导整体(结构)坐标系中的单元刚度方程及单元刚度矩阵，首先讨论两种坐标系中单元杆端力(杆端位移)的转换关系，得出单元坐标转换矩阵；然后再讨论两种坐标系中的单元刚度方程及单元刚度矩阵的转换式。

11.3.1 单元杆端力及杆端位移的坐标转换

首先分析单元杆端力在不同坐标系中的关系。图 11-8(a)所示为一杆件单元ⓔ，其局部坐标系为 $O\bar{x}\bar{y}$，整体坐标系为 Oxy，由 x 轴到 $\bar{x}$ 轴的夹角 α 以顺时针转向为正。局部坐标系中的杆端力分量用$\bar{\boldsymbol{F}}^{\mathrm{e}}$ 表示，整体坐标系中的杆端力分量用 $\boldsymbol{F}^{\mathrm{e}}$表示[图 11-8(b)]，即：

$$\bar{\boldsymbol{F}}^{\mathrm{e}}=\begin{Bmatrix}\bar{\boldsymbol{F}}_i^{\mathrm{e}} \\ \hdashline \bar{\boldsymbol{F}}_j^{\mathrm{e}}\end{Bmatrix}=\begin{Bmatrix}\bar{X}_i^{\mathrm{e}} \\ \bar{Y}_i^{\mathrm{e}} \\ \bar{M}_i^{\mathrm{e}} \\ \hdashline \bar{X}_j^{\mathrm{e}} \\ \bar{Y}_j^{\mathrm{e}} \\ \bar{M}_j^{\mathrm{e}}\end{Bmatrix},\quad \boldsymbol{F}^{\mathrm{e}}=\begin{Bmatrix}\boldsymbol{F}_i^{\mathrm{e}} \\ \hdashline \boldsymbol{F}_j^{\mathrm{e}}\end{Bmatrix}=\begin{Bmatrix}X_i^{\mathrm{e}} \\ Y_i^{\mathrm{e}} \\ M_i^{\mathrm{e}} \\ \hdashline X_j^{\mathrm{e}} \\ Y_j^{\mathrm{e}} \\ M_j^{\mathrm{e}}\end{Bmatrix}$$

$\overline{\boldsymbol{F}}^e$ 又称为局部坐标系中的单元杆端力列阵；$\boldsymbol{F}^e$ 又称为整体坐标系中的单元杆端力列阵。

为了导出整体坐标系中的杆端力分量 X_i^e、Y_i^e、M_i^e 和局部坐标系中的杆端力分量 $\overline{X}_i^e$、$\overline{Y}_i^e$、$\overline{M}_i^e$ 之间的关系，将 X_i^e、Y_i^e 分别向 $\overline{x}$、$\overline{y}$ 轴上投影，可得：

$$\left.\begin{aligned}\overline{X}_i^e&=X_i^e\cos\alpha+Y_i^e\sin\alpha\\ \overline{Y}_i^e&=-X_i^e\sin\alpha+Y_i^e\cos\alpha\end{aligned}\right\}\tag{11-19}$$

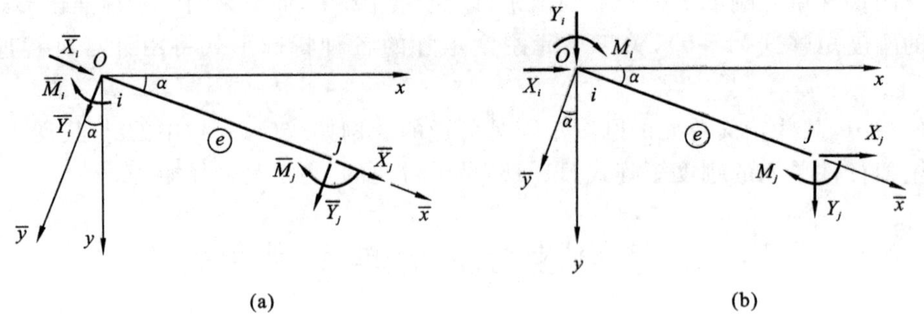

图 11-8 单元杆端力

(a)局部坐标系中的单元杆端力；(b)整体坐标系中的单元杆端力

在两个坐标系中，弯矩都作用在同一平面上，是垂直于坐标平面的矢量，故不受平面内坐标变换的影响，即：

$$\overline{M}_i^e=M_i^e\tag{11-20}$$

同理，对于ⓔ单元 j 端的杆端力有：

$$\left.\begin{aligned}\overline{X}_j^e&=X_j^e\cos\alpha+Y_j^e\sin\alpha\\ \overline{Y}_j^e&=-X_j^e\sin\alpha+Y_j^e\cos\alpha\\ \overline{M}_j^e&=M_j^e\end{aligned}\right\}\tag{11-21}$$

将式(11-19)、式(11-20)、式(11-21)合起来，并用矩阵形式表示，可得：

$$\begin{Bmatrix}\overline{X}_i\\ \overline{Y}_i\\ \overline{M}_i\\ \overline{X}_j\\ \overline{Y}_j\\ \overline{M}_j\end{Bmatrix}^{(e)}=\begin{bmatrix}\cos\alpha & \sin\alpha & 0 & 0 & 0 & 0\\ -\sin\alpha & \cos\alpha & 0 & 0 & 0 & 0\\ 0 & 0 & 1 & 0 & 0 & 0\\ 0 & 0 & 0 & \cos\alpha & \sin\alpha & 0\\ 0 & 0 & 0 & -\sin\alpha & \cos\alpha & 0\\ 0 & 0 & 0 & 0 & 0 & 1\end{bmatrix}\begin{Bmatrix}X_i\\ Y_i\\ M_i\\ X_j\\ Y_j\\ M_j\end{Bmatrix}^{(e)}\tag{11-22}$$

此式即为两种坐标系中单元杆端力的变换式，也可简写为：

$$\overline{\boldsymbol{F}}^e=\boldsymbol{T}\boldsymbol{F}^e\tag{11-23}$$

其中

$$T=\left[\begin{array}{ccc|ccc}\cos\alpha & \sin\alpha & 0 & 0 & 0 & 0\\ -\sin\alpha & \cos\alpha & 0 & 0 & 0 & 0\\ 0 & 0 & 1 & 0 & 0 & 0\\ \hline 0 & 0 & 0 & \cos\alpha & \sin\alpha & 0\\ 0 & 0 & 0 & -\sin\alpha & \cos\alpha & 0\\ 0 & 0 & 0 & 0 & 0 & 1\end{array}\right] \tag{11-24}$$

$\boldsymbol{T}$ 称为单元坐标变换矩阵。

可以看出 $\boldsymbol{T}$ 的每一行(列)各元素的平方和都为 1,而所有两个不同行(列)的对应元素乘积之和都为零。因此,$\boldsymbol{T}$ 为一正交矩阵,根据正交矩阵的性质,其逆矩阵等于其转置矩阵,即:

$$\boldsymbol{T}^{-1}=\boldsymbol{T}^{\mathrm{T}} \tag{11-25}$$

或

$$\boldsymbol{T}\boldsymbol{T}^{\mathrm{T}}=\boldsymbol{T}^{\mathrm{T}}\boldsymbol{T}=\boldsymbol{I}$$

式中 $\boldsymbol{I}$ 为与 $\boldsymbol{T}$ 同阶的单位矩阵。

式(11-23)的逆转换式为:

$$\boldsymbol{F}^{e}=\boldsymbol{T}^{\mathrm{T}}\overline{\boldsymbol{F}}^{e} \tag{11-26}$$

很显然,两种坐标系下的杆端位移之间也有同样的变换关系。因此有:

$$\overline{\boldsymbol{\Delta}}^{e}=\boldsymbol{T}\boldsymbol{\Delta}^{e} \tag{11-27}$$

$$\boldsymbol{\Delta}^{e}=\boldsymbol{T}^{\mathrm{T}}\overline{\boldsymbol{\Delta}}^{e} \tag{11-28}$$

11.3.2 整体坐标系中的单元刚度方程和单元刚度矩阵

将式(11-23)及式(11-27)代入式(11-8)得:

$$\boldsymbol{T}\boldsymbol{F}^{e}=\overline{\boldsymbol{k}}^{e}\boldsymbol{T}\boldsymbol{\Delta}^{e}$$

将上式两边前同乘以 $\boldsymbol{T}^{-1}$,并运用式(11-25)所示关系可得:

$$\boldsymbol{F}^{e}=\boldsymbol{T}^{\mathrm{T}}\overline{\boldsymbol{k}}^{e}\boldsymbol{T}\boldsymbol{\Delta}^{e}$$

或

$$\boldsymbol{F}^{e}=\boldsymbol{k}^{e}\boldsymbol{\Delta}^{e} \tag{11-29}$$

式(11-29)即整体坐标系下的单元刚度方程,其中整体坐标系下的单元刚度矩阵为:

$$\boldsymbol{k}^{e}=\boldsymbol{T}^{\mathrm{T}}\overline{\boldsymbol{k}}^{e}\boldsymbol{T} \tag{11-30}$$

式(11-30)就是两种坐标系下单元刚度矩阵之间的转换关系。只要求出单元坐标转置矩阵 T,就可以由$\overline{k}^{e}$ 计算 $\boldsymbol{k}^{e}$。把式(11-24)及式(11-9)代入式(11-30),可得出一般单元在整体坐标系下的单元刚度矩阵为:

$$\boldsymbol{k}^{e}=\left[\begin{array}{c|c}\boldsymbol{k}_{ii} & \boldsymbol{k}_{ij}\\ \hline \boldsymbol{k}_{ji} & \boldsymbol{k}_{jj}\end{array}\right]^{(e)}=\left[\begin{array}{ccc|ccc}+S_1 & +S_2 & -S_3 & -S_1 & -S_2 & -S_3\\ & +S_4 & +S_5 & -S_2 & -S_4 & +S_5\\ & & 2S_6 & +S_3 & -S_5 & +S_6\\ \hline & & & +S_1 & +S_2 & +S_3\\ & \text{对称} & & & +S_4 & -S_5\\ & & & & & 2S_6\end{array}\right]^{(e)} \tag{11-31}$$

式中

$$\left.\begin{aligned}
S_1&=\frac{EA}{l}\cos^2\alpha+\frac{12EI}{l^3}\sin^2\alpha\\
S_2&=\left(\frac{EA}{l}-\frac{12EI}{l^3}\right)\cos\alpha\sin\alpha\\
S_3&=\frac{6EI}{l^2}\sin\alpha\\
S_4&=\frac{EA}{l}\sin^2\alpha+\frac{12EI}{l^3}\cos^2\alpha\\
S_5&=\frac{6EI}{l^2}\cos^2\alpha\\
S_6&=\frac{2EI}{l}
\end{aligned}\right\}\tag{11-32}$$

对于平面桁架杆件，两端只承受轴力（图 11-9）。在两种坐标系中杆端力之间和相应的杆端位移之间的关系仍分别如式（11-23）和式（11-27）所示，即：

$$\left.\begin{aligned}\overline{\boldsymbol{F}}^{e}&=\boldsymbol{T}\boldsymbol{F}^{e}\\ \overline{\boldsymbol{\Delta}}^{e}&=\boldsymbol{T}\boldsymbol{\Delta}^{e}\end{aligned}\right\}$$

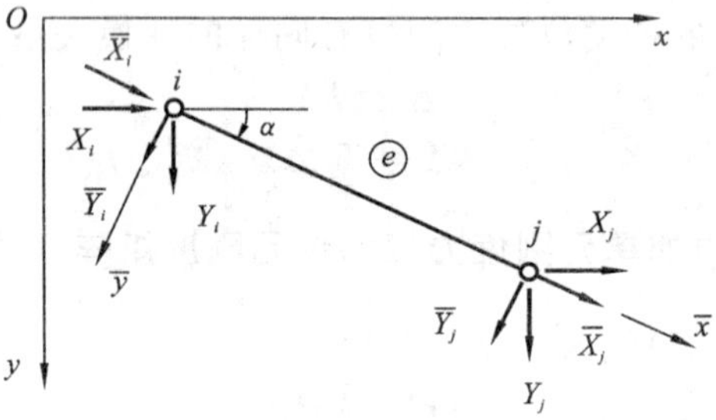

图 11-9　平面桁架杆件单元两种坐标系中的杆端力

而其中

$$\overline{\boldsymbol{F}}^{e}=\begin{Bmatrix}\overline{X}_i\\ \overline{Y}_i\\ \hdashline \overline{X}_j\\ \overline{Y}_j\end{Bmatrix}^{(e)},\quad \boldsymbol{F}^{e}=\begin{Bmatrix}X_i\\ Y_i\\ \hdashline X_j\\ Y_j\end{Bmatrix}^{(e)},\quad \overline{\boldsymbol{\Delta}}^{e}=\begin{Bmatrix}\overline{u}_i\\ \overline{v}_i\\ \hdashline \overline{u}_j\\ \overline{v}_j\end{Bmatrix}^{(e)},\quad \boldsymbol{\Delta}^{e}=\begin{Bmatrix}u_i\\ v_i\\ \hdashline u_j\\ v_j\end{Bmatrix}^{(e)}$$

显然，$\overline{Y}_i=\overline{Y}_j=0$。则由式（11-24）删去第 3、6 行和第 3、6 列得坐标转置矩阵：

$$\boldsymbol{T}=\left[\begin{array}{cc:cc}\cos\alpha & \sin\alpha & & \\ -\sin\alpha & \cos\alpha & \multicolumn{2}{c}{0}\\ \hdashline & & \cos\alpha & \sin\alpha\\ \multicolumn{2}{c:}{0} & -\sin\alpha & \cos\alpha\end{array}\right]\tag{11-33}$$

这种情况下整体坐标系的单元刚度方程和单元刚度矩阵也仍分别如式（11-29）和式（11-30）所示，即：

$$\boldsymbol{F}^{e}=\boldsymbol{k}^{e}\boldsymbol{\Delta}^{e}$$

$$\boldsymbol{k}^{e}=\boldsymbol{T}^{T}\overline{\boldsymbol{k}}^{e}\boldsymbol{T} \tag{11-34}$$

将式(11-33)和式(11-18)代入式(11-34)，经过矩阵运算并整理得：

$$\boldsymbol{k}^{e}=\begin{bmatrix}\boldsymbol{k}_{ii} & \boldsymbol{k}_{ij}\\ \boldsymbol{k}_{ji} & \boldsymbol{k}_{jj}\end{bmatrix}^{(e)}=\begin{bmatrix}U_1 & U_2 & -U_1 & -U_2\\ & U_3 & -U_2 & -U_3\\ & & U_1 & U_2\\ \text{对称} & & & U_3\end{bmatrix}^{(e)} \tag{11-35}$$

式中

$$\left.\begin{aligned}U_1&=\frac{EA}{l}\cos^2\alpha\\ U_2&=\frac{EA}{l}\cos\alpha\sin\alpha\\ U_3&=\frac{EA}{l}\sin^2\alpha\end{aligned}\right\} \tag{11-36}$$

整体坐标系中的单元刚度矩阵 $\boldsymbol{k}^{e}$ 与局部坐标系中的单元刚度矩阵$\overline{\boldsymbol{k}}^{e}$ 是同阶的，具有类似的性质：

① 在整体坐标系中第 i 行第 j 列元素 k_{ij}^{e} 代表当第 j 个杆端位移分量 Δ_j^{e} 等于1(其他位移分量为零)时所引起的第 i 个杆端力分量 F_i^{e} 的值。

② $\boldsymbol{k}^{e}$ 是对称矩阵。

$\boldsymbol{k}^{e}$ 中处于对称位置上的元素有如下关系：

$$k_{ij}^{e}=k_{ji}^{e}$$

③ $\boldsymbol{k}^{e}$ 的分块性质：在整体坐标系中，用方块矩阵的形式表示单元刚度方程和单元刚度矩阵，可以使运算更为简洁。

④ 一般单元的 $\boldsymbol{k}^{e}$ 是奇异矩阵。

对于连续梁单元，不受平面内坐标变换的影响，其局部坐标系和整体坐标系的单元刚度矩阵是相同的，即：

$$\overline{\boldsymbol{k}}^{e}=\boldsymbol{k}^{e}=\begin{bmatrix}\dfrac{4EI}{l} & \dfrac{2EI}{l}\\ \dfrac{2EI}{l} & \dfrac{4EI}{l}\end{bmatrix}^{(e)}$$

【例 11-1】 试求图 11-10 所示刚架中各单元在局部坐标系中的刚度矩阵$\overline{\boldsymbol{k}}^{e}$ 和在整体坐标系中的刚度矩阵 $\boldsymbol{k}^{e}$。设各杆的杆长和截面尺寸相同。

$l=5$ m，$bh=0.5$ m×1 m(截面尺寸)

$A=0.5\ \text{m}^2$，$I=\dfrac{1}{24}\ \text{m}^4$

$E=3\times10^4$ MPa

$\dfrac{EA}{l}=300\times10^4$ kN/m，$\dfrac{EI}{l}=25\times10^4$ kN·m

【解】 (1)局部坐标系中的单元刚度矩阵$\overline{\boldsymbol{k}}^{e}$

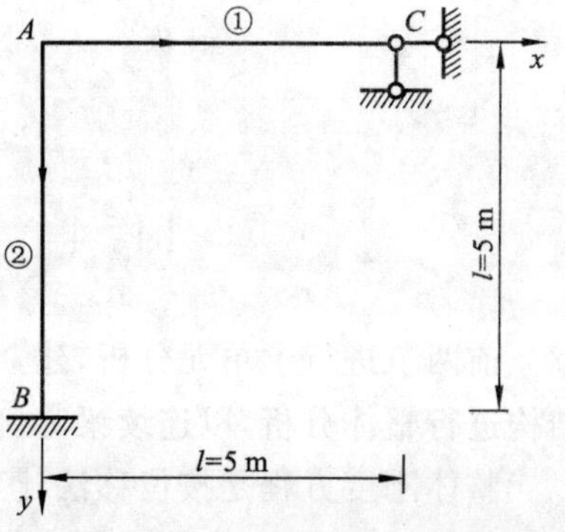

图 11-10　计算单元的刚度矩阵

图11-10中用箭头标明各杆局部坐标系的正方向。由于单元①、②的尺寸相同,故$\overline{\boldsymbol{k}}^{(1)}$与$\overline{\boldsymbol{k}}^{(2)}$相等。由式(11-9)得:

$$\overline{k}^{(1)}=\overline{k}^{(2)}=\begin{bmatrix} 300\ \text{kN/m} & 0 & 0 & -300\ \text{kN/m} & 0 & 0 \\ & 12\ \text{kN/m} & 30\ \text{kN} & 0 & -12\ \text{kN/m} & 30\ \text{kN} \\ & & 100\ \text{kN}\cdot\text{m} & 0 & -30\ \text{kN} & 50\ \text{kN}\cdot\text{m} \\ & & & 300\ \text{kN/m} & 0 & 0 \\ & \text{对称} & & & 12\ \text{kN/m} & -30\ \text{kN} \\ & & & & & 100\ \text{kN}\cdot\text{m} \end{bmatrix}\times 10^4$$

(2) 整体坐标系中的单元刚度矩阵 $\boldsymbol{k}^e$

单元①:$\alpha=0°$,所以有 $\boldsymbol{T}=\boldsymbol{I}$,故:

$$\boldsymbol{k}^{(1)}=\overline{\boldsymbol{k}}^{(1)}$$

单元②:$\alpha=90°$,由式(11-32)得:

$$S_1=\frac{EA}{l}\cos^2\alpha+\frac{12EI}{l^3}\sin^2\alpha=12\times10^4\ \text{kN/m}$$

$$S_2=\left(\frac{EA}{l}-\frac{12EI}{l^3}\right)\cos\alpha\sin\alpha=0$$

$$S_3=\frac{6EI}{l^2}\sin\alpha=30\times10^4\ \text{kN}$$

$$S_4=\frac{EA}{l}\sin^2\alpha+\frac{12EI}{l^3}\cos^2\alpha=300\times10^4\ \text{kN/m}$$

$$S_5=\frac{6EI}{l^2}\cos^2\alpha=0$$

$$S_6=\frac{2EI}{l}=50\times10^4\ \text{kN}\cdot\text{m}$$

将以上各值代入到式(11-31),即得单元②在整体坐标系中的单元刚度矩阵为

$$\boldsymbol{k}^{(2)}=\begin{bmatrix} 12\ \text{kN/m} & 0 & -30\ \text{kN} & -12\ \text{kN/m} & 0 & -30\ \text{kN} \\ & 300\ \text{kN/m} & 0 & 0 & -300\ \text{kN/m} & 0 \\ & & 100\ \text{kN}\cdot\text{m} & 30\ \text{kN} & 0 & 50\ \text{kN}\cdot\text{m} \\ & & & 12\ \text{kN/m} & 0 & 30\ \text{kN} \\ & \text{对称} & & & 300\ \text{kN/m} & 0 \\ & & & & & 100\ \text{kN}\cdot\text{m} \end{bmatrix}\times 10^4$$

11.4 连续梁的整体刚度矩阵

前两节进行了单元分析,建立了单元刚度方程,推导了单元刚度矩阵。从本节起转到对结构进行整体分析,以连续梁为例,说明整体刚度方程的建立,导出整体刚度矩阵。

整体刚度方程是按位移法建立的。具体做法有两种:一种是传统位移法,另一种是本章介绍的单元集成法(也称为刚度集成法或直接刚度法)。单元集成法的优点是便于实现计算

过程的程序化。

11.4.1 传统位移法形成整体刚度方程

为了将两种做法加以比较，先回顾一下传统做法。

在传统位移法中，为了建立位移法基本方程，分别考虑位移法基本体系的两种状态：

① 设结点位移 Δ 单独作用(荷载设为零)——此时在基本结构中各结点的附加约束上所产生的约束力为 $F=K\Delta$。

② 设荷载单独作用(结点位移 Δ 设为零)——此时在基本结构中各结点的附加约束上所产生的约束力记为 F_P。

将以上两种情况叠加，根据附加约束中的力为零，可建立位移法基本方程为：

$$F+F_P=0$$

$$K\Delta+F_P=0 \tag{11-37}$$

传统位移法的一般步骤是：①将结构离散为单元与结点。②进行单元分析，根据等截面直杆的转角位移方程，建立各单元杆端力与杆端位移的关系，即单元刚度方程。③进行整体分析，根据单元两端的杆端位移与结点处的结点位移的连续条件和结点处力的平衡条件建立位移法典型方程。④求解位移法典型方程，得结点位移。

根据以上步骤，首先讨论第一种情况。

对于图 11-11(a)所示的连续梁，位移法的基本未知量为结点转角 Δ_1、Δ_2、Δ_3，各结点的附加约束(未画出)上所产生的约束力为 P_1、P_2、P_3，基本体系如图 11-11(b)所示。

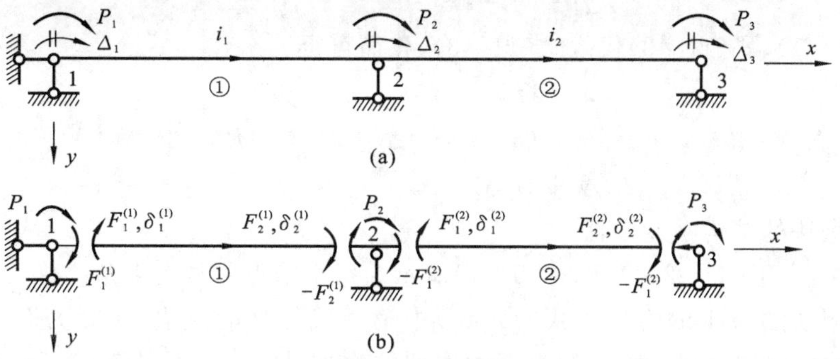

图 11-11 连续梁

(a)连续梁及结点位移；(b)位移法基本结构

为分析方便，所有杆端力、杆端位移等符号均采用本章记号。并对杆件的始、末端分别称为单元的 1、2 端。需要注意，本章的一切物理量都是在某一坐标系下讨论的，在同一坐标系下，作用力和反作用力差一负号。按右手坐标系规定，在图 11-11(b)中，杆件给予结点的反作用力偶，用杆端弯矩冠以负号表示。

应用等截面直杆的转角位移方程于杆件单元①、②，可写出以下杆端力与杆端位移的关系式：

$$\left.\begin{aligned}F_1^{(1)}&=4i_1\delta_1^{(1)}+2i_1\delta_2^{(1)}\\F_2^{(1)}&=2i_1\delta_1^{(1)}+4i_1\delta_2^{(1)}\end{aligned}\right\} \tag{11-38}$$

$$\left.\begin{aligned}F_1^{(2)}&=4i_2\delta_1^{(2)}+2i_2\delta_2^{(2)}\\F_2^{(2)}&=2i_2\delta_1^{(2)}+4i_2\delta_2^{(2)}\end{aligned}\right\}\tag{11-39}$$

式中 F,δ——单元两端的杆端力和杆端位移。

F 或 δ 的上角标括号中的数字表示力或位移所属的单元号,它们的下角标数字则表示属于单元的哪一端。

由结点 1、2、3 处位移连续条件,分别得以下三式:

$$\left.\begin{aligned}\delta_1^{(1)}&=\Delta_1\\\delta_2^{(1)}&=\delta_1^{(2)}=\Delta_2\\\delta_2^{(2)}&=\Delta_3\end{aligned}\right\}\tag{11-40}$$

把式(11-40)分别代入式(11-38)、式(11-39)得:

$$\left.\begin{aligned}F_1^{(1)}&=4i_1\Delta_1+2i_1\Delta_2\\F_2^{(1)}&=2i_1\Delta_1+4i_1\Delta_2\end{aligned}\right\}\tag{11-41}$$

$$\left.\begin{aligned}F_1^{(2)}&=4i_2\Delta_2+2i_2\Delta_3\\F_2^{(2)}&=2i_2\Delta_2+4i_2\Delta_3\end{aligned}\right\}\tag{11-42}$$

再由结点 1、2、3 处的平衡条件,有:

$$\left.\begin{aligned}\sum M_1&=P_1-F_1^{(1)}=0\\\sum M_2&=P_2-F_2^{(1)}-F_1^{(2)}=0\\\sum M_3&=P_3-F_2^{(2)}=0\end{aligned}\right\}\tag{11-43}$$

将式(11-41)、式(11-42)代入式(11-43),化简可得:

$$\left.\begin{aligned}&4i_1\Delta_1+2i_1\Delta_2=P_1\\&2i_1\Delta_1+(4i_1+4i_2)\Delta_2+2i_2\Delta_3=P_2\\&2i_2\Delta_2+4i_2\Delta_3=P_3\end{aligned}\right\}\tag{11-44}$$

这就是传统做法的结构刚度方程。

图 11-12(a)、图 11-12(b)、图 11-12(c)所示为每个结点单独发生角位移 Δ_1、Δ_2、Δ_3 时引起的各结点附加约束上的力偶。式(11-44)中第一式等号的左边,实际为图 11-12(a)、图 11-12(b)两种情况中结点 1 附加约束上的力偶的叠加;式(11-44)中第二式等号的左边,实际为图 11-12(a)、图 11-12(b)、图 11-12(c)三种情况中结点 2 附加约束上的力偶的叠加;式(11-44)中第三式等号的左边,实际为图11-12(b)、图 11-12(c)两种情况中结点 3 附加约束上的力偶的叠加。

引用矩阵形式,设以 e 表示单元序号,取 $e=1、2$,则式(11-38)、式(11-39)可统一写为下列单元刚度方程:

$$\boldsymbol{F}^{e}=\boldsymbol{k}^{e}\boldsymbol{\delta}^{e}$$

其中

$$\boldsymbol{k}^{e}=\begin{bmatrix}4i_e & 2i_e\\2i_e & 4i_e\end{bmatrix}$$

此即为连续梁单元刚度矩阵。

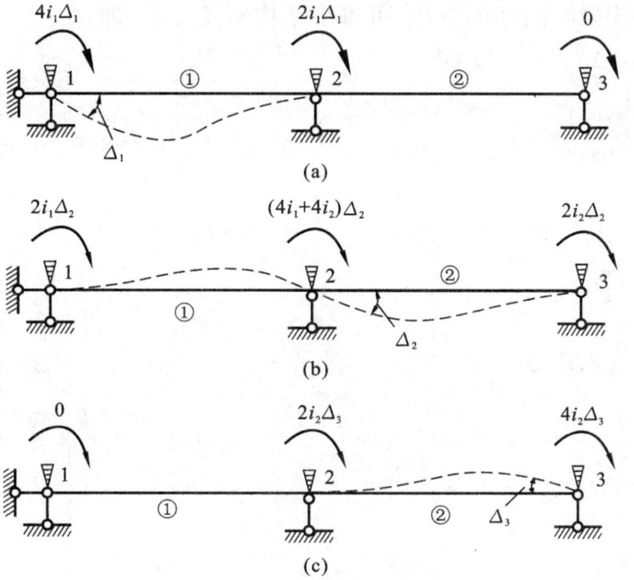

图 11-12　连续梁结点发生位移

(a)发生位移 Δ_1；(b)发生位移 Δ_2；(c)发生位移 Δ_3

方程式(11-44)写成矩阵形式：

$$\boldsymbol{K\Delta}=\boldsymbol{P} \tag{11-45}$$

其中

$$\boldsymbol{K}=\begin{bmatrix} 4i_1 & 2i_1 & \\ 2i_1 & 4i_1+4i_2 & 2i_2 \\ & 2i_2 & 4i_2 \end{bmatrix}$$

式(11-45)称为整体刚度方程，$\boldsymbol{K}$ 称为整体刚度矩阵。而

$$\boldsymbol{\Delta}=\begin{Bmatrix} \Delta_1 \\ \Delta_2 \\ \Delta_3 \end{Bmatrix} \qquad \boldsymbol{P}=\begin{Bmatrix} P_1 \\ P_2 \\ P_3 \end{Bmatrix} \tag{11-46}$$

分别称为结点位移向量和结点力向量。

图 11-13 所示一具有 n 个支座的多跨连续梁，以支点为结点，结点及单元编号自 1 开始，从左到右递增，共有 n 个结点、$n-1$ 个单元。各单元的线刚度分别为 i_1、i_2、…、i_{n-1}。结点发生角位移 Δ_1、Δ_2、…、Δ_n 时引起的各结点附加约束上的力偶分别为 P_1、P_2、…、P_n。

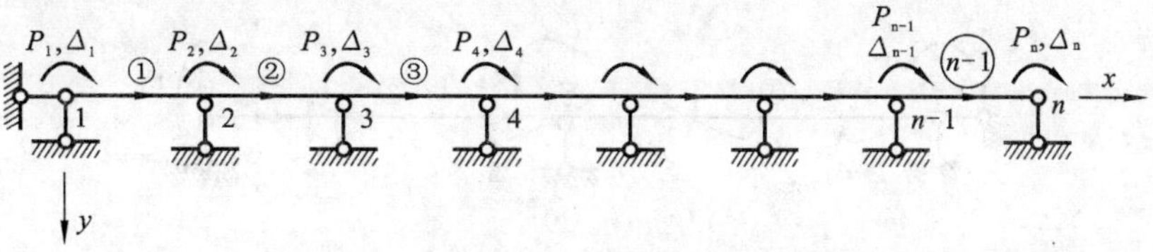

图 11-13　多跨连续梁

与求解两跨连续梁时同样的方法,可得出结构刚度方程,即:

$$\left.\begin{aligned}&4i_1\Delta_1+2i_1\Delta_2=P_1\\&\vdots\\&2i_{e-1}\Delta_{e-1}+(4i_{e-1}+4i_e)\Delta_e+2i_e\Delta_{e+1}=P_e\\&\vdots\\&2i_{n-1}\Delta_{n-1}+4i_{n-1}\Delta_n=P_n\end{aligned}\right\}(e=2,3,\cdots,n-1)\tag{11-47}$$

写成矩阵形式为:

$$\begin{bmatrix}4i_1 & 2i_1 & & & \\ 2i_1 & 4i_1+4i_2 & 2i_2 & & \\ & \ddots & \ddots & \ddots & \\ & & 2i_{n-2} & 4i_{n-2}+4i_{n-1} & 2i_{n-1} \\ & & & 2i_{n-1} & 4i_{n-1}\end{bmatrix}\begin{Bmatrix}\Delta_1\\ \Delta_2\\ \vdots\\ \Delta_{n-1}\\ \Delta_n\end{Bmatrix}=\begin{Bmatrix}P_1\\ P_2\\ \vdots\\ P_{n-1}\\ P_n\end{Bmatrix}\tag{11-48}$$

上式可简写为:

$$\boldsymbol{K\Delta}=\boldsymbol{P}$$

$\boldsymbol{K}$ 为三对角矩阵,元素为:

$$\left.\begin{aligned}&K_{11}=4i_1,\quad K_{nn}=4i_{n-1}\\&K_{jj}=4(i_{j-1}+i_j)\qquad (j=2,3,\cdots,n-1)\\&K_{j,j-1}=K_{j-1,j}=2i_{j-1}\qquad (j=2,3,\cdots,n)\\&\text{其余元素为零}\end{aligned}\right\}\tag{11-49}$$

11.4.2 单元集成法形成整体刚度方程

对于图 11-14(a)所示的连续梁,位移法基本体系如图 11-14(b)所示。在基本体系中,当结点发生转角 Δ_1、Δ_2、Δ_3 时,在附加约束中产生与 Δ_1、Δ_2、Δ_3 对应的力偶 F_1、F_2、F_3。

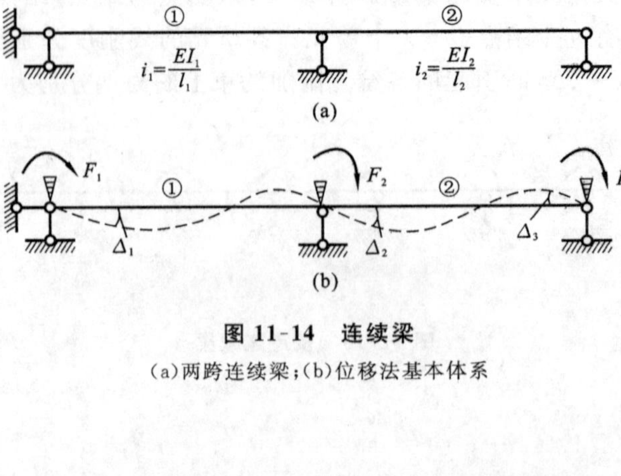

图 11-14 连续梁

(a)两跨连续梁;(b)位移法基本体系

按传统位移法求结构的结点力偶 F 时，分别考虑每个结点位移对 F 的单独贡献(采用图 11-12 中的力学模型)，然后进行叠加。

按单元集成法求 F 时，分别考虑每个单元对 F 的单独贡献，然后进行叠加。其特点就是“由单元直接集成”。

首先，考虑单元①的贡献。

既然只考虑单元①的单独贡献，因此必须设法略去其他单元的贡献。为此采用图 11-15 所示的力学模型，其中令单元②的刚度为零(即令 $i_2=0$)。此时，单元②虽有变形，但不产生结点力，因此，整个结构的结点力是由单元①单独产生的，记为：

$$\boldsymbol{F}^{(1)}=(F_1^{(1)} \quad F_2^{(1)} \quad F_3^{(1)})^{\mathrm{T}}$$

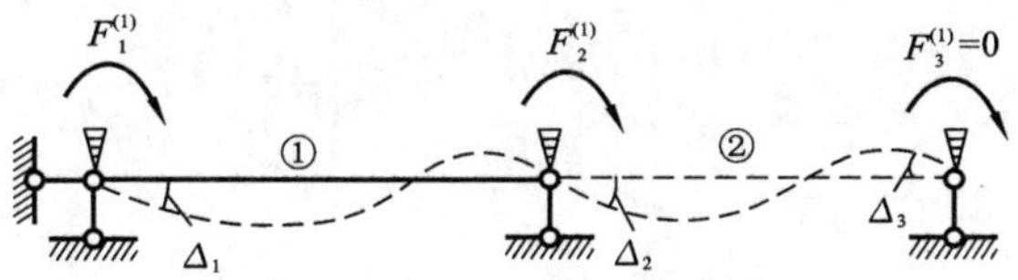

图 11-15 连续梁发生结点位移模型(一)

下面来求图 11-15 所示结构的结点力 $\boldsymbol{F}^{(1)}$。单元①中，有

$$\boldsymbol{k}^{(1)}=\begin{bmatrix}4i_1 & 2i_1\\ 2i_1 & 4i_1\end{bmatrix}$$

故得单元①杆端力为：

$$\begin{Bmatrix}F_1^{(1)}\\ F_2^{(1)}\end{Bmatrix}=\begin{bmatrix}4i_1 & 2i_1\\ 2i_1 & 4i_1\end{bmatrix}\begin{Bmatrix}\Delta_1\\ \Delta_2\end{Bmatrix} \tag{11-50}$$

在单元②中，由于 $i_2=0$，因此有：

$$F_3^{(1)}=0 \tag{11-51}$$

式(11-50)和式(11-51)可合并写成：

$$\begin{Bmatrix}F_1^{(1)}\\ F_2^{(1)}\\ F_3^{(1)}\end{Bmatrix}=\begin{bmatrix}4i_1 & 2i_1 & 0\\ 2i_1 & 4i_1 & 0\\ 0 & 0 & 0\end{bmatrix}\begin{Bmatrix}\Delta_1\\ \Delta_2\\ \Delta_3\end{Bmatrix}$$

可简写为：

$$\boldsymbol{F}^{(1)}=\boldsymbol{K}^{(1)}\boldsymbol{\Delta} \tag{11-52}$$

其中

$$\boldsymbol{K}^{(1)}=\begin{bmatrix}4i_1 & 2i_1 & 0\\ 2i_1 & 4i_1 & 0\\ 0 & 0 & 0\end{bmatrix} \tag{11-53}$$

$\boldsymbol{K}^{(1)}$ 表示单元①对整体刚度矩阵的贡献，称为单元①的贡献矩阵。

其次，考虑单元②的贡献。

此时，令 $i_1=0$，力学模型如图 11-16 所示。其中结点力 $F_1^{(2)}=0$，而 $F_2^{(2)}$ 和 $F_3^{(2)}$ 则由单元②的单元刚度矩阵 $\boldsymbol{k}^{(2)}$ 算出。

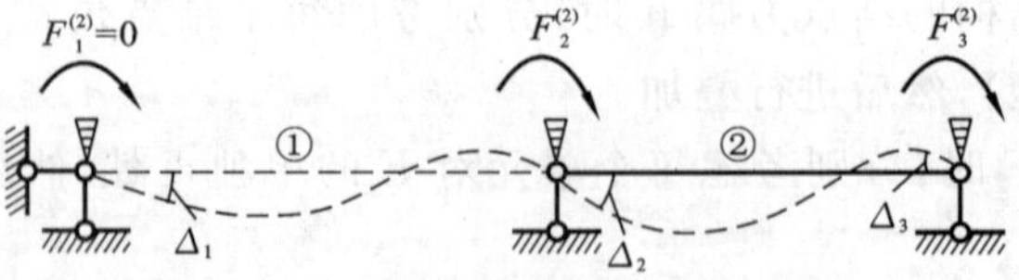

图 11-16　连续梁发生结点位移模型(二)

在单元②中,单元刚度矩阵为:

$$\boldsymbol{k}^{(2)}=\begin{bmatrix}4i_2 & 2i_2\\2i_2 & 4i_2\end{bmatrix}$$

故得单元②杆端力为:

$$\begin{Bmatrix}F_2^{(2)}\\F_3^{(2)}\end{Bmatrix}=\begin{bmatrix}4i_2 & 2i_2\\2i_2 & 4i_2\end{bmatrix}\begin{Bmatrix}\Delta_2\\\Delta_3\end{Bmatrix}$$

与 $F_1^{(2)}=0$ 合并得:

$$\begin{Bmatrix}F_1^{(2)}\\F_2^{(2)}\\F_3^{(2)}\end{Bmatrix}=\begin{bmatrix}0 & 0 & 0\\0 & 4i_2 & 2i_2\\0 & 2i_2 & 4i_2\end{bmatrix}\begin{Bmatrix}\Delta_1\\\Delta_2\\\Delta_3\end{Bmatrix}$$

简写为:

$$\boldsymbol{F}^{(2)}=\boldsymbol{K}^{(2)}\boldsymbol{\Delta}\tag{11-54}$$

$$\boldsymbol{K}^{(2)}=\begin{bmatrix}0 & 0 & 0\\0 & 4i_2 & 2i_2\\0 & 2i_2 & 4i_2\end{bmatrix}\tag{11-55}$$

$\boldsymbol{K}^{(2)}$ 称为单元②的贡献矩阵。

可以看出,单元的贡献矩阵 $\boldsymbol{K}^{e}$ 是整体刚度矩阵 $\boldsymbol{K}$ 的同阶矩阵。将单元刚度矩阵 $\boldsymbol{k}^{e}$ 扩大为与整体刚度矩阵 $\boldsymbol{K}$ 同阶的矩阵,再将 $\boldsymbol{k}^{e}$ 的元素按整体结点号码顺序在扩阶后的矩阵内放置,空白处补零,就可得到单元的贡献矩阵。

最后,将式(11-52)和式(11-54)叠加,即得出结构的结点力 F:

$$\boldsymbol{F}=\boldsymbol{F}^{(1)}+\boldsymbol{F}^{(2)}=(\boldsymbol{K}^{(1)}+\boldsymbol{K}^{(2)})\boldsymbol{\Delta}$$

由此得出整体刚度矩阵 $\boldsymbol{K}$ 为:

$$\boldsymbol{K}=\boldsymbol{K}^{(1)}+K^{(2)}=\sum_{(e)}\boldsymbol{K}^{(e)}\tag{11-56}$$

式(11-56)表明,整体刚度矩阵为各单元贡献矩阵之和。

在传统位移法中,从结点平衡方程出发来推导结构刚度矩阵,显然是相当麻烦的。事实上,结构刚度矩阵的元素是由单元刚度矩阵的元素组成的,只要确定了单元刚度矩阵各元素在单元贡献矩阵中的位置,就可以由单元贡献矩阵按式(11-56)直接集成结构刚度矩阵。将式(11-53)中的 $\boldsymbol{K}^{(1)}$ 和式(11-55)中的 $\boldsymbol{K}^{(2)}$ 代入式(11-56)后,所得到的 $\boldsymbol{K}$ 与式(11-45)中的 $\boldsymbol{K}$ 相同。因此,单元集成法比传统位移法更简洁。

从以上讨论中看出,单元集成法求整体刚度矩阵的步骤可表示为:

$$\boldsymbol{k}^{e}\xrightarrow{\text{I}}\boldsymbol{K}^{(e)}\xrightarrow{\text{II}}\boldsymbol{K}\tag{11-57}$$

这里，由单元刚度矩阵 $\boldsymbol{k}^e$ 形成整体刚度矩阵 $\boldsymbol{K}$ 的单元集成法分解为两步：

第Ⅰ步：由单元刚度矩阵 $\boldsymbol{k}^e$ 扩阶形成与整体刚度矩阵 $\boldsymbol{K}$ 同阶的单元贡献矩阵 $\boldsymbol{K}^{(e)}$。

第Ⅱ步：由单元贡献矩阵 $K^{(e)}$ 集成整体刚度矩阵 $\boldsymbol{K}$。

第Ⅱ步按式(11-57)进行，比较简单。因此，将对第Ⅰ步做进一步的讨论。

11.4.3 按单元定位向量由单元刚度矩阵 k^e 形成单元贡献矩阵 $K^{(e)}$

在结构分析中，结点位移(或结点力)有两种编码：总码和局部码。

在整体分析中，结点位移在结构中统一进行编码，称为总码。在图 11-17(a)中，连续梁的结点位移统一编码为 1、2、3。

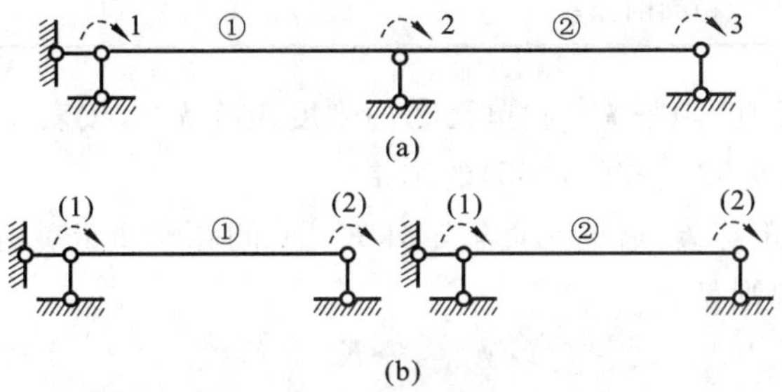

图 11-17 总码和局部码

(a)结点位移总码；(b)单元的两端结点位移局部码

在单元分析中，每个单元的两端的结点位移各自编码为(1)和(2)，称为局部码[图 11-17(b)]。为区别于总码，局部码加括号。

图 11-17 所示的连续梁单元①和②，其两端结点位移分量的两种编码之间有如表 11-1 所示对应关系。

表 11-1 两种编码的对应关系

单元	对应关系 局部码—总码	单元定位向量 $\boldsymbol{\lambda}^{(e)}$
①	(1)—1 (2)—2	$\boldsymbol{\lambda}^{(1)}=\begin{Bmatrix}1\\2\end{Bmatrix}$
②	(1)—2 (2)—3	$\boldsymbol{\lambda}^{(2)}=\begin{Bmatrix}2\\3\end{Bmatrix}$

由单元两端连接结点的位移分量的总码组成的向量称为“单元定位向量”，记为 $\lambda^{(e)}$。单元①和②的定位向量也在表 11-1 中给出。单元两端结点位移分量的两种编码的对应关系即由单元定位向量来表示。因此，单元定位向量又称为“单元换码向量”。

从后面几节的讨论中将会看到，利用单元定位向量，可以确定单元刚度矩阵各元素在整体刚度矩阵中的位置，可以确定单元杆端位移分量在结构的结点位移向量中的位置，还可以确定单元的等效结点荷载分量在结构的结点荷载向量中的位置。

根据单元定位向量 $\boldsymbol{\lambda}^{(e)}$，由单元刚度矩阵 $\boldsymbol{k}^e$ 扩阶形成与整体刚度矩阵 $\boldsymbol{K}$ 同阶的单元贡献

献矩阵 $\boldsymbol{K}^{(e)}$,要注意单元刚度矩阵 $\boldsymbol{k}^{e}$ 和单元贡献矩阵 $\boldsymbol{K}^{(e)}$ 中元素的排列方式:

(1) 在 $\boldsymbol{k}^{e}$ 中,元素按局部码排列,或者说,元素按局部码"对号入座"。

(2) 在 $\boldsymbol{K}^{(e)}$ 中,元素按总码排列,或者说,元素按总码"对号入座"。

由单元刚度矩阵 $\boldsymbol{k}^{e}$ 形成单元贡献矩阵 $\boldsymbol{K}^{(e)}$,可概括为"换码重排座",具体做法见表 11-2。

表 11-2 换码重排座

	在单元刚度矩阵 $\boldsymbol{k}^{e}$ 中	在单元贡献矩阵 $\boldsymbol{K}^{(e)}$ 中	
换码	元素的原行码(i) 原列码(j)	换成新行码 λ_i 新列码 λ_j	$(i)\rightarrow\lambda_i$ $(j)\rightarrow\lambda_j$
重排座	原排在(i)行(j)列的元素	改排在 λ_i 行 λ_j 列	$k^{e}_{(i)(j)}\rightarrow K^{(e)}_{\lambda_i\lambda_j}$

例如,由单元①的刚度矩阵 $\boldsymbol{k}^{(1)}$ 和单元②的刚度矩阵 $\boldsymbol{k}^{(2)}$,按表 11-2 换码重排座后得出的 $\boldsymbol{K}^{(1)}$ 和 $\boldsymbol{K}^{(2)}$ 就是式(11-53)、式(11-55)的结果。

总之,由单元刚度矩阵 $\boldsymbol{k}^{e}$ 求单元贡献矩阵 $\boldsymbol{K}^{(e)}$ 的问题实质上就是 $\boldsymbol{k}^{e}$ 中的元素 $\boldsymbol{K}^{(e)}$ 中如何定位的问题。定位规则是:

$$k^{e}_{(i)(j)}\rightarrow K^{(e)}_{\lambda_i\lambda_j} \tag{11-58}$$

即根据单元定位向量 $\boldsymbol{\lambda}^{(e)}$ 将元素 $k^{e}_{(i)(j)}$ 定位在 $\boldsymbol{K}^{(e)}$ 中第 λ_i 行、第 λ_j 列的位置上(表 11-3)。

表 11-3 单元刚度矩阵的元素定位

单元	单元刚度矩阵 $\boldsymbol{k}^{e}$	单元定位向量 $\boldsymbol{\lambda}^{(e)}$	单元贡献矩阵 $\boldsymbol{K}^{(e)}$
①	$\begin{array}{c} \\ (1) \\ (2) \end{array}\begin{array}{c} \begin{array}{cc}(1) & (2)\end{array} \\ \begin{bmatrix} 4i_1 & 2i_1 \\ 2i_1 & 4i_1 \end{bmatrix}\end{array}$	$\begin{Bmatrix}1\\2\end{Bmatrix}$	$\begin{array}{c} \\ \\ \\ (1)\rightarrow 1 \\ (2)\rightarrow 2 \\ 3 \end{array}\begin{array}{c} \begin{array}{ccc}(1) & (2) & \\ \downarrow & \downarrow & \\ 1 & 2 & 3\end{array} \\ \begin{bmatrix} 4i_1 & 2i_1 & 0 \\ 2i_1 & 4i_1 & 0 \\ 0 & 0 & 0 \end{bmatrix}\end{array}$
②	$\begin{array}{c} \\ (1) \\ (2) \end{array}\begin{array}{c} \begin{array}{cc}(1) & (2)\end{array} \\ \begin{bmatrix} 4i_2 & 2i_2 \\ 2i_2 & 4i_2 \end{bmatrix}\end{array}$	$\begin{Bmatrix}2\\3\end{Bmatrix}$	$\begin{array}{c} \\ \\ \\ 1 \\ (1)\rightarrow 2 \\ (2)\rightarrow 3 \end{array}\begin{array}{c} \begin{array}{ccc} & (1) & (2) \\ & \downarrow & \downarrow \\ 1 & 2 & 3\end{array} \\ \begin{bmatrix} 0 & 0 & 0 \\ 0 & 4i_2 & 2i_2 \\ 0 & 2i_2 & 4i_2 \end{bmatrix}\end{array}$

11.4.4 单元集成法的实施方案

在式(11-57)中,将单元集成法分解为两步:第Ⅰ步是将单元刚度矩阵 $\boldsymbol{k}^{e}$ 中的元素按照单元定位向量 $\boldsymbol{\lambda}^{(e)}$ 在单元贡献矩阵 $\boldsymbol{K}^{(e)}$ 中定位,第Ⅱ步是将各 $\boldsymbol{K}^{(e)}$ 中的非零元素累加。这样做的目的是为了便于理解。

在单元集成法的实施方案中，将两步合成一步，采用“边定位”、“边累加”的办法，由 $\boldsymbol{k}^e$ 直接形成 $\boldsymbol{K}$。这样做的目的是为了使计算程序更为简洁。

详细地说，按照单元集成法形成 $\boldsymbol{K}$ 的过程就是依次将每个 $\boldsymbol{k}^e$ 的非零元素在 $\boldsymbol{K}$ 中按 $\boldsymbol{\lambda}^{(e)}$ 定位并进行累加的过程。过程的每一步骤可列出如下：

(1) 先将 $\boldsymbol{K}$ 置零，这时 $\boldsymbol{K}=0$。

(2) 将 $\boldsymbol{k}^{(1)}$ 的非零元素在 $\boldsymbol{K}$ 中按 $\boldsymbol{\lambda}^{(1)}$ 定位并进行累加，这时 $\boldsymbol{K}=\boldsymbol{K}^{(1)}$。

(3) 将 $\boldsymbol{k}^{(2)}$ 的非零元素在 $\boldsymbol{K}$ 中按 $\boldsymbol{\lambda}^{(2)}$ 定位并进行累加，这时 $\boldsymbol{K}=\boldsymbol{K}^{(1)}+\boldsymbol{K}^{(2)}$；按此做法对所有单元循环一遍，最后即得到 $\boldsymbol{K}=\sum_{(e)}\boldsymbol{K}^{(e)}$。

11.4.5　整体刚度矩阵的性质

(1) 整体刚度系数的意义

$\boldsymbol{K}$ 中的元素 $\boldsymbol{K}_{ij}$ 称为整体刚度系数。它表示当第 j 个结点位移分量 $\Delta_j=1$（其他结点位移分量为零）时所产生的第 i 个结点力 F_i。

(2) $\boldsymbol{K}$ 是对称矩阵。

(3) 在本节中建立连续梁单元刚度矩阵时，除认为杆件无轴向变形外，已考虑了各单元两端的支承条件，所以，杆端只发生角位移，$\boldsymbol{K}$ 是可逆矩阵。

(4) $\boldsymbol{K}$ 是稀疏矩阵和带状矩阵。

由式(11-48)可看出，整体刚度矩阵 $\boldsymbol{K}$ 有许多零元素，故为稀疏矩阵。又非零元素都分布在以主对角线为中线的倾斜带状区域内，故 $\boldsymbol{K}$ 为带状矩阵。

【例 11-2】　试求图 11-18(a)所示连续梁的整体刚度矩阵 $\boldsymbol{K}$。

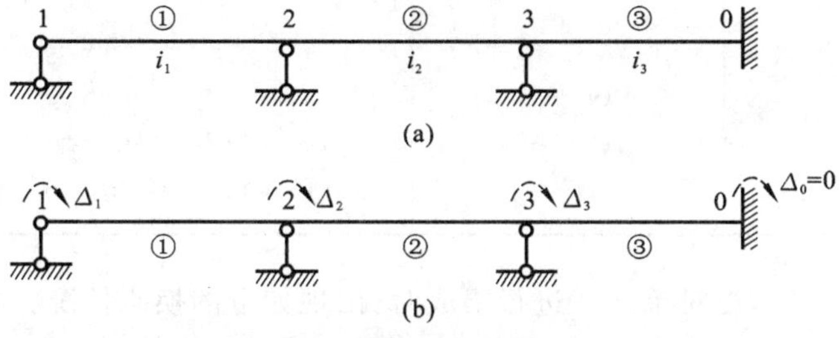

图 11-18　连续梁的整体刚度矩阵

(a)连续梁结点、单元编码；(b)结点转角编码

【解】　(1)结点位移分量的总码

此连续梁有三个结点位移分量，即转角 Δ_1、Δ_2、Δ_3[图 11-18(b)]，其总码分别编为 1、2、3。

在固定端处的结点位移分量为零。我们规定：凡是给定为零值的结点位移分量，其总码均编为 0。

(2) 各单元的定位向量 $\boldsymbol{\lambda}^{(e)}$

单元①、②、③的定位向量可由图 11-17(b)得出：

$$\boldsymbol{\lambda}^{(1)}=\begin{Bmatrix}1\\2\end{Bmatrix},\quad \boldsymbol{\lambda}^{(2)}=\begin{Bmatrix}2\\3\end{Bmatrix},\quad \boldsymbol{\lambda}^{(3)}=\begin{Bmatrix}3\\0\end{Bmatrix}$$

(3) 单元集成过程

在表 11-4 中给出按照单元①、②、③的次序进行集成的过程以及相应的阶段结果和最终结果。

表 11-4 矩阵集成过程

单元	单元刚度矩阵 $\boldsymbol{k}^e$	按单元定位向量换码	集成过程中的阶段结果
①	列 (1) (2)；行 (1)、(2)：$\begin{bmatrix}4i_1 & 2i_1\\2i_1 & 4i_1\end{bmatrix}$	(1)→1 (2)→2	列 (1)↓1　(2)↓2　3；行 (1)→1、(2)→2、3：$\begin{bmatrix}4i_1 & 2i_1 & 0\\2i_1 & 4i_1 & 0\\0 & 0 & 0\end{bmatrix}$
②	列 (1) (2)；行 (1)、(2)：$\begin{bmatrix}4i_2 & 2i_2\\2i_2 & 4i_2\end{bmatrix}$	(1)→2 (2)→3	列 1　(1)↓2　(2)↓3；行 1、(1)→2、(2)→3：$\begin{bmatrix}4i_1 & 2i_1 & \\2i_1 & 4i_1+(4i_2) & (2i_2)\\ & (2i_2) & (4i_2)\end{bmatrix}$
③	列 (1) (2)；行 (1)、(2)：$\begin{bmatrix}4i_3 & 2i_3\\2i_3 & 4i_3\end{bmatrix}$	(1)→3 (2)→0	(2)→0；列 1　2　(1)↓3；行 1、2、(1)→3：$\begin{bmatrix}4i_1 & 2i_1 & \\2i_1 & 4i_1+4i_2 & 2i_2\\ & 2i_2 & 4i_2+(4i_3)\end{bmatrix}=\boldsymbol{K}$

注意,在表 11-4 中,当对单元③进行集成时,出现如下的换码情况:

$$(2)\rightarrow 0$$

这里,局部码(2)对应的总码为 0。这表明在 $\boldsymbol{k}^{(3)}$ 中的(2)行或(2)列元素在 $\boldsymbol{K}$ 中应定位在 0 行或 0 列上,即它们在 $\boldsymbol{K}$ 中没有座位,在集成过程中应当舍弃,不予考虑。这种做法的力学解释是:单元③在固定端处的结点位移分量本来是零,其相应的单元刚度系数对整体刚度系数本来就没有影响,故在集成过程中应将它们摒除在外。

11.5 刚架的整体刚度矩阵

本节将讨论利用单元集成法求平面刚架的整体刚度矩阵 $\boldsymbol{K}$。采用与前节的连续梁相同的基本思路,其要点是:根据单元定位向量 $\boldsymbol{\lambda}^{(e)}$,由单元刚度矩阵 $\boldsymbol{k}^e$ 直接集成整体刚度矩阵

$\boldsymbol{K}$,集成包括将 $\boldsymbol{k}^e$ 的元素在 $\boldsymbol{K}$ 中定位和累加两个环节。

刚架的情况要比连续梁复杂一些。在连续梁中局部坐标系和整体坐标系是相同的,并且不考虑各杆的轴向变形,结点位移分量只有结点的角位移,整体分析简单易懂。而在刚架中,各杆方向不尽相同,需要将局部坐标系中的单元刚度矩阵$\bar{\boldsymbol{k}}^e$,转换成整体坐标系表示的单元刚度矩阵^e,在整体坐标系中将各单元组装起来。一般情况下要考虑刚架中各杆的轴向变形,这样,刚架中每个结点的位移分量要增加到三个:角位移和两个方向的线位移。刚架中除刚结点外,还要考虑铰结点等其他情况。

在刚架中,仍采用如下规定:对于已知为零的结点位移分量,其总码均编为 0。对应总码为 0 的结点位移分量,其相应的单元刚度系数在整体刚度矩阵 $\boldsymbol{K}$ 中应定位在 0 行或 0 列上,即它们在 $\boldsymbol{K}$ 中没有座位,故在刚度集成过程中应将它们摒除在外,不予考虑,结构的结点位移分量只引入独立的未知位移分量。

下面以图 11-19(a)所示的只包含有两个单元的刚架为例来说明单元刚度集成法。

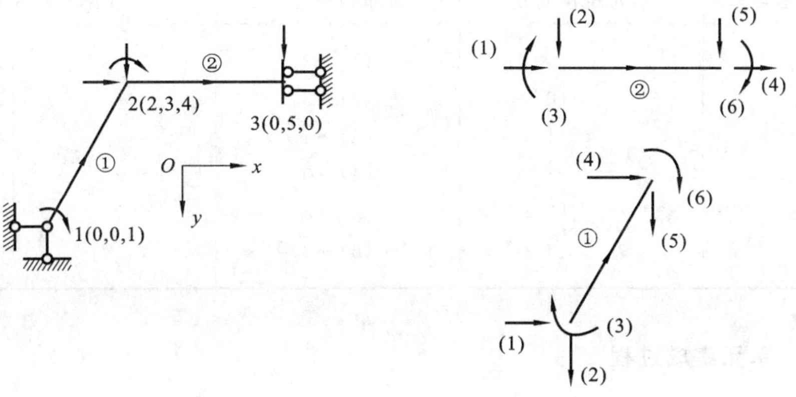

(a)　　　　　　　　　　(b)

图 11-19　刚度集成法

(a)刚架单元及结点位移编码;(b)单元两端的位移分量的局部码

11.5.1　结点位移分量的统一编码——总码

考虑图 11-19 中所示的平面刚架。结点 1 为铰支端,有 1 个位移分量(角位移 θ_1),它们的总码编为(0,0,1)。结点 2 是刚结点,有三个位移分量(沿 x 和 y 方向的线位移 u_2 和 v_2,角位移 θ_2),它们的总码编为(2,3,4)。结点 3 为滑移端,有 1 个位移分量(线位移 v_3),两个位移分量 u_3 和 θ_3 已知为零,它们的总码编为(0,5,0)。

此刚架共有五个未知结点位移分量,它们组成整体结构的结点位移向量 $\boldsymbol{\Delta}$:

$$\boldsymbol{\Delta}=\begin{Bmatrix}\Delta_1\\\Delta_2\\\Delta_3\\\Delta_4\\\Delta_5\end{Bmatrix}=\begin{Bmatrix}\theta_1\\u_2\\v_2\\\theta_2\\v_3\end{Bmatrix}\qquad \boldsymbol{F}=\begin{Bmatrix}F_1\\F_2\\F_3\\F_4\\F_5\end{Bmatrix}$$

$\boldsymbol{F}$ 为相应的结点力向量。

11.5.2　单元定位向量

此刚架有两个杆件单元①、②。图 11-19 中各杆轴上的箭头表示各杆局部坐标系中 $\bar{x}$ 轴的正方向。单元在始末两端的六个位移分量的局部码(1),(2),…,(6)在图 11-19(b)中已标明。

在表 11-5 中对每个单元给出了单元结点位移分量局部码与总码之间的对应关系,还给出了各单元的定位向量 $\boldsymbol{\lambda}^{(e)}$。单元定位向量 $\boldsymbol{\lambda}^{(e)}$ 就是由单元结点位移总码组成的向量。以后进行单元换码时即以它作为依据。

表 11-5　单元定位向量

单元①		单元②	
局部码→总码	单元定位向量	局部码→总码	单元定位向量
(1)→0 (2)→0 (3)→1 (4)→2 (5)→3 (6)→4	$\boldsymbol{\lambda}^{(1)}=\begin{Bmatrix}0\\0\\1\\2\\3\\4\end{Bmatrix}$	(1)→2 (2)→3 (3)→4 (4)→0 (5)→5 (6)→0	$\boldsymbol{\lambda}^{(2)}=\begin{Bmatrix}2\\3\\4\\0\\5\\0\end{Bmatrix}$

11.5.3　单元集成过程

下面按单元①、②的次序进行集成。

首先,考虑单元①:

在整体坐标系中,单元①的刚度矩阵 $\boldsymbol{k}^{(1)}$,在矩阵的上边增加一行,在其右边增加一列,并将 $\boldsymbol{\lambda}^{(1)}$ 中的各元素填入以上所增行、列的相应位置,即为

$$\boldsymbol{k}^{(1)}=\begin{matrix} & \begin{matrix}(1) & (2) & (3) & (4) & (5) & (6)\end{matrix} & \\ & \begin{bmatrix} k_{11} & k_{12} & k_{13} & k_{14} & k_{15} & k_{16} \\ k_{21} & k_{22} & k_{23} & k_{24} & k_{25} & k_{26} \\ k_{31} & k_{32} & k_{33} & k_{34} & k_{35} & k_{36} \\ k_{41} & k_{42} & k_{43} & k_{44} & k_{45} & k_{46} \\ k_{51} & k_{52} & k_{53} & k_{54} & k_{55} & k_{56} \\ k_{61} & k_{62} & k_{63} & k_{64} & k_{65} & k_{66} \end{bmatrix}^{(1)} & \begin{matrix}(1)\\(2)\\(3)\\(4)\\(5)\\(6)\end{matrix}\end{matrix}$$

根据表 11-5 中的单元定位向量 $\boldsymbol{\lambda}^{(1)}$ 及其换码关系,将 $\boldsymbol{k}^{(1)}$ 中的(i)行(j)列元素在 $\boldsymbol{K}$ 中定位于 λ_i 行 λ_j 列,即得 $\boldsymbol{K}$ 的阶段结果如下[注意,由于局部码(1)和(2)对应的总码都是零,因此 $\boldsymbol{k}^{(1)}$ 中的第(1)、(2)行和第(1)、(2)列各元素在 $\boldsymbol{K}$ 中没有座位]:

$$
\begin{array}{c} \\ \\ \\ \\ \\ \mathbf{K}\text{的阶段结果}= \\ \\ \\ \end{array}
\begin{array}{r} \\ \\ \\ (3)\to 1 \\ (4)\to 2 \\ (5)\to 3 \\ (6)\to 4 \\ 5 \end{array}
\begin{array}{c}
\begin{array}{ccccc} (3) & (4) & (5) & (6) & \\ \downarrow & \downarrow & \downarrow & \downarrow & \\ 1 & 2 & 3 & 4 & 5 \end{array} \\
\begin{bmatrix}
k_{33}^{1} & k_{34}^{1} & k_{35}^{1} & k_{36}^{1} & 0 \\
k_{43}^{1} & k_{44}^{1} & k_{45}^{1} & k_{46}^{1} & 0 \\
k_{53}^{1} & k_{54}^{1} & k_{55}^{1} & k_{56}^{1} & 0 \\
k_{63}^{1} & k_{64}^{1} & k_{65}^{1} & k_{66}^{1} & 0 \\
0 & 0 & 0 & 0 & 0
\end{bmatrix}
\end{array}
$$

其次，考虑单元②：

在整体坐标系中，单元②的刚度矩阵 $\boldsymbol{k}^{(2)}$ 为

$$
\boldsymbol{k}^{(2)} = \begin{array}{c}
\begin{array}{cccccc} (1) & (2) & (3) & (4) & (5) & (6) \end{array} \\
\begin{bmatrix}
k_{11} & k_{12} & k_{13} & k_{14} & k_{15} & k_{16} \\
k_{21} & k_{22} & k_{23} & k_{24} & k_{25} & k_{26} \\
k_{31} & k_{32} & k_{33} & k_{34} & k_{35} & k_{36} \\
k_{41} & k_{42} & k_{43} & k_{44} & k_{45} & k_{46} \\
k_{51} & k_{52} & k_{53} & k_{54} & k_{55} & k_{56} \\
k_{61} & k_{62} & k_{63} & k_{64} & k_{65} & k_{66}
\end{bmatrix}^{(2)}
\end{array}
\begin{array}{c} \\ (1) \\ (2) \\ (3) \\ (4) \\ (5) \\ (6) \end{array}
$$

按照单元定位向量 $\boldsymbol{\lambda}^{(2)}$ 将 $\boldsymbol{k}^{(2)}$ 中的元素在 $\boldsymbol{K}$ 中定位并与前阶段结果累加，即得 $\boldsymbol{K}$ 的最后结果如下[$\boldsymbol{k}^{(2)}$ 中的(4)、(6)各行各列元素在 $\boldsymbol{K}$ 中均无座位]：

$$
\begin{array}{c} \\ \\ \\ \\ \\ \mathbf{K}\text{的阶段结果}= \\ \\ \\ \end{array}
\begin{array}{r} \\ \\ \\ 1 \\ (1)\to 2 \\ (2)\to 3 \\ (3)\to 4 \\ (4)\to 5 \end{array}
\begin{array}{c}
\begin{array}{ccccc} & (1) & (2) & (3) & (4) \\ & \downarrow & \downarrow & \downarrow & \downarrow \\ 1 & 2 & 3 & 4 & 5 \end{array} \\
\begin{bmatrix}
k_{33}^{1} & k_{34}^{1} & k_{35}^{1} & k_{36}^{1} & 0 \\
k_{43}^{1} & k_{44}^{1}+k_{11}^{2} & k_{45}^{1}+k_{12}^{2} & k_{46}^{1}+k_{13}^{2} & k_{15}^{2} \\
k_{53}^{1} & k_{54}^{1}+k_{21}^{2} & k_{55}^{1}+k_{22}^{2} & k_{56}^{1}+k_{23}^{2} & k_{25}^{2} \\
k_{63}^{1} & k_{64}^{1}+k_{31}^{2} & k_{65}^{1}+k_{32}^{2} & k_{66}^{1}+k_{33}^{2} & k_{35}^{2} \\
0 & k_{51}^{2} & k_{52}^{2} & k_{53}^{2} & k_{55}^{2}
\end{bmatrix}
\end{array}
$$

11.5.4 结构刚度矩阵的性质

结构刚度矩阵 $\boldsymbol{K}$ 有如下特性：

(1) $\boldsymbol{K}$ 是对称矩阵。$\boldsymbol{K}$ 中处于主对角线两侧对称位置的任何两个元素都相等，即 $\boldsymbol{K}_{ij}=K_{ji}$。如以子块形式表示的矩阵 $\boldsymbol{K}$，则与主对角线处于对称位置的两个子块，存在 $[\boldsymbol{K}_{ij}]=[\boldsymbol{K}_{ji}]^{\mathrm{T}}$ 的关系。

(2) $\boldsymbol{K}$ 是非奇异矩阵。这是因为整体刚度矩阵 $\boldsymbol{K}$ 已经考虑了结构在支座结点处的位移边界条件。只要结构不是几何可变体系，在各种荷载作用下，结构只有唯一的变形，只有唯一的解。

(3) $\boldsymbol{K}$ 是带形矩阵,愈是大型结构,结构刚度矩阵的带形分布规律就愈明显。

此外,结构刚度矩阵通常是主对角元素占优势的矩阵,即非零元素一般都集中于主对角线附近的斜带形区内,主对角线元素的值恒为正,且通常比非对角元素的绝对值大。因此,线性方程组的解具有较好的稳定性,且对节省计算机的存放量、节约计算时间是很重要的。

11.5.5 铰结点的处理

图 11-20 所示为具有铰结点的刚架。采用和前面解题相同的基本思路,来讨论这种具有铰结点结构的分析方法。

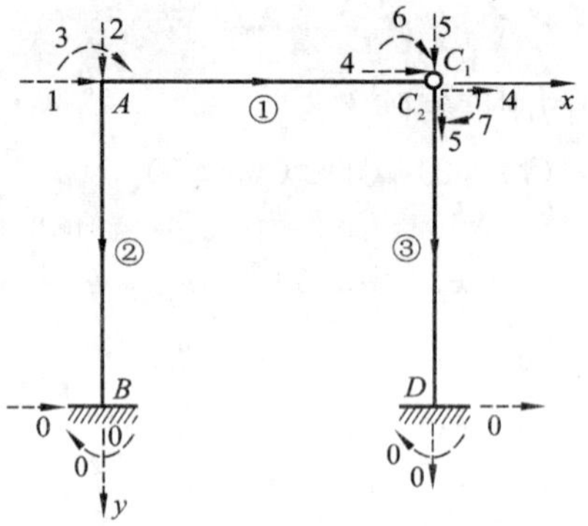

图 11-20 具有铰结点刚架的刚度集成法

(1) 考虑结点位移分量的统一编码

按照前述做法,在固定端 B 或 D 处,三个位移分量的总码编为(0,0,0)。在刚结点 A 处,编码为(1,2,3)。

但应注意,铰结点处的两杆杆端结点应看作半独立的两个结点(C_1 和 C_2):它们的线位移相同(不独立),而角位移不相同(独立)。因此,它们的线位移应采用相同的编码,而角位移则采用不同的编码。例如,结点 C_1 的总码可编为(4,5,6),而 C_2 则为(4,5,7)。

(2) 考虑单元定位向量

在图 11-20 中,单元①、②、③的 $\bar{x}$ 轴正方向用箭头标明。各杆的单元定位向量可由图 11-20 直接写出如下:

$$\boldsymbol{\lambda}^{(1)}=\left\{\begin{array}{l}(1)\rightarrow 1\\(2)\rightarrow 2\\(3)\rightarrow 3\\(4)\rightarrow 4\\(5)\rightarrow 5\\(6)\rightarrow 6\end{array}\right\}\qquad \boldsymbol{\lambda}^{(2)}=\left\{\begin{array}{l}(1)\rightarrow 1\\(2)\rightarrow 2\\(3)\rightarrow 3\\(4)\rightarrow 0\\(5)\rightarrow 0\\(6)\rightarrow 0\end{array}\right\}\qquad \boldsymbol{\lambda}^{(3)}=\left\{\begin{array}{l}(1)\rightarrow 4\\(2)\rightarrow 5\\(3)\rightarrow 7\\(4)\rightarrow 0\\(5)\rightarrow 0\\(6)\rightarrow 0\end{array}\right\}$$

(3) 按①、②、③的次序进行单元集成

设刚架中各杆的尺寸相同(即例 11-1 中各杆的尺寸)。

首先,考虑单元①:

在整体坐标系中,单元刚度矩阵 $\boldsymbol{k}^{(1)}$(各单元刚度系数是有单位的,由于矩阵运算的特点,只着重介绍单元集成的过程,故各单元刚度系数未注明单位。下同)为:

$$
\boldsymbol{k}^{(1)}=\begin{array}{c}\\(1)\\(2)\\(3)\\(4)\\(5)\\(6)\end{array}\begin{array}{c}\begin{array}{cccccc}(1)&(2)&(3)&(4)&(5)&(6)\end{array}\\\left[\begin{array}{cccccc}300&0&0&-300&0&0\\0&12&30&0&-12&30\\0&30&100&0&-30&50\\-300&0&0&300&0&0\\0&-12&-30&0&12&-30\\0&30&50&0&-30&100\end{array}\right]\end{array}\times10^{4}
$$

根据单元①的定位向量 $\boldsymbol{\lambda}^{(1)}$ 进行定位，即 $\boldsymbol{K}$ 的第一阶段结果为：

$$
\begin{array}{cccccccc}
 & (1) & (2) & (3) & (4) & (5) & (6) & \\
 & \downarrow & \downarrow & \downarrow & \downarrow & \downarrow & \downarrow & \\
 & 1 & 2 & 3 & 4 & 5 & 6 & 7
\end{array}
$$

$$
\boldsymbol{K}=\begin{array}{c}(1)\rightarrow 1\\(2)\rightarrow 2\\(3)\rightarrow 3\\(4)\rightarrow 4\\(5)\rightarrow 5\\(6)\rightarrow 6\\7\end{array}\left[\begin{array}{ccccccc}300&0&0&-300&0&0&0\\0&12&30&0&-12&30&0\\0&30&100&0&-30&50&0\\-300&0&0&300&0&0&0\\0&-12&-30&0&12&-30&0\\0&30&50&0&-30&100&0\\0&0&0&0&0&0&0\end{array}\right]\times10^{4}
$$

其次，考虑单元②：

在整体坐标系中，单元刚度矩阵 $\boldsymbol{k}^{(2)}$ 为：

$$
\boldsymbol{k}^{(2)}=\begin{array}{c}\\(1)\\(2)\\(3)\\(4)\\(5)\\(6)\end{array}\begin{array}{c}\begin{array}{cccccc}(1)&(2)&(3)&(4)&(5)&(6)\end{array}\\\left[\begin{array}{cccccc}12&0&-30&-12&0&-30\\0&300&0&0&-300&0\\-30&0&100&30&0&50\\-12&0&30&12&0&30\\0&-300&0&0&300&0\\-30&0&50&30&0&100\end{array}\right]\end{array}\times10^{4}
$$

根据单元②的定位向量 $\boldsymbol{\lambda}^{(2)}$，将 $\boldsymbol{k}^{(2)}$ 中的元素在 $\boldsymbol{K}$ 中进行定位并与第一阶段结果累加，即得 $\boldsymbol{K}$ 的第二阶段结果为：

$$
\begin{array}{cccccccc}
 & (1) & (2) & (3) & & & & \\
 & \downarrow & \downarrow & \downarrow & & & & \\
 & 1 & 2 & 3 & 4 & 5 & 6 & 7
\end{array}
$$

$$
\boldsymbol{K}=\begin{array}{c}(1)\rightarrow 1\\(2)\rightarrow 2\\(3)\rightarrow 3\\4\\5\\6\\7\end{array}\left[\begin{array}{ccccccc}300+(12)&0+(0)&0+(-30)&-300&0&0&0\\0+(0)&12+(300)&30+(0)&0&-12&30&0\\0+(-30)&30+(0)&100+(100)&0&-30&50&0\\-300&0&0&300&0&0&0\\0&-12&-30&0&12&-30&0\\0&30&50&0&-30&100&0\\0&0&0&0&0&0&0\end{array}\right]\times10^{4}
$$

最后,考虑单元③:

在整体坐标系中,单元刚度矩阵 $\boldsymbol{k}^{(3)}$ 与 $\boldsymbol{k}^{(2)}$ 相同,根据单元③的定位向量 $\boldsymbol{\lambda}^{(3)}$,将 $\boldsymbol{k}^{(3)}$ 中的元素在 $\boldsymbol{K}$ 中进行定位并与第二阶段结果累加,即得 $\boldsymbol{K}$ 的最后结果为:

$$
\begin{array}{c} \\ \\ \\ \\ \boldsymbol{K}=\begin{array}{c}(1)\to\\(2)\to\\ \\(3)\to\end{array}\end{array}
\begin{array}{c}
\begin{array}{ccccccc} & & & (1) & (2) & & (3)\\ & & & \downarrow & \downarrow & & \downarrow \\ 1 & 2 & 3 & 4 & 5 & 6 & 7\end{array}\\
\begin{array}{c}1\\2\\3\\4\\5\\6\\7\end{array}
\begin{bmatrix}
312 & 0 & -30 & -300 & 0 & 0 & 0\\
0 & 312 & 30 & 0 & -12 & 30 & 0\\
-30 & 30 & 200 & 0 & -30 & 50 & 0\\
-300 & 0 & 0 & 300+(12) & 0+(0) & 0 & 0+(-30)\\
0 & -12 & -30 & 0+(0) & 12+(300) & -30 & 0+(0)\\
0 & 30 & 50 & 0 & -30 & 100 & 0\\
0 & 0 & 0 & 0+(-30) & 0+(0) & 0 & 0+(100)
\end{bmatrix}\times 10^4
\end{array}
$$

11.6 非结点荷载的处理

在以上各节的讨论中,只考虑了由结点位移 Δ 推算结点力(即在基本体系的附加约束中引起的约束力)的关系式,即整体刚度方程:

$$\boldsymbol{K\Delta}=\boldsymbol{F}$$

它只反映结构的刚度性质,而不涉及原结构上作用的实际荷载。它并不是用以分析原结构的位移法基本方程。本节讨论位移法基本体系的第二种状态:荷载单独作用下在基本结构中各结点的附加约束上所产生的约束力 F_{P}。

作用在结构上的荷载可以是非结点荷载、结点荷载,或是结点荷载与非结点荷载的组合。现在将原来的荷载换成与之等效的结点荷载。等效的原则是要求这两种荷载在基本结构中产生相同的结点约束力。也就是说,如果原来荷载在基本结构中各结点的附加约束上引起的结点约束力记为 F_{P},则等效结点荷载 P 在基本结构中各结点的附加约束上引起的结点约束力也应为 F_{P}。由此即可得出如下结论:

$$P=-F_{\mathrm{P}}$$

将上式代入位移法基本方程式(11-37),可写为:

$$\boldsymbol{K\Delta}=\boldsymbol{P}$$

此式即为位移法基本方程。

现以图 11-21(a)所示刚架为例来说明等效结点荷载 P 的计算方法。

对结构的结点、单元及结点位移分量编号,并建立坐标系如图 11-21(a)所示。

首先按照第 9 章的做法,在施加荷载之前,设想在结构的每一结点处各添加一附加固定支座,对支座所在的结点,则加在距支座无限接近处。经这样处理后,全部结点便都没有线位移和角位移,原支座没有任何支座反力,各单元均成为独立的固端梁,施加原给定荷载[图 11-21(b)]后(因此时原支座没有任何支座反力,为了使图面清晰,没有将原支座画入),由于荷载的作用,各单元杆端将产生固端力 $\overline{F}_{\mathrm{F}}^{e}$,此力即各单元杆端的附加固定支座所产生的

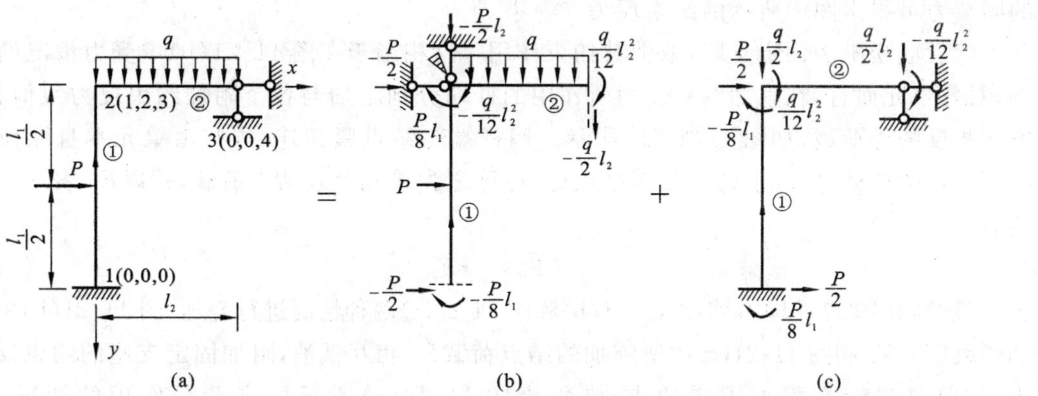

图 11-21 等效结点荷载的计算

(a)刚架及荷载；(b)固定结点线位移和角位移；(c)放松附加约束计算等效结点荷载

附加约束反力。则按局部坐标系表示的单元(e)的固端力为：

$$\overline{\boldsymbol{F}}_{\mathrm{F}}^{\mathrm{e}}=\begin{Bmatrix}\overline{\boldsymbol{F}}_i^{\mathrm{F}}\\ \cdots\\ \overline{\boldsymbol{F}}_j^{\mathrm{F}}\end{Bmatrix}^{(\mathrm{e})}=\begin{Bmatrix}\overline{F}_1^{\mathrm{F}}\\ \overline{F}_2^{\mathrm{F}}\\ \overline{F}_3^{\mathrm{F}}\\ \cdots\\ \overline{F}_4^{\mathrm{F}}\\ \overline{F}_5^{\mathrm{F}}\\ \overline{F}_6^{\mathrm{F}}\end{Bmatrix}^{(\mathrm{e})}$$

式中 $\overline{F}_1^{\mathrm{F}},\overline{F}_4^{\mathrm{F}}$——$i$、$j$ 端的固端轴力；

$\overline{F}_2^{\mathrm{F}},\overline{F}_5^{\mathrm{F}}$——$i$、$j$ 端的固端剪力；

$\overline{F}_3^{\mathrm{F}},\overline{F}_6^{\mathrm{F}}$——$i$、$j$ 端的固端弯矩。

固端力的值可查表 9-1 或由力法计算。对于表 9-1 承受横向荷载的固端梁，因不考虑弯曲变形和轴向变形的相互影响，故固端轴力均为零(应用表 9-1 时需注意改按本章正负号规定，i 端的固端剪力应加一负号)。对于图 11-21(a)所示的刚架，按局部坐标系表示的各单元的固端力为：

$$\overline{\boldsymbol{F}}_{\mathrm{F}}^{1}=\begin{Bmatrix}0\\ -\dfrac{P}{2}\\ -\dfrac{P}{8}l_1\\ \cdots\cdots\\ 0\\ -\dfrac{P}{2}\\ \dfrac{P}{8}l_1\end{Bmatrix}\qquad \overline{\boldsymbol{F}}_{\mathrm{F}}^{2}=\begin{Bmatrix}0\\ -\dfrac{q}{2}l_2\\ -\dfrac{q}{12}l_2^2\\ \cdots\cdots\\ 0\\ -\dfrac{q}{2}l_2\\ \dfrac{q}{12}l_2^2\end{Bmatrix}$$

根据图 11-21(b)中约束(包括原来的支座和附加约束)所在结点的平衡条件，由各单元的固端力可得出图中所示的约束反力。

然后放松附加固定支座,取消其约束作用。这相当于在图 11-21(b)中受力情况的基础上,对各单元而言,在附加约束反力所作用的杆端分别施加与各个附加约束反力数值相等、方向相反的外荷载,如图 11-21(c)所示。因杆端与结点紧相连,这些由单元本身原荷载情况所决定的荷载,实际上即作用于结点处,可称之为单元等效结点荷载,并以$\overline{F}_E^e$ 表示。这样便有:

$$\overline{\boldsymbol{F}}_E^e=-\overline{\boldsymbol{F}}_F^e \tag{11-59}$$

显然,在图 11-21 中,将图 11-21(b)和图 11-21(c)两种情况进行叠加,图 11-21(b)中的附加约束反力$\overline{F}_F^e$ 和图 11-21(c)中所施加的结点荷载$\overline{F}_E^e$ 相互抵消,附加固定支座的约束反力就为零,即等于没有附加固定约束,恢复为图 11-21(a)所示原来荷载作用的情况,即图 11-21(a)=图 11-21(b)+图 11-21(c)。因在图 11-21(b)中全部结点位移均为零,故图 11-21(a)和图 11-21(c)两种情况的结点位移相同,因此称图 11-21(c)中结点荷载$\overline{F}_E^e$ 为图 11-21(a)中作用在单元(e)上的非结点荷载的等效结点荷载。所谓等效是指图 11-21(a)和图 11-21(c)两种情况的结点位移相同,图 11-21(c)中的结构仅承受结点荷载,此种情况下结构之结点位移的计算,前面已叙述过了。

因查表 9-1 仅能得出局部坐标系下的固端力,故只有利用坐标变换方能求出整体坐标系下的单元等效结点荷载,即:

$$\boldsymbol{F}_E^e=\boldsymbol{T}^{eT}\overline{\boldsymbol{F}}_E^e=-\boldsymbol{T}^{eT}\overline{\boldsymbol{F}}_F^e \tag{11-60}$$

对于图 11-21 所示的例题为:

$$\boldsymbol{F}_E^1=-\boldsymbol{T}^{1T}\overline{\boldsymbol{F}}_F^1=-\left[\begin{array}{ccc:ccc} 0 & 1 & 0 & & & \\ -1 & 0 & 0 & & 0 & \\ 0 & 0 & 1 & & & \\ \hdashline & & & 0 & 1 & 0 \\ & 0 & & -1 & 0 & 0 \\ & & & 0 & 0 & 1 \end{array}\right]\left\{\begin{array}{c} 0 \\ -\dfrac{P}{2} \\ -\dfrac{Pl_1}{8} \\ \hdashline 0 \\ -\dfrac{P}{2} \\ \dfrac{Pl_1}{8} \end{array}\right\}=\left\{\begin{array}{c} \dfrac{P}{2} \\ 0 \\ \dfrac{Pl_1}{8} \\ \hdashline \dfrac{P}{2} \\ 0 \\ -\dfrac{Pl_1}{8} \end{array}\right\}$$

$$\boldsymbol{F}_E^2=-\boldsymbol{T}^{2T}\overline{\boldsymbol{F}}_F^2=-\boldsymbol{I}\,\overline{\boldsymbol{F}}_F^2=-\overline{\boldsymbol{F}}_F^2=\left\{\begin{array}{c} 0 \\ \dfrac{ql_2}{2} \\ \dfrac{ql_2^2}{12} \\ \hdashline 0 \\ \dfrac{ql_2}{2} \\ -\dfrac{ql_2^2}{12} \end{array}\right\}$$

式中 $\boldsymbol{I}$ 为单位矩阵。

单元等效结点荷载 F_{E}^{e} 是作用在单元(e)两端结点的外荷载，根据单元定位向量 $\boldsymbol{\lambda}^{(e)}$，可以判断出 F_{E}^{e} 的某一分量是否作用在支座上(看 $\boldsymbol{\lambda}^{(e)}$ 中相应的元素是否为零)及该分量沿哪一个未知位移分量方向作用。施加于支座结点的分量不影响总刚度方程的建立(因先处理法不需考虑支座约束方向的平衡条件)，应予以删去；作用在某未知位移分量方向上的分量，应按单元定位向量进行定位并累加，待所有单元的影响都计入后即形成结构等效结点荷载列阵 $\boldsymbol{P}_{\mathrm{E}}$。$\boldsymbol{P}_{\mathrm{E}}$ 与结点位移列阵 $\boldsymbol{\Delta}$ 同阶，$\boldsymbol{P}_{\mathrm{E}}$ 的第 i 个分量即是沿 $\boldsymbol{\Delta}$ 中第 i 个结点位移分量方向作用的荷载分量。

$\boldsymbol{P}_{\mathrm{E}}$ 是所有作用在结构上的非结点荷载的等效结点荷载，是由各个单元的等效结点荷载集成而得到的。根据各单元的单元定位向量按集成整体刚度矩阵的做法，把各单元的等效结点荷载分量元素进行定位并累加到 $\boldsymbol{P}_{\mathrm{E}}$ 中去。最后即得出整个结构的等效结点荷载向量。

图 11-21 所示的结构中，单元①和单元②的单元定位向量 $\boldsymbol{\lambda}^{(e)}$ 分别为：

$$\boldsymbol{\lambda}^{(1)}=\begin{Bmatrix}0\\0\\0\\\hdashline 1\\2\\3\end{Bmatrix}\qquad \boldsymbol{\lambda}^{(2)}=\begin{Bmatrix}1\\2\\3\\\hdashline 0\\0\\4\end{Bmatrix}$$

第一个非结点荷载为集中荷载，作用在单元①上，根据单元定位向量 $\boldsymbol{\lambda}^{(1)}$ 可知，$\boldsymbol{F}_{\mathrm{E}}^{1}$ 的第4、5、6 个分量分别为 $\boldsymbol{P}_{\mathrm{E}}$ 的第 1、2、3 个分量，而 $\boldsymbol{F}_{\mathrm{E}}^{1}$ 的第 1、2、3 个分量在 $\boldsymbol{P}_{\mathrm{E}}$ 中无座位：

$$\boldsymbol{P}_{\mathrm{E}}\text{ 阶段结果}=\begin{matrix}(4)\rightarrow 1\\(5)\rightarrow 2\\(6)\rightarrow 3\\4\end{matrix}\begin{Bmatrix}\dfrac{P}{2}\\0\\-\dfrac{Pl_1}{8}\\0\end{Bmatrix}$$

第二个非结点荷载为均布荷载，作用在单元②上，根据单元定位向量 $\boldsymbol{\lambda}^{(2)}$ 可知，$\boldsymbol{F}_{\mathrm{E}}^{2}$ 的第1、2、3、6 个分量分别为 $\boldsymbol{P}_{\mathrm{E}}$ 的第 1、2、3、4 个分量，而 $\boldsymbol{F}_{\mathrm{E}}^{2}$ 的第 4、5 个分量在 $\boldsymbol{P}_{\mathrm{E}}$ 中无座位，最后得结构的等效结点荷载为：

$$\boldsymbol{P}_{\mathrm{E}}\text{ 最后结果}=\begin{matrix}(1)\rightarrow 1\\(2)\rightarrow 2\\(3)\rightarrow 3\\(6)\rightarrow 4\end{matrix}\begin{bmatrix}\dfrac{P}{2}+(0)\\0+\left(\dfrac{ql_2}{2}\right)\\-\dfrac{Pl_1}{8}+\left(\dfrac{ql_2^2}{12}\right)\\0+\left(-\dfrac{ql_2^2}{12}\right)\end{bmatrix}$$

如果除了非结点荷载外，还有直接作用在结点上的结点荷载 $\boldsymbol{P}_{\mathrm{D}}$，则可将两者叠加，得综

合结点荷载向量 $\boldsymbol{P}$ 为:

$$\boldsymbol{P}=\boldsymbol{P}_{\mathrm{E}}+\boldsymbol{P}_{\mathrm{D}} \tag{11-61}$$

当有非结点荷载作用时,结构中的单元杆端力可以由两部分叠加而得:一部分是结点受有约束,各杆件为固端梁情形下的杆端力;另一部分为其等效结点荷载作用下的杆端力,如果还有直接结点荷载作用,后一部分则应为综合结点荷载作用下的杆端力,即:

$$\overline{\boldsymbol{F}}^{e}=\overline{\boldsymbol{F}}_{\mathrm{F}}^{e}+\overline{\boldsymbol{k}}^{e}\ \overline{\boldsymbol{\Delta}}^{e} \tag{11-62}$$

利用坐标变换公式,上式可改写为:

$$\overline{\boldsymbol{F}}^{e}=\overline{\boldsymbol{F}}_{\mathrm{F}}^{e}+\boldsymbol{T}^{e}\boldsymbol{k}^{e}\boldsymbol{\Delta}^{e} \tag{11-63}$$

按照上面的式子求出各单元杆端力后,也可根据支座所在处的结点(如图 11-21 中的结点 1、3)的平衡条件,来计算结构的支座反力。

为了计算方便,在表 11-6 中给出了几种典型荷载所引起的固端约束力,以备查用。

表 11-6 单元固端约束力 $\overline{F}_{\mathrm{F}}^{e}$(局部坐标系)

	荷载简图		始端 1	末端 2
1	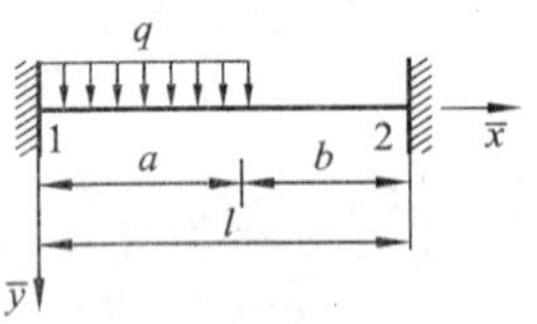	$\overline{F}_x$	0	0
		$\overline{F}_y$	$-qa\left(1-\frac{a^2}{l^2}+\frac{a^3}{2l^3}\right)$	$-q\frac{a^3}{l^2}\left(1-\frac{a}{2l}\right)$
		$\overline{M}$	$-\frac{qa^2}{12}\left(6-8\frac{a}{l}+3\frac{a^2}{l^2}\right)$	$\frac{qa^3}{12l}\left(4-3\frac{a}{l}\right)$
2	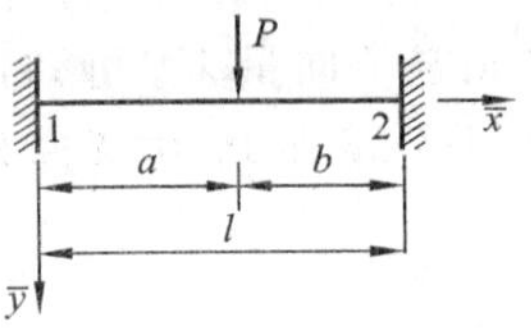	$\overline{F}_x$	0	0
		$\overline{F}_y$	$-P\frac{b^2}{l^2}\left(1+2\frac{a}{l}\right)$	$-P\frac{a^2}{l^2}\left(1+2\frac{b}{l}\right)$
		$\overline{M}$	$-P\frac{ab^2}{l}$	$P\frac{a^2b}{l^2}$
3	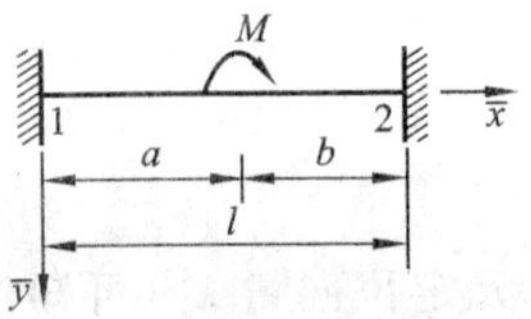	$\overline{F}_x$	0	0
		$\overline{F}_y$	$\frac{6Mab}{l^3}$	$-\frac{6Mab}{l^3}$
		$\overline{M}$	$M\frac{b}{l}\left(2-3\frac{b}{l}\right)$	$M\frac{a}{l}\left(2-3\frac{a}{l}\right)$
4	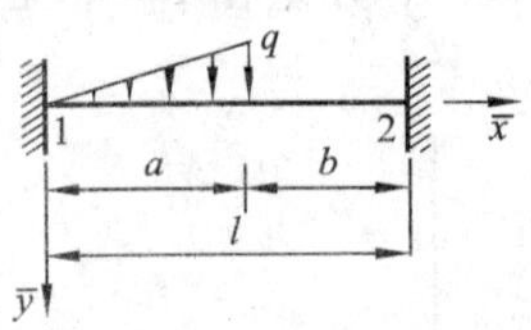	$\overline{F}_x$	0	0
		$\overline{F}_y$	$-q\frac{a}{4}\left(2-3\frac{a^2}{l^2}+1.6\frac{a^3}{l^3}\right)$	$-\frac{q}{4}\frac{a^3}{l^2}\left(3-1.6\frac{a}{l}\right)$
		$\overline{M}$	$-q\frac{a^2}{6}\left(2-3\frac{a}{l}+1.2\frac{a^2}{l^2}\right)$	$-\frac{qa^3}{4l}\left(1-0.8\frac{a}{l}\right)$
5	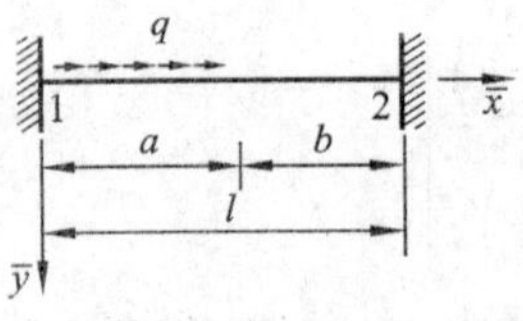	$\overline{F}_x$	$-qa\left(1-0.5\frac{a}{l}\right)$	$-0.5q\frac{a^2}{l}$
		$\overline{F}_y$	0	0
		$\overline{M}$	0	0

续表 11-6

	荷载简图		始端 1	末端 2
6	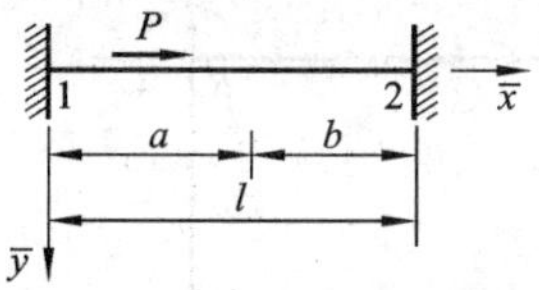	$\overline{F}_x$ $\overline{F}_y$ $\overline{M}$	$-P\dfrac{b}{l}$ 0 0	$-P\dfrac{a}{l}$ 0 0
7	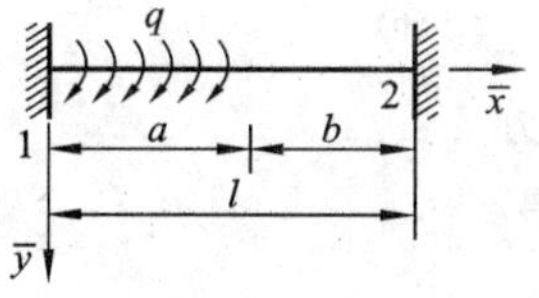	$\overline{F}_x$ $\overline{F}_y$ $\overline{M}$	0 $q\dfrac{a^2}{l^2}\left(\dfrac{a}{l}+3\dfrac{b}{l}\right)$ $-q\dfrac{b^2}{l^2}a$	0 $-q\dfrac{a^2}{l^2}\left(\dfrac{a}{l}+3\dfrac{b}{l}\right)$ $q\dfrac{a^2}{l^2}b$

11.7 刚度集成法的计算步骤和算例

根据前面讲述的内容，现将刚度集成法分析平面杆件结构的计算步骤归纳如下：

(1) 整理原始数据，选择结构的整体坐标系及每个单元的局部坐标系；对单元和结点编号，并考虑结点的约束条件，对结点的未知位移分量编号。

(2) 形成局部坐标系中的单元刚度矩阵$\overline{\boldsymbol{k}}^e$。

(3) 形成整体坐标系中的单元刚度矩阵 $\boldsymbol{k}^e$。

(4) 由单元两端的结点号形成单元定位向量 $\boldsymbol{\lambda}^{(e)}$，用单元集成法把单元刚度矩阵 $\boldsymbol{k}^e$ 的各元素“对号入座”，形成整体刚度矩阵 $\boldsymbol{K}$。

(5) 求局部坐标系的单元等效结点荷载$\overline{\boldsymbol{F}}_E^e$，转换成整体坐标系的单元等效结点荷载 $\boldsymbol{F}_E^e$，根据单元定位向量 $\boldsymbol{\lambda}^{(e)}$，用单元集成法形成整体结构的等效结点荷载 $\boldsymbol{P}_E$，再加上直接结点荷载 $\boldsymbol{P}_D$，形成综合结点荷载 $\boldsymbol{P}$。

(6) 求解结构刚度方程 $\boldsymbol{K\Delta}=\boldsymbol{P}$，求出结点位移 $\boldsymbol{\Delta}$。

(7) 取出单元杆端位移$\overline{\boldsymbol{\Delta}}^e$，按式$\overline{\boldsymbol{F}}^e=\overline{\boldsymbol{F}}_F^e+\overline{\boldsymbol{k}}^e\ \overline{\boldsymbol{\Delta}}^e$ 求各杆的杆端内力$\overline{\boldsymbol{F}}^e$。

(8) 根据问题要求，由支座结点力平衡条件求支座反力，并绘内力图等。

【例 11-3】 试求图 11-22(a)所示刚架的内力。设各杆为矩形截面，横梁 $b_2\times h_2=0.5\ \text{m}\times 1.26\ \text{m}$，立柱 $b_1\times h_1=0.5\ \text{m}\times 1\ \text{m}$。

【解】 (1) 原始数据及编号

原始数据计算如下(为了计算上的方便，设 $E=1$)。

柱：

$$A_1=0.5\ \text{m}^2,\quad I_1=\frac{1}{24}\text{m}^4,\quad l_1=6\ \text{m}$$

$$\frac{EI_1}{l_1}=6.94\times 10^{-3}\ \text{kN}\cdot\text{m},\quad \frac{EA_1}{l_1}=83.3\times 10^{-3}\ \text{kN/m}$$

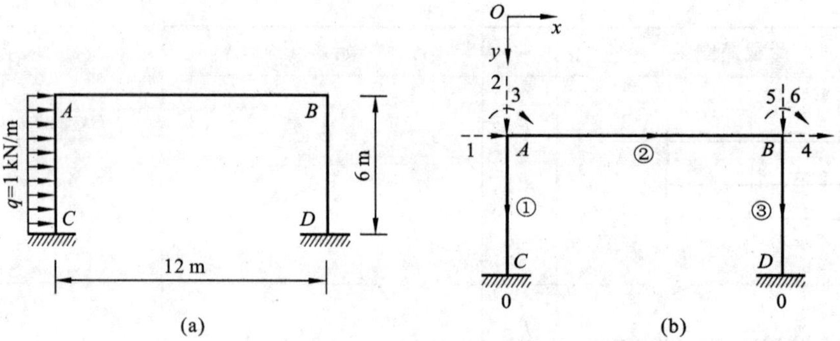

图 11-22 矩阵位移法计算刚架的内力

(a) 刚架及荷载;(b) 单元及结点位移编码

$$\frac{2EI_1}{l_1}=13.9\times10^{-3}\ \text{kN}\cdot\text{m},\quad \frac{4EI_1}{l_1}=27.8\times10^{-3}\ \text{kN}\cdot\text{m}$$

$$\frac{6EI_1}{l_1^2}=6.94\times10^{-3}\ \text{kN},\quad \frac{12EI_1}{l_1^3}=2.31\times10^{-3}\ \text{kN/m}$$

梁:

$$A_2=0.63\ \text{m}^2,\quad I_2=\frac{1}{12}\ \text{m}^4,\quad l_2=12\ \text{m}$$

$$\frac{EI_2}{l_2}=6.94\times10^{-3}\ \text{kN}\cdot\text{m},\quad \frac{EA_2}{l_2}=52.5\times10^{-3}\ \text{kN/m}$$

$$\frac{2EI_2}{l_2}=13.9\times10^{-3}\ \text{kN}\cdot\text{m},\quad \frac{4EI_2}{l_2}=27.8\times10^{-3}\ \text{kN}\cdot\text{m}$$

$$\frac{6EI_2}{l_2^2}=3.47\times10^{-3}\ \text{kN},\quad \frac{12EI_2}{l_2^3}=0.58\times10^{-3}\ \text{kN/m}$$

单元编码见图 11-22(b),局部坐标用箭头的方向表示;整体坐标和结点位移分量的统一编码亦见图 11-22(b)。

结点 C 和 D 为固定端,三个位移分量都为零,用 0 编码。结点 A 的编码为(1,2,3),结点 B 的编码为(4,5,6)。

(2) 形成局部坐标系中的单元刚度矩阵$\bar{\boldsymbol{k}}^{e}$

单元①和③:

$$\bar{\boldsymbol{k}}^{(1)}=\bar{\boldsymbol{k}}^{(3)}=\left[\begin{array}{ccc:ccc} 83.3 & 0 & 0 & -83.3 & 0 & 0 \\ 0 & 2.31 & 6.94 & 0 & -2.31 & 6.94 \\ 0 & 6.94 & 27.8 & 0 & -6.94 & 13.9 \\ \hdashline -83.3 & 0 & 0 & 83.3 & 0 & 0 \\ 0 & -2.31 & -6.94 & 0 & 2.31 & -6.94 \\ 0 & 6.94 & 13.9 & 0 & -6.94 & 27.8 \end{array}\right]\times10^{-3}$$

单元②:

$$\overline{\boldsymbol{k}}^{(2)}=\left[\begin{array}{ccc:ccc}52.5 & 0 & 0 & -52.5 & 0 & 0\\ 0 & 0.58 & 3.47 & 0 & -0.58 & 3.47\\ 0 & 3.47 & 27.8 & 0 & -3.47 & 13.9\\ \hdashline -52.5 & 0 & 0 & 52.5 & 0 & 0\\ 0 & -0.58 & -3.47 & 0 & 0.58 & -3.47\\ 0 & 3.47 & 13.9 & 0 & -3.47 & 27.8\end{array}\right]\times 10^{-3}$$

(3) 计算整体坐标系中的单元刚度矩阵 $\boldsymbol{k}^{e}$

在单元①和单元③中，$\alpha=90°$，故坐标转换矩阵为：

$$\boldsymbol{T}=\left[\begin{array}{ccc:ccc}0 & 1 & 0 & & & \\ -1 & 0 & 0 & & 0 & \\ 0 & 0 & 1 & & & \\ \hdashline & & & 0 & 1 & 0\\ & 0 & & -1 & 0 & 0\\ & & & 0 & 0 & 1\end{array}\right]$$

$$\boldsymbol{k}^{(1)}=\boldsymbol{k}^{(3)}=\boldsymbol{T}^{\mathrm{T}}\,\overline{\boldsymbol{k}}^{(1)}\,\boldsymbol{T}=\left[\begin{array}{ccc:ccc}2.31 & 0 & -6.94 & -2.31 & 0 & -6.94\\ 0 & 83.3 & 0 & 0 & -83.3 & 0\\ -6.94 & 0 & 27.8 & 6.94 & 0 & 13.9\\ \hdashline -2.31 & 0 & 6.94 & 2.31 & 0 & 6.94\\ 0 & -83.3 & 0 & 0 & 83.3 & 0\\ -6.94 & 0 & 13.9 & 6.94 & 0 & 27.8\end{array}\right]\times 10^{-3}$$

在单元②中：$\alpha=0°$，所以，$\boldsymbol{T}=\boldsymbol{I}$

$$\boldsymbol{k}^{(2)}=\overline{\boldsymbol{k}}^{(2)}$$

(4) 用单元集成法形成整体刚度矩阵 $\boldsymbol{K}$

由图 11-22(b)中单元局部编码与结点位移统一编码的关系，各杆的单元定位向量可写出如下：

$$\boldsymbol{\lambda}^{(1)}=\begin{Bmatrix}1\\2\\3\\0\\0\\0\end{Bmatrix}\qquad \boldsymbol{\lambda}^{(2)}=\begin{Bmatrix}1\\2\\3\\4\\5\\6\end{Bmatrix}\qquad \boldsymbol{\lambda}^{(3)}=\begin{Bmatrix}4\\5\\6\\0\\0\\0\end{Bmatrix}$$

按照单元定位向量 $\boldsymbol{\lambda}^{(e)}$，依次将各单元 $\boldsymbol{k}^{e}$ 中的元素在 $\boldsymbol{K}$ 中定位并累加，最后得到 $\boldsymbol{K}$ 如下：

$$\boldsymbol{K}=\begin{array}{c}\\1\\2\\3\\4\\5\\6\end{array}\begin{array}{c}\begin{array}{cccccc}\quad 1 & \quad 2 & \quad 3 & \quad 4 & \quad 5 & \quad 6\end{array}\\ \left[\begin{array}{cccccc}54.81 & 0 & -6.94 & -52.5 & 0 & 0\\ 0 & 83.88 & 3.47 & 0 & -0.58 & 3.47\\ -6.94 & 3.47 & 55.6 & 0 & -3.47 & 13.9\\ -52.5 & 0 & 0 & 54.81 & 0 & -6.94\\ 0 & -0.58 & -3.47 & 0 & 83.88 & -3.47\\ 0 & 3.47 & 13.9 & -6.94 & -3.47 & 55.6\end{array}\right]\end{array}\times 10^{-3}$$

(5) 求等效结点荷载 $\boldsymbol{P}_{\mathrm{E}}$

首先,求单元固端约束力$\overline{\boldsymbol{F}}_{\mathrm{F}}^{e}$:

只有单元①有$\overline{\boldsymbol{F}}_{\mathrm{F}}^{e}$

$$\overline{\boldsymbol{F}}_{\mathrm{F}}^{(1)}=\begin{Bmatrix}0\\3\\3\\\hdashline 0\\3\\-3\end{Bmatrix}$$

其次,求单元在整体坐标系中的等效结点荷载 $\boldsymbol{F}_{\mathrm{E}}^{e}$:

在单元①中,$\alpha=90°$,故得:

$$\boldsymbol{F}_{\mathrm{E}}^{e}=-\boldsymbol{T}^{(1)\mathrm{T}}\overline{\boldsymbol{F}}_{\mathrm{F}}^{(1)}=-\left[\begin{array}{ccc:ccc}0&-1&0&&&\\1&0&0&&0&\\0&0&1&&&\\\hdashline &&&0&-1&0\\&0&&1&0&0\\&&&0&0&1\end{array}\right]\begin{Bmatrix}0\\3\\3\\\hdashline 0\\3\\-3\end{Bmatrix}=\begin{Bmatrix}3\\0\\-3\\\hdashline 3\\0\\3\end{Bmatrix}$$

按单元①定位向量 $\boldsymbol{\lambda}^{(1)}$,将 $\boldsymbol{F}_{\mathrm{E}}^{e}$ 中的元素在结构的等效结点荷载 $\boldsymbol{P}_{\mathrm{E}}$ 中定位,得:

$$\boldsymbol{P}_{\mathrm{E}}=\begin{Bmatrix}3\\0\\-3\\\hdashline 0\\0\\0\end{Bmatrix}$$

(6) 解基本方程

$$10^{-3}\times\left[\begin{array}{ccc:ccc}54.81&0&-6.94&-52.5&0&0\\0&83.88&3.47&0&-0.58&3.47\\-6.94&3.47&55.6&0&-3.47&13.9\\\hdashline -52.5&0&0&54.81&0&-6.94\\0&-0.58&-3.47&0&83.88&-3.47\\0&3.47&13.9&-6.94&-3.47&55.6\end{array}\right]\begin{Bmatrix}u_{\mathrm{A}}\\v_{\mathrm{A}}\\\theta_{\mathrm{A}}\\\hdashline u_{\mathrm{B}}\\v_{\mathrm{B}}\\\theta_{\mathrm{B}}\end{Bmatrix}=\begin{Bmatrix}3\\0\\-3\\\hdashline 0\\0\\0\end{Bmatrix}$$

求得

$$\begin{Bmatrix}u_{\mathrm{A}}\\v_{\mathrm{A}}\\\theta_{\mathrm{A}}\\\hdashline u_{\mathrm{B}}\\v_{\mathrm{B}}\\\theta_{\mathrm{B}}\end{Bmatrix}=\begin{Bmatrix}847\\-5.13\\28.4\\\hdashline 824\\5.13\\96.5\end{Bmatrix}$$

(7) 求各杆杆端力$\overline{\boldsymbol{F}}^{e}$

在单元①中：先求 $\boldsymbol{F}^{(1)}$，然后求$\overline{\boldsymbol{F}}^{(1)}$，

$\boldsymbol{F}^{(1)}=\boldsymbol{k}^{(1)}\boldsymbol{\Delta}^{(1)}+\boldsymbol{F}_{F}^{e}$

$$
=10^{-3}\times\begin{bmatrix}
2.31 & 0 & -6.94 & -2.31 & 0 & -6.94\\
0 & 83.3 & 0 & 0 & -83.3 & 0\\
-6.94 & 0 & 27.8 & 6.94 & 0 & 13.9\\
-2.31 & 0 & 6.94 & 2.31 & 0 & 6.94\\
0 & -83.3 & 0 & 0 & 83.3 & 0\\
-6.94 & 0 & 13.9 & 6.94 & 0 & 27.8
\end{bmatrix}\begin{Bmatrix}847\\-5.13\\28.4\\0\\0\\0\end{Bmatrix}+
$$

$$
\begin{Bmatrix}-3\\0\\3\\-3\\0\\-3\end{Bmatrix}=\begin{Bmatrix}-1.24\\-0.43\\-2.09\\-4.76\\0.43\\-8.49\end{Bmatrix}
$$

由此可求得：

$$
\overline{\boldsymbol{F}}^{(1)}=\boldsymbol{T}\boldsymbol{F}^{(1)}=\begin{Bmatrix}-0.43\\1.24\\-2.09\\0.43\\4.76\\-8.49\end{Bmatrix}
$$

在单元②中：

$\overline{\boldsymbol{F}}^{(2)}=\boldsymbol{F}^{(2)}=\boldsymbol{k}^{(2)}\boldsymbol{\Delta}^{(2)}$

$$
=10^{-3}\times\begin{bmatrix}
52.5 & 0 & 0 & -52.5 & 0 & 0\\
0 & 0.58 & 3.47 & 0 & -0.58 & 3.47\\
0 & 3.47 & 27.8 & 0 & -3.47 & 13.9\\
-52.5 & 0 & 0 & 52.5 & 0 & 0\\
0 & -0.58 & -3.47 & 0 & 0.58 & -3.47\\
0 & 3.47 & 13.9 & 0 & -3.47 & 27.8
\end{bmatrix}\times
$$

$$
\begin{Bmatrix}8.47\\-5.13\\28.4\\824\\5.13\\96.5\end{Bmatrix}=\begin{Bmatrix}1.24\\0.43\\2.09\\-1.24\\-0.43\\3.04\end{Bmatrix}
$$

在单元③中：

$$\boldsymbol{F}^{(3)}=\boldsymbol{k}^{(3)}\boldsymbol{\Delta}^{(3)}=10^{-3}\times\left[\begin{array}{ccc|ccc}2.31 & 0 & -6.94 & -2.31 & 0 & -6.94\\0 & 83.3 & 0 & 0 & -83.3 & 0\\-6.94 & 0 & 27.8 & 6.94 & 0 & 13.9\\\hline -2.31 & 0 & 6.94 & 2.31 & 0 & 6.94\\0 & -83.3 & 0 & 0 & 83.3 & 0\\-6.94 & 0 & 13.9 & 6.94 & 0 & 27.8\end{array}\right]\times$$

$$\left\{\begin{array}{c}824\\5.13\\96.5\\\hline 0\\0\\0\end{array}\right\}=\left\{\begin{array}{c}1.24\\0.43\\-3.04\\\hline -1.24\\-0.43\\-4.38\end{array}\right\}$$

$$\overline{\boldsymbol{F}}^{(3)}=\boldsymbol{T}\boldsymbol{F}^{(3)}=\left\{\begin{array}{c}0.43\\-1.24\\-3.04\\\hline -0.43\\1.24\\-4.38\end{array}\right\}$$

(8) 根据杆端力绘制内力图，如图 11-23 所示。

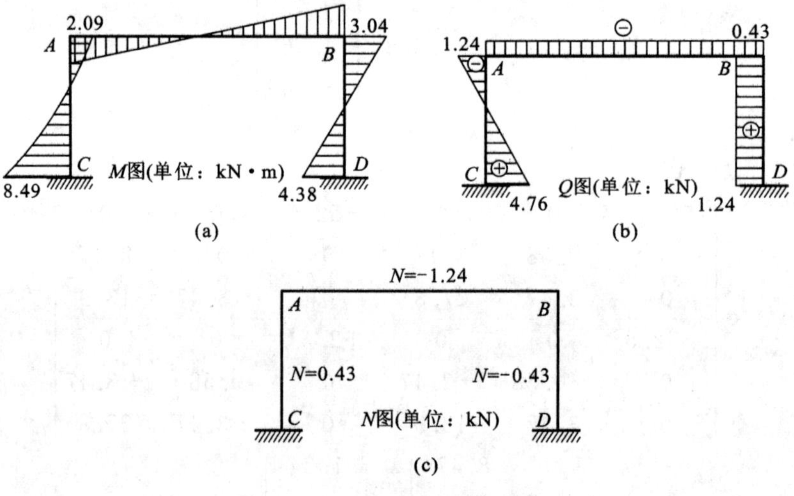

图 11-23　刚架最后内力图

(a)弯矩图；(b)剪力图；(c)轴力图

【例 11-4】 试求图 11-24(a)所示桁架的内力。各杆 EA 相同。

【解】 (1) 单元和结点位移分量的统一编码如图 11-24(b)所示。

结点 A 和 B 为铰支承，两个位移分量都为零，用 0 编码。结点 C 的编码为(1,2)，结点 D 的编码为(3,4)。

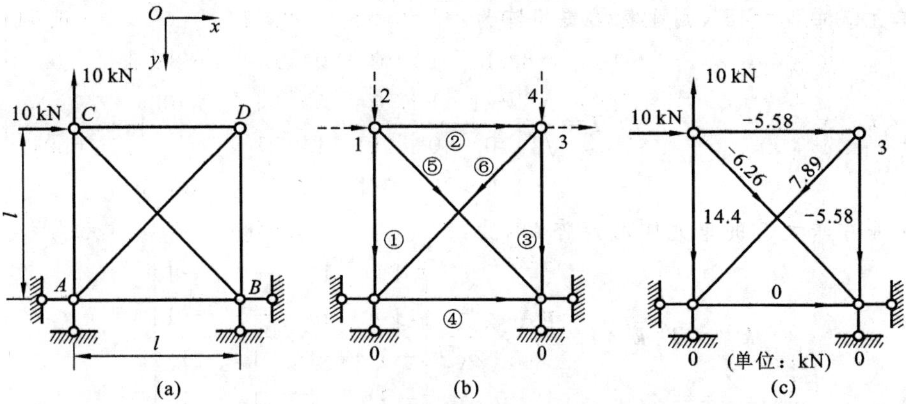

图 11-24 矩阵位移法计算平面桁架内力

(a)桁架及荷载；(b)单元及结点位移编码；(c)各杆内力

单元的局部坐标用箭头方向表示，示于图 11-24(b)中。整体坐标示于图 11-24(b)中。

(2) 在局部坐标系中的各单元刚度矩阵$\overline{\boldsymbol{k}}^e$

在局部坐标系中①、②、③、④的单元刚度矩阵$\overline{\boldsymbol{k}}^e$ 相同

$$\overline{\boldsymbol{k}}^{(1)}=\overline{\boldsymbol{k}}^{(2)}=\overline{\boldsymbol{k}}^{(3)}=\overline{\boldsymbol{k}}^{(4)}=\frac{EA}{l}\left[\begin{array}{cc|cc}1&0&-1&0\\0&0&0&0\\\hline -1&0&1&0\\0&0&0&0\end{array}\right]$$

$$\overline{\boldsymbol{k}}^{(5)}=\overline{\boldsymbol{k}}^{(6)}=\frac{EA}{\sqrt{2}l}\left[\begin{array}{cc|cc}1&0&-1&0\\0&0&0&0\\\hline -1&0&1&0\\0&0&0&0\end{array}\right]$$

(3) 形成整体坐标系中的单元刚度矩阵 $\boldsymbol{k}^e$

在单元①和单元③中：$\alpha=90°$，则坐标转置矩阵为：

$$\boldsymbol{T}=\left[\begin{array}{cc|cc}0&1&0&0\\-1&0&0&0\\\hline 0&0&0&1\\0&0&-1&0\end{array}\right]$$

整体坐标系中单元①和单元③的单元刚度矩阵 $\boldsymbol{k}^e$ 为：

$$\boldsymbol{k}^{(1)}=\boldsymbol{k}^{(3)}=\boldsymbol{T}^{\mathrm{T}}\ \overline{\boldsymbol{k}}^{(1)}\boldsymbol{T}=\frac{EA}{l}\left[\begin{array}{cc|cc}0&0&0&0\\0&1&0&-1\\\hline 0&0&0&0\\0&-1&0&1\end{array}\right]$$

在单元②和单元④中：$\alpha=0°$，则整体坐标系中单元②和单元④的单元刚度矩阵 $\boldsymbol{k}^e$ 为：

$$\boldsymbol{k}^{(2)}=\boldsymbol{k}^{(4)}=\overline{\boldsymbol{k}}^{(2)}=\frac{EA}{l}\left[\begin{array}{cc|cc}1&0&-1&0\\0&0&0&0\\\hline -1&0&1&0\\0&0&0&0\end{array}\right]$$

在单元⑤中：$\alpha=45°$，则坐标转置矩阵为：

$$T=\frac{1}{\sqrt{2}}\left[\begin{array}{cc:cc} 1 & 1 & 0 & 0 \\ -1 & 1 & 0 & 0 \\ \hdashline 0 & 0 & 1 & 1 \\ 0 & 0 & -1 & 1 \end{array}\right]$$

整体坐标系中单元⑤的单元刚度矩阵 $\boldsymbol{k}^{(5)}$ 为：

$$\boldsymbol{k}^{(5)}=\boldsymbol{T}^{\mathrm{T}}\,\overline{\boldsymbol{k}}^{(5)}\,\boldsymbol{T}=\frac{EA}{l}\times\frac{1}{2\sqrt{2}}\left[\begin{array}{cc:cc} 1 & 1 & -1 & -1 \\ 1 & 1 & -1 & -1 \\ \hdashline -1 & -1 & 1 & 1 \\ -1 & -1 & 1 & 1 \end{array}\right]$$

在单元⑥中：$\alpha=135°$，则坐标转置矩阵为：

$$T=\frac{1}{\sqrt{2}}\left[\begin{array}{cc:cc} -1 & 1 & 0 & 0 \\ -1 & -1 & 0 & 0 \\ \hdashline 0 & 0 & -1 & 1 \\ 0 & 0 & -1 & -1 \end{array}\right]$$

整体坐标系中单元⑥的单元刚度矩阵 $\boldsymbol{k}^{(6)}$ 为：

$$\boldsymbol{k}^{(6)}=\boldsymbol{T}^{\mathrm{T}}\,\overline{\boldsymbol{k}}^{(6)}\,\boldsymbol{T}=\frac{EA}{l}\times\frac{1}{2\sqrt{2}}\left[\begin{array}{cc:cc} 1 & -1 & -1 & 1 \\ -1 & 1 & 1 & -1 \\ \hdashline -1 & 1 & 1 & -1 \\ 1 & -1 & -1 & 1 \end{array}\right]$$

(4) 用刚度集成法形成整体刚度矩阵 $\boldsymbol{K}$

由图 11-24(b)可得各单元定位向量 $\boldsymbol{\lambda}^{(e)}$ 为：

$$\boldsymbol{\lambda}^{(1)}=\begin{Bmatrix}1\\2\\0\\0\end{Bmatrix}\qquad \boldsymbol{\lambda}^{(2)}=\begin{Bmatrix}1\\2\\3\\4\end{Bmatrix}\qquad \boldsymbol{\lambda}^{(3)}=\begin{Bmatrix}3\\4\\0\\0\end{Bmatrix}$$

$$\boldsymbol{\lambda}^{(4)}=\begin{Bmatrix}0\\0\\0\\0\end{Bmatrix}\qquad \boldsymbol{\lambda}^{(5)}=\begin{Bmatrix}1\\2\\0\\0\end{Bmatrix}\qquad \boldsymbol{\lambda}^{(6)}=\begin{Bmatrix}3\\4\\0\\0\end{Bmatrix}$$

根据各单元定位向量 $\boldsymbol{\lambda}^{(e)}$，将各单元刚度矩阵 $\boldsymbol{k}^{e}$ 中的元素在整体刚度矩阵 $\boldsymbol{K}$ 中进行定位，并与前阶段结果累加，最后得整体刚度矩阵 $\boldsymbol{K}$ 为：

$$\boldsymbol{K}=\begin{array}{c} \\ 1\\2\\3\\4 \end{array}\begin{array}{c} \begin{array}{cccc} \quad 1 \quad & \quad 2 \quad & \quad 3 \quad & \quad 4 \quad \end{array} \\ \begin{bmatrix} 1.35 & 0.35 & -1 & 0 \\ 0.35 & 1.35 & 0 & 0 \\ -1 & 0 & 1.35 & -0.35 \\ 0 & 0 & -0.35 & 1.35 \end{bmatrix} \end{array}\frac{EA}{l}$$

(5) 在桁架中，综合结点荷载即为结点荷载 P，由图 11-24(a)和图 11-24(b)可得结点荷载 $\boldsymbol{P}$ 为：

$$\boldsymbol{P}=\begin{Bmatrix}10\\-10\\ \hdashline 0\\0\end{Bmatrix}$$

(6) 解基本方程

$$\frac{EA}{l}\left[\begin{array}{cc:cc}1.35 & 0.35 & -1 & 0\\0.35 & 1.35 & 0 & 0\\ \hdashline -1 & 0 & 1.35 & -0.35\\0 & 0 & -0.35 & 1.35\end{array}\right]\begin{Bmatrix}u_C\\v_C\\u_D\\v_D\end{Bmatrix}=\begin{Bmatrix}10\\-10\\ \hdashline 0\\0\end{Bmatrix}$$

可得

$$\begin{Bmatrix}u_C\\v_C\\ \hdashline u_D\\v_D\end{Bmatrix}=\begin{Bmatrix}26.94\\-14.42\\ \hdashline 21.36\\5.58\end{Bmatrix}\frac{1}{EA}$$

(7) 求各杆杆端力 $\overline{\boldsymbol{F}}^{e}$

单元①：

$$\overline{\boldsymbol{F}}^{(1)}=\boldsymbol{T}\boldsymbol{F}^{(1)}=\boldsymbol{T}\boldsymbol{k}^{(1)}\boldsymbol{\Delta}^{(1)}=\left[\begin{array}{cc:cc}0 & 1 & & \\-1 & 0 & \multicolumn{2}{c}{0}\\ \hdashline & & 0 & 1\\ \multicolumn{2}{c:}{0} & -1 & 0\end{array}\right]\times\left[\begin{array}{cc:cc}0 & 0 & 0 & 0\\0 & 1 & 0 & -1\\ \hdashline 0 & 0 & 0 & 0\\0 & -1 & 0 & 1\end{array}\right]\begin{Bmatrix}26.94\\-14.42\\ \hdashline 0\\0\end{Bmatrix}$$

$$=\begin{Bmatrix}-14.4\\0\\ \hdashline 14.4\\0\end{Bmatrix}$$

单元②：

$$\overline{\boldsymbol{F}}^{(2)}=\boldsymbol{F}^{(2)}=\boldsymbol{k}^{(2)}\boldsymbol{\Delta}^{(2)}=\left[\begin{array}{cc:cc}1 & 0 & -1 & 0\\0 & 0 & 0 & 0\\ \hdashline -1 & 0 & 1 & 0\\0 & 0 & 0 & 0\end{array}\right]\begin{Bmatrix}26.94\\-14.42\\ \hdashline 21.36\\5.58\end{Bmatrix}=\begin{Bmatrix}5.58\\0\\ \hdashline -5.58\\0\end{Bmatrix}$$

单元③：

$$\overline{\boldsymbol{F}}^{(3)}=\boldsymbol{T}\boldsymbol{F}^{(3)}=\boldsymbol{T}\boldsymbol{k}^{(3)}\boldsymbol{\Delta}^{(3)}=\left[\begin{array}{cc:cc}0 & 1 & & \\-1 & 0 & \multicolumn{2}{c}{0}\\ \hdashline & & 0 & 1\\ \multicolumn{2}{c:}{0} & -1 & 0\end{array}\right]\left[\begin{array}{cc:cc}0 & 0 & 0 & 0\\0 & 1 & 0 & -1\\ \hdashline 0 & 0 & 0 & 0\\0 & -1 & 0 & 1\end{array}\right]\times\begin{Bmatrix}21.36\\5.58\\ \hdashline 0\\0\end{Bmatrix}=\begin{Bmatrix}5.58\\0\\ \hdashline -5.58\\0\end{Bmatrix}$$

单元④：

$$\overline{\boldsymbol{F}}^{(4)}=\boldsymbol{F}^{(4)}=\boldsymbol{k}^{(4)}\boldsymbol{\Delta}^{(4)}=0$$

单元⑤：

$$\overline{\boldsymbol{F}}^{(5)}=\boldsymbol{T}\boldsymbol{F}^{(5)}=\boldsymbol{T}\boldsymbol{k}^{(5)}\boldsymbol{\Delta}^{(5)}=\frac{1}{\sqrt{2}}\begin{bmatrix}1 & 1 & 0 & 0\\-1 & 1 & 0 & 0\\0 & 0 & 1 & 1\\0 & 0 & -1 & 1\end{bmatrix}\times\frac{1}{2\sqrt{2}}\begin{bmatrix}1 & 1 & -1 & -1\\1 & 1 & -1 & -1\\-1 & -1 & 1 & 1\\-1 & -1 & 1 & 1\end{bmatrix}\times$$

$$\begin{Bmatrix}26.94\\-14.42\\0\\0\end{Bmatrix}=\begin{Bmatrix}6.26\\0\\-6.26\\0\end{Bmatrix}$$

单元⑥：

$$\overline{\boldsymbol{F}}^{(6)}=\boldsymbol{T}\boldsymbol{F}^{(6)}=\boldsymbol{T}\boldsymbol{k}^{(6)}\boldsymbol{\Delta}^{(6)}=\frac{1}{\sqrt{2}}\begin{bmatrix}-1 & 1 & 0 & 0\\-1 & -1 & 0 & 0\\0 & 0 & -1 & 1\\0 & 0 & -1 & -1\end{bmatrix}\times\frac{1}{2\sqrt{2}}\begin{bmatrix}1 & -1 & -1 & 1\\-1 & 1 & 1 & -1\\-1 & 1 & 1 & -1\\1 & -1 & -1 & 1\end{bmatrix}\times$$

$$\begin{Bmatrix}21.36\\5.58\\0\\0\end{Bmatrix}=\begin{Bmatrix}-7.89\\0\\7.89\\0\end{Bmatrix}$$

各杆内力值标在图 11-24(c)中桁架的各杆旁。

【例 11-5】 试求图 11-25 所示组合结构的内力。设横梁截面抗拉刚度和抗弯刚度分别 EA 为和 EI，且 $EA=2EI$。已知吊杆截面抗拉刚度 $E_1A_1=\frac{EI}{20}$。

【解】 (1) 单元和结点位移分量的统一编码如图 11-25 所示。

横梁固定端的三个位移分量都为零，用 0 编码。拉杆④和⑤在支座处的两个线位移分量均为零，也用 0 编码。单元①和②间刚结点 A，编码为(1,2,3)。单元②和③间刚结点 B，编码为(4,5,6)。单元④、⑤和横梁的铰结点处，线位移不独立，因此，应采用相同编码，分别为(1,2)和(4,5)。所选取的局部坐标系和整体坐标系如图 11-25 所示。

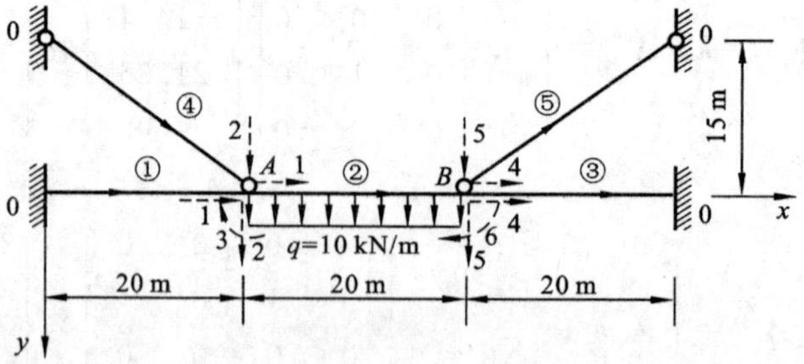

图 11-25 矩阵位移法求组合结构的内力

(2) 求局部坐标系中的单元刚度矩阵$\overline{\boldsymbol{k}}^e$。

单元①、②、③为梁式杆，按一般平面刚架杆件单元的形式形成单元刚度矩阵$\overline{\boldsymbol{k}}^e$。

$$\overline{\boldsymbol{k}}^{(1)}=\overline{\boldsymbol{k}}^{(2)}=\overline{\boldsymbol{k}}^{(3)}=\left[\begin{array}{ccc|ccc}2 & 0 & 0 & -2 & 0 & 0\\ 0 & 0.03 & 0.3 & 0 & -0.03 & 0.3\\ 0 & 0.3 & 4 & 0 & -0.3 & 2\\ \hline -2 & 0 & 0 & 2 & 0 & 0\\ 0 & -0.03 & -0.3 & 0 & 0.03 & -0.3\\ 0 & 0.3 & 2 & 0 & -0.3 & 4\end{array}\right]\times\frac{EI}{20}$$

单元④、⑤为桁架杆件，按桁架杆件单元的形式形成单元刚度矩阵$\overline{\boldsymbol{k}}^e$。

$$\overline{\boldsymbol{k}}^{(4)}=\overline{\boldsymbol{k}}^{(5)}=\left[\begin{array}{cc|cc}0.04 & 0 & -0.04 & 0\\ 0 & 0 & 0 & 0\\ \hline -0.04 & 0 & 0.04 & 0\\ 0 & 0 & 0 & 0\end{array}\right]\times E_1A_1$$

(3) 形成整体坐标系中的单元刚度矩阵 $\boldsymbol{k}^e$。

单元①、②、③：$\alpha=0°$，所以：

$$\boldsymbol{k}^{(1)}=\boldsymbol{k}^{(2)}=\boldsymbol{k}^{(3)}=\overline{\boldsymbol{k}}^{(1)}=\overline{\boldsymbol{k}}^{(2)}=\overline{\boldsymbol{k}}^{(3)}$$

单元④：$\cos\alpha=0.8$，$\sin\alpha=0.6$。单元④的坐标转置矩阵为：

$$\boldsymbol{T}^{(4)}=\left[\begin{array}{cc|cc}0.8 & 0.6 & 0 & 0\\ -0.6 & 0.8 & 0 & 0\\ \hline 0 & 0 & 0.8 & 0.6\\ 0 & 0 & -0.6 & 0.8\end{array}\right]$$

则整体坐标系中的单元刚度矩阵 $\boldsymbol{k}^{(4)}$ 为：

$$\boldsymbol{k}^{(4)}=\boldsymbol{T}^{(4)\mathrm{T}}\overline{\boldsymbol{k}}^{(4)}\boldsymbol{T}^{(4)}=\begin{array}{c}(1)\\(2)\\(3)\\(4)\end{array}\overset{\begin{array}{cccc}(1)\quad & \quad(2)\quad & \quad(3)\quad & \quad(4)\end{array}}{\begin{bmatrix}0.0256 & 0.0192 & -0.0256 & -0.0192\\ 0.0192 & 0.0144 & -0.0192 & -0.0144\\ -0.0256 & -0.0192 & 0.0256 & 0.0192\\ -0.0192 & -0.0144 & 0.0192 & 0.014\end{bmatrix}}E_1A_1$$

单元⑤：$\cos\alpha=0.8$，$\sin\alpha=-0.6$。单元⑤的坐标转置矩阵为：

$$\boldsymbol{T}^{(5)}=\left[\begin{array}{cc|cc}0.8 & -0.6 & 0 & 0\\ 0.6 & 0.8 & 0 & 0\\ \hline 0 & 0 & 0.8 & -0.6\\ 0 & 0 & 0.6 & 0.8\end{array}\right]$$

则整体坐标系中的单元刚度矩阵 $\boldsymbol{k}^{(5)}$ 为：

$$\boldsymbol{k}^{(5)}=\boldsymbol{T}^{(5)T}\overline{\boldsymbol{k}}^{(5)}\boldsymbol{T}^{(5)}=\begin{array}{c}(1)\\(2)\\(3)\\(4)\end{array}\overset{\begin{array}{cccc}(1)\quad & \quad(2)\quad & \quad(3)\quad & \quad(4)\end{array}}{\begin{bmatrix}0.0256 & -0.0192 & -0.0256 & 0.0192\\ -0.0192 & 0.0144 & 0.0192 & -0.0144\\ -0.0256 & 0.0192 & 0.0256 & -0.0192\\ 0.0192 & -0.0144 & -0.0192 & 0.014\end{bmatrix}}E_1A_1$$

(4) 用单元集成法形成整体刚度矩阵 $\boldsymbol{K}$。

图 11-25 中,各单元的 $\bar{x}$ 轴正方向用箭头标明。各杆的单元定位向量可由图 11-25 直接写出如下:

$$\boldsymbol{\lambda}^{(1)}=\begin{Bmatrix}0\\0\\0\\1\\2\\3\end{Bmatrix}\quad \boldsymbol{\lambda}^{(2)}=\begin{Bmatrix}1\\2\\3\\4\\5\\6\end{Bmatrix}\quad \boldsymbol{\lambda}^{(3)}=\begin{Bmatrix}4\\5\\6\\0\\0\\0\end{Bmatrix}$$

$$\boldsymbol{\lambda}^{(4)}=\begin{Bmatrix}0\\0\\1\\2\end{Bmatrix}\quad \boldsymbol{\lambda}^{(5)}=\begin{Bmatrix}4\\5\\0\\0\end{Bmatrix}$$

按照单元定位向量 $\boldsymbol{\lambda}^{(e)}$,将整体坐标系中各单元刚度矩阵 $\boldsymbol{k}^{e}$ 中的元素在 $\boldsymbol{K}$ 中定位并与前阶段结果累加,最后得到整体刚度矩阵 $\boldsymbol{K}$(集成时用 $E_1A_1=\dfrac{EI}{20}$ 的关系),即:

$$\boldsymbol{K}=\begin{array}{c}1\\2\\3\\4\\5\\6\end{array}\overset{\begin{array}{cccccc}1 & 2 & 3 & 4 & 5 & 6\end{array}}{\begin{bmatrix}4.0256 & 0.0192 & 0 & -2 & 0 & 0\\ 0.0192 & 0.0744 & 0 & 0 & -0.03 & 0.3\\ 0 & 0 & 8 & 0 & -0.3 & 2\\ -2 & 0 & 0 & 4.0256 & -0.0192 & 0\\ 0 & -0.03 & -0.3 & -0.0192 & 0.0744 & 0\\ 0 & 0.3 & 2 & 0 & 0 & 8\end{bmatrix}}$$

(5) 求等效结点荷载 $\boldsymbol{P}_{\mathrm{E}}$。

首先,求单元固端约束力 $\overline{\boldsymbol{F}}_{\mathrm{F}}^{e}$。

只有单元②有 $\overline{\boldsymbol{F}}_{\mathrm{F}}^{(2)}$。因为无须转换坐标,所以:

$$\boldsymbol{F}_{\mathrm{E}}^{(2)}=-\boldsymbol{F}_{\mathrm{F}}^{(2)}=-\overline{\boldsymbol{F}}_{\mathrm{F}}^{(2)}=-\begin{Bmatrix}0\\ -\dfrac{200}{2}\\ -\dfrac{10}{12}\times 400\\ \cdots\cdots\\ 0\\ -\dfrac{200}{2}\\ \dfrac{10}{12}\times 400\end{Bmatrix}=\begin{array}{c}(1)\\(2)\\(3)\\(4)\\(5)\\(6)\end{array}\begin{Bmatrix}0\\100\\333\\ \cdots\\ 0\\100\\-333\end{Bmatrix}$$

根据单元定位向量 $\boldsymbol{\lambda}^{(2)}$ 将 $\boldsymbol{F}_{\mathrm{E}}^{(2)}$ 中的元素在 $\boldsymbol{P}_{\mathrm{E}}$ 中进行定位,得:

$$\boldsymbol{P}=\boldsymbol{P}_{E}=\begin{matrix}1\\2\\3\\4\\5\\6\end{matrix}\begin{Bmatrix}0\\100\\333\\ \hdashline 0\\100\\-333\end{Bmatrix}$$

(6) 解基本方程

$$\frac{EI}{20}\times\left[\begin{array}{ccc:ccc}4.0256 & 0.0192 & 0 & -2 & 0 & 0\\0.0192 & 0.0744 & 0 & 0 & -0.03 & 0.3\\0 & 0 & 8 & 0 & -0.3 & 2\\ \hdashline -2 & 0 & 0 & 4.0256 & -0.0192 & 0\\0 & -0.03 & -0.3 & -0.0192 & 0.0744 & 0\\0 & 0.3 & 2 & 0 & 0 & 8\end{array}\right]\begin{Bmatrix}u_A\\v_A\\\theta_A\\ \hdashline u_B\\v_B\\\theta_B\end{Bmatrix}=\begin{Bmatrix}0\\100\\333\\ \hdashline 0\\100\\-333\end{Bmatrix}$$

可得

$$\begin{Bmatrix}u_A\\v_A\\\theta_A\\ \hdashline u_B\\v_B\\\theta_B\end{Bmatrix}=\frac{20}{EI}\times\begin{Bmatrix}-12.67\\3976\\254.3\\ \hdashline 12.67\\3976\\-254.3\end{Bmatrix}$$

(7) 求各杆杆端力$\overline{\boldsymbol{F}}^{e}$

单元①：

$$\overline{\boldsymbol{F}}^{(1)}=\frac{EI}{20}\times\left[\begin{array}{ccc:ccc}2 & 0 & 0 & -2 & 0 & 0\\0 & 0.03 & 0.3 & 0 & -0.03 & 0.3\\0 & 0.3 & 4 & 0 & -0.3 & 2\\ \hdashline -2 & 0 & 0 & 2 & 0 & 0\\0 & -0.03 & -0.3 & 0 & 0.03 & -0.3\\0 & 0.3 & 2 & 0 & -0.3 & 4\end{array}\right]\times\frac{20}{EI}\times$$

$$\begin{Bmatrix}0\\0\\0\\ \hdashline -12.67\\3976\\254.3\end{Bmatrix}=\begin{Bmatrix}25.34\\-42.99\\-684.2\\ \hdashline -25.34\\42.99\\-175.6\end{Bmatrix}$$

单元②：

$$\overline{F}^{(2)}=\frac{EI}{20}\times\left[\begin{array}{ccc|ccc}2&0&0&-2&0&0\\0&0.03&0.3&0&-0.03&0.3\\0&0.3&4&0&-0.3&2\\\hline -2&0&0&2&0&0\\0&-0.03&-0.3&0&0.03&-0.3\\0&0.3&2&0&-0.3&4\end{array}\right]\times\frac{20}{EI}\times\left\{\begin{array}{c}-12.67\\3976\\254.3\\\hline 12.67\\3976\\-254.3\end{array}\right\}+$$

$$\left\{\begin{array}{c}0\\-100\\-333\\\hline 0\\-100\\333\end{array}\right\}=\left\{\begin{array}{c}-50.68\\-100\\175.6\\\hline 50.68\\-100\\-175.6\end{array}\right\}$$

单元③的杆端力与单元①的杆端力对称(略)。

单元④：

$$\overline{F}^{(4)}=\overline{k}^{(4)}T^{(4)}\Delta^{(4)}=\frac{EI}{20}\times\left[\begin{array}{cc|cc}0.04&0&-0.04&0\\0&0&0&0\\\hline -0.04&0&0.04&0\\0&0&0&0\end{array}\right]\times$$

$$\left[\begin{array}{cc|cc}0.8&0.6&&\\-0.6&0.8&\multicolumn{2}{c}{0}\\\hline &&0.8&0.6\\\multicolumn{2}{c|}{0}&-0.6&0.8\end{array}\right]\times\left\{\begin{array}{c}0\\0\\\hline -12.67\\3976\end{array}\right\}\times\frac{20}{EI}$$

$$=\left\{\begin{array}{c}-95.02\\0\\\hline 95.02\\0\end{array}\right\}$$

同理可得：

$$\overline{F}^{(5)}=\left\{\begin{array}{c}-95.02\\0\\\hline 95.02\\0\end{array}\right\}$$

(8) 作内力图

根据所求得的各单元在局部坐标系中的杆端力$\overline{F}^{e}$作出内力图(图 11-26)。

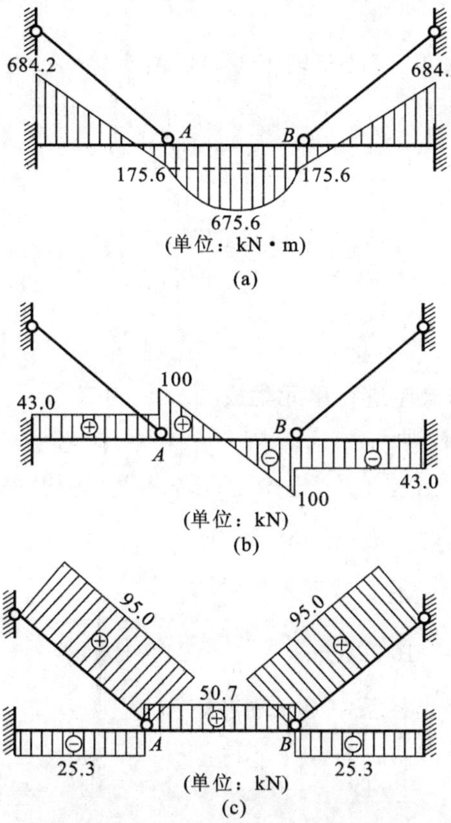

图 11-26 组合结构的 M、Q、N 图

(a)M 图；(b)Q 图；(c)N 图

11.8 忽略轴向变形时平面刚架的整体分析

工程中常遇到由横梁竖柱组成的矩形刚架，通常轴向变形的影响很小，可以忽略不计。本节讨论这种刚架整体分析的一些方法。

以图 11-27 所示矩形刚架为例进行说明。

(1) 考虑结点位移分量的统一编码

在固定端 B 和 D 处，三个位移分量都为零，总码编为(0,0,0)。因为忽略轴向变形的影响，在刚结点 A 处，在铰结点 C_1 和 C_2 处，竖向位移分量都为零，故其编码也应为零码。此外，因为忽略轴向变形影响，结点 A、C_1 和 C_2 的水平位移分量都相等，因此，它们的线位移应采用相同的编码。所以，结点 A 的总码编为(1,0,2)，结点 C_1 的总码编为(1,0,3)，结点 C_2 的总码编为(1,0,4)。

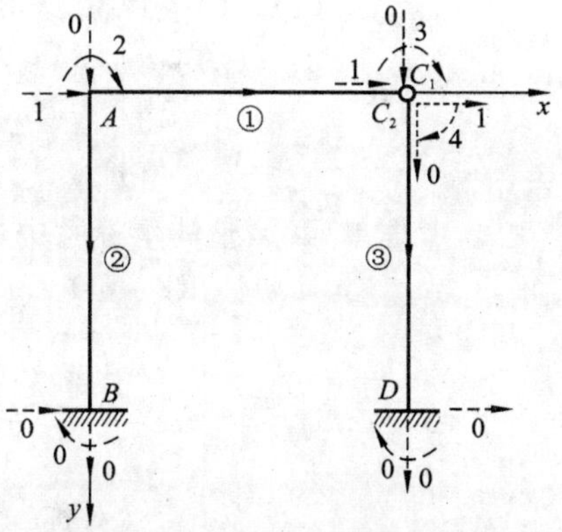

图 11-27 忽略轴向变形的刚架整体分析

(2) 考虑单元定位向量

在图 11-27 中,单元①、②、③的 $\bar{x}$ 轴正方向用箭头标明。各杆的单元定位向量可由图 11-27 直接写出如下:

$$\boldsymbol{\lambda}^{(1)}=\begin{Bmatrix}1\\0\\2\\1\\0\\3\end{Bmatrix}\quad \boldsymbol{\lambda}^{(2)}=\begin{Bmatrix}1\\0\\2\\0\\0\\0\end{Bmatrix}\quad \boldsymbol{\lambda}^{(3)}=\begin{Bmatrix}1\\0\\4\\0\\0\\0\end{Bmatrix}$$

(3) 按单元①、②、③的次序进行单元集成

设刚架中各杆尺寸相同,即

$$l_{AB}=l_{AC}=l_{CD}=l=5\ \text{m},b\times h=0.5\ \text{m}\times 1\ \text{m}(\text{截面尺寸})$$

$$A=0.5\ \text{m}^2,\quad I=\frac{1}{24}\text{m}^4$$

$$E=3\times 10^4\ \text{MPa}$$

$$\frac{EA}{l}=300\times 10^4\ \text{kN/m},\quad \frac{EI}{l}=25\times 10^4\ \text{kN}\cdot\text{m}$$

首先,考虑单元①:整体坐标系中单元刚度矩阵 $\boldsymbol{k}^{(1)}$ 为:

$$\boldsymbol{k}^{(1)}=\begin{bmatrix}300 & 0 & 0 & -300 & 0 & 0\\ & 12 & 30 & 0 & -12 & 30\\ & & 100 & 0 & -30 & 50\\ & & & 300 & 0 & 0\\ & \text{对称} & & & 12 & -30\\ & & & & & 100\end{bmatrix}\times 10^4$$

根据单元定位向量 $\boldsymbol{\lambda}^{(1)}$ 将 $\boldsymbol{k}^{(1)}$ 中的元素在 $\boldsymbol{K}$ 中进行定位,即得 $\boldsymbol{K}$ 的第一阶段结果如下:

$$\begin{array}{r} \\ \\ \\ (1)、(4)\rightarrow 1\\ (3)\rightarrow 2\\ (6)\rightarrow 3\\ 4\end{array}\ \begin{array}{cccc}(1)、(4) & (3) & (6) & \\ \downarrow & \downarrow & \downarrow & \\ 1 & 2 & 3 & 4\\ \end{array}$$

$$\boldsymbol{K}=\begin{matrix}(1)、(4)\rightarrow 1\\(3)\rightarrow 2\\(6)\rightarrow 3\\4\end{matrix}\begin{bmatrix}300-300-300+300 & 0+0 & 0+0 & 0\\ 0 & 100 & 50 & 0\\ 0 & 50 & 100 & 0\\ 0 & 0 & 0 & 0\end{bmatrix}\times 10^4$$

其次,考虑单元②:整体坐标系中单元刚度矩阵 $\boldsymbol{k}^{(2)}$ 为:

$$\boldsymbol{k}^{(2)}=\begin{bmatrix}12 & 0 & -30 & -12 & 0 & -30\\ & 300 & 0 & 0 & -300 & 0\\ & & 100 & 30 & 0 & 50\\ & & & 12 & 0 & 30\\ & \text{对称} & & & 300 & 0\\ & & & & & 100\end{bmatrix}\times 10^4$$

根据单元定位向量 $\boldsymbol{\lambda}^{(2)}$ 将 $\boldsymbol{k}^{(2)}$ 中的元素在 $\boldsymbol{K}$ 中进行定位并与前一阶段结果累加，即得 $\boldsymbol{K}$ 的第二阶段结果如下：

$$
\begin{array}{cccc} (1) & (2) & & \\ \downarrow & \downarrow & & \\ 1 & 2 & 3 & 4 \end{array}
$$

$$
\boldsymbol{K}=\begin{matrix}(1)\to 1\\(3)\to 2\\3\\4\end{matrix}\begin{bmatrix}0+(12) & (-30) & 0 & 0\\ (-30) & 100+(100) & 50 & 0\\ 0 & 50 & 100 & 0\\ 0 & 0 & 0 & 0\end{bmatrix}\times 10^4
$$

最后，考虑单元③：$\boldsymbol{k}^{(3)}=\boldsymbol{k}^{(2)}$，根据单元定位向量 $\boldsymbol{\lambda}^{(3)}$ 将 $\boldsymbol{k}^{(3)}$ 中的元素在 $\boldsymbol{K}$ 中进行定位并与前一阶段结果累加，即得 $\boldsymbol{K}$ 的最后结果如下：

$$
\begin{array}{cccc} (1) & & & (3) \\ \downarrow & & & \downarrow \\ 1 & 2 & 3 & 4 \end{array}
$$

$$
\boldsymbol{K}=\begin{matrix}(1)\to 1\\2\\3\\(3)\to 4\end{matrix}\begin{bmatrix}12+(12) & -30 & 0 & (-30)\\ -30 & 200 & 50 & 0\\ 0 & 50 & 100 & 0\\ (-30) & 0 & 0 & (100)\end{bmatrix}\times 10^4
$$

【例 11-6】 试求图 11-28(a)所示刚架的内力，截面尺寸同例 11-3。计算时忽略轴向变形的影响。

【解】 (1) 原始数据及编码

原始数据同例 11-3。

单元编码及结点位移分量的统一编码如图 11-28 所示。除结点 C 和 D 为固定端，用 0 编码外，结点 A 和 B 的竖向位移也均为零，用 0 编码。结点 A 和 B 的水平位移相同，编码同为 1。

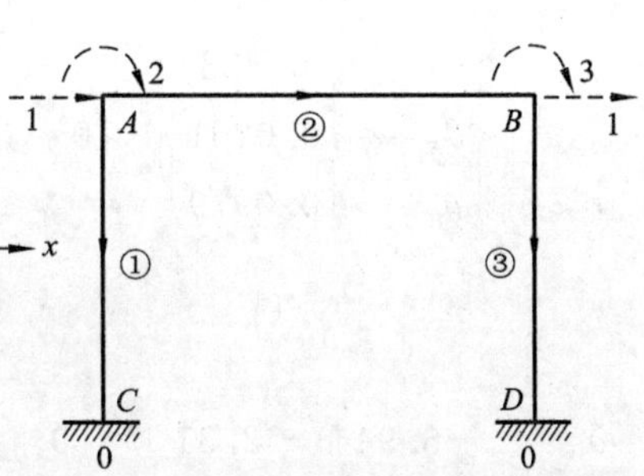

图 11-28 忽略轴向变形的刚架内力计算

(2) 形成局部坐标系中的单元刚度矩阵 $\overline{\boldsymbol{k}}^{e}$，其结果同例 11-3。

(3) 计算整体坐标系中的单元刚度矩阵是 $\boldsymbol{k}^{e}$，其结果同例 11-3。

(4) 用单元集成法形成整体刚度矩阵 $\boldsymbol{K}$

由图 11-28 中单元局部编码与结点位移统一编码的对应关系，各杆的单元定位向量可写出如下：

$$\boldsymbol{\lambda}^{(1)}=\begin{Bmatrix}1\\0\\2\\0\\0\\0\end{Bmatrix}\qquad \boldsymbol{\lambda}^{(2)}=\begin{Bmatrix}1\\0\\2\\1\\0\\3\end{Bmatrix}\qquad \boldsymbol{\lambda}^{(3)}=\begin{Bmatrix}1\\0\\3\\0\\0\\0\end{Bmatrix}$$

根据各单元定位向量 $\boldsymbol{\lambda}^{(e)}$，依次将各单元刚度矩阵 $\boldsymbol{k}^{e}$ 中的元素在整体刚度矩阵 $\boldsymbol{K}$ 中进行定位并累加，最后得到 $\boldsymbol{K}$ 如下：

$$\boldsymbol{K}=\begin{bmatrix}4.62 & -6.94 & -6.94\\ -6.94 & 55.6 & 13.9\\ -6.94 & 13.9 & 55.6\end{bmatrix}\times 10^{-3}$$

(5) 求等效结点荷载 $\boldsymbol{P}_{\mathrm{E}}$

单元在整体坐标系中的等效结点荷载 $\boldsymbol{F}_{\mathrm{E}}^{(1)}$，其结果同例 11-3。

按照单元定位向量 $\lambda^{(1)}$，将 $\boldsymbol{F}_{\mathrm{E}}^{(1)}$ 中的元素在 $\boldsymbol{P}_{\mathrm{E}}$ 中定位，得：

$$\boldsymbol{P}=\boldsymbol{P}_{\mathrm{E}}=\begin{Bmatrix}3\\-3\\0\end{Bmatrix}$$

(6) 解基本方程

$$10^{-3}\times\begin{bmatrix}4.62 & -6.94 & -6.94\\ -6.94 & 55.6 & 13.9\\ -6.94 & 13.9 & 55.6\end{bmatrix}\begin{Bmatrix}u_{\mathrm{A}}\\ \theta_{\mathrm{A}}\\ \theta_{\mathrm{B}}\end{Bmatrix}=\begin{Bmatrix}3\\-3\\0\end{Bmatrix}$$

求得：

$$\begin{Bmatrix}u_{\mathrm{A}}\\ \theta_{\mathrm{A}}\\ \theta_{\mathrm{B}}\end{Bmatrix}=\begin{Bmatrix}0.838\\0.0261\\0.0979\end{Bmatrix}\times 10^{3}$$

(7) 求各杆杆端力 $\overline{\boldsymbol{F}}^{e}$

单元①：

$$\boldsymbol{F}^{(1)}=\left[\begin{array}{ccc|ccc}2.31 & 0 & -6.94 & -2.31 & 0 & -6.94\\ 0 & 83.3 & 0 & 0 & -83.3 & 0\\ -6.94 & 0 & 27.8 & 6.94 & 0 & 13.9\\ \hline -2.31 & 0 & 6.94 & 2.31 & 0 & 6.94\\ 0 & -83.3 & 0 & 0 & 83.3 & 0\\ -6.94 & 0 & 13.9 & 6.94 & 0 & 27.8\end{array}\right]\left\{\begin{array}{c}0.838\\0\\0.0261\\ \hline 0\\0\\0\end{array}\right\}+$$

$$\begin{Bmatrix} -3 \\ 0 \\ 3 \\ \hdashline -3 \\ 0 \\ -3 \end{Bmatrix} = \begin{Bmatrix} -1.25 \\ 0 \\ -2.09 \\ \hdashline -4.75 \\ 0 \\ -8.41 \end{Bmatrix}$$

$$\overline{\boldsymbol{F}}^{(1)} = \boldsymbol{T}\boldsymbol{F}^{(1)} = \begin{Bmatrix} 0 \\ 1.25 \\ -2.09 \\ \hdashline 0 \\ 4.75 \\ -8.41 \end{Bmatrix}$$

单元②：

$$\overline{\boldsymbol{F}}^{(2)} = \boldsymbol{F}^{(2)} = \left[\begin{array}{ccc:ccc} 52.5 & 0 & 0 & -52.5 & 0 & 0 \\ 0 & 0.58 & 3.47 & 0 & -0.58 & 3.47 \\ 0 & 3.47 & 27.8 & 0 & -3.47 & 13.9 \\ \hdashline -52.5 & 0 & 0 & 52.5 & 0 & 0 \\ 0 & -0.58 & -3.47 & 0 & 0.58 & -3.47 \\ 0 & 3.47 & 13.9 & 0 & -3.47 & 27.8 \end{array}\right] \begin{Bmatrix} 0.838 \\ 0 \\ 0.0261 \\ \hdashline 0.838 \\ 0 \\ 0.0979 \end{Bmatrix}$$

$$= \begin{Bmatrix} 0 \\ 0.43 \\ 2.09 \\ \hdashline 0 \\ -0.43 \\ 3.09 \end{Bmatrix}$$

单元③：

$$\boldsymbol{F}^{(3)} = \left[\begin{array}{ccc:ccc} 2.31 & 0 & -6.94 & -2.31 & 0 & -6.94 \\ 0 & 83.3 & 0 & 0 & -83.3 & 0 \\ -6.94 & 0 & 27.8 & 6.94 & 0 & 13.9 \\ \hdashline -2.31 & 0 & 6.94 & 2.31 & 0 & 6.94 \\ 0 & -83.3 & 0 & 0 & 83.3 & 0 \\ -6.94 & 0 & 13.9 & 6.94 & 0 & 27.8 \end{array}\right] \begin{Bmatrix} 0.838 \\ 0 \\ 0.0979 \\ \hdashline 0 \\ 0 \\ 0 \end{Bmatrix} = \begin{Bmatrix} 1.25 \\ 0 \\ -3.09 \\ \hdashline -1.25 \\ 0 \\ -4.47 \end{Bmatrix}$$

$$\overline{\boldsymbol{F}}^{(3)} = \boldsymbol{T}\boldsymbol{F}^{(3)} = \begin{Bmatrix} 0 \\ -1.25 \\ -3.09 \\ \hdashline 0 \\ 1.25 \\ -4.47 \end{Bmatrix}$$

(8) 根据杆端弯矩和杆端剪力绘制弯矩图和剪力图

弯矩图和剪力图如图 11-29(a)、图 11-29(b)所示。

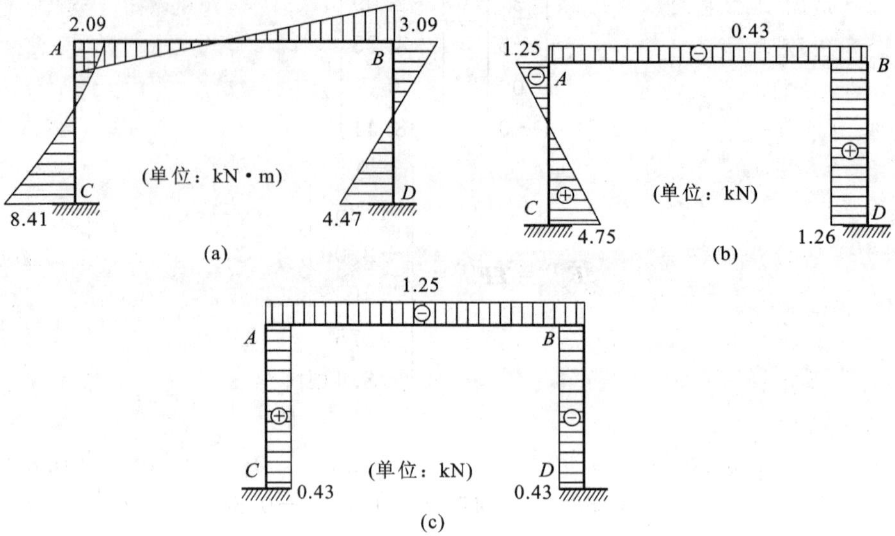

图 11-29 刚架的内力图

(a)弯矩图；(b)剪力图；(c)轴力图

由于假设杆件的轴向变形为零，因此，根据刚度方程求出的杆端轴力为零，而图 11-29(c)所示的轴力图是根据平衡条件由剪力图得出的。

与例 11-3 所得结果相比，杆件的轴向变形考虑与否，对内力影响很小。但当刚架柱顶承受较大的竖向荷载时，杆件轴向变形考虑与否，其内力就有显著差别。这是因为当刚架柱中轴力相当大时，由于柱的长度改变，引起刚架几何形状的变化，影响结点位移，从而影响刚架的内力。当横梁刚度增大，其影响更大，因此，在高层刚架或承受较大轴向力的刚架中，轴向变形影响不应忽略。

11.9 后处理法

(1) 先处理法与后处理法

在应用矩阵位移法计算结构内力和位移时，结构的边界条件可在形成结构刚度方程之前或之后处理，因而矩阵位移法又分为先处理法与后处理法两种。

先处理法在计算结构内力和位移时，结构中采用自由式单元的刚度矩阵，而在形成结构刚度方程时，由单元刚度矩阵直接形成已考虑边界条件的结构总刚度矩阵，结构的结点位移分量只需引入独立的未知位移分量，结点力向量不包括支座反力，即对支承条件进行先处理。显然，先处理法对于有铰结点以及支承结点较多且分散的结构最为方便，当忽略轴向变形时，可减少计算机存放量，计算速度等会得到改善。

后处理法是先将结构中的所有单元均采用自由式单元刚度矩阵，先形成结构的原始刚度矩阵，然后根据已知位移边界条件，对原始刚度矩阵进行边界条件处理，再形成结构总刚度矩阵或结构总刚度方程。用该法分析结构时，每个结点的位移分量数是相同的，各单元刚度矩阵的阶数也是相同的。但由于原始刚度方程中包括了已知支座位移分量，所以后处理法的主要缺点是需要占用较多的计算机存放量，当结构中某些杆件的轴向变形可忽略时则更甚。后处理法较适用于结点多、支座约束少，必须考虑轴向变形的结构。

与先处理法相比，后处理法的基本思路与之相同，其不同点为：

① 结构中各杆件均作为自由式单元来建立单元刚度矩阵。

② 由各杆单元刚度矩阵首先集成原始刚度矩阵，然后经边界条件处理，得到结构刚度矩阵。

③ 结构中的结点位移分量，不仅包括不受支座约束的自由结点位移分量，也包括受约束的可能的结点位移分量。前者位移为需求的未知值，而相应的结点力则往往是已知的；后者的位移值往往是已知值（当为刚性支承时，位移值为零），而其结点力往往是未知反力。

④ 结构中每个结点位移分量数是相同的，原始刚度矩阵的阶数由结点总数乘以一个结点的位移分量数即可确定。

（2）集成原始刚度矩阵的具体步骤

① 求出单元刚度矩阵 $\boldsymbol{k}^e$，并按结点进行分块。

② 将单元两端的结点号按始端与末端的顺序分别标注在单元刚度矩阵的上方和左侧，左侧编号标明了 $\boldsymbol{k}^e$ 中的子块在 $\boldsymbol{K}$ 中的行号，上方编号标明了 $\boldsymbol{k}^e$ 中的子块在 $\boldsymbol{K}$ 中的列号。

③ 根据编号，将 $\boldsymbol{k}^e$ 中的 4 个子块分别置于或累加到 K 中的对应位置上。

（3）边界条件的处理

在后处理法中，由于结构各单元均采用自由式单元，其集合而成的结构解除了与外界的一切约束，成为一个自由体，即结构具有刚体位移，由各单元刚度集成的是原始刚度矩阵，因此结构总刚度方程不可能有确定的解。然而实际结构都是以一定的约束形式与外界固定在一起的，或者给予结构边界一个确定的已知位移。为使结构总刚度方程有确定的解，必须将已知位移边界条件引入结构总刚度方程。这就是边界条件的处理。边界条件的处理方法为：

① 当支座位移等于零时，采用“主 1 副 0”法。设结点位移向量 Δ 中第 r 个位移等于零，即 $\delta_r=0$，应对整体刚度方程中的第 r 个平衡方程进行修改：

在整体刚度矩阵 $\boldsymbol{K}$ 中的第 r 行第 r 列中，主对角线元素 k_{rr}，改为 1，其余元素改为 0。同时将结点荷载向量 $\boldsymbol{P}$ 中的第 r 个分量也改为 0。即：

$$\left.\begin{aligned} &k_{rr}=1 \\ &k_{rs}=k_{sr}=0,(s\neq r) \\ &p_r=0 \end{aligned}\right\} \tag{11-64}$$

经过上述修改后，原第 r 个方程就改为 $\delta_r=0$，这就引入了 $\delta_r=0$ 的支承条件。

手算时，为引入 $\delta_r=0$ 的支承条件，通常在原始刚度矩阵中划去第 r 行和第 r 列的所有元素，这种边界条件的处理方法常称为划行划列法。

② 当支座位移等于给定值时，采用乘大数法。

设 $\boldsymbol{\Delta}$ 中第 r 个位移分量为给定值 D，即 $\delta_r=D$，则应对第 r 个方程进行修改：

在矩阵 $\boldsymbol{K}$ 与向量 $\boldsymbol{P}$ 中，

$$\left.\begin{array}{l}将主对角线元素 k_{rr} 改为 G\cdot k_{rr}\\ 将 P_r 改为 D\cdot G\cdot k_{rr}\end{array}\right\} \tag{11-65}$$

其中,G 为一大数,通常取为$10^{10}\sim10^{12}$。经过上述修改后,第 r 个方程就变为:

$$k_{r1}\delta_1+k_{r2}\delta_2+\cdots+G\cdot k_{rr}\cdot\delta_r+\cdots+k_{rn}\cdot\delta_n=D\cdot G\cdot k_{rr}$$

在上式左边项中,由于 G 是很大的数,其余系数相对很小,可忽略不计,故只剩下

$$G\cdot k_{rr}\cdot\delta_r=D\cdot G\cdot k_{rr}$$

即:

$$\delta_r=D$$

这就引入了已知位移 $\delta_r=D$ 的支承条件。

经过上述修改后,整体刚度方程就完全满足了结构在支座结点处的位移边界条件。此时可将修改后的整体刚度方程称为结构刚度方程,实际上就是位移法的基本方程。修改后的整体刚度矩阵称为结构刚度矩阵(同先处理法)。显然,它是非奇异的对称矩阵。通过求解结构刚度方程,可得到未知的结点位移向量 $\boldsymbol{\Delta}$,进而可确定各杆端内力。

【例 11-7】 试用后处理法计算图 11-30(a)所示的桁架各杆内力(设各杆 EA 为常数)。

【解】 (1)对各结点和各单元编号,建立结构坐标系[图 11-30(b)],各单元坐标系和各单元的基本数据如表 11-7 所示。

表 11-7 各单元的基本数据

单元	单元坐标系 $i\to j$	杆长	$\cos\alpha$	$\sin\alpha$
①	1→3	l	1	0
②	3→4	l	0	1
③	2→4	l	1	0
④	2→3	$\sqrt{2}l$	0.707	−0.707
⑤	1→4	$\sqrt{2}l$	0.707	0.707

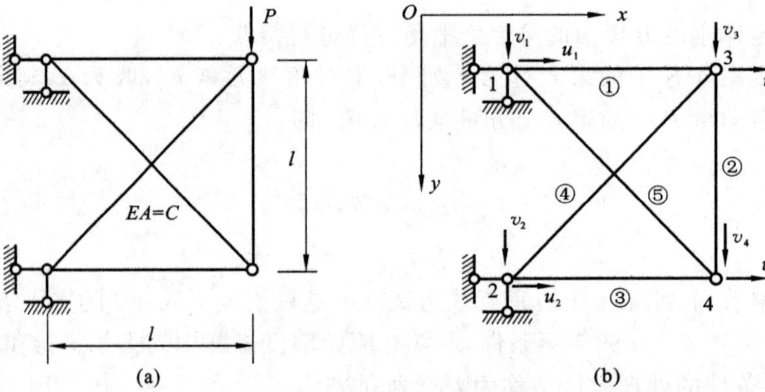

图 11-30 计算桁架各杆内力

(a)桁架及荷载;(b)坐标系中结点和单元编号

(2) 形成结构坐标系中的单元刚度矩阵 k^e(括号内为单元③的数)。

$$
\boldsymbol{k}^{(1)}=\boldsymbol{k}^{(3)}=\frac{EA}{l}
\begin{array}{c}
\begin{array}{cc} 1(2) & 3(4) \end{array}\\
\left[\begin{array}{cc:cc}
1 & 0 & -1 & 0\\
0 & 0 & 0 & 0\\
\hdashline
-1 & 0 & 1 & 0\\
0 & 0 & 0 & 0
\end{array}\right]
\end{array}
\begin{array}{c} 1(2)\\ \\ 3(4) \end{array}
,\quad
\boldsymbol{k}^{(2)}=\frac{EA}{l}
\begin{array}{c}
\begin{array}{cc} 3 & 4 \end{array}\\
\left[\begin{array}{cc:cc}
0 & 0 & 0 & 0\\
0 & 1 & 0 & -1\\
\hdashline
0 & 0 & 0 & 0\\
0 & -1 & 0 & 1
\end{array}\right]
\end{array}
\begin{array}{c} 3\\ \\ 4 \end{array}
$$

$$
\boldsymbol{k}^{(4)}=\frac{0.354EA}{l}
\begin{array}{c}
\begin{array}{cc} 2 & 3 \end{array}\\
\left[\begin{array}{cc:cc}
1 & -1 & -1 & 1\\
-1 & 1 & 1 & -1\\
\hdashline
-1 & 1 & 1 & -1\\
1 & -1 & -1 & 1
\end{array}\right]
\end{array}
\begin{array}{c} 2\\ \\ 3 \end{array}
,\quad
\boldsymbol{k}^{(5)}=\frac{0.354EA}{l}
\begin{array}{c}
\begin{array}{cc} 1 & 4 \end{array}\\
\left[\begin{array}{cc:cc}
1 & 1 & -1 & -1\\
1 & 1 & -1 & -1\\
\hdashline
-1 & -1 & 1 & 1\\
-1 & -1 & 1 & 1
\end{array}\right]
\end{array}
\begin{array}{c} 1\\ \\ 4 \end{array}
$$

(3) 将各单元刚度矩阵子块“对号入座”,形成原始刚度方程:

$$
\frac{EA}{l}
\begin{array}{c}
\begin{array}{cccc} 1 & 2 & 3 & 4 \end{array}\\
\left[\begin{array}{cc:cc:cc:cc}
1.354 & 0.354 & 0 & 0 & -1 & 0 & -0.354 & -0.354\\
 & 0.354 & 0 & 0 & 0 & 0 & -0.354 & -0.354\\
\hdashline
 & & 1.354 & -0.354 & -0.354 & 0.354 & -1 & 0\\
 & & & 0.354 & 0.354 & -0.354 & 0 & 0\\
\hdashline
 & & & & 1.354 & -0.354 & 0 & 0\\
 \text{对} & & & & & 1.354 & 0 & -1\\
\hdashline
 & & & & & & 1.354 & 0.354\\
 & & \text{称} & & & & & 1.354
\end{array}\right]
\end{array}
\times
\left\{\begin{array}{c}
u_1\\ v_1\\ u_2\\ v_2\\ \hdashline u_3\\ v_3\\ u_4\\ v_4
\end{array}\right\}
=
\left\{\begin{array}{c}
X_1\\ Y_1\\ X_2\\ Y_2\\ \hdashline 0\\ P\\ 0\\ 0
\end{array}\right\}
$$

(4) 已知支座位移边界条件为

$$
\left\{\begin{array}{c}
u_1\\ v_1\\ \hdashline u\\ v_2
\end{array}\right\}
=
\left\{\begin{array}{c}
0\\ 0\\ 0\\ 0
\end{array}\right\}
$$

(5) 对应上述已知位移边界条件,将原始刚度方程中第1～4行和第1～4列划去,即得到结构刚度方程为:

$$\frac{EA}{l}\left[\begin{array}{cc:cc} 1.354 & -0.354 & 0 & 0 \\ -0.354 & 1.354 & 0 & -1 \\ \hdashline 0 & 0 & 1.354 & 0.354 \\ 0 & -1 & 0.354 & 1.354 \end{array}\right]\left\{\begin{array}{c} u_3 \\ v_3 \\ \hdashline u_4 \\ v_4 \end{array}\right\}=\left\{\begin{array}{c} 0 \\ P \\ \hdashline 0 \\ 0 \end{array}\right\}$$

(6) 计算结点位移

解结构刚度方程,可得:

$$\left\{\begin{array}{c} u_3 \\ v_3 \\ \hdashline u_4 \\ v_4 \end{array}\right\}=\frac{Pl}{EA}\left\{\begin{array}{c} 0.5578 \\ 2.1353 \\ \hdashline -0.4422 \\ 1.6931 \end{array}\right\}$$

(7) 计算杆端力

以单元④为例,结构坐标系中的杆端力为:

$$\boldsymbol{F}^{(4)}=\left\{\begin{array}{c} X_2 \\ Y_2 \\ \hdashline X_3 \\ Y_3 \end{array}\right\}^{(4)}=\frac{0.354EA}{l}\left[\begin{array}{cc:cc} 1 & -1 & -1 & 1 \\ -1 & 1 & 1 & -1 \\ \hdashline -1 & 1 & 1 & -1 \\ 1 & -1 & -1 & 1 \end{array}\right]\times\frac{Pl}{EA}\left\{\begin{array}{c} 0 \\ 0 \\ \hdashline 0.5578 \\ 2.1353 \end{array}\right\}=\left\{\begin{array}{c} 0.5578 \\ -0.5578 \\ \hdashline -0.5578 \\ 0.5578 \end{array}\right\}P$$

由$\overline{\boldsymbol{F}}^e=\boldsymbol{T}\boldsymbol{F}^e$,得单元坐标系的杆端力为:

$$\overline{\boldsymbol{F}}^{(4)}=\left\{\begin{array}{c} \overline{X}_2 \\ \overline{Y}_2 \\ \hdashline \overline{X}_3 \\ \overline{Y}_3 \end{array}\right\}^{(4)}=0.7071\left[\begin{array}{cc:cc} 1 & -1 & & \\ 1 & 1 & \multicolumn{2}{c}{0} \\ \hdashline \multicolumn{2}{c:}{0} & 1 & -1 \\ & & 1 & 1 \end{array}\right]\times\left\{\begin{array}{c} 0.5578 \\ -0.5578 \\ \hdashline -0.5578 \\ 0.5578 \end{array}\right\}P=\left\{\begin{array}{c} 0.7888 \\ 0 \\ \hdashline -0.7788 \\ 0 \end{array}\right\}P$$

对于单元①、③,单元坐标系与结构坐标系一致。因此,由结构坐标系的杆端力求单元坐标系的杆端力时,不必再乘坐标转置矩阵。

(8) 计算支座反力

取原始刚度方程中的第1～4行,因$u_1=v_1=u_2=v_2=0$,故可得:

$$\{R\}=\left\{\begin{array}{c} X_1 \\ Y_1 \\ \hdashline X_2 \\ Y_2 \end{array}\right\}=\frac{EA}{l}\left[\begin{array}{cc:cc} -1 & 0 & -0.354 & -0.354 \\ 0 & 0 & -0.354 & -0.354 \\ \hdashline -0.354 & 0.354 & -1 & 0 \\ 0.354 & -0.354 & 0 & 0 \end{array}\right]\left\{\begin{array}{c} 0.5578 \\ 2.1353 \\ \hdashline -0.4422 \\ 1.6931 \end{array}\right\}\frac{Pl}{EA}$$

$$=\left\{\begin{array}{c} -1 \\ -0.4422 \\ \hdashline 1 \\ -0.5578 \end{array}\right\}P$$

(9) 校核

考虑桁架的整体平衡条件

$$\sum X = 0: -P + P = 0$$

$$\sum Y = 0: P - 0.4422P - 0.5578P = 0$$

计算无误。

【例 11-8】 试用后处理法计算图 11-31 所示的刚架各杆内力,并作内力图。设各杆截面尺寸相同。

$$A=0.5\ \mathrm{m}^2,\quad I=\frac{1}{24}\ \mathrm{m}^4,\quad E=3\times10^7\ \mathrm{kN/m}^2$$

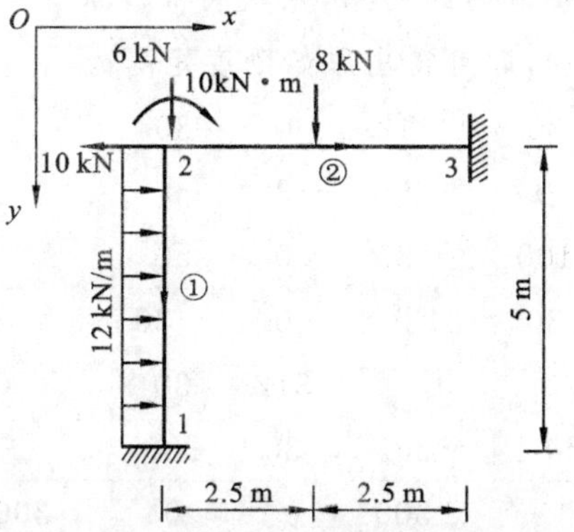

图11-31 后处理法计算刚架各杆内力

【解】 (1)整理原始数据并进行编码

$$\frac{EA}{l}=300\times10^4\ \mathrm{kN/m}\qquad \frac{4EI}{l}=100\times10^4\ \mathrm{kN\cdot m}$$

$$\frac{6EI}{l^2}=30\times10^4\ \mathrm{kN}\qquad \frac{12EI}{l^3}=12\times10^4\ \mathrm{kN/m}$$

(2) 求局部坐标系的单元刚度矩阵

由于单元①、②的尺寸完全相同,故有:

$$\overline{k}^{(1)}=\overline{k}^{(2)}=\left[\begin{array}{ccc|ccc} 300 & 0 & 0 & -300 & 0 & 0\\ 0 & 12 & 30 & 0 & -12 & 30\\ 0 & 30 & 100 & 0 & -30 & 50\\ \hline -300 & 0 & 0 & 0 & 0 & 0\\ 0 & -12 & -30 & 0 & 12 & -30\\ 0 & 30 & 50 & 0 & -30 & 100 \end{array}\right]\times10^4$$

(3) 求整体坐标系的单元刚度矩阵

单元①:$\alpha=90°$,因此,整体坐标系的单元刚度矩阵为:

$$\boldsymbol{k}^{(1)}=\boldsymbol{T}^{\mathrm{T}}\overline{\boldsymbol{k}}^{(1)}\boldsymbol{T}=\left[\begin{array}{ccc:ccc}12 & 0 & -30 & -12 & 0 & -30\\ 0 & 300 & 0 & 0 & -300 & 0\\ -30 & 0 & 100 & 30 & 0 & 50\\ \hdashline -12 & 0 & 30 & 12 & 0 & 30\\ 0 & -300 & 0 & 0 & 300 & 0\\ -30 & 0 & 50 & 30 & 0 & 100\end{array}\right]\times 10^4$$

单元②:$\alpha=0°$,故整体坐标系和局部坐标系的单元刚度矩阵相同,即:

$$\boldsymbol{k}^{(2)}=\overline{\boldsymbol{k}}^{(2)}$$

(4) 形成整体刚度矩阵

按照各单元局部编码与整体码的关系,依次将 $\boldsymbol{k}^{(1)}$、$\boldsymbol{k}^{(2)}$ 中的各单元刚度矩阵子块在整体刚度矩阵中进行定位并累加,即可得出原始刚度矩阵为:

$$\boldsymbol{K}=\left[\begin{array}{ccc:ccc:ccc}12 & 0 & 30 & -12 & 0 & 30 & & & \\ 0 & 300 & 0 & 0 & -300 & 0 & & 0 & \\ 30 & 0 & 100 & -30 & 0 & 50 & & & \\ \hdashline -12 & 0 & -30 & 312 & 0 & -30 & -300 & 0 & 0\\ 0 & -300 & 0 & 0 & 312 & 30 & 0 & -12 & 30\\ 30 & 0 & 50 & -30 & 30 & 200 & 0 & -30 & 50\\ \hdashline & & & -300 & 0 & 0 & 300 & 0 & 0\\ & 0 & & 0 & -12 & -30 & 0 & 12 & -30\\ & & & 0 & 30 & 50 & 0 & -30 & 100\end{array}\right]\times 10^4$$

(5) 求总结点荷载向量

求各单元固端力:

$$\overline{\boldsymbol{F}}_F^{(1)}=\left\{\begin{array}{c}0\\ 30\\ 25\\ \hdashline 0\\ 30\\ -25\end{array}\right\}\qquad \overline{\boldsymbol{F}}_F^{(2)}=\left\{\begin{array}{c}0\\ -4\\ -5\\ \hdashline 0\\ -4\\ 5\end{array}\right\}$$

求整体坐标系下各单元的等效结点荷载:

$$\boldsymbol{F}_{\mathrm{E}}^{(1)}=-\boldsymbol{T}^{(1)\mathrm{T}}\overline{\boldsymbol{F}}_{\mathrm{F}}^{(1)}=-\left[\begin{array}{ccc:ccc}0 & -1 & 0 & & & \\ 1 & 0 & 0 & & 0 & \\ 0 & 0 & 1 & & & \\ \hdashline & & & 0 & -1 & 0\\ & 0 & & 1 & 0 & 0\\ & & & 0 & 0 & 1\end{array}\right]\left\{\begin{array}{c}0\\ 30\\ 25\\ \hdashline 0\\ 30\\ -25\end{array}\right\}=\left\{\begin{array}{c}30\\ 0\\ -25\\ \hdashline 30\\ 0\\ 25\end{array}\right\}$$

$$\boldsymbol{F}_{\mathrm{E}}^{(2)}=-\boldsymbol{T}^{(2)\mathrm{T}}\overline{\boldsymbol{F}}_{\mathrm{F}}^{(2)}=-\overline{\boldsymbol{F}}_{\mathrm{F}}^{(2)}=\begin{Bmatrix}0\\4\\5\\\hdashline 0\\4\\-5\end{Bmatrix}$$

求刚架的等效结点荷载：

根据两单元各结点的局部码与整体码的对应关系，依次将 $\boldsymbol{F}_{\mathrm{E}}^{(1)}$ 和 $\boldsymbol{F}_{\mathrm{E}}^{(2)}$ 中的各子块在 $\boldsymbol{P}_{\mathrm{E}}$ 中进行定位并累加，即可得出刚架的等效结点荷载为：

$$\boldsymbol{P}_{\mathrm{E}}=\begin{Bmatrix}30\\0\\25\\\hdashline 30\\4\\-20\\\hdashline 0\\4\\-5\end{Bmatrix}$$

求综合结点荷载：

$$\boldsymbol{P}=\boldsymbol{P}_{\mathrm{E}}+\boldsymbol{P}_{\mathrm{D}}=\begin{Bmatrix}30\\0\\25\\\hdashline 30\\4\\-20\\\hdashline 0\\4\\-5\end{Bmatrix}+\begin{Bmatrix}0\\0\\0\\\hdashline -10\\6\\10\\\hdashline 0\\0\\0\end{Bmatrix}=\begin{Bmatrix}30\\0\\25\\\hdashline 20\\10\\-10\\\hdashline 0\\4\\-5\end{Bmatrix}$$

(6) 引入支承条件

结点 1、3 处为固定支座，因而 $\Delta_1=0(u_1=v_1=\theta_1=0)$，$\Delta_3=0(u_3=v_3=\theta_3=0)$。应修改整体刚度矩阵中的第 1、2、3 行和第 1、2、3 列，第 7、8、9 行和第 7、8、9 列，并修改荷载列阵中的 1、2、3 行及 7、8、9 行。修改后的基本方程为：

$$10^4\times\left[\begin{array}{c:ccc:c}[I] & & [0] & & [0]\\\hdashline & 312 & 0 & -30 & \\ [0] & 0 & 312 & 30 & [0]\\ & -30 & 30 & 200 & \\\hdashline [0] & & [0] & & [I]\end{array}\right]\begin{Bmatrix}\Delta_1\\\hdashline u_2\\v_2\\\theta_2\\\hdashline \Delta_3\end{Bmatrix}=\begin{Bmatrix}\{0\}\\\hdashline 20\\10\\-10\\\hdashline \{0\}\end{Bmatrix}$$

(7) 解基本方程,求出结点位移

$$\boldsymbol{\Delta}=\begin{Bmatrix} u_1 \\ v_1 \\ \theta_1 \\ \hdashline u_2 \\ v_2 \\ \theta_2 \\ \hdashline u_3 \\ v_3 \\ \theta_3 \end{Bmatrix}=\begin{Bmatrix} 0 \\ 0 \\ 0 \\ \hdashline 5.9628 \\ 3.6526 \\ -4.6535 \\ \hdashline 0 \\ 0 \\ 0 \end{Bmatrix}\times 10^{-6}$$

(8) 计算各杆的杆端内力

单元①:

$\overline{\boldsymbol{F}}^{(1)}=\overline{\boldsymbol{k}}^{(1)}\boldsymbol{T}^{(1)}\boldsymbol{\Delta}^{(1)}+\overline{\boldsymbol{F}}_{\mathrm{F}}^{(1)}$

$$=10^4\times\left[\begin{array}{ccc:ccc} 300 & 0 & 0 & -300 & 0 & 0 \\ 0 & 12 & 30 & 0 & -12 & 30 \\ 0 & 30 & 100 & 0 & -30 & 50 \\ \hdashline -300 & 0 & 0 & 0 & 0 & 0 \\ 0 & -12 & -30 & 0 & 12 & -30 \\ 0 & 30 & 50 & 0 & -30 & 100 \end{array}\right]\left[\begin{array}{ccc:ccc} 0 & 1 & 0 & & & \\ -1 & 0 & 0 & & 0 & \\ 0 & 0 & 1 & & & \\ \hdashline & & & 0 & 1 & 0 \\ & 0 & & -1 & 0 & 0 \\ & & & 0 & 0 & 1 \end{array}\right]\times$$

$$\begin{Bmatrix} 5.9628 \\ 3.6526 \\ -4.6535 \\ \hdashline 0 \\ 0 \\ 0 \end{Bmatrix}\times 10^{-6}+\begin{Bmatrix} 0 \\ 30 \\ 25 \\ \hdashline 0 \\ 30 \\ -25 \end{Bmatrix}=\begin{Bmatrix} 10.96 \\ 27.89 \\ 18.56 \\ \hdashline -10.96 \\ 32.11 \\ -29.12 \end{Bmatrix}$$

单元②:

$\overline{\boldsymbol{F}}^{(2)}=\overline{\boldsymbol{k}}^{(2)}\boldsymbol{\Delta}^{(2)}+\overline{\boldsymbol{F}}_{\mathrm{F}}^{(2)}$

$$=10^4\times\left[\begin{array}{ccc:ccc} 300 & 0 & 0 & -300 & 0 & 0 \\ 0 & 12 & 30 & 0 & -12 & 30 \\ 0 & 30 & 100 & 0 & -30 & 50 \\ \hdashline -300 & 0 & 0 & 0 & 0 & 0 \\ 0 & -12 & -30 & 0 & 12 & -30 \\ 0 & 30 & 50 & 0 & -30 & 100 \end{array}\right]\begin{Bmatrix} 5.9628 \\ 3.6526 \\ -4.6535 \\ \hdashline 0 \\ 0 \\ 0 \end{Bmatrix}\times 10^{-6}+$$

$$\left\{\begin{array}{c}0\\-4\\-5\\ \hdashline 0\\-4\\5\end{array}\right\}=\left\{\begin{array}{c}17.89\\-4.96\\-8.56\\ \hdashline -17.89\\-3.04\\3.77\end{array}\right\}$$

根据杆端内力的计算结果绘出弯矩图、剪力图和轴力图[图 11-32(a)、图 11-32(b)、图 11-32(c)]。

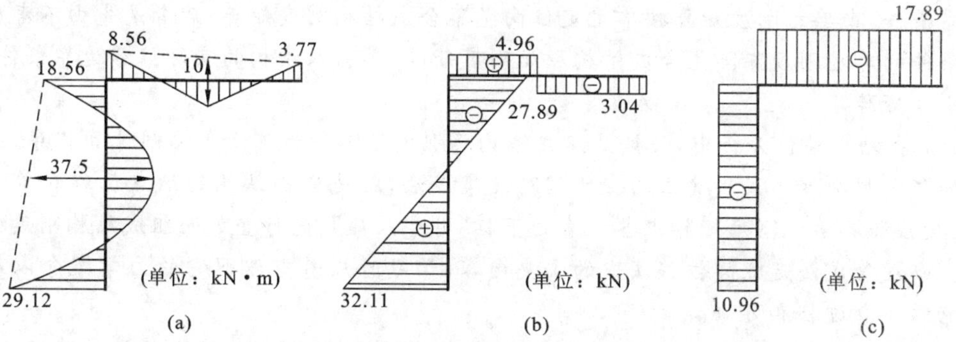

图 11-32 刚架内力图

(a)弯矩图;(b)剪力图;(c)轴力图

本 章 小 结

矩阵位移法是在位移法的基础上为适用于电子计算机而发展起来的结构分析方法。从表面看来,矩阵位移法似乎比一般位移法复杂,但实际上它将计算过程组织得很有规则,便于将结构分析的运算过程编制成计算程序。它的基本原理和方法不仅适用于杆系结构,而且对弹塑性力学、板壳力学等也都是适用的,是现代结构分析中极为重要的内容。

矩阵位移法的基本思路是:将整体结构看作由有限个离散单元组成的集合体,各离散单元的力学性质可用有关的参数来描述,而整个结构的力学特性就是有限个离散单元的力学特性的总和。由此建立反映结构实际情况的力的平衡关系和变形协调关系,从而求解结构的位移和内力。即矩阵位移法可归结为结构的离散化、单元分析和整体分析三部分。现将本章内容小结如下:

(1) 结构的离散化主要是将结构划分为有限个单元,如框架一般可离散为梁、柱等单元,桁架可离散为轴力杆单元等。在非结点荷载作用下,应按结点位移等效的原则将非结点荷载转换成作用于有限个单元结点上的等效结点荷载,再按等效结点荷载的情况来划分单元。

(2) 单元分析主要是建立各种单元的单元刚度方程,即建立单元端点的力与位移之间的矩阵关系式。单元刚度矩阵是矩阵位移法中的关键内容,本章以不考虑杆端约束条件的平面单元为主,介绍了三种单元(桁梁单元、不计轴向变形的刚架单元和考虑轴向变形的刚架单元)的刚度矩阵。单元刚度矩阵是结构整体分析的基础,应注意理解单元刚度矩阵中各元素的物理意义以及单元刚度矩阵的有关力学性质。

(3) 坐标变换是本章中的重要内容之一。通过坐标变换,将按单元坐标系的单元刚度方程和单元刚度矩阵变换为按结构坐标系的单元刚度方程和单元刚度矩阵,从而在结构坐标系中统一衡量各单元端点的力和位移,便于研究结构的平衡条件和变形连续条件,可使编制计算程序的工作规则化。

(4) 结构的整体分析是建立结构的总刚度方程,即建立结构的结点位移与结点荷载之间的矩阵关系式。本章介绍了两种结构整体分析的方法,即先处理法和后处理法。这两种方法的原理是相同的,只是在处理问题的具体方法上有区别。前者是先考虑结构的实际位移边界条件,由单元刚度矩阵按单元定位向量集合成结构刚度矩阵;后者是先由不考虑杆端约束条件的单元刚度矩阵集合成结构原始刚度矩阵,再引入结构的实际位移边界条件,得到结构刚度矩阵。

(5) 在结构整体分析中,关键是建立结构总刚度矩阵。为了便于编制计算程序,结构总刚度矩阵是用刚度集成法建立的。所谓刚度集成法,就是根据结构的结点位移和单元的编号,直接按照各单元刚度矩阵中各元素的下标“对号入座”、进行叠加而组成结构刚度矩阵的方法。刚度集成法是矩阵位移法中的主要内容,学习时应着重理解它的力学概念以及熟练掌握它的运算过程和方法。

(6) 先处理法和后处理法主要适用于结点荷载的情况,对于非结点荷载的情况,必须按结点位移等效的原则,先将非结点荷载变换成等效结点荷载,再将等效结点荷载作用下的结构用先处理法或后处理法计算。

习　题

11-1　试计算如图 11-33 所示连续梁的结点转角和杆端弯矩。

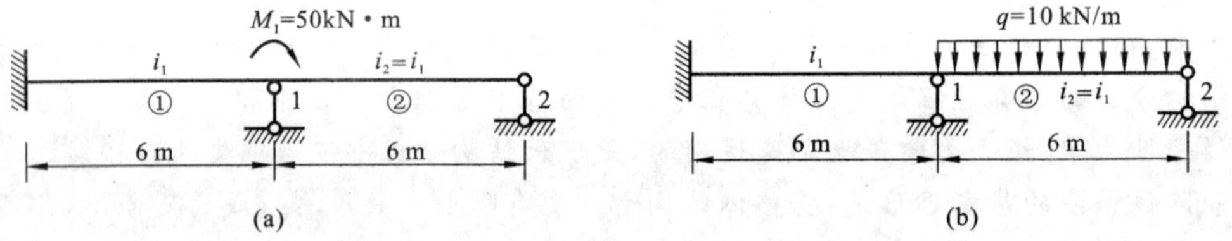

图 11-33

11-2　试用矩阵位移法计算图 11-34 所示连续梁,并绘出弯矩图。

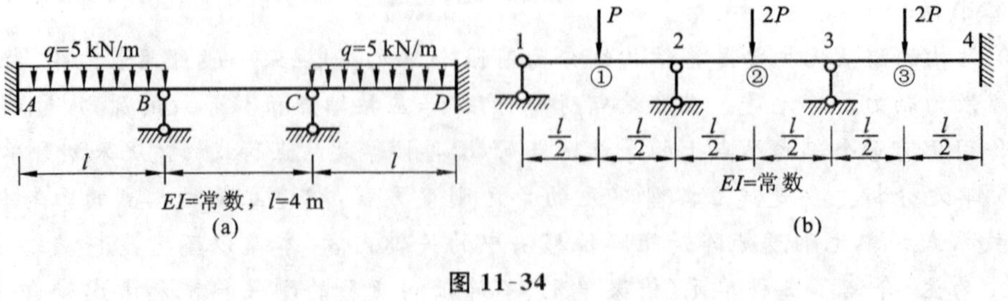

图 11-34

11-3　试求图 11-35 所示连续梁的刚度矩阵 K(忽略轴向变形影响)。

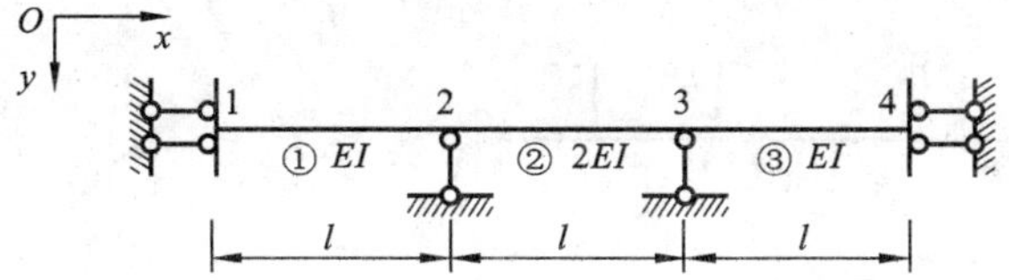

图 11-35

11-4　图 11-36 所示为一等截面连续梁,设支座 C 有沉降 $\Delta=0.005l$。试用矩阵位移法计算内力,并画出内力图。设 $E=3\times10^4$ MPa,$I=\dfrac{1}{24}$ m^4。

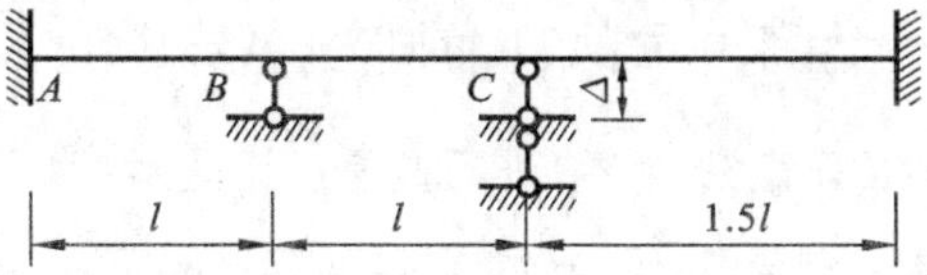

图 11-36

11-5　试用单元集成法求出图 11-37 所示结构的整体刚度矩阵 K,并列出基本方程(忽略轴向变形影响)。

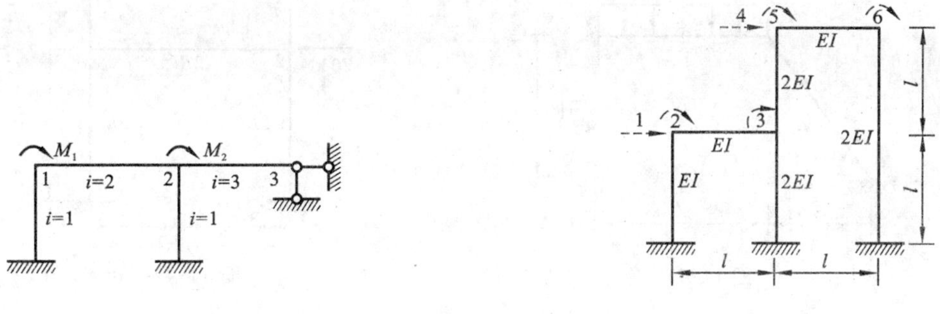

图 11-37

11-6　试求图 11-38 所示刚架的整体刚度矩阵 K(考虑轴向变形影响)。设各杆几何尺寸相同,$l=5$ m,$A=0.5$ m^2,$E=3\times10^4$ MPa,$I=\dfrac{1}{24}$ m^4。

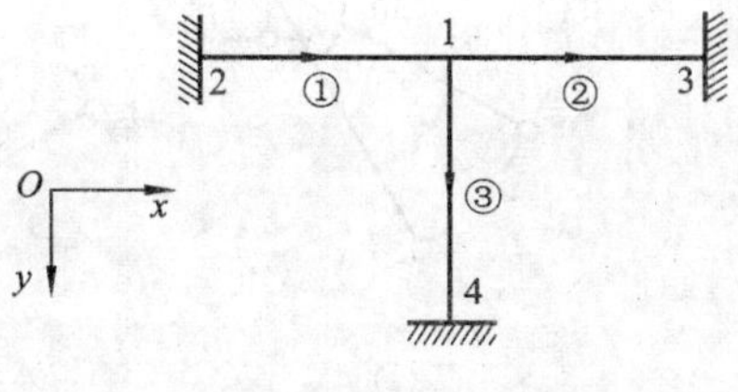

图 11-38

11-7　在上题的刚架中,设在单元①上作用向下的均布荷载 $q=4.8$ kN/m。试求刚架内力,并画出内力图。

11-8　试写出图 11-39 所示刚架在荷载作用下的位移法基本方程(考虑轴向变形影响)。设各杆的 E、A、I 为常数。

11-9　设图 11-40 所示刚架各杆的 E、A、I 相同，且 $A=12\sqrt{2}\frac{I}{l^2}$。试求各杆内力。

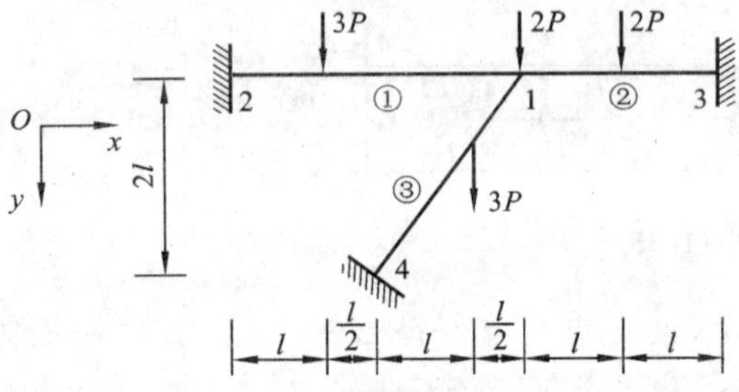

图 11-39

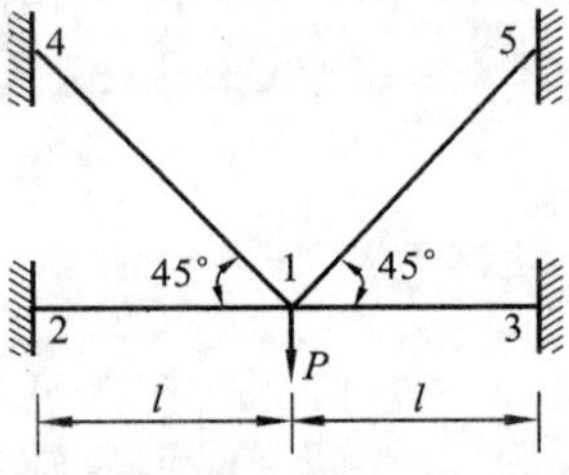

图 11-40

11-10　图 11-41 所示刚架各杆 E、A、I 相同，且 $A=1000\frac{I}{l^2}$，试求其内力，并与忽略轴向变形影响的结果(可用力矩分配法计算)进行比较。(提示：为了计算方便，可暂设 $E=I=l=q=1$，待求出结点线位移、角位移、杆端轴力和剪力、弯矩后，再分别乘以 $\frac{ql^4}{EI}$、$\frac{ql^3}{EI}$、ql、ql^2 即可。)

11-11　试求图 11-42 所示刚架的整体刚度矩阵、结点位移和各杆内力(忽略轴向变形)。

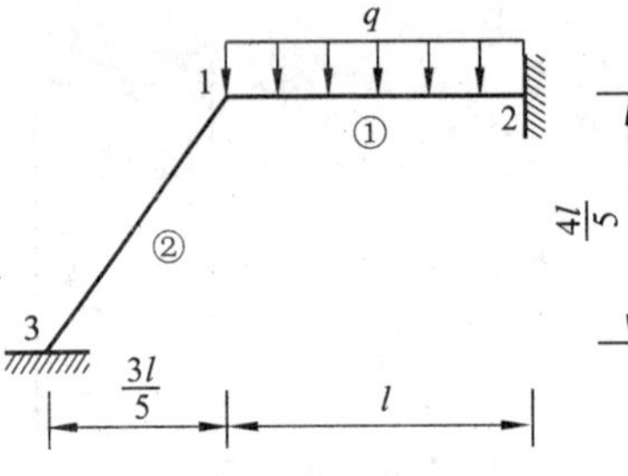

图 11-41

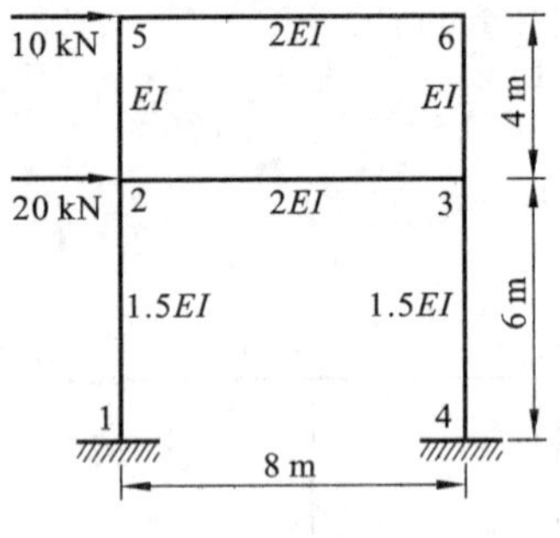

图 11-42

11-12　试求图 11-43 所示桁架各杆轴力，设各杆 $\frac{EA}{l}$ 相同。

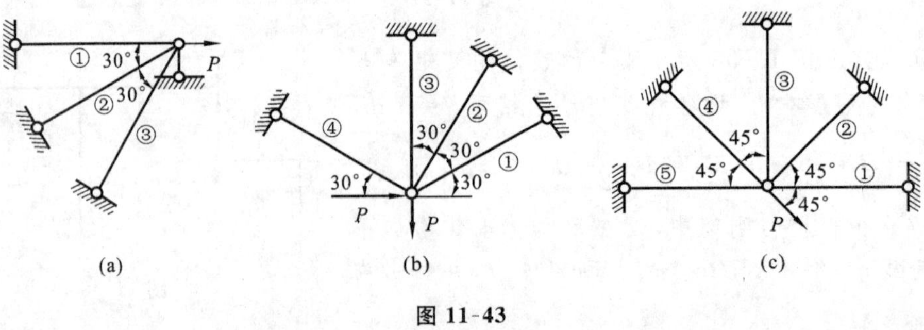

图 11-43

11-13 求图 11-44 所示桁架各杆内力。单元①、②的截面面积为 A，单元③的截面面积为 $2A$，各杆 E 相同。

11-14 图 11-45 所示桁架各杆 EA 相同，试求其内力。

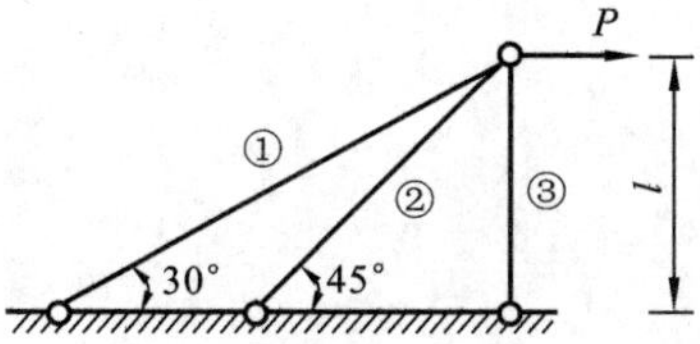

图 11-44

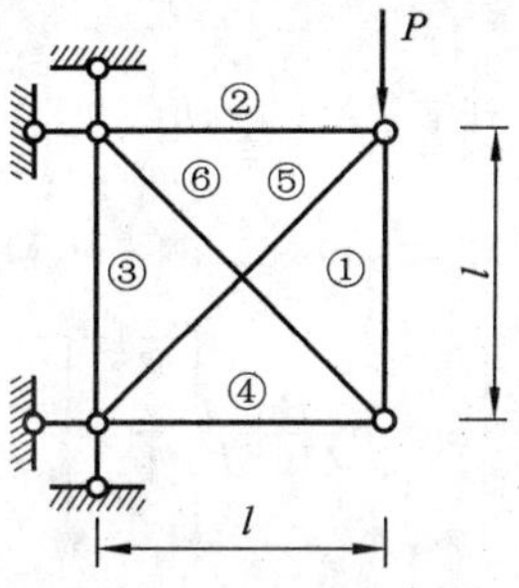

图 11-45

11-15 试求图 11-46 所示特殊单元的单元刚度矩阵 $\overline{\boldsymbol{k}}$（忽略轴向变形）。

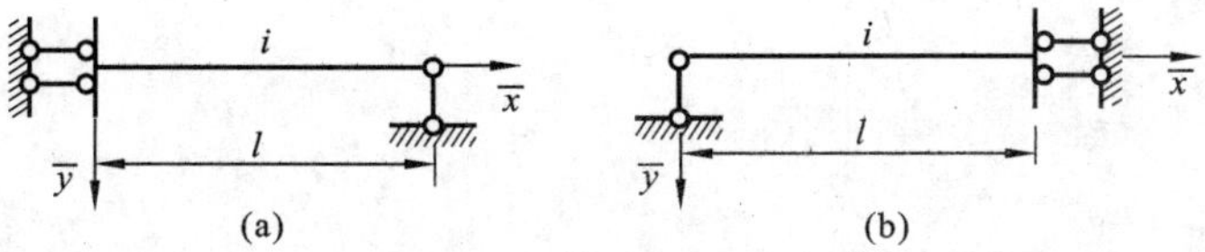

图 11-46

11-16 试求图 11-47 所示结构整体刚度矩阵 $\boldsymbol{K}$（忽略轴向变形）。弹性支座刚度为 k。

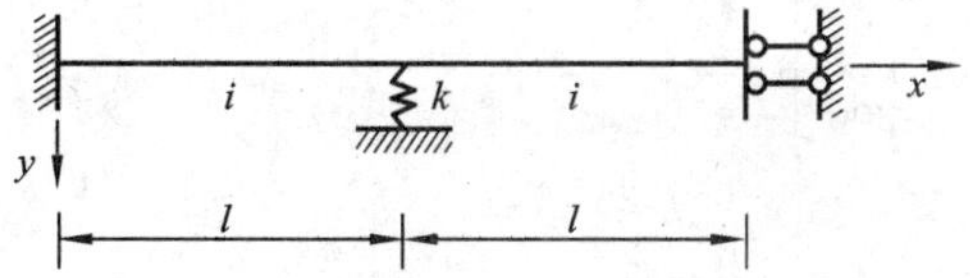

图 11-47

部分习题答案

11-1 (a) 结点转角：$\begin{pmatrix}\theta_1\\ \theta_2\end{pmatrix}=\begin{pmatrix}\dfrac{50}{7i_1}\\ -\dfrac{25}{7i_1}\end{pmatrix}$

杆端弯矩：$\begin{pmatrix}\overline{M}_1\\ \overline{M}_2\end{pmatrix}^{(1)}=\begin{pmatrix}14.29\\ 28.57\end{pmatrix}\text{kN}\cdot\text{m}$ $\quad\begin{pmatrix}\overline{M}_1\\ \overline{M}_2\end{pmatrix}^{(2)}=\begin{pmatrix}21.43\\ 0\end{pmatrix}\text{kN}\cdot\text{m}$

(b) 结点转角：$\begin{Bmatrix}\theta_1\\ \theta_2\end{Bmatrix}=\begin{Bmatrix}\dfrac{45}{7i_1}\\ -\dfrac{75}{7i_1}\end{Bmatrix}$

杆端弯矩：$\begin{Bmatrix}\overline{M}_1\\ \overline{M}_2\end{Bmatrix}^{(1)}=\begin{Bmatrix}12.86\\ 25.71\end{Bmatrix}\text{kN}\cdot\text{m}\qquad\begin{Bmatrix}\overline{M}_1\\ \overline{M}_2\end{Bmatrix}^{(2)}=\begin{Bmatrix}-25.71\\ 0\end{Bmatrix}\text{kN}\cdot\text{m}$

11-2 (a) $M_{AB}=-8.89\ \text{kN}\cdot\text{m}, M_{BA}=2.22\ \text{kN}\cdot\text{m}$

(b) $\begin{Bmatrix}\varphi_1\\ \varphi_2\\ \varphi_3\end{Bmatrix}=\dfrac{Pl^2}{416EI}\begin{Bmatrix}-11\\ -4\\ 1\end{Bmatrix}\qquad\begin{Bmatrix}M_2\\ M_3\end{Bmatrix}^{(2)}=\dfrac{Pl}{208}\begin{Bmatrix}45\\ -54\end{Bmatrix}$

11-3 $\boldsymbol{K}=\dfrac{EI}{l}\begin{bmatrix}\dfrac{6}{l^2} & \dfrac{3}{l} & 0 & 0\\ & 6 & 2 & \\ \text{对} & & 6 & -\dfrac{3}{l}\\ & \text{称} & & \dfrac{6}{l^2}\end{bmatrix}$

11-4 $M_{AB}=0.845\dfrac{1}{l}, M_{BA}=1.690\dfrac{1}{l}$

$M_{CD}=2.161\dfrac{1}{l}, M_{DC}=1.914\dfrac{1}{l}$

11-6 $\boldsymbol{K}=10^4\begin{bmatrix}612 & 0 & -30\\ \text{对} & 324 & 0\\ & \text{称} & 300\end{bmatrix}$

11-7 $\boldsymbol{F}^{(1)}=\begin{Bmatrix}0.493\\ -13.45\\ -12.79\\ \cdots\\ -0.493\\ -10.55\\ 5.54\end{Bmatrix},\overline{\boldsymbol{F}}^{(2)}=\begin{Bmatrix}-0.492\\ -0.561\\ -2.240\\ \cdots\\ 0.492\\ 0.561\\ -0.564\end{Bmatrix}$

11-8 $\begin{bmatrix}0.977\dfrac{EA}{l}+0.492\dfrac{EI}{l^3} & -0.096\dfrac{EA}{l}+0.369\dfrac{EI}{l^3} & -0.768\dfrac{EI}{l^2}\\ \text{对} & 0.256\dfrac{EA}{l}+2.221\dfrac{EI}{l^2} & -0.257\dfrac{EI}{l^2}\\ & \text{称} & 4.933\dfrac{EI}{l}\end{bmatrix}\begin{Bmatrix}u_1\\ v_1\\ \theta_1\end{Bmatrix}=\begin{Bmatrix}0\\ 6P\\ -\dfrac{5Pl}{6}\end{Bmatrix}$

11-9 $M_{21}=-0.1491Pl, Q_{21}=0.2982P$

$M_{41}=-0.0527Pl, Q_{41}=0.0746P$

11-10 $\begin{Bmatrix} u_1 \\ v_1 \\ \varphi_1 \end{Bmatrix}=\begin{Bmatrix} 0.3834l \\ -1.0010l \\ -10.346 \end{Bmatrix}\times 10^{-3}\dfrac{ql^3}{EI}, \begin{Bmatrix} \overline{N}_1 \\ \overline{Q}_1 \\ \overline{M}_1 \end{Bmatrix}^{(1)}=\begin{Bmatrix} 383.4 \\ 425.9 \\ 35.9l \end{Bmatrix}\times 10^{-3}ql$

忽略轴向变形影响时，$M_1^{(1)}=41.7\times 10^{-3}ql^2$，可见对于本题忽略轴向变形影响误差甚大。

11-11 $M_{12}=-52.36\ \text{kN}\cdot\text{m}, Q_{12}=15\ \text{kN}$

$M_{21}=-37.70\ \text{kN}\cdot\text{m}, Q_{21}=15\ \text{kN}$

11-12 按单元顺序

(a) $N^{\mathrm{T}}=(0.5P\quad 0.433P\quad 0.25P)$

(b) $N^{\mathrm{T}}=(-0.33P\quad 0.15P\quad 0.58P\quad 0.91P)$

(c) $N^{\mathrm{T}}=(-0.2357P\quad 0.0833P\quad 0.3535P\quad 0.4167P\quad 0.2357P)$

11-13 各杆轴力(以拉力为正)为 $\begin{Bmatrix} N^{(1)} \\ N^{(2)} \\ N^{(3)} \end{Bmatrix}=\begin{Bmatrix} 0.629 \\ 0.644 \\ -0.770 \end{Bmatrix}P$

11-14 各杆轴力(以拉力为正)为 $\begin{Bmatrix} N^{(1)} \\ N^{(2)} \\ N^{(3)} \\ N^{(4)} \\ N^{(5)} \\ N^{(6)} \end{Bmatrix}=\begin{Bmatrix} -0.442 \\ 0.558 \\ 0 \\ -0.442 \\ -0.789 \\ 0.625 \end{Bmatrix}P$

11-15 (a) $\begin{bmatrix} \dfrac{12i}{l^2} & \dfrac{6i}{l} \\ \dfrac{6i}{l} & 4i \end{bmatrix}$

(b) $\begin{bmatrix} 4i & -\dfrac{6i}{l} \\ -\dfrac{6i}{l} & \dfrac{12i}{l^2} \end{bmatrix}$

11-16 $\begin{bmatrix} \dfrac{24i}{l^2}+k & 0 & -\dfrac{12i}{l^2} \\ 0 & 8i & -\dfrac{6i}{l} \\ -\dfrac{12i}{l^2} & -\dfrac{6i}{l} & -\dfrac{12i}{l^2} \end{bmatrix}$

12 结构动力学

12.1 概　　述

12.1.1 结构动力学的特点和内容

以前各章节讨论了结构在静力荷载作用下的结构计算问题,即在进行结构计算时认为荷载是静止施加的,不随时间变化。本章将讨论在动力荷载作用下的结构计算问题,也就是结构动力学问题。

动力荷载和静力荷载有着明显的区别。动力荷载的基本特征是荷载的大小、方向和作用位置随着时间而变化。如果荷载随时间的变化较快,就会引起不容忽视的惯性力,对结构所产生的影响与静力荷载相比相差较大,在这种荷载作用下的结构计算问题就属于动力学计算问题;如果荷载虽然随时间变化,但是变化很慢,这种变化就不会引起较大的惯性力,对结构所产生的影响与静力荷载相比相差甚微,这时结构的计算仍属于静力荷载作用下的结构计算问题。也就是说,在荷载随时间变化很慢时,结构计算问题实际上是属于静力荷载作用下的结构计算问题。荷载随时间变化的快与慢没有统一的衡量标准,需要根据实际情况确定是否需要进行结构动力学分析。

由于荷载随时间变化,导致结构计算上动力荷载和静力荷载有很大区别。在动力荷载作用下结构会产生速度、加速度,以及振动;而且在静力荷载作用下不显现的结构参数也会显现出来,如自振频率、振型和阻尼等结构本身的动力特性指标,另外还有共振等现象出现。

根据达朗伯原理,动力学问题的计算可以引入惯性力的概念,在形式上把动力学问题转化为静力学问题,进而引入静力学的平衡概念,这种包含惯性力的形式上的平衡称为动力平衡。也就是说,动力学的计算问题在所考虑的力系中包括惯性力,这样就可以用静力学的方法来计算结构的动内力和动位移,以及其他的动力学参数。

12.1.2 动荷载的分类

工程实际中经常会遇到的主要荷载有以下几类:

(1) 周期性荷载

这类荷载的特点就是其变化具有周期性。其中最简单的一种是简谐荷载[图 12-1(a)]。简谐荷载随时间 t 的变化规律可以用正弦或余弦函数来表示。如安装在结构上的匀速旋转的机器或是电动机,由于质量有偏心而引起的离心力就属于简谐荷载。这种荷载通常也称为振动荷载。其他的周期荷载称为非简谐周期性荷载[图 12-1(b)]。

(2) 冲击荷载

冲击荷载是指短时间内作用在结构物上的荷载,荷载的值也在短时间内急剧增大[图

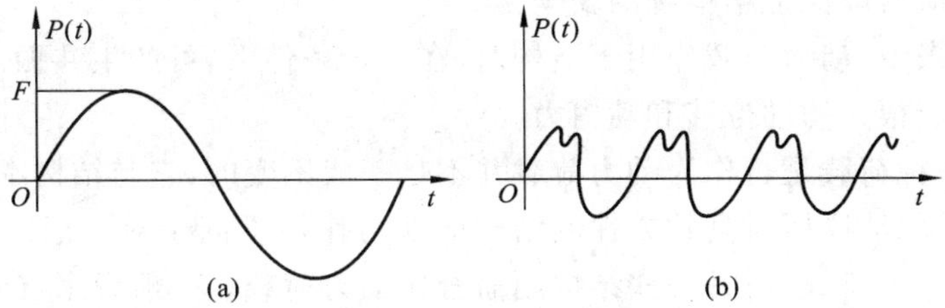

图 12-1 周期性荷载

(a)简谐荷载;(b)非简谐周期性荷载

12-2(a)]或减小[图 12-2(b)]。冲击荷载对结构物的作用主要取决于它的冲量。如锻锤对基础的碰撞即属于这种荷载。由爆炸产生的冲击压力[图 12-2(b)],若作用的时间小于或略大于结构的自振周期也看作这种荷载。

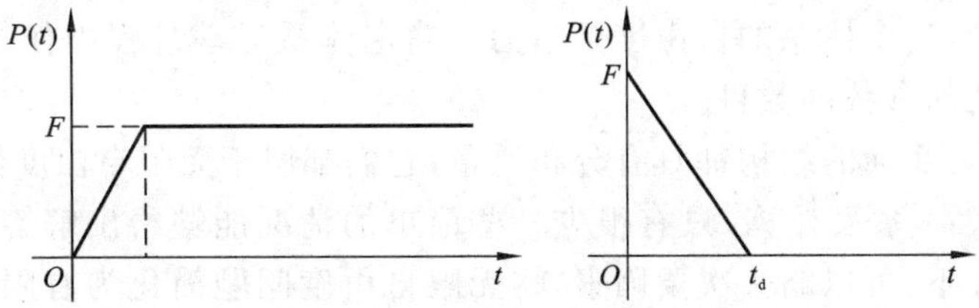

图 12-2 冲击荷载

(a)荷载急剧增大;(b)荷载急剧减小

(3) 快速移动的荷载

例如高速通过桥梁的列车、汽车等。

(4) 地震作用

如图 12-3 所示为地震时记录的地面加速度 $\ddot{u}(t)$的例子。

(5) 脉动风压

实测资料表明,在一次大风过程中,当风力最强时,结构某一高度处的风压围绕其平均值变化(图 12-4,图中 Q_1 表示风压的平均值),因此,可以将它分解为稳定风压和脉动风压。稳定风压对一般结构的作用可看作是静力荷载;而脉动风压则不同,它对高耸柔性的结构来说,其动力作用可以是相当大的,应看作动力荷载。

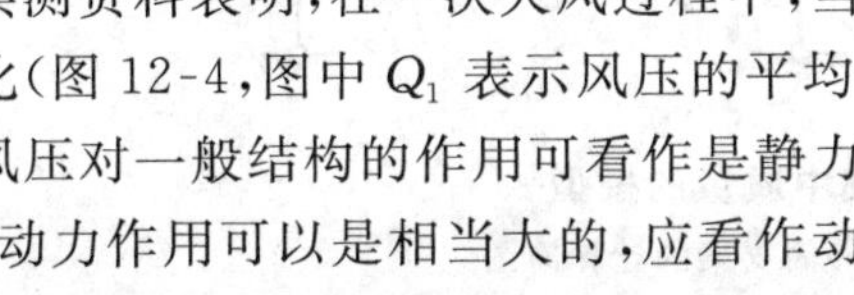

图 12-3 地震时记录的地面加速度 $\ddot{u}(t)$

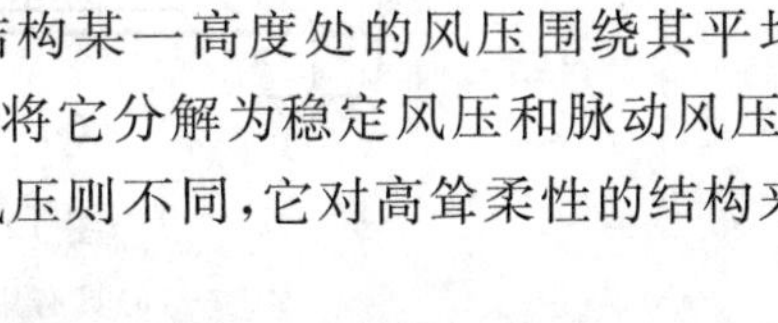

图 12-4 脉动风压

前面三类荷载可以用精确的函数表达,都属于确定性荷载。地震作用与脉动风压在任何时刻的数值都无法事先确定,属典型的随机荷载。

地震作用与脉动风压的共同特点是:它们不仅随时间做复杂变化,而且在基本条件不变的情况下,由于偶然因素的影响,两次荷载不会重现同一波形。需要用概率论的方法来分析这种非重现性的荷载以保证结构物的安全。

对一般结构来说,动力荷载作用于结构时,在一定条件下,可产生共振。由于共振,不大的振动荷载会引起很大的动位移和动内力。

需要指出,一种荷载是否作为动力荷载并不是一成不变的,它与结构本身的动力特性有关。上面已谈到,脉动风压对高耸柔性的结构的动力作用不同于对一般结构。某一荷载对一些结构可看作静力荷载,对另一些结构则需看作动力荷载。一般说来,当振动荷载的周期为结构的自振周期 5 倍以上时,动力作用较小,可看作静力荷载以简化计算。

12.1.3 动力计算中体系的自由度

结构的动力计算和静力计算一样,需要事先选取一个合理的结构计算简图。由于在动力计算中需要考虑质量的惯性力的作用,因此,必须明确结构的质量分布情况,并分析质量可能生产的位移。所以需要研究结构体系在运动过程中的自由度问题。

在动力计算中,一个体系的自由度是指为了确定体系运动过程中任意时刻全部质量位置所需要的独立几何参数的数目。

严格地说,一切实际的结构都具有分布质量,它们都属于无限自由度体系。如果所有结构都按无限自由度体系去计算,只有很少一些简单的情况能够给出解答,而且计算相当复杂。在一定的条件下,可以略去次要因素,将无限自由度问题简化为有限自由度的问题,而使计算得到简化。常用的简化方法有下列三种:

(1) 集中质量法

把连续分布的质量集中为几个质点,这样就可以把一个无限自由度的问题简化为有限自由度的问题。

图 12-5(a)所示为一简支梁,跨中放有重物 W。当梁自身质量远小于重物的质量时,可取图 12-5(b)所示的计算简图,这时由无限自由度的体系简化为具有一个自由度的体系。

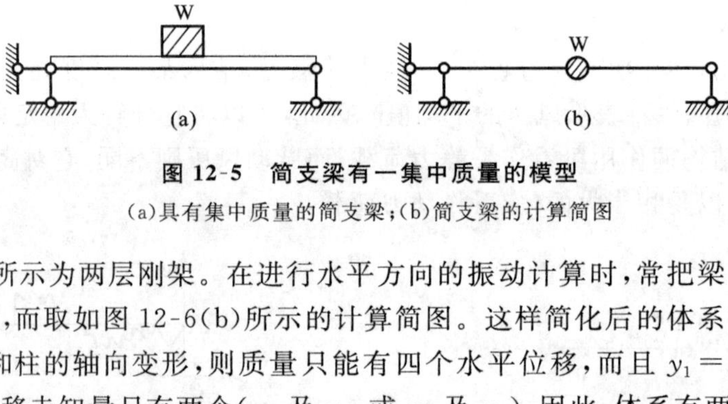

图 12-5 简支梁有一集中质量的模型

(a)具有集中质量的简支梁;(b)简支梁的计算简图

图 12-6(a)所示为两层刚架。在进行水平方向的振动计算时,常把梁、柱和楼板的质量都集中在结点上,而取如图 12-6(b)所示的计算简图。这样简化后的体系有四个集中质量。此外,若忽略梁和柱的轴向变形,则质量只能有四个水平位移,而且 $y_1=y_2$、$y_3=y_4$。也就是作为独立的位移未知量只有两个(y_1 及 y_3,或 y_2 及 y_4),因此,体系有两个自由度。

对于图 12-7 所示的门式刚架,其上只有一个集中质量。但在刚架振动时,质量既有水平位移,也有竖向位移。这两个位移并不能在计算之前就肯定有什么固定关系存在。所以,体系有两个独立的位移未知量,自由度是 2。

由以上几个例子可以看出:确定体系的自由度与体系是否静定或超静定并无关系;体系中集中质量的数目也不一定等于体系中自由度的数目。体系中自由度数目与计算精度有关。

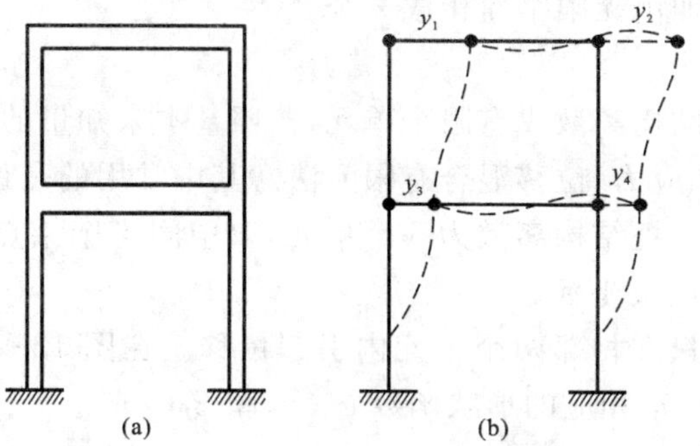

图 12-6　两层刚架的模型

(a)两层刚架；(b)两层刚架的计算简图

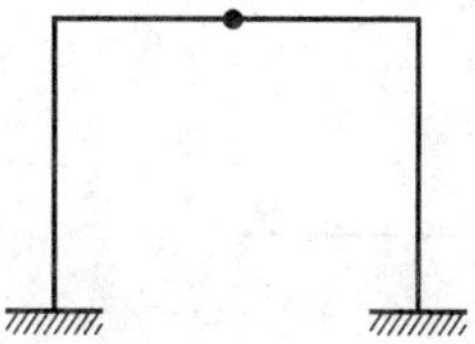

图 12-7　门式刚架计算模型

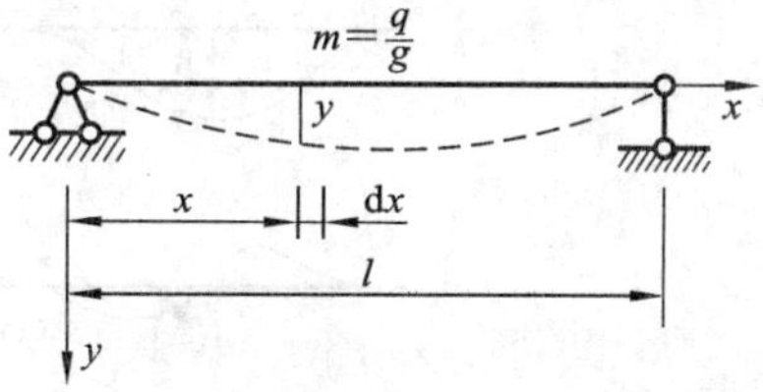

图 12-8　简支梁的计算模型

(2) 广义位移法

对于具有连续分布质量，且具有简单结构形式的结构可采用广义位移法。图 12-8 所示简支梁，设在 t 时刻某截面 x 的位移为 $y(x,t)$，则简支梁任一时刻的位移函数可用三角级数表示：

$$y(x,t)=\sum_{i=1}^{\infty}a_i(t)\sin\frac{i\pi x}{l} \tag{12-1}$$

式中　$\sin\frac{i\pi x}{l}$——满足位移边界条件的一组位移函数，可叫作形状函数；

$a_i(t)$——一组待定函数，亦称为广义坐标。

若给定各个广义坐标 $a_i(t)$，则 $y(x,t)$ 即可确定。如对式(12-1)仅取前几项作为该简支梁的位移，这时结构的无限个自由度即用有限个广义坐标 $a_i(t)$ 来表示。如选 n 个广义坐标，则梁的位移函数 $y(x,t)$ 即由 $a_1(t),a_2(t),\cdots,a_n(t)$ 确定。这时简支梁即为 n 个自由度体系。在一般情况下，只需要采用有限项叠加就有足够的精度。如取前三项叠加，即：

$$y(x,t)=\sum_{i=1}^{3}a_i(t)\sin\frac{i\pi x}{l} \tag{12-2}$$

这样简支梁就被简化成了三个自由度的体系。

对于任意具有分布质量的结构，根据位移边界条件选定 n 个形状函数 $\varphi_1(x),\varphi_2(x),\cdots,\varphi_n(x)$，再引进 n 个广义坐标 $a_1(t),a_2(t),\cdots,a_n(t)$，可将结构的位移曲线表示为 n 个形状函数与广义坐标乘积的总和：

$$y(x,t)=\sum_{i=1}^{\infty}a_i(t)\varphi_i(x) \tag{12-3}$$

任意结构的自由度体系即由无限个简化成 n 个。

(3) 有限元法

有限元法是将实际结构离散成有限个单元,按照基本未知量的选取不同,可分为位移有限元法,应力有限元法和应力、位移混合有限元法。其中常用的是位移有限元法。

图 12-9 所示的梁中,把结构离散为 5 个单元,取中间 4 个结点的 8 个位移参数 y_1、θ_1、y_2、θ_2、y_3、θ_3、y_4、θ_4 作为广义坐标。

每个结点位移参数只在相邻两个单元内引起位移。在图 12-9(b)和图 12-9(c)中分别给出结点位移参数 y_1 和 θ_1 相应的形状函数 $\varphi_1(x)$和 $\varphi_2(x)$。

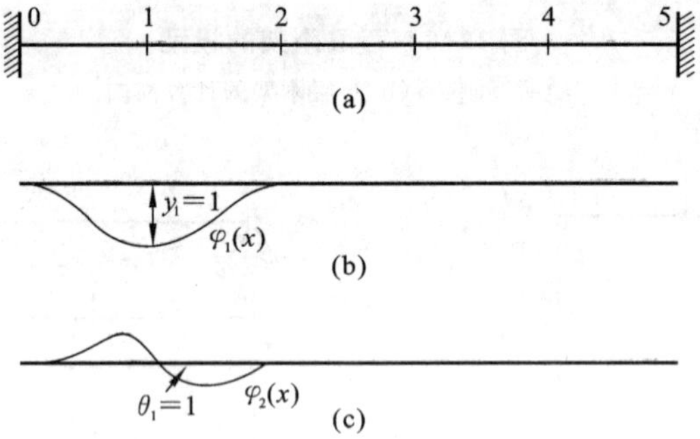

图 12-9　有限元法分析梁结构

仿照式(12-3),梁的位移可用 8 个广义坐标及其形状函数表示如下:

$$y(x)=y_1\varphi_1(x)+\theta_1\varphi_2(x)+\cdots+\theta_4\varphi_8(x)$$

通过以上步骤,梁即转化为具有 8 个自由度的结构。可以看出,有限元法综合了集中质量法和广义坐标法的某些特点。

12.2　单自由度体系的自由振动

实际结构简化成一个自由度时称为单自由度体系。单自由度体系的动力分析较为简单,但是非常重要。一是很多动力问题可以简化为单自由度体系进行计算,或是进行初步分析计算;二是单由度体系的动力分析是多自由度动力分析计算的基础,在动力分析计算中占有重要地位。

12.2.1　不考虑阻尼作用时的自由振动

(1) 自由振动微分方程的建立

如图 12-10(a)所示的悬臂立柱,在顶端有一集中质量 m,柱本身的质量与集中质量相比小到可以忽略不计。因此体系就只有一个自由度。

如果集中质量 m 在外界的干扰下,离开了原来静止的位置,干扰消失后,由于立柱弹性力的作用,质量 m 沿水平方向或静止平衡位置附近做往返运动。这种往返运动称为振动。如果在振动过程中不受动力荷载的影响,这种振动就称为自由振动。在任一时刻 t,质量 m 的水平位移为 $y(t)$,以水平向右为正。如果不计体系阻尼的影响,单自由度体系可用图

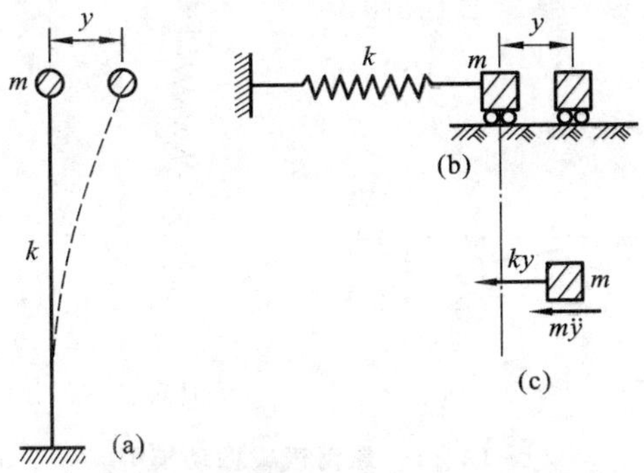

图 12-10　悬臂立柱的计算模型

(a)悬臂立柱；(b)弹簧-质量体系；(c)质量 m 受力图

12-10(b)所示的弹簧-质量体系的模型来表示，立柱对质量 m 的弹性力可用弹簧来表示。因此，应使弹簧的刚度系数 k(使弹簧伸长单位长度时所需施加的拉力)与立柱的刚度系数(使柱顶产生单位水平位移时在柱顶所需施加的水平力)相等。

现在建立自由振动的微分方程。为此把质量 m 取为隔离体，在任意时刻 t，作用于质点上的力有弹性力 $f_S=-ky(t)$，与位移 y 的方向相反；惯性力 $f_I=-m\ddot{y}(t)$，始终与加速度方向相反。根据达朗伯原理，质量 m 在惯性力 f_I 和弹簧的弹性恢复力 f_S 作用下将维持动力平衡，故应有：

$$-m\ddot{y}-ky=0$$

改写为：

$$m\ddot{y}+ky=0 \tag{12-4}$$

这就是从力系平衡角度建立的单自由度体系的自由振动微分方程。这种方法称为刚度法。

另一方面，自由振动微分方程可以从位移协调的角度来推导。如用 δ 表示立柱的柔度系数，即单位水平力作用下，柱顶质量 m 所产生的水平位移。其值与弹簧的刚度系数 k 互为倒数：

$$\delta=\frac{1}{k} \tag{12-5}$$

质量 m 振动时，把惯性力 $f_I=-m\ddot{y}(t)$ 看作一个静力荷载，则在其作用下结构在质点处的位移 y 应等于：

$$y=f_I\delta=(-m\ddot{y})\delta \tag{12-6}$$

将式(12-5)代入式(12-6)，整理后仍得到式(12-4)。这种从位移协调的角度推导振动微分方程的方法称为柔度法。

以上分析表明，质量 m 沿水平方向振动时(图 12-10)，质量 m 虽然有重力 $W=mg$ 作用(g 是重力加速度)，但由于重力方向与振动方向彼此垂直，故重力对振动无影响。

质量 m 沿竖直方向振动时，即将图 12-10 所示的悬臂立柱改成图 12-11 所示的悬臂横梁[相应的弹簧模型如图 12-11(b)所示]。这时重力方向与振动方向彼此平行，下面将重力对振动的影响做进一步讨论。

如图 12-11(a)所示，质量 m 的总位移 Y 分解为两部分：

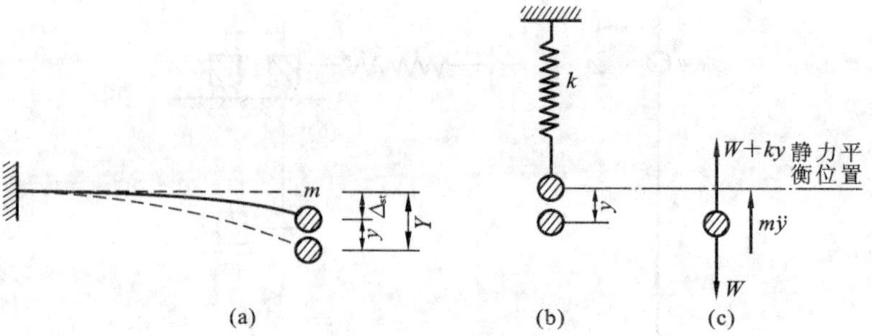

图 12-11　悬臂横梁振动模型

(a)悬臂横梁;(b)弹簧-质量模型;(c)质量 m 受力图

$$Y=\Delta_{st}+y$$

式中　Δ_{st}——由重力 W 产生的静力位移;

　　y——从静力平衡位置量起的动力位移。

$$\Delta_{st}=W\delta,\quad W=k\Delta_{st}$$

取质量 m 作为隔离体[图 12.11(c)],隔离体在重力 W、弹性力 $kY=k(\Delta_{st}+y)=W+ky$ 和惯性力 $m\ddot{Y}=m\ddot{y}$ 共同作用下,根据达朗伯原理可列出平衡方程,即:

$$m\ddot{Y}+kY=W$$

如用动力位移 y 表示,则为:

$$m\ddot{y}+(W+ky)=W$$

即

$$m\ddot{y}+ky=0$$

上式与微分方程式(12-4)相同。由此看出,弹簧处于静平衡位置时的初拉力恒与质点的重力 W 相平衡,故在振动过程中,重力对动力位移无影响。

(2) 自由振动微分方程的解

可以将单自由度体系自由振动微分方程式(12-4)改为:

$$\ddot{y}++\omega^2 y=0 \tag{12-7}$$

式中

$$\omega^2=\frac{k}{m} \tag{12-8}$$

式(12-7)是个二阶常系数线性齐次微分方程,它的通解为:

$$y(t)=C_1\cos\omega t+C_2\sin\omega t \tag{12-9}$$

式中　C_1,C_2——积分常数,可由运动的初始条件来确定。

设在初始时刻 $t=0$ 质点有初始位移 y_0 和初速度 v_0,即:

$$y(0)=y_0,\quad \dot{y}(0)=v_0$$

由此可得:

$$C_1=y_0,\quad C_2=\frac{v_0}{\omega}$$

于是代入式(12-9)可得：

$$y(t)=y_0\cos\omega t+\frac{v_0}{\omega}\sin\omega t \tag{12-10}$$

由此可见，结构的自由振动是由两部分组成，一部分是由初位移 y_0（没有初速度）引起的，质点按 $y_0\cos\omega t$ 的规律振动[图 12-12(a)]；另一部分是由初速度 v_0（没有初位移）引起的，质点按 $\frac{v_0}{\omega}\sin\omega t$ 的规律振动[图 12-12(b)]。两者之间的相位差为一直角，后者落后于前者 90°。

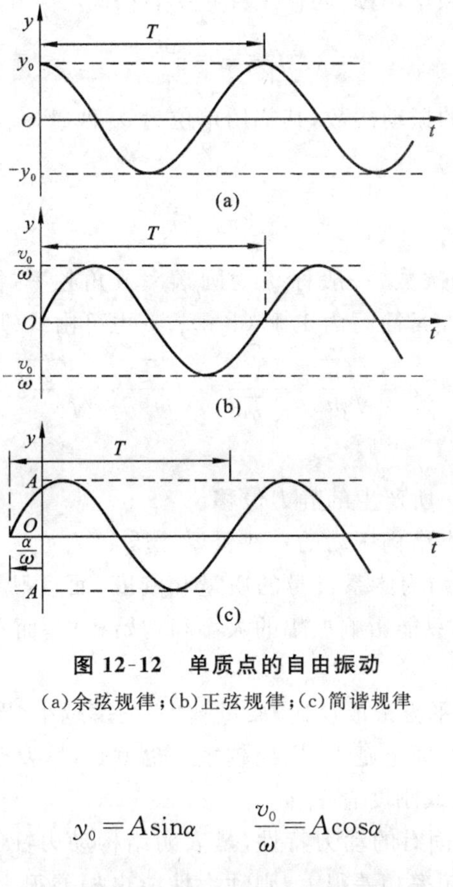

图 12-12 单质点的自由振动

(a)余弦规律；(b)正弦规律；(c)简谐规律

若令

$$y_0=A\sin\alpha \qquad \frac{v_0}{\omega}=A\cos\alpha$$

显然有

$$A=\sqrt{y_0^2+\frac{v_0^2}{\omega^2}} \qquad \alpha=\tan^{-1}\frac{y_0\omega}{v_0} \tag{12-11}$$

则式(12-9)可写成

$$y(t)=A\sin(\omega t+\alpha) \tag{12-12}$$

且有

$$\dot{y}(t)=A\omega\cos(\omega t+\alpha) \tag{12-13}$$

式中 A——振幅，表示质点振动的最大位移；

α——初始相位。

(3) 体系的自振周期和自振频率

式(12-12)和式(12-13)中,由于 $\sin\omega t$ 和 $\cos\omega t$ 都是周期性函数,它们每经历一定时间就出现相同的数值,若给时间 t 一个增量 $T=\frac{2\pi}{\omega}$,则位移 $y(t)$ 和速度 $\dot{y}(t)$ 的数值均不变,因此,T 称为结构的自振周期

$$T=\frac{2\pi}{\omega} \tag{12-14}$$

其常用单位为秒(s)。

自振周期的倒数叫作频率,有时叫作工程频率,计作 f:

$$f=\frac{1}{T}=\frac{\omega}{2\pi} \tag{12-15}$$

频率代表每秒钟内所完成的振动次数,其常用单位为 1/秒(1/s),或称为赫兹(Hz)。

由式(15-15)可知

$$\omega=2\pi f=\frac{2\pi}{T} \tag{12-16}$$

它表示 2π 秒内完成的振动次数,一般称 ω 为圆频率或角频率,简称为频率。其单位为次/2π 秒,或弧度/秒(rad/s),亦常简写为 1/秒(1/s)。ω 也可由式(12-4)确定:

$$\omega=\sqrt{\frac{k}{m}}=\frac{1}{\sqrt{m\delta}}=\sqrt{\frac{g}{mg\delta}}=\sqrt{\frac{g}{y_{st}}} \tag{12-17}$$

式中 g——重力加速度;

y_{st}——由于重量 mg 所产生的静力位移。

由上面的分析可以看出结构振动的一些重要性质:

① 自振频率仅取决于结构体系自身的质量和刚度,而且只与这两者有关,而与外界的干扰力无关,干扰力的大小只能影响振幅的大小和初始相位,而不能影响结构体系自身的频率和周期。

② 自振频率与质量的平方根成反比,质量越大,频率越小,周期越长。自振频率与刚度的平方根成正比,刚度越大,频率越大,周期越短。也就是说,要改变结构的自振频率或是周期,只能从改变结构的质量或刚度着手。

③ 自振频率反映结构固有的动力特性,是表明结构动力性能的一个重要的数量指标。如果两个相似结构的自振频率相差很大,则动力性能也相差很大;相反,如果自振频率相差不大,则动力性能相差也不大。因此,自振频率的计算在工程结构中是十分重要的。

④ 式(12-17)表明,ω 随 y_{st} 的增大而减小,就是说,若把质点安放在结构上产生最大位移的地方,则可求得最小的自振频率和最大的自振周期。

【例 12-1】 图 12-13 所示三种支承情况的梁,其跨度都为 l,且 EI 都等于常数,在中点有一集中质量 m。当不考虑梁的自重时,试比较三者的自振频率。

【解】 由式(12-17)可知,在计算单自由度结构的自振频率时,需要先求出该结构在重量 $P=mg$ 作用下的静力位移。根据以前学过的位移计算的方法可求出这三种情况相应的静力位移分别为:

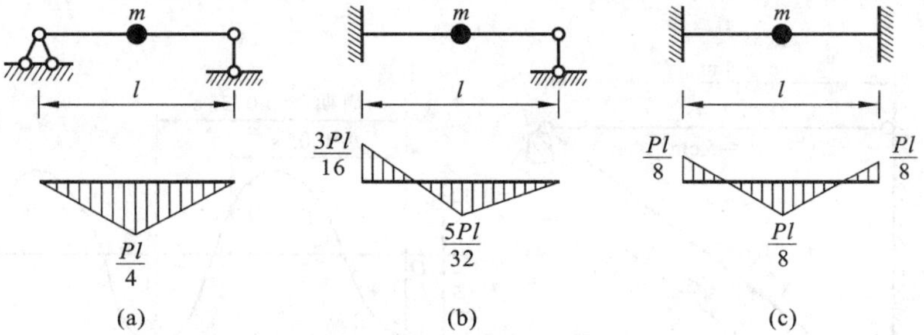

图 12-13　三种支承情况的梁

(a)简支梁；(b)一端固定一端铰支的梁；(c)两端固定的梁

$$y_1=\frac{Pl^3}{48EI},\quad y_2=\frac{7Pl^3}{768EI},\quad y_3=\frac{Pl^3}{192EI}$$

代入式(12-17)即可求得三种情况的自振频率分别为：

$$\omega_1=\sqrt{\frac{48EI}{ml^3}},\quad \omega_2=\sqrt{\frac{768EI}{7ml^3}},\quad \omega_3=\sqrt{\frac{192EI}{ml^3}}$$

据此可得

$$\omega_1:\omega_2:\omega_3=1:1.51:2$$

此例说明随着结构刚度的加大，其自振频率也相应地升高。

【例 12-2】　图 12-14 所示为一等截面竖直悬臂杆，长度为 l，截面面积为 A，惯性矩为 I，弹性模量为 E。杆顶有重物，其重量为 W。设杆件本身质量可忽略不计，试分别求水平振动和竖向振动时的自振周期。

【解】　(1) 水平振动

当杆顶作用水平力 W 时，杆顶的水平位移为：

$$\Delta_{st}=\frac{Wl^3}{3EI}$$

所以自振周期为

$$T=\frac{2\pi}{\omega}=2\pi\sqrt{\frac{Wl^3}{3EIg}}$$

(2) 竖向振动

当杆顶作用竖向力 W 时，杆顶的竖向位移为：

$$\Delta_{st}=\frac{Wl}{EA}$$

所以自振周期为

$$T=\frac{2\pi}{\omega}=2\pi\sqrt{\frac{Wl}{EAg}}$$

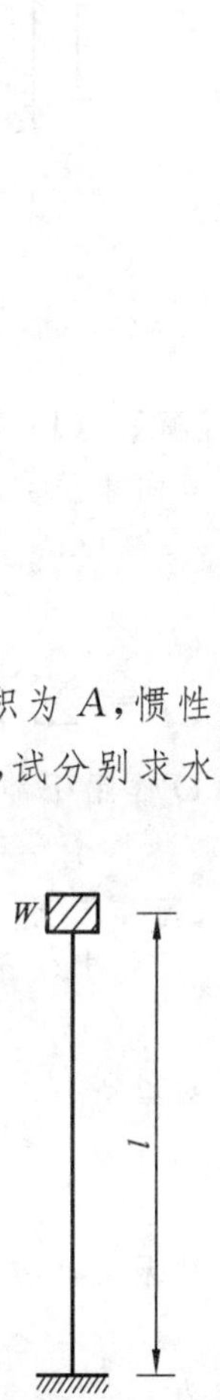

图 12-14　悬臂立柱

【例 12-3】　图 12-15(a)所示为一桁架，在结点 B 作用集中重量 $Q=10$ kN。设桁架各杆自重可略去不计，弹性模量 $E=2.1\times10^4$ kN/cm²。

(1) 试求重物 Q 竖向振动时的周期、频率和圆频率。

(2) 设重物 Q 初始位移为 1 cm(向下)，试讨论自由振动的过程，并求当 $t=0.05$ s 时 B

点的位移 y。

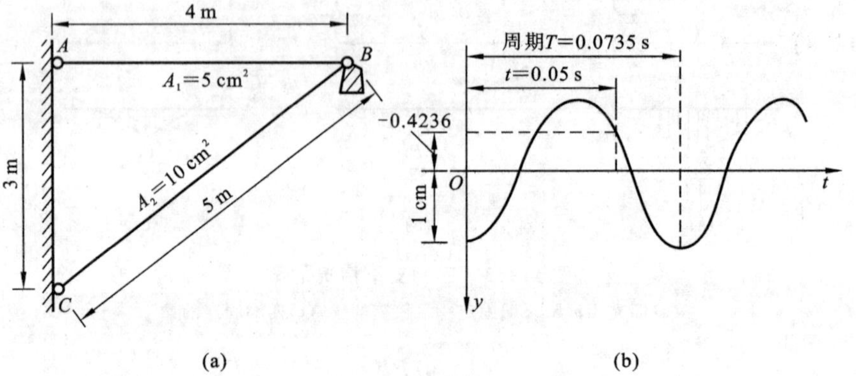

图 12-15 桁架

(a)桁架;(b)B点位移变化规律

【解】 (1) 重物 Q 竖向振动时的频率和周期

竖向单位力沿 B 点作用时,杆件的轴力为

$$\overline{N}_{AB}=1.33,\quad \overline{N}_{BC}=-1.67$$

所以

$$\delta=\sum\frac{\overline{N}^2 l}{EA}=\left(1.33^2\times\frac{400}{5}+1.67^2\times\frac{500}{10}\right)\times\frac{1}{2.1\times10^4}=0.0135\ \text{cm/kN}$$

重物 Q 作用下静力位移为

$$\Delta_{st}=Q\cdot\delta=10\times0.0135=0.135\ \text{cm}$$

所以,圆频率为

$$\omega=\sqrt{\frac{g}{\Delta_{st}}}=\sqrt{\frac{980}{0.135}}=85.2\ \frac{1}{\text{s}}$$

工程频率为

$$f=\frac{85.2}{2\pi}=13.6\ \text{Hz}$$

每分钟振动次数为

$$n=13.6\times60=816\ 次/\text{min}$$

周期为

$$T=\frac{1}{f}=\frac{1}{13.6}\text{s}=0.0735\ \text{s}$$

(2) B 点有向下 1 cm 的初始位移时的振动情况

因为此时只有初始位移而没有初始速度,故动力位移表达式为

$$y(t)=y_0\cos\omega t=\cos\omega t=\cos(85.2t)$$

当 $t=0.05$ s 时

$$y=\cos(85.2\times0.05)=-0.4236\ \text{cm}$$

即此时 B 点在平衡位置以上 0.4236 cm 处。

位移 y 随时间 t 的变化情况如图 12-15(b)所示。

最后指出，图 12-15(a)所示桁架具有两个自由度。上面求得的频率是当重物 Q 限制在竖直方向振动时的频率，并不是桁架的最低频率。

【例 12-4】 设有一门式刚架如图 12-16(a)所示。柱的截面惯性矩为 I_1。横梁弯曲刚度 $EI=\infty$；横梁与负荷的总质量为 m，柱的质量可以忽略不计。求刚架的水平自振频率。

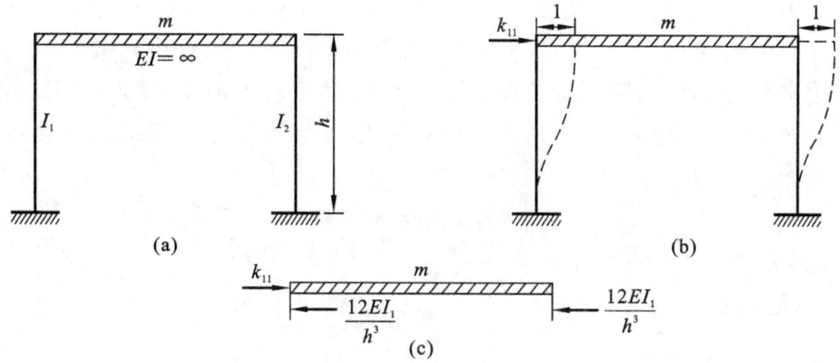

图 12-16 门式刚架

(a)门式刚架简图；(b)单位位移变形图；(c)横梁隔离体

【解】 若略去轴向变形，横梁各质点的水平位移相同，故它是一个单自由度体系。

先求刚架的刚度 k_{11}[k_{11} 为使刚架横梁移动单位距离所需的力，参见图 12-16(b)]。由表 9-1 查得此时柱端剪力为 $\dfrac{12EI_1}{h^3}$，以横梁为隔离体[图 12-16(c)]，由平衡条件得

$$k_{11}=24\ \frac{EI_1}{h^3}$$

代入式(12-17)，得

$$\omega=\sqrt{\frac{k_{11}}{m}}=\sqrt{24\ \frac{EI_1}{mh^3}}$$

12.2.2 考虑阻尼作用时的自由振动

事实上，任何结构的运动都存在阻力，在阻力的作用下体系的运动将逐渐衰减而不能无限延伸。

图 12-17(a)、图 12-17(b)分别表示钢结构模型和钢筋混凝土楼板在自由振动实验中所得曲线的大致形状。实验时，先施加外力使结构偏离平衡位置，然后突然卸载，结构即做自由振动。实验曲线表明，结构在自由振动时的振幅将随时间逐渐减小，直至振幅为零时振动即停止。这种现象称为自由振动的衰减。

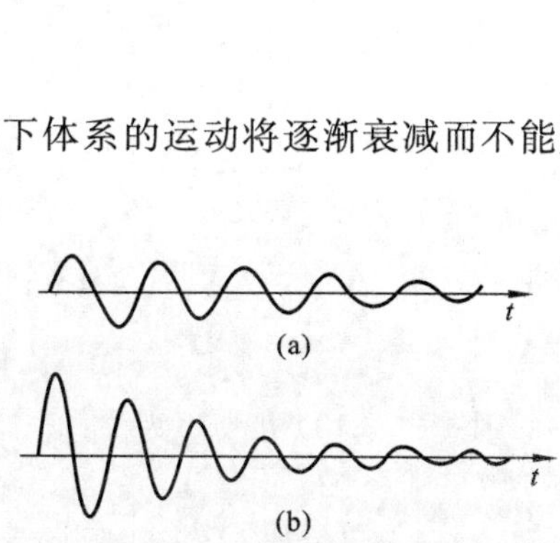

图 12-17 自由振动的衰减

(a)钢结构的衰减；(b)钢筋混凝土结构的衰减

因为在振幅位置处，结构的变形速度为零，故振幅位置的变形能即代表体系的全部机械能。振幅随时间减小这一现象就表明在振动过程中要产生能量的损耗。当初始能量完全耗尽时，振动即终

止。由图 12-17(a)、图 12-17(b)两条曲线衰减快慢的不同还可看出,不同材料、不同类型的结构,能量的耗损情况也不同。

使能量耗散的力统称为阻尼力,简称阻尼。阻尼是结构的一个重要的动力特性。阻尼力大致可分为两种:一种是外部介质的阻力,如空气和液体的阻力、摩擦力等;另一种是源于物体内部的阻力,如分子间的摩擦力和黏着力等。

由于内外阻尼的规律不同,并且与振动物体的结构形式、构成材料的性质有关,因而估计阻尼的作用有几种不同的阻尼理论(假说)。为使计算较为简单,通常引用所谓黏滞阻尼理论,也称福格第(Voigt)假定。这种理论假定阻尼力与体系振动时的变形速度成正比,方向和运动方向相反。即

$$R=-c\dot{y} \tag{12-18}$$

式中 R——体系所受的阻尼力;

c——阻尼系数;

$\dot{y}=\dfrac{dy}{dt}$——位移速度。

式中的负号表示阻尼力的方向恒与速度 $\dot{y}$ 的方向相反。它在体系振动时做负功,因而造成能量损耗。

当考虑阻尼力时,单自由度体系的振动模型如图 12-18(a)所示,体系的质量为 m,弹簧的刚度系数为 k,阻尼系数为 c。取质量 m 为隔离体[图 12-18(b)],弹性力 ky、阻尼力 $c\dot{y}$ 和惯性力 $m\ddot{y}$ 之间的平衡方程为

$$m\ddot{y}+c\dot{y}+ky=0 \tag{12-19}$$

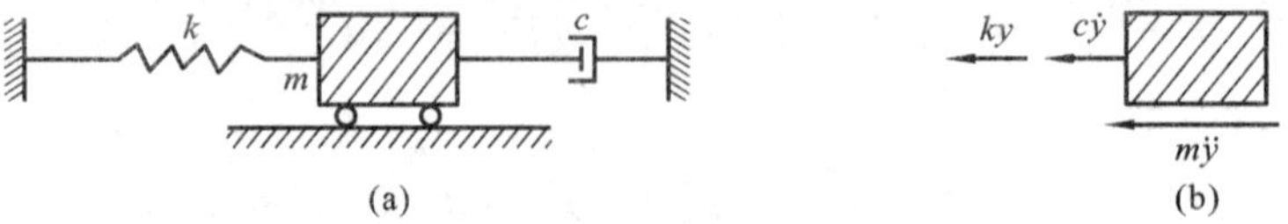

图 12-18 单自由度体系考虑阻尼的振动

(a)有阻尼单自由度体系的振动模型;(b)质量为 m 的隔离体

令

$$\xi=\frac{c}{2m\omega} \tag{12-20}$$

仍令

$$\omega^2=\frac{k}{m}$$

则式(12-19)可改写为

$$\ddot{y}+2\xi\omega\dot{y}+\omega^2 y=0 \tag{12-21}$$

式中 ξ——阻尼比,是表达阻尼系数的基本参数。

这是一个常系数的齐次线性微分方程,其特征方程为

$$r^2+2\xi\omega r+\omega^2=0 \tag{12-22}$$

解得方程的两个根为

$$r_{1,2}=\omega(-\xi\pm\sqrt{\xi^2-1}) \tag{12-23}$$

于是方程式(12-21)的一般解可写为

$$y(t)=C_1e^{r_1t}+C_2e^{r_2t} \tag{12-24}$$

方程式(12-21)的解取决于式(12-23)中根号内的数值。当 $\xi<1$、$\xi=1$、$\xi>1$ 时，体系有三种不同形式的运动，现分三种情况进行讨论。

(1) 当 $\xi<1$ 时(即小阻尼情况)

此时，r_1 和 r_2 为两个共轭复数，它们分别为

$$r_{1、2}=\omega(-\xi\pm i\sqrt{1-\xi^2})$$

则方程式(12-21)的一般解为

$$y(t)=e^{-\xi\omega t}(C_1\cos\omega\sqrt{1-\xi^2}\,t+C_2\sin\omega\sqrt{1-\xi^2}\,t)$$

或

$$y(t)=e^{-\xi\omega t}(C_1\cos\omega_r t+C_2\sin\omega_r t) \tag{12-25}$$

其中 $\omega_r=\omega\sqrt{1-\xi^2}$，称为有阻尼自由振动的圆频率。

引入初始条件，可确定积分常数 C_1 和 C_2，设 $t=0$ 时，$y(0)=y_0$，$\dot{y}(0)=v_0$，则得

$$C_1=y_0 \qquad C_2=\frac{v_0+\xi\omega y_0}{\omega_r}$$

将其代入式(12-25)，得

$$y(t)=e^{-\xi\omega t}\left(y_0\cos\omega_r t+\frac{v_0+\xi\omega y_0}{\omega_r}\sin\omega_r t\right) \tag{12-26}$$

若令

$$A\sin\varphi=y_0 \qquad A\cos\varphi=\frac{v_0+\xi\omega y_0}{\omega_r}$$

则有

$$y(t)=Ae^{-\xi\omega t}\sin(\omega_r t+\varphi) \tag{12-27}$$

其中

$$\left.\begin{aligned}A&=\sqrt{y_0^2+\frac{(v_0+\xi\omega y_0)^2}{\omega_r^2}}\\ \tan\varphi&=\frac{y_0\omega_r}{v_0+\xi\omega y_0}\end{aligned}\right\} \tag{12-28}$$

式中 φ——有阻尼的初相角。

现根据上述解答，对小阻尼的自由振动情况讨论如下：

① 由式(12-27)可知，小阻尼的自由振动是一个衰减振动。虽然它不是严格定义的周期运动，但质点在相邻两次通过静平衡位置时，其时间间隔是相等的。习惯上仍称此时间间隔 $T_r=\dfrac{2\pi}{\omega_r}$ 为周期，并称这种振动为衰减性的周期振动。$Ae^{-\xi\omega t}$ 则为振幅。表示小阻尼体系自由振动时的 y-t 曲线如图 12-19 所示。

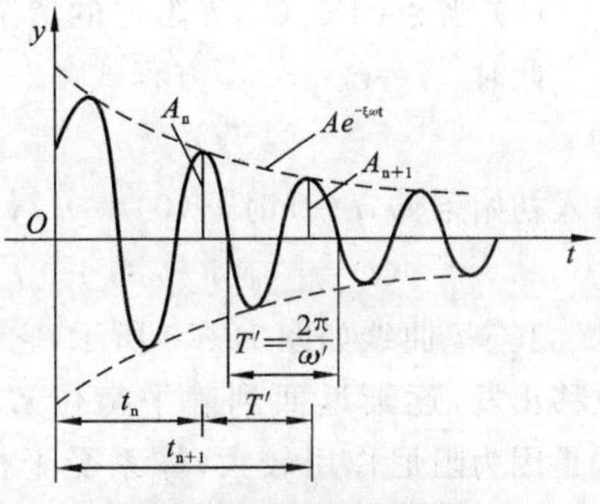

图 12-19 小阻尼体系自由振动时的 y-t 曲线

② 若用 A_n 表示某一时刻 t_n 的振幅,A_{n+1} 表示经过一个周期 T_r 后的振幅,则有

$$\frac{A_n}{A_{n+1}}=\frac{Ae^{-\xi\omega t_n}}{Ae^{-\xi\omega(t_n+T_r)}}=e^{\xi\omega T_r} \tag{12-29}$$

式(12-29)表明,相隔一周期后的两个振幅之比为一常数,即振幅是按等比级数递减的。

在有阻尼的振动问题中,阻尼比 ξ 是极为重要的一个参数。工程上常根据式(12-29)来确定阻尼比 ξ。对式(12-29)两边取对数,得

$$\ln\left(\frac{A_n}{A_{n+1}}\right)=\xi\omega T_r$$

令

$$\gamma=\ln\left(\frac{A_n}{A_{n+1}}\right) \tag{12-30}$$

r 称为振幅的对数递减量,则有

$$\ln\left(\frac{A_n}{A_{n+1}}\right)=\xi\omega T_r=\gamma$$

③ 通常 ξ 是一个很小的数,对于一般钢筋混凝土杆系结构的阻尼比 $\xi\approx0.05$,拱坝 $\xi=0.03\sim0.05$,重力坝包括大头坝 $\xi=0.01\sim0.05$,土坝、堆石坝 $\xi=0.10\sim0.20$。在强震时,ξ 值还会增大一些,但其值也不会太大。在实际工程结构动力计算中常不计阻尼对自振圆频率的影响,即取

$$\omega_r\approx\omega$$

于是有

$$\ln\left(\frac{A_n}{A_{n+1}}\right)=\xi\omega T_r=\xi\omega\frac{2\pi}{\omega_r}\approx2\pi\xi=\gamma$$

据此可得

$$\xi=\frac{\gamma}{2\pi}=\frac{1}{2\pi}\ln\left(\frac{A_n}{A_{n+1}}\right) \tag{12-31}$$

利用式(12-31)可以根据相邻振幅的比值来计算体系的阻尼比。实测中为了提高精度,通常取相距 m 个周期的两个振幅 A_n 和 A_{n+m} 来计算阻尼比

$$\xi=\frac{\gamma_m}{2\pi m}=\frac{1}{2\pi m}\ln\left(\frac{A_n}{A_{n+m}}\right) \tag{12-32}$$

(2) 当 $\xi=1$ 时(临界阻尼的情况)

此时,$r_1=r_2=-\omega$,方程式(12-21)的解为

$$y(t)=(C_1+C_2t)e^{-\omega t}$$

引入初始条件,$t=0$ 时,$y(0)=y_0$,$\dot{y}(0)=v_0$,则得

$$y(t)=[y_0(1+\omega t)+v_0t]e^{-\omega t} \tag{12-33}$$

其 y-t 曲线如图 12-20 所示,它表示体系从初始位移出发,逐渐返回到静平衡位置而无振动发生。这是因为阻尼作用较大,体系受干扰后偏离平衡位置所积蓄的初始能量在恢复到平衡位置的过程中全部消耗于克服阻尼的影响,没有多余的能量来引起

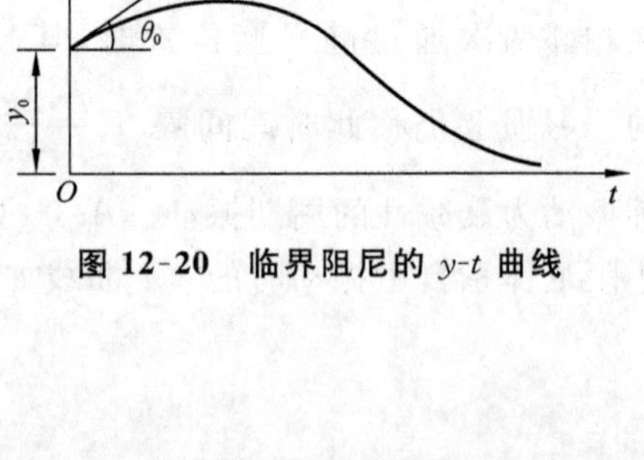

图 12-20 临界阻尼的 y-t 曲线

振动，这种情况称为临界阻尼。这时的阻尼系数称为临界阻尼系数，并用 c_c 表示。在式(12-20)中令 $\xi=1$，即可知临界阻尼系数为

$$c_c=2m\omega=2\sqrt{km}$$

相应地有

$$\xi=\frac{c}{2m\omega}=\frac{c}{c_c}$$

阻尼比即为阻尼系数 c 与临界阻尼系数 c_c 的比值。

(3) 当 $\xi>1$ 时(大阻尼的情况)

此时，r_1 和 r_2 为两个负的实根，方程式(12-21)的解为

$$y(t)=e^{-\xi\omega t}\left(y_0\cosh\omega\sqrt{\xi^2-1}\,t+\frac{v_0+\xi\omega y_0}{\omega\sqrt{\xi^2-1}}\sinh\omega\sqrt{\xi^2-1}\,t\right) \tag{12-34}$$

其 y-t 曲线大体上与图 12-20 相似，由于阻尼过大，系统的运动为按指数规律衰减的非周期蠕动。这种振动情况称为强阻尼或过阻尼。由于在实际问题中很少遇到这种情况，故不再进一步讨论。

【例 12-5】 图 12-21 所示刚架，柱的抗弯刚度为 $EI=4.5\times10^6\ \text{N}\cdot\text{m}^2$，设略去其质量，又设横梁为刚性，其质量 $m=5000$ kg。若用千斤顶使 m 产生侧移 25 mm 然后突然放开，刚架产生自由振动，振动 5 周后测得的侧移为 7.12 mm。试求：①考虑及不计阻尼影响时刚架的自振频率；②阻尼比和阻尼系数；③振动 10 周后的振幅。

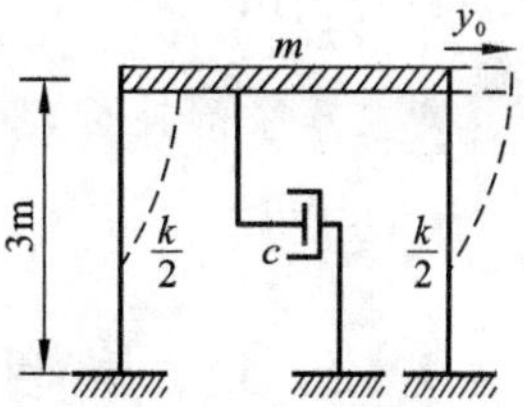

图 12-21 刚架结构

【解】 两个柱子的侧向刚度为

$$k=2\left(\frac{12EI}{h^3}\right)=2\times12\times4.5\times10^6/3^3=4.0\times10^6\ \text{N/m}$$

由 m、k 求得无阻尼的自振频率和工程频率为

$$\omega=\sqrt{k/m}=\sqrt{\frac{4\times10^6}{5000}}=28.284\ \text{rad/s}$$

$$f=\frac{1}{2\pi}\sqrt{\frac{4\times10^6}{5000}}=4.502\ \text{Hz}$$

由 $A_0=25$ mm 和 $A_{0+5T_r}=7.12$ mm 求阻尼比和阻尼系数：

$$\xi=\frac{\gamma_m}{2\pi m}=\frac{1}{10\pi}\ln\frac{A_0}{A_{0+5T_r}}=\frac{1}{10\pi}\ln\frac{25}{7.12}=0.04$$

$$c=2m\omega\cdot\xi=2\times5000\times28.284\times0.04=11313.6\ \text{kg/s}$$

考虑阻尼影响的自振频率和工程频率：

$$\omega_r=\omega\sqrt{1-\xi^2}=28.284\times\sqrt{1-0.04^2}=28.261\ \text{rad/s}$$

$$f_r=f\sqrt{1-\xi^2}=4.498\ \text{Hz}$$

从上述自振频率和工程频率计算结果可以看出，考虑和不考虑阻尼的数值是很接近的。

由 $\frac{A_{n+m}}{A_n}=e^{-2\pi m\xi\frac{\omega}{\omega_r}}$，取 $n=0$，$m=5$、10 有

$$\frac{A_5}{A_0}=e^{-2\times5\pi\xi\frac{\omega}{\omega_r}} \qquad \frac{A_{10}}{A_0}=e^{-2\times10\pi\xi\frac{\omega}{\omega_r}}$$

两式相除

$$\left(\frac{A_{10}}{A_0}\right)\Big/\left(\frac{A_5}{A_0}\right)=e^{-2\times5\pi\xi\frac{\omega}{\omega_r}}=\frac{A_5}{A_0}$$

由此得出

$$A_{10}=\left(\frac{A_5}{A_0}\right)^2\cdot A_0=\frac{7.12^2}{25}=2.028\ \text{mm}$$

【例 12-6】 从实测中已知某结构的自振周期 $T=0.25$ s,阻尼比 $\xi=0.08$。若结构因有初始位移 $y_0=1$ mm 而振动时,求自振振幅衰减到 y_0 的 5%以下所需的时间。

【解】 设振动 x 个周期后,振幅 A_x 衰减到 y_0 的 5%即 0.05 mm 以下,则由

$$\ln\left(\frac{y_0}{A_x}\right)=\xi\omega(xT_r)=\xi\omega\frac{2\pi x}{\omega_r}\approx2\pi\xi x$$

故

$$x=\frac{1}{2\pi\xi}\ln\left(\frac{y_0}{A_x}\right)\geqslant\frac{1}{2\pi\times0.08}\ln\left(\frac{1}{0.05}\right)=\frac{2.996}{2\pi\times0.08}=5.96$$

即在 6 个周期后,振幅即衰减到初始位移的 5%以下,所需的时间为

$$t=6T=6\times0.25=1.5\ \text{s}$$

12.3 单自由度体系在简谐荷载作用下的强迫振动

强迫振动是指结构体系不断受到外来的动力荷载 $P(t)$的作用所产生的振动。

动力荷载一般有两种,一种是作用在系统上的激振力;一种是作用在基础上的动位移。下面将以激振力为例讨论单自由度结构体系的动力反应问题。

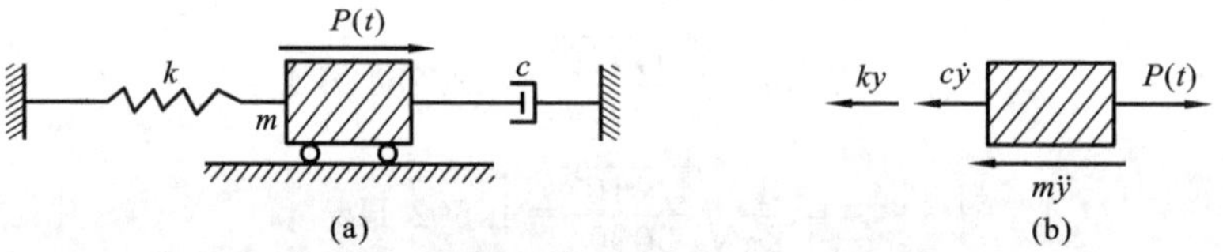

图 12-22 单自由度体系强迫振动模型

(a)单自由度体系振动模型;(b)隔离体

单自由度结构体系的振动模型如图 12-22(a)所示。体系的质量为 m,承受动力荷载 $P(t)$作用。体系的弹性性质用弹簧表示,弹簧的刚度系数为 k。体系的阻尼性质用阻尼减震器表示,阻尼系数为 c。取质量 m 为隔离体[图 12-22(b)],由达朗伯原理可得弹性力 ky、阻尼力 $c\dot{y}$、惯性力 $m\ddot{y}$ 和动力荷载 $P(t)$之间的平衡方程为

$$m\ddot{y}+c\dot{y}+ky=P(t) \tag{12-35}$$

在结构工程中,经常遇到的动力荷载是简谐荷载,如具有旋转部件的机械所产生的离心力即为一例。它的竖向分量和水平分量可分别用 $P\sin\theta t$ 和 $P\cos\theta t$ 表示。这种按正弦或余弦规律随时间变化的荷载称为简谐荷载,其最大值 P 称为幅值,θ 称为荷载的圆频率(即离

心力旋转的角速度)。对于一般动力荷载的作用,可以展开成多个简谐荷载作用的叠加。

以下只讨论简谐荷载为 $P\sin\theta t$ 的情况,但其分析方法同样适用于 $P\cos\theta t$ 的情况,并可得到同样的结论。此时振动方程为

$$\ddot{y}+2\xi\omega\dot{y}+\omega^2 y=\frac{1}{m}P\sin\theta t \tag{12-36}$$

方程为二阶常系数非齐次微分方程,它的通解由两部分组成:

$$y=\overline{y}+y^*$$

齐次解 $\overline{y}$ 为

$$\overline{y}=e^{-\xi\omega t}(C_1\cos\omega_r t+C_2\sin\omega_r t)$$

即式(12-25)。现在用待定系数法求特解 y^*。设

$$y^*=D_1\cos\theta t+D_2\sin\theta t$$

则

$$\dot{y}^*=-D_1\theta\sin\theta t+D_2\theta\cos\theta t$$

$$\ddot{y}^*=-D_1\theta^2\cos\theta t-D_2\theta^2\sin\theta t$$

将它们代入式(12-36)并整理,分别令等号两边 $\cos\theta t$ 和 $\sin\theta t$ 的相应系数相等,可得:

$$(\omega^2-\theta^2)D_1+2\xi\omega\theta D_2=0$$

$$(\omega^2-\theta^2)D_2-2\xi\omega\theta D_1=\frac{P}{m}$$

由以上两式可解出:

$$D_1=-\frac{P}{m}\frac{2\xi\omega\theta}{(\omega^2-\theta^2)^2+4(\xi\omega)^2\theta^2}$$

$$D_2=\frac{P}{m}\frac{\omega^2-\theta^2}{(\omega^2-\theta^2)^2+4(\xi\omega)^2\theta^2}$$

则特解 y^* 为

$$y^*=-\frac{2P\xi\omega\theta}{m[(\omega^2-\theta^2)^2+4(\xi\omega)^2\theta^2]}\cos\theta t+\frac{P(\omega^2-\theta^2)}{m[(\omega^2-\theta^2)^2+4(\xi\omega)^2\theta^2]}\sin\theta t$$

将上述特解 y^* 与齐次解 $\overline{y}$ 相加,即得式(12-36)的通解

$$y=e^{-\xi\omega t}(C_1\cos\omega_r t+C_2\sin\omega_r t)+\frac{P}{m[(\omega^2-\theta^2)^2+4(\xi\omega)^2\theta^2]}[(\omega^2-\theta^2)\sin\theta t-2\xi\omega\theta\cos\theta t] \tag{12-37}$$

其中常数 C_1、C_2 由初始条件确定。

设两个初始条件为:$t=0$ 时,$y(0)=y_0$,$v(0)=v_0$,代入式(12-37)可求得

$$C_1=y_0+\frac{2\xi\omega\theta P}{m[(\omega^2-\theta^2)^2+4(\xi\omega)^2\theta^2]}$$

$$C_2=\frac{v_0+\xi\omega y_0}{\omega_r}+\frac{2(\xi\omega)^2\theta P}{m\omega_r[(\omega^2-\theta^2)^2+4(\xi\omega)^2\theta^2]}-\frac{(\omega^2-\theta^2)\theta P}{m\omega_r[(\omega^2-\theta^2)^2+4(\xi\omega)^2\theta^2]}$$

因此,式(12-37)可写为

$$y=e^{-\xi\omega t}\left[y_0\cos\omega_r t+\frac{v_0+\xi\omega y_0}{\omega_r}\sin\omega_r t\right]+$$

$$e^{-\xi\omega t}\frac{\theta P}{m[(\omega^2-\theta^2)^2+4(\xi\omega)^2\theta^2]}\left[2\xi\omega\cos\omega_r t+\frac{2(\xi\omega)^2-(\omega^2-\theta^2)}{\omega_r}\sin\omega_r t\right]+$$

$$\frac{P}{m[(\omega^2-\theta^2)^2+4(\xi\omega)^2\theta^2]}[(\omega^2-\theta^2)\sin\theta t-2\xi\omega\theta\cos\theta t] \tag{12-38}$$

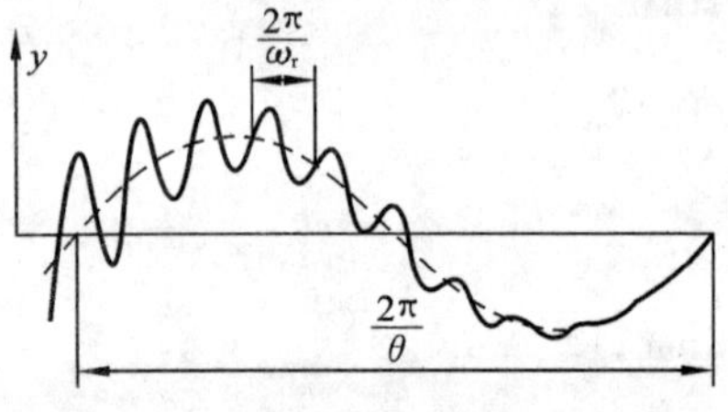

图 12-23 单自由度结构稳态强迫振动曲线

由此式可知,振动系由三部分组成:第一部分是由初始条件决定的自由振动。第二部分是与初始条件无关而伴随干扰力的作用发生的振动,但其频率与体系的自振频率 ω_r 一致,称为伴生自由振动。由于这两部分振动都含有因子 $e^{-\xi\omega t}$,故它们将随时间的推移而逐渐衰减掉,最后只剩下按干扰力频率 θ 而振动的那一部分,称为纯强迫振动或稳态强迫振动(图 12-23)。所以,稳态强迫振动的解为

$$y=\frac{P}{m[(\omega^2-\theta^2)^2+4(\xi\omega)^2\theta^2]}[(\omega^2-\theta^2)\sin\theta t-2\xi\omega\theta\cos\theta t] \tag{12-39}$$

振动开始的一段时间内几种振动同时存在的阶段称为过渡阶段;而后面只剩下纯强迫振动的阶段称为平稳阶段。通常过渡阶段比较短,因而在实际问题中平稳阶段比较重要,故一般只着重讨论稳态强迫振动。下面仍分别就考虑和不考虑阻尼两种情况来讨论。

12.3.1 不考虑阻尼的纯强迫振动

此时因 $\xi=0$,由式(12-39)可知稳态强迫振动方程成为

$$y=\frac{P}{m(\omega^2-\theta^2)}\sin\theta t \tag{12-40}$$

因此,最大的动位移(即振幅)为

$$y_d=\frac{P}{m(\omega^2-\theta^2)}=\frac{1}{1-\frac{\theta^2}{\omega^2}}\frac{P}{m\omega^2}$$

但是,$\omega^2=\frac{k}{m}=\frac{1}{m\delta}$,故 $m\omega^2=\frac{1}{\delta}$,代入上式,得

$$y_d=\frac{1}{1-\frac{\theta^2}{\omega^2}}P\delta=\mu y_{st}$$

$$\mu=\frac{1}{1-\frac{\theta^2}{\omega^2}}=\frac{y_d}{y_{st}} \tag{12-41}$$

式中 y_{st}——将振动荷载的最大值 P 作为静力荷载作用于结构上时所引起的静力位移,$y_{st}=P\delta$;

μ——最大的动力位移与静力位移之比值,称为位移动力系数。

由上可知,根据 θ 与 ω 的比值求得动力系数后,只需将动力荷载的最大值 P 当作静力

荷载而求出结构的位移 y_{st}，然后再乘上 μ，即可求得动力荷载作用下的最大位移 y_d。

同理，如果求出了内力的动力系数，也可计算出结构在动力荷载作用下的最大内力。需要指出，在单自由度结构上，当干扰力与惯性力的作用点和作用线都重合时，位移动力系数和内力动力系数是完全一样的，此时对这两类动力系数可不做区分而统称为动力系数。

由式(12-41)可知，动力系数随比值$\dfrac{\theta}{\omega}$而变化。μ 与 $\dfrac{\theta}{\omega}$的变化关系如图 12-24 所示。

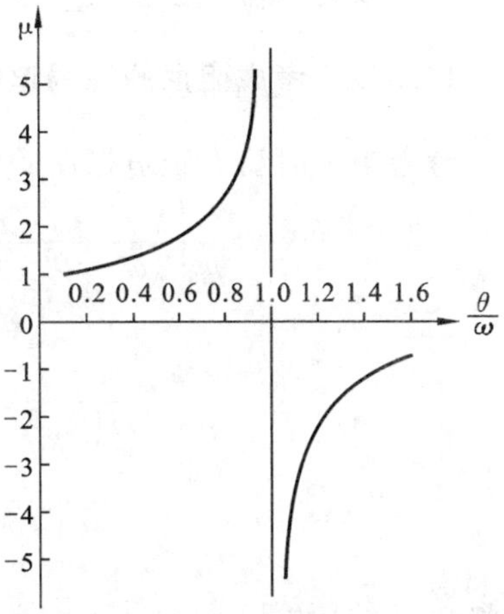

图 12-24　μ 与$\dfrac{\theta}{\omega}$的变化关系

当 $\theta \ll \omega$ 时，$\left(\dfrac{\theta}{\omega}\right)^2 \approx 0$。由式(12-41)得 $\mu \approx 1$，所以 $y_d \approx y_{st}$。由此可知，与结构自振频率相比，频率很低的干扰力，它的作用接近于静力作用。通常当$\dfrac{\theta}{\omega} < \dfrac{1}{5}$时，即可认为 $\mu = 1$。但因干扰力的指向是变化的，故干扰力所产生的位移可以达到 $+P\delta$ 或 $-P\delta$。

当 $\theta \gg \omega$ 时，$\left(\dfrac{\theta}{\omega}\right)^2$ 是一个很大的数，$\mu \ll 1$，所以 $y_d \ll y_{st}$。这表明，当干扰力频率远大于自振频率时，动位移将远小于干扰力幅值 P 所产生的静位移。

当 θ 的数值趋于 ω 时，动力系数 μ 就迅速增大；当两者无限接近时，理论上 μ 将变得无穷大，此时内力和位移都将无限增加。对结构来说，这种情形是危险的。在 $\theta=\omega$ 时所发生的振动情况称为共振。而实际上，由于阻尼的存在，共振时内力和位移虽然很大，但并不会趋于无穷大，而且共振时的振动也是逐渐由小变大，而不是一下就变得很大。但是，内力和位移之值过大也是不利的，因此，在工程设计中应尽量避免发生共振。

【例 12-7】 设有一简支钢梁，跨度 $l=4$ m，采用型号为 I28b 的工字钢，惯性矩 $I=7480\ \text{cm}^4$，截面系数 $W=534\ \text{cm}^3$，弹性模量 $E=2.1\times10^4\ \text{kN/cm}^2$。在跨度中点有电动机，重量 $Q=35$ kN，转速 $n=500$ r/min。由于具有偏心，转动时产生离心力 $P=10$ kN，离心力的竖向分力为 $P\sin\theta t$。忽略梁本身的质量，试求钢梁在上述竖向简谐荷载作用下强迫振动的动力系数和最大正应力。

【解】 (1) 简支钢梁的自振频率

$$\omega=\sqrt{\frac{g}{y_{st}}}=\sqrt{\frac{48EIg}{Ql^3}}=\sqrt{\frac{48\times2.1\times10^4\times7480\times980}{35\times400^3}}=57.4\ \frac{1}{\text{s}}$$

(2) 荷载的频率

$$\theta=\frac{2\pi n}{60}=\frac{2\times3.1416\times500}{60}=52.3\ \frac{1}{\text{s}}$$

(3) 求动力系数 μ

由式(12-41)得

$$\mu=\frac{1}{1-\dfrac{\theta^2}{\omega^2}}=\frac{1}{1-\left(\dfrac{52.3}{57.4}\right)^2}=5.88$$

即动力位移和动力应力的最大值为静力值的5.88倍。

(4) 求跨中最大正应力

$$\sigma_{\max}=\frac{Ql}{4W}+\mu\frac{Pl}{4W}=\frac{(Q+\mu P)l}{4W}=\frac{(35+5.88\times 10)\times 400}{4\times 534}=17.56\ \text{kN/cm}^2$$

式中第一项是电动机重量Q产生的正应力,第二项是动力荷载$P\sin\theta t$产生的最大正应力。

12.3.2 考虑阻尼的纯强迫振动

考虑阻尼时稳态强迫振动的解为

$$y=\frac{P}{m[(\omega^2-\theta^2)^2+4(\xi\omega)^2\theta^2]}[(\omega^2-\theta^2)\sin\theta t-2\xi\omega\theta\cos\theta t]$$

令

$$\left.\begin{aligned}\frac{(\omega^2-\theta^2)P}{m[(\omega^2-\theta^2)^2+4(\xi\omega)^2\theta^2]}&=A\cos\varphi\\-\frac{2\xi\omega\theta P}{m[(\omega^2-\theta^2)^2+4(\xi\omega)^2\theta^2]}&=-A\sin\varphi\end{aligned}\right\}\tag{12-42}$$

则将有

$$y=A\sin(\theta t-\varphi)\tag{12-43}$$

式中 A——有阻尼的纯强迫振动的振幅;

φ——位移与荷载之间的相位差。

由式(12-42)得

振幅

$$A=\frac{1}{\sqrt{(\omega^2-\theta^2)^2+4(\xi\omega)^2\theta^2}}\frac{P}{m}\tag{12-44}$$

相位差

$$\varphi=\tan^{-1}\left(\frac{2\xi\omega\theta}{\omega^2-\theta^2}\right)\tag{12-45}$$

将$\omega^2=\frac{k}{m}=\frac{1}{m\delta}$代入式(12-39),则振幅$A$可写为

$$A=\frac{1}{\sqrt{\left(1-\frac{\theta^2}{\omega^2}\right)^2+\frac{4\xi^2\theta^2}{\omega^2}}}\frac{P}{m\omega^2}=\mu_d y_{st}\tag{12-46}$$

式中

$$\mu_d=\frac{1}{\sqrt{\left(1-\frac{\theta^2}{\omega^2}\right)^2+\frac{4\xi^2\theta^2}{\omega^2}}}\tag{12-47}$$

μ_d为考虑阻尼时的动力系数。此式表明:动力系数μ_d不仅与频率比值$\frac{\theta}{\omega}$有关,而且与阻尼比ξ有关。对于不同的阻尼比ξ可以绘出针对相应频率比的关系曲线,也称为幅频曲线。图12-25中给出了动力系数μ_d与频率比值$\frac{\theta}{\omega}$的关系曲线。

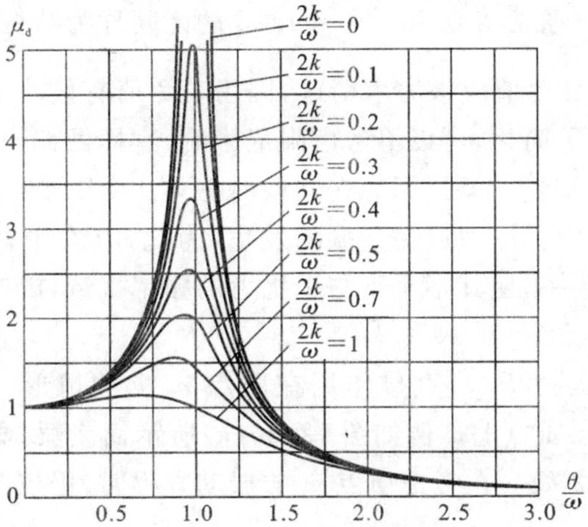

图 12-25　幅频曲线

现在结合图 12-25 所示的曲线来讨论$\frac{\theta}{\omega}$值不同的几种情况：

① 当 $\theta \ll \omega$ 时，则$\left(\frac{\theta}{\omega}\right)^2$值接近于零，因而 μ_d 接近 1。这表明可近似地将 $P\sin\theta t$ 作为静力荷载来计算。由式(12-47)还可看出，根号内的第二项也接近于零，这表明阻尼对动力系数和振幅的影响很小。这时由于振动很慢，因而惯性力和阻尼力都很小，动力荷载主要由结构的恢复力来平衡。

由式(12-43)可知，位移 y 与荷载 $P(t)$之间有一个相位差 φ，也就是说在有阻尼的振动中，位移 y 要比荷载 $P(t)$落后一个相位 φ；然而在无阻尼的振动中，由式(12-40)可知，位移 y 与荷载 $P(t)$是同步的(当 $\theta<\omega$ 时)或是相差 180°亦即方向相反(当 $\theta>\omega$ 时)。这是有无阻尼的重大差别。不过在目前的有阻尼振动中，由于 θ 远小于 ω，故从式(12-45)可知，此时相位差 φ 也很小，因而位移基本上与荷载同步。

② 当 $\theta \gg \omega$ 时，$\left(\frac{\theta}{\omega}\right)^2$值远大于 1，因而 μ_d 很小。这表明物体近似于不动或只做振幅很微小的颤动。这时由于振动很快，因而惯性力很大，结构的恢复力和阻尼力相对来说可以忽略，此时动力荷载主要由惯性力来平衡。由于惯性力是与位移同相位的，所以动力荷载的方向只能是与位移的方向相反才能平衡。

③ 当 θ 的数值趋于 ω 时，动力系数 μ_d 就迅速增大。

当$\frac{\theta}{\omega}=1$时，由于存在阻尼，μ_d 虽然不能无限大，但仍有很大的值。这种状态称为共振。此时，动力系数

$$\mu_d=\frac{1}{2\xi} \tag{12-48}$$

由式(12-45)可知，此时 $\varphi\approx 90°$，说明位移落后于荷载 $P(t)$约 90°，即荷载为最大时，位移很小，加速度也很小，因此恢复力和惯性力都很小，这时荷载主要由阻尼力平衡。

式(12-48)和图 12-25 表明，在靠近共振点范围内，阻尼比 ξ 的数值对放大系数及振幅

的大小有决定性的影响。通常将 $0.75<\frac{\theta}{\omega}<1.25$ 的区间称为共振区。在共振区内,阻尼因素不能忽略,而且对阻尼比 ξ 值应该力求精确,因为若 ξ 值有较小差异时,μ_d 值将会有明显的改变。在共振区外,为了简化,可以不考虑阻尼影响,这样做偏于安全。

强迫振动时的共振问题很重要,因为在共振时振幅大、内力也大,所以工程设计时应该以此为依据。同时,设计中应尽力避免共振的发生,为此,应该注意通过调整结构的刚度和质量来控制结构的自振频率,使其不至于与干扰力的频率接近,以避免共振现象。一般常使最低自振频率至少较 θ 大 25%～30%。

以上的分析都是干扰力 $P(t)$ 直接作用在质点 m 上的情形。在实际问题中,干扰力 $P(t)$ 有可能不直接作用在质点上。例如图 12-26(a)所示简支梁,集中质点 m 在点 1 处,而干扰力 $P(t)$ 则作用在点 2 处。在考虑质点 m 的振动方程时,仍按两种基本方法来建立质点 m 的振动微分方程。

(1) 列位移方程

设单位力作用在点 2 时使点 1 产生的位移为 δ_{12};单位力作用在点 1 时使点 1 产生的位移为 δ_{11}[图 12-26(b)、图 12-26(c)]。若在任一时刻质点 m 处的位移为 y,则作用在质点 m 上的惯性力为 $I=-m\ddot{y}$,在惯性力 I 和干扰力 $P(t)$ 共同作用下[图 12-26(d)],质点 m 处的位移将为

$$y=\delta_{11}I+\delta_{12}P(t)=\delta_{11}(-m\ddot{y})+\delta_{12}P(t)$$

即

$$m\ddot{y}+r_{11}y=\frac{\delta_{12}}{\delta_{11}}P(t) \tag{12-49}$$

这就是质点 m 的振动微分方程。由此可见,对于这种情况,本节前面导出的各计算公式都是适用的,只不过须将公式中的 $P(t)$ 用 $\frac{\delta_{12}}{\delta_{11}}P(t)$ 来代替。

(2) 列动力平衡方程

质点 m 的振动方程也可由动力平衡条件列出。为了考虑质点 m 在振动过程中所受的力,可采用类似于第 9 章所述位移法的概念进行分析。为此,在质点 m 处沿位移方向添置附加链杆,把质点 m 固定起来[图 12-27(a)]。在惯性力 $-m\ddot{y}$ 作用下,链杆反力即为 $m\ddot{y}$[图 12-27(b)]。干扰力 $P(t)$ 作用时所引的链杆反力 $R_{1P}(t)$ 可由第 8 章的力法求出为[图 12-27(c)]:

$$R_{1P}(t)=-\frac{\delta_{12}}{\delta_{11}}P(t)$$

然后强迫附加链杆移动到与质点 m 的实际位置相同的位移 y 处,则附加链杆上所需施加的力为 $r_{11}y$[图 12-27(d)]。若将上述各情况叠加,则由于 y 是与荷载和加速度相协调的真实位移,故此时附加链杆上的总反力应等于零,从而有

$$r_{11}y+m\ddot{y}+R_{1P}(t)=0$$

即

$$m\ddot{y}+r_{11}y=\frac{\delta_{12}}{\delta_{11}}P(t)$$

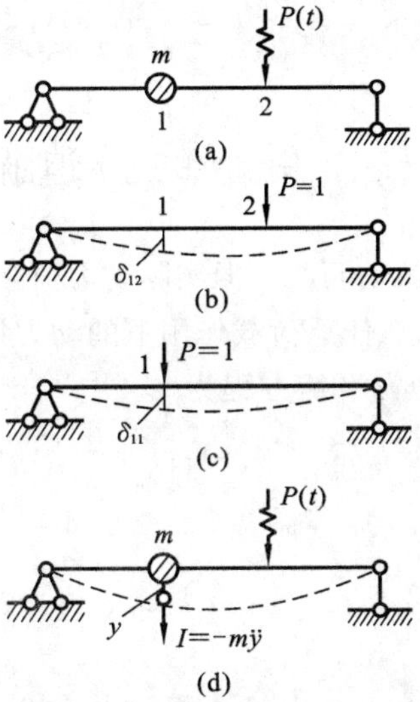

图 12-26 $P(t)$不作用在质点上(一)

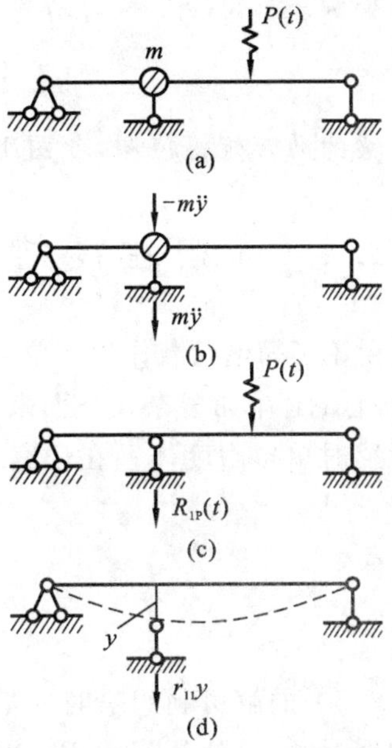

图12-27 $P(t)$不作用在质点上(二)

结果与式(12-49)完全一样。根据分析对象的不同,可采用较简捷的方法来建立结构的振动微分方程。

【例 12-8】 图 12-28(a)所示简支梁跨中有一集中质量,梁右端作用有一个简谐变化的力矩 $M(t)=M\sin\theta t$。梁的截面抗弯刚度 EI 为常数。试作梁的弯矩幅值图。

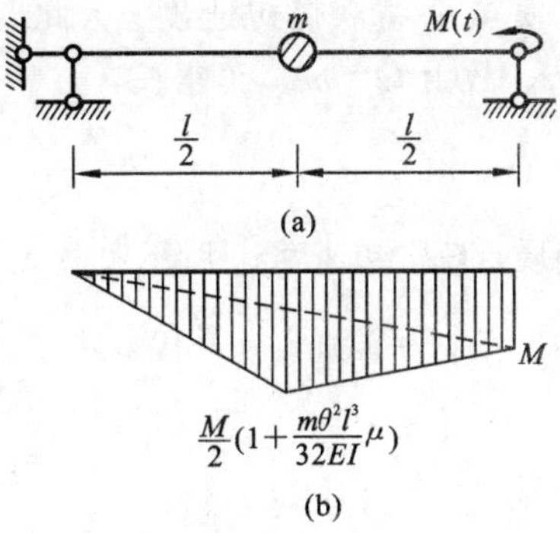

图 12-28 $P(t)$不作用在质点上(三)

(a)集中质量的简支梁;(b)弯矩幅值图

【解】 求柔度系数

$$\delta_{11}=\frac{l^3}{48EI}\quad \delta_{12}=\frac{l^2}{16EI}$$

体系的自振频率

$$\omega^2=\frac{1}{m\delta_{11}}=\frac{48EI}{ml^3}$$

动力系数

$$\mu=\frac{1}{1-\dfrac{\theta^2}{\omega^2}}=\frac{1}{1-\dfrac{m\theta^2 l^3}{48EI}}$$

振幅

$$A=M\delta_{12}\mu=\frac{Ml^2}{16EI}\cdot\frac{1}{1-\dfrac{m\theta^2 l^3}{48EI}}$$

惯性力幅值

$$I=m\theta^2 A=m\theta^2\frac{Ml^2}{16EI}\cdot\frac{1}{1-\dfrac{m\theta^2 l^3}{48EI}}=\frac{Ml^2}{16EI}m\theta^2\mu$$

应用叠加法求得跨中截面动弯矩为

$$M_{d\max}=\frac{M}{2}+\frac{Il}{4}=\frac{M}{2}\left(1+\frac{m\theta^2 l^3}{32EI}\mu\right)$$

绘出梁的动弯矩幅值图,如图 12-28(b)所示。

12.4 单自由度结构在任意荷载作用下的强迫振动

以上讨论了简谐荷载作用下单自由度体系的强迫振动问题。但实际动力荷载的形式是多种多样的,有的还非常复杂。下面来分析单自由度结构在任意荷载作用下的动力计算问题。

有阻尼时单自由度体系在任意干扰力作用下的动力平衡方程为

$$m\ddot{y}+c\dot{y}+ky=P(t)$$

或

$$\ddot{y}+2\xi\omega\dot{y}+\omega^2 y=\frac{1}{m}P(t) \tag{12-50}$$

式(12-50)的解可利用瞬时冲量作用下的振动来导出。

所谓瞬时冲量,就是荷载 $P(t)$ 只在极短的时间 $\Delta t\approx 0$ 内给予振动物体以冲量。如图 12-29(a)所示,设荷载的大小为 P,作用的时间为 Δt,则其冲量以 $Q=P\cdot\Delta t$ 来计算,即图中阴影线所表示的面积。

设质点 m 原来处于静止状态。从 $t=0$ 时刻开始受到冲量 Q 的作用。则在冲量 Q 作用下质点 m 将获得初速度 v_0,此时冲量 Q 全部转移给质点,使其增加动量,动量增值即为 mv_0,故由 $Q=mv_0$ 可得

$$v_0=\frac{Q}{m}$$

当质点获得初速度 v_0 后还来不及产生位移时,冲量即消失,所以质点在这种冲击下将产生自由振动。将 $y_0=0$ 和 $v_0=\frac{Q}{m}$ 代入式(12-26),便得到瞬时冲量 Q 作用下质点 m 的位移方程为

$$y=e^{-\xi\omega t}\left(\frac{v_0}{\omega_r}\sin\omega_r t\right)=\frac{Q}{m\omega_r}e^{-\xi\omega t}\sin\omega_r t \tag{12-51}$$

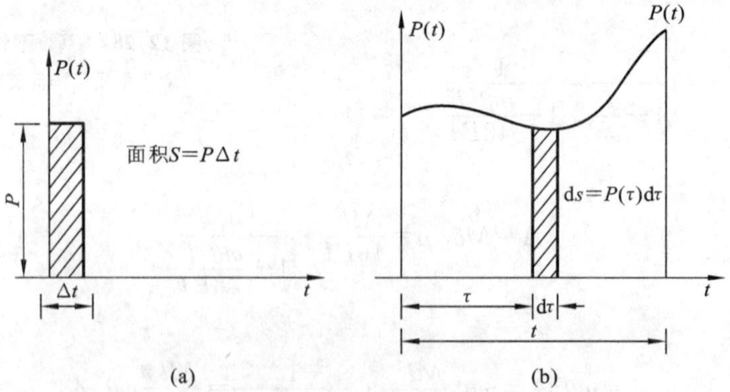

图 12-29 任意荷载 $P(t)$

(a)$t=0$ 时的瞬时冲量;(b)$t=\tau$ 时的瞬时冲量

若瞬时冲量不是在 $t=0$ 而是在 $t=\tau$ 时加于质点上的，则其位移方程应为

$$y(t)=\frac{Q}{m\omega_r}e^{-\xi\omega(t-\tau)}\sin\omega_r(t-\tau) \qquad (t>\tau) \tag{12-52}$$

对于图 12-29(b)所示一般形式的干扰力 $P(t)$，若将时间划分为很多微小的区段，每段内 $P(t)$的值当作常量，则整个加载过程可以看作是由一系列的微小冲量 $P(\tau)\mathrm{d}\tau$ 连续作用的结果，因此应有

$$y(t)=\frac{1}{m\omega_r}\int_0^t P(\tau)e^{-\xi\omega(t-\tau)}\sin\omega_r(t-\tau)\mathrm{d}\tau \tag{1-53}$$

这就是有阻尼单自由度结构当原来的初始位移和初始速度均为零时，在任意动力荷载作用下的质点位移计算公式。对于无阻尼情况，$\xi=0$，$\omega_r=\omega$，则上式成为

$$y(t)=\frac{1}{m\omega}\int_0^t P(\tau)\sin\omega(t-\tau)\mathrm{d}\tau \tag{12-54}$$

式(12-53)或式(12-54)通常称为杜哈梅(Duhamel)积分。

若在 $t=0$，质点原来还具有初始位移 $y(0)=y_0$ 和初始速度 $\dot{y}(0)=v_0$，则质点位移应为

$$y(t)=e^{-\xi\omega t}\left(y_0\cos\omega_r t+\frac{v_0+\xi\omega y_0}{\omega_r}\sin\omega_r t\right)+\frac{1}{m\omega_r}\int_0^t P(\tau)e^{-\xi\omega(t-\tau)}\sin\omega_r(t-\tau)\mathrm{d}\tau \tag{12-55}$$

如不考虑阻尼则有

$$y(t)=y_0\cos\omega t+\frac{v_0}{\omega}\sin\omega t+\frac{1}{m\omega}\int_0^t P(\tau)\sin\omega(t-\tau)\mathrm{d}\tau \tag{12-56}$$

有了式(12-53)～式(12-56)各式，只需把已知的干扰力 $P(t)$代入进行积分运算，便可解算此种干扰力作用下的受迫振动。下面研究几种特殊荷载作用下的动力反应。

12.4.1 突加荷载

设体系原处于静止状态，在 $t=0$ 时，突然加上荷载 P，并一直作用在结构上。这种荷载称为突加荷载，其表示式为：

$$P(t)=\begin{cases}0, & t<0\\ P, & t>0\end{cases} \tag{12-57}$$

其变化规律如图 12-30(a)所示。这是一个阶梯形曲线，在 $t=0$ 处，曲线有间断点。

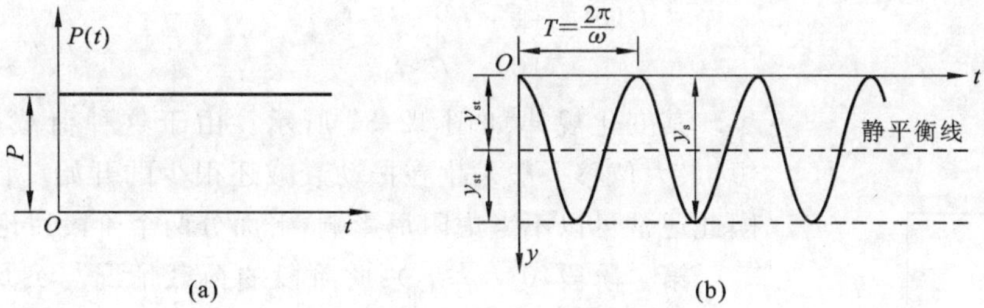

图 12-30 突加荷载

(a)荷载变化规律；(b)振动曲线

将式(12-57)中的荷载表示式代入式(12-53),可得动力位移如下:当 $t>0$ 时,

$$\begin{aligned} y(t) &= \frac{1}{m\omega_r}\int_0^t P(\tau)e^{-\xi\omega(t-\tau)}\sin\omega_r(t-\tau)\mathrm{d}\tau = \frac{1}{m\omega_r}\int_0^t Pe^{-\xi\omega(t-\tau)}\sin\omega_r(t-\tau)\mathrm{d}\tau \\ &= \frac{P}{m\omega^2}\left[1-e^{-\xi\omega t}\left(\cos\omega_r t+\frac{\xi\omega}{\omega_r}\sin\omega_r t\right)\right] \\ &= y_{st}\left[1-e^{-\xi\omega t}\left(\cos\omega_r t+\frac{\xi\omega}{\omega_r}\sin\omega_r t\right)\right] \end{aligned} \tag{12-58}$$

这里 $y_{st}=\dfrac{P}{m\omega^2}=P\delta$ 表示在静荷载 P 作用下所产生的静位移。

将式(12-58)对 t 求一阶导数,并令其等于零,即可求得产生位移极值的各时刻。当 $t=\dfrac{\pi}{\omega_r}$ 时相应的位移值为最大:

$$y_d=y_{st}(1+e^{-\frac{\xi\omega\pi}{\omega_r}}) \tag{12-59}$$

由此可得动力系数为

$$\mu=1+e^{-\frac{\xi\omega\pi}{\omega_r}} \tag{12-60}$$

若不考虑阻尼影响,则 $\xi=0$,$\omega_r=\omega$,式(12-58)成为

$$y(t)=\frac{P}{m\omega^2}(1-\cos\omega t)=y_{st}(1-\cos\omega t) \tag{12-61}$$

最大动力位移为

$$y_d=2y_{st} \tag{12-62}$$

根据式(12-61)可作出动力位移图如图 12-30(b)所示。由图看出,当 $t>0$ 时,质点围绕其静力平衡位置 $y=y_{st}$ 做简谐运动,动力系数为

$$\mu=\frac{y_d}{y_{st}}=2 \tag{12-63}$$

由此看出,结构在突加荷载作用下,所引起的最大动力位移为相应静位移的 2 倍。

12.4.2 短时荷载

短时荷载是指在短时间内停留于结构上的荷载,即当 $t=0$ 时,荷载突然加于结构上,在 $0<t<t_0$ 时段内,荷载数值保持,但到 $t=t_0$ 时,荷载又突然消失,这种荷载可表示为:

$$P(t)=\begin{cases}0, & t<0 \\ P, & 0<t<t_0 \\ 0, & t>t_0\end{cases} \tag{12-64}$$

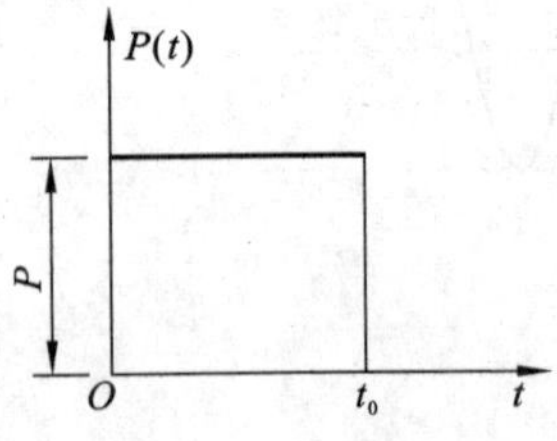

图 12-31 短时荷载

其变化规律如图 12-31 所示。由于这种荷载作用时间较短,最大位移一般发生在振动衰减还很少的开始一段短时间内,因此通常可以不考虑阻尼影响,下面分两个阶段讨论。

第一阶段($0<t<t_0$):此阶段的荷载情况与突加荷载相同,故动力位移仍由式(12-61)给出:对于 $0\leqslant t\leqslant t_0$,有

$$y(t)=y_{st}(1-\cos\omega t) \tag{12-65}$$

第二阶段($t>t_0$):此阶段无荷载作用,因此体系为自由振

动。以第一阶段终了时刻($t=t_0$)的位移 $y(t_0)$和速度 $v(t_0)$作为起始位移和起始速度,即可得出动力位移公式。此外,动力位移也可直接由式(12-54)来求。将荷载表示式(12-64)代入后,即得:

$$y(t) = \frac{1}{m\omega}\int_0^t P(\tau)\sin\omega(t-\tau)\mathrm{d}\tau = \frac{P}{m\omega^2}[\cos\omega(t-t_0)-\cos\omega t]$$

$$= y_{st}\cdot 2\sin\frac{\omega t_0}{2}\sin\omega\left(t-\frac{t_0}{2}\right) = 2y_{st}\sin\frac{\omega t_0}{2}\sin\omega\left(t-\frac{t_0}{2}\right) \qquad (12\text{-}66)$$

下面讨论体系的最大反应。为此,需分两种情况来讨论。

第一种情况是 $t_0 \geqslant \frac{T}{2}$(加载持续时间大于半个自振周期)。这时最大反应发生在第一阶段,动力系数为

$$\mu=2 \qquad (12\text{-}67)$$

此时短时荷载的最大动力效应与突加荷载的相同。

第二种情况是 $t_0<\frac{T}{2}$。这时最大反应发生在第二阶段,由式(12-66)得知动力位移的最大值为

$$y_{dmax}=y_{st}\cdot 2\sin\frac{\omega t_0}{2}=2y_{st}\sin\frac{\omega t_0}{2}$$

因此,动力系数为

$$\mu=2\sin\frac{\omega t_0}{2}=2\sin\frac{\pi t_0}{T} \qquad (12\text{-}68)$$

由此看出,动力系数 μ 的数值取决于参数$\frac{t_0}{T}$,即短时荷载的动力效果取决于加载持续时间的长短(与自振周期相比)。表 12-1 列出了动力系数 μ 与不同$\frac{t_0}{T}$间的对应关系。

表 12-1 短时荷载的动力系数 μ

$\frac{t_0}{T}$	0	0.01	0.02	0.05	0.10	$\frac{1}{6}$	0.20	0.30	0.40	0.50	>0.50
μ	0	0.063	0.126	0.313	0.618	1.000	1.176	1.618	1.902	2.000	2.000

12.4.3 三角形冲击荷载(如爆炸荷载)

冲击荷载一般作用时间都很短,其最大位移反应常发生在阻尼力还未能消耗很多能量之前的时间内。因此,一般可以不考虑阻尼的影响。

冲击荷载的特点是初值很大,然后迅速衰减为零。可简略地用图 12-32 表示,其表达式为

$$P(t)=\begin{cases}P_0\left(1-\frac{t}{t_1}\right), & t\leqslant t_1\\ 0, & t>t_1\end{cases}$$

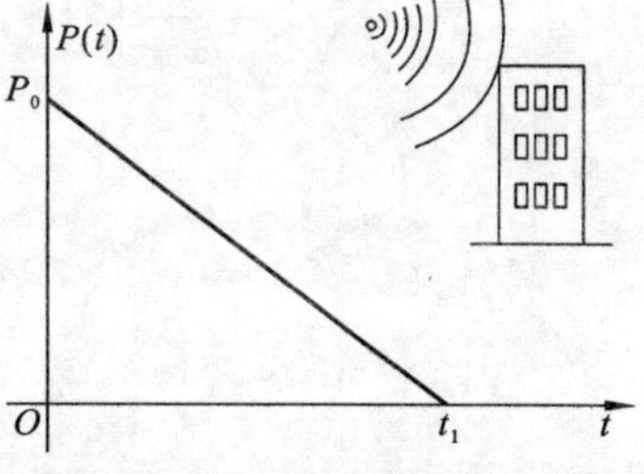

图 12-32 冲击荷载(爆炸荷载)

在初始位移和初始速度为零的条件下,三角形冲击荷载引起的动力反应分两个阶段计算。

第一阶段($0<t<t_1$)可由杜哈梅积分求得。为此将 $P(t)$ 代入式(12-54),得

$$
\begin{aligned}
y(t) &= \frac{1}{m\omega}\int_0^t P_0\left(1-\frac{\tau}{t_1}\right)\sin(t-\tau)\mathrm{d}\tau \\
&= \frac{P_0}{m\omega^2}\left\{\cos\omega(t-\tau)-\frac{1}{t_1}\left[\tau\cos\omega(t-\tau)+\frac{1}{\omega}\sin\omega(t-\tau)\right]\right\}_0^t \\
&= y_{st}\left[(1-\cos\omega t)+\frac{1}{t_1}\left(\frac{\sin\omega t}{\omega}-t\right)\right] \quad (0<t<t_1) \qquad (12\text{-}69)
\end{aligned}
$$

令 $y(t)$ 对时间的一阶导数为零,即求得达到最大位移的时间

$$t_m=\frac{2}{\omega}\arctan\omega t_1$$

将上式代入式(12-69),整理后得最大位移

$$y_{max}=2y_{st}\left(1-\frac{1}{\omega t_1\arctan\omega t_1}\right)$$

动力系数为

$$\mu=2\left(1-\frac{1}{\omega t_1\arctan\omega t_1}\right) \qquad (12\text{-}70)$$

第二阶段($t>t_1$)体系做自由振动,将第一阶段终结时刻($t=t_1$)的位移和速度

$$y(t_1)=\frac{P_0}{m\omega^2}\left(\frac{1}{\omega t_1}\sin\omega t_1-\cos\omega t_1\right)$$

$$\dot{y}(t_1)=\frac{P_0}{m\omega^2}\left(\sin\omega t_1-\frac{1}{\omega t_1}+\frac{1}{\omega t_1}\cos\omega t_1\right)$$

以及 $P(\tau)=0$、$\xi=0$、$\omega=\omega_r$ 代入式(12-55),并将时间变量 t 改为 $t-t_1$,即得这时的位移表达式:

$$y(t)=\frac{\dot{y}(t_1)}{\omega}\sin\omega(t-t_1)+y(t_1)\cos\omega(t-t_1) \qquad (t>t_1) \qquad (12\text{-}71)$$

经整理得

$$y(t)=y_{st}\left\{-\cos\omega t+\frac{1}{\omega t_1}[\sin\omega t-\sin\omega(t-t_1)]\right\} \qquad (12\text{-}72)$$

由式(12-71)容易求得最大位移,即振幅为

$$A=\sqrt{\left[\frac{\dot{y}(t_1)}{\omega}\right]^2+[y(t_1)]^2}=y_{st}\sqrt{1+\frac{2}{(\omega t_1)^2}(1-\cos\omega t_1)-\frac{2}{\omega t_1}\sin\omega t_1}$$

动力系数为

$$\mu=\sqrt{1+\frac{2}{(\omega t_1)^2}(1-\cos\omega t_1)-\frac{2}{\omega t_1}\sin\omega t_1} \qquad (12\text{-}73)$$

由式(12-70)及式(12-73)可知,动力系数 μ 只与 ωt_1 值有关,即只与 $\frac{t_1}{T}$ 值有关。表 12-2 中列出了不同 $\frac{t_1}{T}$ 值时的动力系数。

表 12-2 三角形冲击荷载的动力系数 μ

$\frac{t_1}{T}$	0.125	0.20	0.25	0.371	0.40	0.50	0.75	1.00	1.50	2.0	∞
μ	0.39	0.60	0.73	1.00	1.05	1.20	1.42	1.55	1.69	1.76	2.00

12.4.4 升载后保持常量的荷载

在一定时间内($0<t<t_r$),荷载由 0 增至 P_0,然后荷载值保持不变[图 12-33(a)]。荷载表示式为

$$P(t)=\begin{cases}\dfrac{P_0 t}{t_r}, & 0\leqslant t\leqslant t_1\\ P_0, & t>t_r\end{cases}$$

这种荷载引起的动力反应同样可利用杜哈梅公式式(12-54)来求。此外,也可以利用叠加原理进行计算,现说明如下。

图 12-33(a)所示荷载可看作图 12-33(b)和 12-33(c)两种荷载的差值。图 12-33(b)所示突加荷载引起的动力位移已由式(12-61)给出:

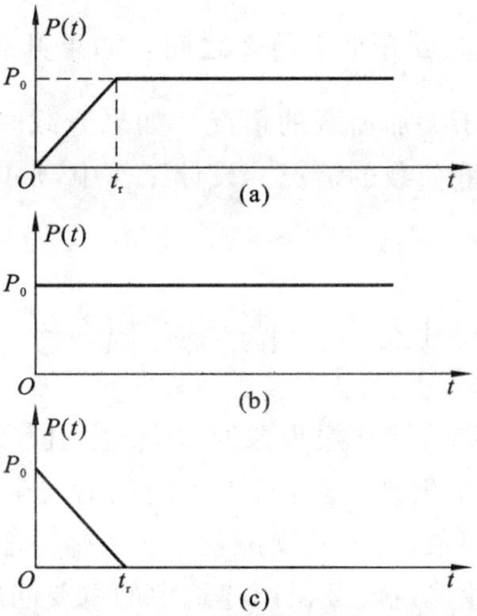

图 12-33 升载后保持常量的荷载

(a)升载后保持常量的荷载;(b)突加荷载;(c)爆炸荷载

$$y(t)=y_{st}(1-\cos\omega t)$$

图 12-33(c)所示爆炸荷载引起的动力位移已由式(12-69)、式(12-72)给出(式中的 t_1 用 t_r 代替):

$$y(t)=\begin{cases}y_{st}\left[(1-\cos\omega t)+\dfrac{1}{t_r}\left(\dfrac{\sin\omega t}{\omega}-t\right)\right], & 0<t\leqslant t_r\\ y_{st}\left\{-\cos\omega t+\dfrac{1}{\omega t_r}[\sin\omega t-\sin\omega(t-t_r)]\right\}, & t\geqslant t_r\end{cases}$$

式(12-61)减去式(12-74a),即得图 12-33(a)所示荷载引起的动力位移:

$$y(t)=\begin{cases} y_{st}\dfrac{1}{t_r}\left(t-\dfrac{\sin\omega t}{\omega}\right), & t\leqslant t_r \\ y_{st}\left\{1-\dfrac{1}{\omega t_r}\left[\sin\omega t-\sin\omega(t-t_r)\right]\right\}, & t>t_r \end{cases} \tag{12-74b}$$

对于这种升载后保持常量的荷载,其动力反应与升载时间 t_r 的长短有很大关系。图 12-34 所示曲线表示动力系数 μ 随升载时间比值$\dfrac{t_r}{T}$变化的情形。

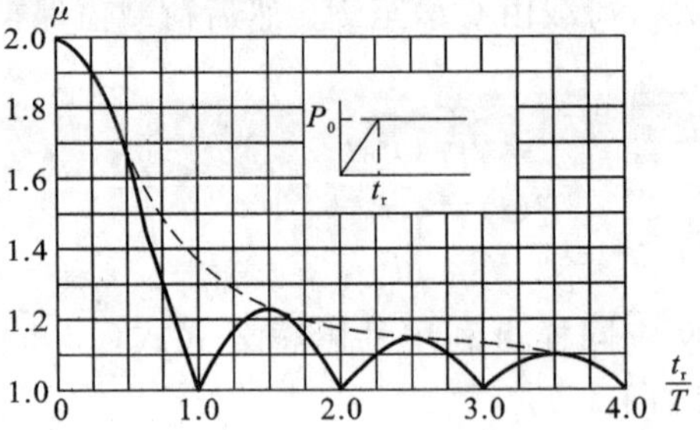

图 12-34 动力系数 μ 随比值$\dfrac{t_r}{T}$的变化曲线

由图 12-34 看出,动力系数 μ 介乎 1 与 2 之间。如果升载时间很短,例如 $t_r<\dfrac{T}{4}$,则动力系数 μ 接近于 2.0,即相当于突加荷载的情况。如果升载时间很长,例如 $t_r>4T$,则动力系数 μ 接近于 1.0,即相当于静荷载的情况。设计工作中,常以图 12-34 中所示外包虚线作为设计依据。

12.5 隔振概念

当结构体系发生剧烈振动或是共振现象时,不仅会引起结构本身的破坏,减损使用寿命,还有可能威胁到人民的生命财产安全,对人类的生命安全及健康有不利影响。例如,城市产生的噪声也是一种振动现象,过大的噪声就会对人体身心健康有害。因此,有效地隔离振动源(简称振源)是现在工业建筑或及民用建筑中的重要问题。

根据振源的不同,一般分为两种性质不同的隔振。一种称为主动隔振;另一种称为被动隔振。

12.5.1 主动隔振

如果结构体系本身包含振源,则使它与地基隔离开以减少对周围环境的影响,称为主动隔振。例如,振动较大的机械设备安装在较大的基础上,或是在地基与基础之间设置减震器就是常用的主动隔振措施。

主动隔振的隔振效果用主动隔振效率 η_a 表示为:

$$\eta_a=\frac{\text{隔振后传递到地基上的力}}{\text{振源荷载的幅值}}$$

当结构与地基未采取隔振措施时[图 12-35(a)],原来的振源荷载被完全地传递到地基上。当结构与地基之间采取隔振措施,设置减震器主动隔离振动源[图 12-35(b)],则可有效地阻止振源荷载对基础振动的影响。如结构的振源荷载为简谐周期荷载,即 $P(t)=P\sin\theta t$,则体系的稳态位移反应可由式(12-43)表示,即为

$$y=\mu_d y_{st}\sin(\theta t-\varphi)$$

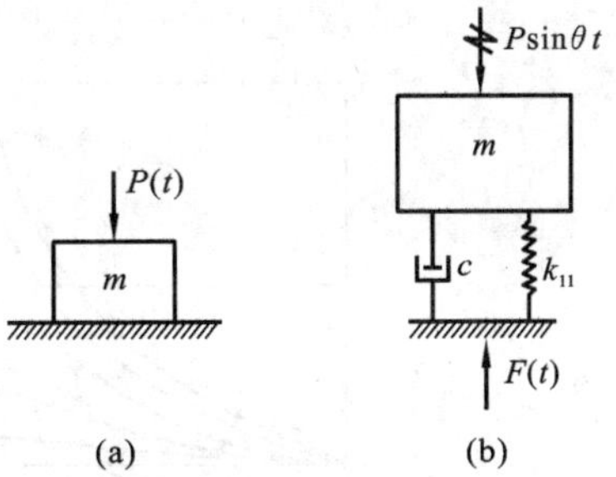

图 12-35 主动隔振体系

(a)未采取隔振措施;(b)采取隔振措施

结构采取隔振措施以后,传递到地基上的力分成两部分:一部分通过弹簧传递到地基上(只考虑稳态振部分)

$$P_S=ky=\mu_d k y_{st}\sin(\theta t-\varphi) \tag{12-75}$$

另一部分则是通过阻尼器传递到地基上,大小为

$$P_c=c\dot{y}=\mu_d c y_{st}\theta\cos(\theta t-\varphi) \tag{12-76}$$

两部分力的频率相同,同为 θ,而相位差为 90°,其合力即为传到基础上的总的力

$$F(t)=P_S+P_c=\mu_d y_{st}[k\sin(\theta t-\varphi)+c\theta\cos(\theta t-\varphi)] \tag{12-77}$$

令 $k=b\cos\beta$,$c\theta=b\sin\beta$,于是上式改写为

$$F(t)=F_0\sin(\theta t-\varphi+\beta)=F_0\sin(\theta t-\psi) \tag{12-78}$$

式中

$$\psi=\varphi-\beta \tag{12-79}$$

$$\tan\beta=\frac{c\theta}{k}=\frac{2m\omega\xi\theta}{k}=2\xi\left(\frac{\theta}{\omega}\right) \tag{12-80}$$

$$F_0=\mu_d y_{st}b=\mu_d y_{st}\sqrt{k^2+(c\theta)^2}=\mu_d y_{st}k\sqrt{1+\left(\frac{c\theta}{k}\right)^2}$$

$$=P\mu_d\sqrt{1+\left(2\xi\frac{\theta}{\omega}\right)^2} \tag{12-81}$$

F_0 为传到基础上的力的幅值,所以隔振效率为

$$\eta_a=\frac{F_0}{P}=\mu_d\sqrt{1+\left(2\xi\frac{\theta}{\omega}\right)^2}=\sqrt{\frac{1+\left(2\xi\frac{\theta}{\omega}\right)^2}{\left[1-\left(\frac{\theta}{\omega}\right)^2\right]^2+\left(2\xi\frac{\theta}{\omega}\right)^2}} \tag{12-82}$$

隔振效率的大小表明简谐荷载对基础振动的影响。由式(12-82)可知,隔振效率是阻尼比 ξ 和频率比 $\frac{\theta}{\omega}$ 的函数。根据公式(12-82)可以绘出 η_a 与 ξ、$\frac{\theta}{\omega}$ 的关系曲线,如图 12-36 所示。

图 12-36 所示的曲线即为主动隔振效率 η_a 随频率变化的特性曲线,在对结构所采取的主动隔振措施中,隔振物体的物理参数选取主要依据特性曲线。

图 12-36 所示的曲线与图 12-25 所示的曲线有相似之处,所不同的是图 12-36 所示的所有曲线都经过 $\frac{\theta}{\omega}=\sqrt{2}$ 这一点。这点称为临界频率比。从图 12-36 中可以看出:只有当 $\frac{\theta}{\omega}>\sqrt{2}$ 时,才有隔振效果(即 $\eta_a<1$),支承结构的阻尼比越小隔振效果越好。

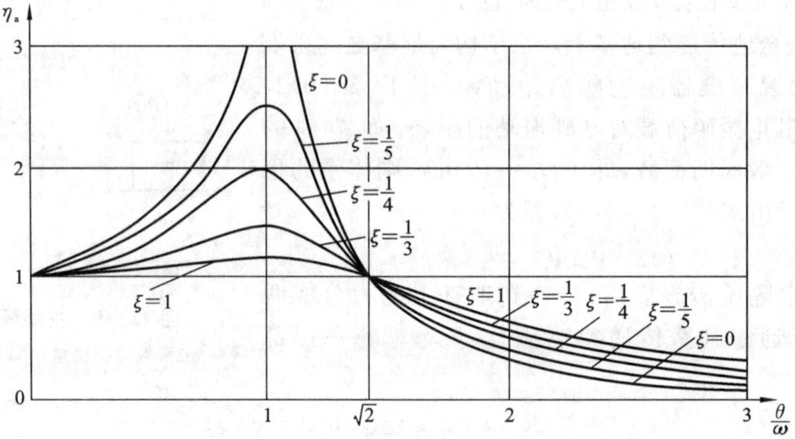

图 12-36　隔振效率随频率变化的曲线

对式(12-79)两边取正切,可得

$$\tan\psi=\tan(\varphi-\beta)=\frac{\tan\varphi-\tan\beta}{1+\tan\varphi\tan\beta}$$

将式(12-45)和式(12-80)代入上式,并经整理后得

$$\tan\psi=\frac{2\xi\left(\frac{\theta}{\omega}\right)^3}{1-\left(\frac{\theta}{\omega}\right)^2+\left(2\xi\frac{\theta}{\omega}\right)^2} \tag{12-83}$$

利用上式即可确定基础受力与结构上的干扰力之间的相位角 ψ。

【例 12-9】 图 12-37 所示简支梁中点装有一台电动机。每分钟转速 $n=860$ 转,电动机和梁的总重力 $G=30000$ N,旋转时离心力幅值 $P=10000$ N。梁跨度 $l=400$ cm,弹性模量 $E=2.1\times10^7$ N/cm^2,截面惯性矩 $I=4570$ cm^4,阻尼比 $\xi=0.01$。试求简支梁在电动机的作用下传到基础上力的幅值以及相位角 ψ。

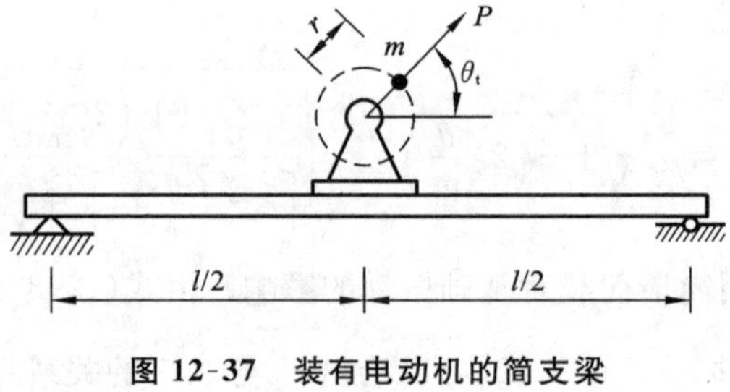

图 12-37　装有电动机的简支梁

【解】 (1) 求梁中点的静位移

$$y_{st}=\frac{l^3G}{48EI}=\frac{400^3\times30000}{48\times2.1\times10^7\times4570}=0.417\ \text{cm}$$

(2) 求梁的自振频率

由式(12-17),得

$$\omega=\sqrt{\frac{g}{y_{st}}}=\sqrt{\frac{980}{0.417}}=48.5\ \text{rad/s}$$

(3) 求离心力的频率

$$\theta=\frac{2\pi n}{60}=\frac{2\pi\times 860}{60}=90.06\ \text{rad/s}$$

(4) 由式(12-82)得隔振效率为

$$\eta_a=\sqrt{\frac{1+\left(2\times 0.01\times\dfrac{90.06}{48.5}\right)^2}{\left[1-\left(\dfrac{90.06}{48.5}\right)^2\right]^2+\left(2\times 0.01\times\dfrac{90.06}{48.5}\right)^2}}=0.64$$

(5) 由式(12-82)可求得传到基础上力的幅值为

$$F_0=P\eta_a=10000\times 0.64=6400\ \text{N}$$

(6) 由式(12-83)可求得相位角 ψ,即

$$\tan\psi=\frac{2\times 0.01\times\left(\dfrac{90.06}{48.5}\right)^3}{1-\left(\dfrac{90.06}{48.5}\right)^2+\left(2\times 0.01\times\dfrac{90.06}{48.5}\right)^2}=-0.05234$$

$$\psi=-3^\circ$$

12.5.2 被动隔振

如果结构本身不包含振源,振源是来自地基基础或是支承运动引起的,如地震对建筑物的动力作用,为了减少外来振源引起的结构振动而采取的隔振措施,称为被动隔振。

被动隔振的效果用被动隔振效率 η_b 表示

$$\eta_b=\frac{\text{隔振后结构的振幅}}{\text{地基运动的振幅}}$$

被动隔振效率 η_b 也可以用振动速度或是加速度表示。当地基为简谐振动时,以上三种表示 η_b 的方法是相同的。如果是其他形式的荷载,用不同的物理量所表示的隔振效率 η_b 是不同的。

如图 12-38(a)所示单自由度体系,设地基运动为简谐运动

$$y_g(t)=Y_g\sin\theta t$$

式中 Y_g——基础位移的幅值;

θ——基础运动的频率。

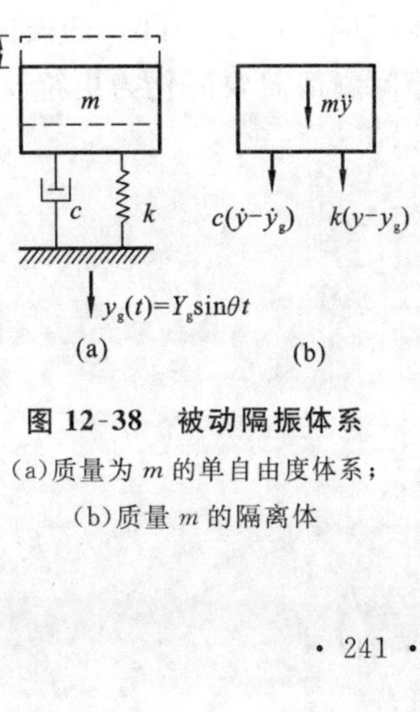

图 12-38 被动隔振体系

(a)质量为 m 的单自由度体系;

(b)质量 m 的隔离体

若以 y 表示质量 m 的绝对位移,那么质量产生的惯性力为 $m\ddot{y}$(惯性力与质体运动的绝对加速度有关),体系产生的弹性力和阻力分别为 $k(y-y_g)$ 和 $c(\dot{y}-\dot{y}_g)$(弹性力和阻尼力与相对位移和相对速度有关)。这些力的方向如图 12-38(b)所示。由质量 m 的隔离体的平衡条件 $\sum Y=0$,得

$$m\ddot{y}+c(\dot{y}-\dot{y}_g)+k(y-y_g)=0$$

或

$$m\ddot{y}+c\dot{y}+ky=kY_g\sin\theta t+c\theta Y_g\cos\theta t \tag{12-84}$$

令

$$kY_g = F_0\cos\beta \quad c\theta Y_g = F_0\sin\beta$$

将上式代入式(12-84),得

$$m\ddot{y} + c\dot{y} + ky = F_0\sin(\theta t + \beta) \tag{12-85}$$

式中

$$\tan\beta = \frac{c\theta}{k} = 2\xi\left(\frac{\theta}{\omega}\right)$$

$$F_0 = Y_g\sqrt{k^2 + (c\theta)^2} = Y_g k\sqrt{1 + \left(2\xi\frac{\theta}{\omega}\right)^2}$$

方程式(12-85)的稳态振动解为

$$y = \frac{F_0}{k}\mu\sin(\theta t + \beta - \xi) = Y_g\mu_d\sqrt{1 + \left(2\xi\frac{\theta}{\omega}\right)^2}\sin(\theta t + \beta - \xi) = Y_0\sin(\theta t + \beta - \xi)$$

式中

$$Y_0 = Y_g\mu_d\sqrt{1 + \left(2\xi\frac{\theta}{\omega}\right)^2} \tag{12-86}$$

Y_0 为质量的位移幅值,所以隔振效率为

$$\eta_b = \frac{Y_0}{Y_g} = \mu_d\sqrt{1 + \left(2\xi\frac{\theta}{\omega}\right)^2} = \sqrt{\frac{1 + \left(2\xi\frac{\theta}{\omega}\right)^2}{\left[1 - \left(\frac{\theta}{\omega}\right)^2\right]^2 + \left(2\xi\frac{\theta}{\omega}\right)^2}} \tag{12-87}$$

比较式(12-82)和式(12-87)两式的 η_a 和 η_b,可见无论是主动隔振还是被动隔振,意义虽有不同,但其所遵循的规律是相同的,都可以用隔振效率随频率变化的特性曲线来表示。

12.6 多自由度体系的自由振动

在实际工程中,有很多结构可以简化为单自由度体系,但也有很多问题需要按两个自由度或是多自由度体系来处理,一是因为实际的结构具有多自由度的特征;二是有些结构必须按多自由度体系处理才能获得比较符合实际的解答。例如,多层房屋[图 12-39(a)]及不等高厂房[图 12-39(b)]的横向振动。块体基础的平面振动以及柔性较大的高耸结构的振动等问题都需要简化为更符合实际情况的多自由度体系进行计算。

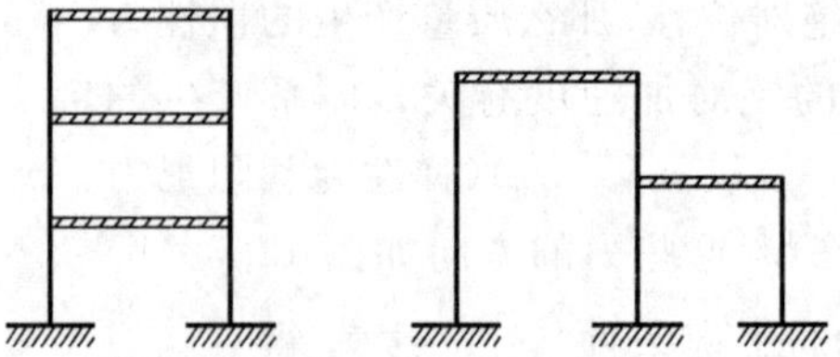

(a) (b)

图 12-39 需按多自由度体系考虑的结构

(a)多层房屋;(b)不等高房屋

在对单自由度体系的分析中已经看到，阻尼对体系自振频率的影响很小。因此，在分析多自由度体系的自由振动时，对阻尼的影响也不予考虑。此外，在受弯杆件中，略去轴向变形和剪切变形的影响。

先讨论两个自由度体系振动，然后再类推到 n 个自由度体系的振动。

12.6.1 两个自由度体系的自由振动

设有一两个自由度体系如图 12-40(a)所示，两个集中质点其质量分别为 m_1、m_2，梁的自重略去不计。设质点 m_1、m_2 的位移分别为 $y_1(t)$ 和 $y_2(t)$，它们都从静平衡位置量起并以向下为正。与单自由度体系的情况一样，其求解的方法有两种：刚度法和柔度法。刚度法通过建立力的平衡方程求解，柔度法通过建立位移协调方程求解，两者各有其适用的范围。现分别讨论如下：

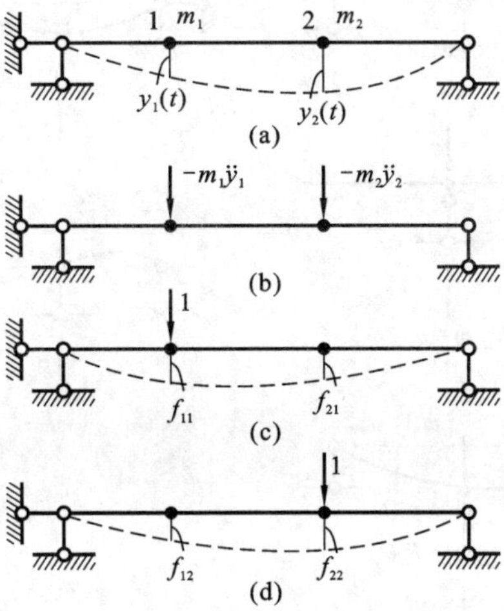

图 12-40 两个自由度体系(一)

(a)两个自由度体系；(b)惯性力作用在质点 m_1 和 m_2 上；(c)、(d)单位力引起的位移

12.6.1.1 运动方程的建立

(1)列位移方程

将惯性力 $-m_1\ddot{y}_1$ 和 $-m_2\ddot{y}_2$ 分别作用在质点 m_1 和 m_2 处[图 12-40(b)]，与单自由度体系的相同，两个自由度体系在自由振动过程中，任一时刻 t 质点 m_1 和 m_2 的位移可看作是惯性力 $-m_1\ddot{y}_1$ 和 $-m_2\ddot{y}_2$ 共同作用下产生的静位移。这样，应用叠加原理可得

$$\left.\begin{aligned}y_1=f_{11}(-m_1\ddot{y}_1)+f_{12}(-m_2\ddot{y}_2)\\y_2=f_{21}(-m_1\ddot{y}_1)+f_{22}(-m_2\ddot{y}_2)\end{aligned}\right\}\tag{12-88}$$

或

$$\left.\begin{aligned}f_{11}m_1\ddot{y}_1+f_{12}m_2\ddot{y}_2+y_1=0\\f_{21}m_1\ddot{y}_1+f_{22}m_2\ddot{y}_2+y_2=0\end{aligned}\right\}\tag{12-89}$$

式中 f_{ij}——柔度系数，[图 12-40(c)、图 12-40(d)]，即当 j 点有单位力(其余各点力均为

零)时 i 点处产生的位移,由反力互等关系有 $f_{ij}=f_{ji}$。

(2) 列刚度方程

通常取质点作为隔离体,以质点为对象,根据达朗贝尔原理,建立振动体系的平衡方程。为简便计算,也可以不将质点分离,按照类似于第 9 章中位移法的步骤来处理。首先在质点 m_1 和 m_2 处沿位移方向加入附加链杆阻止质点的位移[图 12-41(a)],则在两质点惯性力 $-m_1\ddot{y}_1$ 和 $-m_2\ddot{y}_2$ 的作用下,两链杆的反力即等于相应质点的惯性力[图 12-41(b)],然后移动链杆,使梁的 1、2 点连同质量发生与实际情况相同的位移 $y_1(t)$ 和 $y_2(t)$。因 $y_1(t)$ 和 $y_2(t)$ 即是与质量和加速度相适应的真实位移,因此,这时体系即应恢复到自然状态,而附加链杆形式上存在,实际不起作用,附加链杆总的反力 $R_1(t)$、$R_2(t)$ 当然应等于零。根据这一条件,并应用叠加法便可列出质点 m_1 和 m_2 的动力平衡方程:

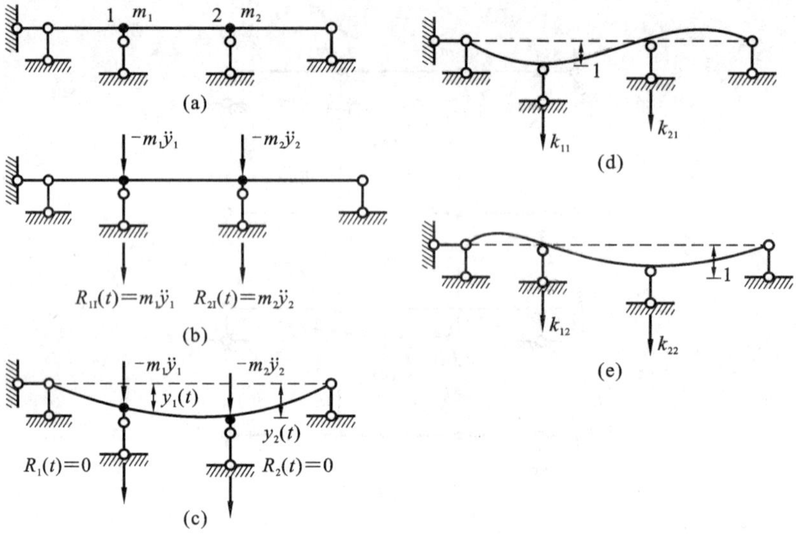

图 12-41 两个自由度体系(二)

(a)加入附加链杆;(b)链杆反力计算;(c)梁发生实际位移;(d)、(e)单位位移引起的力

$$\left.\begin{aligned}R_1(t)=k_{11}y_1+k_{12}y_2+R_{1I}(t)=0\\R_2(t)=k_{21}y_1+k_{22}y_2+R_{2I}(t)=0\end{aligned}\right\}\tag{12-90}$$

式中 $R_{1I}(t)$,$R_{2I}(t)$——惯性力作用下的链杆反力。

将 $R_{1I}(t)=m_1\ddot{y}_1$、$R_{2I}(t)=m_2\ddot{y}_2$ 代入上式,得

$$\left.\begin{aligned}k_{11}y_1+k_{12}y_2+m_1\ddot{y}_1=0\\k_{21}y_1+k_{22}y_2+m_2\ddot{y}_2=0\end{aligned}\right\}\tag{12-91}$$

式中 k_{ij}——结构的刚度系数[图 12-41(d)、图 12-41(e)],即当 j 点发生单位位移(其余各点位移均为零)时 i 点处附加链杆的反力,由反力互等关系有 $k_{ij}=k_{ji}$。

式(12-89)和式(12-91)分别是按柔度法和刚度法建立的两个自由度结构的无阻尼自由振动微分方程。根据功的互等定理可以证明两式实质上是相同的,只是表现形式不同而已。当结构的柔度系数比刚度系数较易求得时,宜采用柔度法,反之则宜采用刚度法。

12.6.1.2 运动方程的求解和振型

现求解按柔度法建立的两个自由度结构自由振动微分方程式(12-89)。与单自由度体系自由振动的情况一样,设两个质点 m_1 和 m_2 为简谐振动,其位移 $y_1(t)$、$y_2(t)$的表现形式为

$$\left.\begin{aligned} y_1(t)&=Y(1)\sin(\omega t+\varphi) \\ y_2(t)&=Y(2)\sin(\omega t+\varphi) \end{aligned}\right\} \tag{12-92}$$

式中 $Y(1)$,$Y(2)$——两质点的位移幅值。

式(12-92)所表示的运动具有以下特点:

(1) 在振动过程中,两个质点具有相同的频率 ω 和相同的相位角 φ,即做同频率、同相位的运动。

(2) 在振动过程中,两个质点的位移在数值上随时间而变化,但二者的比值始终保持不变,即

$$\frac{y_1(t)}{y_2(t)}=\frac{Y(1)}{Y(2)}=\text{常数}$$

这种结构位移形状保持不变的振动形式称为主振型或振型。

由式(12-92)可知两个质点的惯性力为

$$\left.\begin{aligned} -m_1\ddot{y}_1&=m_1\omega^2Y(1)\sin(\omega t+\varphi) \\ -m_2\ddot{y}_2&=m_2\omega^2Y(2)\sin(\omega t+\varphi) \end{aligned}\right\} \tag{12-93}$$

因此,两个质点惯性力的幅值分别为

$$m_1\omega^2Y(1) \quad m_2\omega^2Y(2)$$

将式(12-92)和式(12-93)代入式(12-88),消去公因子 $\sin(\omega t+\varphi)$后,得:

$$\left.\begin{aligned} Y(1)&=[m_1\omega^2Y(1)]f_{11}+[m_2\omega^2Y(2)]f_{12} \\ Y(2)&=[m_1\omega^2Y(1)]f_{21}+[m_2\omega^2Y(2)]f_{22} \end{aligned}\right\} \tag{12-94}$$

式(12-94)表明,主振型的位移幅值 $Y(1)$ 和 $Y(2)$ 就是体系在此主振型惯性力的幅值[$m_1\omega^2Y(1)$,$m_2\omega^2Y(2)$]作用下所引起的静位移,如图 12-42 所示。

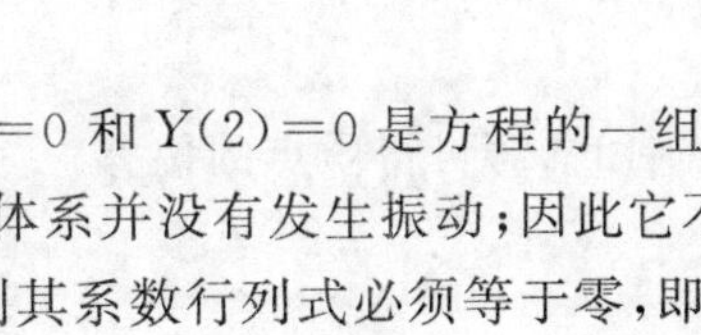

图 12-42 惯性力幅值引起梁的静位移

式(12-92)还可以写成

$$\left.\begin{aligned} \left(f_{11}m_1-\frac{1}{\omega^2}\right)Y(1)+f_{12}m_2Y(2)&=0 \\ f_{21}m_1Y(1)+\left(f_{22}m_2-\frac{1}{\omega^2}\right)Y(2)&=0 \end{aligned}\right\} \tag{12-95}$$

式(12-95)是 $Y(1)$和 $Y(2)$的齐次方程组,显然,$Y(1)=0$ 和 $Y(2)=0$ 是方程的一组解,但由式(12-92)可知,这时位移 $y_1(t)$和 $y_2(t)$同时为零,即体系并没有发生振动;因此它不是所需要的自由振动的解。为使方程组(12-95)有非零解,则其系数行列式必须等于零,即

$$D=\begin{vmatrix} \left(f_{11}m_1-\frac{1}{\omega^2}\right) & f_{12}m_2 \\ f_{21}m_1 & \left(f_{22}m_2-\frac{1}{\omega^2}\right) \end{vmatrix}=0 \tag{12-96}$$

由上式可以确定体系的自振频率 ω。因此,方程式(12-96)称为频率方程,数学上称为特征

值方程。

将频率方程式(12-96)展开并令 $\lambda=\frac{1}{\omega^2}$,整理得

$$\lambda^2-(f_{11}m_1+f_{22}m_2)\lambda+(f_{11}f_{22}m_1m_2-f_{12}f_{21}m_1m_2)=0$$

由此可解得 λ 的两个根

$$\left.\begin{aligned}\lambda_1&=\frac{(f_{11}m_1+f_{22}m_2)+\sqrt{(f_{11}m_1+f_{22}m_2)^2-4(f_{11}f_{22}-f_{12}f_{21})m_1m_2}}{2}\\ \lambda_2&=\frac{(f_{11}m_1+f_{22}m_2)-\sqrt{(f_{11}m_1+f_{22}m_2)^2-4(f_{11}f_{22}-f_{12}f_{21})m_1m_2}}{2}\end{aligned}\right\}\qquad(12\text{-}97)$$

可以证明这两个根都是正的实根。从而求得两个自振频率为

$$\omega_1=\frac{1}{\sqrt{\lambda_1}}\qquad\omega_2=\frac{1}{\sqrt{\lambda_2}}$$

由此可见,自振频率只与体系本身的柔度(刚度)系数及其质量的分布情况有关,而与外部荷载无关,是体系本身的固有特性。具有两个自由度的体系共有两个自振频率。用 ω_1 表示其中最小的圆频率,称为第一圆频率或基本圆频率。另一个圆频率 ω_2 称为第二圆频率。

将圆频率 ω_1 和 ω_2 分别代入式(12-95),可求得相应两组结构的位移幅值。由于行列式 $D=0$,方程组中的两个方程是线性相关的,实际上只有一个独立的方程。只能由其中的任一式求得 $Y(1)$ 和 $Y(2)$ 比值:

① 对应于 ω_1,由式(12-95)中的第一式求得

$$\frac{Y_1(2)}{Y_1(1)}=\frac{\frac{1}{\omega_1^2}-m_1f_{11}}{m_2f_{12}}=\rho_1\qquad(12\text{-}98a)$$

由式(12-92)可得质点的位移

$$\left.\begin{aligned}&y_1(t)=Y_1(1)\sin(\omega_1t+\varphi_1)\\ &y_2(t)=Y_1(2)\sin(\omega_1t+\varphi_1)\\ &\frac{Y_1(2)}{Y_1(1)}=\rho_1\end{aligned}\right\}\qquad(12\text{-}99a)$$

② 对应于 ω_2 求得

$$\frac{Y_2(2)}{Y_2(1)}=\frac{\frac{1}{\omega_2^2}-m_1f_{11}}{m_2f_{12}}=\rho_2\qquad(12\text{-}98b)$$

由式(12-92)可得质点的位移

$$\left.\begin{aligned}&y_1(t)=Y_2(1)\sin(\omega_2t+\varphi_2)\\ &y_2(t)=Y_2(2)\sin(\omega_2t+\varphi_2)\\ &\frac{Y_2(2)}{Y_2(1)}=\rho_2\end{aligned}\right\}\qquad(12\text{-}99b)$$

上面得到的式(12-99)代表两个质点 m_1、m_2 以频率 ω_1 或 ω_2 做简谐振动,且在振动过程中,位移 $y_1(t)$ 和 $y_2(t)$ 的比值保持为常数,结构的变形形式不变。这个比值所

确定的振动形式称为振型。当体系按 ω_1 振动时，两个质点 m_1、m_2 位移之比为 $1:\rho_1$，称为第一振型或基本振型。当体系按 ω_2 振动时，两个质点 m_1、m_2 位移之比为 $1:\rho_2$，称为第二振型。

可以证明，当体系按频率 ω_1 振动时，两个质点总在同相位[图 12-43(a)]；当体系按频率 ω_2 振动时，两个质点总在反相位[图 12-43(b)]。振型的形式与初始条件无关，而是完全由体系本身的动力特性所决定的。

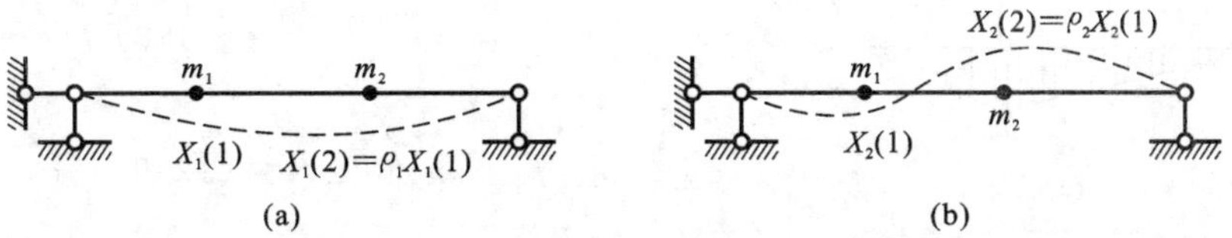

图 12-43　主振型

(a)第一振型；(b)第二振型

(3) 初始条件下的自由振动

在特定的初始条件下，具有两个自由度的体系将以频率 ω_1 按第一振型或以频率 ω_2 按第二振型做简谐振动。任何时刻结构的振动都保持同一形状，各质点同时经过静平衡位置和振幅位置，整个结构就像一个单自由度结构一样在振动。

体系能否按某一振型做自由振动将取决于初始条件。由式(12-99)可以看出，在振动过程中，各质点的位移保持一定比值，速度也保持同一比值，因此，各质点的初位移和初速度也必须具有同样的比例关系。例如，对于图 12-40 所示的体系，若拟通过给以初位移的方式使其产生第一振型(或第二振型)的自由振动，则质点 m_2 的初位移应该是质点 m_1 的初位移的 ρ_1(或 ρ_2)倍。同理，若拟通过给以初速度的方式使其产生某一振型的自由振动，也应遵循上述比例关系。

在一般情况下，两个自由度体系的自由振动可看作是两种频率及其主振型的组合振动，即

$$\left.\begin{aligned} y_1(t)&=Y_1(1)\sin(\omega_1 t+\varphi_1)+Y_2(1)\sin(\omega_2 t+\varphi_2)\\ y_2(t)&=Y_1(2)\sin(\omega_1 t+\varphi_1)+Y_2(2)\sin(\omega_2 t+\varphi_2)\\ &\frac{Y_1(2)}{Y_1(1)}=\rho_1,\quad \frac{Y_2(2)}{Y_2(1)}=\rho_2 \end{aligned}\right\} \tag{12-100}$$

这就是微分方程式(12-89)的全解。

式(12-100)中共有四个独立的待定常数，即 $Y_1(1)$[或 $Y_1(2)$]、$Y_2(1)$[或 $Y_2(2)$]、φ_1 和 φ_2。同时，也存在四个初始条件，即质点 m_1 的初位移和初速度，以及质点 m_2 的初位移和初速度。所以，给定任意四个初始条件后，即可完全确定体系的自由振动。

应当指出，在一般情况下，质点的位移是由具有不同频率的简谐型分量叠加而成，它不再是简谐振动。不同质点的位移的比值也不再是常数，而是随时间变化。只有在初位移和初速度与主振型相对应这一特定条件下，体系才会按主振型做简谐振动。

【例 12-10】　图 12-44(a)所示简支梁在跨度的三分之一处有两个大小相等的集中质量

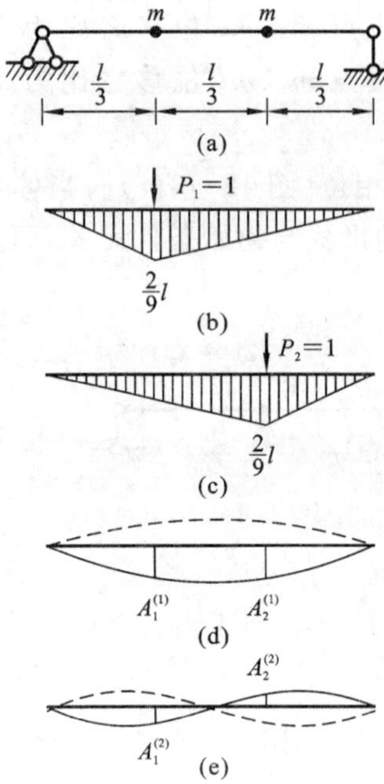

图 12-44 简支梁的振动

(a)两质点的简支梁;(b)、(c)单位力弯矩图;(d)第一振型;(e)第二振型

m,试分析其自由振动,设梁的自重略去不计,EI=常数。

【解】 (1) 求柔度系数 f_{ij}

由图乘法可得

$$f_{11}=f_{22}=\frac{4}{243}\frac{l^3}{EI}$$

$$f_{12}=f_{21}=\frac{7}{486}\frac{l^3}{EI}$$

(2) 求频率

将 f_{ij} 及 m 值代入式(12-97)得

$$\frac{1}{\omega_1^2}=\frac{5}{162}\frac{ml^3}{EI}\qquad \frac{1}{\omega_2^2}=\frac{1}{486}\frac{ml^3}{EI}$$

因此

$$\omega_1^2=\frac{162}{5}\frac{EI}{ml^3}\qquad \omega_1=5.69\sqrt{\frac{EI}{ml^3}}$$

$$\omega_2^2=486\frac{EI}{ml^3}\qquad \omega_2=22\sqrt{\frac{EI}{ml^3}}$$

(3) 分析振型

将 ω 和 f 值代入式(12-98),得

$$\frac{Y_1(2)}{Y_1(1)}=\frac{\frac{1}{\omega_1^2}-mf_{11}}{mf_{12}}=\left(\frac{5}{162}\frac{ml^3}{EI}-\frac{4}{243}\frac{ml^3}{EI}\right)\cdot\frac{486}{7}\frac{EI}{ml^3}=1$$

$$\frac{Y_2(2)}{Y_2(1)}=\frac{\frac{1}{\omega_2^2}-mf_{11}}{mf_{12}}=\left(\frac{1}{486}\frac{ml^3}{EI}-\frac{4}{243}\frac{ml^3}{EI}\right)\cdot\frac{486}{7}\frac{EI}{ml^3}=-1$$

由此可知:结构按频率 ω_1 振动时,两质点始终保持同向且相等的位移,其振型保持对称形式;按频率 ω_2 振动时,两质点的位移是等值而反向的,振型保持反对称形式[图 12-44(b)、图 12-44(c)]。

(4) 任意初始条件下梁的自由振动

设初始条件为:当 $t=0$ 时,

$$y_1=y_1^0,\quad y_2=y_2^0,\quad \dot{y}_1=v_1^0,\quad \dot{y}_2=v_2^0$$

代入式(12-100),并注意 $\rho_1=1$、$\rho_2=-1$,得

$$y_1^0=Y_1(1)\sin\varphi_1+Y_2(1)\sin\varphi_2$$

$$y_2^0=Y_1(1)\sin\varphi_1-Y_2(1)\sin\varphi_2$$

$$v_1^0=\omega_1Y_1(1)\cos\varphi_1+\omega_2Y_2(1)\cos\varphi_2$$

$$v_2^0=\omega_1Y_1(1)\cos\varphi_1-\omega_2Y_2(1)\cos\varphi_2$$

联立方程解得:

$$Y_1(1)\sin\varphi_1=\frac{y_1^0+y_2^0}{2}\qquad Y_2(1)\sin\varphi_2=\frac{y_1^0-y_2^0}{2}$$

$$\omega_1 Y_1(1)\cos\varphi_1=\frac{v_1^0+v_2^0}{2}\qquad \omega_2 Y_2(1)\cos\varphi_2=\frac{v_1^0-v_2^0}{2}$$

或

$$Y_1(1)=\frac{1}{2}\sqrt{(y_1^0+y_2^0)^2+\frac{1}{\omega_1^2}(v_1^0+v_2^0)^2}$$

$$Y_2(1)=\frac{1}{2}\sqrt{(y_1^0-y_2^0)^2+\frac{1}{\omega_2^2}(v_1^0-v_2^0)^2}$$

$$\tan\varphi_1=\frac{\omega_1(y_1^0+y_2^0)}{v_1^0+v_2^0}\qquad -\tan\varphi_2=\frac{\omega_2(y_1^0-y_2^0)}{v_1^0-v_2^0}$$

由上式可以明显看出：若 $y_1^0=y_2^0$、$v_1^0=v_2^0$，则 $Y_2(1)=0$，此时体系将按第一振型振动；若 $y_1^0=-y_2^0$、$v_1^0=-v_2^0$，则有 $Y_1(1)=0$，则体系将按第二振型振动。而在其他初始条件下，体系的自由振动则是由各主振型的简谐振动叠加而成的复合振动。

【例 12-11】 设有两根梁相连[图 12-45(a)]，其中 AB 梁的 B 端支承在 CD 梁的中点。梁的质量和设备质量分别集中于 E、B 两点：$m_1=2700$ kg、$m_2=2000$ kg。试计算体系做竖向振动时的自振频率和振型。设梁的弯曲刚度 $EI=24.5\ \text{MN}\cdot\text{m}^2$。

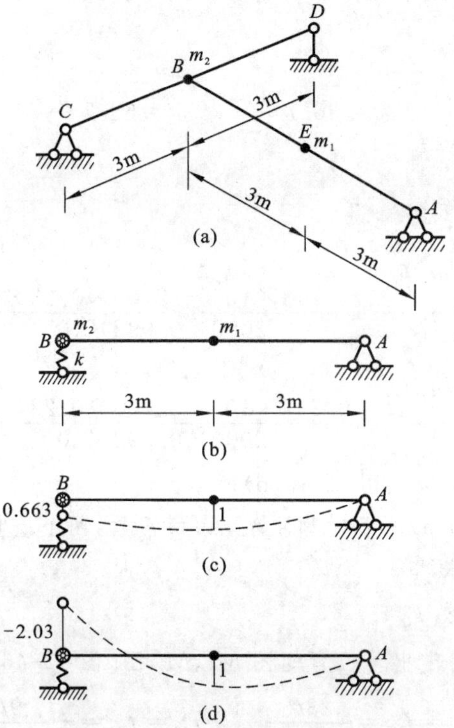

图 12-45 交叉梁的振动

(a)交叉梁；(b)振动模型；(c)第一振型；(d)第二振型

【解】 只考虑竖向振动时，体系有两个自由度，可简化为如图 12-45(b)所示。AB 梁的 B 端相当于一弹性支承，其弹簧刚度为 $k=\dfrac{48EI}{l^3}$，$l=6$ m。

(1) 求柔度系数 f_{ij}

f_{ij}包括两部分:由于AB梁弯曲变形所引起的部分$\left(\dfrac{l^3}{48EI}\right)$和由于支承$B$竖向移动所引起的部分$\left(\dfrac{\frac{1}{2}\times\frac{1}{2}}{k}=\dfrac{l^3}{192EI}\right)$。

因此,可求得

$$f_{11}=\frac{l^3}{48EI}+\frac{l^3}{192EI}=\frac{5l^3}{192EI}=\frac{5\times6^3}{192\times24.5}=0.23\ \mathrm{m/(MN)}$$

$$f_{12}=f_{21}=\frac{l^3}{96EI}=0.092\ \mathrm{m/(MN)}$$

$$f_{22}=\frac{1}{k}=\frac{l^3}{48EI}=0.184\ \mathrm{m/(MN)}$$

(2) 求频率

将以上各 f 值及 $m_1=2700$ kg、$m_2=2000$ kg 代入式(12-97),得

$$\frac{1}{\omega_1^2}=0.743\times10^{-3}\ \mathrm{s^2}\qquad \frac{1}{\omega_2^2}=0.247\times10^{-3}\ \mathrm{s^2}$$

从而求得

$$\omega_1=36.7\ \frac{1}{\mathrm{s}}\qquad \omega_2=63.7\ \frac{1}{\mathrm{s}}$$

(3) 求振型

将 ω 和 f 值代入式(12-98),得

$$\frac{Y_1(2)}{Y_1(1)}=\frac{\dfrac{1}{\omega_1^2}-m_1f_{11}}{m_2f_{12}}=\frac{0.743\times10^{-3}-2700\times0.23\times10^{-6}}{2000\times0.092\times10^{-6}}=0.663$$

$$\frac{Y_2(2)}{Y_2(1)}=\frac{\dfrac{1}{\omega_2^2}-m_1f_{11}}{m_2f_{12}}=\frac{0.247\times10^{-3}-2700\times0.23\times10^{-6}}{2000\times0.092\times10^{-6}}=-2.03$$

两个主振型分别如图 12-45(c)、图 12-45(d)所示。

【例 12-12】 图 12-46(a)所示对称刚架,$EI=$常数,两个质量均为m,分布也是对称的,试计算体系的自振频率和振型。

【解】 (1) 求柔度系数 f_{ij}

结构是超静定的,分别作出单位弯矩图 $\overline{M}_1$、$\overline{M}_2$ 图[图 12-46(b)、(c)],由图乘法得

$$f_{11}=f_{22}=\frac{23l^3}{1536EI}\qquad f_{12}=f_{21}=-\frac{9l^3}{1536EI}$$

(2) 求频率

将以上各 f 值及 m 代入式(12-97),得

$$\frac{1}{\omega_1^2}=\frac{32ml^3}{1536EI}\qquad \frac{1}{\omega_2^2}=\frac{14ml^3}{1536EI}$$

从而求得

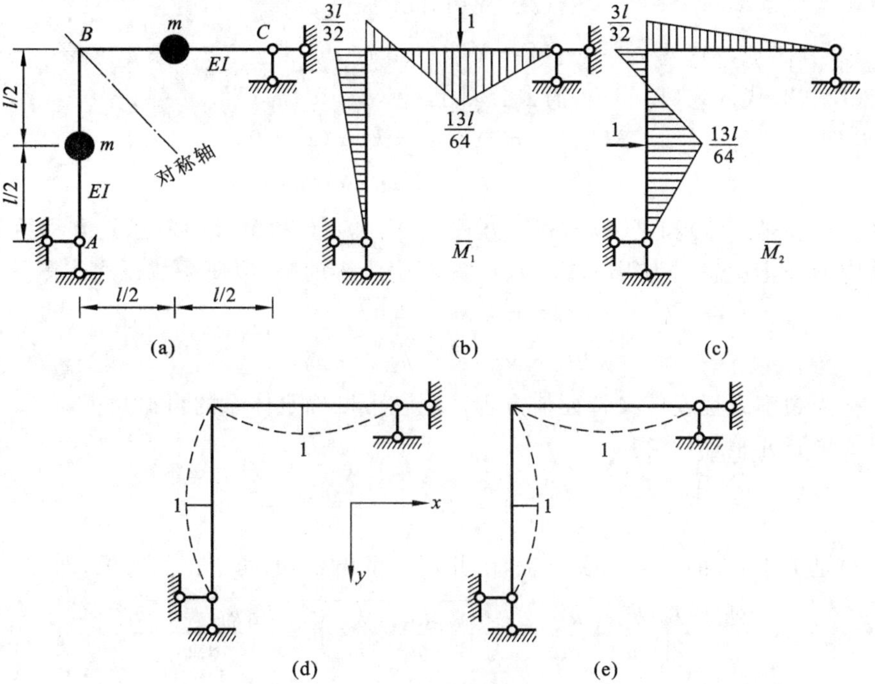

图 12-46 刚架的振动

(a)质量对称分布的刚架;(b)、(c)$\overline{M}_1$、$\overline{M}_2$ 图;(d)第一振型;(e)第二振型

$$\omega_1=\sqrt{\frac{1536EI}{32ml^3}}=6.928\sqrt{\frac{EI}{ml^3}}$$

$$\omega_2=\sqrt{\frac{1536EI}{14ml^3}}=10.474\sqrt{\frac{EI}{ml^3}}$$

(3) 求振型

将 ω 和 f 值分别代入式(12-98a)和式(12-98b),得

$$\frac{Y_1(2)}{Y_1(1)}=\frac{\dfrac{1}{\omega_1^2}-mf_{11}}{mf_{12}}=\frac{\dfrac{32ml^3}{1536EI}-m\dfrac{23l^3}{1536EI}}{-m\dfrac{9l^3}{1536EI}}=-1$$

$$\frac{Y_2(2)}{Y_2(1)}=\frac{\dfrac{1}{\omega_2^2}-mf_{11}}{mf_{12}}=\frac{\dfrac{14ml^3}{1536EI}-m\dfrac{23l^3}{1536EI}}{-m\dfrac{9l^3}{1536EI}}=1$$

两个主振型分别如图 12-46(d)、图 12-46(e)所示。

结果表明第一振型是反对称的,第二振型是对称的。由此可以得到这样的结论:如果结构和质量布置都是对称的,则其中一个主振型必是对称的,而另一个主振型必然是反对称的。

现在求解刚度法建立的两个自由度结构的自由振动微分方程式(12-91)。仍设解为如下形式:

$$\left.\begin{aligned} y_1(t)=Y(1)\sin(\omega t+\varphi) \\ y_2(t)=Y(2)\sin(\omega t+\varphi) \end{aligned}\right\}$$

将式(12-92)代入式(12-91),消去公因子 $\sin(\omega t+\varphi)$后,得:

$$\left.\begin{aligned} (k_{11}-\omega^2 m_1)Y(1)+k_{12}Y(2)=0 \\ k_{21}Y(1)+(k_{22}-\omega^2 m_2)Y(2)=0 \end{aligned}\right\} \tag{12-101}$$

式(12-101)是 $Y(1)$和 $Y(2)$的齐次方程组,$Y(1)=0$ 和 $Y(2)=0$ 虽是方程组的解,但它相应于结构为静止状态。为得到 $Y(1)$、$Y(2)$不全为零的解,应使系数行列式等于零,即

$$D=\begin{vmatrix} k_{11}-\omega^2 m_1 & k_{12} \\ k_{21} & k_{22}-\omega^2 m_2 \end{vmatrix}=0 \tag{12-102a}$$

这个式子称为频率方程或广义特征值方程。用它可以确定体系的自振频率 ω。

将上式展开并整理后,得

$$(\omega^2)^2-\left(\frac{k_{11}}{m_1}+\frac{k_{22}}{m_2}\right)\omega^2+\frac{k_{11}k_{22}-k_{12}k_{21}}{m_1 m_2}=0 \tag{12-102b}$$

式(12-102)是关于 ω^2 的一元二次方程,由此可以解出 ω^2 的两个正的实根,即

$$\begin{matrix}\omega_1^2 \\ \omega_2^2\end{matrix}=\frac{1}{2}\left(\frac{k_{11}}{m_1}+\frac{k_{22}}{m_2}\right)\mp\sqrt{\frac{1}{4}\left(\frac{k_{11}}{m_1}+\frac{k_{22}}{m_2}\right)^2-\frac{k_{11}k_{22}-k_{12}k_{21}}{m_1 m_2}} \tag{12-103}$$

用 ω_1 表示第一圆频率,ω_2 表示第二圆频率。

将圆频率 ω_1 和 ω_2 分别代入式(12-101),由其中的任一式求得 $Y(1)$和 $Y(2)$的比值:

(1) 对应于 ω_1

$$\frac{Y_1(2)}{Y_1(1)}=\frac{k_{12}}{\omega_1^2 m_1-k_{11}}=\rho_1 \tag{12-104a}$$

(2) 对应于 ω_2

$$\frac{Y_2(2)}{Y_2(1)}=\frac{k_{12}}{\omega_2^2 m_1-k_{11}}=\rho_2 \tag{12-104b}$$

【例 12-13】 图 12-47(a)所示为两层刚架。设横梁为刚性梁,质量集中于横梁,且 $m_1=m_2=1000$ t,层间侧移刚度为$\dfrac{12EI}{h^3}=1200$ kN/m。试求该刚架水平振动时的自振频率和振型。

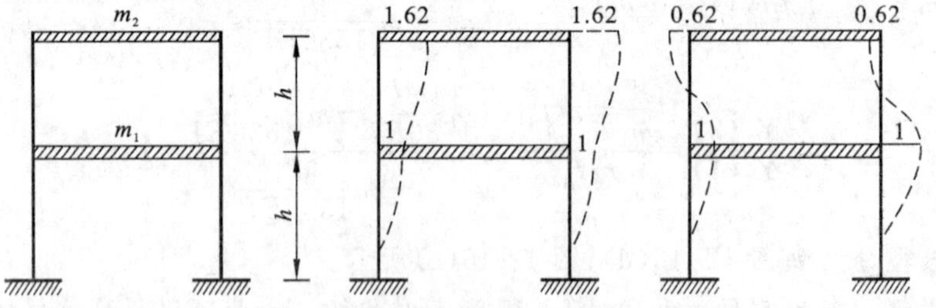

图 12-47 刚架的振动

(a)两层刚架;(b)第一振型;(c)第二振型

【解】 (1) 计算刚架的刚度系数

$$k_{11}=2\times\frac{12EI}{h^3}=2\times1200=2400\ \text{kN/m}$$

$$k_{22}=\frac{12EI}{h^3}=1200\ \text{kN/m}$$

$$k_{12}=k_{21}=-\frac{12EI}{h^3}=-1200\ \text{kN/m}$$

(2) 求自振频率

由式(12-103),得

$$\begin{aligned}\frac{\omega_1^2}{\omega_2^2}&=\frac{1}{2}\left(\frac{k_{11}}{m_1}+\frac{k_{22}}{m_2}\right)\mp\sqrt{\frac{1}{4}\left(\frac{k_{11}}{m_1}+\frac{k_{22}}{m_2}\right)^2-\frac{k_{11}k_{22}-k_{12}k_{21}}{m_1m_2}}\\&=\frac{1}{2}\left(\frac{2400}{1000}+\frac{1200}{1000}\right)\mp\sqrt{\frac{1}{4}\left(\frac{2400}{1000}+\frac{1200}{1000}\right)^2-\frac{2400\times1200-1200^2}{1000\times1000}}\\&=1.8\mp1.34\end{aligned}$$

因此,两个频率为

$$\omega_1=0.679\ \text{s}^{-1}\qquad \omega_2=1.772\ \text{s}^{-1}$$

(3) 求主振型

由式(12-104),对应于 ω_1 得第一振型

$$\frac{Y_1(2)}{Y_1(1)}=\frac{k_{12}}{\omega_1^2m_1-k_{11}}=\frac{-1200}{0.46\times1000-2400}=\frac{1}{1.62}$$

对应于 ω_2 得第二振型

$$\frac{Y_2(2)}{Y_2(1)}=\frac{k_{12}}{\omega_2^2m_1-k_{11}}=\frac{-1200}{3.14\times1000-2400}=-\frac{1}{0.62}$$

两个主振型分别如图 12-47(b)、图 12-47(c)所示。

12.6.2 n 个自由度体系的自由振动

现在讨论多自由度体系的自由振动并采用矩阵表示形式。

12.6.2.1 刚度法

图 12-48(a)所示简支梁,其上 n 个点处的集中质量分别为 m_1、m_2、…、m_i、…、m_n,梁的自重忽略不计。若略去梁的轴向变形和质点的转动,则为 n 个自由度的结构。以 y_1、y_2、…、y_i、…、y_n 分别代表这些质点自静平衡位置量起的位移。

参照两个集中质量的作法,令各链杆发生与各质点实际位置相同的位移[12-48(c)],由各链杆上的总反力等于零得这一体系的动力平衡方程,即

$$\left.\begin{aligned}m_1\ddot{y}_1+k_{11}y_1+k_{12}y_2+\cdots+k_{1n}y_n=0\\m_2\ddot{y}_2+k_{21}y_1+k_{22}y_2+\cdots+k_{2n}y_n=0\\\vdots\qquad\qquad\\m_n\ddot{y}_n+k_{n1}y_1+k_{n2}y_2+\cdots+k_{nn}y_n=0\end{aligned}\right\}\tag{12-105a}$$

把它写成矩阵形式,就有

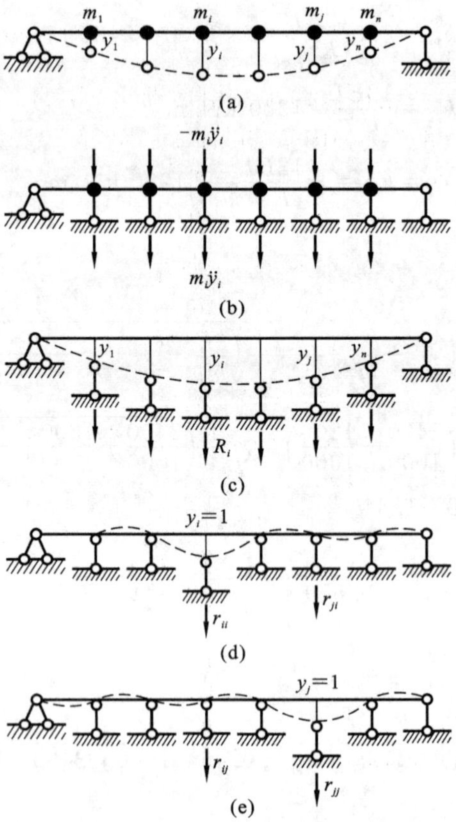

图 12-48　多自由度体系

(a)加入附加链杆；(b)链杆反力计算；(c)梁发生实际位移；(d)、(e)单位位移引起的力

$$\begin{bmatrix} m_1 & & & 0 \\ & m_2 & & \\ & & \ddots & \\ 0 & & & m_n \end{bmatrix}\begin{Bmatrix} \ddot{y}_1 \\ \ddot{y}_2 \\ \vdots \\ \ddot{y}_n \end{Bmatrix}+\begin{bmatrix} k_{11} & k_{12} & \cdots & k_{1n} \\ k_{21} & k_{22} & \cdots & k_{2n} \\ \vdots & \vdots & \cdots & \vdots \\ k_{n1} & k_{n2} & \cdots & k_{nn} \end{bmatrix}\begin{Bmatrix} y_1 \\ y_2 \\ \vdots \\ y_n \end{Bmatrix}=\begin{Bmatrix} 0 \\ 0 \\ \vdots \\ 0 \end{Bmatrix} \tag{12-105b}$$

或简写为

$$\boldsymbol{M}\ddot{\boldsymbol{Y}}+\boldsymbol{K}\boldsymbol{Y}=\boldsymbol{0} \tag{12-105c}$$

式中　$\boldsymbol{M}$——质量矩阵，在集中质点的结构中，它是对角矩阵；

$\boldsymbol{K}$——刚度矩阵，根据反力互等关系有 $k_{ij}=k_{ji}$，故它是 $n\times n$ 阶的对称方阵；

$\ddot{\boldsymbol{Y}}$——加速度列向量；

$\boldsymbol{Y}$——位移列向量。

现在讨论振动微分方程的求解，设式(12-105a)的特解取如下形式：

$$\left.\begin{aligned} y_1(t)&=Y(1)\sin(\omega t+\varphi) \\ y_2(t)&=Y(2)\sin(\omega t+\varphi) \\ &\vdots \\ y_n(t)&=Y(n)\sin(\omega t+\varphi) \end{aligned}\right\} \tag{12-106a}$$

或简写为

$$\boldsymbol{Y}_i=\boldsymbol{Y}(i)\sin(\omega t+\varphi)\quad (i=1,2,\cdots,n) \tag{12-106b}$$

即所有质点都按同一频率同一相位做同步简谐振动，但各质点的振幅值各不相同。将式(12-106a)代入式(12-105a)并消去公因子 $\sin(\omega t+\varphi)$ 可得

$$\left.\begin{array}{l}(k_{11}-m_1\omega^2)Y(1)+k_{12}Y(2)+\cdots+k_{1n}Y(n)=0\\ k_{21}Y(1)+(k_{22}-m_2\omega^2)Y(2)+\cdots+k_{2n}Y(n)=0\\ \qquad\vdots\\ k_{n1}Y(1)+k_{n2}Y(2)+\cdots+(k_{nn}-m_n\omega^2)Y(n)=0\end{array}\right\} \tag{12-107a}$$

或简写为

$$(\boldsymbol{K}-\omega^2\boldsymbol{M})\boldsymbol{Y}(i)=\boldsymbol{0} \tag{12-107b}$$

式(12-107a)是 $Y(1)$、$Y(2)$、…、$Y(n)$ 的齐次方程组，为得到 $Y(1)$、$Y(2)$、…、$Y(n)$ 不全为零的解，应使系数行列式等于零，即

$$D=\begin{vmatrix}k_{11}-\omega^2m_1 & k_{12} & \cdots & k_{1n}\\ k_{21} & k_{22}-\omega^2m_2 & \cdots & k_{2n}\\ \vdots & \vdots & \cdots & \vdots\\ k_{n1} & k_{n2} & \cdots & k_{nn}-\omega^2m_n\end{vmatrix}=0 \tag{12-108a}$$

或简写为

$$|\boldsymbol{K}-\omega^2\boldsymbol{M}|=0 \tag{12-108b}$$

这个式子称为频率方程或广义特征值方程。将行列式展开，可得到关于 ω^2 的 n 次代数方程，从而可确定体系的 n 个自振频率 ω_1、ω_2、…、ω_n，其中最小一个称为第一频率，其后按数值由小到大依次排列，并依次称为第二频率、第三频率等。

求出各个频率后，利用式(12-107a)确定多自由度体系的主振型。要确定振型便须确定各质点振幅间的比值。为此，可将任一个频率 ω_k 值代入式(12-107)而得

$$\left.\begin{array}{l}(k_{11}-m_1\omega_k^2)Y_k(1)+k_{12}Y_k(2)+\cdots+k_{1n}Y_k(n)=0\\ k_{21}Y_k(1)+(k_{22}-m_2\omega_k^2)Y_k(2)+\cdots+k_{2n}Y_k(n)=0\\ \qquad\vdots\\ k_{n1}Y_k(1)+k_{n2}Y_k(2)+\cdots+(k_{nn}-m_n\omega_k^2)Y_k(n)=0\end{array}\right\} \tag{12-109a}$$

或简写为

$$(\boldsymbol{K}-\omega_k^2\boldsymbol{M})\boldsymbol{Y}_k(i)=\boldsymbol{0} \tag{12-109b}$$

由于此式的行列式的值为零，故其 n 个方程中只有 $(n-1)$ 个是独立的，利用它可唯一地确定各质点振幅间的相对比值(主振型)，但不能唯一地确定它的振幅。

为了使主振型 $Y_k(i)$ 的振型幅值具有确定值，需另外的补充条件，这就是标准化处理。这样处理后，所得到的主振型称为标准化主振型。

常见的标准化方法有两种：

一种做法是规定主振型 $\boldsymbol{Y}_k(i)$ 中的某个元素为某个给定值。例如，规定第一个元素 $Y_k(1)=1$，或者规定最大的元素等于 1。从而有

$$\left.\begin{array}{l}(\boldsymbol{K}-\omega_k^2\boldsymbol{M})\boldsymbol{Y}_k(i)=\boldsymbol{0}\\ Y_k(1)=1\end{array}\right\} \tag{12-110}$$

另一种做法是规定主振型 $\boldsymbol{Y}_k(i)$ 满足下式

$$\boldsymbol{Y}_k(i)^T\boldsymbol{M}\boldsymbol{Y}_k(i)=1 \tag{12-111}$$

由此规定还可引出以下关系式，即

$$\boldsymbol{Y}_k(i)^T\boldsymbol{K}\boldsymbol{Y}_k(i)=\omega_k^2 \tag{12-112}$$

式(12-112)可由式(12-109b)导出，为此，以 $\boldsymbol{Y}_k(i)^T$ 前乘式(12-109b)的两边，得

$$\boldsymbol{Y}_k(i)^T(\boldsymbol{K}-\omega_k^2\boldsymbol{M})\boldsymbol{Y}_k(i)=\boldsymbol{0}$$

故得

$$\boldsymbol{Y}_k(i)^T\boldsymbol{K}\boldsymbol{Y}_k(i)=\omega_k^2\boldsymbol{Y}_k(i)^T\boldsymbol{M}\boldsymbol{Y}_k(i)=\omega_k^2$$

n 个自由度的结构有 n 个自振频率，相应的有 n 个主振型，它们都是振动微分方程的特解。这些主振动的线性组合就是振动微分方程的通解，即

$$\begin{aligned} y_i(t) &= Y_1(i)\sin(\omega_1 t+\varphi_1)+Y_2(i)\sin(\omega_2 t+\varphi_2)+\cdots+Y_n(i)\sin(\omega_n t+\varphi_n) \\ &= \sum_{k=1}^{n} Y_k(i)\sin(\omega_k t+\varphi_k) \quad (i=1,2,\cdots,n) \end{aligned}$$

即在一般情况下，各质点的振动将是由 n 个不同频率的主振动分量叠加而成。

各主振动分量的振幅 $\boldsymbol{Y}_k(i)$ 及初相角 φ_k 将由 n 个质点的初位移和初速度共 $2n$ 个初始条件确定。初始条件不同，$\boldsymbol{Y}_k(i)$ 及 φ_k 值也将随之变化。然而结构的自振频率和振型却不因初始条件的不同而异，它们与外因干扰无关，是结构本身的动力特性。

【例 12-14】 图 12-49(a)所示三层刚架，设横梁为无限刚性，第一、二、三层的层间刚度系数分别为 k、$\frac{k}{3}$、$\frac{k}{5}$。刚架的质量都集中在楼板上，第一、二、三层楼板处的质量分别为

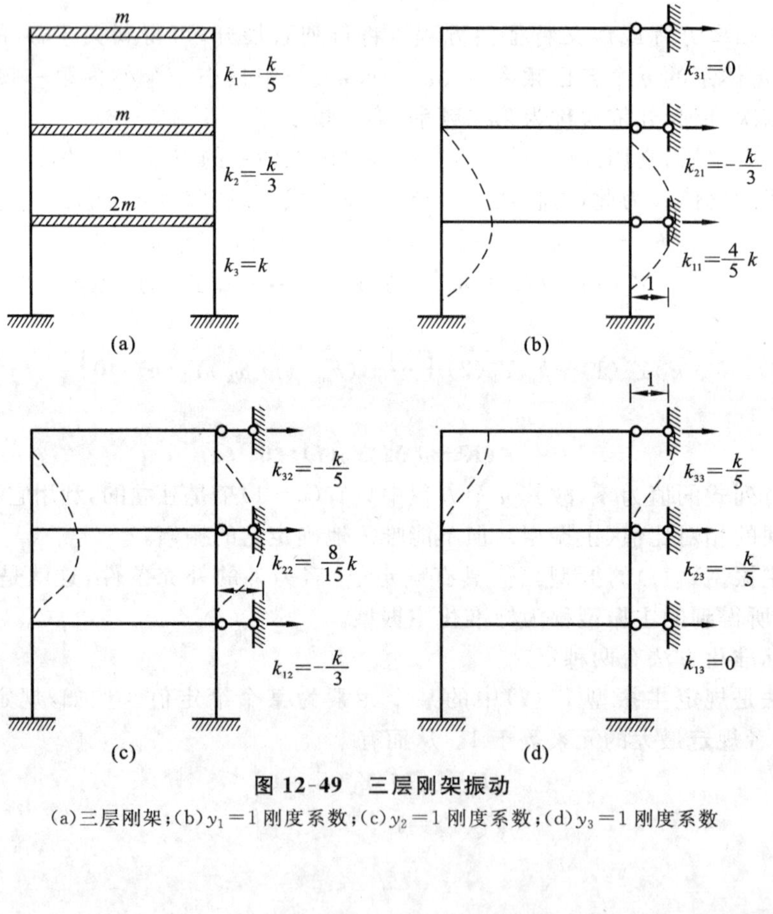

图 12-49　三层刚架振动

(a)三层刚架；(b)$y_1=1$ 刚度系数；(c)$y_2=1$ 刚度系数；(d)$y_3=1$ 刚度系数

$2m$、m、m。试求刚架的自振频率和主振型。

【解】 (1)求自振频率

刚架的刚度系数如图12-49(b)、图12-49(c)、图12-49(d)所示，刚度矩阵和质量矩阵分别为：

$$\boldsymbol{K}=\frac{k}{15}\begin{bmatrix}20 & -5 & 0\\ -5 & 8 & -3\\ 0 & -3 & 3\end{bmatrix},\quad \boldsymbol{M}=m\begin{bmatrix}2 & 0 & 0\\ 0 & 1 & 0\\ 0 & 0 & 1\end{bmatrix}$$

因此

$$\boldsymbol{K}-\omega^2\boldsymbol{M}=\frac{k}{15}\begin{bmatrix}20-2\eta & -5 & 0\\ -5 & 8-\eta & -3\\ 0 & -3 & 3-\eta\end{bmatrix} \tag{12-113}$$

其中

$$\eta=\frac{15m}{k}\omega^2 \tag{12-114}$$

频率方程为

$$|\boldsymbol{K}-\omega^2\boldsymbol{M}|=0$$

其展开式为

$$2\eta^3-42\eta^2+225\eta-225=0 \tag{12-115}$$

用试算法求得方程的三个根为：

$$\eta_1=1.293,\quad \eta_2=6.680,\quad \eta_3=13.027$$

由式(12-114)，求得

$$\omega_1^2=0.0862\,\frac{k}{m},\quad \omega_2^2=0.4453\,\frac{k}{m},\quad \omega_3^2=0.8685\,\frac{k}{m}$$

因此三个自振频率为：

$$\omega_1=0.2936\sqrt{\frac{k}{m}},\quad \omega_2=0.6673\sqrt{\frac{k}{m}},\quad \omega_3=0.9319\sqrt{\frac{k}{m}}$$

(2) 求主振型

主振型 $\boldsymbol{Y}_k(i)$ 由式(12-107b)来求。在标准化主振型中，规定第三个元素 $Y_k(3)=1$。

① 求第一主振型。将 ω_1 和 η_1 代入式(12-107b)，得

$$\boldsymbol{K}-\omega_1^2\boldsymbol{M}=\frac{k}{15}\begin{bmatrix}17.414 & -5 & 0\\ -5 & 6.707 & -3\\ 0 & -3 & 1.707\end{bmatrix}$$

保留后两个方程，故得

$$\left.\begin{aligned}-5Y_1(1)+6.707Y_1(2)-3Y_1(3)=0\\ -3Y_1(2)+1.707Y_1(3)=0\end{aligned}\right\} \tag{12-116}$$

由于规定 $Y_1(3)=1$，故式(12-116)的解为

$$\boldsymbol{Y}_1(i)=\begin{Bmatrix}Y_1(1)\\ Y_1(2)\\ Y_1(3)\end{Bmatrix}=\begin{Bmatrix}0.163\\ 0.569\\ 1\end{Bmatrix}$$

② 求第二主振型。将 ω_2 和 η_2 代入式(12-107b),得

$$\boldsymbol{K}-\omega_2^2\boldsymbol{M}=\frac{k}{15}\begin{bmatrix}6.640 & -5 & 0\\ -5 & 1.320 & -3\\ 0 & -3 & -3.680\end{bmatrix}$$

后两个方程为

$$\left.\begin{aligned}-5Y_2(1)+1.320Y_2(2)-3Y_2(3)=0\\ -3Y_2(2)-3.680Y_2(3)=0\end{aligned}\right\}\tag{12-117}$$

式(12-117)的解为

$$\boldsymbol{Y}_2(i)=\begin{Bmatrix}Y_2(1)\\ Y_2(2)\\ Y_2(3)\end{Bmatrix}=\begin{Bmatrix}-0.924\\ -1.227\\ 1\end{Bmatrix}$$

③ 求第三主振型。将 ω_3 和 η_3 代入式(12-107b),得

$$\boldsymbol{K}-\omega_3^2\boldsymbol{M}=\frac{k}{15}\begin{bmatrix}-6.054 & -5 & 0\\ -5 & -5.027 & -3\\ 0 & -3 & -10.027\end{bmatrix}$$

后两个方程为:

$$\left.\begin{aligned}5Y_3(1)+5.027Y_3(2)+3Y_3(3)=0\\ 3Y_3(2)+10.027Y_3(3)=0\end{aligned}\right\}\tag{12-118}$$

式(12-118)的解为

$$\boldsymbol{Y}_3(i)=\begin{Bmatrix}Y_3(1)\\ Y_3(2)\\ Y_3(3)\end{Bmatrix}=\begin{Bmatrix}2.760\\ -3.342\\ 1\end{Bmatrix}$$

三个主振型的大致形状如图 12-50 所示。

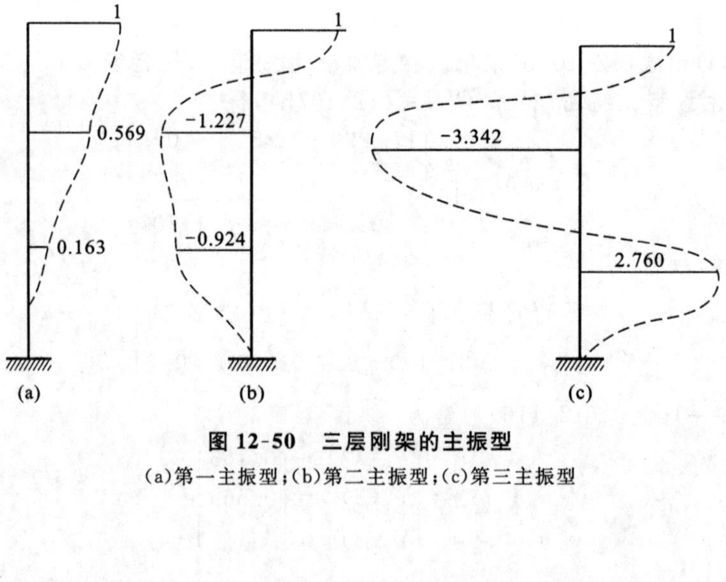

图 12-50 三层刚架的主振型

(a)第一主振型;(b)第二主振型;(c)第三主振型

12.6.2.2 柔度法

参照两个集中质量的作法，将各质点的惯性力看作是静力荷载[图 12-51(a)]，在这些荷载的作用下，求出结构上所有质点的位移，便可建立 n 个位移方程：

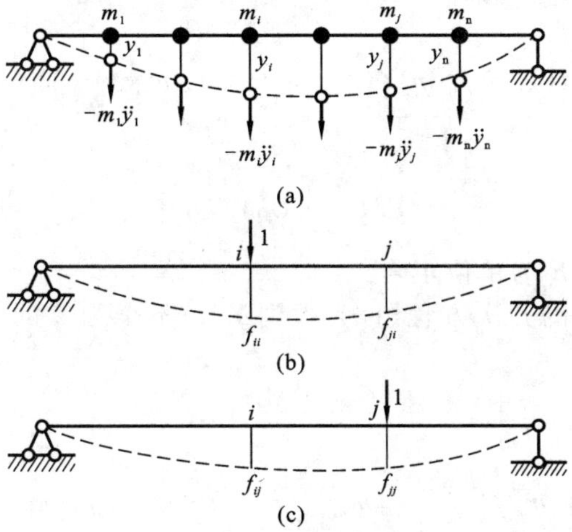

图 12-51 多自由度体系

(a)梁发生实际位移；(b)、(c)单位力引起的位移

$$\left.\begin{aligned}f_{11}m_1\ddot{y}_1+f_{12}m_2\ddot{y}_2+\cdots+f_{1n}m_n\ddot{y}_n+y_1=0\\f_{21}m_1\ddot{y}_1+f_{22}m_2\ddot{y}_2+\cdots+f_{2n}m_n\ddot{y}_n+y_2=0\\\vdots\qquad\qquad\\f_{n1}m_1\ddot{y}_1+f_{n2}m_2\ddot{y}_2+\cdots+f_{nn}m_n\ddot{y}_n+y_n=0\end{aligned}\right\}\tag{12-119a}$$

把它写成矩阵形式，就有

$$\begin{bmatrix}f_{11}&f_{12}&\cdots&f_{1n}\\f_{21}&f_{22}&\cdots&f_{2n}\\\vdots&\vdots&\cdots&\vdots\\f_{n1}&f_{n2}&\cdots&f_{nn}\end{bmatrix}\begin{bmatrix}m_1&&&0\\&m_2&&\\&&\ddots&\\0&&&m_n\end{bmatrix}\begin{Bmatrix}\ddot{y}_1\\\ddot{y}_2\\\vdots\\\ddot{y}_n\end{Bmatrix}+\begin{Bmatrix}y_1\\y_2\\\vdots\\y_n\end{Bmatrix}=\begin{Bmatrix}0\\0\\\vdots\\0\end{Bmatrix}\tag{12-119b}$$

或简写为

$$\boldsymbol{FM\ddot{Y}}+\boldsymbol{Y}=0\tag{12-119c}$$

其中 $\boldsymbol{F}$ 为结构的柔度矩阵。

若对式(12-119c)左乘以 $\boldsymbol{F}^{-1}$，则有

$$\boldsymbol{M\ddot{Y}}+\boldsymbol{F}^{-1}\boldsymbol{Y}=0$$

与式(12-105c)对比显然应有

$$\boldsymbol{F}^{-1}=\boldsymbol{K}\tag{12-120}$$

即柔度矩阵和刚度矩阵是互为逆矩阵的。

现在讨论振动微分方程的求解，设式(12-119c)的特解取如下形式

$$\boldsymbol{Y}_i=\boldsymbol{Y}(i)\sin(\omega t+\varphi)\quad(i=1,2,\cdots,n)$$

将上式代入式(12-119a)并消去公因子 $\sin(\omega t+\varphi)$ 可得

$$\left.\begin{aligned}\left(f_{11}m_1-\frac{1}{\omega^2}\right)Y(1)+f_{12}m_2Y(2)+\cdots+f_{1n}m_nY(n)=0\\ f_{21}m_1Y(1)+\left(f_{22}m_2-\frac{1}{\omega^2}\right)Y(2)+\cdots+f_{2n}m_nY(n)=0\\ \vdots\qquad\qquad\\ f_{n1}m_1Y(1)+f_{n2}m_2Y(2)+\cdots+\left(f_{nn}m_n-\frac{1}{\omega^2}\right)Y(n)=0\end{aligned}\right\}\tag{12-121a}$$

或简写为

$$\left(\boldsymbol{FM}-\frac{1}{\omega^2}\boldsymbol{E}\right)\boldsymbol{Y}(i)=0\tag{12-121b}$$

其中$\boldsymbol{Y}(i)$为振幅列向量,$\boldsymbol{E}$为单位矩阵。

式(12-121a)是$\boldsymbol{Y}(i)$的齐次方程组,为得到$\boldsymbol{Y}(i)$不全为零的解,应使系数行列式等于零,即

$$\begin{vmatrix}\left(f_{11}m_1-\frac{1}{\omega^2}\right) & f_{12}m_2 & \cdots & f_{1n}m_n\\ f_{21}m_1 & \left(f_{22}m_2-\frac{1}{\omega^2}\right) & \cdots & f_{2n}m_n\\ \vdots & \vdots & \cdots & \vdots\\ f_{n1}m_1 & f_{n2}m_2 & \cdots & \left(f_{nn}m_n-\frac{1}{\omega^2}\right)\end{vmatrix}=0\tag{12-122a}$$

简写为

$$\left|\boldsymbol{FM}-\frac{1}{\omega^2}\boldsymbol{E}\right|=0\tag{12-122b}$$

将行列式展开,可得到一个含$\frac{1}{\omega^2}$的n次代数方程,由此可解出$\frac{1}{\omega^2}$的n个正实根,从而得出n个自振频率ω_1、ω_2、…、ω_n。

最后求与频率ω_k相应的主振型$\boldsymbol{Y}_k(i)$。为此,将$\frac{1}{\omega_k^2}$和$\boldsymbol{Y}_k(i)$代入式(12-121b),得

$$\left(\boldsymbol{FM}-\frac{1}{\omega_k^2}\boldsymbol{E}\right)\boldsymbol{Y}_k(i)=0\tag{12-123}$$

令$k=1$、2、…、n,可得出n个向量方程,由此可求出n个主振型$\boldsymbol{Y}_1(i)$、$\boldsymbol{Y}_2(i)$、…、$\boldsymbol{Y}_n(i)$。

【例 12-15】 图 12-52(a)所示一对称刚架,其上的集中质量$m_1=100$ kg、$m_2=150$ kg。柱的弯曲刚度$EI_1=6.0\ \text{MN}\cdot\text{m}^2$;梁的弯曲刚度$EI_2=3EI_1$。试求刚架的自振频率和振型。

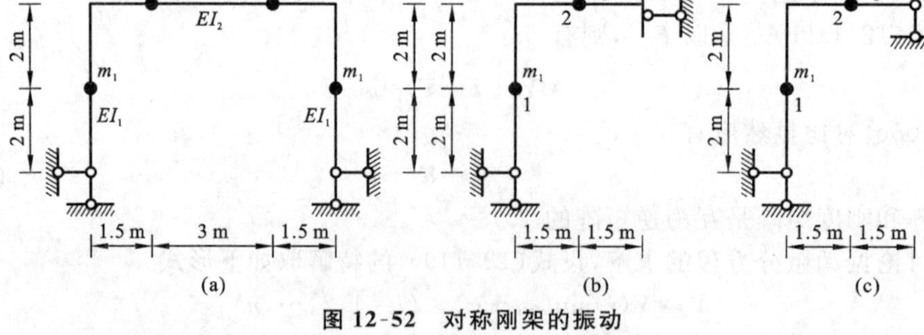

图 12-52 对称刚架的振动

(a)对称刚架;(b)半刚架 1;(c)半刚架 2

【解】 当刚架按其自振频率做简谐振动时，其振型为正对称和反对称两种情况。分别研究这两种情况的自振频率和相应的振型。

(1) 正对称形式的自由振动

刚架发生正对称形式的振动时，内力和位移都是对称的。取图 12-52(b)所示的半刚架计算，这是两个自由度的体系。

分别绘出单位力作用下超静定半刚架的弯矩图，如图 12-53 所示。利用图乘法得

$$f_{11}=\frac{0.905}{EI_1}\ \mathrm{m}^3,\quad f_{12}=f_{21}=-\frac{0.483}{EI_1}\ \mathrm{m}^3,\quad f_{22}=\frac{0.957}{EI_1}\ \mathrm{m}^3$$

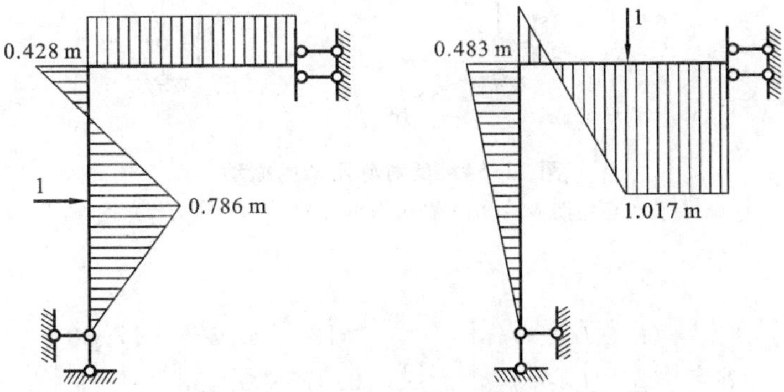

图 12-53　对称刚架的振动

(a)单位力弯矩图 M_1；(b)单位力弯矩图 M_2

将以上 f_{ij} 和 m_i 及 EI_1 代入式(12-97)，得

$$\omega_1'=182\ \frac{1}{\mathrm{s}}\qquad \omega_2'=338\ \frac{1}{\mathrm{s}}$$

由式(12-98a)和式(12-98b)可求得：

对应于 ω_1'

$$\rho_1'=\frac{\dfrac{1}{\omega_1'^2}-m_1 f_{11}}{m_2 f_{12}}=\frac{181.2-100\times0.905}{150\times(-0.483)}=-1.267$$

对应于 ω_2'

$$\rho_2'=\frac{\dfrac{1}{\omega_2'^2}-m_1 f_{11}}{m_2 f_{12}}=\frac{52.8-100\times0.905}{150\times(-0.483)}=0.527$$

(2) 反对称形式的自由振动

刚架发生反对称形式的振动时，内力和位移都是反对称的。取图 12-52(c)所示的半刚架计算，这是三个自由度的体系。

设以 $y_1(t)$ 代表质量 m_1 的水平位移，以 $y_2(t)$ 和 $y_3(t)$ 分别代表质量 m_2 的竖向和水平位移。分别绘出单位力作用下半刚架的弯矩图，如图 12-54 所示。利用图乘法得

$$f_{11}=\frac{12}{EI_1}\ \mathrm{m}^3,\quad f_{22}=\frac{0.188}{EI_1}\ \mathrm{m}^3,\quad f_{33}=\frac{26.67}{EI_1}\ \mathrm{m}^3$$

$$f_{12}=\frac{0.375}{EI_1}\ \text{m}^3,\quad f_{13}=\frac{17.33}{EI_1}\ \text{m}^3,\quad f_{23}=\frac{0.75}{EI_1}\ \text{m}^3$$

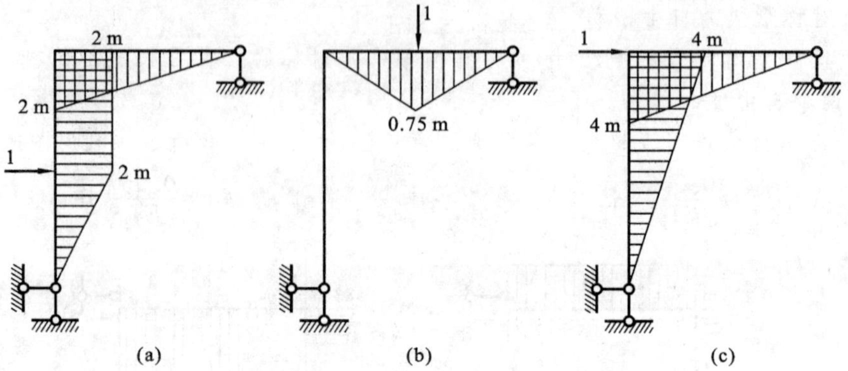

图 12-54 反对称刚架的振动

(a)单位力弯矩图 M_1；(b)单位力弯矩图 M_2；(c)单位力弯矩图 M_3

柔度矩阵为

$$\boldsymbol{F}=\begin{bmatrix} f_{11} & f_{12} & f_{13} \\ f_{21} & f_{22} & f_{23} \\ f_{31} & f_{32} & f_{33} \end{bmatrix}=\frac{\text{m}^3}{EI_1}\begin{bmatrix} 12 & 0.375 & 17.33 \\ 0.375 & 0.188 & 0.75 \\ 17.33 & 0.75 & 26.67 \end{bmatrix}$$

质量矩阵为

$$\boldsymbol{M}=\begin{bmatrix} m_1 & 0 & 0 \\ 0 & m_2 & 0 \\ 0 & 0 & m_3 \end{bmatrix}=100\ \text{kg}\begin{bmatrix} 1 & 0 & 0 \\ 0 & 1.5 & 0 \\ 0 & 0 & 1.5 \end{bmatrix}$$

令

$$\eta=\frac{EI_1}{\text{m}^3\times 100\ \text{kg}}\cdot\frac{1}{\omega^2}$$

则

$$\boldsymbol{FM}-\frac{1}{\omega^2}\boldsymbol{E}=\frac{\text{m}^3}{EI}\times 100\ \text{kg}\begin{bmatrix} 12-\eta & 0.5625 & 26 \\ 0.375 & 0.281-\eta & 1.125 \\ 17.33 & 1.125 & 40-\eta \end{bmatrix} \tag{12-124}$$

代入频率方程式(12-122b)并展开，得

$$\eta^3-52.28\eta^2+42.48\eta-6.563=0$$

解得

$$\eta_1=51.458,\quad \eta_2=0.616,\quad \eta_3=0.207$$

因此三个自振频率为

$$\omega''^2_1=\frac{EI_1}{\text{m}^3\times 100\ \text{kg}\times\eta_1}=\frac{6.0\ \text{MN}\cdot\text{m}^2}{\text{m}^3\times 100\ \text{kg}\times 51.458}=1163\ \frac{1}{\text{s}^2}$$

$$\omega''_1=34.2\ \frac{1}{\text{s}}$$

$$\omega''^2_2=\frac{EI_1}{\mathrm{m}^3\times 100\ \mathrm{kg}\times\eta_2}=\frac{6.0\ \mathrm{MN}\cdot\mathrm{m}^2}{\mathrm{m}^3\times 100\ \mathrm{kg}\times 0.616}=97200\ \frac{1}{\mathrm{s}^2}$$

$$\omega''_2=312\ \frac{1}{\mathrm{s}}$$

$$\omega''^2_3=\frac{EI_1}{\mathrm{m}^3\times 100\ \mathrm{kg}\times\eta_3}=\frac{6.0\ \mathrm{MN}\cdot\mathrm{m}^2}{\mathrm{m}^3\times 100\ \mathrm{kg}\times 0.207}=289000\ \frac{1}{\mathrm{s}^2}$$

$$\omega''_3=538\ \frac{1}{\mathrm{s}}$$

求得频率后，根据式(12-123)求主振型，先求第一主振型。将 η_1 代入式(12-124)，得

$$\boldsymbol{FM}-\frac{1}{\omega_1^2}\boldsymbol{E}=\frac{\mathrm{m}^3}{EI}\times 100\ \mathrm{kg}\begin{bmatrix}-39.46 & 0.5625 & 26\\ 0.375 & -51.18 & 1.125\\ 17.33 & 1.125 & -11.48\end{bmatrix}$$

在标准化主振型 $\boldsymbol{Y}_1(i)$ 中，规定 $Y_1(1)=1$。在式(12-123)中保留前两个方程，即

$$\left.\begin{aligned}-39.46Y_1(1)+0.5625Y_1(2)+26Y_1(3)=0\\ 0.375Y_1(1)-51.18Y_1(2)+1.125Y_1(3)=0\end{aligned}\right\}\tag{12-125}$$

由于 $Y_1(1)=1$，故式(12-125)的解为

$$\boldsymbol{Y}_1(i)=\begin{Bmatrix}Y_1(1)\\ Y_1(2)\\ Y_1(3)\end{Bmatrix}=\begin{Bmatrix}1.00\\ 0.041\\ 1.517\end{Bmatrix}$$

求第二主振型。将 η_2 代入式(12-124)，得

$$\boldsymbol{FM}-\frac{1}{\omega_2^2}\boldsymbol{E}=\frac{\mathrm{m}^3}{EI}\times 100\ \mathrm{kg}\begin{bmatrix}11.38 & 0.5625 & 26\\ 0.375 & -0.335 & 1.125\\ 17.33 & 1.125 & 39.38\end{bmatrix}$$

在标准化主振型 $\boldsymbol{Y}_2(i)$ 中，规定 $Y_2(1)=1$。在式(12-123)中保留前两个方程，即

$$\left.\begin{aligned}11.38Y_2(1)+0.5625Y_2(2)+26Y_2(3)=0\\ 0.375Y_2(1)-0.335Y_2(2)+1.125Y_2(3)=0\end{aligned}\right\}\tag{12-126}$$

由于 $Y_2(1)=1$，故式(12-126)的解为

$$\boldsymbol{Y}_2(i)=\begin{Bmatrix}Y_2(1)\\ Y_2(2)\\ Y_2(3)\end{Bmatrix}=\begin{Bmatrix}1.00\\ -0.327\\ -0.431\end{Bmatrix}$$

求第三主振型。将 η_3 代入式(12-124)，得

$$\boldsymbol{FM}-\frac{1}{\omega_3^2}\boldsymbol{E}=\frac{\mathrm{m}^3}{EI}\times 100\ \mathrm{kg}\begin{bmatrix}11.79 & 0.5625 & 26\\ 0.375 & 0.074 & 1.125\\ 17.33 & 1.125 & 39.79\end{bmatrix}$$

在标准化主振型 $\boldsymbol{Y}_3(i)$ 中，规定 $Y_3(1)=1$。在式(12-123)中保留前两个方程，即

$$\left.\begin{aligned}11.79Y_3(1)+0.5625Y_3(2)+26Y_3(3)=0\\ 0.375Y_3(1)+0.074Y_3(2)+1.125Y_3(3)=0\end{aligned}\right\}\tag{12-127}$$

由于 $Y_3(1)=1$，故式(12-127)的解为

$$\boldsymbol{Y}_3(i)=\begin{Bmatrix}Y_3(1)\\Y_3(2)\\Y_3(3)\end{Bmatrix}=\begin{Bmatrix}1.00\\2.727\\-0.513\end{Bmatrix}$$

(3) 原刚架的频率和主振型

以上求得正对称和反对称振动形式的5个自振频率，按其从小到大依次排列，即得原刚架的第1至第5频率为：

$$\omega_1=34.2\ \frac{1}{\mathrm{s}}(\text{反}),\quad \omega_2=182\ \frac{1}{\mathrm{s}}(\text{正}),\quad \omega_3=312\ \frac{1}{\mathrm{s}}(\text{反})$$

$$\omega_4=338\ \frac{1}{\mathrm{s}}(\text{正}),\quad \omega_5=538\ \frac{1}{\mathrm{s}}(\text{反})$$

5个振型的大致形状如图12-55所示。

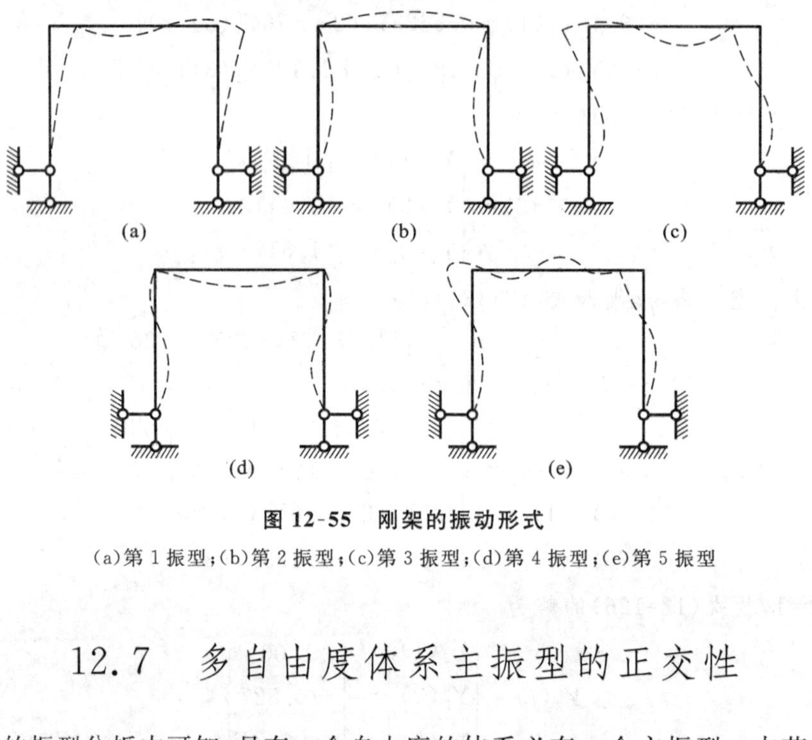

图 12-55 刚架的振动形式

(a)第1振型；(b)第2振型；(c)第3振型；(d)第4振型；(e)第5振型

12.7 多自由度体系主振型的正交性

从体系的振型分析中可知，具有 n 个自由度的体系必有 n 个主振型。本节讨论主振型之间的关系，即多自由度体系主振型的正交性。振型的正交性是多自由度体系的一个重要性质，利用这一特性，可以使多自由度体系受迫振动的计算大为简化。

图12-56(a)、图12-56(b)分别表示具有 n 个自由度体系的第 i 主振型曲线和第 j 主振型曲线。图中 $m_k\omega_i^2Y_i(k)$ 和 $m_k\omega_j^2Y_j(k)$ 分别表示第 i 主振型和第 j 主振型在任一质量 m_k 上所对应的惯性力。

现在利用功的互等定理推导主振型之间的正交性。

先以图12-56(a)的惯性力对图12-56(b)的位移做虚功，得

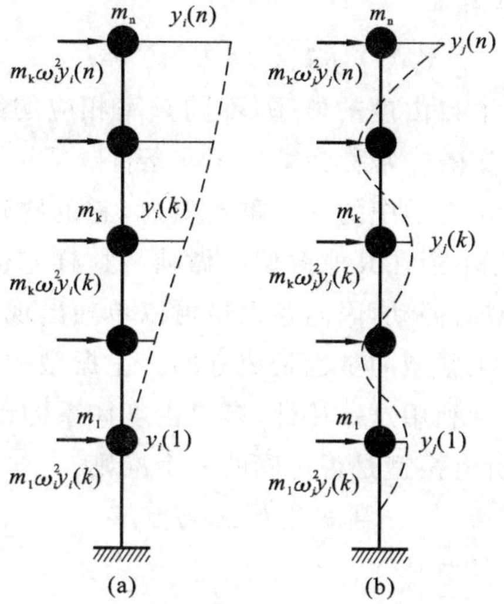

图 12-56　多自由度体系的主振型

(a)第 i 主振型;(b)第 j 主振型

$$T_{ij}=m_1\omega_i^2Y_i(1)Y_j(1)+\cdots+m_k\omega_i^2Y_i(k)Y_j(k)+\cdots+m_n\omega_i^2Y_i(n)Y_j(n)$$

再以图 12-56(b)的惯性力对图 12-56(a)的位移做虚功,得

$$T_{ji}=m_1\omega_j^2Y_j(1)Y_i(1)+\cdots+m_k\omega_j^2Y_j(k)Y_i(k)+\cdots+m_n\omega_j^2Y_j(n)Y_i(n)$$

根据功的互等定理 $T_{ij}=T_{ji}$,可得

$$m_1\omega_i^2Y_i(1)Y_j(1)+\cdots+m_k\omega_i^2Y_i(k)Y_j(k)+\cdots+m_n\omega_i^2Y_i(n)Y_j(n)$$
$$=m_1\omega_j^2Y_j(1)Y_i(1)+\cdots+m_k\omega_j^2Y_j(k)Y_i(k)+\cdots+m_n\omega_j^2Y_j(n)Y_i(n)$$

即

$$(\omega_i^2-\omega_j^2)[m_1Y_i(1)Y_j(1)+\cdots+m_kY_i(k)Y_j(k)+\cdots+m_nY_i(n)Y_j(n)]=0$$

因 $\omega_i^2\neq\omega_j^2$,故有

$$m_1Y_i(1)Y_j(1)+\cdots+m_kY_i(k)Y_j(k)+\cdots+m_nY_i(n)Y_j(n)=0 \qquad (12\text{-}128a)$$

若将式(12-128a)以矩阵形式表示,则

$$\begin{Bmatrix}Y_i(1)\\Y_i(2)\\\vdots\\Y_i(n)\end{Bmatrix}^{\mathrm{T}}\begin{bmatrix}m_1&0&0&0\\0&m_2&0&0\\0&0&\ddots&0\\0&0&0&m_n\end{bmatrix}\begin{Bmatrix}Y_j(1)\\Y_j(2)\\\vdots\\Y_j(n)\end{Bmatrix}=0$$

或简写为

$$\boldsymbol{Y}_i(i)^{\mathrm{T}}\boldsymbol{M}\boldsymbol{Y}_j(i)=0 \quad (i\neq j) \qquad (12\text{-}128b)$$

式(12-128)表明具有 n 个自由度的体系,不同频率相应的第 i 主振型和第 j 主振型相对于质量矩阵来说是彼此正交的。常称为第一正交条件。

此外,对式(12-109b) $(\boldsymbol{K}-\omega_j^2\boldsymbol{M})\boldsymbol{Y}_j(i)=\boldsymbol{0}$ 左乘 $\boldsymbol{Y}_i(i)^{\mathrm{T}}$,得

$$\boldsymbol{Y}_i(i)^{\mathrm{T}}\boldsymbol{K}\boldsymbol{Y}_j(i)=\omega_j^2\boldsymbol{Y}_i(i)^{\mathrm{T}}\boldsymbol{M}\boldsymbol{Y}_j(i)$$

由于$\boldsymbol{Y}_i(i)^{\mathrm{T}}\boldsymbol{M}\boldsymbol{Y}_j(i)=0$，于是有

$$\boldsymbol{Y}_i(i)^{\mathrm{T}}\boldsymbol{K}\boldsymbol{Y}_j(i)=0\quad(i\neq j)\tag{12-129}$$

式(12-129)表明具有n个自由度的体系，不同频率相应的第i主振型和第j主振型相对于刚度矩阵来说是彼此正交的。常称为第二正交条件。

主振型的正交性是结构动力学中的一个重要概念，它的物理意义为体系按某一振型振动时，在振动过程中其惯性力不会在其他振型上做功。这样它的能量便不会转移到别的振型上去，从而激起按其他振型的振动，因而各振型可以单独出现。

主振型的正交性对规准化振型向量也是成立的。主振型的正交性是体系本身所固有而与外加荷载无关的一种特性。利用这一特性，多自由度体系的动力计算可以得到很大简化。另外，也可利用它作为检查所得振型是否正确的一个准则。

【例 12-16】 验算例 12-14 中所得振型的正交性。

【解】 由例 12-14 的计算结可知：

$$\boldsymbol{Y}_1(i)=\begin{Bmatrix}0.163\\0.569\\1\end{Bmatrix},\quad \boldsymbol{Y}_2(i)=\begin{Bmatrix}-0.924\\-1.227\\1\end{Bmatrix},\quad \boldsymbol{Y}_3(i)=\begin{Bmatrix}2.760\\-3.342\\1\end{Bmatrix}$$

质量矩阵和刚度矩阵分别为：

$$\boldsymbol{M}=m\begin{bmatrix}2&0&0\\0&1&0\\0&0&1\end{bmatrix},\quad \boldsymbol{K}=\frac{k}{15}\begin{bmatrix}20&-5&0\\-5&8&-3\\0&-3&3\end{bmatrix}$$

验算$\boldsymbol{Y}_1(i)^{\mathrm{T}}\boldsymbol{M}\boldsymbol{Y}_2(i)$：

$$\begin{aligned}\boldsymbol{Y}_1(i)^{\mathrm{T}}\boldsymbol{M}\boldsymbol{Y}_2(i)&=[0.163\quad 0.569\quad 1]\begin{bmatrix}2&0&0\\0&1&0\\0&0&1\end{bmatrix}\begin{Bmatrix}-0.924\\-1.227\\1\end{Bmatrix}m\\&=m\times(-0.163\times2\times0.924-0.569\times1\times1.227+1\times1\times1)\\&=m\times0.000613\end{aligned}$$

可以认为满足。

验算$\boldsymbol{Y}_1(i)^{\mathrm{T}}\boldsymbol{K}\boldsymbol{Y}_3(i)$：

$$\begin{aligned}\boldsymbol{Y}_1(i)^{\mathrm{T}}\boldsymbol{K}\boldsymbol{Y}_3(i)&=[0.163\quad 0.569\quad 1]\begin{bmatrix}20&-5&0\\-5&8&-3\\0&-3&3\end{bmatrix}\begin{Bmatrix}2.760\\-3.342\\1\end{Bmatrix}\frac{k}{15}\\&=\frac{k}{15}\times[0.415\quad 0.731\quad 1.293]\begin{Bmatrix}2.760\\-3.342\\1\end{Bmatrix}=\frac{k}{15}\times(-0.0046)\end{aligned}$$

可以认为满足。再验算其他正交性要求，也满足，兹不赘述。

12.8 多自由度体系在简谐荷载作用下的强迫振动

现在研究多自由度体系在简谐荷载作用下的强迫振动问题。仍以各质量的位移为对象进行计算，采用直接解法。首先研究两个自由度体系的强迫振动，然后再类推到多自由度体系。

12.8.1 两个自由度体系的强迫振动

(1) 刚度法

设两个自由度的体系如图 12-57 所示，质点 m_1、m_2 分别受到简谐荷载 $P_1(t)=P_1\sin\theta t$、$P_2(t)=P_2\sin\theta t$ 的作用，动力平衡方程为

$$\left.\begin{aligned}m_1\ddot{y}_1(t)+k_{11}y_1(t)+k_{12}y_2(t)=P_1\sin\theta t\\ m_2\ddot{y}_2(t)+k_{21}y_1(t)+k_{22}y_2(t)=P_2\sin\theta t\end{aligned}\right\}\tag{12-130}$$

与自由振动的方程相比，现在多了荷载项 $P_1(t)$和 $P_2(t)$。

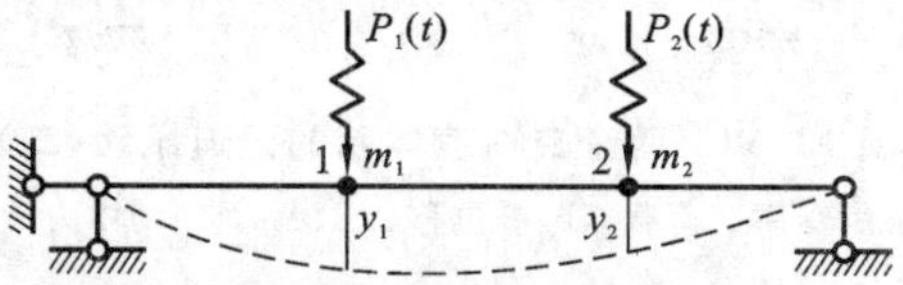

图12-57 两个自由度体系的强迫振动(一)

体系在简谐荷载作用下，达到平稳振动阶段，则质点 m_1、m_2 也做简谐振动

$$\left.\begin{aligned}y_1(t)=Y(1)\sin\theta t\\ y_2(t)=Y(2)\sin\theta t\end{aligned}\right\}$$

将上两式代入式(12-130)，消去公因子 $\sin\theta t$ 并整理，得

$$\left.\begin{aligned}(k_{11}-\theta^2 m_1)Y(1)+k_{12}Y(2)=P_1\\ k_{21}Y(1)+(k_{22}-\theta^2 m_2)Y(2)=P_2\end{aligned}\right\}$$

上式称为质点位移的幅值方程。由此可解得质点位移的幅值为

$$Y(1)=\frac{D_1}{D_0},\quad Y(2)=\frac{D_2}{D_0}\tag{12-131}$$

式中

$$\left.\begin{aligned}D_0&=(k_{11}-\theta^2 m_1)(k_{22}-\theta^2 m_2)-k_{12}k_{21}\\ D_1&=(k_{22}-\theta^2 m_2)P_1-k_{12}P_2\\ D_2&=(k_{11}-\theta^2 m_1)P_2-k_{21}P_1\end{aligned}\right\}\tag{12-132}$$

位移幅值求得后，即可得质点任意时刻 t 体系的稳态解答。

比较式(12-132)中的 D_0 与式(12-102a)中的行列式 D 可知，当荷载频率 θ 与体系任一自振频率 ω_1、ω_2 重合时有

$$D_0=0$$

当 D_1、D_2 不全为零时,位移幅值为无穷大,这时即出现共振现象。

(2) 柔度法

两个自由度的体系如图 12-58(a)所示,受到简谐荷载 $P(t)=P\sin\theta t$ 的作用。设以 Δ_{1P}、Δ_{2P} 分别代表由简谐荷载幅值 P 在 1 点和 2 点所产生的静位移[图 12-58(b)],则由惯性力和简谐荷载共同作用所引起的位移为:

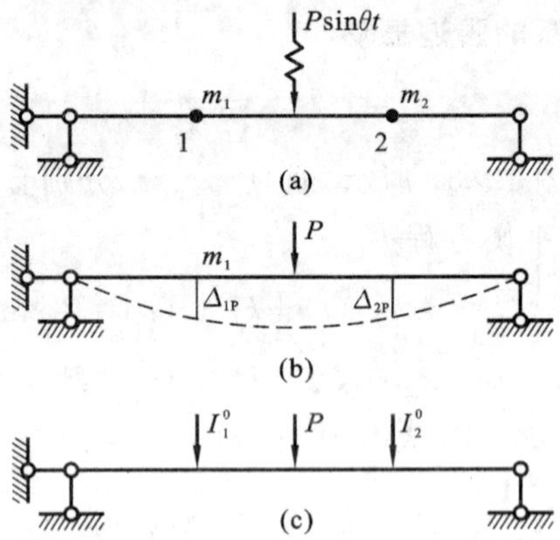

图 12-58 两个自由度体系的强迫振动(二)

(a)体系承受简谐荷载;(b)静位移 Δ_{1P}、Δ_{2P};(c)动内力计算模型

$$\left.\begin{aligned}y_1(t)&=-f_{11}m_1\ddot{y}_1(t)-f_{12}m_2\ddot{y}_2(t)+\Delta_{1P}\sin\theta t\\y_2(t)&=-f_{21}m_1\ddot{y}_1(t)-f_{22}m_2\ddot{y}_2(t)+\Delta_{2P}\sin\theta t\end{aligned}\right\}$$

或

$$\left.\begin{aligned}f_{11}m_1\ddot{y}_1(t)+f_{12}m_2\ddot{y}_2(t)+y_1(t)&=\Delta_{1P}\sin\theta t\\f_{21}m_1\ddot{y}_1(t)+f_{22}m_2\ddot{y}_2(t)+y_2(t)&=\Delta_{2P}\sin\theta t\end{aligned}\right\}\tag{12-133}$$

达到平稳振动阶段,则质点 m_1、m_2 按频率 θ 做简谐振动,即

$$\left.\begin{aligned}y_1(t)&=Y(1)\sin\theta t\\y_2(t)&=Y(2)\sin\theta t\end{aligned}\right\}$$

将上式代入式(12-133),消去公因子 $\sin\theta t$ 并整理,得

$$\left.\begin{aligned}(f_{11}m_1\theta^2-1)Y(1)+f_{12}m_2\theta^2Y(2)&=-\Delta_{1P}\\f_{21}m_1\theta^2Y(1)+(f_{22}m_2\theta^2-1)Y(2)&=-\Delta_{2P}\end{aligned}\right\}\tag{12-134}$$

解上式得

$$Y(1)=\frac{D_1}{D_0}\qquad Y(2)=\frac{D_2}{D_0}\tag{12-135}$$

式中

$$\left.\begin{aligned}D_0&=(f_{11}m_1\theta^2-1)(f_{22}m_2\theta^2-1)-f_{12}f_{21}m_1m_2\theta^4\\D_1&=(1-f_{22}m_2\theta^2)\Delta_{1P}+f_{12}m_2\theta^2\Delta_{2P}\\D_2&=f_{21}m_1\theta^2\Delta_{1P}+(1-f_{11}m_1\theta^2)\Delta_{2P}\end{aligned}\right\}\tag{12-136}$$

质点位移的幅值求出后即可计算体系的动内力幅值。

体系的动内力在振幅位置达到最大值，与此同时，干扰力和惯性力也达到最大值。因此可得

$$\left.\begin{aligned}Y(1)&=f_{11}m_1\theta^2Y(1)+f_{12}m_2\theta^2Y(2)+\Delta_{1P}\\Y(2)&=f_{21}m_1\theta^2Y(1)+f_{22}m_2\theta^2Y(2)+\Delta_{2P}\end{aligned}\right\}\tag{12-137}$$

在实际计算中，先求出惯性力的幅值，然后再计算位移的幅值。为此，设以 I_1^0 和 I_2^0 分别代表两个惯性力的幅值，则

$$\left.\begin{aligned}I_1^0&=m_1\theta^2Y(1)\\I_2^0&=m_2\theta^2Y(2)\end{aligned}\right\}\tag{12-138}$$

将式(12-138)代入式(12-137)并稍加变化，可写成：

$$\left.\begin{aligned}\left(f_{11}-\frac{1}{m_1\theta^2}\right)I_1^0+f_{12}I_2^0+\Delta_{1P}=0\\f_{21}I_1^0+\left(f_{22}-\frac{1}{m_2\theta^2}\right)I_2^0+\Delta_{2P}=0\end{aligned}\right\}\tag{12-139}$$

由式(12-139)解出 I_1^0 和 I_2^0 后再代入式(12-138)即可求得 $Y(1)$和 $Y(2)$。

再由式(12-139)求出惯性力幅值 I_1^0 和 I_2^0 后，和干扰力幅值 P 一起加到体系上，按静力方法计算即可得内力幅值[图 12-58(c)]。显然，在与静内力叠加时应考虑动内力有正负号的变化。

12.8.2 多自由度体系的强迫振动

图 12-59(a)所示无重量简支梁上有 n 个集中质量，并承受 k 个简谐周期荷载作用。按柔度法建立的振动微分方程为

$$\left.\begin{aligned}f_{11}m_1\ddot{y}_1(t)+f_{12}m_2\ddot{y}_2(t)+\cdots+f_{1n}m_n\ddot{y}_n(t)+y_1(t)=\Delta_{1P}\sin\theta t\\f_{21}m_1\ddot{y}_1(t)+f_{22}m_2\ddot{y}_2(t)+\cdots+f_{2n}m_n\ddot{y}_n(t)+y_2(t)=\Delta_{2P}\sin\theta t\\\vdots\qquad\qquad\\f_{n1}m_1\ddot{y}_1(t)+f_{n2}m_2\ddot{y}_2(t)+\cdots+f_{nn}m_n\ddot{y}_n(t)+y_n(t)=\Delta_{nP}\sin\theta t\end{aligned}\right\}\tag{12-140a}$$

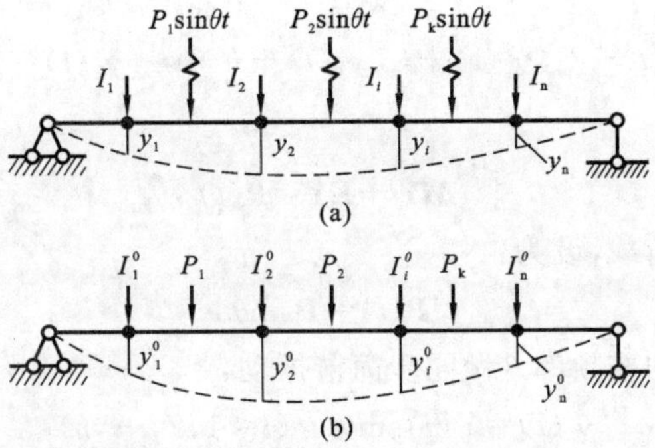

图 12-59 多自由度体系的强迫振动(一)

(a)简谐荷载作用的结构；(b)静力学计算

写成矩阵形式,为

$$\boldsymbol{FM\ddot{Y}}+\boldsymbol{Y}=\boldsymbol{\Delta}\sin\theta t \tag{12-140b}$$

式中 $\boldsymbol{\Delta}$——荷载幅值引起的静力位移列向量,$\boldsymbol{\Delta}=[\Delta_{1P} \quad \Delta_{2P} \quad \cdots \quad \Delta_{nP}]^{T}$。

在平稳阶段各质点均按干扰力的频率做同步简谐振动,亦即

$$y_i(t)=Y(i)\sin\theta t \quad (i=1,2,\cdots,n) \tag{12-141}$$

$Y(i)$为各质点的位移幅值。将式(12-141)代入式(12-140),消去公因子 $\sin\theta t$ 并整理,得

$$\left(\frac{1}{\theta^2}\boldsymbol{E}-\boldsymbol{FM}\right)\boldsymbol{Y}(i)=\frac{1}{\theta^2}\boldsymbol{\Delta} \tag{12-142}$$

式中 $\boldsymbol{E}$ 是单位矩阵。解此方程组即可求出各质点在纯受迫振动中的振幅 $Y(i)$,代入式(12-141)可得各质点的振动方程,从而可得各质点的惯性力为

$$I_i=m_i\theta^2Y(i)\sin\theta t \tag{12-143}$$

由式(12-141)、式(12-143)及干扰力的表达式可以看出,位移、惯性力及干扰力都将同时达到最大值。因此,在计算最大动位移和最大动内力时,可将惯性力和干扰力的最大值当作静力荷载作用在结构上[图 12-59(b)],然后按静力学的方法进行计算。

为了便于求惯性力的最大值,可直接利用惯性力幅值方程,为此,将式(12-142)改写为

$$\left(\frac{1}{\theta^2}\boldsymbol{M}^{-1}-\boldsymbol{F}\right)\boldsymbol{I}^0=\Delta \tag{12-144}$$

式中 $\boldsymbol{I}^0$——最大惯性力列向量,$\boldsymbol{I}^0=\theta^2\boldsymbol{MY}(i)$。

这样便可直接解得各惯性力幅值。

当 $\omega=\omega_k(k=1,2,\cdots,n)$,亦即干扰力的频率与任一个自振频率相等时,式(12-142)的系数行列式将等于零,因而振幅、惯性力及内力值均为无限大,结构出现共振现象。由此可见,对于 n 个自由度体系来说,在 n 种情况下($k=1,2,\cdots,n$)都可能出现共振现象。

上述是按柔度法求解,下面给出按刚度法求解的有关公式。对于图 12-60 所示 n 个自由度体系,当各干扰力都作用在质点上时,在简谐荷载作用下的强迫振动微分方程为

$$\left.\begin{aligned}
m_1\ddot{y}_1(t)+k_{11}y_1(t)+k_{12}y_2(t)+\cdots+k_{1n}y_n(t)&=P_1(t)\\
m_2\ddot{y}_2(t)+k_{21}y_1(t)+k_{22}\ddot{y}_2(t)+\cdots+k_{2n}y_n(t)&=P_2(t)\\
&\vdots\\
m_n\ddot{y}_n(t)+k_{n1}y_1(t)+k_{n2}y_2(t)+\cdots+k_{nn}y_n(t)&=P_n(t)
\end{aligned}\right\} \tag{12-145a}$$

写成矩阵形式为:

$$\boldsymbol{M\ddot{Y}}+\boldsymbol{KY}=\boldsymbol{P}(t) \tag{12-145b}$$

如所受荷载为同步简谐荷载,设为:

$$\boldsymbol{P}(t)=\boldsymbol{P}\sin\theta t$$

则在平稳阶段各质点亦均按频率 θ 做同步简谐振动:

$$y_i(t)=Y(i)\sin\theta t \quad (i=1,2,\cdots,n)$$

将以上两式代入式(12-145),消去公因子 $\sin\theta t$ 并整理,得

$$(\boldsymbol{K}-\theta^2\boldsymbol{M})\boldsymbol{Y}(i)=\boldsymbol{P} \tag{12-146}$$

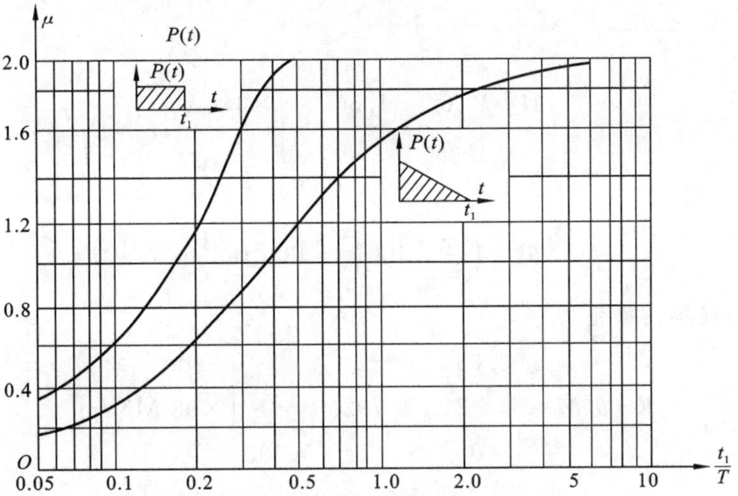

图 12-60　多自由度体系的强迫振动(二)

解方程组即可求出各质点的振幅,从而可得各质点的惯性力的最大值,即

$$\boldsymbol{I}^0=\theta^2\boldsymbol{MY}(i)$$

利用惯性力幅值方程可直接解得各惯性力幅值,为此,可将式(12-146)改写为

$$(\boldsymbol{KM}^{-1}-\theta^2\boldsymbol{E})\boldsymbol{I}^0=\theta^2\boldsymbol{P} \tag{12-147}$$

【例 12-17】　图 12-61(a)所示一个三层刚架,各楼层质量(包括柱子质量)分别为 $m_1=315$ t、$m_2=270$ t 和 $m_3=180$ t。各层的层间相对侧移刚度分别为 $K_1=245$ MN/m、$K_2=196$ MN/m 和 $K_3=98$ MN/m。在第二层横梁承受水平干扰力 $P(t)=100\sin\theta t$ kN 作用,每分钟振动 200 次。试求各层横梁的振幅和立柱的剪力值。

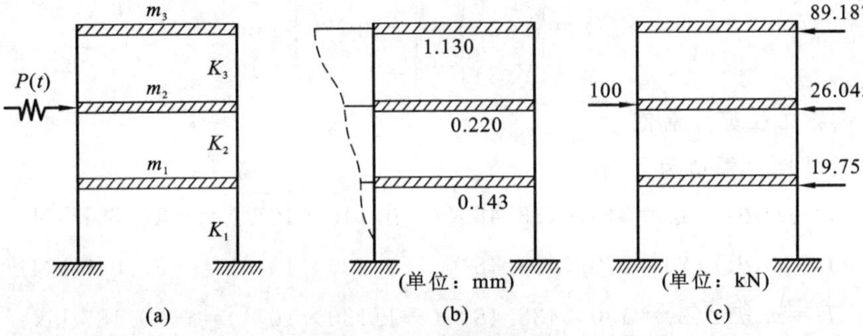

图 12-61　三层刚架的振动

(a)干扰力作用的三层刚架;(b)横梁的振幅;(c)静力法计算剪力

【解】　(1) 求刚度矩阵、质量矩阵和干扰力频率

刚度矩阵为

$$\boldsymbol{K}=\begin{bmatrix}4.5 & -2 & 0\\ -2 & 3 & -1\\ 0 & -1 & 1\end{bmatrix}\times 98\ \text{MN/m}$$

质量矩阵为

$$\boldsymbol{M}=\begin{bmatrix}1.75 & 0 & 0\\ 0 & 1.50 & 0\\ 0 & 0 & 1\end{bmatrix}\times 180\ \text{t}$$

干扰力频率为

$$\theta^2=\left(\frac{2\pi}{60}\times 200\right)^2=438.48\ \frac{1}{\text{s}^2}$$

(2) 求各层横梁的振幅

$$\boldsymbol{K}-\theta^2\boldsymbol{M}=\begin{bmatrix}3.091 & -2 & 0\\ -2 & 1.792 & -1\\ 0 & -1 & 0.195\end{bmatrix}\times 98\ \text{MN/m}$$

所以

$$(\boldsymbol{K}-\theta^2\boldsymbol{M})^{-1}=\begin{bmatrix}0.233 & -0.140 & 0.717\\ -0.140 & -0.216 & -1.107\\ -0.717 & -1.107 & -0.551\end{bmatrix}\times\frac{1}{98}\ \text{m/(MN)} \tag{12-148}$$

荷载幅值列相量为

$$\boldsymbol{P}=[0\quad 100\quad 0]^{\text{T}}\ \text{kN} \tag{12-149}$$

由式(12-146)得

$$\boldsymbol{Y}(i)=(\boldsymbol{K}-\theta^2\boldsymbol{M})^{-1}\boldsymbol{P}$$

将式(12-148)及式(12-149)代入上式,经计算得各层振幅为

$$\boldsymbol{Y}(i)=\begin{Bmatrix}Y(1)\\ Y(2)\\ Y(3)\end{Bmatrix}=\begin{Bmatrix}-0.143\\ -0.220\\ -1.130\end{Bmatrix}\text{mm}$$

(3) 求各层立柱剪力幅值

各层横梁惯性力幅值为

$$I_1=m_1\theta^2Y(1)=315\times 438.48\times(-0.143\times 10^{-3})=-19.751\ \text{kN}$$

$$I_2=m_2\theta^2Y(2)=270\times 438.48\times(-0.220\times 10^{-3})=-26.045\ \text{kN}$$

$$I_3=m_3\theta^2Y(3)=180\times 438.48\times(-1.130\times 10^{-3})=-89.187\ \text{kN}$$

负号表示干扰力向右达到幅值时,惯性力向左达到幅值。

将惯性力幅值和干扰力幅值一起加到结构上[图 12-61(c)],按静力学方法计算可得各层总剪力幅值为

$$Q_1=-34.983\ \text{kN},\quad Q_2=-15.232\ \text{kN},\quad Q_3=-89.187\ \text{kN}$$

以上各层总剪力的一半即为该层单根立柱的剪力幅值。

12.9 振型叠加法计算多自由度体系的强迫振动

在动力荷载作用下，具有 n 个自由度体系的振动微分方程

$$\boldsymbol{M}\ddot{\boldsymbol{Y}}+\boldsymbol{K}\boldsymbol{Y}=\boldsymbol{P}(t)$$

是以各质点的位移 y_1、y_2、…、y_n 为对象来求解的。每个振动微分方程中都包含所有未知的质点位移，这是包含 n 个方程的一组联立方程，因此必须联立求解。在特殊情况下，如果 $\boldsymbol{M}$ 和 $\boldsymbol{K}$ 都是对角矩阵，则方程组式(12-145b)就是 n 个独立的方程，每个方程只含有一个未知量。这时求解的工作非常简易。

12.9.1 坐标变换

在通常情况下，$\boldsymbol{M}$ 和 $\boldsymbol{K}$ 并不都是对角矩阵，这时，方程组式(12-145b)中的 n 个方程是耦合的。当 n 较大时，求解联立方程的工作非常繁重。为了使计算得到简化，引入正则坐标，利用正则坐标变换，使方程组由耦合变为不耦合。也就是说，把一个 n 元联立方程组简化为 n 个独立的一元方程，把一个具有 n 个自由度的体系简化为 n 个独立的单自由度体系，从而使计算工作大为简化。

具有 n 个自由度的体系有着与 n 个固有频率相对应的 n 个主振型，而且各主振型之间存在着正交关系。也就是 n 个主振型是相互独立的，不存在耦合关系。可以用结构的 n 个主振型为基底，把质点的位移表示为基底的线性组合，即

$$\boldsymbol{Y}=v_1\boldsymbol{\Phi}_1(i)+v_2\boldsymbol{\Phi}_2(i)+\cdots+v_n\boldsymbol{\Phi}_n(i) \tag{12-150}$$

式中 $\boldsymbol{Y}=[y_1\quad y_2\quad \cdots\quad y_n]^T$ 是质点的位移列向量，叫作几何坐标。$\boldsymbol{\Phi}_k(i)$ 为标准化主振型列向量。v_1、v_2、…、v_n 是与几何坐标数目相同的另一组新坐标，叫作正则坐标。

应用式(12-150)对图 12-62 所示的 n 个自由度体系进行坐标变换，其变换关系式为

$$\left.\begin{array}{l} y_1=\Phi_1(1)v_1+\Phi_2(1)v_2+\cdots+\Phi_n(1)v_n \\ y_1=\Phi_1(2)v_1+\Phi_2(2)v_2+\cdots+\Phi_n(2)v_n \\ \quad\vdots \\ y_1=\Phi_1(n)v_1+\Phi_2(n)v_2+\cdots+\Phi_n(n)v_n \end{array}\right\} \tag{12-151a}$$

简写成矩阵形式为

$$\boldsymbol{Y}=\boldsymbol{\Phi}\cdot\boldsymbol{V} \tag{12-151b}$$

式中

$$\boldsymbol{\Phi}=[\Phi_1(i)\quad \Phi_2(i)\quad \cdots\quad \Phi_n(i)]$$

称为标准化主振型矩阵，它是以各标准化主振型向量作为列向量构成的矩阵，它就是几何坐标和正则坐标之间的转换矩阵。

式(12-151b)表明：体系的位移可看作是由各固有振型分别乘以相应的组合系数 v_1、v_2、…、v_n 后叠加而成(图 12-62)，其中 v_1、v_2、…、v_n 都是时间 t 的函数。换句话说，这种坐标变换的方法是将实际位移按主振型进行了分解，故称为主振型分解法，或主振型叠加法，或正则坐标分析法。

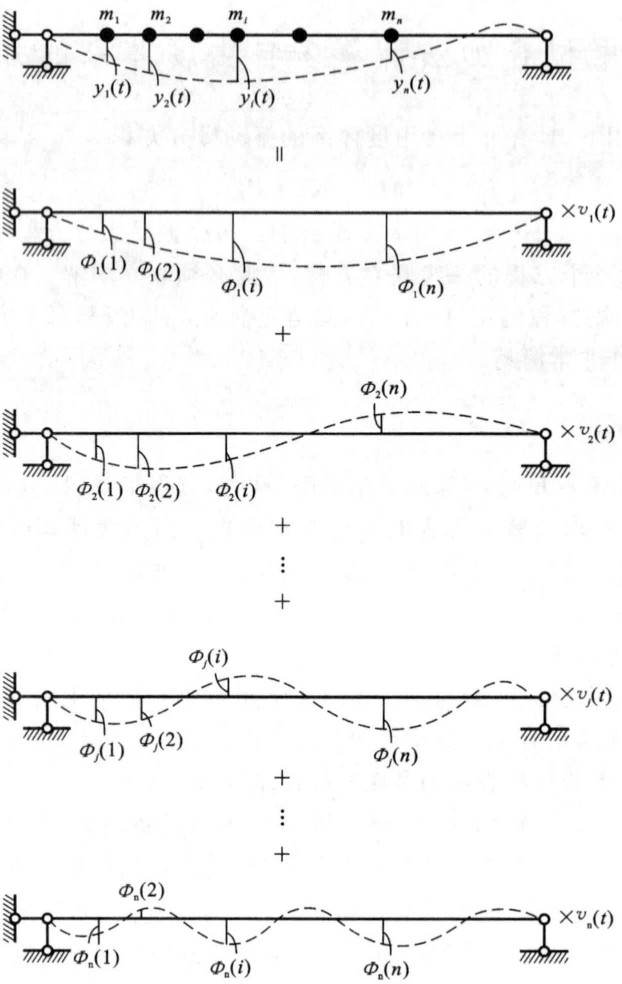

图 12-62 多自由度体系的坐标变换

12.9.2 按振型叠加法计算强迫振动

将式(12-151b)及其导数 $\ddot{\boldsymbol{Y}}=\boldsymbol{\Phi}\cdot\ddot{\boldsymbol{V}}$ 代入式(12-145b),得

$$\boldsymbol{M\Phi}\cdot\ddot{\boldsymbol{V}}+\boldsymbol{K\Phi}\cdot\boldsymbol{V}=\boldsymbol{P}(t)$$

以第 k 个标准化振型向量 $\boldsymbol{\Phi}_k$ 的转置矩阵 $\boldsymbol{\Phi}_k^{\mathrm{T}}$ 前乘上式的两边,得

$$\boldsymbol{\Phi}_k^{\mathrm{T}}\boldsymbol{M\Phi}\cdot\ddot{\boldsymbol{V}}+\boldsymbol{\Phi}_k^{\mathrm{T}}\boldsymbol{K\Phi}\cdot\boldsymbol{V}=\boldsymbol{\Phi}_k^{\mathrm{T}}\boldsymbol{P}(t) \tag{12-152}$$

上式左边两项可改写为

$$\boldsymbol{\Phi}_k^{\mathrm{T}}\boldsymbol{M\Phi}\cdot\ddot{\boldsymbol{V}}=\boldsymbol{\Phi}_k^{\mathrm{T}}\boldsymbol{M\Phi}_1\ddot{v}_1+\boldsymbol{\Phi}_k^{\mathrm{T}}\boldsymbol{M\Phi}_2\ddot{v}_2+\cdots+\boldsymbol{\Phi}_k^{\mathrm{T}}\boldsymbol{M\Phi}_k\ddot{v}_k+\cdots+\boldsymbol{\Phi}_k^{\mathrm{T}}\boldsymbol{M\Phi}_n\ddot{v}_n$$

$$\boldsymbol{\Phi}_k^{\mathrm{T}}\boldsymbol{K\Phi}\cdot\boldsymbol{V}=\boldsymbol{\Phi}_k^{\mathrm{T}}\boldsymbol{K\Phi}_1v_1+\boldsymbol{\Phi}_k^{\mathrm{T}}\boldsymbol{K\Phi}_2v_2+\cdots+\boldsymbol{\Phi}_k^{\mathrm{T}}\boldsymbol{K\Phi}_kv_k+\cdots+\boldsymbol{\Phi}_k^{\mathrm{T}}\boldsymbol{K\Phi}_nv_n$$

根据式(12-128b)和式(12-129)所示的正交条件可知,上式右边除第 k 项外,其余各项都为零。因此,式(12-152)可改写为

$$\boldsymbol{\Phi}_k^{\mathrm{T}}\boldsymbol{M\Phi}_k\ddot{v}_k+\boldsymbol{\Phi}_k^{\mathrm{T}}\boldsymbol{K\Phi}_kv_k=\boldsymbol{\Phi}_k^{\mathrm{T}}\boldsymbol{P}(t) \tag{12-153}$$

引入以下符号：

$$M_k^* = \boldsymbol{\Phi}_k^T \boldsymbol{M} \boldsymbol{\Phi}_k \tag{12-154a}$$

$$K_k^* = \boldsymbol{\Phi}_k^T \boldsymbol{K} \boldsymbol{\Phi}_k \tag{12-154b}$$

$$P_k^*(t) = \boldsymbol{\Phi}_k^T \boldsymbol{P}(t) \tag{12-154c}$$

它们分别称为与第 k 个主振型对应的正则坐标系的广义质量、广义刚度和广义荷载。这样式(12-153)可改写为

$$M_k^* \ddot{v}_k + K_k^* v_k = P_k^*(t) \quad (k=1,2,\cdots,n) \tag{12-155}$$

至此，方程组式(12-145b)已解除耦联，而成为 n 个独立的方程。

将 $(\boldsymbol{K}-\omega^2\boldsymbol{M})\boldsymbol{Y}(i)=\boldsymbol{0}$[式(12-107b)]对应于频率 ω_k 用标准化振型表示，改写为

$$\boldsymbol{K\Phi}_k = \omega_k^2 \boldsymbol{M\Phi}_k$$

上式两边前乘 Φ_k^T，并换用式(12-154a)和(12-154b)所示的符号，得

$$K_k^* = \omega_k^2 M_k^*$$

由此得

$$\omega_k = \sqrt{\frac{K_k^*}{M_k^*}} \quad (k=1,2,\cdots,n) \tag{12-156}$$

这就是根据广义刚度 K_k^* 和广义质量 M_k^* 来求频率 ω_k 的公式。它与单自由度体系的频率公式式(12-17)具有相似的形式。

式(12-155)的两边除以 M_k^*，再考虑到式(12-156)，得

$$\ddot{v}_k(t) + \omega_k^2 v_k(t) = \frac{1}{M_k^*} P_k^*(t) \quad (k=1,2,\cdots,n) \tag{12-157}$$

这就是关于正则坐标 $v_k(t)$的运动方程。依次取 $k=1,2,\cdots,n$，即得 n 个独立微分方程，每个方程只包含一个正则坐标。式(12-157)与单自由度体系的强迫振动方程式(12-36)略去阻尼时的形式非常相似。由此可见，利用正则坐标，就把 n 个自由度体系的计算问题简化为 n 个单自由度体系的计算问题。

方程式(12-157)的解答可参照式(12-54)的杜哈梅积分写出。在初位移和初速度为零的条件下，其解为

$$v_k(t) = \frac{1}{M_k^* \omega_k} \int_0^t P_k^*(\tau) \sin\omega_k (t-\tau) \mathrm{d}\tau \tag{12-158}$$

如果初位移和初速度给定为：

$$\boldsymbol{Y}(t=0) = \boldsymbol{Y}^0, \quad \dot{\boldsymbol{Y}}(t=0) = \dot{\boldsymbol{Y}}^0$$

则在正则坐标中对应的初始值 $v_k(0)$和 $\dot{v}_k(0)$可根据式(12-151b)来求。用 $\boldsymbol{\Phi}_k^T\boldsymbol{M}$ 前乘式(12-151b)，并根据主振型的正交性和广义质量的定义，可得

$$\begin{aligned}\boldsymbol{\Phi}_k^T \boldsymbol{MY} &= \boldsymbol{\Phi}_k^T \boldsymbol{M\Phi} \cdot \boldsymbol{V} \\ &= \boldsymbol{\Phi}_k^T \boldsymbol{M} [\boldsymbol{\Phi}_1 \quad \boldsymbol{\Phi}_2 \quad \cdots \quad \boldsymbol{\Phi}_k \quad \cdots \quad \Phi_n] \boldsymbol{V} = \boldsymbol{\Phi}_k^T \boldsymbol{M\Phi}_k v_k = M_k^* v_k\end{aligned}$$

从而得

$$v_k(t) = \frac{\boldsymbol{\Phi}_k^T \boldsymbol{MY}(t)}{M_k^*}, \quad \dot{v}_k(t) = \frac{\boldsymbol{\Phi}_k^T \boldsymbol{M}\dot{\boldsymbol{Y}}(t)}{M_k^*}$$

因此,得

$$v_{\mathrm{k}}(0)=\frac{\boldsymbol{\Phi}_{\mathrm{k}}^{\mathrm{T}}\boldsymbol{M}\boldsymbol{Y}^{0}}{M_{\mathrm{k}}^{*}},\quad \dot{v}_{\mathrm{k}}(0)=\frac{\boldsymbol{\Phi}_{\mathrm{k}}^{\mathrm{T}}\boldsymbol{M}\dot{\boldsymbol{Y}}^{0}}{M_{\mathrm{k}}^{*}} \tag{12-159}$$

而式(12-157)的解为

$$v_{\mathrm{k}}(t)=v_{\mathrm{k}}(0)\cos\omega_{\mathrm{k}}t+\frac{\dot{v}_{\mathrm{k}}(0)}{\omega_{\mathrm{k}}}\sin\omega_{\mathrm{k}}t+\frac{1}{M_{\mathrm{k}}^{*}\omega_{\mathrm{k}}}\int_{0}^{t}P_{\mathrm{k}}^{*}(\tau)\sin\omega_{\mathrm{k}}(t-\tau)\mathrm{d}\tau \tag{12-160}$$

求得了各正则坐标 v_1、v_2、…、v_n 的解答之后,再代入式(12-150)或式(12-151b)即可得各几何坐标 y_1、y_2、…、y_n 的解。这也就是将各主振型向量分别乘以系数 v_1、v_2、…、v_n,再进行叠加而得到各质点的总位移。

按振型叠加法计算动力反应的步骤归纳如下:

① 根据计算简图计算各刚度系数,形成刚度矩阵和质量矩阵。

② 利用频率方程式(12-108)或式(12-122)计算频率。

③ 根据所得各频率 ω_{k},由式(12-110)计算各标准化主振型向量 $\boldsymbol{\Phi}_{\mathrm{k}}(k=1,2,\cdots,n)$,再形成主振型矩阵

$$\boldsymbol{\Phi}=[\Phi_1(i)\quad \Phi_2(i)\quad \cdots\quad \Phi_n(i)]$$

④ 利用式(12-154)计算广义质量和广义荷载。

⑤ 建立基本微分方程式(12-157)并求解。

⑥ 解得各正则坐标 v_{k} 后,应用坐标变换关系式(12-151)计算位移。

⑦ 求出位移后,再计算其他动力反应。

需要指出,在一般荷载作用下,任一时刻的动力位移曲线主要是由前几个振型所组成,而高振型的影响则较小。因此,在实际计算时,可以根据所需要的精度计算到某个振型为止,更高振型则不考虑。

【例 12-18】 图示 12-63(a)所示简支梁,质点 m_1 承受振动荷载 $P(t)=P\sin\theta t$ 作用,已知 $\theta=0.6\omega_1$,$m_1=m_2=m$,$EI=$常数。试求结构的最大动位移图和动内力图。

【解】 (1) 柔度系数

$$f_{11}=f_{22}=\frac{8l^3}{486EI},\quad f_{12}=f_{21}=\frac{7l^3}{486EI}$$

(2) 自振频率

$$\omega_1=5.692\sqrt{\frac{EI}{ml^3}},\quad \omega_2=22.045\sqrt{\frac{EI}{ml^3}}$$

(3) 振型矩阵

$$\boldsymbol{\Phi}=[\boldsymbol{\Phi}_1\quad \boldsymbol{\Phi}_2]=\begin{bmatrix}\Phi_1(1) & \Phi_2(1)\\ \Phi_1(2) & \Phi_2(2)\end{bmatrix}=\begin{bmatrix}1 & 1\\ 1 & -1\end{bmatrix}$$

(4) 计算 v_1

由式(12-154),得

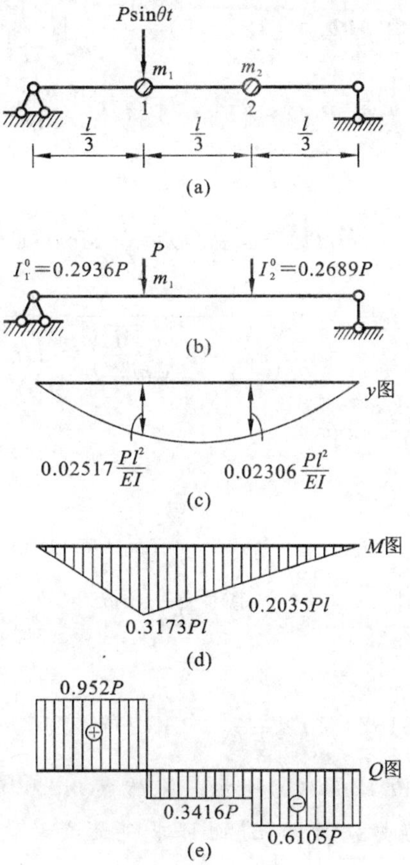

图 12-63 振型叠加法计算简支梁

(a)振动荷载作用的简支梁；(b)简化图；(c)动位移图；(d)动弯矩图；(e)动剪力图

$$M_1^* = \boldsymbol{\Phi}_1^{\mathrm{T}} \boldsymbol{M} \boldsymbol{\Phi}_1 = [1 \quad 1] \begin{bmatrix} m & 0 \\ 0 & m \end{bmatrix} \begin{Bmatrix} 1 \\ 1 \end{Bmatrix} = 2m$$

$$P_1^*(t) = \boldsymbol{\Phi}_1^{\mathrm{T}} \boldsymbol{P}(t) = [1 \quad 1] \begin{Bmatrix} P\sin\theta t \\ 0 \end{Bmatrix} = P\sin\theta t$$

由式(12-157)得关于正则坐标 $v_1(t)$ 的运动方程为

$$\ddot{v}_1(t) + \omega_1^2 v_1(t) = \frac{P}{2m}\sin\theta t$$

可利用第 12.3 节中在简谐荷载作用下的纯强迫振动解式(12-40)得：

$$v_1(t) = \frac{P}{2m(\omega_1^2 - \theta^2)}\sin\theta t = \frac{P}{2m} \cdot \frac{1}{(1-0.6^2)\left(5.692\sqrt{\dfrac{EI}{ml^3}}\right)^2}\sin\theta t$$

$$= 2.4113 \times 10^{-2}\frac{Pl^3}{EI}\sin\theta t$$

(5) 计算 v_2

由式(12-154a)和式(12-154c)，得

$$M_2^* = \boldsymbol{\Phi}_2^{\mathrm{T}} \boldsymbol{M} \boldsymbol{\Phi}_2 = [1 \quad -1] \begin{bmatrix} m & 0 \\ 0 & m \end{bmatrix} \begin{Bmatrix} 1 \\ -1 \end{Bmatrix} = 2m$$

$$P_2^*(t) = \boldsymbol{\Phi}_2^{\mathrm{T}} \boldsymbol{P}(t) = [1 \quad -1] \begin{Bmatrix} P\sin\theta t \\ 0 \end{Bmatrix} = P\sin\theta t$$

由式(12-157)得关于正则坐标 $v_1(t)$ 的运动方程为

$$\ddot{v}_2(t) + \omega_2^2 v_2(t) = \frac{P}{2m}\sin\theta t$$

$$v_2(t) = \frac{P}{2m(\omega_2^2 - \theta^2)}\sin\theta t = \frac{P}{2m} \cdot \frac{1}{\left(22.045\sqrt{\frac{EI}{ml^3}}\right)^2 - \left(0.6 \times 5.692\sqrt{\frac{EI}{ml^3}}\right)^2}\sin\theta t$$

$$= 0.1054 \times 10^{-2}\frac{Pl^3}{EI}\sin\theta t$$

(6) 计算 $\boldsymbol{Y}(t)$

由式(12-151),得

$$\begin{Bmatrix} y_1(t) \\ y_2(t) \end{Bmatrix} = \begin{bmatrix} 1 & 1 \\ 1 & -1 \end{bmatrix} \begin{Bmatrix} 2.4113 \\ 0.1054 \end{Bmatrix} \times 10^{-2}\frac{Pl^3}{EI}\sin\theta t = \begin{Bmatrix} 2.5167 \\ 2.3059 \end{Bmatrix} \times 10^{-2}\frac{Pl^3}{EI}\sin\theta t$$

位移幅值分别为

$$Y(1) = 2.5167 \times 10^{-2}\frac{Pl^3}{EI} \qquad Y(2) = 2.3059 \times 10^{-2}\frac{Pl^3}{EI}$$

结构的最大动位移图如图 12-63(b)所示。将质点 m_1 和 m_2 的惯性力的幅值和荷载的幅值共同作用在结构上,按静力法计算,进而可求得最大动内力图[图 12-63(c)、图 12-63(d)]所示。

12.10 无限自由度体系的振动

任何实际结构其质量都是连续分布的,严格说来,属于无限自由度体系。分析无限自由度体系的振动时,得到体系的运动方程是偏微分方程。对较复杂的情况,要求全部频率和振型的精确解很困难。为了解决实际问题,可以采用不同的简化方法,将其简化为单自由度或多自由度体系进行计算,以得出近似结果。而对于某些特殊形状的弹性结构直接按无限自由度体系进行分析计算更为方便,可以得出较为精确的结果。

本节通过一些简单的问题来介绍基本概念,并主要考虑等截面直杆的情况。

12.10.1 梁的弯曲振动基本方程

如图 12-64(a)所示为一具有均布质量的单跨梁,受一般分布荷载 $P(x,t)$ 的作用,梁在单位长度内的质量分布为 m,弯曲刚度为 EI。梁在振动时保持连续,其弹性曲线上任意一点的位移既是时间 t 的函数,也是 x 的连续函数,故梁的横向位移以 $y(x,t)$ 表示。相应的任意截面的内力也是 x、t 的函数。

自梁内截取一微段 $\mathrm{d}x$ 作为隔离体,在微段上作用有剪力 $Q(x,t)$、弯矩 $M(x,t)$、分布荷

载 $p(x,t)$ 和惯性力 $-\overline{m}\mathrm{d}x\ \dfrac{\partial^2 y}{\partial t^2}$[图 12-64(b)]。图 12.64(b)中所有力均按正方向表示。由动力平衡条件，略去高阶微量得

$$\frac{\partial Q}{\partial x}-\overline{m}\ \frac{\partial^2 y}{\partial t^2}+P(x,t)=0 \qquad (12\text{-}161\text{a})$$

$$\frac{\partial M}{\partial x}=Q \qquad (12\text{-}161\text{b})$$

将式(12-161b)代入式(12-161a)，得

$$\frac{\partial^2 M}{\partial x^2}-\overline{m}\ \frac{\partial^2 y}{\partial t^2}+P(x,t)=0 \qquad (12\text{-}161\text{c})$$

由材料力学知识可知梁的挠曲方程(略去剪力变形影响)为

$$M=-EI\ \frac{\partial^2 y}{\partial x^2} \qquad (12\text{-}161\text{d})$$

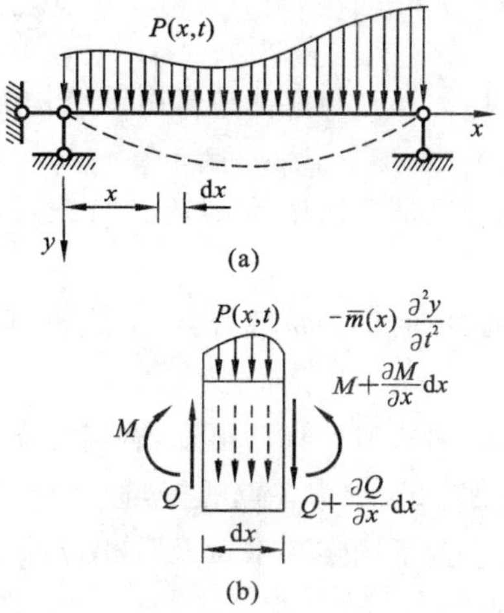

图 12-64 质量连续分布的单跨梁

(a)结构简图；(b)微段隔离体

将式(12-161d)代入式(12-161c)，即得梁弯曲振动的基本方程

$$EI\ \frac{\partial^4 y}{\partial x^4}+\overline{m}\ \frac{\partial^2 y}{\partial t^2}=P(x,t) \qquad (12\text{-}162)$$

12.10.2 梁的自由振动

当梁没有受到荷载作用时，即 $P(x,t)=0$ 时，将产生自由振动，其方程为

$$EI\ \frac{\partial^4 y}{\partial x^4}+\overline{m}\ \frac{\partial^2 y}{\partial t^2}=0 \qquad (12\text{-}163)$$

偏微分方程式(12-163)可利用分离变量法求解。为此，设梁的位移 $y(x,t)$ 是两个函数的乘积，其中一个只是变量 x 的函数，另一个只是变量 t 的函数，即设

$$y(x,t)=Y(x)T(t) \qquad (12\text{-}164)$$

式(12-164)所表示的振动是一种单自由度的振动。即在不同时刻 t，弹性曲线的形状不变，只是幅度在变。这里 $Y(x)$ 表示弹性曲线的形状，$T(t)$ 表示位移幅度随时间变化的规律。将式(12-164)代入式(12-163)，得

$$EI\ \frac{\mathrm{d}^4 Y(x)}{\mathrm{d}x^4}T(t)+\overline{m}Y(x)\frac{\mathrm{d}^2 T(t)}{\mathrm{d}t^2}=0$$

或

$$\frac{EI\ \dfrac{\mathrm{d}^4 Y(x)}{\mathrm{d}x^4}}{\overline{m}Y(x)}=-\frac{\dfrac{\mathrm{d}^2 T(t)}{\mathrm{d}t^2}}{T(t)}$$

上式左边仅取决于变量 x，右边仅取决于变量 t，而 x 和 t 彼此独立，因此，为了维持恒等，只有左右两边等于同一个常数。设以 ω^2 代表这个常数，则上式可分解为两个独立的常微分方程：

$$\frac{\mathrm{d}^2 T(t)}{\mathrm{d}t^2}+\omega^2 T(t)=0 \qquad (12\text{-}165)$$

$$EI\frac{d^4Y(x)}{dx^4}-\omega^2\overline{m}Y(x)=0 \tag{12-166}$$

式(12-165)与前述单自由度结构无阻尼自由振动微分方程相同,故它的解为

$$T(t)=a\sin(\omega t+\varphi)$$

可见这是简谐振动,ω 为其自振圆频率。将它代回式(12-164),得

$$y(x,t)=aY(x)\sin(\omega t+\varphi)$$

将式中的待定常数合并,上式也可写成

$$y(x,t)=Y(x)\sin(\omega t+\varphi) \tag{12-167}$$

由式(12-167)可知,在特定条件下,梁上各点将按同一频率做简谐振动,ω 为其自振圆频率。$Y(x)$为各点的振幅。

为了确定频率 ω 及其相应的主振型曲线,可将式(12-166)改写为

$$EI\frac{d^4Y(x)}{dx^4}=\omega^2\overline{m}Y(x) \tag{12-168}$$

因此,$Y(x)$是在荷载 $\omega^2\overline{m}Y(x)$作用下的静力弹性曲线。这种弹性曲线的特点是它与荷载分布曲线成比例,在任意荷载作用下,这种相似性一般是不存在的,满足方程式(12-168)的函数在动力问题中就称为主振型。

引入符号

$$\lambda^4=\frac{\omega^2\overline{m}}{EI}\quad 或\quad \omega=\lambda^2\sqrt{\frac{EI}{\overline{m}}} \tag{12-169}$$

λ 称为频率特征值。于是式(12-166)可写为:

$$\frac{d^4Y(x)}{dx^4}-\lambda^4Y(x)=0$$

它的四个特解为:

$$B_1e^{\lambda x}、B_2e^{-\lambda x}、B_3e^{i\lambda x}、B_4e^{-i\lambda x}$$

将四个特解线性组合,并利用欧拉公式

$$\mathrm{ch}\lambda x=\frac{e^{\lambda x}+e^{-\lambda x}}{2},\quad \mathrm{sh}\lambda x=\frac{e^{\lambda x}-e^{-\lambda x}}{2}$$

$$\cos\lambda x=\frac{e^{i\lambda x}+e^{-i\lambda x}}{2},\quad \sin\lambda x=\frac{e^{i\lambda x}-e^{-i\lambda x}}{2}$$

得方程式式(12-166)的通解为

$$Y(x)=C_1\mathrm{ch}\lambda x+C_2\mathrm{sh}\lambda x+C_3\cos\lambda x+C_4\sin\lambda x \tag{12-170}$$

根据边界条件,可以写出包含待定常数 C_1、C_2、C_3 和 C_4 的四个齐次方程。为了求得非零解,应使方程的系数行列式为零,这便得到了求解 λ 值的频率方程或特征方程。求出 λ 值后即可按式(12-169)求得频率 ω。无限自由度体系的频率方程为一超越方程,其解答有无限多个根,因而有无限多个频率 $\omega_k(k=1,2,\cdots)$。但在实用中一般只需求出其最低的几个频率。对于每一个频率 ω_k,可以求出 C_1、C_2、C_3 和 C_4 的一组比值,于是便得到相应的主振型 $Y_k(x)$。

方程式式(12-166)的全解为各特解的线性组合,可表示为

$$y(x,t) = \sum_{k=1}^{\infty} a_k Y_k(x) \sin(\omega_k t + \varphi_k) \tag{12-171}$$

其中的待定常数 a_k、φ_k 由初始条件确定。

【例 12-19】 试求图 12-65(a)所示等截面简支梁的自振频率和主振型。

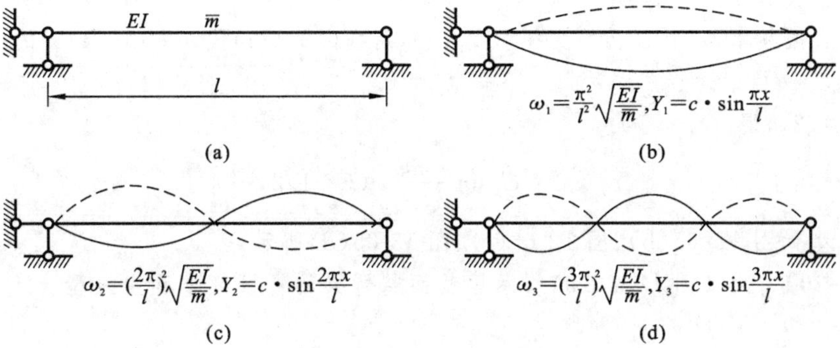

图 12-65 等截面简支梁

(a)等截面简支梁简图;(b)第一主振型;(c)第二主振型;(d)第三主振型

【解】 由左端的边界条件:

$$\begin{cases} Y(0)=0 \\ \dfrac{d^2Y(0)}{dx^2}=0 \end{cases}$$

得

$$\begin{cases} C_1+C_3=0 \\ C_1-C_3=0 \end{cases}$$

可解得 $C_1=C_3=0$。振幅曲线即为

$$Y(x)=C_2 \text{sh}\lambda x+C_4 \sin\lambda x \tag{12-172}$$

由右端的边界条件:

$$\begin{cases} Y(l)=0 \\ \dfrac{d^2Y(l)}{dx^2}=0 \end{cases}$$

得

$$\begin{cases} C_2 \text{sh}\lambda l+C_4 \sin\lambda l=0 \\ C_2 \text{sh}\lambda l-C_4 \sin\lambda l=0 \end{cases} \tag{12-173}$$

令此齐次方程组的系数行列式为零,得

$$\begin{vmatrix} \text{sh}\lambda l & \sin\lambda l \\ \text{sh}\lambda l & -\sin\lambda l \end{vmatrix}=0$$

即

$$\text{sh}\lambda l \sin\lambda l=0$$

其中 $\text{sh}\lambda l=0$ 的解,仍是零解,因为由此将导致 $\lambda=0$ 和 $Y(x)=0$。于是特征方程为

$$\sin\lambda l=0 \tag{12-174}$$

它有无限多个根:

$$\lambda_k=\frac{k\pi}{l} \quad (k=1,2,\cdots)$$

由此得

$$\omega_k=\frac{k^2\pi^2}{l^2}\sqrt{\frac{EI}{\overline{m}}} \quad (k=1,2,\cdots)$$

每一个自振频率 ω_k 有自己的主振型 $Y_k(x)$，将式(12-174)代入式(12-173)的任一式，得

$$C_2=0$$

代回式(12-172)，得

$$Y_k(x)=C_4\sin\frac{k\pi x}{l} \quad (k=1,2,\cdots)$$

前三个主振型如图 12-65(b)、图 12-65(c)、图 12-65(d)所示。

【例 12-20】 试求图 12-66(a)所示等截面悬臂梁的自振频率和主振型。

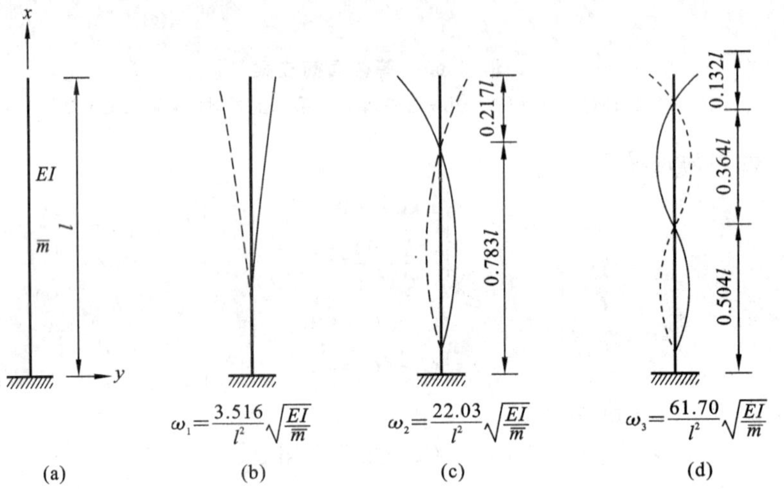

图 12-66 等截面悬臂梁

(a)等截面悬臂梁简图；(b)第一主振型；(c)第二主振型；(d)第三主振型

【解】 由固定端处的边界条件：

$$\begin{cases} Y(0)=0 \\ \dfrac{\mathrm{d}Y(0)}{\mathrm{d}x}=0 \end{cases}$$

得

$$\begin{cases} C_1+C_3=0 \\ C_2+C_4=0 \end{cases} \tag{12-175}$$

由自由端处的边界条件：

$$\begin{cases} \dfrac{\mathrm{d}^2Y(l)}{\mathrm{d}x^2}=0 \\ \dfrac{\mathrm{d}^3Y(l)}{\mathrm{d}x^3}=0 \end{cases}$$

得

$$\begin{cases} C_1 \text{ch}\lambda l + C_2 \text{sh}\lambda l - C_3 \cos\lambda l - C_4 \sin\lambda l = 0 \\ C_1 \text{sh}\lambda l + C_2 \text{ch}\lambda l + C_3 \sin\lambda l - C_4 \cos\lambda l = 0 \end{cases} \tag{12-176}$$

由式(12-175)和式(12-176)的四个方程消去 C_3、C_4 后即得：

$$\left.\begin{aligned} C_1(\text{ch}\lambda l + \cos\lambda l) + C_2(\text{sh}\lambda l + \sin\lambda l) = 0 \\ C_1(\text{sh}\lambda l - \sin\lambda l) + C_2(\text{ch}\lambda l + \cos\lambda l) = 0 \end{aligned}\right\} \tag{12-177}$$

令此齐次方程组的系数行列式为零，得

$$(\text{ch}\lambda l + \cos\lambda l)^2 - (\text{sh}\lambda l + \sin\lambda l)(\text{sh}\lambda l - \sin\lambda l) = 0$$

即

$$\text{ch}\lambda l \cdot \cos\lambda l + 1 = 0 \tag{12-178}$$

这是一个超越方程，用试算法可求得：

$$\lambda_1 l = 1.875,\quad \lambda_2 l = 4.694,\quad \lambda_3 l = 7.855$$

当 $k \geqslant 4$ 时，

$$\lambda_k l = \left(k - \frac{1}{2}\right)\pi$$

前三个频率为：

$$\omega_1 = \frac{3.516}{l^2}\sqrt{\frac{EI}{m}},\quad \omega_2 = \frac{22.03}{l^2}\sqrt{\frac{EI}{m}},\quad \omega_1 = \frac{61.70}{l^2}\sqrt{\frac{EI}{m}}$$

为了求相应的主振型，可将 $\lambda_k l$ 值代入式(12-177)中的任一式，即可求得 C_1 与 C_2 的比值，例如，代入第一式，得

$$C_1(\text{ch}\lambda_k l + \cos\lambda_k l) = -C_2(\text{sh}\lambda_k l + \sin\lambda_k l)$$

第 k 个主振型(包括一个任意常数)可写为：

$$Y_k(x) = C[\text{ch}\lambda_k x - \cos\lambda_k x - \mu_k(\text{sh}\lambda_k x - \sin\lambda_k x)]$$

式中

$$\mu_k = \frac{\text{ch}\lambda_k l + \cos\lambda_k l}{\text{sh}\lambda_k l + \sin\lambda_k l}(k = 1, 2, \cdots)$$

前三个主振型如图 12-66(b)、图 12-66(c)、图 12-66(d)所示。

12.11 频率的近似计算法

当体系为弹性体或是自由度数目很多时，采用精确方法计算体系自振频率的工作是很繁重的，甚至难于求解。而且很多的高阶自振频率的实际意义并不大，因为频率越高，则振动速度越大，因而介质的阻尼影响也越大，相应于高频率的振动形式也就愈不易出现。因此，常采用一些简单但又具有一定精确度的近似解法计算自振频率。这些方法对于计算基频和低频并满足工程上的需要是有效的。

12.11.1 静力等效集中质量法

这种方法的基本思路是将分布质量集中在若干点上，并根据静力等效原则，使集中后的重力与原来的重力互为静力等效，也就是使它们各自的合力彼此相等。例如，将杆件分为若

干段,将每段分布质量集中于其质心或按杠杆原理集中于其两端。经过这样的等效,原无限自由度体系转化为有限自由度体系,而计算也就得到简化。等效的集中质量数目越多计算精度也越高,计算工作量也越大。这种方法简便灵活,可用于求梁、拱、桁架、刚架等各类结构的最低频率或较高次频率,也可用于确定主振型。

【例 12-21】 如图 12-67 所示,试用静力等效集中质量法求具有分布质量 m 的简支梁的自振频率。

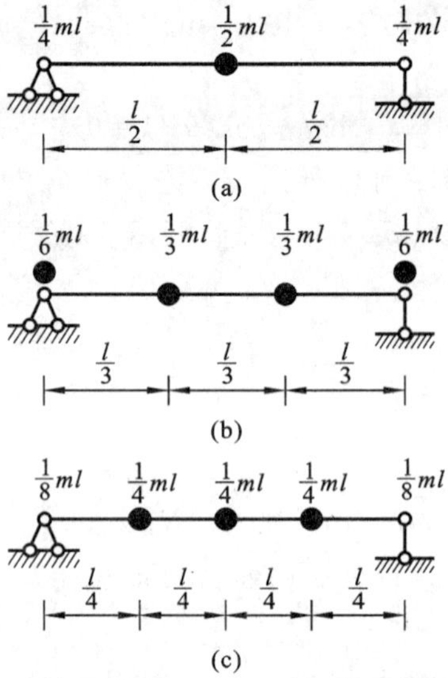

图 12-67 具有分布质量的简支梁

(a)求第一频率;(b)求前两个频率;(c)求前三个频率

【解】 (1) 求第一频率

若将梁分为两段,并将每段的质量集中于该段的两端,则梁简化为单自由度结构[图 12-67(a)]。由单自由度结构的频率计算公式式(12-17)即可求得

$$\omega_1=\frac{1}{\sqrt{m\delta}}=\sqrt{\frac{1}{\frac{ml}{2}\times\frac{l^3}{48EI}}}=\frac{9.80}{l^2}\sqrt{\frac{EI}{m}}$$

精确解为 $\omega_1=\frac{\pi^2}{l^2}\sqrt{\frac{EI}{m}}=\frac{9.87}{l^2}\sqrt{\frac{EI}{m}}$。两者比较,近似解的误差为 0.7%。

(2) 求前两个频率

如果要求其第一和第二频率,则至少须把梁化成为具有两个自由度的结构,为此,将梁分为三段,并将每段的质量集中于该段的两端[图 12-67(b)]。柔度系数为

$$f_{11}=f_{22}=\frac{4l^3}{243EI}\qquad f_{12}=f_{21}=\frac{7l^3}{486EI}$$

将上列数值以及 $m_1=m_2=\frac{1}{3}ml$ 代入频率方程式(12-96)计算,从而求得

$$\omega_1=\frac{9.86}{l^2}\sqrt{\frac{EI}{m}}\qquad \omega_2=\frac{38.2}{l^2}\sqrt{\frac{EI}{m}}$$

此时 ω_1 与精确解相差 0.1%；ω_2 的精确解为 $\frac{38.48}{l^2}\sqrt{\frac{EI}{m}}$，故其近似解的误差为 3.24%。

(3) 求前三个频率

如果要求其第一、第二和第三频率，则至少应将梁化为三个自由度的结构，为此，采用图 12-67(c)所示计算模型，则按多自由度结构的频率计算方法不难求得：

$$\omega_1=\frac{9.865}{l^2}\sqrt{\frac{EI}{m}},\quad \omega_2=\frac{39.2}{l^2}\sqrt{\frac{EI}{m}},\quad \omega_3=\frac{84.6}{l^2}\sqrt{\frac{EI}{m}}$$

此时 ω_1 的误差仅为 0.05%；ω_2 的误差为 0.7%；而 ω_3 的精确解为 $\omega_3=\frac{88.83}{l^2}\sqrt{\frac{EI}{m}}$，其近似解的误差为 4.8%。

由上可见，对简支梁来说，如只需第一频率，则无论将梁等分为几段，集中质量法都可获得较好的近似结果，故在工程上常被采用。对于一些较为复杂的结构(如桁架、刚架等)，只要将质量集中在振幅较大的地方，采用此法计算其最低频率也可以获得良好的近似结果。

为得到较为正确的频率值，在计算简支梁的最低频率时，由于其相应的振动形式是对称的，且跨中振幅最大，故应将质量集中在跨度中点；而在计算两铰拱的最低频率时，则由于其相应的振动形式是反对称的，拱顶竖向位移为零，故不宜将质量集中在该处，而应集中在拱跨的两个四分之一点处，因为这些地方的振幅较大[图 12-68(a)]。对于图 12-68(b)所示刚架，当它做对称振动时，各结点无线位移，这时应将质量集中于杆件的中点，其振型如虚线所示；而在做反对称振动时，则应将质量集中在结点上[图 12-68(c)]。

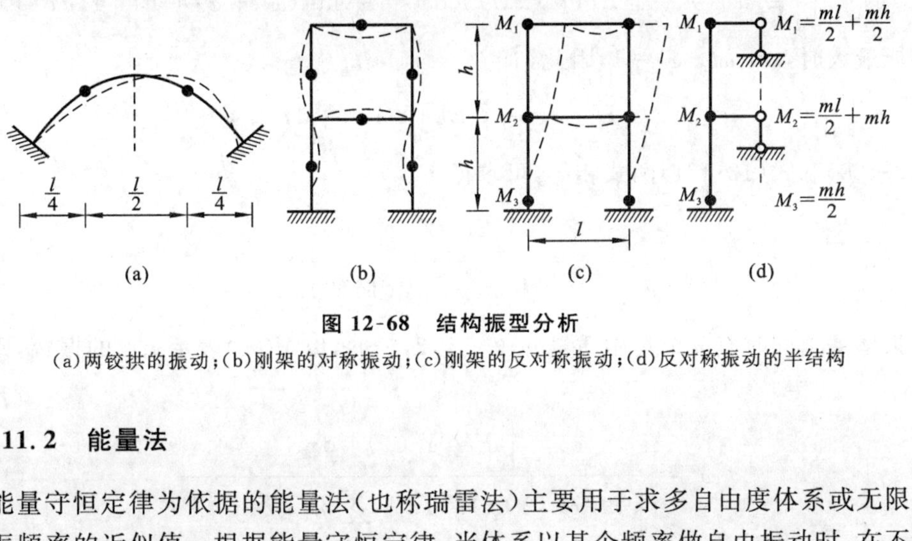

图 12-68　结构振型分析

(a)两铰拱的振动；(b)刚架的对称振动；(c)刚架的反对称振动；(d)反对称振动的半结构

12.11.2　能量法

以能量守恒定律为依据的能量法(也称瑞雷法)主要用于求多自由度体系或无限自由度体系自振频率的近似值。根据能量守恒定律，当体系以某个频率做自由振动时，在不考虑阻尼的情况下，体系既无能量输入，也无能量耗散，因而在任一时刻，体系的动能与变形位能之和为一常数，即

$$V(t)+U(t)=\text{常数}$$

式中　$V(t)$——体系在某一时刻的动能；

　　$U(t)$——体系在同一时刻的变形位能。

当结构在振动中处于最大振幅位置时,其动能等于零,而变形位能则有最大值。反之,当体系经过静平衡位置的瞬时,动能有最大值,而变形位能则等于零。按照上式,可得

$$V_{max}+0=U_{max}+0=\text{常数}$$

亦即

$$V_{max}=U_{max} \tag{12-179}$$

按照能量法计算各类结构的自振频率时,利用这一关系式即可得到确定频率的方程。现以梁的自由振动为例,说明能量法的计算过程。设位移表达式为

$$y(x,t)=Y(x)\sin(\omega t+\varphi)$$

式中 $Y(x)$——位移幅度;

ω——自振频率。

将上式对 t 微分,可得出速度表示式为

$$\dot{y}(x,t)=\omega Y(x)\cos(\omega t+\varphi)$$

因此,结构的动能为:

$$V=\frac{1}{2}\int_0^l \overline{m}(x)\left[\dot{y}(x,t)\right]^2\mathrm{d}x=\frac{1}{2}\omega^2\cos^2(\omega t+\varphi)\int_0^l \overline{m}(x)Y^2(x)\mathrm{d}x$$

当动能最大时,$\cos(\omega t+\varphi)=1$,因此,有

$$V_{max}=\frac{1}{2}\omega^2\int_0^l \overline{m}(x)Y^2(x)\mathrm{d}x \tag{12-180}$$

结构的变形能(只考虑弯曲变形能)为

$$U=\frac{1}{2}\int_0^l \frac{M^2}{EI}\mathrm{d}x=\frac{1}{2}\int_0^l EI\left(y''(x,t)\right)^2\mathrm{d}x=\frac{1}{2}\sin^2(\omega t+\varphi)\int_0^l EI\left[Y''(x)\right]^2\mathrm{d}x$$

当变形能最大时,$\sin(\omega t+\varphi)=1$,因此,有

$$U_{max}=\frac{1}{2}\int_0^l EI\left[Y''(x)\right]^2\mathrm{d}x \tag{12-181}$$

使式(12-180)和式(12-181)两式相等,可求得

$$\omega^2=\frac{\int_0^l EI\left[Y''(x)\right]^2\mathrm{d}x}{\int_0^l \overline{m}(x)\left[Y(x)\right]^2\mathrm{d}x} \tag{12-182a}$$

如果体系上同时有 n 个集中质量 $m_i(i=1,2,\cdots n)$,以 $Y(x_i)$ 表示 i 点的振幅,则上式即变为

$$\omega^2=\frac{\int_0^l EI\left[Y''(x)\right]^2\mathrm{d}x}{\int_0^l \overline{m}(x)\left[Y(x)\right]^2\mathrm{d}x+\sum_i m_i\left[Y(x_i)\right]^2} \tag{12-182b}$$

式(12-182)就是用能量法求自振频率的公式。用能量法求自振频率必须知道振型曲线 $Y(x)$。而 $Y(x)$ 事先往往是未知函数,因此,只能假设一条近似的振型曲线来进行计算。显然,所得结果与所假定的振型有关。若假设的曲线正好与第一主振型相似,则可求得第一频率的精确解。如果假设的曲线正好与第二主振型相似,则可求出第二频率的精确解。经验证明,用能量法求得的第一自振频率精确度较高。而对于高次频率,误差则较大。由于假定高频率的振型比较困难,因此,能量法实际上适用于计算第一频率。

为求得频率的近似值，通常选取结构比较容易出现的变形形式。若取结构在某个静力荷载作用下的弹性变形曲线 $Y(x)$ 作为近似振型函数，此时的应变能可以用相应荷载所做的功来计算，即

$$U_{\max}=\frac{1}{2}\int_0^l q(x)Y(x)\mathrm{d}x+\frac{1}{2}\sum_j P_jY(x_j) \tag{12-183}$$

式中 $q(x)$，$P_j(j=1、2、\cdots)$——所设的分布荷载和集中荷载。

这样，式(12-182)可改写为

$$\omega^2=\frac{\int_0^l q(x)Y(x)\mathrm{d}x+\sum_j P_jY(x_j)}{\int_0^l \overline{m}(x)\left[Y(x)\right]^2\mathrm{d}x+\sum_i m_i\left[Y(x_i)\right]^2} \tag{12-184}$$

一般常以结构自重 $\overline{m}(x)g$ 作用下的挠曲线作为振形曲线。在假设振型曲线时，应使其尽量满足结构的边界条件，包括力边界条件和位移边界条件。若不能满足全部的边界条件，至少应满足位移边界条件，弯矩边界条件也应尽量满足，这样可减小计算误差。

【例 12-22】 图 12-69(a)所示为均质等截面简支梁。单位梁长的质量为 $\overline{m}$，其抗弯刚度 EI 为常数。若位移形状函数取不同的曲线，试分别计算梁的自振频率，并将所得结果进行比较。

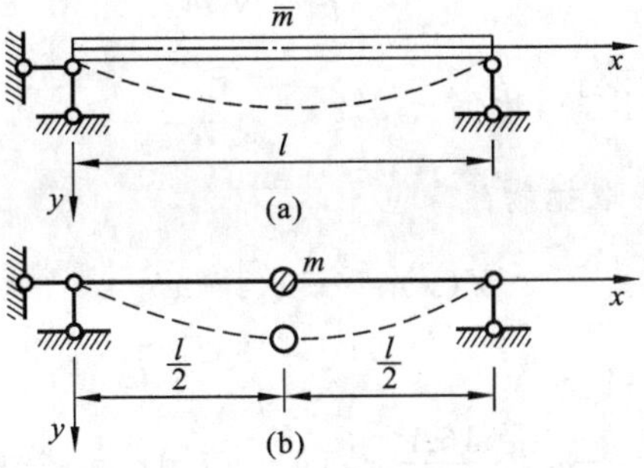

图 12-69 均质等截面简支梁

【解】 (1) 位移形状函数 $Y(x)$ 取正弦曲线

$$Y(x)=A\sin\frac{\pi x}{l}$$

由式(12-180)得

$$V_{\max}=\frac{\overline{m}}{2}\omega^2\int_0^l\left(A\sin\frac{\pi x}{l}\right)^2\mathrm{d}x=\frac{\overline{m}}{4}\omega^2A^2l$$

由式(12-181)得

$$U_{\max}=\frac{EI}{2}\int_0^l\left(A\frac{\pi^2}{l^2}\sin\frac{\pi x}{l}\right)^2\mathrm{d}x=\frac{EI}{4l^3}\pi^4A^2$$

由式(12-182)得

$$\omega^2=\frac{\dfrac{EI}{4l^3}\pi^4A^2}{\dfrac{\overline{m}}{4}A^2l}=\frac{EI}{\overline{m}}\cdot\frac{\pi^4}{l^4}$$

自振频率为

$$\omega=\frac{\pi^2}{l^2}\sqrt{\frac{EI}{\overline{m}}}$$

因为给定的位移形状函数 $Y(x)=A\sin\frac{\pi x}{l}$ 是精确解的第一振型，故求出的第一阶自振频率就是精确解。

(2) 位移形状函数 $Y(x)$ 取梁在自重荷载作用下的挠曲线

$$Y(x)=\frac{16A}{5l^4}(x^4-2lx^3+l^3x)$$

由式(12-180)得最大动能：

$$V_{\max}=\frac{\overline{m}}{2}\omega^2\int_0^l\left[\frac{16A}{5l^4}(x^4-2lx^3+l^3x)\right]^2\mathrm{d}x=0.243\overline{m}l\omega^2A^2$$

由式(12-181)得最大变形能：

$$U_{\max}=\frac{1}{2}EI\int_0^l\left[\frac{16A}{5l^4}(12x^2-12lx)\right]^2\mathrm{d}x=24.6\,\frac{EI}{l^3}A^2$$

由式(12-182)得自振频率为

$$\omega=\frac{10.05}{l^2}\sqrt{\frac{EI}{\overline{m}}}$$

此值与精确解 $\omega=\frac{\pi^2}{l^2}\sqrt{\frac{EI}{\overline{m}}}$ 相比较，约偏大 2%。

(3) 位移形状函数 $Y(x)$ 取抛物线

$$Y(x)=\frac{4A}{l^2}x(l-x)$$

由式(12-180)得最大动能：

$$V_{\max}=\frac{\overline{m}}{2}\omega^2\int_0^l\frac{16A^2}{l^4}x^2\,(l-x)^2\mathrm{d}x=\frac{4}{15}\overline{m}l\omega^2A^2$$

由式(12-181)得最大变形能：

$$U_{\max}=\frac{1}{2}EI\int_0^l\frac{64A^2}{l^4}\mathrm{d}x=32\,\frac{EI}{l^3}A^2$$

由式(12-182)得自振频率为

$$\omega=\frac{10.95}{l^2}\sqrt{\frac{EI}{\overline{m}}}$$

此值与精确解 $\omega=\frac{\pi^2}{l^2}\sqrt{\frac{EI}{\overline{m}}}$ 相比较，偏大约 10.9%。

【例 12-23】 计算重力坝沿水流方向的自振频率时，可以将沿坝轴线方向单位长度的坝体近似地简化为图 12-70(a)所示的变截面悬臂梁，试用能量法计算其自振频率。

【解】 选变截面悬臂梁在其自重[图 12-70(b)]作用下所引起的挠曲线作为近似位移形状函数[图 12-70(c)]，即

$$Y(x)=\frac{\rho h^2}{Eb^2}x^2$$

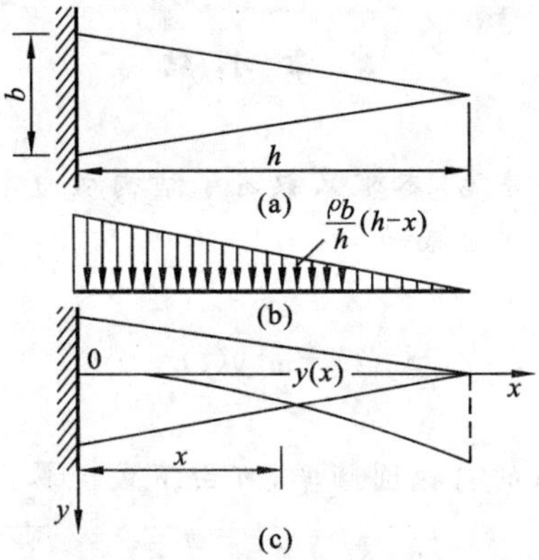

图 12-70　变截面悬臂梁的自振频率

(a)变截面悬臂梁;(b)自重按直线分布;(c)悬臂梁的挠曲线

式中　ρ——坝身材料单位体积的质量。

从图 12-70(b)可以看出其分布质量为

$$m(x)=\frac{\rho b}{hg}(h-x)$$

将 $Y(x)$ 和 $m(x)$ 代入式(12-180)和式(12-183)计算最大动能和最大外力功为:

$$\begin{aligned}V_{\max} &= \frac{1}{2}\omega^2\int_0^h m(x)Y^2(x)\mathrm{d}x \\ &= \frac{1}{2}\omega^2\int_0^h\left[\frac{\rho b}{hg}(h-x)\right]\left(\frac{\rho h^2}{Eb^2}x^2\right)^2\mathrm{d}x \\ &= \frac{1}{2}\omega^2\ \frac{\rho^3}{E^2b^3g}\ \frac{h^9}{30}\end{aligned}$$

$$\begin{aligned}U_{\max} &= \frac{1}{2}\int_0^h m(x)gY(x)\mathrm{d}x \\ &= \frac{1}{2}\ \frac{\rho^2h}{Eb}\int_0^h(hx^2-x^3)\mathrm{d}x \\ &= \frac{1}{2}\ \frac{\rho^2}{Eb}\ \frac{h^5}{12}\end{aligned}$$

由式(12-184)得自振频率为

$$\omega=\sqrt{\frac{30Eb^2g}{12\rho h^4}}=1.581\,\frac{b}{h^2}\sqrt{\frac{Eg}{\rho}}$$

克契荷夫曾用贝塞尔函数求得三角形悬臂梁最低自振频率的精确解为

$$\omega=1.534\,\frac{b}{h^2}\sqrt{\frac{Eg}{\rho}}$$

用能量法得到的结果较精确解大 3.06%,能满足实用需要。

需要指出,因为假设的位移形状函数 $Y(x)$ 不完全与真正的最低阶振型相一致,这就相当于人为地在原始结构上附加了某些约束,而附加约束会使结构的刚度增大,所以求得的最低频率较精确解偏大。

本章小结

结构动力计算的内容极为丰富,本章只叙述了结构动力学最基本的内容。现小结如下:

(1) 单自由度体系无阻尼自由振动

① 运动方程为

$$\ddot{y}(t)+\omega^2 y(t)=0$$

② 自振频率

运动方程中的 ω 就是体系的自振圆频率,可由下式计算

$$\omega=\sqrt{\frac{k}{m}}=\sqrt{\frac{1}{m\delta}}=\sqrt{\frac{g}{W\delta}}=\sqrt{\frac{g}{ys}}$$

ω 与体系的自振周期 T 及振动频率 f 有如下关系

$$\omega=\frac{2\pi}{T}=2\pi f$$

③ 运动方程的通解为

$$y(t)=y_0\cos\omega t+\frac{v_0}{\omega}\sin\omega t$$

或

$$y(t)=A\sin(\omega t+\varphi)$$

$$A=\sqrt{y_0^2+\left(\frac{v_0}{\omega}\right)^2},\quad \varphi=\tan^{-1}\left(\frac{y_0\omega}{v_0}\right)$$

(2) 单自由度体系有阻尼自由振动

① 运动方程为

$$\ddot{y}+2\xi\omega\dot{y}+\omega^2 y=0$$

② 运动方程的通解

对小阻尼($\xi<1$),运动方程的通解为

$$y(t)=Ae^{-\xi\omega t}\sin(\omega_r t+\varphi)$$

$$\omega_r=\omega\sqrt{1-\xi^2}$$

式中

$$A=\sqrt{y_0^2+\left(\frac{v_0+\xi\omega y_0}{\omega_r}\right)^2},\quad \varphi=\tan^{-1}\left(\frac{y_0\omega_r}{v_0+\xi\omega y_0}\right)$$

(3) 单自由度体系无阻尼受迫振动

① 运动方程为

$$\ddot{y}+\omega^2 y=\frac{P(t)}{m}$$

② 运动方程的通解为

$$y(t)=y_0\cos\omega t+\frac{v_0}{\omega}\sin\omega t+\frac{1}{m\omega}\int_0^t P(\tau)\sin\omega(t-\tau)\mathrm{d}\tau$$

若初始条件 y_0 和 v_0 均为零,则

$$y(t)=\frac{1}{m\omega}\int_0^t P(\tau)\sin\omega(t-\tau)\mathrm{d}\tau$$

③ 动力系数与等效静载法

无阻尼纯强迫振动的动力系数为

$$\mu=\frac{1}{1-\frac{\theta^2}{\omega^2}}$$

当 $\theta=\omega$ 时，将出现共振；当 $\mu>0$ 时，表示纯强迫振动的位移与振动荷载同相；当 $\mu<0$ 时，表示纯强迫振动的位移与振动荷载反相。

当动力荷载 $P(t)$ 的作用位置和方向与相应惯性力的作用位置和方向相同时，可将动力荷载的幅值 P 乘以动力系数得到等效静荷载，然后按结构静力学方法，就可求得最大动内力和最大动位移。

(4) 单自由度体系有阻尼强迫振动

① 运动方程为

$$\ddot{y}+2\xi\omega\dot{y}+\omega^2 y=\frac{P(t)}{m}$$

② 运动方程的通解为

$$y(t)=e^{-\xi\omega t}\left(y_0\cos\omega_r t+\frac{v_0+\xi\omega y_0}{\omega_r}\sin\omega_r t\right)+\frac{1}{m\omega_r}\int_0^t P(\tau)e^{-\xi\omega(t-\tau)}\sin\omega_r(t-\tau)\mathrm{d}\tau$$

若初始条件 y_0 和 v_0 均为零，则

$$y(t)=\frac{1}{m\omega_r}\int_0^t P(\tau)e^{-\xi\omega(t-\tau)}\sin\omega_r(t-\tau)\mathrm{d}\tau$$

③ 有阻尼纯强迫振动的动力系数 μ 可按下式计算

$$\mu=\frac{1}{\sqrt{\left(1-\frac{\theta^2}{\omega^2}\right)^2+\frac{4\xi^2\theta^2}{\omega^2}}}$$

(5) 多自由度体系的自由振动

这部分的主要内容是计算多自由度体系无阻尼的自振频率、主振型及各主振型之间的正交性等。

① 运动方程分别为

$$\boldsymbol{FM}\ddot{\boldsymbol{Y}}+\boldsymbol{Y}=\boldsymbol{0}$$

或

$$\boldsymbol{M}\ddot{\boldsymbol{Y}}+\boldsymbol{KY}=\boldsymbol{0}$$

② 频率方程为

$$\left|\boldsymbol{FM}-\frac{1}{\omega^2}\boldsymbol{E}\right|=0$$

或

$$\left|\boldsymbol{K}-\omega^2\boldsymbol{M}\right|=0$$

③ n 个自由度体系共有 n 个主振型。为了使主振型具有确定值，需进行标准化处理。

④ 任意两个主振型之间必须满足正交性条件。第一、第二正交性条件分别为

$$\boldsymbol{Y}_i\ (i)^{\mathrm{T}}\boldsymbol{M}\boldsymbol{Y}_j(i)=0 \quad (i\neq j)$$

$$\boldsymbol{Y}_i\ (i)^{\mathrm{T}}\boldsymbol{K}\boldsymbol{Y}_j(i)=0 \quad (i\neq j)$$

(6) 多自由度体系的强迫振动

多自由度体系在简谐荷载作用下的动力反应可用振型叠加法求解。按振型叠加法求多自由度体系强迫振动的基本原理是利用主振型的第一、第二正交性条件,将多自由度体系的强迫振动分解为单自由度体系的强迫振动。再分别计算各组的动力反应,叠加得最后的动力反应。

(7) 无限自由度体系的振动

① 梁弯曲振动的基本方程

$$EI\frac{\partial^4 y}{\partial x^4}+\overline{m}\frac{\partial^2 y}{\partial t^2}=p(x,t)$$

② 梁的自由振动方程

$$EI\frac{\partial^4 y}{\partial x^4}+\overline{m}\frac{\partial^2 y}{\partial t^2}=0$$

③ 方程式的通解为

$$Y(x)=C_1\operatorname{ch}\lambda x+C_2\operatorname{sh}\lambda x+C_3\cos\lambda x+C_4\sin\lambda x$$

根据边界条件,可确定常数 C_1、C_2、C_3 和 C_4。

④ 用近似法求自振频率

多自由度体系的自振频率和振型的计算一般是很烦琐的,甚至难于求解。因此,常用近似法计算体系的自振频率和振型。近似法有多种,本章只介绍了集中质量法和能量法。

习 题

12-1 试求图 12-71 所示梁的自振周期和圆频率(梁重不计)。

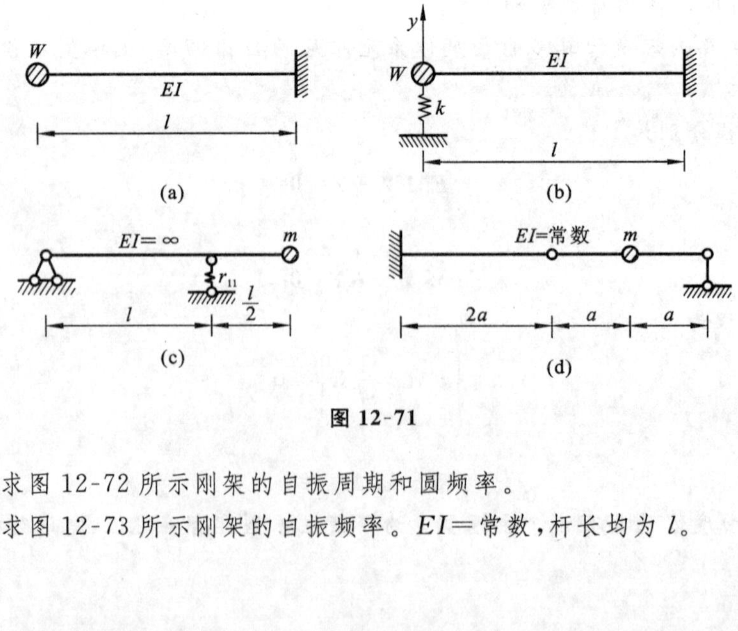

图 12-71

12-2 试求图 12-72 所示刚架的自振周期和圆频率。

12-3 试求图 12-73 所示刚架的自振频率。EI=常数,杆长均为 l。

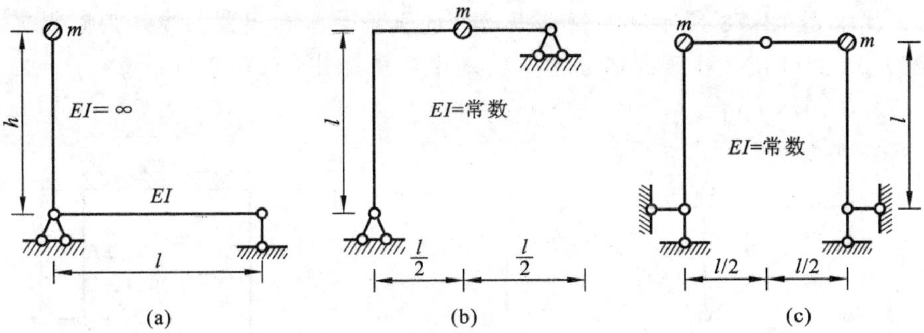

图 12-72

12-4 试求图 12-74 所示刚架的自振频率。EI=常数。

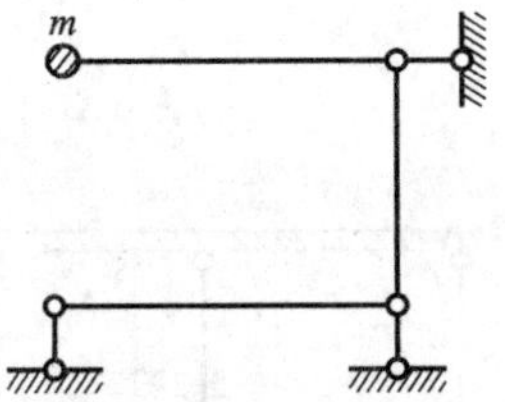

图 12-73

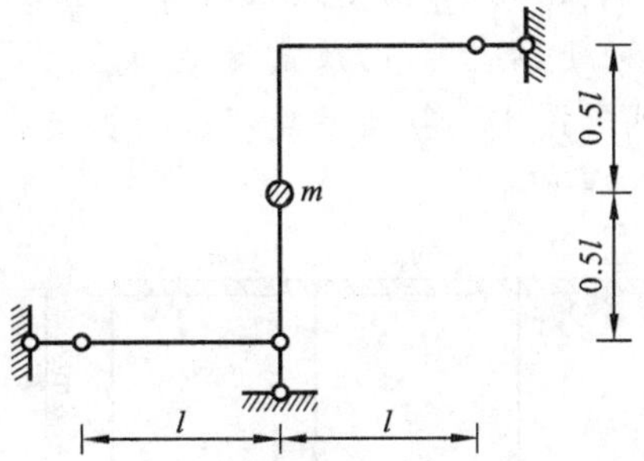

图 12-74

12-5 试求图 12-75 所示体系的自振频率。EI=常数，杆长均为 l，$\overline{m}$ 为单位长度的质量。

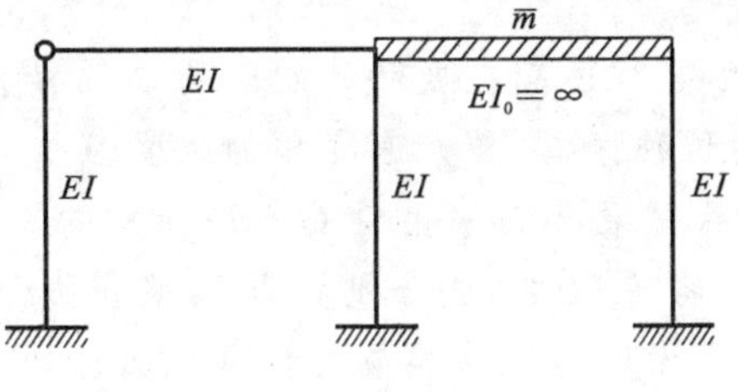

图 12-75

12-6 试求图 12-76 所示体系的自振频率。EI=常数，杆长均为 l。

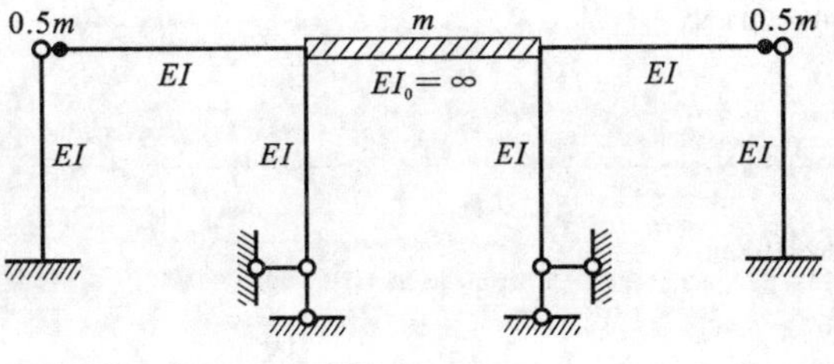

图 12-76

12-7 试求图 12-77 所示桁架的自振频率。已知质量体 m 重为 $mg=40$ kN，$g=9.81$ m/s^2，桁架各杆截面相同，$A=20$ cm^2，$E=21000$ kN/cm^2，并设桁架各杆自重及质量体 m 的水平运动均可忽略不计。

12-8 试求图12-78所示刚架侧移振动时的自振频率和周期。横梁的刚度可视为无穷大，重量为 $mg=200$ kN(柱子的部分重量已集中到横梁处，不需另加考虑)，$g=9.81\ \mathrm{m/s^2}$，柱的 $EI=5\times10^4\ \mathrm{kN\cdot m^2}$。

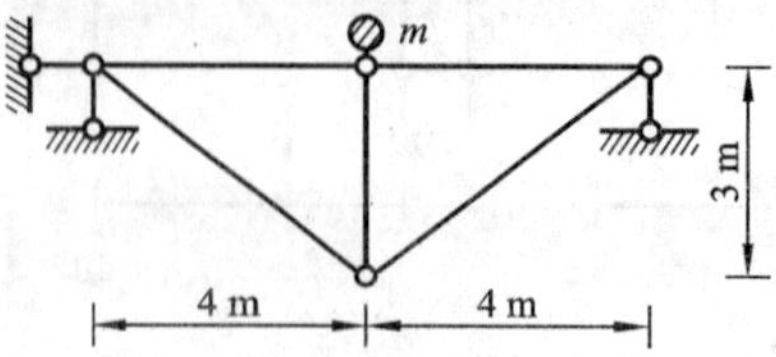

图 12-77

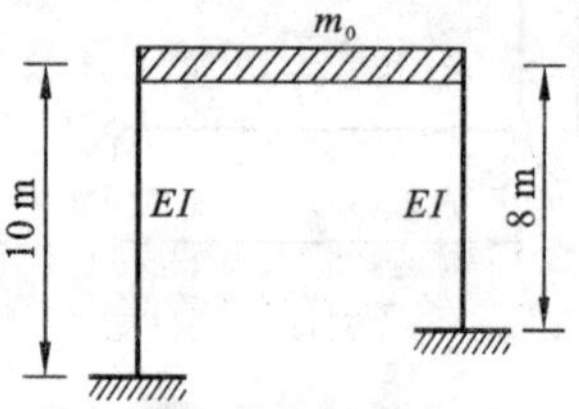

图 12-78

12-9 试求图12-79所示刚架的自振频率。设立柱 $EI=$常数，横梁 $EI=\infty$，柱子的质量已集中到横梁处，各横梁的质量均为 m_0。

12-10 试求图12-80所示排架结构水平自由振动的固有频率和周期。设横梁总重为 W，立柱质量忽略不计。

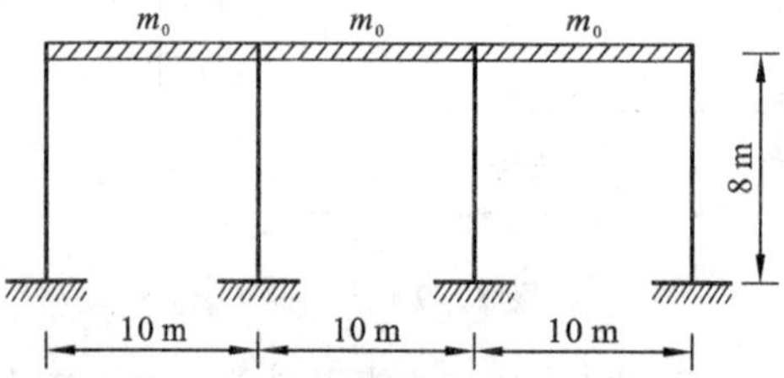

图 12-79

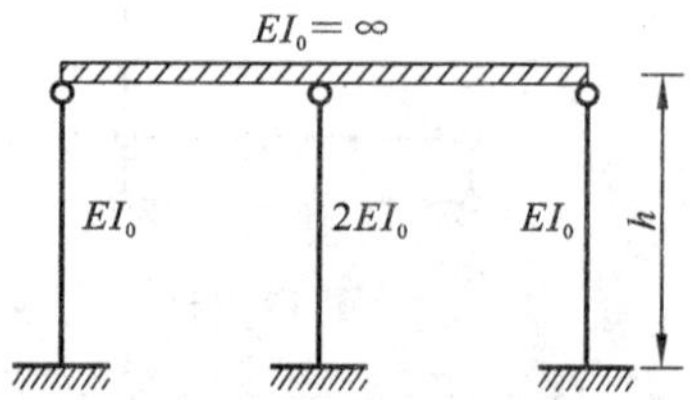

图 12-80

12-11 设图12-81所示竖柱顶端在振动开始时的初位移为0.1 cm(被拉到位置 B' 后放松引起振动)，试求顶端的位移振幅、最大速度和加速度。

12-12 图12-82所示悬臂梁具有一重量 $G=12$ kN 的集中质量，其上受有振动荷载 $P\sin\theta t$，其中 $P=5$ kN。若不考虑阻尼，试分别计算该梁在振动荷载为每分钟振动(1)300次；(2)600次两种情况下的最大竖向位移和最大负弯矩。已知 $l=2$ m，$E=21000\ \mathrm{kN/cm^2}$，$I=3400\ \mathrm{cm^4}$，梁的自重可略去不计。

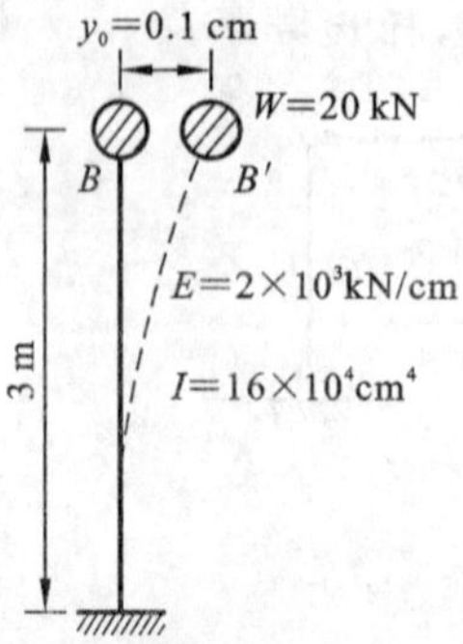

图 12-81

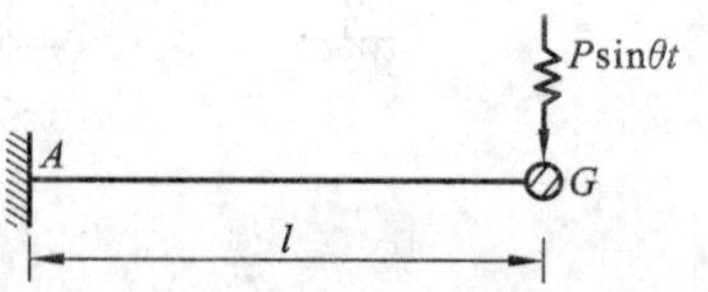

图 12-82

12-13 图12-83所示结构的柱顶有马达，试求马达转动时的最大水平位移和柱端弯矩的幅值。已知数据:马达和结构的重量集中于柱顶,$W=20$ kN,马达水平离心力的幅值 $P=250$ kN,马达转速 $n=550$ r/min,柱的线刚度 $i=\frac{EI_1}{h}=5.88\times10^8$ N·cm。

12-14 图 12-84 所示简支梁跨度为 l,梁截面抗弯刚度为 EI,梁的自重忽略不计。梁跨中有一弹簧支承,其刚度系数为 k_1,梁中点有电机重 W,干扰力为 $P\sin\theta t$。求动力放大系数 β 及振幅 A(不计阻尼)。

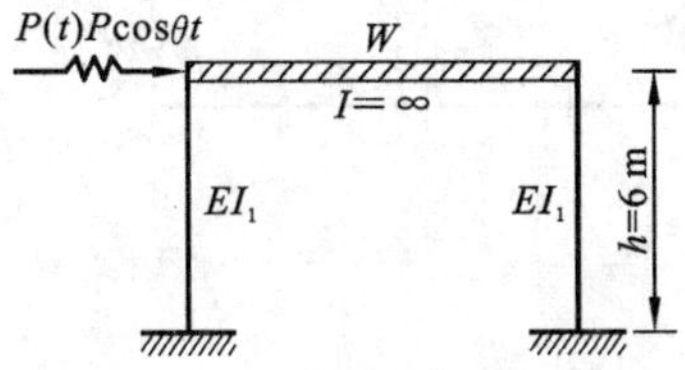

图 12-83

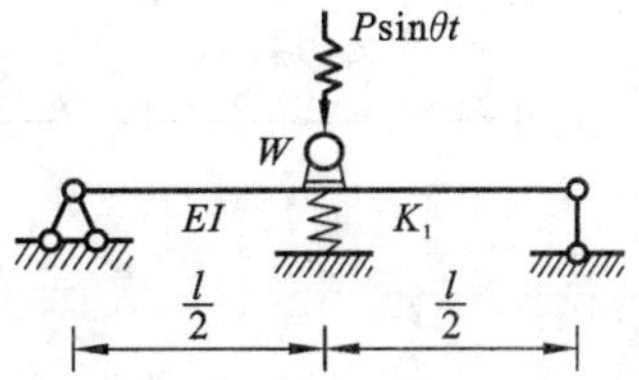

图 12-84

12-15 图 12-85 所示简支梁跨中有一集中质量 m,动力荷载 $p(t)=P\sin\theta t$ 作用在距梁左端 $\frac{l}{4}$ 处,若不考虑梁的自重,求当 $\theta_1=0.8\sqrt{\frac{48EI}{ml^3}}$、$\theta_2=1.2\sqrt{\frac{48EI}{ml^3}}$,质量 m 的最大动位移(不计阻尼)。

12-16 试求图 12-86 所示体系的运动方程,并绘出结构的弯矩幅值图。$EI=$常数。

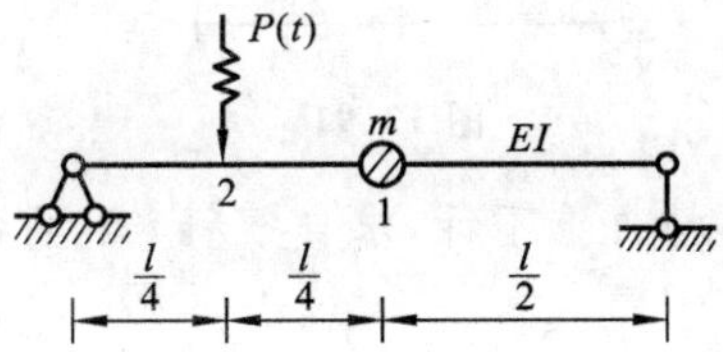

图 12-85

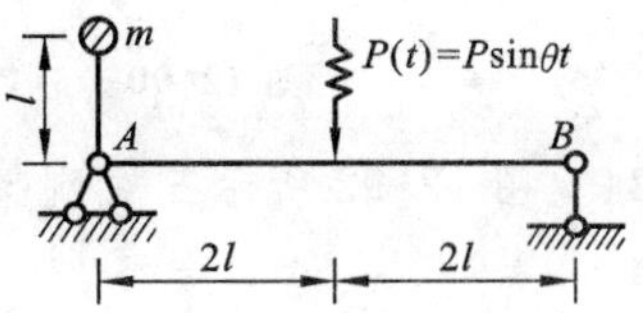

图 12-86

12-17 爆炸荷载可近似用图 12-87 所示规律表示,即

$$P(t)=\begin{cases}P(1-\frac{t}{t_1}), & t\leqslant t_1\\0, & t>t_1\end{cases}$$

若不考虑阻尼,试求单自由度体系在此种荷载作用下的动力位移公式。设结构原处于静止状态。

12-18 设有一个自振周期为 T 的单自由度体系,承受图 12-88 所示突加荷载作用,试求任意时刻 t 的位移 $y(t)$。

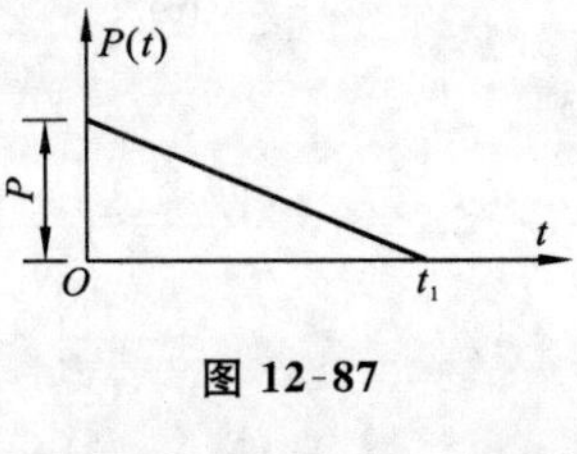

图 12-87

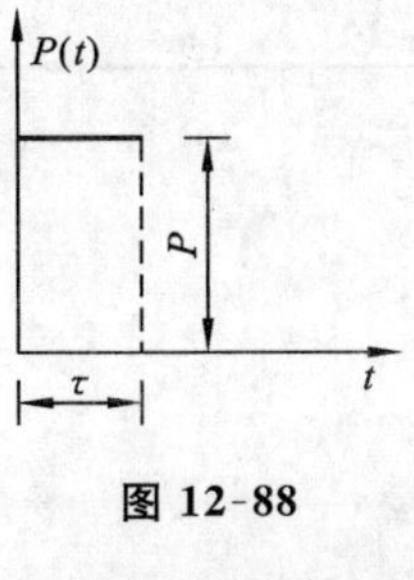

图 12-88

12-19 刚度系数 $k_{11}=98$ N/cm,振动重量 $W=49$ N 的单自由度弹性体系做有阻尼的

自由振动。若已知相邻两个振幅值为 1 mm 和 0.98 mm。试计算:(1) 有阻尼的自振圆频率;(2) 对数递减率;(3) 阻尼比。

12-20　某结构自由振动经过 10 个周期后振幅降为原来的 10%,试求结构阻尼比 ξ 和在简谐荷载作用下共振时的动力系数。

12-21　试求图 12-89 所示梁的自振频率和主振型。梁的自重可忽略不计,EI=常数。

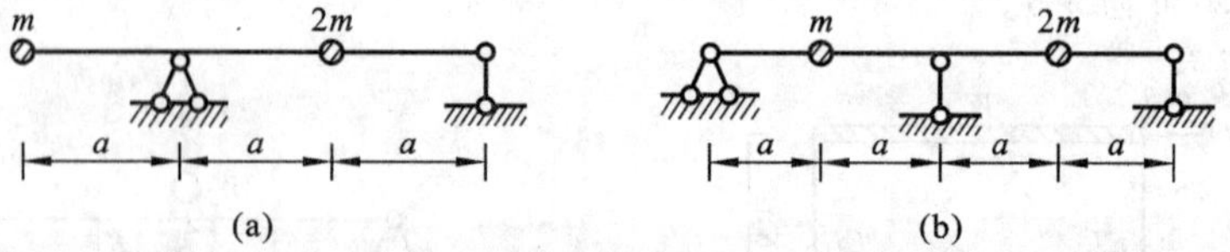

图 12-89

12-22　图 12-90 所示体系分布质量不计,EI=常数,求自振频率。

12-23　图 12-91 所示刚架杆自重不计,各杆 EI=常数,求自振频率。

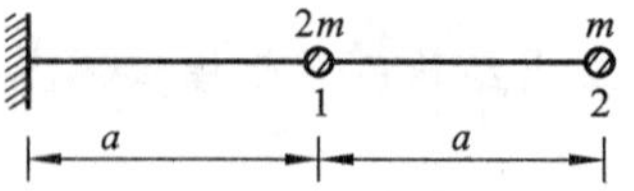

图 12-90

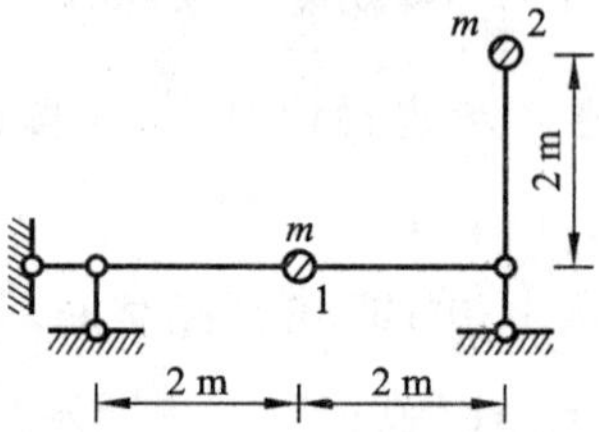

图 12-91

12-24　图 12-92 所示三铰刚架各杆 EI=常数,杆自重不计,求自振频率和主振型。

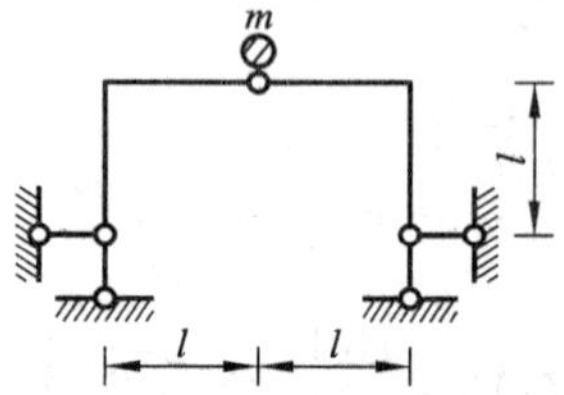

图 12-92

12-25　求图 12-93 所示体系的自振频率和主振型。EI=常数。

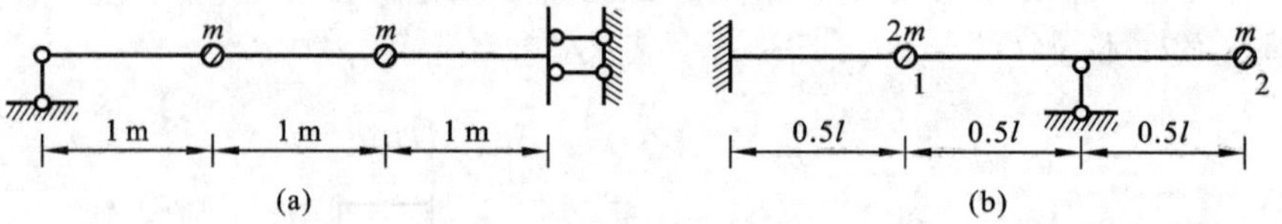

图 12-93

12-26 试求图 12-94 所示刚架的自振频率和主振型。

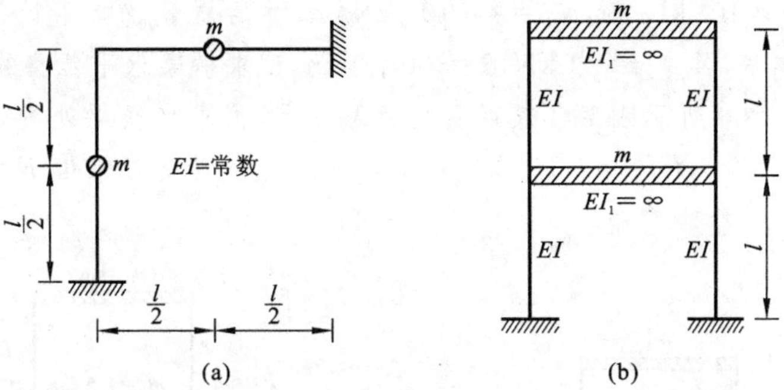

图 12-94

12-27 求图 12-95 所示体系的自振频率。EI=常数。

12-28 图 12-96 所示悬臂梁上装有两个发电机，重量均为 $G=30$ kN，振动力最大值为 $P=5$ kN。试求当发电机 D 不开动而发电机 C 在每分钟转动次数为(1)300 次；(2)500 次时梁的动力弯矩图。已知梁的 $E=21000\ \text{kN/cm}^2$，$I=24000\ \text{cm}^4$。梁重可忽略不计。

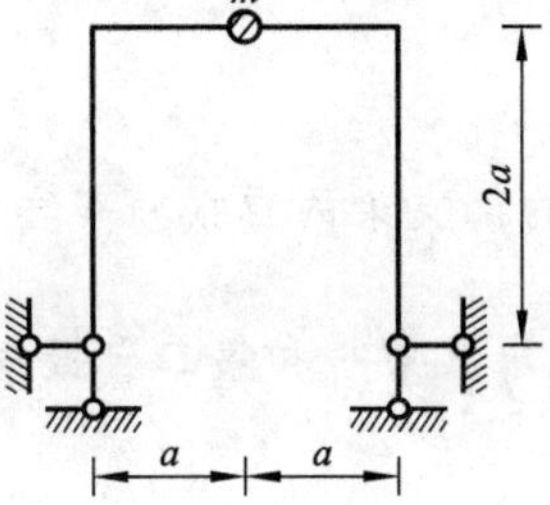

图 12-95

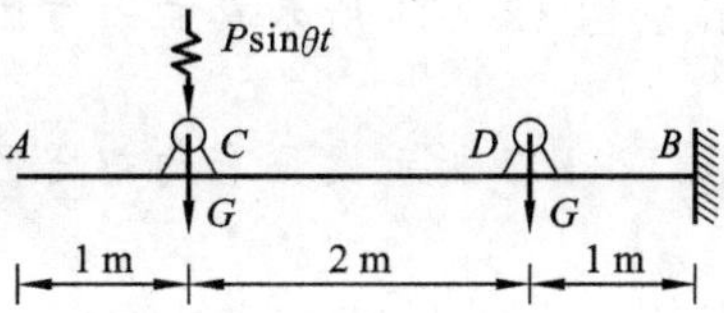

图 12-96

12-29 图 12-97 所示梁的 $E=21000\ \text{kN/cm}^2$，$I=16000\ \text{cm}^4$，重量约为 $G=20$ kN，设振动荷载最大值为 $P=4.8$ kN，频率 $\theta=30\ \frac{1}{\text{s}}$，试求两质量处的最大竖向位移。梁重可以忽略不计。

12-30 试求图 12-98 所示刚架的动力弯矩图。设 $\theta=\sqrt{\frac{48EI}{ml^3}}$，刚架自重已集中于两质点处。

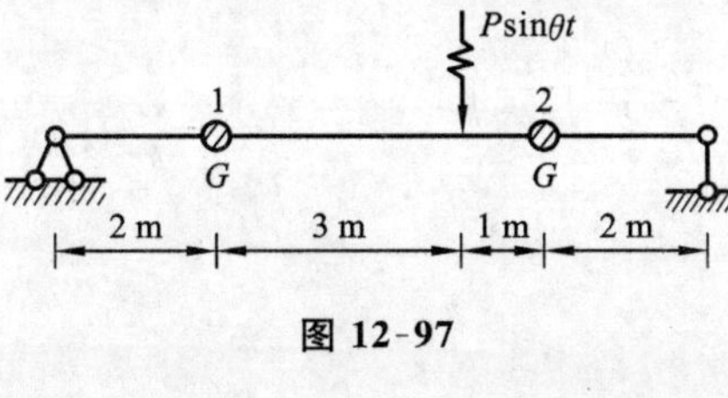

图 12-97

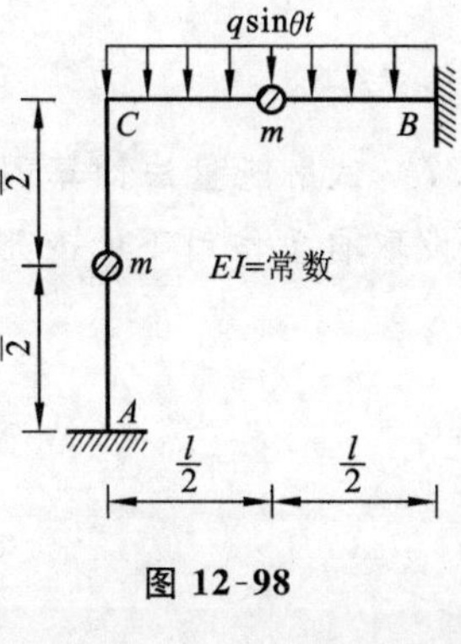

图 12-98

12-31　图12-99所示两层刚架结构，横梁的$EI=\infty$，质量为$m_1=m_2=100$ t，层间侧移刚度分别为$K_1=3\times10^4$ kN/m，$K_2=2\times10^4$ kN/m，柱的质量忽略不计。若第一层横梁有水平荷载$P\sin\theta t$作用，其中$P=2$ kN，$\theta=300$ r/min，试求横梁水平位移的幅值。

12-32　图12-100所示刚架各横梁刚度为无穷大，试求各横梁处的位移幅值和柱端弯矩幅值。已知$m=100$ t，$EI=5\times10^5$ kN·m²，$l=5$ m；简谐荷载幅值$P=30$ kN，每分钟振动200次。

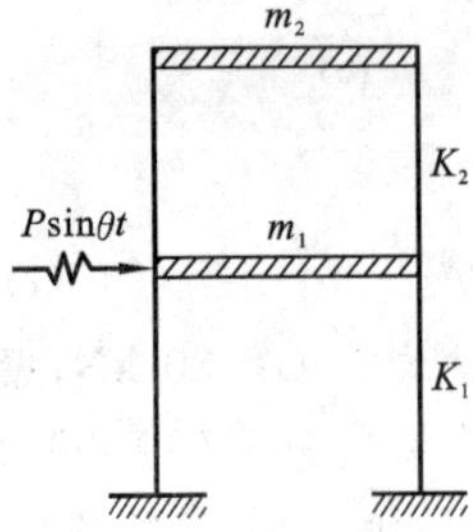

图12-99

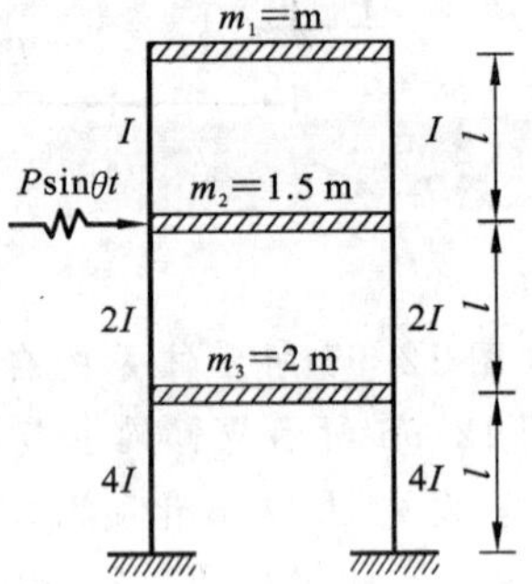

图12-100

12-33　用振型分解法重做题12-32。

12-34　试求图12-101所示具有均布质量$m=\dfrac{q}{g}$的简支梁的自振频率和振型。

12-35　图12-102所示梁具有均布质量$m=\dfrac{q}{g}$，试求其第一和第二自振频率。

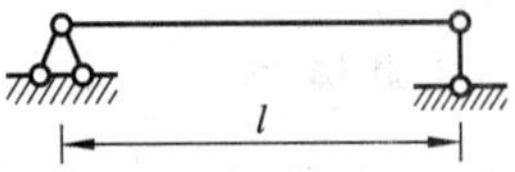

图12-101

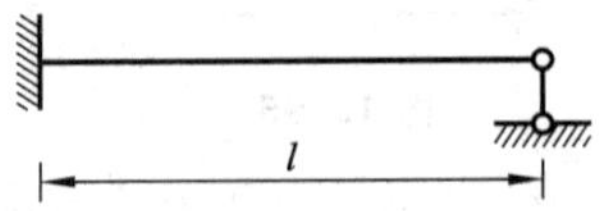

图12-102

12-36　试求图12-103所示两端固定单跨梁的前三个自振频率和主振型。

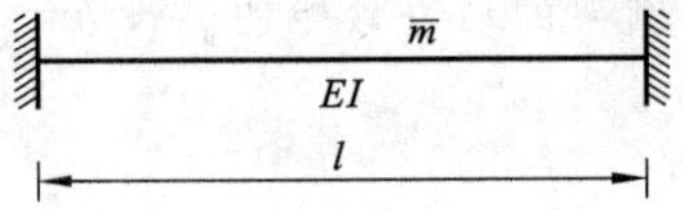

图12-103

12-37　试用能量法计算图12-103所示两端固定单跨梁的第一频率。梁单位长度的质量为$\overline{M}$，设取自重作用下的变形曲线为振型函数，即

$$y(x)=\frac{ql^4}{24EI}\left(\frac{x^2}{l^2}-2\,\frac{x^3}{l^3}+\frac{x^4}{l^4}\right)$$

部分习题答案

12-1 (a) $T=0.1004\ \mathrm{s}$

$\omega=62.58\ \frac{1}{\mathrm{s}}$

(b) $\omega=\sqrt{\frac{g(3EI+kl^3)}{Wl^3}}$

(c) $\omega=\frac{2}{3}\sqrt{\frac{r_{11}}{m}}$

(d) $\omega=\sqrt{\frac{6EI}{5ma^3}}$

12-2 (a) $\omega=\sqrt{\frac{3EI}{mh^2l}}$

(b) $\omega=8.172\sqrt{\frac{EI}{ml^3}}$

(c) $\omega=\sqrt{\frac{2EI}{ml^3}}$

12-3 $\omega=\sqrt{\frac{3EI}{5ml^3}}$

12-4 $\omega=\sqrt{\frac{48EI}{ml^3}}$

12-5 $\omega=\sqrt{\frac{27EI}{\overline{m}l^4}}$

12-6 $\omega=\sqrt{\frac{6EI}{ml^3}}$

12-7 $\omega=87.3\ \frac{1}{\mathrm{s}}$

12-8 $\omega=9.32\ \frac{1}{\mathrm{s}}$ $T=0.674\ \mathrm{s}$

12-9 $\omega=0.177\sqrt{\frac{EI}{m_0}}$

12-10 $\omega=2\sqrt{\frac{3EI_0g}{mh^3}}$，$T=\pi\sqrt{\frac{Wh^3}{3EI_0g}}$

12-11 $y_{\max}=0.1\ \mathrm{cm}$，$v_{\max}=4.175\ \mathrm{cm/s}$，$a_{\max}=174.3\ \mathrm{cm/s^2}$

12-12 (1) $\Delta_{\max}=0.788\ \mathrm{cm}(\downarrow)$ $M_A=-42.2\ \mathrm{kN\cdot m}$

(2) $\Delta_{\max}=0.681\ \mathrm{cm}(\downarrow)$ $M_A=-36.4\ \mathrm{kN\cdot m}$

12-13 $y_{\max}=0.697\ \mathrm{cm}$，$M_A=20.6\ \mathrm{kN\cdot m}$

12-14 $\beta=\frac{(48EI+k_1l^3)g}{(48EI+k_1l^3)g-Wl^3\theta^2}$，$A=\frac{Pl^3g}{(48EI+k_1l^3)g-Wl^3\theta^2}$

12-15 当取 θ_1 时，$A=0.0398\ \frac{Pl^3}{EI}$

当取 θ_2 时，$A=-0.0326\ \frac{Pl^3}{EI}$［与 $P(t)$ 方向相反］

12-16　$M_{\max}=\frac{Pl^4}{EI}m\theta^2\beta,\beta=\frac{3EI}{3EI-5l^3m\theta^2}$

12-17　当 $t\leqslant t_1, y=y_{st}\left(1-\cos\omega t+\frac{\sin\omega t}{\omega t_1}-\frac{t}{t_1}\right)$

当 $t>t_1, y=y_{st}\left[-\cos\omega t+\frac{\sin\omega t-\sin\omega(t-t_1)}{\omega t_1}\right]$

12-18　$t\leqslant\tau$ 时，$y(t)=y_{st}(1-\cos\omega t)$

$t>\tau$ 时，$y(t)=2y_{st}\sin\frac{\omega\tau}{2}\sin\omega\left(t-\frac{\tau}{2}\right)$

12-19　(1) $\omega_r=44.2\ \frac{1}{s}$;(2) $\lambda=0.0198$;(3) $\xi=0.00315$

12-20　$\xi=0.0367,\beta=14$

12-21　(a) $\omega_1=0.931\sqrt{\frac{EI}{ma^3}},\omega_2=2.352\sqrt{\frac{EI}{ma^3}}$

$\frac{A_1^{(1)}}{A_2^{(1)}}=-3.277,\frac{A_1^{(2)}}{A_2^{(2)}}=0.610$

(b) $\omega_1=1.928\sqrt{\frac{EI}{ma^3}},\omega_2=3.327\sqrt{\frac{EI}{ma^3}}$

$\frac{A_1^{(1)}}{A_2^{(1)}}=-0.628,\frac{A_1^{(2)}}{A_2^{(2)}}=3.184$

12-22　$\omega_1=0.558\sqrt{\frac{EI}{ma^3}},\omega_2=2.874\sqrt{\frac{EI}{ma^3}}$

12-23　$\omega_1=0.3419\sqrt{\frac{EI}{m}},\omega_2=1.1328\sqrt{\frac{EI}{m}}$

12-24　$\omega_1=2\sqrt{\frac{EI}{ml^3}},\omega_2=4\sqrt{\frac{EI}{ml^3}}$

$\frac{Y_{11}}{Y_{21}}=\frac{0}{1},\frac{Y_{22}}{Y_{12}}=\frac{0}{1}$

12-25　(a) $\omega_1=0.335\sqrt{\frac{EI}{m}},\omega_2=3.22\sqrt{\frac{EI}{m}}$

(b) $\frac{Y_{11}}{Y_{21}}=-0.1712,\frac{Y_{12}}{Y_{22}}=2.9212$

12-26　(a) $\omega_1=10.47\sqrt{\frac{EI}{ml^3}},\omega_2=13.86\sqrt{\frac{EI}{ml^3}}$

$\frac{A_1^{(1)}}{A_2^{(1)}}=-1,\frac{A_1^{(2)}}{A_2^{(2)}}=1$

(b) $\omega_1=3.028\sqrt{\frac{EI}{ml^3}},\omega_2=7.927\sqrt{\frac{EI}{ml^3}}$

$\frac{A_1^{(1)}}{A_2^{(1)}}=\frac{1}{0.618},\frac{A_1^{(2)}}{A_2^{(2)}}=-\frac{1}{1.618}$

12-27　$\omega_1=0.7071\sqrt{\frac{EI}{ma^3}},\omega_2=3.3032\sqrt{\frac{EI}{ma^3}}$

12-28　(1)$M_B=33.90$ kN・m

(2)$M_B=29.45$ kN・m

12-29　$y_1^0=0.227$ cm

$y_2^0 = 0.241\ \text{cm}$

12-30　$M_B = \frac{5}{32} q l^2$

12-31　$B_1 = -0.0459\ \text{mm}, B_2 = -0.0117\ \text{mm}$

12-32　$$\begin{Bmatrix} y_1^0 \\ y_2^0 \\ y_3^0 \end{Bmatrix} = \begin{Bmatrix} -0.518 \\ -0.177 \\ -0.076 \end{Bmatrix} \text{mm}$$

上、下、中柱端弯矩幅值为

$$\begin{Bmatrix} M_1 \\ M_2 \\ M_3 \end{Bmatrix} = \begin{Bmatrix} 40.9 \\ 24.4 \\ 36.3 \end{Bmatrix} \text{kN} \cdot \text{m}$$

12-34　$\omega_i = \frac{i^2 \pi^2}{l^2} \sqrt{\frac{EIg}{q}}$　$(i = 1, 2, 3, \cdots)$

$y_x^{(i)} = C \sin \frac{i \pi x}{l}$　$(i = 1, 2, 3, \cdots)$

12-35　$\omega_1 = \frac{15.42}{l^2} \sqrt{\frac{EIg}{q}}, \omega_2 = \frac{49.97}{l^2} \sqrt{\frac{EIg}{q}}$

12-36　$\omega_1 = \frac{22.4}{l^2} \sqrt{\frac{EI}{\overline{m}}}, \omega_2 = \frac{61.6}{l^2} \sqrt{\frac{EI}{\overline{m}}}, \omega_3 = \frac{121}{l^2} \sqrt{\frac{EI}{\overline{m}}}$

12-37　$\omega_1 = \frac{22.45}{l^2} \sqrt{\frac{EI}{\overline{M}}}$

13 结构的极限荷载

13.1 概　　述

在前面几章中，主要讨论了结构的弹性计算。在计算中假定材料符合虎克定律，即应力和应变成正比，在使结构产生变形的荷载全部卸掉以后，结构仍将恢复原来的形状，没有残余变形。利用弹性计算的结果就可以进行设计，以确定结构杆件截面的尺寸，或是已知杆件截面的尺寸而验算最大的应力。

但是，弹性计算不能充分利用结构的承载能力。在实践中，局部应力达到屈服极限时结构并不破坏，还能承受更大的荷载。按弹性计算只考虑了结构中某一点应力达到屈服极限时的承载能力，因此，按弹性计算的结果设计的结构是不够经济的。于是要对结构进行塑性分析，求出结构开始破坏时所能承担的荷载（即极限荷载），将极限荷载除以荷载系数得到容许荷载，按容许荷载进行设计。

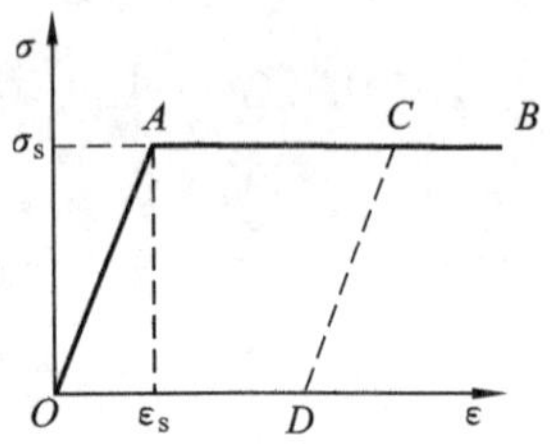

图 13-1　应力-应变关系图

在塑性分析中，一般不考虑剪力和轴力的影响，仍应用小变形时的平截面假定，并假定材料为理想弹塑性材料，采用简化的应力-应变关系，如图 13-1 所示。在应力 σ 到达屈服极限 σ_S 以前，应力-应变为线性关系，即 $\sigma=E\varepsilon$，属于弹性阶段，如图 13-1 中 OA 段所示。当应力到达屈服极限 σ_S 时，材料进入塑性流动状态，应力保持为常数 σ_S，而应变可继续增大，如图 13-1 中 AB 段所示。如果塑性流动到达 C 点后发生卸载，则 ε 的减小值 $\Delta\varepsilon$ 与 σ 的减小值 $\Delta\sigma$ 成正比，其比值仍为 E，即

$$\Delta\sigma=E\Delta\varepsilon$$

如图 13-1 中 CD 段所示，这里 $CD/\!/OA$。由此看到，材料在加载与卸载时情形不同：加载时是弹塑性的，卸载时是弹性的。还可看到，在经历塑性变形之后，应力与应变之间不再存在单值对应关系。同一个应力值可对应于不同的应变值，同一个应变值可对应于不同的应力值。由于以上原因，结构的弹塑性计算比弹性计算要复杂一些。

本章对结构弹塑性变形的发展过程不做全面的分析，而只是集中讨论简单结构的极限荷载，因而可用较简便的方法解决问题。

13.2 极限弯矩、塑性铰和破坏机构

以理想弹塑性材料的矩形截面梁（图 13-2）在荷载 P 作用下的情况为例，说明一些基本概念。

随着荷载 P 的增大，梁会经历一个由弹性阶段到弹塑性阶段最后达到塑性阶段的过程。实验表明，无论在哪一个阶段，梁弯曲变形时的平截面假定都是成立的。各阶段梁的截面 C 的应力变化过程如图 13-2(b)、图 13-2(c)、图 13-2(d)所示。在加载的初期，整个截面应力均未超过屈服极限 σ_S。当荷载增大到屈服荷载 P_S 时，截面 C 的最大应力即最外侧纤维的应力达到屈服极限 σ_S[图 13-2(b)]，截面 C 的弯矩称为弹性极限弯矩，或称为屈服弯矩，用 M_S 表示。由图 13-2(b)得

$$M_S=2\times\frac{bh}{4}\sigma_S\times\frac{2}{3}\times\frac{h}{2}=\frac{bh^2}{6}\sigma_S$$

此后截面 C 不再处于弹性阶段。

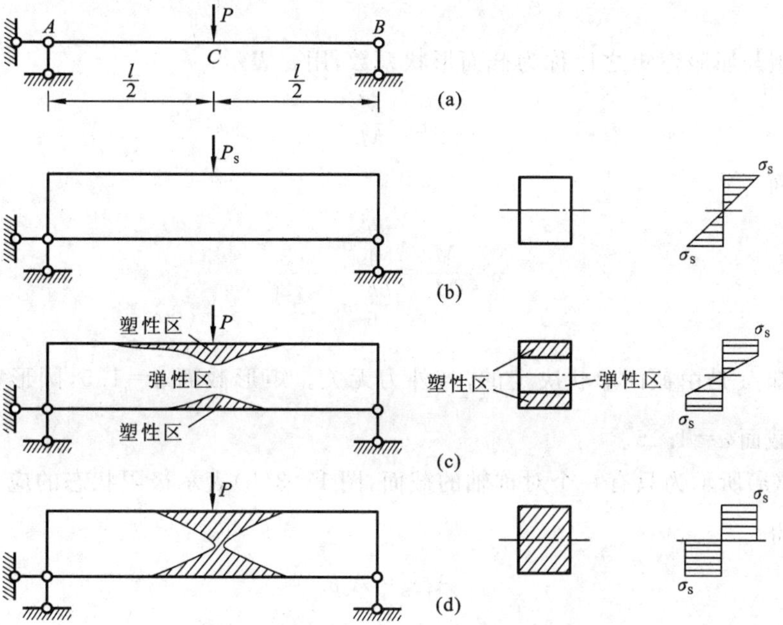

图 13-2　荷载 P 作用下的矩形截面梁

(a)荷载 P 作用下的梁；(b)外侧纤维的应力达到 σ_S；

(c)截面上同时存在弹性区和塑性区；(d)整个截面的应力都达到 σ_S

随着荷载的增加($P>P_S$)，截面 C 处于弹塑性阶段。此时截面在靠外部分形成塑性区，塑性区内的应力保持为常数 σ_S，但塑性区内的纵向纤维将继续延伸或缩短，在截面内部仍为弹性区，称为弹性核[图 13-2(c)]。随着荷载继续增加，弹性区逐渐缩小，同时靠近截面 C 的截面其外侧纤维也开始屈服，形成图 13-2(c)左图中阴影线所示的塑性区。当整个截面 C 的应力都达到屈服值 σ_S 时[图 13-2(d)]，截面达到塑性流动阶段，而应变迅速增加。此时，截面 C 的相应弯矩为

$$M_J=2\times\frac{bh}{2}\sigma_S\times\frac{1}{2}\times\frac{h}{2}=\frac{bh^2}{4}\sigma_S$$

这个弯矩是该截面所能承受的最大弯矩，叫作极限弯矩。

在极限弯矩值保持不变的情况下，截面的纵向纤维可以自由地伸长或缩短，因此，在这

个截面所在的一小段内,梁将产生转动,这种情况与带铰的截面相似。因此,当截面弯矩达到极限弯矩时,这种截面叫作塑性铰。对于图 13-2(a)所示的静定梁来说,截面 C 形成塑性铰时结构已变为几何可变体系,称为破坏机构,简称机构,可以发生很大的位移,承载力已无法再增加。这种状态称为极限状态,此时的荷载称为极限荷载,用 P_J 表示。

如果加载至弹塑性阶段或塑性流动阶段后再减载,由于减载时应力增量与应变增量仍保持直线关系,截面仍恢复其弹性性质。由此可得塑性铰与普通铰的区别在于:普通铰不能承受弯矩,而塑性铰则能承受弯矩(极限弯矩);在荷载减小后,由于弯矩也随之减小,塑性铰即消失,截面即不再有塑性铰的性质,就是说普通铰为双向铰,它的两侧可以沿两个方向发生相对转动,而塑性铰则为单向铰,它的两侧只能发生与极限弯矩指向一致的单向相对转动。

极限弯矩与屈服弯矩之比称为截面形状系数,用 α 表示。

$$\alpha=\frac{M_J}{M_S}$$

对于矩形截面

$$\alpha=\frac{M_J}{M_S}=\frac{\frac{bh^2}{4}\sigma_S}{\frac{bh^2}{6}\sigma_S}=\frac{3}{2}$$

由此可知,α 是由截面形状决定的,与外力无关。矩形截面 $\alpha=1.5$,圆形截面 $\alpha=\frac{16}{3\pi}\approx 1.7$,工字形截面 $\alpha=1.15$。

图 13-3(a)所示为只有一个对称轴的截面,图 13-3(b)表示极限状态的应力分布。利用 $\sum Y=0$,得

$$A_1\sigma_S=A_2\sigma_S$$

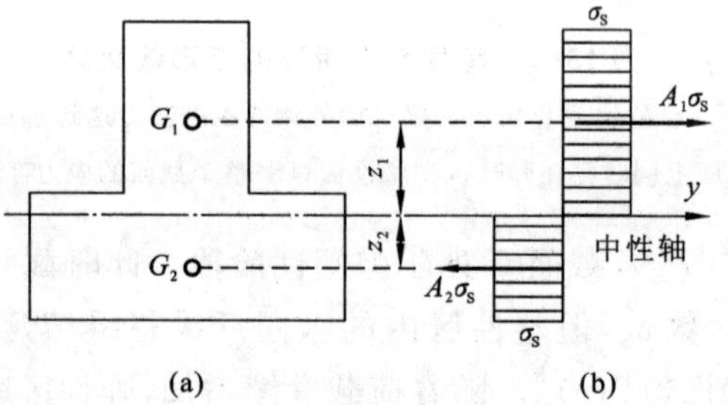

图 13-3 计算极限弯矩

(a)对称的截面;(b)极限状态的应力分布

于是知

$$A_1=A_2$$

因为

$$A_1+A_2=A$$

所以

$$A_1=A_2=\frac{1}{2}A$$

式中　A——截面的全面积；

A_1，A_2——中性轴以上和以下部分的截面面积。

这说明在极限状态下，中性轴将截面分成两个面积相等的部分。此时极限弯矩为

$$M_J=A_1\sigma_S z_1+A_2\sigma_S z_2=\sigma_S(S_1+S_2)=\sigma_S W_J$$

式中　S_1，S_2——A_1 和 A_2 对中性轴的静矩；

W_J——塑性截面模量，$W_J=S_1+S_2$。

因此，极限弯矩取决于截面的形状和尺寸以及材料的屈服应力，而与荷载无关，是截面形成塑性铰时的极限弯矩，也是截面抗弯的最大弯矩。梁的极限荷载可根据塑性铰截面的弯矩等于极限值的条件，利用平衡方程求出。

13.3　单跨超静定梁的极限荷载

从上面的讨论可知，在静定梁中，由于没有多余联系，因此只要有一个截面出现塑性铰，梁就成为机构，从而丧失承载能力以致破坏。

在超静定梁中，由于具有多余联系，所以必须有足够数目的塑性铰出现，才能使其变为机构，从而丧失承载能力以致破坏，这与静定梁是不同的。

下面以图 13-4(a)所示的等截面梁为例，说明单跨超静定梁由弹性阶段到弹塑性阶段，直至极限状态的过程。

弹性阶段($P\leqslant P_S$)的弯矩图如图 13-4(b)所示，在固定端处弯矩最大。

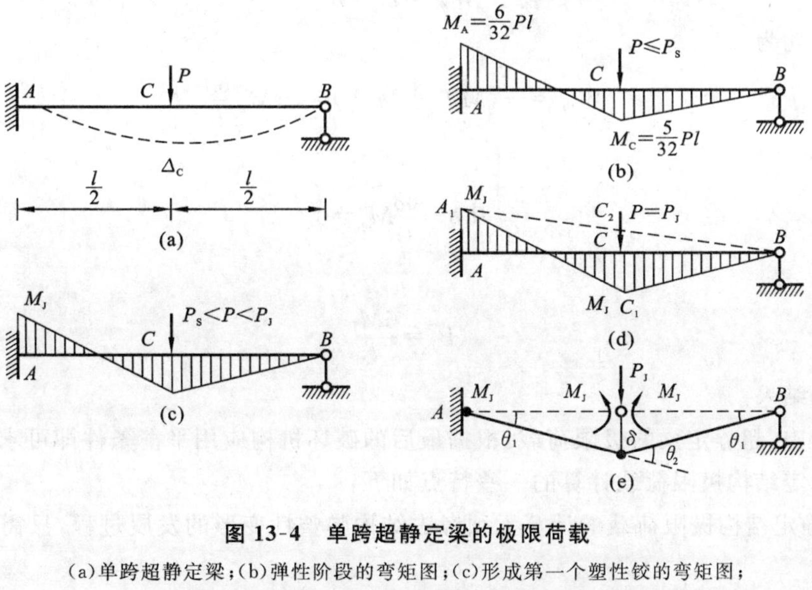

图 13-4　单跨超静定梁的极限荷载

(a)单跨超静定梁；(b)弹性阶段的弯矩图；(c)形成第一个塑性铰的弯矩图；

(d)形成第二个塑性铰的弯矩图；(e)梁变为机构

当荷载超过 P_S 后,塑性区首先在固定端附近形成并扩大,然后在跨中截面也将形成塑性区。此时随着荷载 P 的增加,弯矩图不断地变化,不再与弹性阶段的 M 图成比例。随着塑性区向中性轴延伸,在固定端截面形成第一个塑性铰,弯矩图如图 13-4(c)所示。此时在加载条件下,梁已转化为静定梁,但承载能力尚未达到极限值。

当荷载再增加时,固定端的弯矩保持为常数 M_J。当荷载增加到使跨中截面弯矩达到 M_J 时,在该截面形成第二个塑性铰[图 13-4(e)],于是梁即变为机构,而梁的承载能力即达到极限值,此时的荷载就是极限荷载 P_J,相应的弯矩图如图 13-4(d)所示。

极限荷载 P_J 可根据极限状态的弯矩图由平衡条件求出。在图 13-4(d)中,连接 A_1B 线,三角形 A_1C_1B 应是简支梁在荷载 P_J 作用下的弯矩图,故跨中纵距为

$$C_2C_1=\frac{P_Jl}{4}$$

另一方面

$$C_2C_1=CC_1+\frac{1}{2}AA_1=1.5M_J$$

因此有

$$\frac{P_Jl}{4}=1.5M_J$$

由此求得极限荷载

$$P_J=\frac{6M_J}{l}$$

另外,极限荷载 P_J 也可根据虚功原理求出。图 13-4(e)所示为破坏机构的一种可能位移,设跨中位移为 δ,则 $\theta_1=\frac{2\delta}{l}$,$\theta_2=\frac{4\delta}{l}$,外力所做的功为

$$W_{外}=P_J\cdot\delta$$

内力所做的功为

$$W_{内}=-(M_J\theta_1+M_J\theta_2)=-M_J\frac{6\delta}{l}$$

由虚功方程

$$P_J\delta-\frac{6\delta}{l}M_J=0$$

得

$$P_J=\frac{6M_J}{l}$$

得出相同的结果。

由此看出,超静定梁的极限荷载,根据最后的破坏机构应用平衡条件即可求出。据此可概括出超静定结构极限荷载计算的一些特点如下:

① 超静定结构极限荷载的计算无须考虑结构弹塑性变形的发展过程,只需考虑最后的破坏机构。

② 超静定结构极限荷载的计算只需考虑静力平衡条件,而无须考虑变形协调条件,因

而比弹性计算简单。

③ 超静定结构的极限荷载不受温度变化、支座移动等因素的影响。这些因素只影响结构变形的发展过程,而不影响极限荷载的数值。

【例 13-1】 图 13-5(a)所示的变截面梁,AB 段的极限弯矩为 $2M_J$,BC 段的极限弯矩为 M_J,试求极限荷载。

【解】 首先根据极限状态弯矩图,由平衡条件求极限荷载(也称静力法)。

该梁为一次超静定结构,所以只要出现两个塑性铰就形成破坏机构。

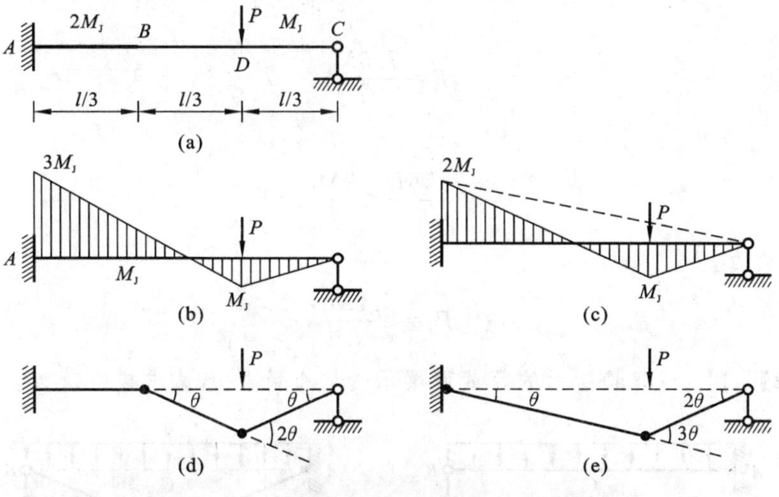

图 13-5 例 13-1 图

(a)单跨变截面梁;(b)、(c)极限状态的弯矩图;(d)、(e)破坏机构的一种可能形式

若截面 B 和 D 出现塑性铰,极限状态的弯矩图如图 13-5(b)所示,则截面 A 的弯矩为 $3M_J$,这个弯矩值已经超过了截面 A 所能承受的极限弯矩 $2M_J$。显然,这个弯矩图不可能实现,因而截面 B 和 D 同时出现塑性铰是不可能的。

若截面 A 和 D 出现塑性铰,极限状态的弯矩图如图 13-5(c)所示,则截面 B 的弯矩为

$$M_B=\frac{1}{2}(2M_J-M_J)=0.5M_J<M_J$$

所以截面 A 和 D 同时出现塑性铰是可能的。在图 13-5(c)所示的弯矩图中,虚线与折线之间的部分,相当于简支梁 AC 在集中荷载 P 作用于 D 点时的弯矩图,这部分的最大纵矩即 D 点的弯矩值为 $\frac{2}{9}Pl$。因此,按图 13-5(c)可写出平衡方程为

$$\frac{2}{9}Pl-\frac{1}{3}\times 2M_J=M_J$$

由此得极限荷载

$$P_J=7.5\frac{M_J}{l}$$

其次,根据虚功原理求极限荷载(也称机动法)。图 13-5(d)所示为破坏机构的一种可能形式的可能位移,由虚功方程

$$P\times\frac{l}{3}\theta-M_{\mathrm{J}}\theta-M_{\mathrm{J}}\times2\theta=0$$

得

$$P=\frac{9M_{\mathrm{J}}}{l}$$

图 13-5(e)所示为破坏机构的另一种可能形式的可能位移，由虚功方程

$$P\times\frac{2}{3}l\theta-(2M_{\mathrm{J}}\times\theta+M_{\mathrm{J}}\times3\theta)=0$$

得

$$P=\frac{7.5M_{\mathrm{J}}}{l}$$

因为

$$\frac{7.5M_{\mathrm{J}}}{l}<\frac{9M_{\mathrm{J}}}{l}$$

所以，极限荷载为

$$P_{\mathrm{J}}=\frac{7.5M_{\mathrm{J}}}{l}$$

【例 13-2】 图 13-6(a)所示的等截面梁承受均布荷载 q，试求极限荷载。

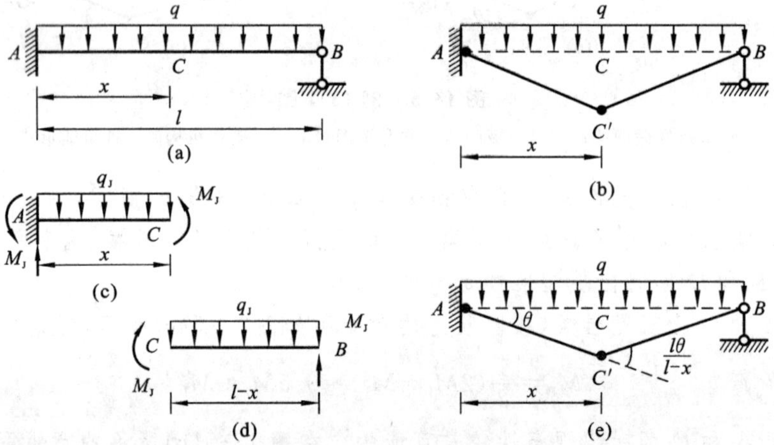

图 13-6 例 13-2 图

(a)均布荷载下的等截面梁；(b)破坏机构形式；(c)AC 段隔离体；(d)CB 段隔离体；(e)破坏机构形式

【解】 (1) 静力法

随着荷载的增加，固定端 A 截面的弯矩首先达到极限值出现第一个塑性铰。当梁处于极限状态时，设距梁 A 端为 x 处的截面的弯矩达到极限值出现第二个塑性铰，梁变为机构[图 13-6(b)]，在均布荷载作用下，该处截面弯矩既然达到极限值，则必有 $\frac{\mathrm{d}M}{\mathrm{d}x}=0$，所以此截面的剪力必为零。据此，由 AC 段隔离体[图 13-6(c)]的平衡条件 $\sum M_{\mathrm{A}}=0$ 得

$$\frac{1}{2}q_J x^2 - 2M_J = 0$$

所以

$$x = 2\sqrt{\frac{M_J}{q_J}} \tag{13-1}$$

由 CB 段隔离体[图 13-6(d)]的平衡条件 $\sum M_B = 0$ 得

$$\frac{1}{2}q_J (l-x)^2 - M_J = 0$$

所以

$$q_J = \frac{2M_J}{(l-x)^2} \tag{13-2}$$

将式(13-2)代入式(13-1)得

$$x = \sqrt{2}(l-x)$$

解得

$$x = (2-\sqrt{2})l$$

将 x 的值代入式(13-2),得极限荷载

$$q_J = 11.65\frac{M_J}{l^2}$$

(2) 机动法

当梁处于极限状态时,在固定端截面 A 形成一个塑性铰,设距梁 A 端为 x 处的截面形成另一个塑性铰因而梁变为机构。图 13-6(e)所示为破坏机构的可能位移。由虚功原理得

$$q\times\frac{1}{2}\times l\times x\times\theta - M_J\theta - M_J\times\frac{l\theta}{l-x} = 0$$

所以

$$q = \frac{2(2l-x)}{lx(l-x)}M_J$$

为了求荷载 q 的极小值,利用 $\frac{dq}{dx}=0$,得 $x^2-4lx+2l^2=0$

由此解得

$$x_1 = (2+\sqrt{2})l, \quad x_2 = (2-\sqrt{2})l$$

其中 $x_1 > l$ 是不可能的。将 x_2 代入 q 的表达式,得极限荷载为

$$q_J = 11.65\frac{M_J}{l^2}$$

13.4 连续梁的极限荷载

设梁在每一跨度内为等截面,而各跨的截面可以不同。若荷载按比例增加,并均向下作用在梁上,最大负弯矩只可能在跨度两端出现,所以相应的负塑性铰也只能在两端出现,破

坏机构则只能在各跨独立形成,如图 13-7(b)、图 13-7(c)所示。而图 13-7(d)所示的破坏形式是不可能形成的。

【例 13-3】 图 13-7(a)所示为等截面梁,比例加载为 $\frac{P_1}{P_2}=\frac{1.1P}{P}=\frac{1.1}{1}$,试求极限荷载 P_J。

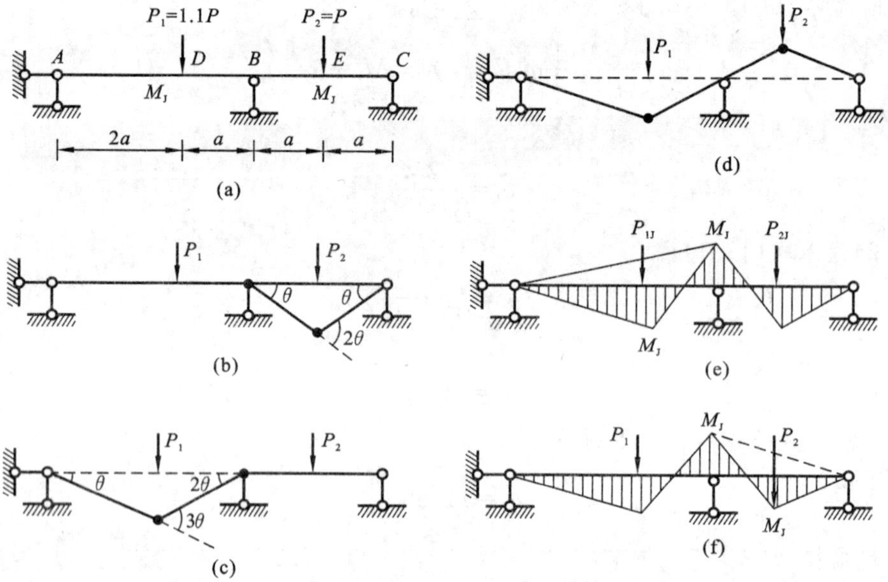

图 13-7 例 13-3 图

(a)等截面梁及荷载;(b)、(c)可能的破坏机构;(d)不可能的破坏形式;(e)、(f)弯矩分布图

【解】 (1) 机动法

本题有两种可能的破坏机构[如图 13-7(b)、图 13-7(c)]。在图 13-7(b)中,根据虚功原理得

$$P\cdot\theta a-M_J\cdot\theta-M_J\cdot 2\theta=0$$

所以

$$P=\frac{3M_J}{a}$$

在图 13-7(c)中,根据虚功原理得

$$1.1P\cdot 2a\cdot\theta-M_J\cdot 3\theta-M_J\cdot 2\theta=0$$

所以

$$P=\frac{2.27M_J}{a}$$

则最小值即为极限荷载

$$P_J=2.27\frac{M_J}{a}$$

(2) 静力法

本题有两种满足屈服条件的弯矩分布图[图 13-7(e)、图 13-7(f)]。在图 13-7(e)中,根

据平衡条件得

$$\frac{1.1P \cdot 2a \cdot a}{3a} - \frac{2}{3}M_J = M_J$$

所以

$$P = 2.27\frac{M_J}{a}$$

在图 13-7(f)中，根据平衡条件得

$$\frac{P \cdot 2a}{4} - \frac{M_J}{2} = M_J$$

所以

$$P = 3\frac{M_J}{a}$$

则最小值即为极限荷载

$$P_J = 2.27\frac{M_J}{a}$$

【例 13-4】 图 13-8(a)所示三跨连续梁。AB 和 BC 跨的极限弯矩为 $1.5M_J$，CD 跨的极限弯矩为 M_J，试用机动法求极限荷载 P_J。

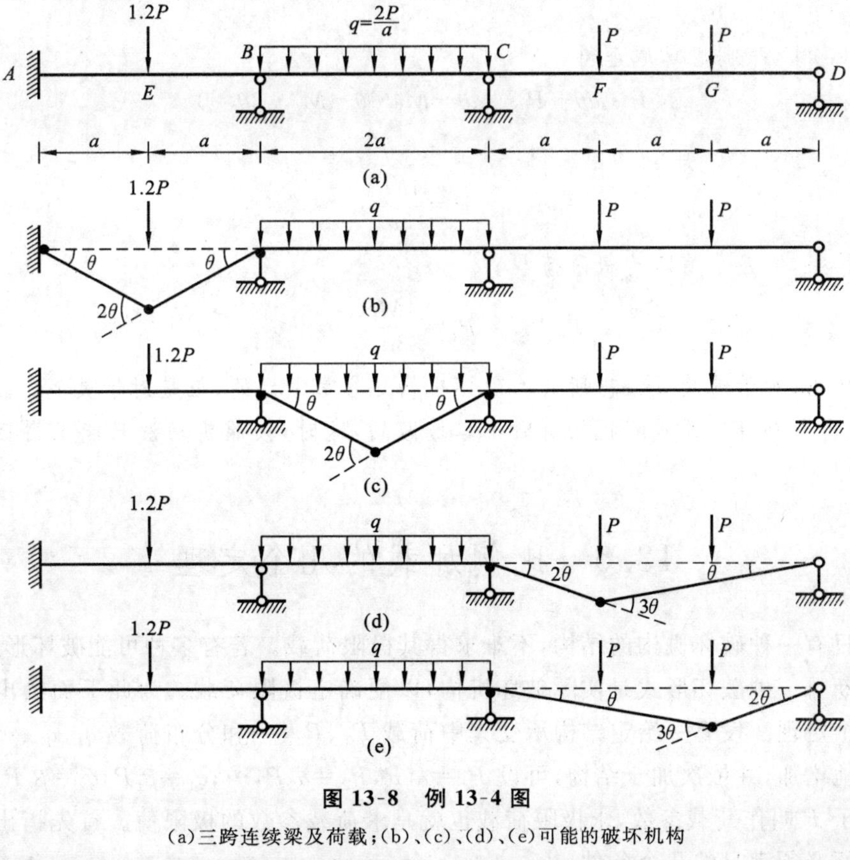

图 13-8　例 13-4 图

(a)三跨连续梁及荷载；(b)、(c)、(d)、(e)可能的破坏机构

【解】 本题共有四种可能的破坏机构分别如图 13-8(b)、图 13-8(c)、图 13-8(d)、图 13-8(e)所示。在图 13-8(b)中,根据虚功原理得

$$1.2P\cdot a\theta-1.5M_{\mathrm{J}}\cdot\theta-1.5M_{\mathrm{J}}\cdot 2\theta-1.5M_{\mathrm{J}}\cdot\theta=0$$

所以

$$P=\frac{5M_{\mathrm{J}}}{a}$$

在图 13-8(c)中,根据虚功原理得(对于相邻两跨截面不等的连续梁,如果在截面改变处形成塑性铰,这个铰必然在极限弯矩较小的截面上)

$$\frac{1}{2}\cdot 2a\cdot a\theta\cdot\frac{2P}{a}-1.5M_{\mathrm{J}}\cdot\theta-1.5M_{\mathrm{J}}\cdot 2\theta-M_{\mathrm{J}}\cdot\theta=0$$

所以

$$P=\frac{2.75M_{\mathrm{J}}}{a}$$

在图 13-8(d)中,根据虚功原理得

$$P\cdot 2a\theta+P\cdot a\theta-M_{\mathrm{J}}\cdot 2\theta-M_{\mathrm{J}}\cdot 3\theta=0$$

所以

$$P=\frac{5M_{\mathrm{J}}}{3a}$$

在图 13-8(e)中,根据虚功原理得

$$P\cdot a\theta+P\cdot 2a\theta-M_{\mathrm{J}}\cdot\theta-M_{\mathrm{J}}\cdot 3\theta=0$$

所以

$$P=\frac{4M_{\mathrm{J}}}{3a}$$

比较以上结果,取最小值即为极限荷载

$$P_{\mathrm{J}}=\frac{4M_{\mathrm{J}}}{3a}$$

需要指出,对于连续梁给出所有的破坏机构是容易做到的,但是对于其他比较复杂的结构,要想给出所有可能的破坏机构有时不容易做到,这时,按照机动法只能求得极限荷载的上限值。

13.5 比例加载的几个定理

对于只有一种破坏机构的结构,不难求得其极限荷载。若有多种可能破坏形式的结构,就需要判断哪一种破坏形式是实际破坏机构,以便确定极限荷载。为此下面给出确定极限荷载的三个定理。设有一给定结构承受集中荷载 P_1、P_2、…和分布荷载 q_1、q_2、…。由于荷载成比例地增加,并依次加于结构,可设 $P_1=\alpha_1 P$,$P_2=\alpha_2 P$,…;$q_1=\beta_1 P$,$q_2=\beta_2 P$,…。其中的共同因子 P 叫作荷载参数,求极限荷载也就是求荷载参数的极限值。首先指出结构在极限状态下所必须满足的几个条件:

① 平衡条件：当荷载达到极限值时，作用在结构整体上或任一局部上所有的力都必须保持平衡。

② 屈服条件：当荷载达到极限值时，结构上各个截面的弯矩都不能超过其极限值，即 $-M_J \leqslant M \leqslant M_J$。

③ 机构条件：当荷载达到极限值时，结构上必须有足够数目截面的弯矩达到极限弯矩值，即结构中已形成足够数目的塑性铰，而使结构变为一个破坏机构。

下面给出确定极限荷载的三个定理。

(1) 上限定理(亦称机动定理或极小定理)

取结构的各种破坏形式，用平衡条件求相应的荷载(称为可破坏荷载)，其最小值就是极限荷载。

这个定理表明：同时满足机构条件和平衡条件的可破坏荷载将大于或等于极限荷载。

(2) 下限定理(亦称静力定理或极大定理)

取结构的各种弯矩分布，所有截面弯矩要满足屈服条件，用平衡条件求相应的荷载(称为可接受荷载)，其最大值就是极限荷载。

这个定理表明：同时满足平衡条件和屈服条件的可接受荷载将小于或等于极限荷载。

(3) 单值定理(唯一性定理)

如果荷载既是可破坏荷载，又是可接受荷载，则该荷载就是极限荷载。

这个定理也可以表达为：对于一比例加载作用下的给定结构，同时满足平衡条件、机构条件和屈服条件的荷载就是极限荷载。

【例 13-5】 试求图 13-9(a)所示变截面梁的极限荷载 P_J。

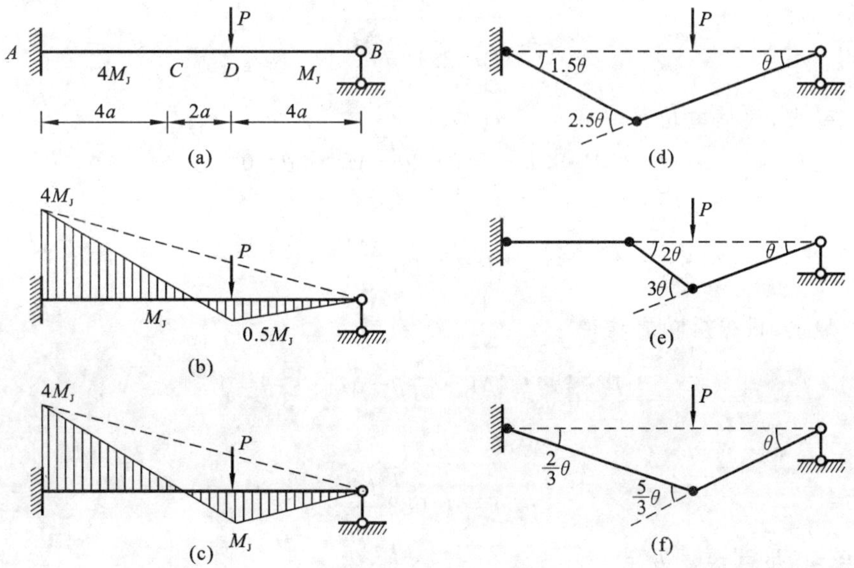

图 13-9 例 13-5 图

(a)单跨变截面梁；(b)、(c)可能的弯矩分布图；(d)、(e)、(f)可能的破坏机构

【解】 (1) 静力法

满足屈服条件的弯矩分布图有两种可能,如图 13-9(b)、图 13-9(c)所示。利用平衡条件,在图 13-9(b)中得

$$\frac{4a \cdot 6a}{10a}P = 1.6M_J + 0.5M_J = 2.1M_J$$

所以

$$P = 0.875\,\frac{M_J}{a}$$

在图 13-9(c)中得

$$\frac{4a \cdot 6a}{10a}P = 1.6M_J + M_J = 2.6M_J$$

所以

$$P = 1.083\,\frac{M_J}{a}$$

根据下限定理,极限荷载为

$$P_J = 1.083\,\frac{M_J}{a}$$

(2) 机动法

本题共有三种可能的破坏机构,分别如图 13-9(d)、图 13-9(e)、图 13-9(f)所示。在图 13-9(d)中,根据虚功原理得

$$P \cdot 4a\theta - 4M_J \cdot 1.5\theta - M_J \cdot 2.5\theta = 0$$

所以

$$P = 2.125\,\frac{M_J}{a}$$

在图 13-9(e)中,根据虚功原理得

$$P \cdot 4a\theta - M_J \cdot 2\theta - M_J \cdot 3\theta = 0$$

所以

$$P = 1.25\,\frac{M_J}{a}$$

在图 13-9(f)中,根据虚功原理得

$$P \cdot 4a\theta - 4M_J \cdot \frac{2}{3}\theta - M_J \cdot \frac{5}{3}\theta = 0$$

所以

$$P = 1.083\,\frac{M_J}{a}$$

根据上限定理,极限荷载为

$$P_J = 1.083\,\frac{M_J}{a}$$

【例 13-6】 图 13-10(a)所示连续梁,试求极限荷载 P_J。

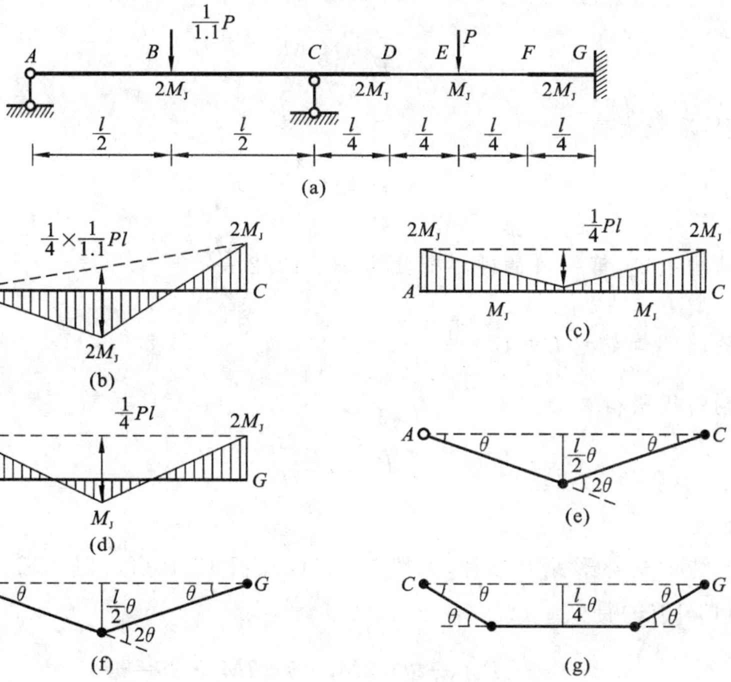

图 13-10　例 13-6 图

(a)变截面连续梁;(b)、(c)、(d)可能的弯矩分布图;

(e)、(f)、(g)可能的破坏机构形式

【解】 (1) 静力法

因为连续梁是各跨单独破坏,所以分析时要分跨考虑。

第一跨　满足屈服条件的弯矩分布图只有一种可能,如图 13-10(b)所示。利用平衡条件得

$$\frac{1}{4}\times\frac{1}{1.1}Pl=2M_J+M_J=3M_J$$

所以

$$P=13.2\frac{M_J}{l}$$

第二跨　满足屈服条件的弯矩分布图有两种可能,如图 13-10(c)、图 13-10(d)所示。利用平衡条件得

① $$\frac{1}{4}Pl=2M_J$$

所以

$$P=8\frac{M_J}{l}$$

② $$\frac{1}{4}Pl=2M_J+M_J=3M_J$$

所以

$$P=12\frac{M_J}{l}$$

根据下限定理,取最大值

$$P=12\frac{M_J}{l}$$

就整个结构来说,第一跨的破坏荷载为 $P=13.2\frac{M_J}{l}$

第二跨的破坏荷载为 $P=12\frac{M_J}{l}$

所以整个结构的极限荷载为

$$P_J=12\frac{M_J}{l}$$

(2) 机动法

连续梁可能的破坏形式有三种,如图 13-10(e)、图 13-10(f)、图 13-10(g)所示。根据虚功原理,由图13-10(e)得

$$\frac{1}{1.1}P\cdot\frac{1}{2}l\theta-2M_J\cdot\theta-2M_J\cdot2\theta=0$$

所以

$$P=13.2\frac{M_J}{l}$$

由图 13-10(f)得

$$P\cdot\frac{1}{2}l\theta-2M_J\cdot\theta-2M_J\cdot\theta-M_J\cdot2\theta=0$$

所以

$$P=12\frac{M_J}{l}$$

由图 13-10(g)得

$$P\cdot\frac{1}{4}l\theta-2M_J\cdot\theta-2M_J\cdot\theta-M_J\cdot\theta-M_J\cdot\theta=0$$

所以

$$P=24\frac{M_J}{l}$$

根据上限定理,取最小值即为极限荷载

$$P_J=12\frac{M_J}{l}$$

13.6 简单刚架的极限荷载

现在应用确定极限荷载的定理讨论简单刚架极限荷载的计算问题，在讨论中不考虑轴力和剪力对极限荷载的影响。

刚架是由若干根杆件连接而成的，只要在刚架上形成足够数目的塑性铰，其整体或局部就成为机构，从而丧失承载能力而导致破坏。

图 13-11(a)所示刚架，在集中荷载作用下，其弯矩图由直线段组成，塑性铰只可能在各直线段的端点出现，即在 A、B、C 三点出现。因此，可能的破坏形式如图 13-11(b)、图 13-11(c)、图 13-11(d)所示。根据虚功原理，在图 13-11(b)中有

$$2P\cdot a\theta-2M_J\cdot 2\theta-M_J\theta=0$$

所以

$$P=2.5\,\frac{M_J}{a}$$

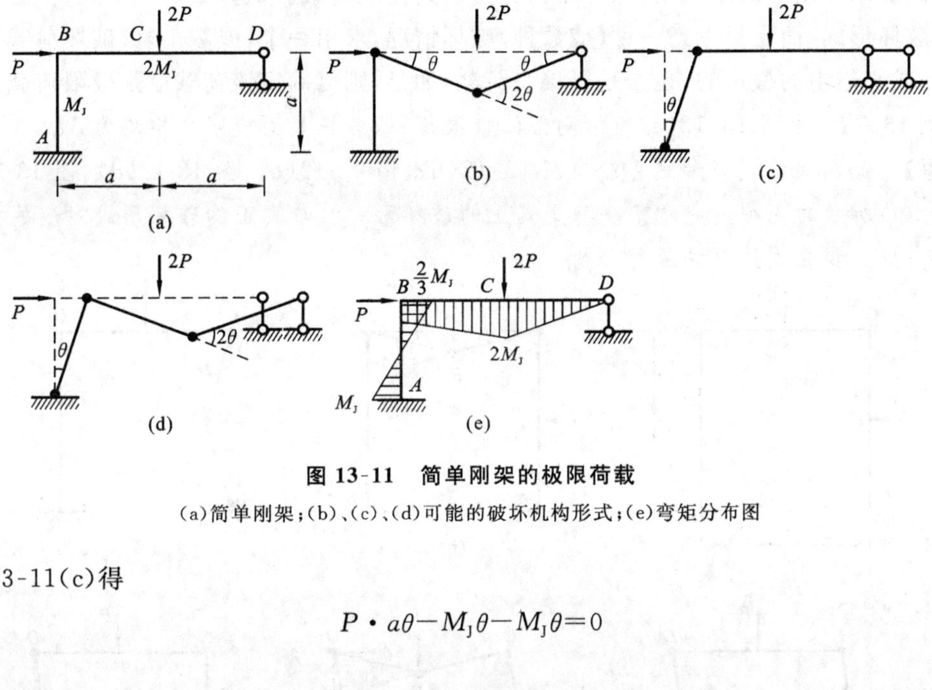

图 13-11　简单刚架的极限荷载

(a)简单刚架；(b)、(c)、(d)可能的破坏机构形式；(e)弯矩分布图

由图 13-11(c)得

$$P\cdot a\theta-M_J\theta-M_J\theta=0$$

所以

$$P=2\,\frac{M_J}{a}$$

由图 13-11(d)得

$$P\cdot a\theta+2P\cdot a\theta-M_J\cdot\theta-2M_J\cdot 2\theta=0$$

所以

$$P=\frac{5M_J}{3a}$$

根据上限定理,极限荷载为

$$P_J=\frac{5M_J}{3a}$$

对于简单刚架用机动法求极限荷载是方便的。对于比较复杂的刚架,由于可能的破坏形式有很多种,容易漏掉一些破坏形式,因而得到的最小值只是极限荷载的上限值,不一定就是极限荷载。如果根据平衡条件检查出它引起的弯矩分布图满足屈服条件,则根据单值定理该荷载即为极限荷载。

现验算 $P_J=\frac{5M_J}{3a}$是否是可接受荷载。

图 13-11(e)所示为 $P=\frac{5M_J}{3a}$引起的弯矩分布图,A、B、C 三点的弯矩分别为 M_J、$\frac{2}{3}M_J$ 和 $2M_J$,满足屈服条件,所以 $P_J=\frac{5M_J}{3a}$就是图 13-11(a)所示刚架的极限荷载。

从前面的讨论可知,与计算可接受荷载相比,求结构的可破坏荷载较为简便。因此,对于一比例加载作用下的给定结构,可用试算法求其极限荷载。试算法的实质是:不必考虑全部的可破坏形式,而是只考虑一种(或数种)破坏情况,求出一个(或数个)可破坏荷载。然后检查它(或它们中的最小的)是否是可接受荷载,如是,则可确定该荷载就是极限荷载。

【例 13-7】 求图 13-12(a)所示刚架的极限荷载,各杆截面极限弯矩均为 M_J。

【解】 此刚架的破坏形式可能有图 13-12(b)、图 13-12(c)、图 13-12(d)、图 13-12(e)、图 13-12(f)所示的几种。究竟哪一种是真正的破坏形式?与真正的破坏形式对应的极限荷载值是多少?现在用试算法进行分析。

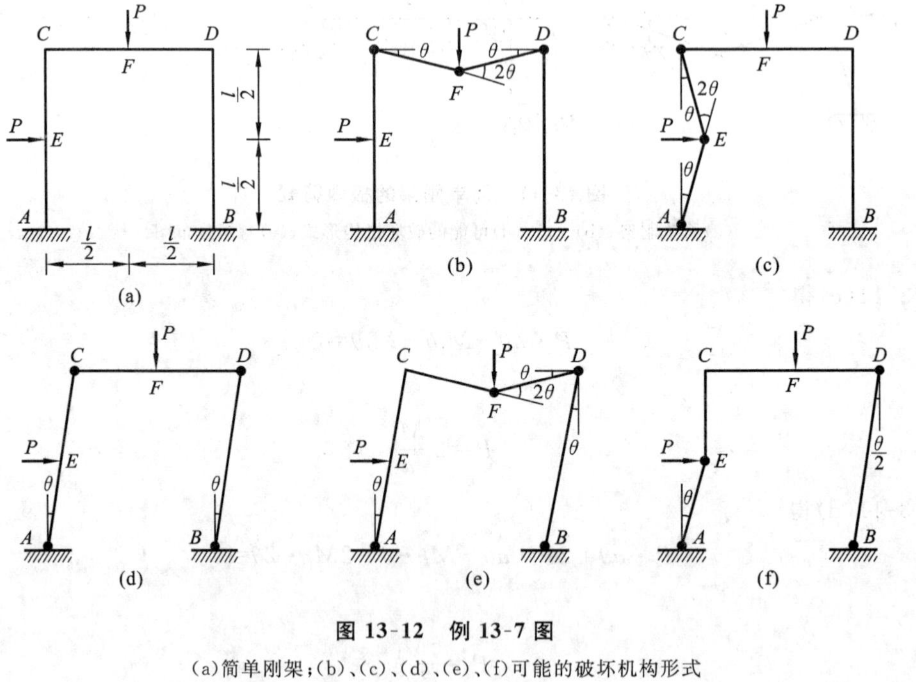

图 13-12 例 13-7 图

(a)简单刚架;(b)、(c)、(d)、(e)、(f)可能的破坏机构形式

首先用机动法求图 13-12(b)所示破坏形式相应的可破坏荷载。根据虚功原理，由图 13-12(b)得

$$P\frac{l}{2}\theta - M_J\theta - M_J\cdot 2\theta - M_J\theta = 0$$

求出

$$P = 8\frac{M_J}{l}$$

然后检查此荷载是否是可接受荷载，即在此荷载作用下，结构各截面的弯矩是否满足屈服条件。由于 C、F、D 三处截面弯矩均为 M_J，故可画出横梁的弯矩图，由横梁的平衡条件可确定两个立柱的轴力为 $-\frac{P}{2}$，但立柱的弯矩仍是超静定的，可令 $M_B = xM_J$[图 13-13(a)]，则 M_A 可由平衡条件(考虑柱底竖向反力为向上的$\frac{P}{2}$)求得

$$M_A = 4M_J - M_B = (4 - x)M_J$$

由此式看出无论 x 取什么值，M_A 和 M_B 二者中至少有一个超过 M_J，说明 $P = 8\frac{M_J}{l}$ 不是可接受荷载。根据单值定理，它当然也不是极限荷载。

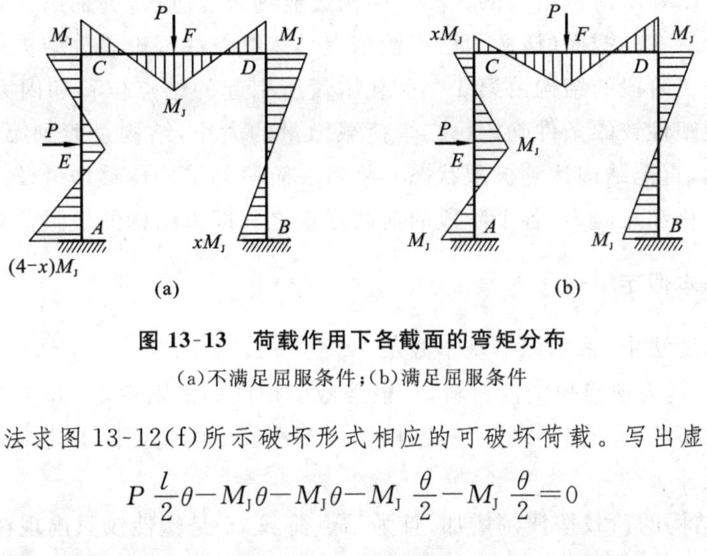

图 13-13 荷载作用下各截面的弯矩分布

(a)不满足屈服条件；(b)满足屈服条件

现在用机动法求图 13-12(f)所示破坏形式相应的可破坏荷载。写出虚功方程为

$$P\frac{l}{2}\theta - M_J\theta - M_J\theta - M_J\frac{\theta}{2} - M_J\frac{\theta}{2} = 0$$

求出

$$P = 6\frac{M_J}{l}$$

检查此荷载是否是可接受荷载。A、B、D、E 四点处截面弯矩均为 M_J，横梁及 CE 段立柱的弯矩仍是超静定的。可设 C 点处的截面弯矩为 xM_J，绘出弯矩图，如图 13-13(b)所示。根据平衡条件有

$$M_F = \frac{1}{4}Pl - \frac{1}{2}(xM_J + M_J) = 1.5M_J - 0.5xM_J - 0.5M_J = M_J - 0.5xM_J$$

可见,当 $x<1$ 时,M_C 及 M_F 均小于 M_J,说明屈服条件得到满足,即 $P=6\dfrac{M_J}{l}$ 是可接受荷载。根据单值定理它就是极限荷载,即

$$P_J=6\frac{M_J}{l}$$

至此本题已经解算完毕。至于其他各种可能的破坏形式即可不再考虑。

应当指出,同一结构在同一荷载作用下,其极限内力状态可能不止一种,但与各极限内力状态相应的极限荷载值是相同的。也就是说极限荷载值是唯一的。而极限内力状态则不一定是唯一的。读者可结合本例探讨这一论述的正确性。

13.7 确定梁和刚架极限荷载的增量变刚度法

本节介绍应用矩阵位移法确定梁和刚架在逐步加载过程中塑性铰的出现顺序、结点位移的变化情况及极限荷载。这一方法适用于用计算机求解。

这个方法的主要特点是:将加载的全过程分成若干个阶段,施加第一个荷载增量时,结构处于弹性阶段,用矩阵位移法求解结构的结点位移及内力,根据最大内力处的截面出现塑性铰的条件确定第一个荷载增量的大小。结构过渡到第二阶段,施加第二个荷载增量,根据前一阶段塑性铰所在的截面(该截面已成铰结点),按线弹性理论修改结构总刚度矩阵,用矩阵位移法求解第二阶段的结构由第二个荷载增量所引起的结点位移和内力,并根据最大内力处的截面出现塑性铰的条件确定第二个荷载增量的大小,结构过渡到第三阶段。再按上述过程继续计算,直至结构达到极限状态。将每一阶段的结构位移增量及内力增量累加,便得到结构的总位移和总内力,各个阶段的荷载增量之和即为结构的极限荷载。

13.7.1 基本假定

在增量变刚度法中,采用以下基本假定:

① 结构的材料为理想弹塑性材料,一根等截面杆件的极限弯矩 M_J 为常数,但结构中各杆的极限弯矩可不相同。当出现塑性铰时,认为塑性铰处的塑性区退化为一个截面,而其余部分仍为弹性区。

② 施加于结构的荷载按比例增加,且为结点荷载,于是塑性铰只出现在结点处。

③ 忽略轴力和剪力对极限弯矩的影响。

13.7.2 单元刚度矩阵

当荷载逐渐增加时,单元的一端或两端将出现塑性铰,结构中出现新的铰结点,相应的单元刚度矩阵需要进行修改。在梁和刚架的极限荷载分析中,除两端均为刚接的单元外,还有三种在单元端点出现铰接的情况,现将这些单元在单元坐标系中的刚度矩阵分别表述如下:

下述与各单元刚度矩阵有关的杆端力及杆端位移的方向及正负号规定,均与第 11 章矩阵位移法中的规定相同。

(1) 两端均为刚接的单元

在第 11 章矩阵位移法中,已求得两端为刚结的等截面单元 ij 在单元坐标系中的单元刚度矩阵为

$$\overline{\boldsymbol{k}}^{e}=\begin{bmatrix} \frac{EA}{l} & 0 & 0 & -\frac{EA}{l} & 0 & 0 \\ 0 & \frac{12EI}{l^3} & \frac{6EI}{l^2} & 0 & -\frac{12EI}{l^3} & \frac{6EI}{l^2} \\ 0 & \frac{6EI}{l^2} & \frac{4EI}{l} & 0 & -\frac{6EI}{l^2} & \frac{2EI}{l} \\ -\frac{EA}{l} & 0 & 0 & \frac{EA}{l} & 0 & 0 \\ 0 & -\frac{12EI}{l^3} & -\frac{6EI}{l^2} & 0 & \frac{12EI}{l^3} & -\frac{6EI}{l^2} \\ 0 & \frac{6EI}{l^2} & \frac{2EI}{l} & 0 & -\frac{6EI}{l^2} & \frac{4EI}{l} \end{bmatrix} \tag{13-3}$$

(2) 在单元的 i(左)端出现塑性铰

这时单元的 i 端为铰接,j 端为刚接,单元刚度矩阵为

$$\overline{\boldsymbol{k}}_i^{e}=\begin{bmatrix} \frac{EA}{l} & 0 & 0 & -\frac{EA}{l} & 0 & 0 \\ 0 & \frac{3EI}{l^3} & 0 & 0 & -\frac{3EI}{l^3} & \frac{3EI}{l^2} \\ 0 & 0 & 0 & 0 & 0 & 0 \\ -\frac{EA}{l} & 0 & 0 & \frac{EA}{l} & 0 & 0 \\ 0 & -\frac{3EI}{l^3} & 0 & 0 & \frac{3EI}{l^3} & -\frac{3EI}{l^2} \\ 0 & \frac{3EI}{l^2} & 0 & 0 & -\frac{3EI}{l^2} & \frac{3EI}{l} \end{bmatrix}$$

这里下标"i"表示在"i"端为铰接。

(3) 在单元的 j(右)端出现塑性铰

这时单元的 i 端为刚接,j 端为铰接,单元刚度矩阵为

$$\overline{\boldsymbol{k}}_j^{e}=\begin{bmatrix} \frac{EA}{l} & 0 & 0 & -\frac{EA}{l} & 0 & 0 \\ 0 & \frac{3EI}{l^3} & \frac{3EI}{l^2} & 0 & -\frac{3EI}{l^3} & 0 \\ 0 & \frac{3EI}{l^2} & \frac{3EI}{l} & 0 & -\frac{3EI}{l^2} & 0 \\ -\frac{EA}{l} & 0 & 0 & \frac{EA}{l} & 0 & 0 \\ 0 & -\frac{3EI}{l^3} & -\frac{3EI}{l^2} & 0 & \frac{3EI}{l^3} & 0 \\ 0 & 0 & 0 & 0 & 0 & 0 \end{bmatrix} \tag{13-4}$$

(4) 在单元的两端出现塑性铰

这时单元的两端均为铰接，单元刚度矩阵为

$$\overline{\boldsymbol{k}}_{ij}^{\mathrm{e}}=\begin{bmatrix} \dfrac{EA}{l} & 0 & 0 & -\dfrac{EA}{l} & 0 & 0 \\ 0 & 0 & 0 & 0 & 0 & 0 \\ 0 & 0 & 0 & 0 & 0 & 0 \\ -\dfrac{EA}{l} & 0 & 0 & \dfrac{EA}{l} & 0 & 0 \\ 0 & 0 & 0 & 0 & 0 & 0 \\ 0 & 0 & 0 & 0 & 0 & 0 \end{bmatrix} \tag{13-5}$$

13.7.3 计算步骤

如果在加载过程中已经形成的塑性铰不再受到反向变形而恢复其弹性作用，则增量变刚度法的具体计算步骤如下：

(1) 按比例加载的情况，将单位荷载 $P=1$ 作用于结构，用矩阵位移法求出结构的结点位移及各单元的杆端内力，得结构的单位弯矩图（$\overline{M}_1$ 图），并将各控制截面的弯矩组成单位弯矩向量 $\{\overline{M}_1\}$。

(2) 从向量 $\{\overline{M}_1\}$ 中选取最大值 $\overline{M}_{1\max}$，然后应用比例外插公式

$$P_1=\frac{M_J}{\overline{M}_{1\max}}=\left(\frac{M_J}{\overline{M}_1}\right)_{\min}$$

确定使 $\overline{M}_{1\max}$ 达到极限弯矩 M_J 的荷载值 P_1。上式中的 $\left(\dfrac{M_J}{\overline{M}_1}\right)_{\min}$ 表示由各控制截面的极限弯矩 M_J 与单位弯矩 $\overline{M}_1$ 的比值所组成的向量 $\left\{\dfrac{M_J}{\overline{M}_1}\right\}$ 中的最小元素。

结构在 P_1 作用下，各控制截面的弯矩向量为

$$\{M_1\}=P_1\{\overline{M}_1\}$$

这时上述 $\overline{M}_{1\max}$ 所在的截面或 $\left(\dfrac{M_J}{\overline{M}_1}\right)_{\min}$ 所在的截面出现塑性铰。据此可确定第一个塑性铰所在单元的编号和杆端的编号。

出现第一个塑性铰后，结构就由第一阶段进入第二阶段。

(3) 根据塑性铰所在的单元编号和该单元的杆端编号，根据式(13-3)或式(13-4)或式(13-5)修改塑性铰所在单元的刚度矩阵，然后将修改后的及未修改的单元刚度矩阵组集并考虑结构的边界条件，得修改后的结构刚度矩阵 $\boldsymbol{K}_2$。

(4) 验算 $\boldsymbol{K}_2$ 是否为奇异矩阵，若 $\boldsymbol{K}_2$ 不是奇异矩阵，则结构尚未达到极限状态，还可承受更大的荷载。

按比例加载的情况，将单位荷载 $P=1$ 作用于修改后的结构，用结构刚度矩阵 K_2 按矩阵位移法求出修改后的结构的结点位移及各单元的杆端内力，得结构的单位弯矩图（$\overline{M}_2$ 图），并将各控制截面的弯矩组成单位弯矩向量 $\{\overline{M}_2\}$。

(5) 将各控制截面的弯矩差值(M_J-M_1)与相应截面的单位弯矩 $\overline{M}_2$ 相比，得出向量 $\left\{\dfrac{M_J-M_1}{\overline{M}_2}\right\}$，取其中的最小元素作为第二阶段的荷载增量 ΔP_2，其值为

$$\Delta P_2=\left(\frac{M_J-M_1}{\overline{M}_2}\right)_{\min}$$

在荷载增量 ΔP_2 作用下各控制截面的弯矩增量为 $\{\Delta M_2\}=\Delta P_2\{\overline{M}_2\}$。

荷载及弯矩的累加值分别为

$$P_2=P_1+\Delta P_2$$

$$\{M_2\}=\{M_1\}+\{\Delta\overline{M}_2\}=P_1\{\overline{M}_1\}+\Delta P_2\{\overline{M}_2\}$$

这时第二个塑性铰出现在 $\left(\dfrac{M_J-M_1}{\overline{M}_2}\right)_{\min}$ 所在的截面，据此可确定第二个塑性铰所在单元的编号及该单元的杆端编号。

出现第二个塑性铰后，结构就由第二阶段进入第三阶段。

(6) 仿照前面第(3)、(4)、(5)的计算步骤，进行第三、第四……阶段计算，直至 K_n 为奇异矩阵为止。当 $\boldsymbol{K}_n$ 为奇异矩阵时，结构已成为几何可变体系，达到极限状态，结构的极限荷载 P_J 为

$$P_J=P_1+\Delta P_2+\Delta P_3+\cdots+\Delta P_{n-1}$$

【例 13-8】 试用增量变刚度法求图 13-14(a)所示单跨变截面梁的极限荷载。已知杆件 AB 及 BC 的材料相同，屈服应力为 σ_S，横截面形式均为矩形，截面尺寸分别为 $b\times h_{(AB)}$ 及 $b\times h_{(BC)}$，极限弯矩分别为 $M_{J(AB)}=1.5M_J$ 及 $M_{J(BC)}=M_J$。

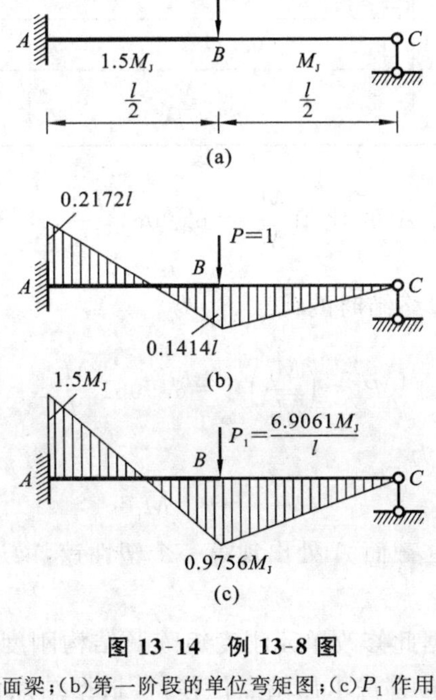

图 13-14 例 13-8 图

(a)单跨变截面梁；(b)第一阶段的单位弯矩图；(c)P_1 作用下梁的 M_1 图

【解】 (1) 第一阶段计算

根据已知条件,有

$$\frac{I_{(AB)}}{I_{(BC)}}=\frac{h_{(AB)}^3}{h_{(BC)}^3};\quad \frac{M_{J(AB)}}{M_{J(BC)}}=1.5$$

因为

$$\frac{M_{J(AB)}}{M_{J(BC)}}=\frac{\frac{bh_{(AB)}^2}{4}\sigma_S}{\frac{bh_{(BC)}^2}{4}\sigma_S}=\frac{h_{(AB)}^2}{h_{(BC)}^2}$$

所以

$$\frac{I_{(AB)}}{I_{(BC)}}=\frac{h_{(AB)}^3}{h_{(BC)}^3}=\frac{h_{(AB)}^2}{h_{(BC)}^2}\times\frac{h_{(AB)}}{h_{(BC)}}=1.5\sqrt{1.5}=1.837$$

根据杆件 AB 与 BC 的弯曲刚度之比 $\frac{EI_{(AB)}}{EI_{(BC)}}=1.837$,在单位荷载 $P=1$ 作用下按线弹性分析原理,用矩阵位移法求出结点位移,再根据结点位移求出梁在第一阶段的单位弯矩图($\overline{M}_1$ 图),如图 13-14(b)所示。

各控制截面 A、B 的 $\frac{M_J}{\overline{M}_1}$ 值如表 13-1 所示。

表 13-1 各控制截面的 $\frac{M_J}{\overline{M}_1}$ 值(一)

控制截面	A	B
M_J	$1.5M_J$	M_J
$\overline{M}_1$	$0.2172l$	$0.1414l$
$\frac{M_J}{\overline{M}_1}$	$6.9061\,\frac{M_J}{l}$	$7.0721\,\frac{M_J}{l}$

在表 13-1 中,控制截面 A 的比值 $\frac{M_J}{\overline{M}_1}=6.9061\,\frac{M_J}{l}$,小于控制截面 B 的比值 $\frac{M_J}{\overline{M}_1}=7.0721\,\frac{M_J}{l}$。于是得第一阶段终结时的荷载 P_1 为

$$P_1=\left(\frac{M_J}{\overline{M}_1}\right)_{\min}=6.9061\,\frac{M_J}{l}$$

在 P_1 作用下,梁的弯矩为

$$\{M_1\}=P_1\{\overline{M}_1\}$$

M_1 图如图 13-14(c)所示。在截面 A 处出现第一个塑性铰,梁过渡到第二阶段。

(2) 第二阶段计算

将截面 A 改为铰结点,据此修改单元刚度矩阵及结构刚度矩阵。在单位荷载 $P=1$ 作用下,按线弹性理论,用矩阵位移法求出结点位移,再根据结点位移求出梁在第二阶段的单位弯矩图[$\overline{M}_2$ 图,如图 13-15(a)所示]。

这时控制截面 B 的比值$\frac{M_J-M_1}{\overline{M}_2}$就是第二阶段的荷载增量 ΔP_2，即

$$\Delta P_2=\frac{M_J-M_1}{\overline{M}_2}=\frac{M_J-0.9765M_J}{0.25l}=0.094\frac{M_J}{l}$$

第二阶段的梁在荷载增量 ΔP_2 作用下的弯矩增量为

$$\{\Delta M_2\}=\Delta P_2\{\overline{M}_2\}$$

ΔM_2 图如图 13-15(b)所示。

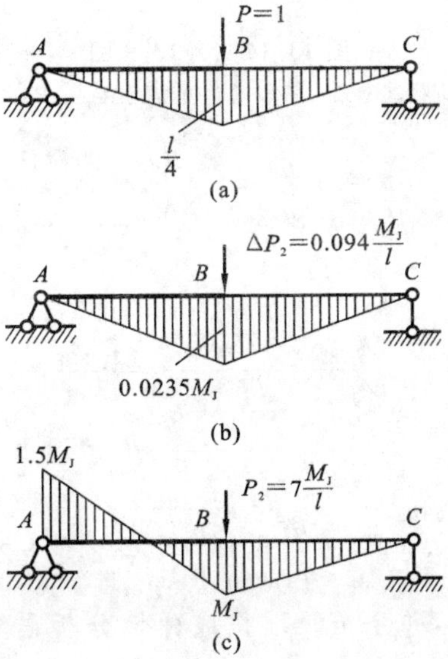

图 13-15 计算单跨变截面梁的极限荷载

(a)第二阶段的单位弯矩图$\overline{M}_2$；(b)荷载增量 ΔP_2 作用下的 ΔM_2 图；(c)极限状态弯矩图

这时荷载及弯矩的累加值分别为

$$P_2=P_1+\Delta P_2=(6.9061+0.094)\frac{M_J}{l}=\frac{7M_J}{l}$$

$$M_2=M_1+\Delta M_2$$

结果如图 13-15(c)所示。在截面 B 处出现第二个塑性铰，这时梁的第二阶段结束。

(3) 极限状态

将截面 B 改为铰结点(这时截面 A、B、C 已均为铰结点)，据此修改得到的结构刚度矩阵已为奇异矩阵，梁已成为几何可变体系，处于极限状态，因此 P_2 就是极限荷载，即

$$P_J=\frac{7M_J}{l}$$

【例 13-9】 试用增量变刚度法求图 13-16(a)所示刚架的极限荷载。已知梁、柱所用材料相同，其屈服应力为 σ_S，截面形式均为矩形，梁和柱的截面尺寸分别为 $b\times h_{(BD)}$ 和 $b\times h_{(AB)}$，梁和柱的极限弯矩分别为 $2M_J$ 和 M_J。

【解】 (1) 第一阶段计算

根据已知条件，有

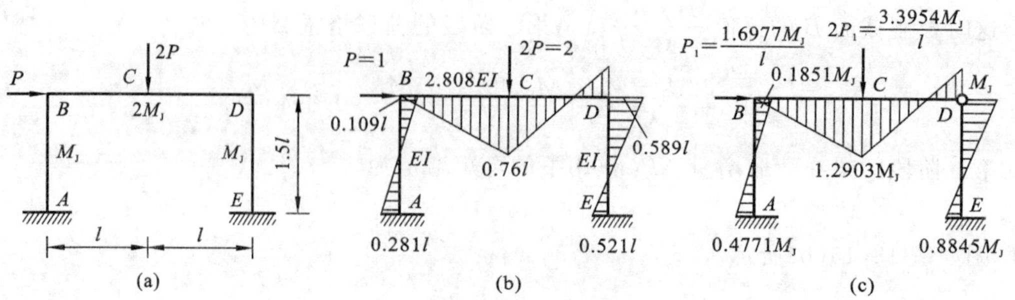

图 13-16　例 13-9 图

(a)刚架及荷载;(b)第一阶段的单位弯矩图;(c)P_1 作用下 M_1 图

$$\frac{I_{(BD)}}{I_{(AB)}}=\frac{h^3_{(BD)}}{h^3_{(AB)}};\quad \frac{M_{J(BD)}}{M_{J(AB)}}=2$$

因为

$$\frac{M_{J(BD)}}{M_{J(AB)}}=\frac{\frac{bh^2_{(BD)}}{4}\sigma_S}{\frac{bh^2_{(AB)}}{4}\sigma_S}=\frac{h^2_{(BD)}}{h^2_{(AB)}}$$

所以

$$\frac{I_{(BD)}}{I_{(AB)}}=\frac{h^3_{(BD)}}{h^3_{(AB)}}=\frac{h^2_{(BD)}}{h^2_{(AB)}}\times\frac{h_{(BD)}}{h_{(AB)}}=2\sqrt{2}=2.828$$

根据梁、柱弯曲刚度之比,并令 $P=1$,按线弹性分析原理,用矩阵位移法求出刚架在第一阶段的单位弯矩图[$\overline{M}_1$ 图,如图 13-16(b)所示]。各控制截面的$\frac{M_J}{\overline{M}_1}$值如表 13-2 所示,其中以截面 D 的比值$\frac{M_J}{0.589l}=1.6977\frac{M_J}{l}$为最小,于是得第一阶段终结时的荷载 P_1 为

$$P_1=\left(\frac{M_J}{\overline{M}_1}\right)_{\min}=1.6977\frac{M_J}{l}$$

表 13-2　各控制截面的$\frac{M_J}{\overline{M}_1}$值(二)

控制截面	A	B	C	D	E
M_J	M_J	M_J	$2M_J$	M_J	M_J
$\overline{M}_1$	$0.281l$	$0.109l$	$0.76l$	$0.589l$	$0.521l$
$\frac{M_J}{\overline{M}_1}$	$3.5587\frac{M_J}{l}$	$9.1743\frac{M_J}{l}$	$2.6316\frac{M_J}{l}$	$1.6977\frac{M_J}{l}$	$1.9194\frac{M_J}{l}$

在 P_1 作用下,刚架的弯矩为

$$\{M_1\}=P_1\{\overline{M}_1\}$$

M_1 图如图 13-16(c)所示。在截面 D 处出现第一个塑性铰,刚架过渡到第二阶段。

(2) 第二阶段计算

将截面 D 改为铰结点，据此修改单元刚度矩阵及结构刚度矩阵。在单位荷载 $P=1$ 作用下，按线弹性理论，用矩阵位移法求出刚架在第二阶段的单位弯矩图[$\overline{M}_2$ 图，如图 13-17(a)所示]。各控制截面的$\frac{M_J-M_1}{\overline{M}_2}$值如表 13-3 所示。其中以截面 E 的比值

$$\frac{M_J-M_1}{\overline{M}_2}=0.2296\frac{M_J}{l}$$

为最小，这个最小比值就是第二阶段的荷载增量 ΔP_2，即

$$\Delta P_2=0.2296\frac{M_J}{l}$$

表 13-3　各控制截面的$\frac{M_J-M_1}{\overline{M}_2}$值

控制截面	A	B	C	D
M_J	M_J	M_J	$2M_J$	M_J
M_1	$0.4771M_J$	$0.1851M_J$	$1.2903M_J$	$0.8845M_J$
$\overline{M}_2$	$0.666l$	$0.328l$	$1.164l$	$0.503l$
$\frac{M_J-M_1}{\overline{M}_2}$	$0.7851\frac{M_J}{l}$	$2.4845\frac{M_J}{l}$	$0.6097\frac{M_J}{l}$	$0.2296\frac{M_J}{l}$

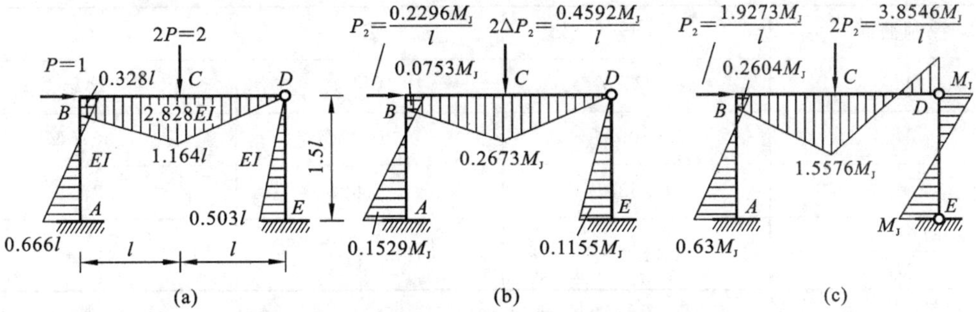

图 13-17　增量变刚度法求刚架的极限荷载(一)

(a)第二阶段的单位弯矩图；(b)荷载增量 ΔP_2 作用下的 ΔM_2 图；(c)荷载增量 P_2 作用下的 M_2 图

第二阶段的刚架在荷载增量 ΔP_2 作用下的弯矩增量为

$$\{\Delta M_2\}=\Delta P_2\{\overline{M}_2\}$$

ΔM_2 图如图 13-17(b)所示。这时荷载及弯矩的累加值分别为

$$P_2=P_1+\Delta P_2=(1.6977+0.2296)\frac{M_J}{l}=1.9273\frac{M_J}{l}$$

$$M_2=M_1+\Delta M_2$$

结果如图 13-17(c)所示，在截面 E 处出现第二个塑性铰，刚架过渡到第三阶段。

(3) 第三阶段计算

将截面 E 改为铰结点（截面 D 已在第二阶段改为铰结点），据此修改单元刚度矩阵及结构刚度矩阵。在单位荷载 $P=1$ 作用下，按线弹性理论，用矩阵位移法求出刚架在第三阶段的单位弯矩图[$\overline{M}_3$ 图，如图 13-18(a)所示]。各控制截面的$\dfrac{M_J-M_2}{\overline{M}_3}$值如表 13-4 所示。其中以截面 C 的比值$\dfrac{M_J-M_2}{\overline{M}_3}=0.3475\dfrac{M_J}{l}$为最小，这个最小比值就是第三阶段的荷载增量 ΔP_3，即

$$\Delta P_3=0.3475\frac{M_J}{l}$$

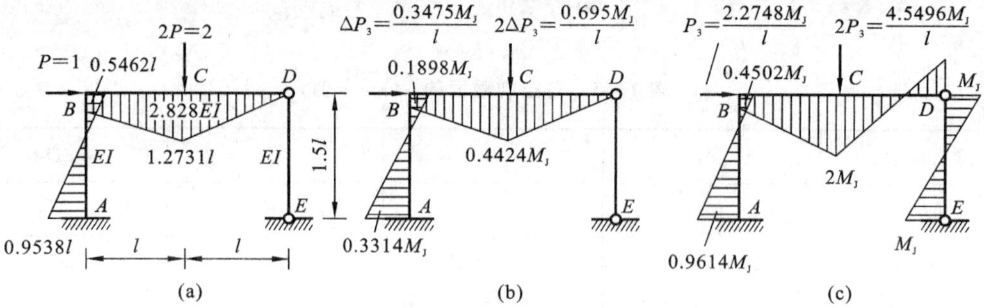

图 13-18　增量变刚度法求刚架的极限荷载（二）

(a)第三阶段的单位弯矩图；(b)荷载增量 ΔP_3 作用下的 ΔM_3 图；(c)荷载增量 P_3 作用下的 M_3 图

表 13-4　各控制截面的$\dfrac{M_J-M_2}{\overline{M}_3}$值

控制截面	A	B	C
M_J	M_J	M_J	$2M_J$
M_2	$0.6300M_J$	$0.2604M_J$	$1.5576M_J$
$\overline{M}_3$	$0.9538l$	$0.5462l$	$1.2731l$
$\dfrac{M_J-M_2}{\overline{M}_3}$	$0.3879\dfrac{M_J}{l}$	$1.3541\dfrac{M_J}{l}$	$0.3475\dfrac{M_J}{l}$

第三阶段的刚架在荷载增量 ΔP_3 作用下的弯矩增量为

$$\{\Delta M_3\}=\Delta P_3\{\overline{M}_3\}$$

ΔM_3 图如图 13-18(b)所示。这时荷载及弯矩的累加值分别为

$$P_3=P_2+\Delta P_3=(1.9273+0.3475)\frac{M_J}{l}=2.2748\frac{M_J}{l}$$

$$M_3=M_2+\Delta M_3$$

结果如图 13-18(c)所示，在截面 C 处出现第三个塑性铰，刚架过渡到第四阶段。

(4) 第四阶段计算

将截面 C 改为铰结点（截面 D、E 已分别在第二、第三阶段改为铰结点），据此修改单元刚度矩阵及结构刚度矩阵。在单位荷载 $P=1$ 作用下，按线弹性理论，用矩阵位移法求出刚

架在第四阶段的单位弯矩图[$\overline{M}_4$ 图，如图 13-19(a)所示]。各控制截面的$\dfrac{M_J-M_3}{\overline{M}_4}$值如表 13-5 所示。其中以截面 A 的比值$\dfrac{M_J-M_3}{\overline{M}_4}=0.0110\dfrac{M_J}{l}$为最小，这个最小比值就是第四阶段的荷载增量 ΔP_4，即

$$\Delta P_4=0.0110\frac{M_J}{l}$$

表 13-5 各控制截面的$\dfrac{M_J-M_3}{\overline{M}_4}$值

控制截面	A	B
M_J	M_J	M_J
M_3	$0.9614M_J$	$-0.4502M_J$
$\overline{M}_4$	$3.5l$	$2l$
$\dfrac{M_J-M_3}{\overline{M}_4}$	$0.0110\dfrac{M_J}{l}$	$0.7251\dfrac{M_J}{l}$

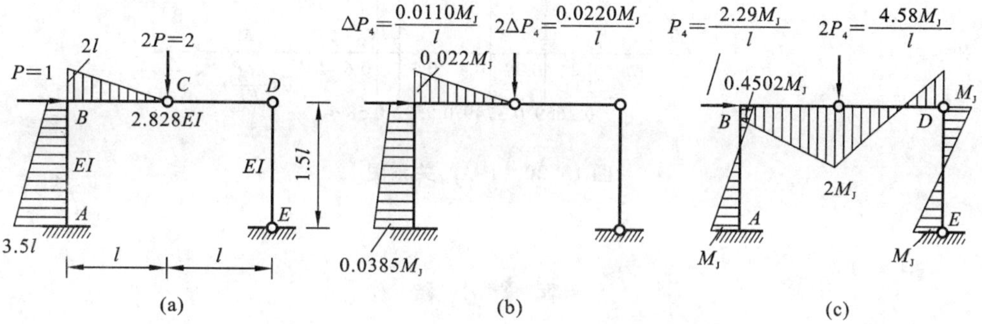

图 13-19 增量变刚度法求刚架的极限荷载(三)

(a)第三阶段的单位弯矩图；(b)荷载增量 ΔP_4 作用下的 ΔM_4 图；(c)荷载增量 P_4 作用下的 M_4 图

第四阶段的刚架在荷载增量 ΔP_4 作用下的弯矩增量为

$$\{\Delta M_4\}=\Delta P_4\{\overline{M}_4\}$$

ΔM_4 图如图 13-19(b)所示。这时荷载及弯矩的累加值分别为

$$P_4=P_3+\Delta P_4=(2.2748+0.0110)\frac{M_J}{l}=2.2858\frac{M_J}{l}$$

$$M_4=M_3+\Delta M_4$$

结果如图 13-19(c)所示，在截面 A 处出现第四个塑性铰，这时刚架的第四阶段结束。

(5) 极限状态

将截面 A 改为铰结点(截面 D、E、C 已分别在第二、三、四阶段改为铰结点)，据此修改单元刚度矩阵及结构刚度矩阵。此时结构刚度矩阵已为奇异矩阵，刚架已成为可变体系，处于极限状态，因此 P_4 就是极限荷载，即

$$P_J = P_4 = 2.2858\frac{M_J}{l} \approx 2.29\frac{M_J}{l}$$

上述加载过程中的荷载 P 与结点 B 的水平位移 Δ_{BH} 间的关系如图 13-20 所示，P-Δ_{BH} 关系呈材料非线性特性。其中当先后出现四个塑性铰时，P-Δ_{BH} 图出现四个转折，每出现一个塑性铰，P-Δ_{BH} 线的倾度就变得平些，说明结构的水平刚度相应变小，出现四个塑性铰后，P-Δ_{BH} 线为水平线，说明结构的水平刚度已丧失殆尽，因而结构的水平位移趋于无限大，结构即将倒塌。

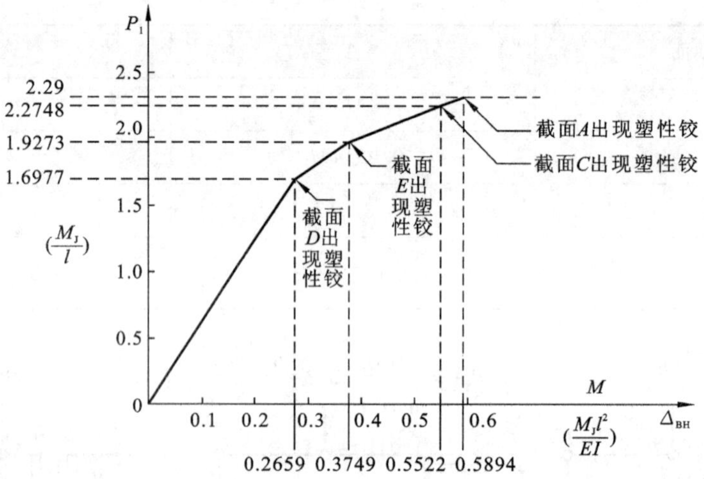

图 13-20　P-Δ_{BH} 关系图

本章小结

对于塑性材料的结构，当结构中某一点的应力达到屈服极限时，如继续加大荷载，最大应力点及其附近的局部区域会发生塑性变形而并不破坏，整个结构处于弹塑性工作状态。

对结构进行全面的弹塑性分析比较复杂，在结构的弹性工作区，材料服从虎克定律；而在塑性工作区尚需确定是处于加载还是卸载状态而用不同的应力-应变关系式。此外，弹塑性区域的分界线随着加载的过程不断地变化，结构的变形不仅与当前的应力状态有关，还与加载的历史有关。现将主要内容归纳如下：

为了简化计算，在做塑性分析时采用以下假设：

① 材料是理想的弹塑性材料，加载时材料是弹塑性的，减载时材料为线弹性。材料的受拉性能和受压性能相同。

② 比例加载。作用在结构上的各个荷载都按同一比例逐渐增加，且不出现卸载。

③ 变形很小，且略去弹性变形。

④ 忽略剪力和轴力对极限弯矩的影响。

(1) 基本概念

① 截面的极限弯矩 M_J

当截面上各点的应力都达到材料的屈服极限 σ_S 时的截面弯矩是该截面所能承受的最大弯矩，称为极限弯矩。

对于矩形截面(宽×高=$b\times h$)：

$$M_J=\frac{bh^2}{4}\sigma_S$$

② 塑性铰

当截面弯矩达到其极限弯矩 M_J 时，截面两侧可以沿 M_J 的方向发生有限的相对转动，这种截面称为塑性铰。塑性铰是单向转动铰，承受并传递极限弯矩。

③ 破坏机构和极限荷载

当结构在荷载作用下形成足够数目的塑性铰时，结构(整体或局部)就变成了几何可变体系。这一可变体系为破坏机构，简称机构。这时结构所能承受的荷载称为极限荷载，它是结构能承受的最大荷载。

(2) 确定极限荷载的一般定理

结构的极限荷载应同时满足平衡条件、屈服条件和机构条件。仅根据屈服条件和平衡条件确定的荷载称为可接受荷载。仅根据机构条件和平衡条件确定的荷载称为可破坏荷载。

① 极大定理：结构的所有可接受荷载中的最大者即为该结构的极限荷载。

② 极小定理：结构的所有可破坏荷载中的最小者即为该结构的极限荷载。

③ 唯一性定理：如果作用于结构上的荷载既是可破坏荷载，又是可接受荷载，则即为极限荷载。或者说，同时满足屈服条件、机构条件和平衡条件的荷载，必定是极限荷载。

(3) 确定极限荷载的方法

① 静力法

静力法求极限荷载是根据极大定理。首先假定结构的各种满足屈服条件的弯矩分布，然后用平衡条件分别求出相应的可接受荷载，在所有可接受荷载中最大的一个就是极限荷载。因满足屈服条件的内力状态较多，不易列举齐全，所以常结合唯一性定理，判断所求得的最大可接受荷载是否又是可破坏荷载。若是，则该荷载即为极限荷载。

② 机构法(机动法)

机构法求极限荷载是根据极小定理。首先假定结构的各种可能的破坏机构及虚位移，然后利用刚体的虚位移原理分别求出相应的可破坏荷载。即将破坏机构看作刚体系，塑性铰截面的弯矩看作外力，虚功方程为 $\sum P\Delta-\sum M_J\theta=0$。在所有可破坏荷载中最小的一个就是极限荷载。对复杂结构可能的破坏机构形式不易列举齐全，可结合唯一性定理，判断所求得的最小可破坏荷载是否又是可接受荷载。若是，则该荷载即为极限荷载。

③ 试算法

试算法求极限荷载是根据唯一性定理。根据结构在已知荷载作用下弯矩图的形状，估计较大弯矩的截面位置，设定足够数量的塑性铰，形成一个破坏机构，求出相应的可破坏荷载，并绘出刚架的弯矩图。然后检查它的弯矩分布是否满足屈服条件，如满足，则此可破坏荷载也是可接受荷载，即为极限荷载。如不满足，则重新假定破坏机构再试算。

④ 增量变刚度法

将加载的全过程分成若干个阶段，施加第一个荷载增量时，结构处于弹性阶段，用矩阵位移法求解结构的结点位移及内力，根据最大内力处的截面出现塑性铰的条件，确定第一个荷载增量的大小。结构过渡到第二阶段，施加第二个荷载增量，根据前一阶段塑性铰所在的截面(该截面已成铰结点)，按线弹性理论修改结构总刚度矩阵，用矩阵位移法求解第二阶段的结构由第二个荷载增量所引起的结点位移和内力，并根据最大内力处的截面出现塑性铰的条件，确定第二个荷载增量的大小，结构过渡到第三阶段。再按上述过程继续计算，直至结构达到极限状态为止。将每一阶段的结构位移增量及内力增量累加，便得到结构的总位移和总内力，各个阶段的荷载增量之和即为结构的极限荷载。

习　题

13-1　试求图 13-21 所示结构的极限荷载 P_J。已知各链杆的面积为 $A=10\ \text{cm}^2$，材料的屈服极限为 $\sigma_S=235$ MPa。

13-2　设材料的屈服极限为 $\sigma_S=235$ MPa，试求下列截面的塑性极限弯矩 M_J：(1) 矩形截面 $b\times h=10\ \text{cm}\times 20\ \text{cm}$；(2) 环形截面[图 13.22(a)]；(3) T 形截面[图 13-22(b)]。

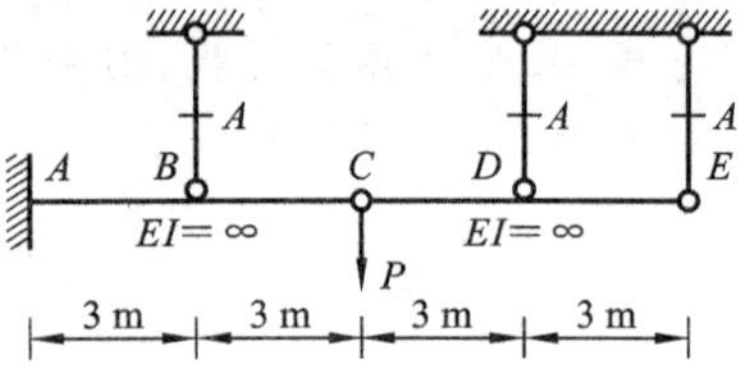

图 13-21

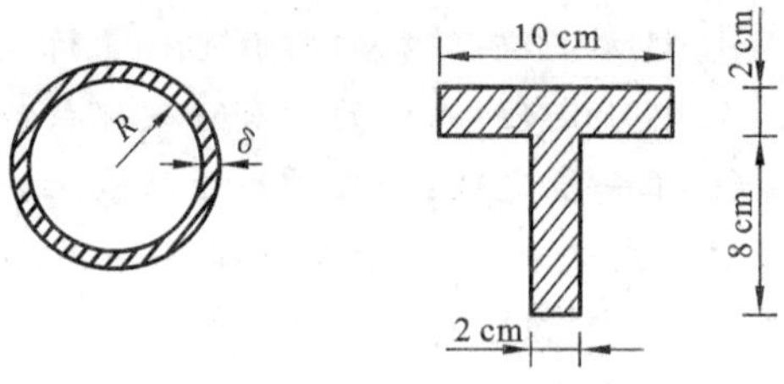

(a)　(b)

图 13-22

13-3　试求图 13-23 所示静定梁的极限荷载。已知 $\sigma_S=235$ MPa，各跨截面均相同。其中图 13-23(a)、图 13-23(b) 中有 $b\times h=4\ \text{cm}\times 8\ \text{cm}$。

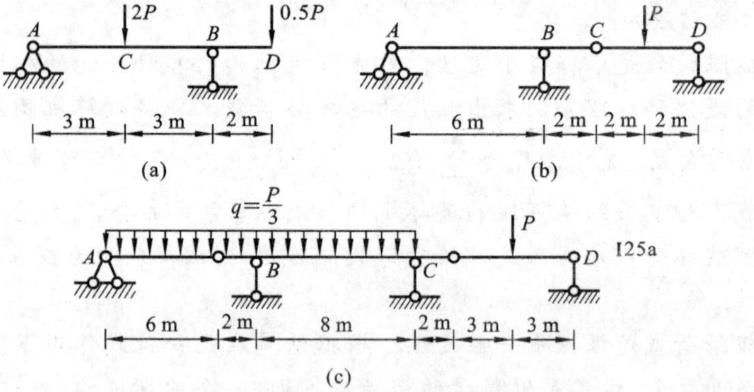

图 13-23

13-4 求图13-24所示结构的极限荷载 P_J。BC 为刚性段。

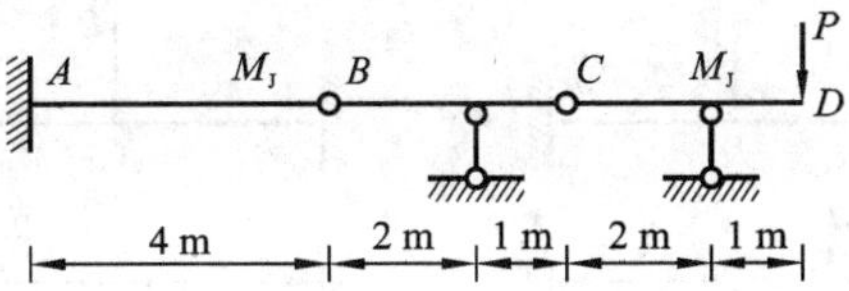

图 13-24

13-5 用机动法求图13-25所示结构的极限荷载 P_J。AC 段及 CE 段的 M_J 值如图13-25所示。

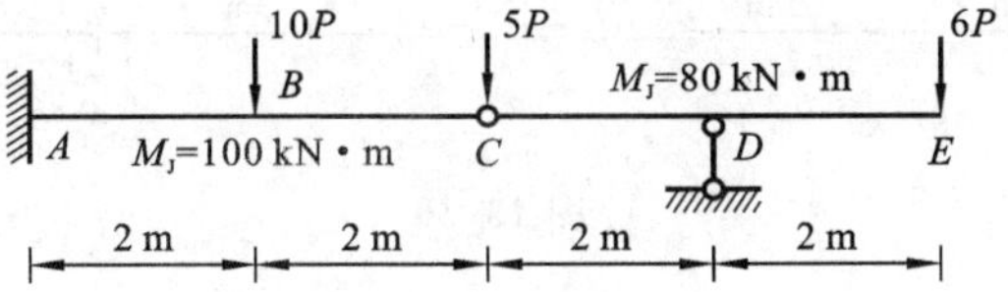

图 13-25

13-6 试求图13-26所示结构的极限荷载 P_J。

13-7 求图13-27所示两端固定梁在均布荷载作用下的极限荷载。已知极限弯矩为 M_J。

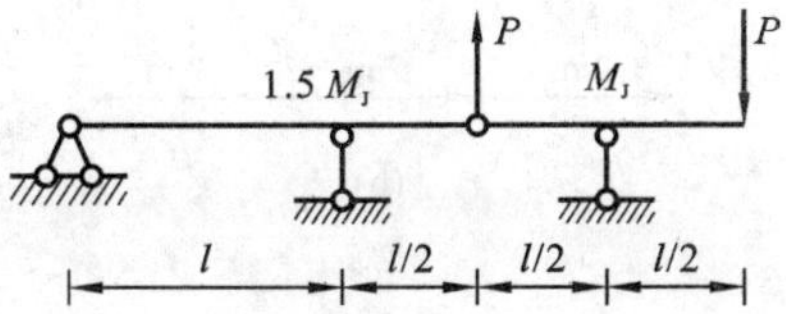

图 13-26

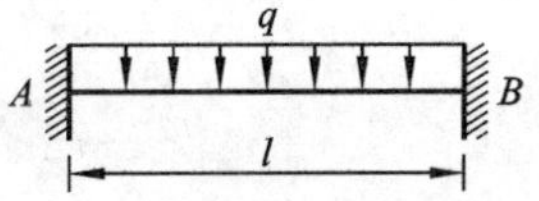

图 13-27

13-8 求图13-28所示结构的极限荷载 P_J，并画极限弯矩图。

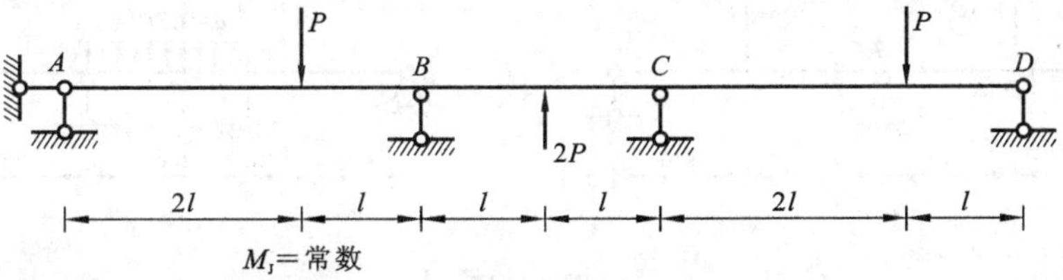

图 13-28

13-9 求图13-29所示等截面梁的极限荷载。已知正、负极限弯矩分别为 M_J 和 $1.2M_J$。

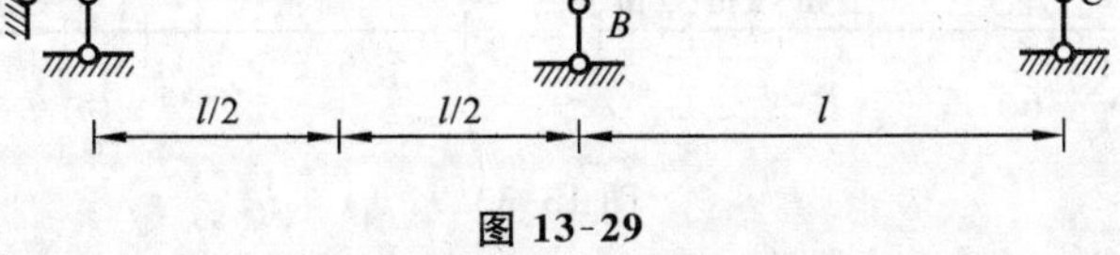

图 13-29

13-10　试求图 13-30 所示单跨超静定梁的极限荷载。

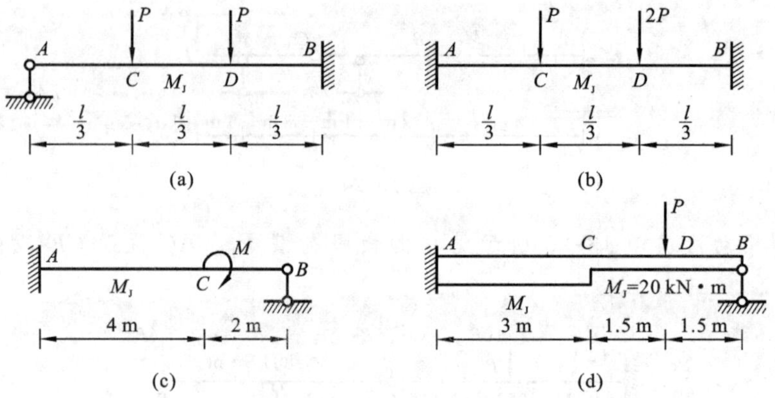

图 13-30

13-11　试按塑性分析法为图 13-31 所示单跨超静定梁选择适宜的工字型钢截面。已知许用应力$[\sigma]=157$ MPa。

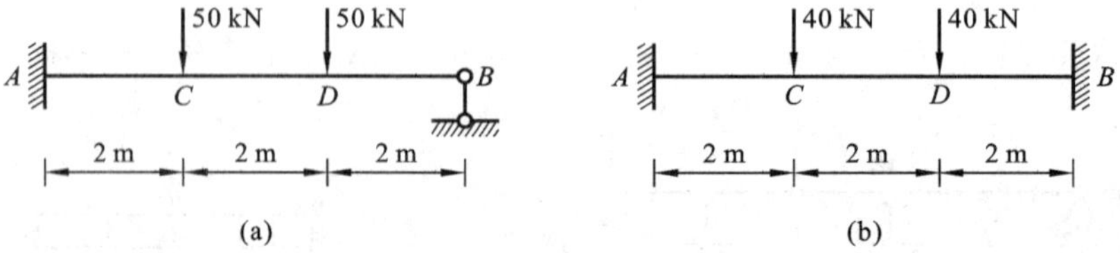

图 13-31

13-12　试求图 13-32 所示等截面连续梁的极限荷载。梁的截面均为矩形 $b\times h=5$ cm $\times 20$ cm，$\sigma_S=235$ MPa。

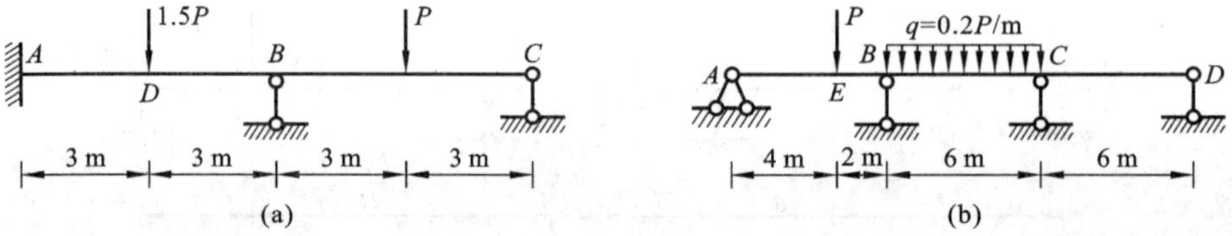

图 13-32

13-13　试求图 13-33 所示各跨截面不等的连续梁的极限荷载。

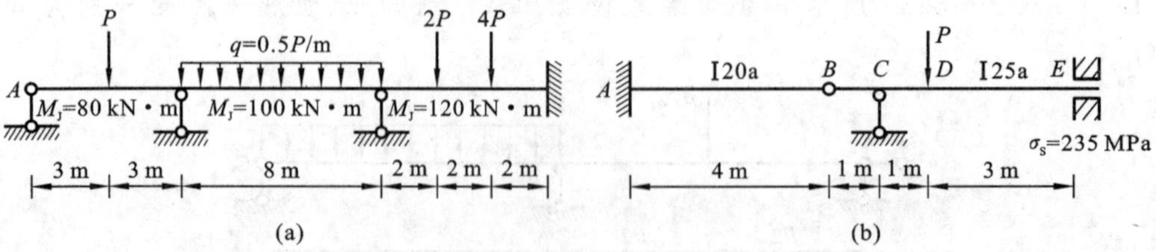

图 13-33

13-14 试求图 13-34 所示刚架的极限荷载,各杆截面的塑性极限弯矩如图 13-34 所示。

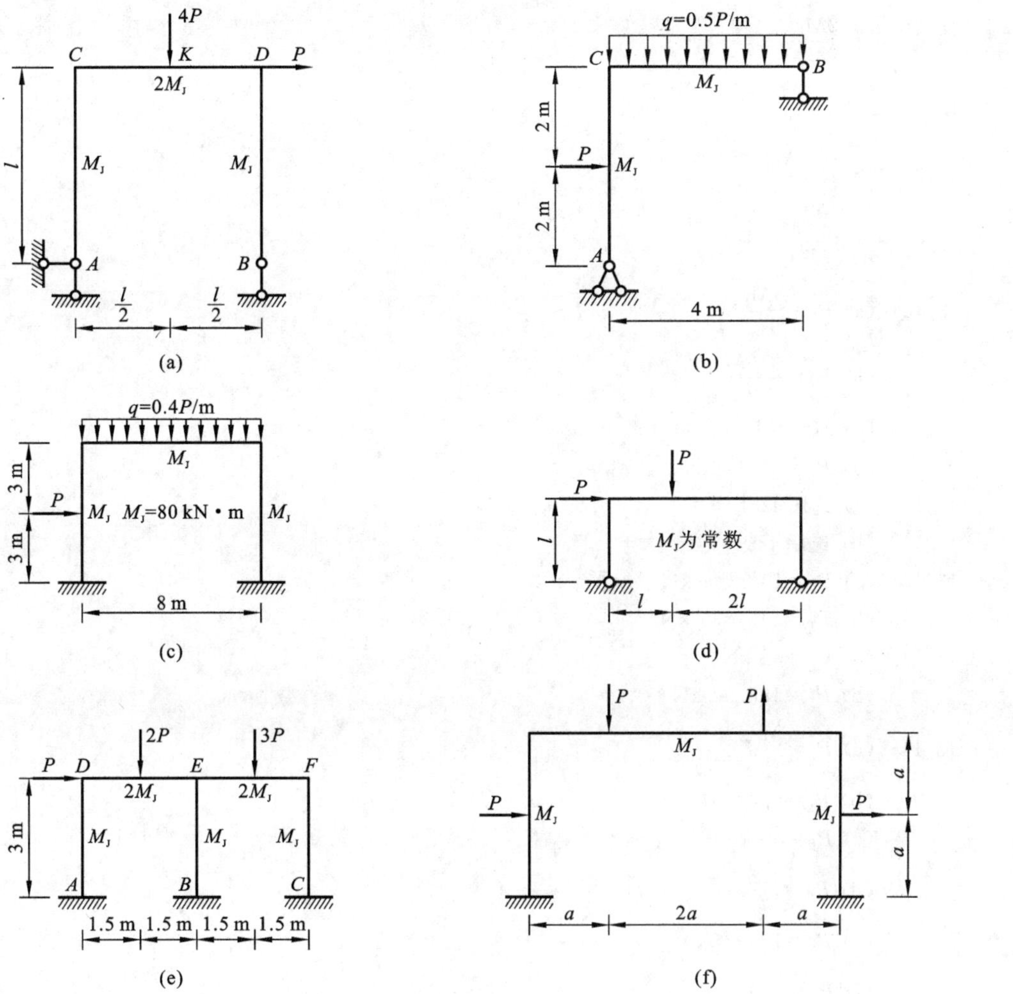

图 13-34

部分习题答案

13-1 $P_J = 235$ kN

13-2 (1) $M_J = 235$ kN·m

(2) $M_J = \frac{4\sigma_S\delta}{3}(3R^2 - 3R\delta + \delta^2)$

(3) $M_J = 19.646$ kN·m

13-3 (a) $P_J = 11.75$ kN

(b) $P_J = 15.04$ kN

(c) $P_J = 41.034$ kN

13-4　$P_J=\frac{M_J}{l}$

13-5　$P_J=6.25$ kN

13-6　$P_J=\frac{3M_J}{2l}$

13-7　$q_J=1.6\frac{M_J}{l^2}$

13-8　$P_J=1.3\frac{M_J}{l}$

13-9　$q_J=6.4\frac{M_J}{l^2}$

13-10　(a) $P_J=\frac{4M_J}{l}$

(b) $P_J=\frac{3.6M_J}{l}$

(c) $M=2M_J$

(d) $P_J=31.11$ kN

13-11　(a) 选用 I25b

(b) 选用 I25a

13-12　(a) $P_J=104.444$ kN

(b) $P_J=146.875$ kN

13-13　(a) $P_J=35$ kN

(b) $P_J=198.54$ kN

13-14　(a) $P_J=\frac{M_J}{l}$

(b) $P_J=0.444M_J$

(c) $P_J=50$ kN

(d) $P_J=\frac{1.5}{l}M_J$

(e) $P_J=1.56M_J$

(f) $P_J=\frac{3}{2a}M_J$

14 结构的稳定计算

14.1 稳定计算的概念

14.1.1 稳定计算的目的

在以前各章中，曾讨论了结构因各种外因作用而产生的内力与位移的计算问题，或者说涉及结构的强度与刚度的计算问题。但是，要确保结构设计符合既经济又安全的原则，仅有上述两方面的计算是不够全面的，还必须考虑到所谓结构的稳定计算。

关于稳定计算的概念，迥然不同于强度、刚度的计算。例如，若施力压一根粗短的杆件就不易被压弯，在继续施力后，当其横截面上的工作应力超过材料的极限强度时，该粗短杆即因强度不足失去其继续承载的能力而遭破坏。然而，当我们去压一根细长杆时，杆就很容易被压弯（图 14-1）。若令其横截面面积与上述粗短杆一样，则细长杆被压弯时所需施加的轴向压力也大大小于粗短杆因强度破坏时所需施加的轴向压力。此刻，细长杆的工作应力可能还远未抵达材料的极限强度，甚至还低于材料的比例极限时，就会因突然屈曲而丧失其承载能力，这种现象就是通常所说的失稳。因此，粗短杆受压时的承载能力是由强度条件所决定；而细长杆受压时的承载能力是由稳定性条件所决定。

图 14-1 细长压杆

细长压杆存在着失稳问题，同样对其他类型的结构也有失稳问题需待研究。在工程实践中，因忽视稳定问题而造成工程事故的例子是不少见的。例如，1922 年美国华盛顿镍克尔卜克尔剧院，在一场特大的雪中倒塌，究其原因是屋顶结构中的一根梁由于负荷过大而引起失稳；再如 1925 年前苏联莫兹尔桥，在试车时由于桥梁桁架个别压杆失稳而造成事故；等等。随着科技事业的进步，很多建筑结构有逐步向高层、大跨、薄壁方向发展的趋势，这使得对结构稳定问题的深入探讨显得更为迫切，因此，它具有像研究结构强度、刚度问题同样的重要性。

14.1.2 稳定平衡、不稳定平衡、随遇平衡（或临界平衡）

人们常用图 14-2 所示刚性小球在不同位置上的平衡来说明稳定性的概念。虽然小球在图 14-2 所示的三种情况下都是平衡的，但是它们之间存在着差别。如果对图 14-2(a)的小球做微小的干扰，则小球就离开凹形曲面最低点的初始平衡位置，进行若干次来回摆动，最后仍回到它初始的平衡位置，这个小球的初始平衡位置处于稳定平衡状态。若对图 14-2(b)中凸形曲面最高点处的小球做微小的干扰，小球就离开其初始平衡位置，当干扰力解除后，小球不仅不能回到初始平衡位置,而且还将继续远离该位置。因此,小球处于凸形曲面最高点处的初始平衡位置处于不稳定平衡状态。图 14-2(c)为在平面上的小球,对其做微小干扰后,小球就离开静止时的初始平衡位置,滚动一小段距离后在新位置上停留并处于新的平衡位置,它既不能回到初始平衡位置,也不继续离开新的平衡位置,具有这种特性的平衡称为随遇平衡状态或临界平衡状态。随遇平衡是由稳定平衡过渡到不稳定平衡的一种临界平衡状态,研究结构的稳定性,正是利用了这种平衡状态的特性。实质上,随遇平衡可归入不稳定平衡状态的范畴,因为图 14-2(c)的小球受微小干扰后就不再回到原有的初始平衡位置上。

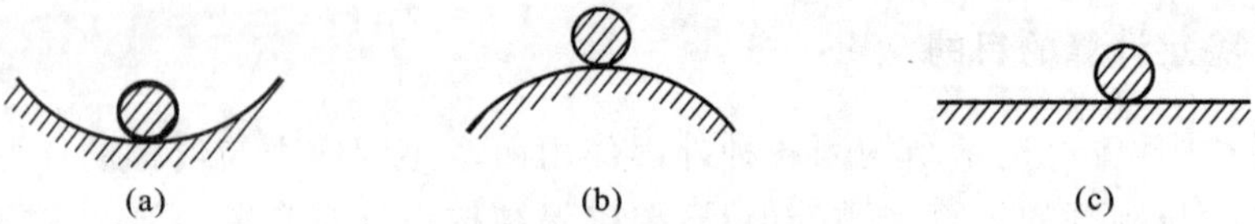

图 14-2 刚性小球

(a)稳定平衡状态;(b)不稳定平衡状态;(c)随遇平衡状态

上述刚性小球的三种平衡形式,在研究弹性体的稳定性时也同样存在。

图 14-3(a)所示的悬臂细长杆,杆端所施加的轴向压力 P_1 若小于某个特定的荷载值 P_C 时,由于水平干扰的外因作用使悬臂杆弯曲,但该干扰解除后,悬臂杆摇动若干次后仍将回到它原来的直线位置上保持平衡,而不能停留在其他位置,这种直线平衡形式是处于稳定平衡状态,它类似于图 14-2(a)的情况。

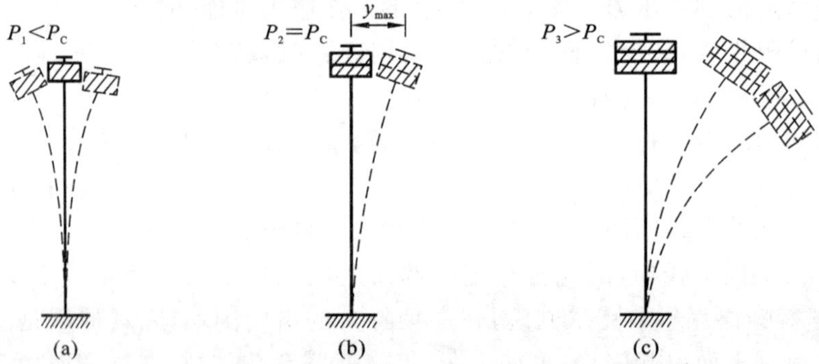

图 14-3 悬臂杆

(a)稳定平衡状态;(b)随遇平衡状态;(c)不稳定平衡状态

若在杆端继续加载至 P_2,且 $P_2=P_C$[图 14-3(b)],悬臂杆虽然暂时保持着直线平衡形式,但只要给以微小的干扰,它将立即向一边发生微小弯曲,在新位置上处于平衡,当干扰解除后,它既不回到原有的直线平衡位置,也不进一步扩大变形,而是停留在微弯的位置上。这一情况类似于图 14-2(c)所示的随遇平衡或临界平衡状态。随遇平衡状态具有平衡的二重性质,或者说出现了平衡形式的分支。就如图 14-3(b)所示的情况来说,悬臂杆既可在不受干扰时暂时保持只受轴向压力的直线形式平衡,也可保持同时受压和受弯的微弯形式平衡。但在实际工程中,由于材料的不均匀性,非理想的直杆,施加荷载时难免的偏心等缺陷,这些无形中产生侧向干扰,因此,当 $P_2=P_C$ 时,原有的直线平衡形式实际上将开始成为不稳定的平衡状态。定义这个特定荷载值 P_C 为临界荷载。因此，临界荷载是使结构原有平衡形式保持稳定的最大荷载，也是使结构产生新的平衡形式时的最小荷载。采用这个准则用以计算临界荷载的方法通常称为随遇平衡法。

研究继续加载后的情况，即当 $P_3>P_C$ 时[图 14-3(c)]，变形将迅速扩大，致使悬臂杆完全丧失承载能力而破坏，这一情况类似于图 14-2(b)。

综上所述，当 $P<P_C$ 时，悬臂杆处于稳定平衡状态；当 $P>P_C$ 时，悬臂杆处于不稳定平衡状态；当 $P=P_C$ 时，悬臂杆处于随遇平衡或临界平衡状态。由此可知，轴向压力 P 的量变，将引起平衡状态稳定性的质变。

14.1.3 丧失两类稳定性的概念

结构的失稳现象可分为两类。图 14-3 所示的失稳现象，常称为丧失第一类稳定性，或称为分支点失稳。例如图 14-3(a)的悬臂杆，当 $P_1<P_C$ 时，仅有与承受轴向压力相应的轴向变形产生；但当 $P_2=P_C$ 时[图 14-3(b)]，除产生与受压相应的轴向变形外，还将产生与受弯相应的弯曲变形。因此，在内力和变形的性质上都起了质变。

第一类稳定性也可以这样来进行描述：当 $P<P_C$ 时，悬臂杆一直保持只受轴力的直线平衡形式[图 14-3(a)]；当 $P=P_C$ 时，出现了平衡分支现象，即悬臂杆既可以保持原来只受轴力的直线平衡形式，也可以有一个新的不定幅值的同时受压和受弯的弯曲平衡形式[图 14-3(b)]，其中 y_{max} 为悬臂杆的顶点水平位移。这一特性标志着当 $P=P_C$ 时出现了临界平衡状态，它是处在由稳定平衡向不稳定平衡过渡的临界点上。

丧失第一类稳定性的现象在其他结构中同样也会出现。例如，图 14-4(a)所示一个在静水压力作用下处于轴心受压状态的圆拱，当水压力 Q 小于其临界值 Q_C 时，它维持圆形的平衡形式。当 Q 达到 Q_C 时，这种变形形式就成为不稳定的，由于某种扰动，极可能出现一种新的类似波浪形的变形形式，如图 14.4(a)中虚线所示。对于图 14-4(b)所示的平面刚架，当荷载 $P<P_C$ 时，刚架柱处于轴心受压状态而只有压缩变形；当荷载 $P=P_C$ 时，刚架原来的平衡状态变成不稳定的，由于某种扰动，即将出现如图 14-4(b)中虚线所示的变形形式。由上可知，对于丧失轴心受压的稳定性，其特点是体系的变形形式发生了质的变化，出现了具有压缩和弯曲两种变形的形式。

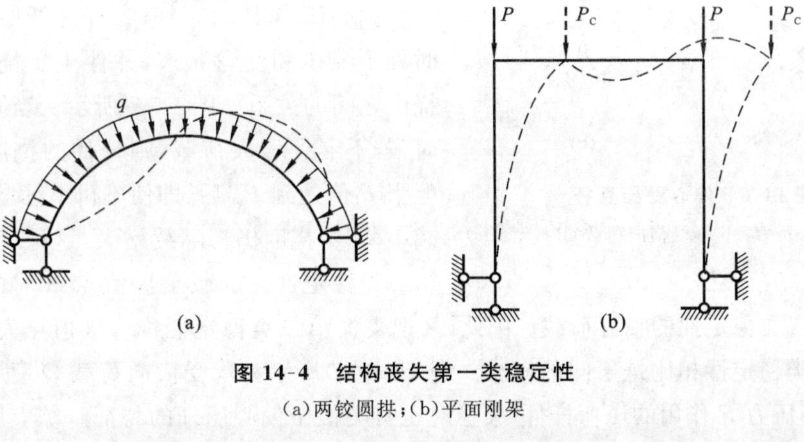

图 14-4 结构丧失第一类稳定性

(a)两铰圆拱；(b)平面刚架

图 14-5(a)所示的薄壁工字梁，当荷载 $P<P_C$ 时，梁在荷载作用的竖向平面内发生弯曲变形，即保持平面弯曲的平衡形式。当荷载 $P=P_C$ 时，平面弯曲形式的平衡不稳定，此时梁可能出现一种新的平衡形式：梁将偏离原来荷载作用的平面而发生斜弯曲和扭转(如图 14-5 中实线所示)，即丧失了平面弯曲形式的稳定。再如承受静水压力作用的圆环[图 14-5(b)]，当荷载 q 未抵达临界值 q_C 前，结构中仅承受轴向压力，将保持原有结构形状上的稳定平衡，当荷载 q 抵达临界值 q_C 时，原有结构的平衡形式将变得不稳定，出现如图 14-5(b)中虚线所示的平衡形式。

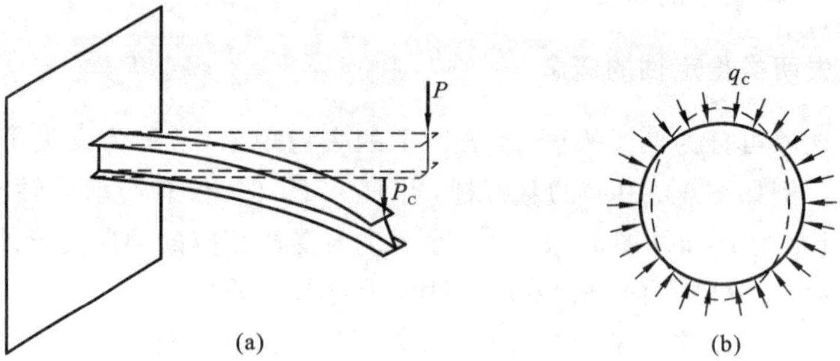

图 14-5　结构丧失第一类稳定性

(a)薄壁工字梁；(b)圆环

综上所述可知，丧失第一类稳定性的特征是：结构的变形产生了性质上的突变。即原来的平衡形式变得不稳定，而可能出现新的与原来平衡形式有质的区别的平衡形式，同时，这种现象是带有突然性的。

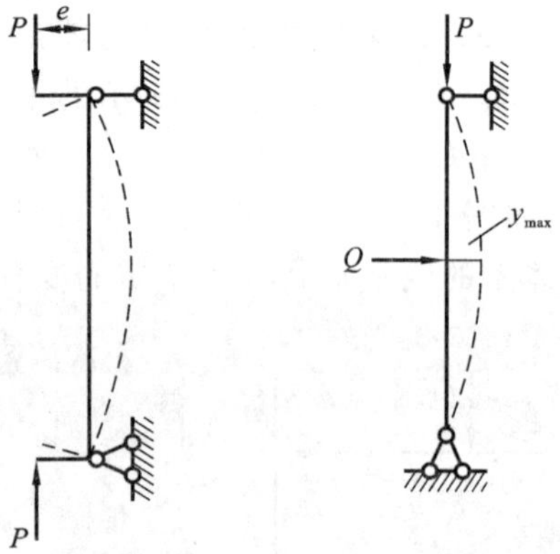

图 14-6　偏心受压直杆

(a)只承受偏心压力；(b)承受横向荷载同时承受压力

除上述丧失第一类稳定性外，尚有丧失第二类稳定性，这是两种性质不一样的稳定性概念。丧失第二类稳定性的特征是结构原来的变形将大大发展，而不会出现新的变形形式。即结构的平衡形式并不发生质变，但由于变形的增大，结构将不能正常工作。例如，图 14-6(a)所示为两端铰支承受偏心压力 P 的直杆，当杆件开始受力时即同时处于受压和受弯状态，并伴生了挠度。荷载与挠度之间的关系如图 14-7 所示。当 P 值小于 P_C 时，若不继续增大荷载，则杆件的挠度也不增加。但当 P 值达到 P_C 后，即使不再继续增加荷载甚至减小荷载，挠度仍将继续增大，这种现象称为丧失第二类稳定性。加载至极值点 A 时的荷载值 P_C 即为丧失第二类稳定性的临界荷载。因此，又把丧失第二类稳定性称为极值点失稳，显然，它与丧失第一类稳定性相比是不同的概念。图 14-6(b)所示为承受横向荷载 Q(假定 Q 保持常量)同时承受压力 P 作用的压弯杆件，失稳时也有类似于偏心压杆的特征。综上所述，丧失第二类稳定性的特点为:平衡形式并不发生质的变化,随着荷载 P 的逐渐增加,变形仅以量变的形式迅速增长,最后使结构丧失承载能力。

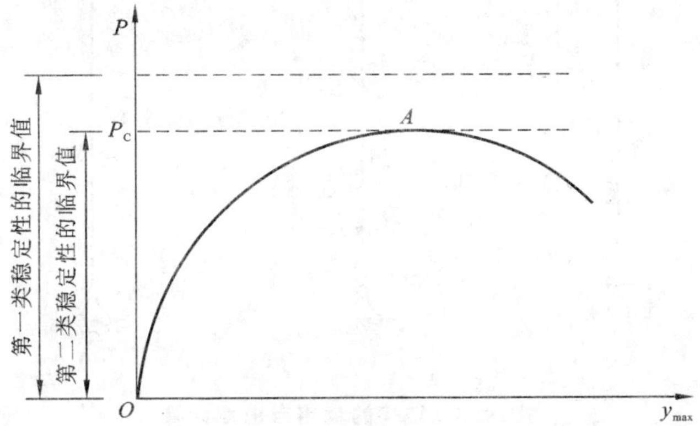

图 14-7 荷载-挠度关系图

丧失第二类稳定性时的临界值实际上要低于丧失第一类稳定性时的临界值,这是因为杆件在偏心受压或受弯的情况下,随着荷载 P 的不断增加,截面的边缘纤维应力将首先抵达屈服极限,引起局部的塑性变形,使截面进入弹塑性工作状态,而塑性变形扩展的结果将导致杆件承载能力的降低。

作用于结构上的荷载,一般并非都使杆件产生轴向受压,例如,受压弯作用的刚架柱、压力曲线不与拱轴相重合的各类拱结构、非理想桁架中的某些杆件等。因此,工程中的稳定问题实际上均属于第二类稳定性问题。研究第二类稳定性要考虑多种因素的影响:首先荷载-位移关系是几何非线性的;其次有时还要考虑到材料的非线性性质。因此,它比第一类稳定性要复杂得多。为了使计算简便起见,可对结构的荷载作用方式做某些简化假定,将第二类稳定性转化为第一类稳定性来处理,并通过某些系数反映两类稳定性问题之间的差别。

本章只讨论在弹性范围内丧失第一类稳定性的问题。对于工程结构来说,丧失上述两类稳定性都是不允许的。

14.1.4 稳定计算的中心内容及其自由度

不论是研究第一类或第二类的稳定性,稳定计算的中心内容都是要确定结构的临界荷载,据此对结构进行必要的稳定性验算以确保其安全。

稳定计算中还涉及结构稳定自由度的概念。结构的稳定自由度是指当结构失稳时为了确定其变形形状所需的独立坐标数数目。例如,图 14-8(a)装有抗转弹簧支座的刚性压杆,失稳后的变形状态如图中虚线所示,它仅需一个独立坐标 θ 就可确定其失稳模态,因此它有一个自由度;图 14-8(b)由两根抗移弹簧在中间相连三根刚性压杆,确定其失稳模态的独立坐标为 y_1、y_2,故知其有两个自由度;图 14-8(c)为两端铰支且 $EI=\infty$ 的弹性压杆,需要无限多个独立坐标 y 才可确定其失稳模态,故它为无限自由度。

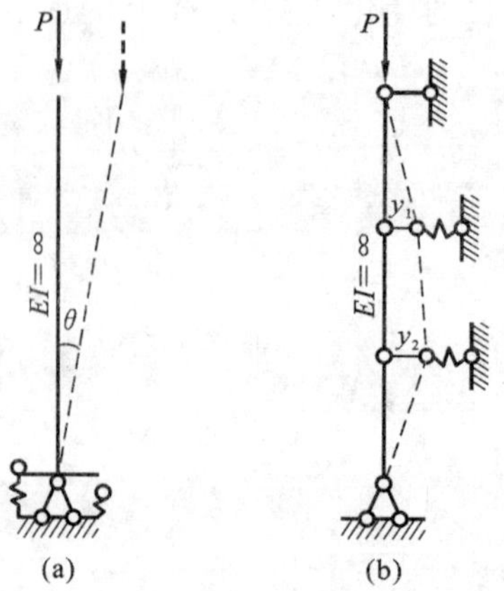

图 14-8　结构的稳定自由度计算

(a)抗转弹簧支座的刚性压杆;(b)抗移弹簧的刚性压杆;(c)两端铰支且 $EI=\infty$ 的弹性压杆

14.2　用静力法确定临界荷载

关于结构的稳定计算,方法很多,静力法和能量法是两种最基本和最重要的方法。在以下讨论中,假定体系在丧失稳定性之前,在弹性阶段内工作,并只考虑小变形情况,即线性失稳问题。

用静力法确定临界荷载,是根据结构在临界状态时具有平衡的二重性这一特点,采用静力平衡条件,寻求能使结构在新的形式下保持平衡的荷载,其最小值即为所求的临界荷载。

图 14-9(a)所示结构,由两根相互垂直的刚性杆在 A 处刚接而成,C、D 处抗移弹簧的刚度系数均为 k(发生单位位移时所需的力),该体系为单自由度结构。设临界状态时新的平衡形式如图 14-9(b)的虚线所示,则由静力平衡条件 $\sum M_A=0$ 得

$$Pl\sin\theta-R_Ca-R_Da=0 \tag{14-1}$$

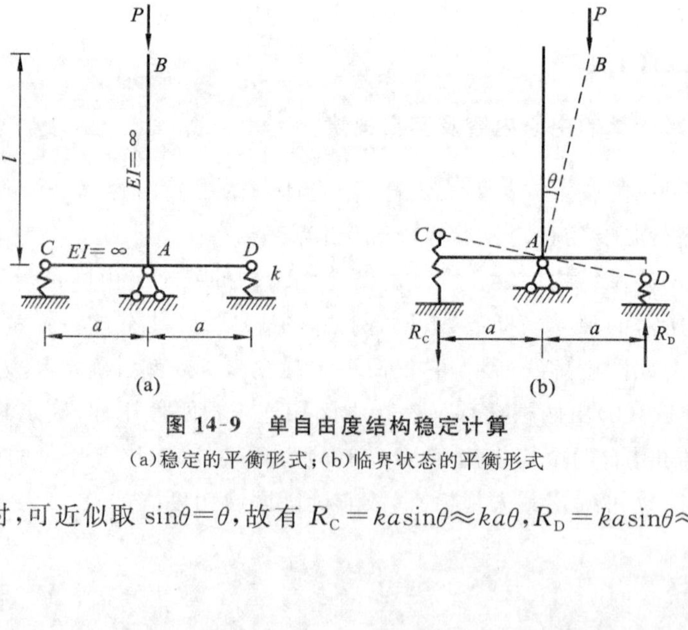

图 14-9　单自由度结构稳定计算

(a)稳定的平衡形式;(b)临界状态的平衡形式

当 θ 为微小转角时,可近似取 $\sin\theta=\theta$,故有 $R_C=ka\sin\theta\approx ka\theta$,$R_D=ka\sin\theta\approx ka\theta$。式(14-1)

可写成

$$(Pl-2ka^2)\theta=0 \tag{14-2}$$

这个平衡方程式是以θ为未知数的齐次方程。观察式(14-2)可得如下结论：

若$Pl-2ka^2\neq0$，则$\theta=0$，且$\theta=0$是式(14-2)的唯一解。表明结构仍维持原来的平衡形式尚未发生失稳现象。

若$Pl-2ka^2=0$，则除零解$\theta=0$能满足式(14-2)外，尚有非零解$\theta\neq0$也能满足式(14-2)。前者表明结构在原来形式下的平衡状态，后者则表明结构在新的形式下的平衡状态。因此

$$Pl-2ka^2=0 \tag{14-3}$$

表明了失稳时的平衡形式具有二重性，这是结构处于临界状态的静力特征。式(14-3)满足了结构在原来形式和新的形式下都能维持平衡的条件，称为稳定方程或特征方程，据此可求解出临界荷载为

$$P_C=\frac{2ka^2}{l} \tag{14-4}$$

用静力法确定多自由度体系临界荷载的步骤及原理与单自由度体系相同。例如，对于具有n个自由度的体系，在新的平衡形式下就可列出与自由度数目相等的n个平衡方程，它们是以n个独立坐标或位移为未知数的齐次代数方程。根据临界状态的静力特征，齐次方程除零解外(对应于原有平衡形式)，还应有非零解存在(对应于新的平衡形式)，要满足上述平衡条件，则必须使位移未知数前的系数所组成的行列式D等于零，这便是所需建立的稳定方程：

$$D=0 \tag{14-5}$$

展开行列式D可求解n个根，其中与最小根相应的特征荷载即为临界荷载，现以下例予以分析说明。

【例14-1】 试求图14-10(a)所示结构的临界荷载及其相应的失稳模态。已知：C点作用荷载为P，B点作用荷载为$2P$，C、B两处抗移弹簧的刚度系数分别为k和$2k$。

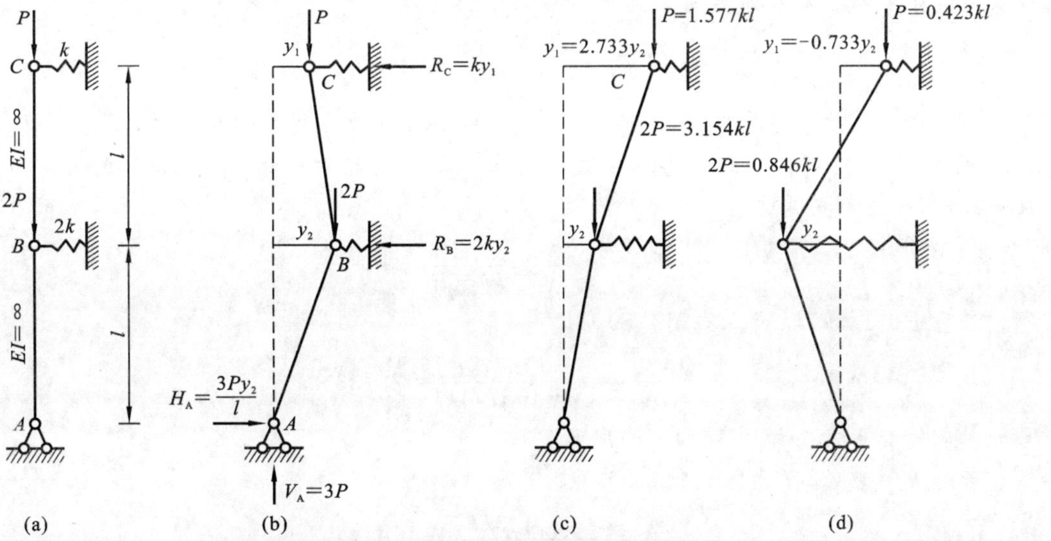

图14-10 多自由度结构稳定计算

(a)稳定平衡状态；(b)不稳定平衡的变形状态；(c)、(d)失稳状态

【解】 体系具有两个自由度,假定新的变形状态如图14-10(b)所示,C点和B点的水平位移分别为y_1和y_2,各抗移弹簧支座处的反力为

$$R_C=ky_1,\quad R_B=2ky_2$$

由整体平衡条件及AB杆的局部平衡条件可知支座A处的反力为

$$V_A=3P,\quad H_A=\frac{3Py_2}{l}$$

同时设位移y_1和y_2是微小的,即属小变形情况,故在列静力平衡方程时,可把AB杆和BC杆在竖直方向的投影长度近似看作l,由$\sum M_B=0$和$\sum X=0$分别得

$$\left.\begin{aligned}&P(y_2-y_1)+ky_1l=0\\&\frac{3Py_2}{l}-2ky_2-ky_1=0\end{aligned}\right\}$$

整理后为

$$\left.\begin{aligned}&(kl-P)y_1+Py_2=0\\&-kly_1+(3P-2kl)y_2=0\end{aligned}\right\}\tag{14-6}$$

这是关于y_1和y_2的齐次方程,欲使y_1、y_2不全为零的非零解存在,则其系数行列式应等于零,从而组成稳定方程为

$$D=\begin{vmatrix}kl-P & P\\-kl & 3P-2kl\end{vmatrix}=0\tag{14-7}$$

展开整理后得

$$3P^2-6klP+2(kl)^2=0$$

解得两个特征荷载

$$P=\frac{3\pm\sqrt{3}}{3}kl=\begin{cases}1.577kl\\0.423kl\end{cases}$$

取其中最小的特征荷载即为所求临界荷载,即

$$P_C=\frac{3-\sqrt{3}}{3}kl=0.423kl$$

现在求相应的失稳模态。在关于y_1和y_2的线性齐次方程式(14-6)中,不能求解y_1和y_2的确实数值,但可由两式中的任一式决定y_1和y_2的相对比值。例如,用式(14-6)中的第一式,即有比例关系

$$\frac{y_1}{y_2}=\frac{-P}{kl-P}\tag{14-8}$$

若将$P=1.577kl$代入式(14-8),则

$$\frac{y_1}{y_2}=\frac{-1.577kl}{(1-1.577)kl}=2.733$$

与此对应的变形模态如图14-10(c)所示。

若将$P=0.423kl$代入式(14-8),则

$$\frac{y_1}{y_2}=\frac{-0.423kl}{(1-0.423)kl}=-0.733$$

与此对应的变形模态如图14-10(d)所示。

对应于临界荷载的变形模态即为失稳状态，如图 14-10(d)所示。

上面已讨论了多自由度体系的临界荷载确定方法。对于无限自由度体系，应用静力法确定临界荷载的思路，基本上与多自由度体系相仿。首先，对体系新的平衡形式由静力条件列出平衡方程(这里需注意：在多自由度体系中所列的平衡方程是代数方程，但在无限自由度体系中，因有无限多的独立变形，需由微分方程进行描述，故其平衡方程是微分方程)。其次，求解微分方程并结合边界条件确定未知常数，则可得一组关于未知常数的齐次方程。最后，根据平衡形式的二重性，使未知常数不全为零的非零解存在，从而求出最小的特征荷载值，即为临界荷载。

今以一端固定另一端铰支的等截面直杆(图 14-11)为例说明无限自由度体系，应用静力法确定临界荷载的基本原理和计算步骤。

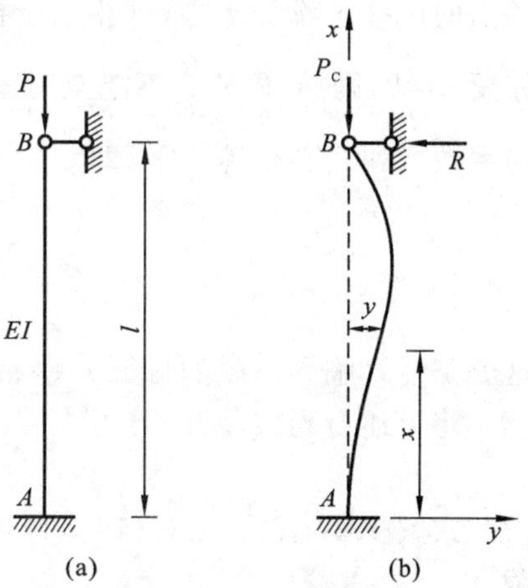

图 14-11 等截面直杆

(a)稳定平衡状态；(b)不稳定平衡状态

当荷载 P 小于临界荷载 P_C 时，杆件处于直线形式的平衡状态[图 14-11(a)]。当 P 达到 P_C 时，杆件可能有两种平衡形式，即直线形式和曲线形式，而直线平衡形式则是不稳定的。受某种干扰后，杆件即将过渡到曲线形式的不稳定平衡状态[图 14-11(b)]。此时，取图 14-11(b)所示坐标系，则任一截面的弯矩为

$$M=Py+R(l-x) \tag{14-9}$$

式中 y——曲线平衡状态下杆的挠曲线方程，$y=y(x)$；

R——上端支座链杆的反力。

由于研究的是小变形情况，即杆件刚刚开始发生纵向弯曲的情况，故可利用挠曲线的近似微分方程

$$EIy''=-M \tag{14-10}$$

式中 EI——杆件的弯曲刚度，如为等截面，EI 等于常数。

将式(14-9)代入式(14-10)即得

$$EIy''+Py=-R(l-x)$$

将此式除以 EI，并令

$$\alpha=\sqrt{\frac{P}{EI}} \tag{14-11}$$

则以上微分方程可改写为

$$y''+\alpha^2 y=-\frac{R}{EI}(l-x) \tag{14-12}$$

这是一个常系数二阶微分方程，其通解为

$$y=A\cos(\alpha x)+B\sin(\alpha x)-\frac{R}{P}(l-x) \tag{14-13}$$

式中 A、B 为待定的积分常数，$\frac{R}{P}$ 也是未知量。

对于图 14-11 所示的杆件，其边界条件为：

① 在 $x=0$ 处，$y=0$、$y'=0$

② 在 $x=l$ 处，$y=0$

据此,可得如下关于未知常数 A、B 和 $\frac{R}{P}$ 的线性齐次代数方程组:

$$\left.\begin{aligned} &A-l\frac{R}{P}=0 \\ &\alpha B+\frac{R}{P}=0 \\ &A\cos(\alpha l)+B\sin(\alpha l)=0 \end{aligned}\right\} \tag{14-14}$$

显然,当 $A=B=\frac{R}{P}=0$ 时,上列方程组可以得到满足。但由式(14-13)可知,此时杆件各点的位移 y 都等于零,这相当于杆件为直线形式的平衡状态,而这并非所要研究的问题。如要 $y\neq0$,则 A、B 和 $\frac{R}{P}$ 不能全为零,这相当于杆件为曲线形式的平衡状态,则式(14-14)中的系数行列式必须等于零,即

$$D=\begin{vmatrix} 1 & 0 & -l \\ 0 & \alpha & 1 \\ \cos(\alpha l) & \sin(\alpha l) & 0 \end{vmatrix}=0$$

这就是计算临界荷载的特征方程,故计算临界荷载的问题就变成解算特征方程的问题。

将上述行列式展开,可得

$$\tan(\alpha l)=\alpha l \tag{14-15}$$

由此式解得 αl 值后[由式(14-11)可知,应取 $\alpha l>0$ 的值],即可根据式(14-11)求出临界荷载 P_C。

方程式(14-15)是关于 αl 的超越方程,一般可用逐次渐近法求解。在这里应用试算法并配合图解法计算较为方便,以 αl 作为自变量,分别绘出与 $z=\alpha l$、$z=\tan(\alpha l)$ 相对应的图形,如图 14-12 所示,则这两个图形的交点的横坐标就是上述特征方程的根。因交点有无穷多个,故方程有无穷多个根。由图 14-12 中可以看出,最小的正根 αl 在 $\frac{3\pi}{2}\approx4.7$ 的左侧附近,其准确数值可由试算法(表 14-1)求得为

$$\alpha l=4.493$$

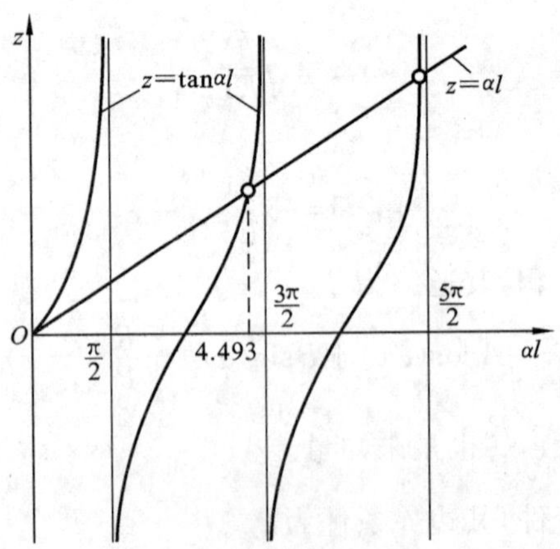

图 14-12 超越方程图解法

表 14-1　试算法求 αl 的最小正根

αl	$\tan(\alpha l)$	D
4.5	4.637	−0.137
4.4	3.096	+1.304
4.49	4.422	+0.068
4.491	4.443	+0.048
4.492	4.464	+0.028
4.493	4.485	+0.008
4.494	4.506	−0.012

将该值代入式(14-11)可求得最小临界荷载值为

$$P_C=\alpha^2 EI=20.19\frac{EI}{l^2}=\frac{\pi^2 EI}{(0.7l)^2}$$

这与材料力学中所得出的结果相同。其中 $l_0=\mu l=0.7l$ 称为计算长度，$\mu=0.7$ 称为计算长度系数，20.19 为该压杆的稳定系数。

从上述例子可以看出，用静力法计算临界荷载是从丧失稳定性时，体系的平衡(变形)形式将发生质变这一特征出发，首先假定体系已处于微弯的平衡形式，据此列出它的平衡微分方程，该方程的解将包含若干未知常数。利用相应的边界条件，可得一组与未知常数数目相同的线性代数方程。这组方程有两组解：①全零解，即各未知常数都等于零，这表示杆件不发生弯曲变形，这种情况并非所要研究的。②非零解，即各未知常数不全等于零，而这只有在方程组中的系数行列式 D 等于零的情况下才有可能(即 $D=0$)，这就是稳定性的特征方程，求解此方程可得出临界参数值，然后再根据这个临界参数就可以确定临界荷载 P_C。

【例 14-2】　图 14-13(a)所示两端铰支的压杆，下半段为刚性杆，上半段为弹性杆。试求其临界荷载。

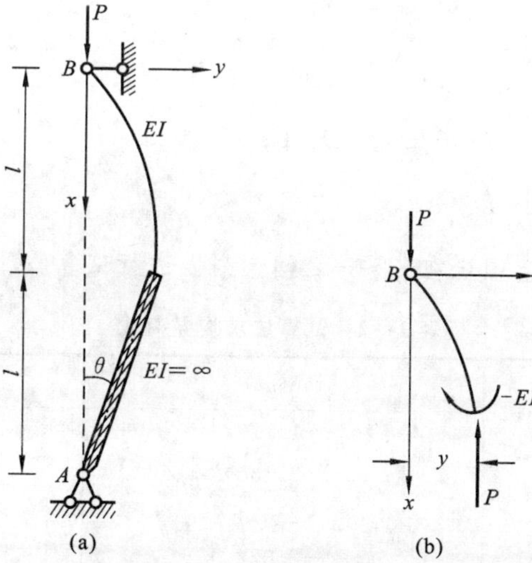

图 14-13　两端铰支带刚域的压杆

(a)压杆不稳定平衡状态；(b)弹性段的隔离体

【解】 设压杆已处于新的平衡状态,刚性杆的转角为θ,坐标系的正方向如图14-13(a)所示。今取弹性杆的隔离体如图14-13(b)所示,由隔离体的平衡条件$\sum M_B=0$,可得弹性杆的挠曲线微分方程为

$$-EIy''-Py=0$$

改写成

$$y''+\alpha^2 y=0$$

式中$\alpha=\sqrt{\dfrac{P}{EI}}$。上述微分方程的通解为

$$y=A\sin(\alpha x)+B\cos(\alpha x)$$

除两个积分常数A、B外,刚性杆转角θ也为未知,因此边界条件为

$$\text{当 } x=0 \text{ 时}, \quad y=0$$

$$\text{当 } x=l \text{ 时}, \quad y=l\theta、y'=-\theta$$

据此可建立关于未知常数A、B和θ的齐次方程组:

$$\left.\begin{aligned}&B=0\\&A\sin(\alpha l)+B\cos(\alpha l)-l\theta=0\\&A\alpha\cos(\alpha l)-B\alpha\sin(\alpha l)+\theta=0\end{aligned}\right\}$$

使A、B和θ不全等于零,其系数行列式应等于零,因此稳定方程为

$$D=\begin{vmatrix}0 & 1 & 0\\ \sin(\alpha l) & \cos(\alpha l) & -l\\ \alpha\cos(\alpha l) & -\alpha\sin(\alpha l) & 1\end{vmatrix}=0$$

展开后得

$$\tan(\alpha l)=-\alpha l$$

对上述超越方程,首先确定αl的取值范围,然后再用试算法求出其值。

当$\alpha l=0$时,$D=0$;

当$0<\alpha l<\dfrac{\pi}{2}$时,$D>0$;

当αl稍大于$\dfrac{\pi}{2}$时,$\tan(\alpha l)$趋于$-\infty$,$D<0$;

当$\alpha l=\pi$时,$\tan(\alpha l)=0$,$D>0$。

故知当$D=0$时αl的取值范围应在$\dfrac{\pi}{2}\sim\pi$之间。列表进行试算(表14-2)。

表14-2 试算法求临界荷载

αl	$\tan(\alpha l)$	D
2.1	−1.710	0.390
2.0	−2.185	−0.185
2.02	−2.074	−0.054
2.03	−2.022	0.008
2.025	−2.048	−0.023

试算结果取

$$\alpha l = 2.03$$

将此值代回后可得临界荷载为

$$P_C = \alpha^2 EI = \left(\frac{2.03}{l}\right)^2 EI = \frac{4.12EI}{l^2}$$

对于较复杂的情形，用静力法确定体系的临界荷载往往比较困难。例如，按式(14-10)建立的关于弹性曲线的微分方程是变系数而难以积分成有限形式；或体系的边界条件比较复杂，以致根据它们导出的特征方程不易求解等情况。此时采用能量法进行近似计算则较为方便。

14.3 用能量法确定临界荷载

用能量法计算临界荷载是以体系在临界状态的能量特征为依据的。

仍以刚性小球为例来说明不同平衡形式的能量特征。图 14-14 所示为处于三种不同平衡状态的小球，在图 14-14(a)所示稳定平衡情况下，若由于某一附加外因，使小球偏离原来的平衡位置，则其势能(或称位能)将增加，故相应于稳定平衡位置的势能最小。在图 14-14(b)所示的不稳定平衡情况下，当小球偏离平衡位置时，其势能将会减少，故对应于不稳定平衡位置的势能最大。在图 14-14(c)所示的随遇平衡情况下，使小球偏离原来的平衡位置将不引起势能的改变。

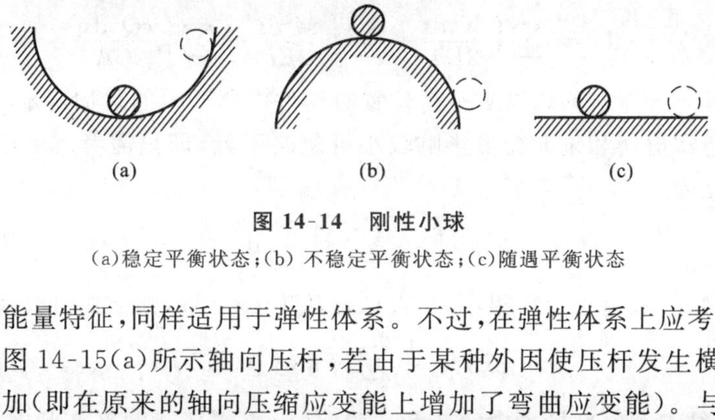

(a)　　　　　　(b)　　　　　　(c)

图 14-14　刚性小球

(a)稳定平衡状态；(b) 不稳定平衡状态；(c)随遇平衡状态

上述刚体的能量特征，同样适用于弹性体系。不过，在弹性体系上应考虑应变能和荷载势能的改变。如图 14-15(a)所示轴向压杆，若由于某种外因使压杆发生横向弯曲，则杆件的应变能将会增加(即在原来的轴向压缩应变能上增加了弯曲应变能)。与此同时，由于弯曲变形将使荷载 P 的作用点位置下降，从而使荷载势能减少，其减少值即等于 P 在相应位移 Δ 上所做的功。因此，任何弹性体系势能的改变应当包含两部分能量的变化：体系应变能的改变和荷载势能的改变。

设以 ΔU 表示应变能的增量，以荷载所做功的负值 $-\Delta T$ 表示荷载势能的增量，则整个体系的势能增量为 $\Delta U - \Delta T$。根据前述能量特征可知，如果

$$\Delta U - \Delta T > 0$$

则弹性体系的平衡形式是稳定的；如果

$$\Delta U - \Delta T < 0$$

则其平衡形式是不稳定的。如果

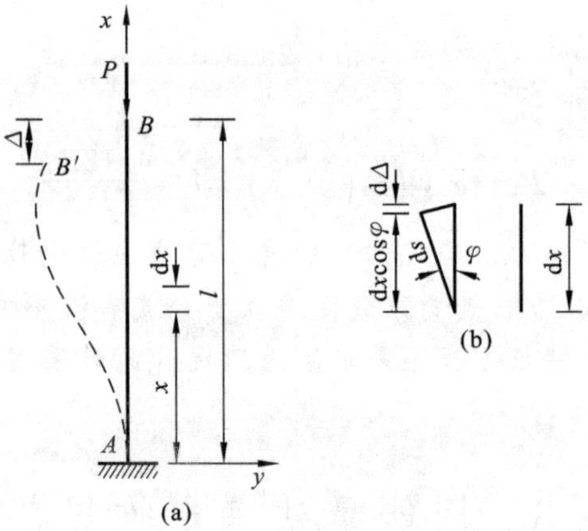

图 14-15 弹性轴向压杆

(a)压杆的两种形式的平衡状态;(b)dx 微段位移图

$$\Delta U-\Delta T=0$$

或写成

$$\Delta U=\Delta T \tag{14-16}$$

则表示平衡形式由稳定平衡状态变为不稳定平衡状态,据此可求得临界荷载 P_C。方程式(14-16)称为体系的临界状态方程。下面就直杆稳定问题来导出其临界荷载的计算公式。

对于弹性体系,由 7.2 节中可知,其变形能的增量为

$$\Delta U=\sum\int\frac{N^2\,\mathrm{d}s}{2EA}+\sum\int\frac{M^2\,\mathrm{d}s}{2EI}+\sum\int\frac{kQ^2\,\mathrm{d}s}{2GA} \tag{14-17}$$

式中 M,Q 和 N——体系偏离原来平衡位置时构件中所产生的附加弯矩、剪力和轴力。

对于直杆,通常剪切和轴向变形影响较小可忽略不计,即只需考虑弯曲变形的影响,故式(14-17)可简化为

$$\Delta U=\frac{1}{2}\sum\int\frac{M^2}{EI}\mathrm{d}s \tag{14-18}$$

考虑到式(14-10),并且由于变形很小,可近似地认为 $\mathrm{d}s=\mathrm{d}x$,则上式可改写成

$$\Delta U=\frac{1}{2}\sum\int EI\,(y'')^2\,\mathrm{d}x \tag{14-19}$$

对于作用在结点并沿杆轴方向的荷载,当杆件由直线形式的平衡状态变为曲线形式的平衡状态时,外力所做功的增量为

$$\Delta T=\sum P_i\Delta_i \tag{14-20}$$

式中 Δ_i——沿 P_i 方向荷载作用点的位移,它等于杆长 l_i 与弹性曲线在杆轴上投影之差(图 14-16)。

取结构中某一杆件的微段 $\mathrm{d}x$ 来研究(图 14-15),在弹性曲线上与之相应的微段为 $\mathrm{d}s$(可看成直线段)。设两者的夹角为 φ[图 14-15(b)];则 $\mathrm{d}s$ 在铅直方向的投影为 $\mathrm{d}x\cos\varphi$。故 $\mathrm{d}x$ 微段长度的改变量为

$$\mathrm{d}\Delta=\mathrm{d}x-\mathrm{d}x\cos\varphi=(1-\cos\varphi)\mathrm{d}x$$

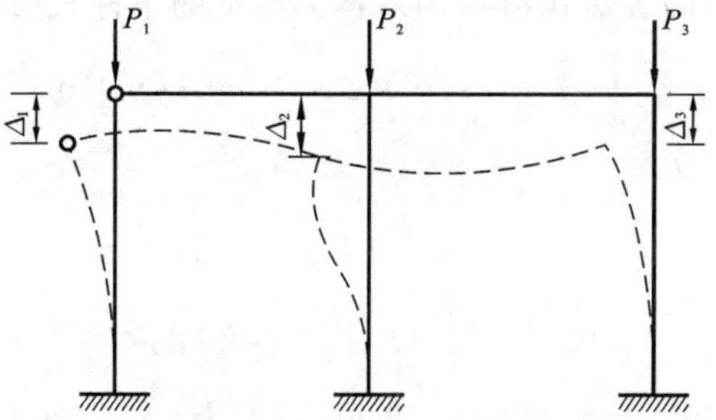

图 14-16　弹性结构的直线和曲线平衡形式

因 $\cos\varphi=1-\frac{\varphi^2}{2!}+\frac{\varphi^4}{4!}-\cdots$，并考虑到 φ 角很小，故可取 $\varphi=\tan\varphi=y'$，当略去高阶微量时，则上式可改写成

$$d\Delta=\frac{1}{2}\varphi^2 dx=\frac{1}{2}(y')^2 dx$$

把上式沿杆长积分，则得单根杆件的位移表达式

$$\Delta=\int d\Delta=\frac{1}{2}\int (y')^2 dx$$

将上式代入式(14-20)即得外力功的增量

$$\Delta T=\frac{1}{2}\sum P\int (y')^2 dx \tag{14-21}$$

利用式(14-19)、式(14-21)分别求出体系的变形能和外力功的增量，再根据弹性体系的临界状态方程式(14-16)，就可以求得体系的临界荷载值。不过在某些较复杂的情况下，只能求得临界荷载的取值范围，这一点在工程实际中往往是有用的。

对于单根压杆，根据式(14-19)和式(14-21)，以及丧失稳定性的条件式(14-16)可写成

$$\int_0^l EI(y'')^2 dx=P_C\int (y')^2 dx \tag{14-22}$$

由此得临界荷载的计算公式为

$$P_C=\frac{\int_0^l EI\ (y'')^2 dx}{\int_0^l (y')^2 dx} \tag{14-23}$$

对于沿杆轴作用竖向均布荷载 q(例如杆的自重作用)的情形，按能量法计算时，式(14-21)中的荷载 P 不再是常量，它随截面位置的不同而变化。当微段 dx 的倾角为 $\varphi=y'(x)$ 时(参看图 14-15)，微段 dx 以上部分的荷载为 $N_x=q(l-x)$，它由于位移 $d\Delta=\frac{1}{2}(y')^2 dx$ 所做的微功为

$$d(\Delta T)=N_x d\Delta=\frac{1}{2}q(l-x)(y')^2 dx$$

沿全杆长进行积分，即可求得所有外力所做的功为

$$\Delta T=\int_0^l d(\Delta T)=\frac{1}{2}q\int_0^l (l-x)(y')^2 dx$$

根据上式以及变形能增量的表达式(14-19)，丧失稳定的条件式(14-16)可改写成

$$q_C \int_0^l (l-x)(y')^2 \mathrm{d}x = \int_0^l EI(y'')^2 \mathrm{d}x \tag{14-24}$$

得

$$q_C = \frac{\int_0^l EI\ (y'')^2 \mathrm{d}x}{\int_0^l (l-x)\ (y')^2 \mathrm{d}x} \tag{14-25}$$

显然，要按上述各公式确定临界荷载，首先必须知道弹性曲线的方程 $y=y(x)$(即体系丧失稳定性瞬时的变形形式)。但是，杆件在失稳时，其临界状态的变形曲线事先并不知道。因此，通常只能假设一条近似的弹性曲线，然后将它代入上述公式以确定临界荷载值，按此方法所求得的解答当然也是近似的。

选取体系的变形形式必须使其满足边界条件和各杆件之间的连接条件。当它愈接近于真实变形情况时，则按能量法求得的临界荷载值愈准确。当所假设的弹性曲线与真实情况相一致时，所得的解即为临界荷载的精确值。一般情况下，用能量法计算总是得出偏大的临界荷载值。因所假设的弹性曲线一般不会与真实的变形曲线一致，相当于加上一些约束，因而增强了抵抗失稳的能力。所以，按近似曲线计算所求得的临界荷载值常稍大于实际的临界荷载值。

通常可取杆件在某一横向荷载作用下的弹性变形曲线作为近似曲线。显然，它满足所有边界条件。除此之外，也可以选取适合边界条件的一组函数 $\varphi_i(x)(i=1,2,\cdots)$，变形曲线取为级数形式

$$y = a_1\varphi_1 + a_2\varphi_2 + \cdots = \sum a_i\varphi_i \tag{14-26}$$

式中　a_i—— 未知的常数参数。

将上式代入式(14-23)，则

$$P_C = \frac{\int_0^l EI\ \left(\sum a_i\varphi_i''\right)^2 \mathrm{d}x}{\int_0^l \left(\sum a_i\varphi_i'\right)^2 \mathrm{d}x} \tag{14-27}$$

为了书写方便，将式(14-27)写成 $P_C=\dfrac{A}{B}$，其中 A、B 分别为式(14-27)的分子和分母，都是参数 a_i 的二次式。为寻求 P_C 的极小值，可由以下极值条件来确定，即

$$\frac{\partial P_C}{\partial a_i}=0 \tag{14-28}$$

将 $P_C=\dfrac{A}{B}$ 代入式(14-28)，得

$$\frac{B\dfrac{\partial A}{\partial a_i}-A\dfrac{\partial B}{\partial a_i}}{B^2}=0$$

注意到 $B\neq0$ 及 $P_C=\dfrac{A}{B}$，则上式可改写为

$$\frac{\partial A}{\partial a_i}-P_C\frac{\partial B}{\partial a_i}=0 \qquad (i=1,2,\cdots)$$

其展开形式为

$$\left.\begin{aligned}\frac{\partial A}{\partial a_1}-P_C\frac{\partial B}{\partial a_1}=0\\ \frac{\partial A}{\partial a_2}-P_C\frac{\partial B}{\partial a_2}=0\\ \vdots\qquad\\ \frac{\partial A}{\partial a_n}-P_C\frac{\partial B}{\partial a_n}=0\end{aligned}\right\} \tag{14-29}$$

因为 A 和 B 中含的待定常数 a_i 是二次的，故式(14-29)为关于 a_i 的线性齐次方程组。a_i 不全为零的条件是方程组系数行列式等于零，由此可得稳定方程 $D=0$，满足 $D=0$ 的最小值即为临界荷载 P_C。为了便于计算，表 14-3 中列出了关于直杆的几种常用的函数 φ_i 的表达式。

表 14-3 满足位移边界条件的常用函数 φ_i 表达式

压杆形状	φ_i 表达式$(i=1,2,3,\cdots)$	压杆形状	φ_i 表达式$(i=1,2,3,\cdots)$
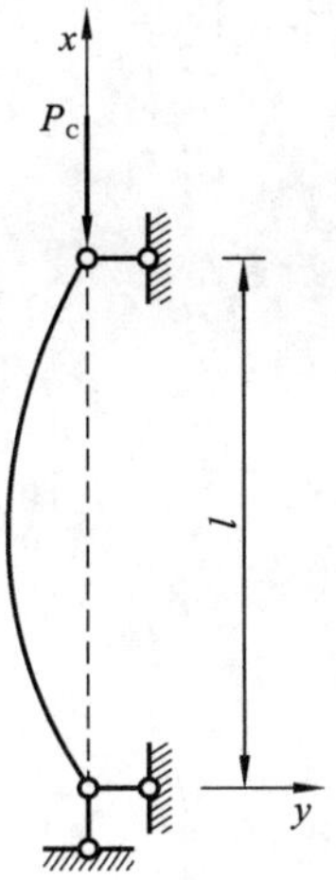	$\varphi_i=\sin\frac{i\pi x}{l}$或 $\varphi_i=\begin{cases}x(l-x)^{\frac{i+1}{2}} & (i=1,3,5,\cdots)\\ x^2(l-x)^{\frac{i}{2}} & (i=2,4,6,\cdots)\end{cases}$		$\varphi_i=1-\cos\frac{2(2i-1)\pi x}{l}$或 $\varphi_i=x^{i+1}(l-x)^{i+1}$
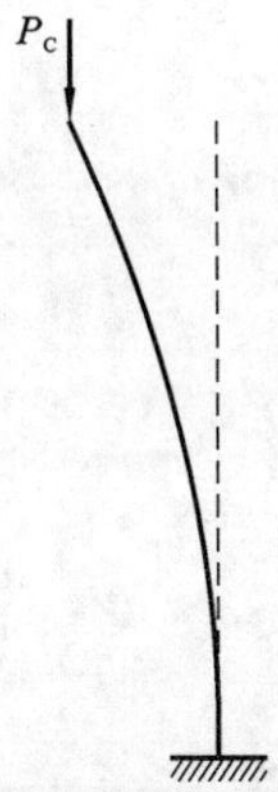	$\varphi_i=1-\cos\frac{(2i-1)\pi x}{2l}$		$\varphi_i=x^{i+1}(l-x)$

【例 14-3】 试用能量法求图 14-17(a)所示简支压杆的临界荷载。

【解】 取图 14-17(b)、图 14-17(c)两种横向荷载作用下杆件的变形曲线作为近似的位移函数曲线进行计算，显然这两种曲线均能满足变形谐调条件。

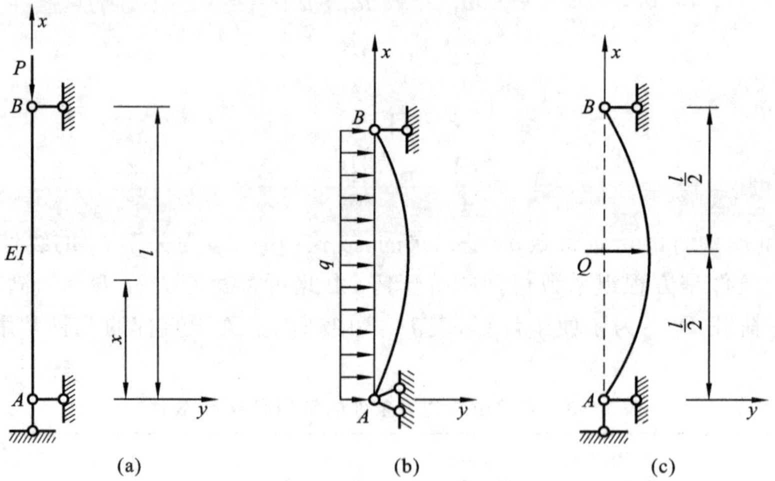

图 14-17 简支压杆的临界荷载计算

(a)简支压杆；(b)均布荷载作用下的变形曲线；(c)集中荷载作用下的变形曲线

(1) 取图 14-17(b)所示情况的弹性曲线时，有

$$y(x)=\frac{q}{EI}\left(-\frac{x^4}{24}-\frac{lx^3}{12}+\frac{l^3x}{24}\right)$$

由此得

$$y'(x)=\frac{q}{24EI}(-4x^3-6lx^2+l^3)$$

$$y''(x)=\frac{q}{2EI}(-x^2-lx)$$

代入式(14-23)，算得

$$P_{\mathrm{C}}=\frac{\int_0^l EI\,(y'')^2\,\mathrm{d}x}{\int_0^l (y')^2\,\mathrm{d}x}=\frac{\dfrac{31q^2l^5}{120EI}}{\dfrac{437q^2l^7}{20160\,(EI)^2}}=11.9176\,\frac{EI}{l^2}$$

(2) 取图 14-17(c)所示情况的弹性曲线时，有

$$y(x)=-\frac{Q}{EI}\left(\frac{x^3}{12}-\frac{l^2x}{16}\right)\quad\left(0\leqslant x\leqslant\frac{l}{2}\right)$$

由此得

$$y'(x)=-\frac{Q}{EI}\left(\frac{x^2}{4}-\frac{l^2}{16}\right)$$

$$y''(x)=-\frac{Qx}{2EI}$$

代入式(14-23)，算得

$$P_C=\frac{2\int_0^{\frac{l}{2}}EI\,(y'')^2\mathrm{d}x}{2\int_0^{\frac{l}{2}}(y')^2\mathrm{d}x}=\frac{\dfrac{Q^2l^3}{48EI}}{\dfrac{Q^2l^5}{480\,(EI)^2}}=10\,\frac{EI}{l^2}$$

比较二者结果，应取其中较小者作为临界荷载的近似值，即取 $P_C=10\,\frac{EI}{l^2}$，与精确解（欧拉临界荷载）$P_e=\frac{\pi^2EI}{l^2}$相比，约大 1.32%。

【例 14-4】 试用能量法求图 14-18(a)所示简支压杆的临界荷载。

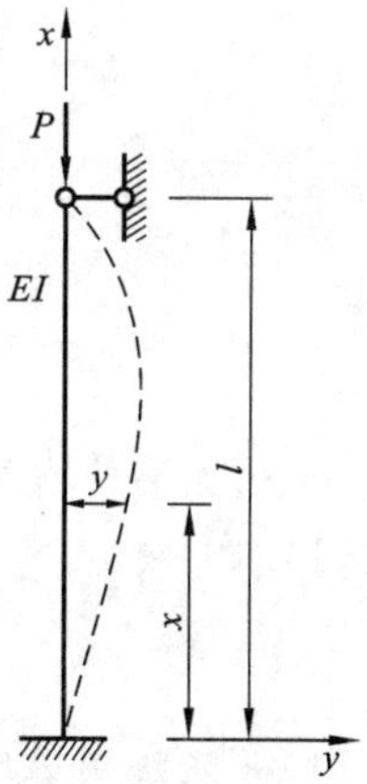

图 14-18　计算压杆的临界荷载

【解】 根据表 14-3，并只取前两项，即设

$$y(x)=a_1\varphi_1+a_2\varphi_2=a_1x^2(l-x)+a_2x^3(l-x)$$

作为近似弹性曲线。将

$$\varphi_1'=2lx-3x^2\qquad \varphi_1''=2l-6x$$

$$\varphi_2'=3lx^2-4x^3\qquad \varphi_2''=6lx-12x^2$$

代入下式并进行积分运算

$$A=EI\int_0^l(a_1\varphi_1''+a_2\varphi_2'')^2\mathrm{d}x$$

$$=EI(4l^3a_1^2+8l^4a_1a_2+4.8l^5a_2^2)$$

$$B=\int_0^l(a_1\varphi_1'+a_2\varphi_2')^2\mathrm{d}x$$

$$=0.1333l^5a_1^2+0.2l^6a_1a_2+0.0857l^7a_2^2$$

代入式(14-29)并整理，得

$$(8EI-0.2666l^2P_C)a_1+(8EIl-0.2l^3P_C)a_2=0$$

$$(8EI-0.2l^2P_C)a_1+(9.6EIl-0.1714l^3P_C)a_2=0$$

因为 a_1、a_2 不全为零，因此有

$$\begin{vmatrix}8EI-0.2666l^2P_C & 8EIl-0.2l^3P_C\\ 8EIl-0.2l^2P_C & 9.6EIl-0.1714l^3P_C\end{vmatrix}=0$$

将行列式展开并整理，可得

$$P_C^2-128\left(\frac{EI}{l^2}\right)P_C+2240\left(\frac{EI}{l^2}\right)^2=0$$

由此式解出最小临界荷载为

$$P_C=20.93\,\frac{EI}{l^2}$$

同上节中用静力法求出的精确值相比较，偏大 3.6%。

为了提高计算精度，可以继续增加参数 a_i 的数目，但参数多了会使计算工作量大幅增加，在一般情况下，仅取级数的前几项(2～3 项)即能达到工程精度要求。

【例 14-5】 试求图 14-19 所示结构的临界荷载。

【解】 假定两柱的近似弹性曲线为

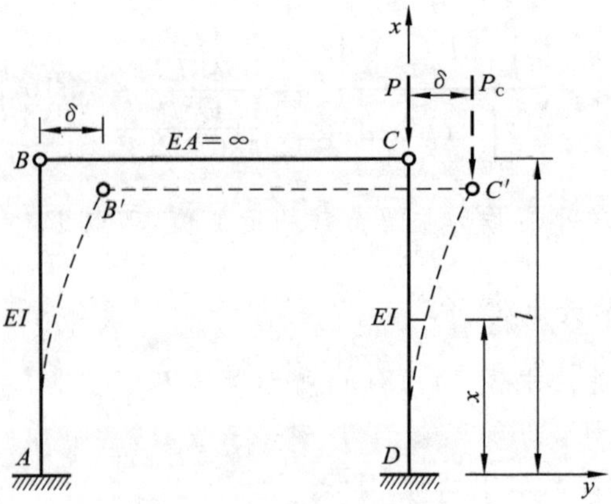

图 14-19 计算结构临界荷载

$$y=\delta\left(1-\cos\frac{\pi x}{2l}\right)$$

式中 δ——柱上端的水平位移。

由式(14-19)得

$$\Delta U=2\times\frac{1}{2}\int_0^l EI(y'')^2\mathrm{d}x=\frac{\delta^2\pi^4}{32l^3}EI$$

由式(14-21)并注意到 AB 柱上无荷载作用,得

$$\Delta T=\frac{1}{2}P\int_0^l (y')^2\mathrm{d}x=\frac{\delta^2\pi^2}{16l}P$$

将以上两积分值代入式(14-16),求得临界荷载为

$$P_C=\frac{\dfrac{\delta^2\pi^4}{32l^3}EI}{\dfrac{\delta^2\pi^2}{16l}}\approx 4.93\frac{EI}{l^2}$$

14.4 等截面直杆的稳定

14.4.1 刚性支承情况的直杆稳定

图 14-20 所示为工程结构中等截面直杆的几种刚性支承情况。其中图 14-20(e)相当于下端固定、上端与屋盖或楼盖中刚度很大的构件(如桁架或梁)相连接的柱,当柱发生纵向弯曲时,上端不能转动但可做水平移动。

在材料力学课程中,已讨论过上述直杆的稳定问题,其最小临界荷载的表达式可统一写成

$$P_C=\frac{kEI}{l^2}=\frac{\pi^2EI}{(\mu l)^2} \tag{14-30}$$

式中 k——稳定系数;

μ——计算长度系数,$\mu l=l_0$ 为计算长度。

对于图 14-20 所示的五种支承情况,它们的计算长度系数依次为 1、2、0.7、0.5 和 1;其

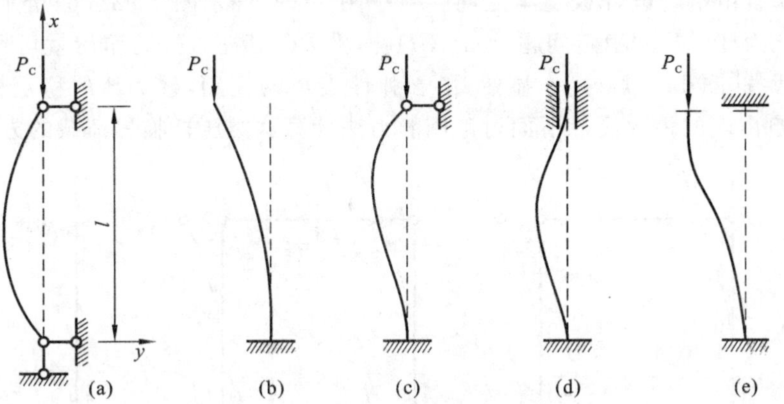

图 14-20　等截面直杆的稳定

(a)两端铰支；(b)一端固定另一端自由；(c)一端固定另一端铰支；(d)、(e)一端固定另一端定向滑动

稳定系数依次为 π^2、$\dfrac{\pi^2}{4}$、20.19、$4\pi^2$ 和 π^2。

14.4.2　弹性支承情况的直杆稳定

在工程结构中，常会遇到具有弹性支承的压杆(图 14-21)。例如，在计算排架、刚架等结构的稳定问题时，为研究其中某一杆件的稳定性，常将与其相连各杆的作用简化成弹性支承。

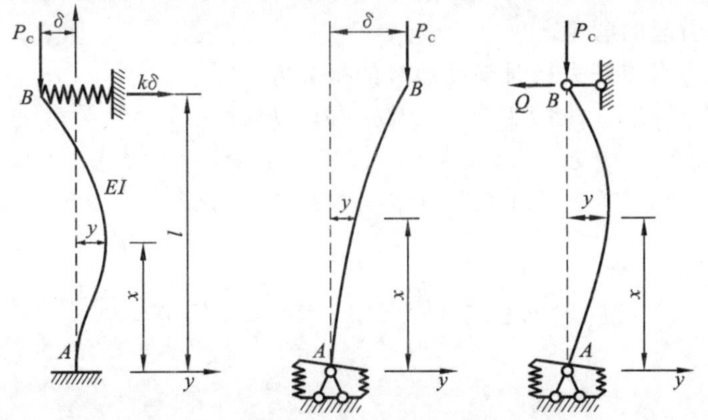

图 14-21　弹性支承的压杆稳定

(a)一端固定另一端弹性支承；(b)一端自由另一端弹性抗转支承；(c)一端铰支承另一端弹性抗转支承

图 14-21(b)、图 14-21(c)所示杆 A 端的弹性支承，当杆件丧失稳定时，该端转动一个角度 θ，因而使支座处一侧的弹簧伸长而另一侧的弹簧缩短。这两个等值而反向的弹簧力形成一个与转动方向相反的力偶矩 $m=R\theta$，从而对杆的转动起着抵抗作用。因此，这种支承常称为弹性抗转支承。R 代表发生单位转角 $\theta=1$ 时所需的力矩，称为弹性支承的转动刚度。这种支承的作用介于铰支承和固定支承之间。图 14-21(a)所示杆 B 端的弹性支承，它

的作用则介于自由端与链杆铰支承之间。对于图 14-22(a)、图 14-22(b)所示的结构,其稳定问题可简化为柱 AB 的稳定问题,而柱 CD、横梁 BC 对柱 AB 的作用就可用柱顶 B 处的弹性支承来代替[图 14-22(c)]。显然,由于弹性支承的作用,柱 AB 的稳定性和临界荷载就比 B 端为自由端的情况高。下面讨论用静力法计算这类压杆临界荷载的方法。

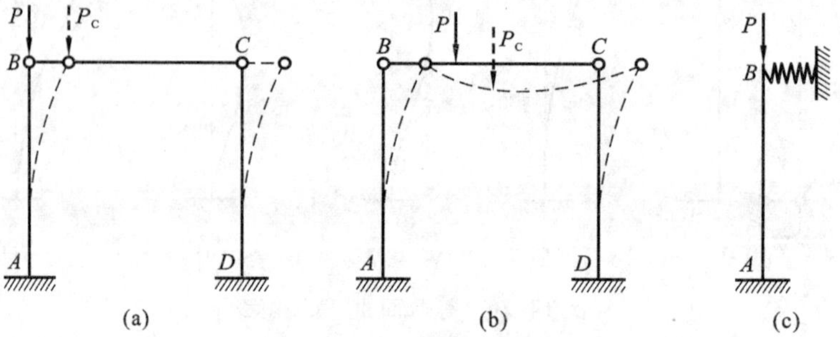

图 14-22　结构稳定简化

(a)、(b)弹性压杆 AB;(c)柱顶弹性支承

(1) 一端固定另一端弹性支承情形

这种支承情况如图 14-21(a)所示。杆件在新的曲线平衡形式下,任一截面的弯矩为

$$M=P(\delta+y)-k\delta(l-x) \tag{14-31}$$

式中　δ——弹性支承端 B 的水平位移;

k——弹簧刚度,它表示使弹簧伸长单位长度时所需的力。

式(14-31)右边的第一项为荷载所引起的弯矩,第二项为弹簧力 $k\delta$(其作用方向总是与位移方向相反)所引起的弯矩。

根据式(14-10)得该杆失稳时弹性曲线的微分方程

$$EIy''=-P(\delta+y)+k\delta(l-x)$$

或

$$EIy''+Py=k\delta(l-x)-P\delta \tag{14-32}$$

此方程的通解为

$$y=A\sin(\alpha x)+B\cos(\alpha x)+\delta\left[\frac{k}{P}(l-x)-1\right] \tag{14-33}$$

式中

$$\alpha=\sqrt{\frac{P}{EI}} \tag{14-34}$$

由边界条件:①在 $x=0$ 处,$y=y'=0$;②在 $x=l$ 处,$y=-\delta$,可得关于未知常数 A、B 和 δ 的线性代数方程组如下:

$$\left.\begin{aligned}&B+\delta\left(\frac{kl}{P}-1\right)=0\\&A\alpha-\delta\frac{k}{P}=0\\&A\sin(\alpha l)+B\cos(\alpha l)=0\end{aligned}\right\} \tag{14-35}$$

由于 A、B 和 δ 不能全为零,故方程组式(14-35)中的系数行列式应等于零:

$$\begin{vmatrix} 0 & 1 & \dfrac{kl}{\alpha^2 EI}-1 \\ \alpha & 0 & -\dfrac{k}{\alpha^2 EI} \\ \sin(\alpha l) & \cos(\alpha l) & 0 \end{vmatrix}=0 \tag{14-36}$$

展开以上行列式并整理后,可得稳定方程

$$\tan(\alpha l)=\alpha l-\frac{(\alpha l)^3 EI}{kl^3} \tag{14-37}$$

由上式解得 αl 值后,根据式(14-34)即不难求出临界荷载 P_C 值。

这类压杆的临界荷载也可以按式(14-30)进行计算。为此,把式(14-37)改写成

$$\frac{kl^3}{EI}\left[\frac{\tan(\alpha l)-\alpha l}{(\alpha l)^3}\right]+1=0 \tag{14-38}$$

由式(14-30)和式(14-34)得

$$\alpha l=\sqrt{\frac{P_C}{EI}}l=\sqrt{\frac{\pi^2}{(\mu l)^2}}\cdot l=\frac{\pi}{\mu} \tag{14-39}$$

再令

$$\eta=\frac{kl^3}{EI} \tag{14-40}$$

将以上两式代入式(14-38),可得

$$\eta=\frac{\left(\dfrac{\pi}{\mu}\right)^3}{\dfrac{\pi}{\mu}-\tan\dfrac{\pi}{\mu}} \tag{14-41}$$

当按式(14-30)计算压杆临界荷载时,其计算步骤可归纳如下:①先确定弹簧刚度 k,然后按式(14-40)求出参数 η;②按式(14-41)算出相应的计算长度系数 μ,为方便起见,将式(14-41)所示 η—μ 的数值关系列成表 14-4;③将 μ 值代入式(14-30),就可求得临界荷载值。

表 14-4 计算长度系数 μ 值

η	0	1	2	3	4	5	6	8	10	12	14	17	20	23	∞
μ	2	1.74	1.56	1.43	1.32	1.24	1.18	1.07	0.99	0.94	0.89	0.84	0.80	0.78	0.7

由表 14-4 可以看出,当 $\eta=0$ 时(即 $k=0$),$\mu=2$,这相当于杆的上端为自由端的情形;当 $\eta=\infty$ 时(即 $k=\infty$),$\mu=0.7$,这相当于杆的上端为刚性支承的情形。通常 k 值均在 $0\sim\infty$ 之间,相应的 μ 值则在 $0.7\sim2$ 之间。

(2) 一端自由另一端弹性抗转支承情形

对于图 14-23 所示结构中的压杆 AB,可将其简化为如图 14-21(b)所示的弹性支承压杆。在图 14-23 所示新的曲线平衡形式下,任一截面的弯矩为 $M=-P(\delta-y)$。相应的边界条件为:

① 在 $x=0$ 处,$y=0$、$y'=\theta=\dfrac{P\delta}{R}$;

② 在 $x=l$ 处,$y=\delta$。

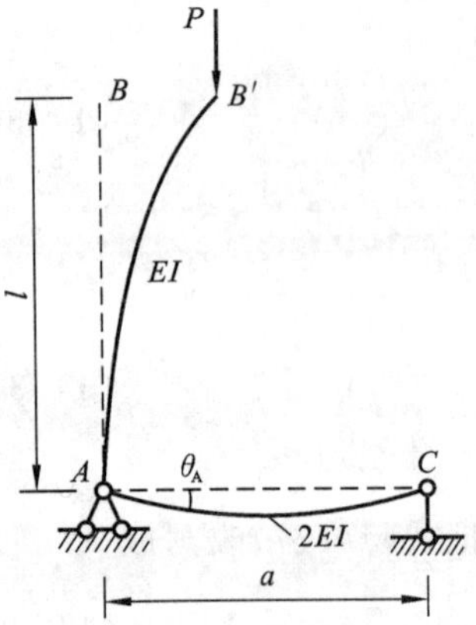

图 14-23 弹性支承的压杆

与前述计算相似,将弯矩表达式代入式(14-10),解此微分方程,并根据以上边界条件,最后得稳定方程

$$\alpha l\tan(\alpha l)=\frac{Rl}{EI} \tag{14-42}$$

(3) 一端铰支承另一端弹性抗转支承情形

这种支承情况如图 14-21(c)所示。任一截面的弯矩为 $M=Py+Q(l-x)$。边界条件:

① 在 $x=0$ 处,$y=0$、$y'=-\frac{Ql}{R}$;

② 在 $x=l$ 处,$y=0$。

最后得稳定方程为

$$\tan(\alpha l)=\alpha l\frac{1}{1+(\alpha l)^2\frac{EI}{Rl}} \tag{14-43}$$

对于式(14-42)、式(14-43)所示的稳定方程,可以采用作图法或试算法求得 αl 的最小值,然后用式(14-11)即可计算相应的临界荷载。

【例 14-6】 试求图 14-24(a)所示结构的稳定方程。设各杆的 EI 为常数。

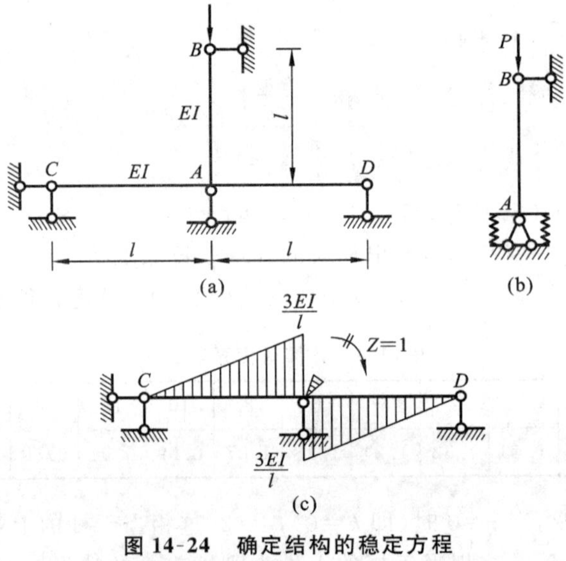

图 14-24 确定结构的稳定方程

(a)杆件结构;(b)计算简图;(c)$Z=1$ 的 M 图

【解】 将 CD 杆对 AB 杆的作用代以弹性支承,这样,AB 杆即可看作一端铰支另一端弹性抗转支承的压杆[图 14-24(b)]。转动刚度 R 可直接按定义由图 14-24(c)求得:

$$R=\frac{3EI}{l}+\frac{3EI}{l}=\frac{6EI}{l}$$

代入式(14-43)即得该结构的稳定方程

$$\tan(\alpha l)=\alpha l\frac{1}{1+\frac{(\alpha l)^2}{6}}$$

【例 14-7】 试将图 14-25(a)所示刚架化为弹性支承直杆，并求其临界荷载。

【解】 此刚架可视为对称结构，在对称荷载作用下，失稳有两种可能形式：对称形式[图 14-25(a)中实线所示]与反对称形式[图 14-25(a)中虚线所示]，将其简化为上端自由、下端具有弹性抗转支承的压杆来计算，如图 14-25(b)所示。

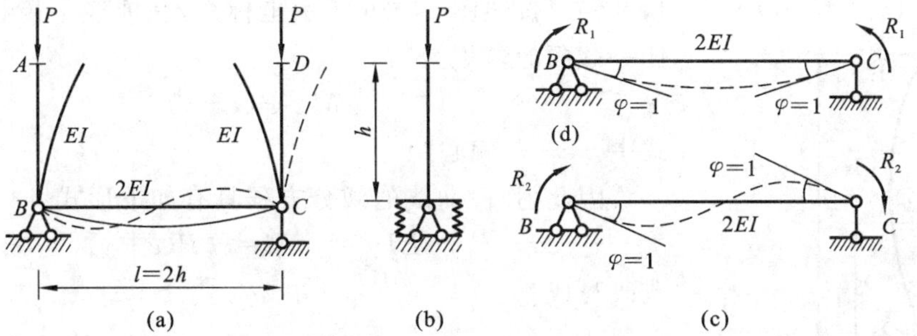

图 14-25　计算结构临界荷载

(a)刚架结构；(b)弹性支承的直杆；(c)对称形式 M_1 图；(d)反对称形式 M_2 图

(1) 对称情况[图 14-25(c)]

转动刚度为

$$R_1=\frac{2\times 2EI}{l}=\frac{2EI}{h}$$

代入式(14-42)，得稳定方程

$$\alpha h\tan(\alpha h)=2$$

用试算法求解该方程

$$\alpha h\approx 1.077$$

由此可得临界荷载

$$P_C=\alpha^2 EI=\frac{1.077^2}{h^2}EI=1.160\,\frac{EI}{h^2}$$

(2) 反对称情况[图 14-25(d)]

转动刚度

$$R_2=\frac{6\times 2EI}{l}=\frac{6EI}{h}$$

代入式(14-42)，得稳定方程

$$\alpha h\tan(\alpha h)=6$$

用试算法求解该方程

$$\alpha h\approx 1.350$$

由此得临界荷载

$$P_C=\alpha^2 EI=\frac{1.350^2}{h^2}EI=1.823\,\frac{EI}{h^2}$$

对比以上两种情况，丧失对称形式稳定的临界荷载较小，取为控制结构失稳的临界荷载。

14.4.3 偏心受压直杆的稳定

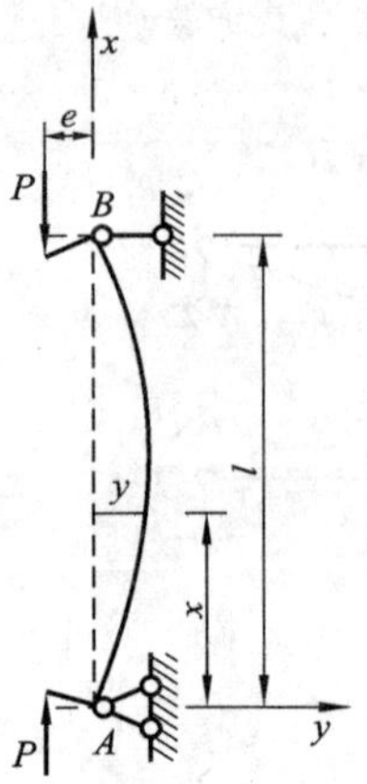

图 14-26 偏心受压直杆

现在来分析偏心压杆极值点失稳计算的特点。

考虑两端铰支等截面直杆受有偏心压力作用的情况(图 14-26)。按照图 14-26 所示坐标系,在曲线平衡状态时,杆中任一截面的弯矩为

$$M=P(e+y)$$

式中 e——偏心距。

因此,弹性曲线的微分方程具有如下形式

$$EIy''=-M=-P(e+y)$$

或改写成

$$y''+\alpha^2 y=-\alpha^2 e$$

式中

$$\alpha=\sqrt{\frac{P}{EI}}$$

上述微分方程的一般解为

$$y=A\cos(\alpha x)+B\sin(\alpha x)-e$$

根据边界条件(当 $x=0$ 和 $x=l$ 时,$y=0$),可求得积分常数 A 和 B 为

$$A=e$$

$$B=\frac{e[1-\cos(\alpha l)]}{\sin\alpha l}=e\tan\frac{\alpha l}{2}$$

于是得

$$y=e\left[\cos(\alpha x)+\tan\frac{\alpha l}{2}\sin(\alpha x)-1\right] \tag{14-44}$$

由式(14-44)可知,当$\frac{\alpha l}{2}=\frac{\pi}{2}$,即 $\alpha l=\pi$ 时,$y=\infty$($x=0$、l 除外)。而与此情况相对应的荷载值为

$$P=\frac{\pi^2 EI}{l^2}$$

即等于中心受压直杆的欧拉临界荷载 P_e。

如已知偏心距 e 和荷载 P,则可按式(14-44)计算杆的挠度。杆的最大挠度出现在 $x=\frac{l}{2}$处,其值为

$$y_{\frac{l}{2}}=e\left(\sec\frac{\alpha l}{2}-1\right) \tag{14-45}$$

对于某一确定的 e 值,可按式(14-44)绘出荷载-挠度关系曲线,如图 14-27 所示。由图 14-27 可知,挠度 $y_{\frac{l}{2}}$ 和荷载 P 之间的关系是非线性的。在 P 不大的情况下,随着 P 的增长,$y_{\frac{l}{2}}$ 的增长并不大。但是,当 P 接近于中心受压杆的临界荷载 P_e 时,$y_{\frac{l}{2}}$ 即以很快的速度增加,且当 $P\to P_e$ 时,$y_{\frac{l}{2}}$ 趋于无穷大。也就是说,P-$y_{\frac{l}{2}}$ 曲线是以 $P=P_e$ 作为其渐近线的。另外,由图 14-27 可看出,偏心距愈大,曲线对渐近线的偏离也愈大,即对于相同的 P 值,e

愈大，则相应的 $y_{\frac{l}{2}}$ 值就愈大。

必须指出：以上的结论只有理论上的意义，因为上述讨论的前提条件是假定杆件的变形在弹性范围内且是微小的。但实际上，如第 14.1 节中已经指出的那样，荷载在未达到欧拉临界荷载 P_e 之前，杆件往往已丧失承载能力。对于一般用弹塑性材料（例如钢）制成的杆件，当其承受偏心荷载时，实际的 $P\text{-}y_{\frac{l}{2}}$ 曲线将如图 14-28 所示。可见它并不以 $P=P_e$ 作为其渐近线，而当 $P=P_m(P_m<P_e)$ 时，杆件已丧失稳定性。此时，即使 P 不增加，甚至减少，挠度仍将继续增大。因此，偏心受压杆件丧失稳定性（第二类稳定性）的临界荷载值将小于 P_e。

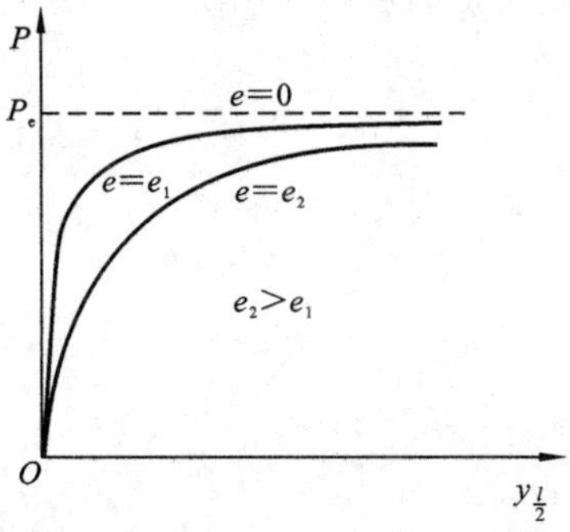

图 14-27 理论荷载-挠度关系曲线

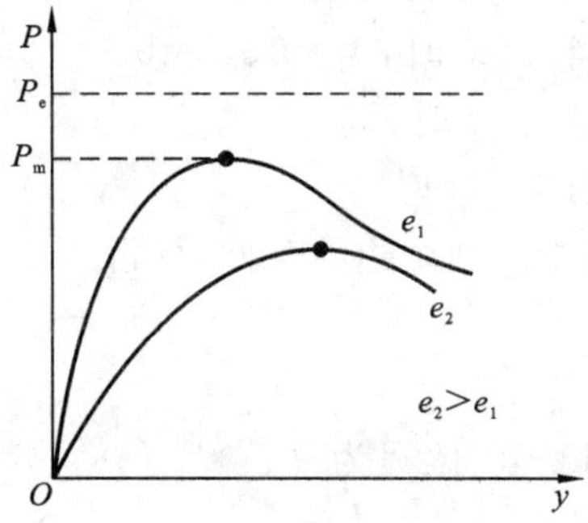

图 14-28 实际荷载-挠度关系曲线

14.5 变截面杆件的稳定计算

实际工程中经常应用变截面杆件，以便充分发挥材料的作用，降低工程造价。下面讨论阶形压杆的稳定计算问题。

图 14-29(a)所示为一阶形直杆，上部长为 l_1，弯曲刚度为 EI_1，下部长为 l_2，弯曲刚度为 EI_2。直杆顶端受轴向力 P 作用。设 y_1 和 y_2 分别为两段杆在新的平衡形式下的挠度[图 14-29(b)]，则这两段杆件的挠曲线微分方程为

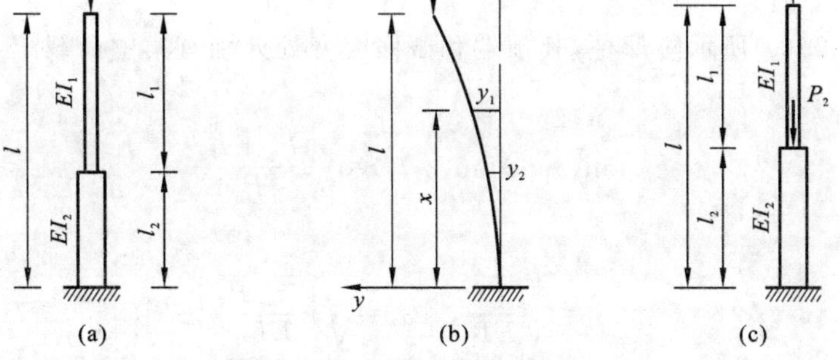

图 14-29 变截面杆件的稳定

(a)变截面压杆；(b)曲线平衡形式；(c)阶形变截面柱

$$EI_1 y_1'' + P y_1 = P\delta \tag{14-46}$$

$$EI_2 y_2'' + P y_2 = P\delta \tag{14-47}$$

它们的通解分别为

$$y_1 = A_1 \cos(\alpha_1 x) + B_1 \sin(\alpha_1 x) + \delta \tag{14-48}$$

$$y_2 = A_2 \cos(\alpha_2 x) + B_2 \sin(\alpha_2 x) + \delta \tag{14-49}$$

式中

$$\alpha_1 = \sqrt{\frac{P}{EI_1}}, \quad \alpha_2 = \sqrt{\frac{P}{EI_2}} \tag{14-50}$$

以上通解中含有五个未知常数 A_1、A_2、B_1、B_2 和 δ。此阶形直杆的边界条件也有五个：

① 当 $x=0$ 时，$y_2=0$、$y'=0$；

② 当 $x=l$ 时，$y_1=\delta$；

③ 当 $x=l_2$ 时，$y_1=y_2$、$y_1'=y_2'$。

由①中的两个边界条件，可得

$$A_2 = -\delta$$

$$B_2 = 0$$

于是式(14-49)改写为

$$y_2 = \delta[1-\cos(\alpha_2 x)] \tag{14-51}$$

由式(14-48)和式(14-51)并利用边界条件②和③，可得以下齐次方程组：

$$\left.\begin{aligned} &A_1\cos(\alpha_1 l) + B_1\sin(\alpha_1 l) = 0 \\ &A_1\cos(\alpha_1 l_2) + B_1\sin(\alpha_1 l_2) + \delta\cos(\alpha_2 l_2) = 0 \\ &-A_1\alpha_1\sin(\alpha_1 l_2) + B_1\alpha_1\cos(\alpha_1 l_2) - \delta\alpha_2\sin(\alpha_2 l_2) = 0 \end{aligned}\right\}$$

由此式得稳定方程为

$$\begin{vmatrix} \cos(\alpha_1 l) & \sin(\alpha_1 l) & 0 \\ \cos(\alpha_1 l_2) & \sin(\alpha_1 l_2) & \cos(\alpha_2 l_2) \\ -\alpha_1\sin(\alpha_1 l_2) & \alpha_1\cos(\alpha_1 l_2) & -\alpha_2\sin(\alpha_2 l_2) \end{vmatrix} = 0$$

展开并整理后，得另一形式的稳定方程为

$$\tan(\alpha_1 l_1)\tan(\alpha_2 l_2) = \frac{\alpha_1}{\alpha_2} \tag{14-52}$$

对于图 14-29(c)所示阶形柱，其顶端和截面突变处分别有集中荷载 P_1 和 P_2 沿轴线作用，其稳定方程为

$$\tan(\alpha_1 l_1)\tan(\alpha_2 l_2) = \frac{\alpha_1}{\alpha_2}\frac{P_1+P_2}{P_1} \tag{14-53}$$

其中

$$\alpha_1 = \sqrt{\frac{P_1}{EI_1}}, \quad \alpha_2 = \sqrt{\frac{P_1+P_2}{EI_2}} \tag{14-54}$$

【例 14-8】 试计算图 14-30 所示单阶柱的临界荷载。

已知：$l_1=l_2$，$I_1=I$，$I_2=2I$，$P_1=P$，$P_2=3P$。

【解】 由式(14-54)可得

$$\alpha_1=\sqrt{\frac{P_1}{EI_1}}=\sqrt{\frac{P}{EI}}=\alpha$$

$$\alpha_2=\sqrt{\frac{P_1+P_2}{EI_2}}=\sqrt{\frac{4P}{2EI}}=\sqrt{2}\alpha$$

设：

$$\alpha_1 l_1=\frac{\alpha l}{2}u$$

$$\alpha_2 l_2=\frac{\sqrt{2}}{2}\alpha l=\sqrt{2}u$$

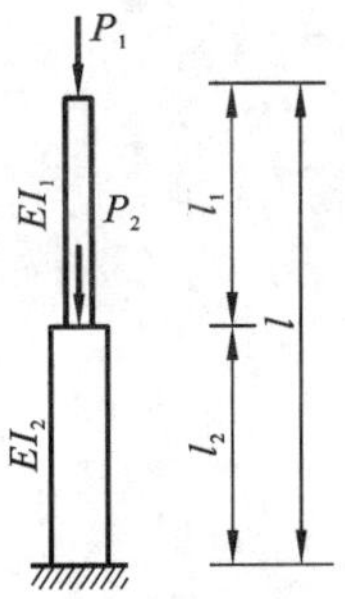

图 14-30 计算单阶柱的临界荷载

代入稳定方程式(14-53)并整理，有 $\tan u\tan(\sqrt{2}u)=2.8284$

用试算法求解，得

$$u\approx 0.8434$$

即

$$\frac{l}{2}\sqrt{\frac{P}{EI}}=0.8434$$

由此求出临界荷载为

$$P_C=2.8453\,\frac{EI}{l^2}$$

14.6 剪力对临界荷载的影响

在以上各节中，确定临界荷载时只考虑了弯矩的影响。为了计算剪力对临界荷载的影响，在建立弹性曲线的微分方程时，应该同时考虑弯矩和剪力对变形的影响。为简单起见，下面只讨论等截面杆的情形。

设以 y_M 表示由于弯矩影响所产生的挠度，y_Q 表示由于剪力影响所产生的附加挠度。根据叠加原理，在弯矩和剪力共同影响下所产生的挠度为

$$y=y_M+y_Q$$

由上式求两次导数，可得表示曲率的近似公式为

$$\frac{d^2y}{dx^2}=\frac{d^2y_M}{dx^2}+\frac{d^2y_Q}{dx^2} \tag{14-55}$$

对于图 14-31(a)所示沿杆轴承受荷载 P 作用的压杆，考虑小变形情况，此时杆件由于弯矩影响所引起的曲率为

$$\frac{d^2y_M}{dx^2}=-\frac{M}{EI} \tag{14-56}$$

由于剪力影响所引起的附加曲率可以根据能量原理求出。对于杆上微段 dx[图 14-31(b)]，设剪力 Q 的作用使它的两个截面发生相对位移 dy_Q。对于图 14-31(a)所示的坐标系，当剪力为正时，微段 dx 两个截面的相对位移 dy_Q 为正值，反之为负值，即 y_Q 与 Q 的符号相同。故外力(即剪力 Q)所做的功为

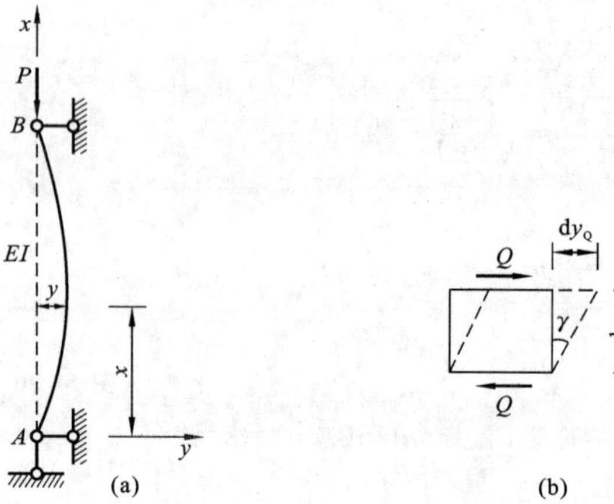

图 14-31　考虑剪力影响的稳定计算

(a)等截面铰支压杆;(b)微段 dx 隔离体

$$\mathrm{d}T_Q=\frac{1}{2}Q\mathrm{d}y_Q \tag{14-57}$$

而由于剪切变形,该微段上的变形位能为

$$\mathrm{d}U_Q=k\frac{Q^2\mathrm{d}x}{2GA} \tag{14-58}$$

式中　k——截面形状系数;

G——剪切模量;

A——杆的横截面面积。

根据能量原理:上述剪力所做的功在数值上等于由于剪切变形所贮存的变形能,即 $\mathrm{d}T_Q=\mathrm{d}U_Q$。因此,由式(14-57)、式(14-58)得

$$\frac{kQ^2}{2GA}\mathrm{d}x=\frac{Q}{2}\mathrm{d}y_Q \tag{14-59}$$

或

$$\frac{\mathrm{d}y_Q}{\mathrm{d}x}=\frac{kQ}{GA}=\frac{k}{GA}\frac{\mathrm{d}M}{\mathrm{d}x} \tag{14-60}$$

将上式对 x 微分一次,即得由于剪力作用所引起的曲率:

$$\frac{\mathrm{d}^2y_Q}{\mathrm{d}x^2}=\frac{k}{GA}\frac{\mathrm{d}Q}{\mathrm{d}x}=\frac{k}{GA}\frac{\mathrm{d}^2M}{\mathrm{d}x^2} \tag{14-61}$$

将式(14-56)和式(14-61)代入式(14-55),则得弯矩和剪力共同影响下弹性曲线的微分方程

$$\frac{\mathrm{d}^2y}{\mathrm{d}x^2}=-\frac{M}{EI}+\frac{k}{GA}\frac{\mathrm{d}Q}{\mathrm{d}x} \tag{14-62}$$

或

$$\frac{\mathrm{d}^2y}{\mathrm{d}x^2}=-\frac{M}{EI}+\frac{k}{GA}\frac{\mathrm{d}^2M}{\mathrm{d}x^2} \tag{14-63}$$

对于图 14-31(a)所示两端铰支的情形,任一截面的弯矩 $M=Py$,相应地有 $\frac{\mathrm{d}^2M}{\mathrm{d}x^2}=$

$P\frac{\mathrm{d}^2y}{\mathrm{d}x^2}$，把它们代入式(14-63)，得

$$EI\left(1-\frac{kP}{GA}\right)y''+Py=0 \tag{14-64}$$

这个方程与不考虑剪力影响时的区别仅在于二阶导数项的系数多了一个因子$\left(1-\frac{kP}{GA}\right)$。它的一般解为

$$y=A\cos(\alpha x)+B\sin(\alpha x)$$

其中

$$\alpha=\sqrt{\frac{P}{EI\left(1-\frac{kP}{GA}\right)}}$$

利用边界条件（当 $x=0$ 和 $x=l$ 时，$y=0$），可得出稳定方程为

$$\sin(\alpha l)=0$$

故

$$\alpha l=\pi,2\pi,3\pi,\cdots$$

最小的临界荷载可从下式求得

$$l\cdot\sqrt{\frac{P_{\mathrm{C}}}{EI\left(1-\frac{kP_{\mathrm{C}}}{GA}\right)}}=\pi$$

由此可得

$$P_{\mathrm{C}}=\frac{1}{1+\frac{k}{GA}\cdot\frac{\pi^2EI}{l^2}}\cdot\frac{\pi^2EI}{l^2} \tag{14-65}$$

若以 P_{e} 表示不考虑剪力影响时的临界荷载，即欧拉临界荷载，在上述铰支情况下 $P_{\mathrm{e}}=\frac{\pi^2EI}{l^2}$，则考虑剪力影响时的临界荷载 P_{C} 与 P_{e} 的关系为

$$P_{\mathrm{C}}=\frac{P_{\mathrm{e}}}{1+\frac{kP_{\mathrm{e}}}{GA}}=\kappa P_{\mathrm{e}} \tag{14-66}$$

式中　κ——修正系数。

$$\kappa=\frac{1}{1+\frac{kP_{\mathrm{e}}}{GA}} \tag{14-67}$$

分母中的$\frac{kP_{\mathrm{e}}}{GA}$表示剪力的影响。显然，修正系数 $\kappa<1$，故考虑剪力影响的临界荷载较欧拉临界荷载小。

在式(14-67)中，剪力影响为

$$\frac{kP_{\mathrm{e}}}{GA}=k\frac{\sigma_{\mathrm{e}}}{G}$$

这里 σ_{e} 为欧拉临界应力。例如，对于工字型截面的钢杆，近似有 $k=1$，若取剪切弹性模量

$G=80\times10^3$ MPa，临界应力 $\sigma_e=200$ MPa，则剪力的影响为$\frac{1}{400}$。因此，对于实体杆件，在计算其稳定性时，剪力的影响很小，通常可略去不计。

需要指出的是，在上述推导过程中，只考虑等截面和杆端承受轴向压力作用的最简单情形。对于复杂荷载和变截面杆，修正系数 κ 的表达式就需另行推导。

14.7 组合压杆的稳定

由压杆临界荷载的通式 $P_C=\frac{\pi^2 EI}{(\mu l)^2}$可知，若已确定了材料的性质 E，则 P_C 与截面惯性矩 I 成正比，而与计算长度 μl 的平方成反比（μl 与压杆边界条件有关）。为了提高压杆的稳定性，在不增加截面面积的条件下，可设法增大截面惯性矩 I，例如，可将截面中的材料离散于形心轴来布置，组合压杆即由这种构想发展而来。

组合压杆通常由两个型钢或钢筋混凝土构件间用若干连接件相连组成。型钢或钢筋混凝土构件是组合压杆中的主要受力杆件，称为肢杆，连接件是保证两个肢杆之间能整体地共同工作不可缺少的。连接件的形式有缀条式[图 14-32(a)]和缀板式[图 14-32(b)]两种。图 14-32(c)所示组合压杆，若绕 y 轴失稳，显然临界荷载的计算与截面面积和惯性矩相同的实体压杆一样；若绕 z 轴失稳，由于连接件沿杆轴方向并不是密布的，因此抵抗变形的能力将会削弱，故组合压杆中由剪力产生的剪切变形将不能忽略，这是与实体压杆有区别的地方。组合压杆的临界荷载在很大程度上与连接件的排列尺寸和截面面积等因素有关。当组合压杆的节间个数较多时（例如节间个数不少于六个），实体肢杆是组合压杆的主要受力杆件，组合压杆的临界荷载可用考虑剪力影响的实体压杆公式式(14-65)做近似计算。但在应用此式时应注意两点：

① 式(14-65)中的惯性矩 I 应视作主要受力杆件的两肢杆截面对组合截面的 z 轴的惯性矩，即

$$I\approx 2I_d+\frac{1}{2}A_d b^2$$

式中 I_d——一根肢杆的截面对其本身形心轴的惯性矩，其本身形心轴到 z 轴的距离近似为$\frac{b}{2}$；

A_d——一根肢杆的截面积。

② 式(14-65)中的$\frac{k}{GA}$项，由上节可知是微段 dx 上在单位剪力 $Q=1$ 作用下的剪切角 $\overline{\gamma}_0$，但对于组合压杆，$\overline{\gamma}_0$ 并不等于$\frac{k}{GA}$，需要针对缀条式和缀板式组合压杆的具体情况另行推导。当求出这个关键的$\overline{\gamma}_0$，用以替代式(14-65)中的$\frac{k}{GA}$项后，就可求得组合压杆的临界荷载实用公式，现在就缀条式和缀板式组合压杆的两种情况分别讨论$\overline{\gamma}_0$ 的计算方法，并给出相应的临界荷载以及工程实际中常用的一些有关公式。

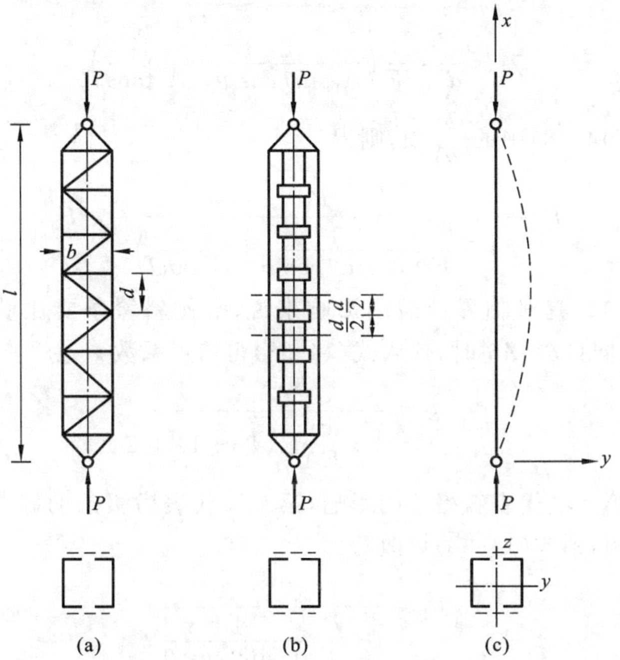

图 14-32　组合压杆的稳定

(a)缀条式组合压杆；(b)缀板式组合压杆；(c)组合压杆计算简图

14.7.1　缀条式组合压杆的稳定

由图 14-32(a)取出缀条式组合压杆的一个节间(图 14-33)，缀条通常选用单根角钢，其截面面积与肢杆相比要小得多，因此，它们与主要杆件的连接处可视为铰接。在单位剪力 $Q=1$ 作用下，缀条发生了变形，此时节间的剪切角为

$$\overline{\gamma}_0 \approx \tan \overline{\gamma}_0 = \frac{\delta_{11}}{d}$$

因各结点假设为铰接，故 δ_{11} 可按下式计算

$$\delta_{11} = \sum \frac{\overline{N}_1^2 l}{EA}$$

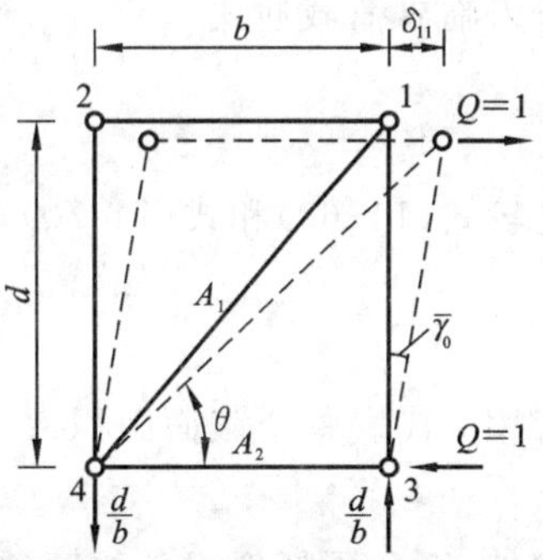

图 14-33　组合压杆的一个节间

这里的剪切位移 δ_{11} 主要由缀条的变形所产生，故式中的 $\overline{N}_1$ 仅指缀条的轴力。由图 14-32(a)所示，缀条布置在前后两个平面内，由平衡条件可知两横缀条 34 的轴力之和为 $\overline{N}_1=-1$，杆长 $b=\dfrac{d}{\tan\theta}$，设此两横缀条截面面积之和为 A_2；两斜缀条 14 的轴力之和为 $\overline{N}_1=\dfrac{1}{\cos\theta}$，杆长为 $\dfrac{d}{\sin\theta}$，设此两斜缀条截面积之和为 A_1；横缀条 12 的轴力 $\overline{N}_1=0$，对 δ_{11} 无影响。将这些数据代入后得

$$\delta_{11} = \frac{d}{E}\left(\frac{1}{A_1 \sin\theta \cos^2\theta} + \frac{1}{A_2 \tan\theta}\right)$$

因而有

$$\bar{\gamma}_0=\frac{\delta_{11}}{d}=\frac{1}{E}\left(\frac{1}{A_1\sin\theta\cos^2\theta}+\frac{1}{A_2\tan\theta}\right)$$

将上式的$\bar{\gamma}_0$替代式(14-66)中的$\frac{k}{GA}$项,则得

$$P_C=\frac{P_e}{1+\frac{P_e}{E}\left(\frac{1}{A_1\sin\theta\cos^2\theta}+\frac{1}{A_2\tan\theta}\right)}=\kappa_1 P_e \tag{14-68}$$

由式(14-68)可知,就对临界荷载的影响来说,显然斜缀条要比横缀条的作用大。例如,当两者的 EA 相同且 $\theta=45°$时,代入式(14-68)得修正系数 κ_1 为

$$\kappa_1=\frac{1}{1+\frac{P_e}{EA}(2.83+1)}$$

式中分母括号中的第一项代表斜缀条的影响,第二项代表横缀条的影响,若做进一步近似,忽略此横缀条的作用,则式(14-68)可改写为

$$P_C=\frac{P_e}{1+\frac{P_e}{E}\frac{1}{A_1\sin\theta\cos^2\theta}} \tag{14-69}$$

式(14-69)即为两端铰支缀条式组合压杆对 z 轴失稳时的临界荷载实用公式,注意式中 A_1 为两根斜缀条截面面积的和。

在做稳定性验算时,常不直接引用式(14-69),而是应用临界应力公式 $\sigma_C=\frac{P_C}{A}$。为此先引入临界荷载通式

$$P_C=\frac{\pi^2 EI}{(\mu l)^2}=\frac{P_e}{\mu^2} \tag{14-70}$$

比较式(14-69)和式(14-70),应有

$$\mu=\sqrt{1+\frac{\pi^2 I}{l^2}\frac{1}{A_1\sin\theta\cos^2\theta}} \tag{14-71}$$

若用 r 代表整个截面面积 A 对其形心轴 z 的回转半径,则由材料力学知

$$I=Ar^2$$

此外,组合压杆斜缀条的倾角 θ 一般为 30°～60°。若取其平均值即 θ 为 45°左右,则有

$$\frac{\pi^2}{\sin\theta\cos^2\theta}\approx 27$$

将 $I=Ar^2$ 一并代入式(14-71),并引入对 z 轴的长细比 $\lambda=\frac{l}{r}$,式(14-71)可简化为

$$\mu=\sqrt{1+\frac{27}{\lambda^2}\frac{A}{A_1}} \tag{14-72}$$

对上式等号两边乘以 λ,可得缀条式组合压杆的换算长细比 λ_h 为

$$\lambda_h=\mu\lambda=\sqrt{\lambda^2+27\frac{A}{A_1}} \tag{14-73}$$

式(14-73)即为《钢结构规范》中所推荐的换算长细比公式。临界应力 σ_C 的式子可用换算长细比 λ_h 来表达，写成如下形式：

$$\sigma_C=\frac{P_C}{A}=\frac{\pi^2 EI}{(\mu l)^2 A}=\frac{\pi^2 E}{(\mu\lambda)^2}=\frac{\pi^2 E}{\lambda_h^2} \tag{14-74}$$

这样，缀条式组合压杆的稳定性计算，只需先求得对 z 轴的长细比 λ，按式(14-73)得换算长细比 λ_h，最后由 $\sigma_C=\frac{\pi^2 E}{\lambda_h^2}$进行稳定性验算，此计算方法在有关专业课程中也将介绍。

14.7.2 缀板式组合压杆的稳定

缀板与肢杆的连接通常可视为刚接，这样，组合杆件就相当于一个单跨多层刚架。在弯曲平面内，缀板的线刚度一般要比肢杆的线刚度大得多，因此，肢杆的反弯点可近似假定在每一节间的中点，由图 14-32(b)取出反弯点之间的一节作为隔离体，如图 14-34(a)所示。

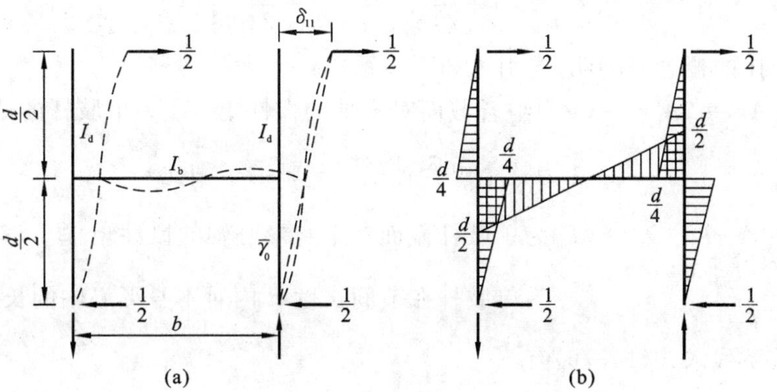

图 14-34 缀板式组合压杆的稳定计算

(a)缀板式组合压杆的一节；(b)单位剪力 $Q=1$ 作用下的$\overline{M}_1$ 图

仍采用缀条式组合压杆的相同分析步骤，先求出在单位剪力 $Q=1$ 作用下的剪切角$\overline{\gamma}_0$，再替代实体压杆公式中的$\frac{k}{GA}$项，即可求出缀板式组合压杆的临界荷载公式。由于上下层分割截面上的弯矩等于零，两肢杆又具有相同的抗剪刚度，故各肢杆分配的剪力为$\frac{1}{2}$[图 14-34(a)]，图 14-34(b)为其相应的弯矩图，由图乘法可得

$$\begin{aligned}\delta_{11}&=\sum\int\frac{\overline{M}_1^2\mathrm{d}s}{EI}=\frac{4\left(\frac{1}{2}\cdot\frac{d}{4}\cdot\frac{d}{2}\times\frac{2}{3}\cdot\frac{d}{4}\right)}{EI_d}+\frac{2\left(\frac{1}{2}\cdot\frac{d}{2}\cdot\frac{b}{2}\times\frac{2}{3}\cdot\frac{d}{2}\right)}{EI_b}\\&=\frac{d^3}{24EI_d}+\frac{bd^2}{12EI_b}\end{aligned}$$

由此求得剪切角为

$$\overline{\gamma}_0=\frac{\delta_{11}}{d}=\frac{d^2}{24EI_d}+\frac{bd}{12EI_b}$$

将上式的$\overline{\gamma}_0$ 替代式(14-66)中的$\frac{k}{GA}$项即得

$$P_C=\frac{P_e}{1+\left(\frac{d^2}{24EI_d}+\frac{bd}{12EI_b}\right)P_e}=\kappa_2 P_e \tag{14-75}$$

其中

$$\kappa_2=\frac{1}{1+\left(\frac{d^2}{24EI_d}+\frac{bd}{12EI_b}\right)P_e}$$

上式为缀板式组合压杆的修正系数。由上式可知，κ_2 将随缀板间距 d 的增大而减小，这就说明缀板布置得越稀疏，压杆稳定性的削弱程度也越显著。

以上已说明：缀板的刚度一般比肢杆的刚度大得多，若做进一步的近似简化，可令 $EI_b=\infty$，则式(14-75)可写成

$$P_C=\frac{P_e}{1+\frac{d^2}{24EI_d}P_e}=\frac{P_e}{1+\frac{\pi^2 d^2}{24l^2}\frac{I}{I_d}} \tag{14-76}$$

若上式用长细比的概念来阐明，先引入如下关系式：

$I=Ar^2=2A_d r^2$　（I 为组合截面对 z 轴的惯性矩，A_d 为单肢杆的截面面积）

$\lambda=\frac{l}{r}$　（λ 为整个组合杆件对 z 轴的长细比）

$I_d=A_d r_d^2$　（I_d 为单肢杆截面对本身形心轴的惯性矩）

$\lambda_d=\frac{d}{r_d}$　（λ_d 为单肢杆在节间长度 d 内对本身形心轴的长细比）

将如上关系代入式(14-76)有

$$P_C=\frac{P_e}{1+\frac{\pi^2 2d^2 r^2 A_d}{24l^2 r_d^2 A_d}}=\frac{P_e}{1+0.83\frac{\lambda_d^2}{\lambda^2}}$$

若近似地以 1 代替 0.83，则上式简化为

$$P_C=\frac{\lambda^2}{\lambda^2+\lambda_d^2}P_e \tag{14-77}$$

将式(14-77)与式(14-70)比较后，可得缀板式组合压杆的长度系数 μ 为

$$\mu=\sqrt{\frac{\lambda^2+\lambda_d^2}{\lambda^2}}$$

等式两边乘以 λ 后，得缀板式组合压杆的换算长细比 λ_h 为

$$\lambda_h=\mu\lambda=\sqrt{\lambda^2+\lambda_d^2} \tag{14-78}$$

有了换算长细比 λ_h 后，参照式(14-74)可求得临界应力

$$\sigma_C=\frac{\pi^2 E}{\lambda_h^2}$$

14.8　刚架的稳定计算

刚架在竖向荷载作用下，当荷载达到临界值时，通常将丧失第二类稳定性。如 14.1 节中所述，丧失第二类稳定性的问题比较复杂。实用上常将横梁上的竖向荷载分解为作用在横梁两端结点上的集中荷载，而使各柱只承受轴向压力。这样，就把丧失第二类稳定性的问题转化为丧失第一类稳定性的问题。

计算刚架的稳定时，通常采用如下假定：

① 刚架失稳时，其变形是微小的，仍可采用近似的曲率公式代替精确的曲率公式，故仍用 $EIy''=-M$。

② 体系中的实心杆件不考虑剪切变形和轴向变形的影响，且认为杆件弯曲后的弦长与变形前的杆长相等。

③ 刚架失稳时，各杆轴力的变化忽略不计。

④ 荷载都为结点荷载，且在同一结构中所有结点荷载都按同一比例增长(比例加载)。

本节主要介绍用位移法计算刚架稳定的方法。

图 14-35 所示为一承受结点荷载的两跨刚架，当荷载较小时，各柱处于稳定的直线平衡形式。当荷载逐渐增大而达到临界值时，刚架的平衡就变得不稳定，由于某一扰动，刚架将发生弯曲变形，而在新的变形状态下维持平衡，如图 14-35 中虚线所示。

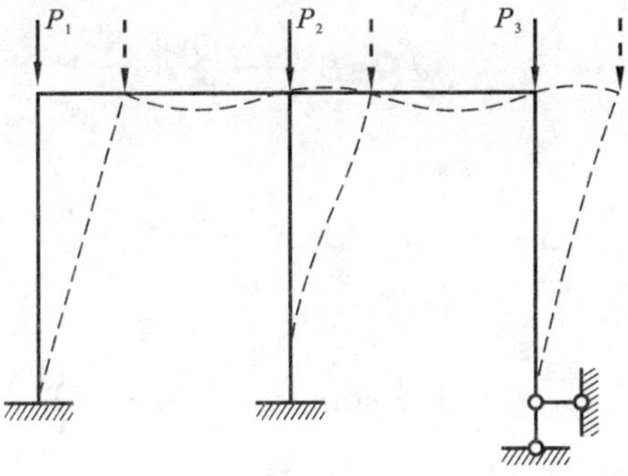

图 14-35　刚架的直线和曲线平衡形式

用位移法计算刚架临界荷载的步骤与第 9 章所述计算其内力的步骤相同，即先选择基本结构，根据丧失稳定时附加联系(附加刚臂或附加链杆)上的约束反力为零的条件建立典型方程，然后求解。但是，用位移法计算刚架临界荷载时，荷载是作用在刚架的结点上；而在刚架的内力计算中，荷载并非一定是结点荷载。此外，进行内力计算时，位移法典型方程中的系数由转角位移方程式(9-1)确定，它们与荷载无关；而在稳定计算中，典型方程的系数则与结点荷载有关。

14.8.1　稳定计算中的转角位移方程

为导出单位位移作用下压杆的杆端反力(反力矩)计算公式，考虑图 14-36(a)所示的压杆：其两端转角各为 φ_A、φ_B，相对线位移为 Δ，杆端弯矩为 M_{AB}、M_{BA}，剪力为 $Q_{AB}=Q_{BA}=Q$。力和位移正负方向的规定与第 9 章中的规定相同，即图 14-36(b)所示均为正值。

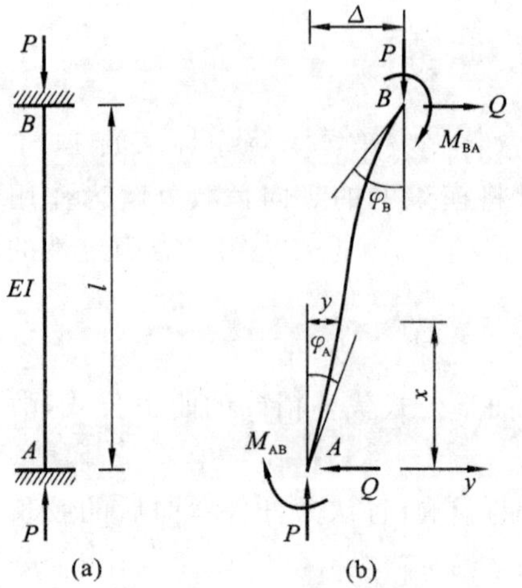

图 14-36 等截面压杆

(a)两端固定的压杆;(b)发生支座位移的压杆

按照图 14-36(b)所示坐标系,可得如下形式的平衡方程

$$EIy''=-(M_{AB}+Qx+Py) \tag{14-79}$$

令

$$u=\alpha l=l\sqrt{\frac{P}{EI}}=\sqrt{\frac{Pl}{i}} \tag{14-80}$$

式中 i——杆的线刚度。

则式(14-79)可简化为

$$y''+\left(\frac{u}{l}\right)^2 y=-\frac{M_{AB}+Qx}{EI}$$

它的通解为

$$y=A\cos\frac{ux}{l}+B\sin\frac{ux}{l}-\frac{M_{AB}+Qx}{P}$$

式中四个未知常数 A、B、M_{AB}、Q 可由如下四个边界条件确定:

(1) 当 $x=0$ 时,$y=0$

$$A-\frac{M_{AB}}{P}=0 \tag{14-81}$$

(2) 当 $x=0$ 时,$y'=\varphi_A$

$$\varphi_A=B\frac{u}{l}-\frac{Q}{P} \tag{14-82}$$

(3) 当 $x=l$ 时,$y=\Delta$

$$\Delta=A\cos u+B\sin u-\frac{M_{AB}+Ql}{P} \tag{14-83}$$

(4) 当 $x=l$ 时,$y'=\varphi_B$

$$\varphi_B=-A\frac{u}{l}\sin u+B\frac{u}{l}\cos u-\frac{Q}{P} \tag{14-84}$$

由式(14-81)、式(14-82)解出

$$\left.\begin{aligned}A&=\frac{M_{AB}}{P}\\B&=\varphi_A\frac{l}{u}+\frac{Q}{P}\frac{l}{u}\end{aligned}\right\} \tag{14-85}$$

将式(14-85)分别代入式(14-83)、式(14-84),整理后得

$$\left.\begin{aligned}M_{AB}(\cos u-1)+Q\left(\frac{l}{u}\sin u-l\right)&=P\left(\Delta-\frac{\varphi_A l}{u}\sin u\right)\\M_{AB}\left(-\frac{u}{l}\sin u\right)+Q(\cos u-1)&=P(\varphi_B-\varphi_A\cos u)\end{aligned}\right\} \tag{14-86}$$

联立求解式(14-86),可得 M_{AB} 和 Q,再由图 14-36(b)的平衡条件 $\sum M_B=0$,得

$$M_{AB}+M_{BA}+P\Delta+Ql=0 \tag{14-87}$$

据此可求解 M_{BA}。故可列出图 14-36(b)所示压杆的转角位移方程为

$$
\left.\begin{aligned}
M_{AB} &= 2i\left[2\varphi_A\xi_1(u)+\varphi_B\xi_2(u)-\frac{3\Delta}{l}\eta_1(u)\right]\\
M_{BA} &= 2i\left[2\varphi_B\xi_1(u)+\varphi_A\xi_2(u)-\frac{3\Delta}{l}\eta_1(u)\right]\\
Q_{AB} &= Q_{BA}=-\frac{6i}{l}\left[(\varphi_A+\varphi_B)\eta_1(u)-\frac{2\Delta}{l}\eta_2(u)\right]
\end{aligned}\right\}\tag{14-88}
$$

这就是稳定计算的转角位移方程。式(14-88)中函数 $\xi_1(u)$、$\xi_2(u)$、$\eta_1(u)$、$\eta_2(u)$为考虑压力作用后的修正系数，当压力 $P=0$ 时，即 $u=0$，则有 $\xi_1(0)=\xi_2(0)=\eta_1(0)=\eta_2(0)=1$，式(14-88)即转化为第 9 章中不考虑轴向压力时的转角位移方程。上式表达修正系数的函数列于表 14-5 中。

如果 AB 压杆的 A 端为铰支(图 14-37)，则当 B 端转动角度 φ_B，A、B 两端有相对线位移 Δ[图 14-37(b)]时，根据 A 端弯矩 $M_{AB}=0$ 的条件，利用式(14-88)中的第二式关系，可联立第一式、第三式消去 φ_A，据此可得图 14-37(b)所示压杆的转角位移方程为

$$
\left.\begin{aligned}
M_{BA} &= 3i\left(\varphi_B-\frac{\Delta}{l}\right)\xi_3(u)\\
Q_{BA} &= -\frac{3i}{l}\left[\varphi_B\xi_3(u)-\frac{\Delta}{l}\eta_3(u)\right]
\end{aligned}\right\}\tag{14-89}
$$

其中 $\xi_3(u)$和 $\eta_3(u)$的表达式列于表 14-5 中。

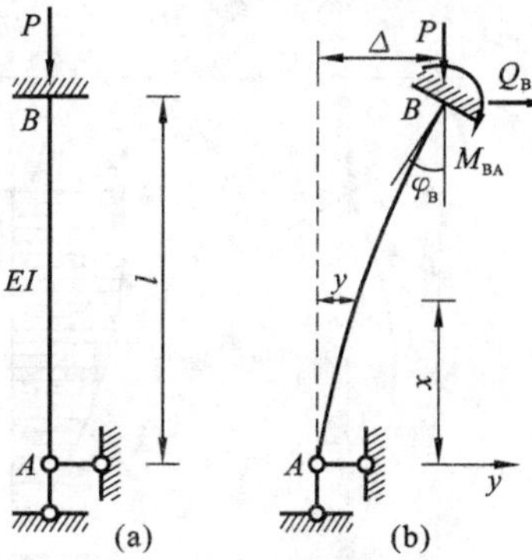

图 14-37　等截面压杆

(a)一端固定另一端铰支的压杆；(b)发生支座位移的压杆

由式(14-88)、式(14-89)可以看出，在稳定问题中，杆件内力虽然不是轴向荷载 P 的线性函数，但仍是杆端位移的线性函数。因此，在考虑杆端位移的影响时，仍可应用叠加原理。不过，在分别考虑任一位移时，必须把轴向荷载的作用一同加上。

根据式(14-88)、式(14-89)可以得出由于单位位移所引起的杆端弯矩和剪力，它们也表示于表 14-5 中。由于在压杆稳定的情况中包含了纵向力对弯矩和剪力的影响，因此，弯矩图是曲线而非直线形式。

为了便于计算，在附录中列有各修正系数的数值。

表 14-5　修正系数的函数表达式

位移及 M 图	修正系数
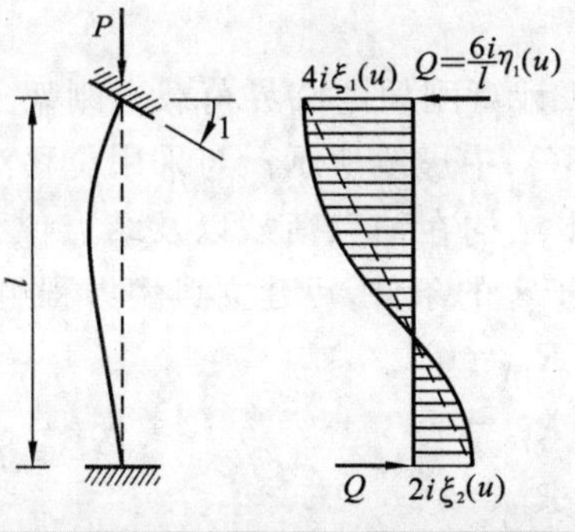	$\xi_1(u)=\dfrac{1-\dfrac{u}{\tan u}}{4\left(\dfrac{\tan\dfrac{u}{2}}{\dfrac{u}{2}}-1\right)}$　　$\xi_2(u)=\dfrac{\dfrac{u}{\sin u}-1}{2\left(\dfrac{\tan\dfrac{u}{2}}{\dfrac{u}{2}}-1\right)}$ $\eta_1(u)=\dfrac{1}{3}[2\xi_1(u)+\xi_2(u)]=\xi_3\left(\dfrac{u}{2}\right)$

续表 14-5

位移及 M 图	修正系数
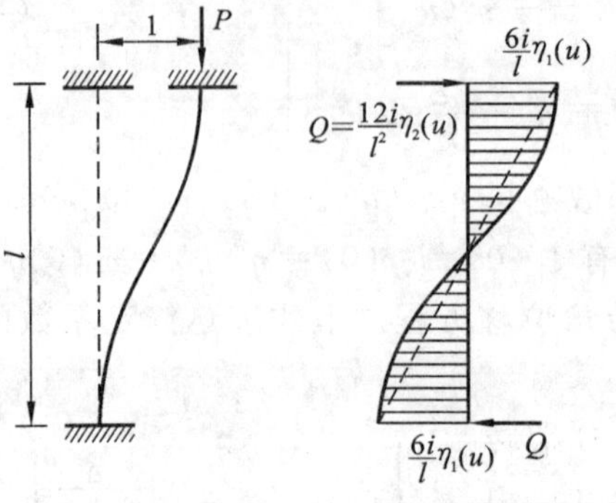	$\eta_2(u)=\eta_1(u)-\frac{u^2}{12}=\frac{\left(\frac{u}{2}\right)^2}{3\left(\frac{\tan\frac{u}{2}}{\frac{u}{2}}-1\right)}$
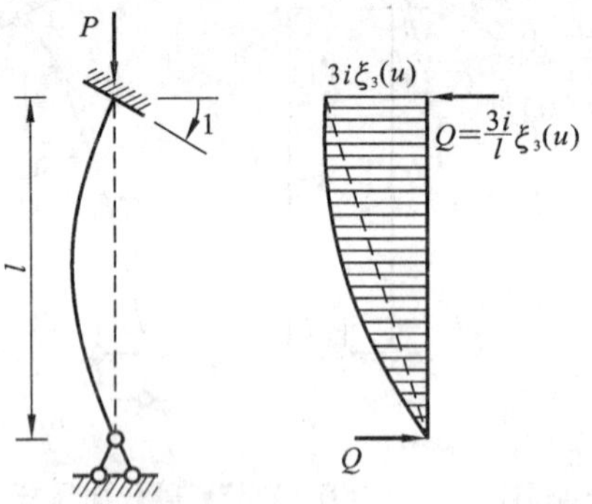	$\xi_3(u)=\frac{u^2}{3\left(1-\frac{u}{\tan u}\right)}$
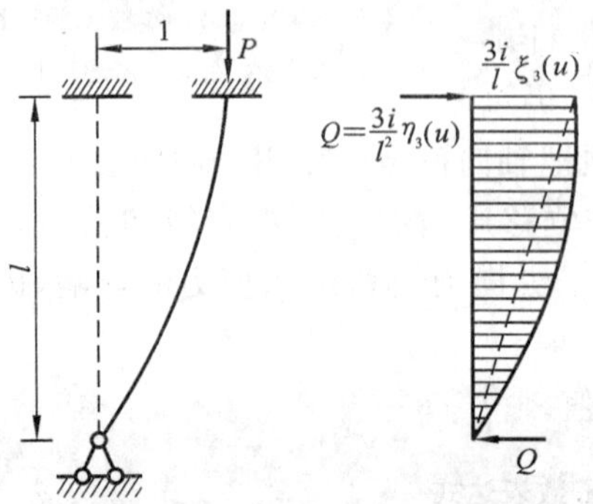	$\eta_3(u)=\xi_3(u)-\frac{u^2}{3}=\frac{u_2}{3\left(\frac{\tan u}{u}-1\right)}$

14.8.2 稳定问题中的位移法典型方程

现以图 14-38(a)所示的刚架为例,说明用位移法计算刚架的临界荷载。刚架上有竖向结点荷载 P_1、P_2 作用,刚架新的变形状态如图 14-38(a)中虚线所示。与采用位移法分析内力时相同,取基本结构如图 14-38(b)所示。根据基本结构在结点荷载以及结点位移 Z_1、Z_2 和 Z_3 的共同作用下,附加联系上的约束反力应该等于零的条件,可建立典型方程组如下:

$$\left.\begin{array}{l} r_{11}Z_1+r_{12}Z_2+r_{13}Z_3+R_{1P}=0 \\ r_{21}Z_1+r_{22}Z_2+r_{23}Z_3+R_{2P}=0 \\ r_{31}Z_1+r_{32}Z_2+r_{33}Z_3+R_{3P}=0 \end{array}\right\} \qquad (14\text{-}90)$$

由于在刚架稳定计算问题中，作用的是结点荷载，而且假定在丧失稳定以前，各杆都不发生弯曲变形，故荷载不会使基本结构的附加联系产生约束反力，即方程组式(14-90)中各自由项 $R_{iP}(i=1,2,3)$ 都应等于零。因此，典型方程为齐次方程组：

$$\left.\begin{aligned} r_{11}Z_1+r_{12}Z_2+r_{13}Z_3=0 \\ r_{21}Z_1+r_{22}Z_2+r_{23}Z_3=0 \\ r_{31}Z_1+r_{32}Z_2+r_{33}Z_3=0 \end{aligned}\right\} \tag{14-91}$$

方程中的系数 $r_{ij}(i,j=1,2,3)$ 代表基本结构在附加联系 j 处发生单位位移 $Z_j=1$ 时附加联系 i 上所引起的反力。方程中的副系数满足互等定理：$r_{ij}=r_{ji}$。所有系数在作出单位弯矩图后根据静力平衡条件即可求得。图 14-38(c)所示为 $Z_2=1$ 时的单位弯矩图$\overline{M}_2$。

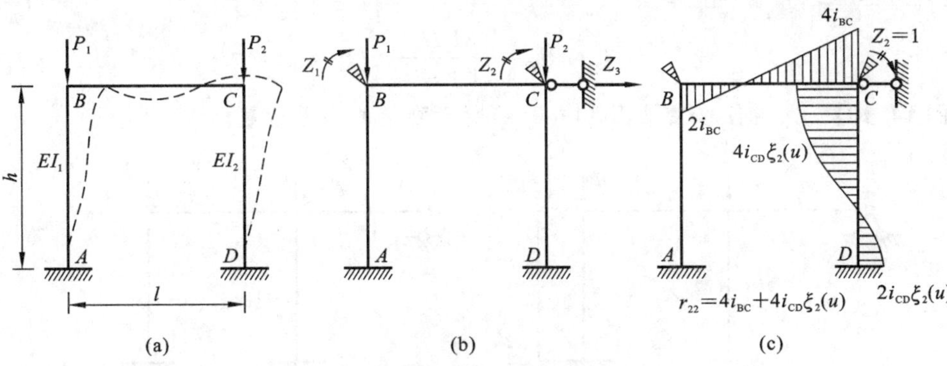

图 14-38　刚架的稳定计算

(a)刚架的平衡形式；(b)基本结构图；

(c)$Z_2=1$ 时的单位弯矩图$\overline{M}_2$

显然，对于方程组式(14-91)，$Z_1=Z_2=Z_3=0$ 是它的一组解，但这表示刚架未丧失稳定的情形。当丧失稳定时，方程式(14-91)应有非零解，因此，要求其系数行列式为零。即

$$D=|r_{ij}|=0 \tag{14-92}$$

这就是刚架的稳定方程。其中 r_{ij} 是临界荷载或临界参变量 u 的函数。展开行列式即可解算临界荷载或临界参变量。

【例 14-9】　试用位移法计算图 14-39(a)所示结构的临界荷载 P_C。

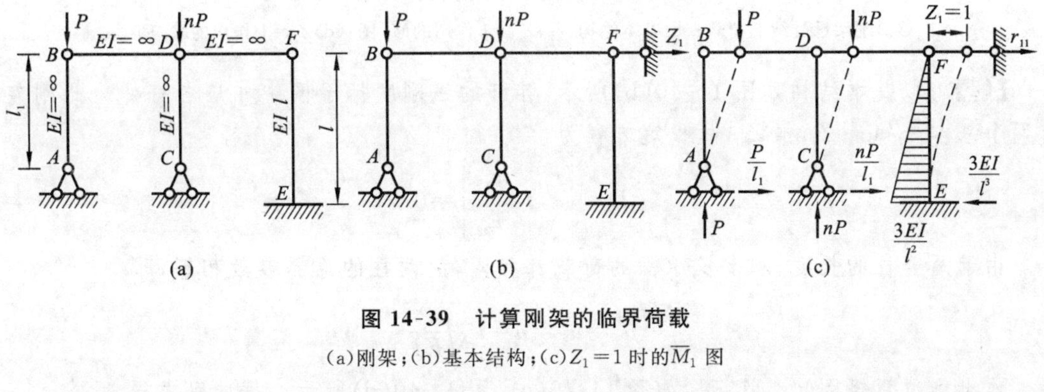

图 14-39　计算刚架的临界荷载

(a)刚架；(b)基本结构；(c)$Z_1=1$ 时的$\overline{M}_1$ 图

【解】 用位移法求解本题时，只有一个结点水平线位移 Z_1，基本结构如图 14-39(b)所示。相应的稳定方程为

$$r_{11}=0$$

由图 14-39(c)可求出附加链杆的反力 r_{11}。这里两端铰支压力杆 AB、CD 在水平位移 $Z_1=1$ 时并不产生弯矩图，其支座反力可由压杆本身的平衡条件求出。非压力杆 EF 的水平支座反力，先由一般转角位移方程绘出它的弯矩图，然后根据平衡条件求出。最后由整体的平衡条件(或取竖杆顶部以上为隔离体) $\sum X=0$，得

$$r_{11}=\frac{3EI}{l^3}-\frac{P}{l_1}(1+n)=0$$

据此稳定方程可求得临界荷载为

$$P_C=\frac{3EIl_1}{(1+n)l^3}$$

【例 14-10】 试用位移法求图 14-40(a)所示刚架的临界荷载。

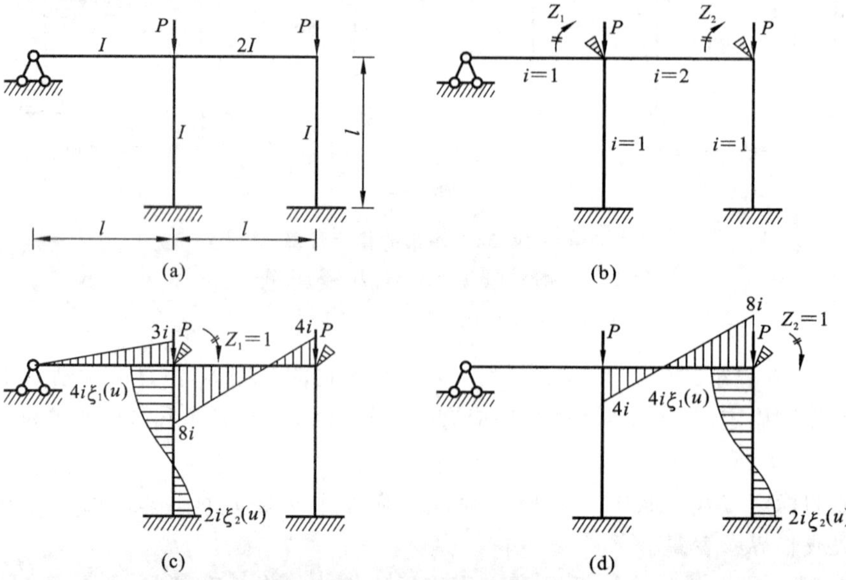

图 14-40 计算刚架的临界荷载

(a)刚架承受结点荷载；(b)基本结构；(c)$Z_1=1$ 作用的$\overline{M}_1$ 图；(d)$Z_2=1$ 作用的$\overline{M}_2$ 图

【解】 取基本结构如图 14-40(b)所示，各杆的线刚度标于图中相应各杆处。此刚架共有两个基本未知量 Z_1 和 Z_2，故稳定方程为

$$D=\begin{vmatrix} r_{11} & r_{12} \\ r_{21} & r_{22} \end{vmatrix}=0$$

由于两竖柱的长度、刚度及承受的荷载都相同，故两柱的临界参数相等，即

$$u_1=u_2=u=l\sqrt{\frac{P}{EI}}$$

作出单位弯矩图$\overline{M}_1$、$\overline{M}_2$ 图，如图 14-40(c)、图 14-40(d)所示。据此可求得

$$r_{11}=11i+4i\xi_1(u)$$

$$r_{12}=r_{21}=4i$$

$$r_{22}=8i+4i\xi_1(u)$$

将以上各值代入稳定方程并将行列式展开化简后得

$$\xi_1^2(u)+4.75\xi_1(u)+4.5=0$$

此方程的两个根为

$$\xi_{1,1}(u)=-1.307,\quad \xi_{1,2}(u)=-3.443$$

由附录可查得相应的 u 值,其中最小的一个为

$$u_C=5.46$$

因此,最小临界荷载

$$P_C=\frac{u_C^2EI}{l^2}=29.81\frac{EI}{l^2}$$

本章小结

学习本章的目的是为解决工程实践中常遇到的稳定计算问题打下基础,它与结构的强度、刚度计算同样重要。本章介绍的内容是结构稳定分析中最基本、最重要的一些内容。要着重理解稳定分析的概念和原理,掌握稳定分析的方法和步骤,这对进一步学习更复杂的稳定问题很有帮助。本章的重点是用静力法和能量法确定结构的临界荷载。现将本章主要内容小结如下:

(1) 结构稳定计算的中心内容是确定结构的临界荷载。因为一旦确定出临界荷载后,即可化成临界应力的形式对结构进行稳定性验算,以确保结构的安全。本章主要对在弹性范围内的丧失第一类稳定性或称欧拉稳定性进行了讨论,同时也阐明了丧失第二类稳定性的概念。应注意两类稳定性具有不同的概念和特点。丧失第一类稳定性的特点是:在失稳前后的变形状态和平衡形式(指结构的变形和内力)将会发生质的变化;丧失第二类稳定性的特点是:在失稳前后的变形状态和平衡形式并无质的变化只有量的变化,两者应加以区别。工程结构上对丧失两类稳定性都是不允许的。

(2) 用静力法确定临界荷载的依据,是利用了临界平衡状态(或随遇平衡状态)时具有平衡的二重性这一特点。所谓平衡的二重性是指:当结构处于临界平衡状态时,可以在原有形式下维持平衡,也可以在新的形式下维持平衡;从数学角度看,除零解能满足平衡方程外,非零解也能满足平衡方程。临界荷载即为使结构在原有形式和新的形式下都能维持平衡的荷载。临界状态时的平衡二重性标志着结构在该状态的静力特征。用静力法确定临界荷载的步骤是:首先,假定在新的变形状态下,由静力平衡条件建立平衡方程。对于有限自由度体系,平衡方程为齐次代数方程;对无限自由度体系,平衡方程为微分方程。其次,对所建立的平衡方程应用平衡的二重性,即可组成稳定方程,从而求出临界荷载。

在建立无限自由度体系的稳定方程时,不像有限自由度体系那样直接求解,而必须先求得微分方程的通解,然后再结合边界条件建立通解中关于未知常数的齐次方程组,由未知常

数的非零解条件(零解条件同时也得到满足,即应用了平衡的二重性),则其系数行列式 $D=0$,即得稳定方程。

关于 n 个自由度体系的稳定方程为 n 次代数方程,可解出 n 个根。临界荷载对应于最小根,相应于临界荷载的变形模态即为失稳模态,它只能定出独立坐标间的相对比值。

关于无限自由度体系的稳定方程为超越方程,对此不能直接求解,在确定取值范围后可由图解法结合试算法求出临界荷载。

(3) 用能量法确定临界荷载的依据仍然是临界平衡的二重性,不过这里是以能量形式来表达平衡条件。对于无限自由度体系,采用近似法求解往往是十分有效的。其实质是将无限自由度体系化成有限自由度体系来处理。假设一条满足位移边界条件的挠曲线函数,然后代入公式中运算。用能量法分析无限自由度体系所得的临界荷载,一般只能得到近似解,且均大于精确解,这在前面已做解释。

(4) 关于弹性支座压杆稳定的这部分内容,从结构分析的角度来看是十分重要的概念。因为每一结构均可离散成许多具有不同弹性约束的单独杆件,这一概念对扩展结构静力分析的思路也是有好处的。对于简单的刚架或结构,若化作弹性支座压杆的稳定来处理往往是很方便的。要区别抗移弹簧和抗转弹簧间的功能,要学会如何将实际结构的局部化作上述弹性支座,并能求出其相应的弹簧刚度系数。

(5) 不论缀条式或缀板式的组合压杆,必须考虑剪力对临界荷载的影响。缀条式组合压杆的临界荷载公式或缀板式组合压杆的临界荷载公式都是考虑剪力的影响后得出的结果。同时,对这些公式都做了某些近似的假定,以便使用。剪力对实体压杆的临界荷载影响不大,往往忽略不计。

(6) 用位移法分析刚架的稳定属于经典方法,得到的解也是精确解。学习本节时要注意与第 9 章用位移法分析刚架的内力进行对照,它们之间既有联系又有区别。例如,在位移法的未知数、基本结构和利用平衡条件建立位移法方程等方面,两者是一致的。但是也存在两点明显的区别:首先,两者的转角位移方程不同;其次,两者的典型方程形式不同。稳定分析时的典型方程没有自由项,这是因为假定刚架只受竖向的结点荷载作用。因此,上述结点荷载作用于基本结构时将不产生弯矩,相应于自由项的附加刚臂中的反力矩或附加链杆中的反力也应等于零。用位移法分析刚架稳定的步骤是:首先,确定位移法未知数,建立相应的基本结构,分别绘出单位位移作用下的弯矩图。对受轴向压力 P 作用的压力杆,其单位位移作用下的弯矩图可由表 14-5 查得;对非压力杆,采用内力分析时的一般求法。其次,根据结点平衡和截面平衡条件,可求得各反力系数,从而组成稳定方程,由于与压力杆有关的反力系数与 P 有关,因此,展开稳定方程就可求解临界荷载。

习　题

14-1　图 14-41 所示结构各杆刚度均为无穷大,β 为抗移弹性支座的刚度(发生单位位移所需的力),试用静力法确定其临界荷载。

14-2　图 14-42 所示结构各杆 $EI=\infty$,弹性铰的抗转刚度(发生单位相对转角所需的力矩)为 β,试用静力法确定其临界荷载。

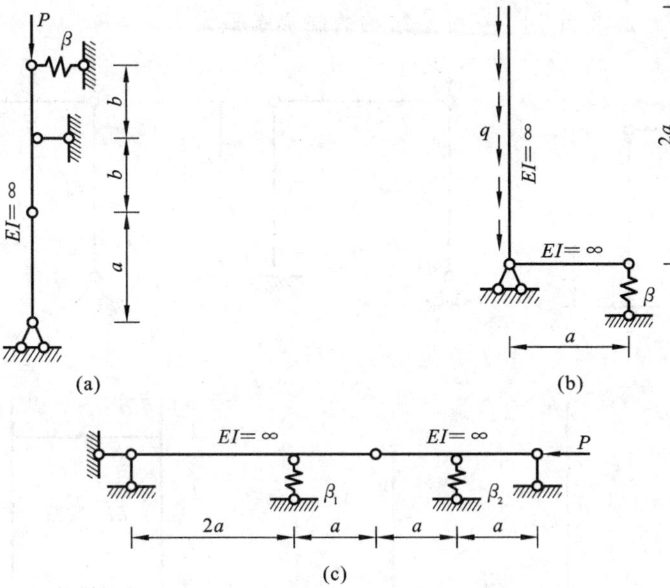

(a) (b) (c)

图 14-41

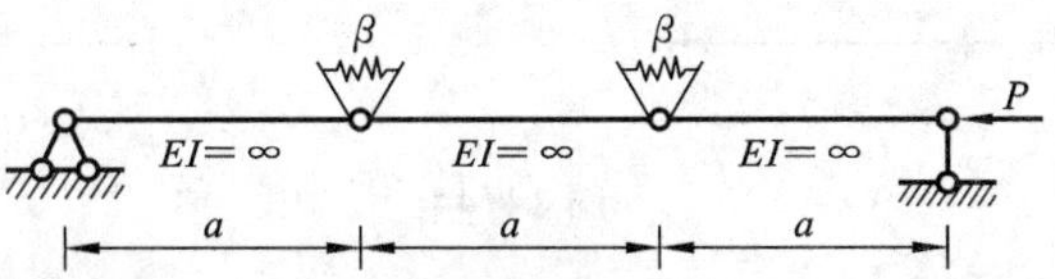

图 14-42

14-3 试用静力法求图 14-43 所示结构的稳定方程及临界荷载。

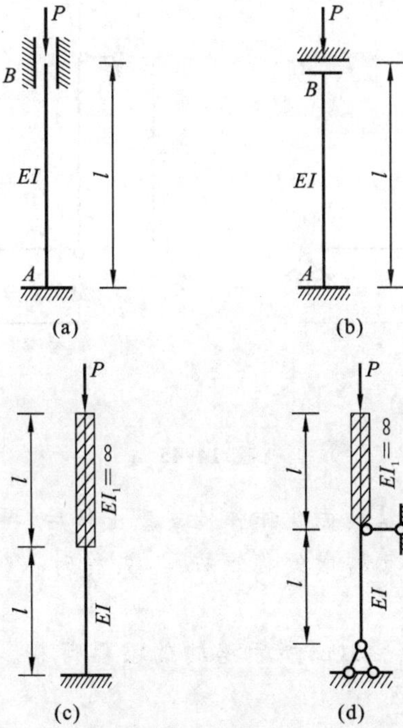

(a) (b) (c) (d)

图 14-43

14-4　试用静力法求图 14-44 所示结构的临界荷载。

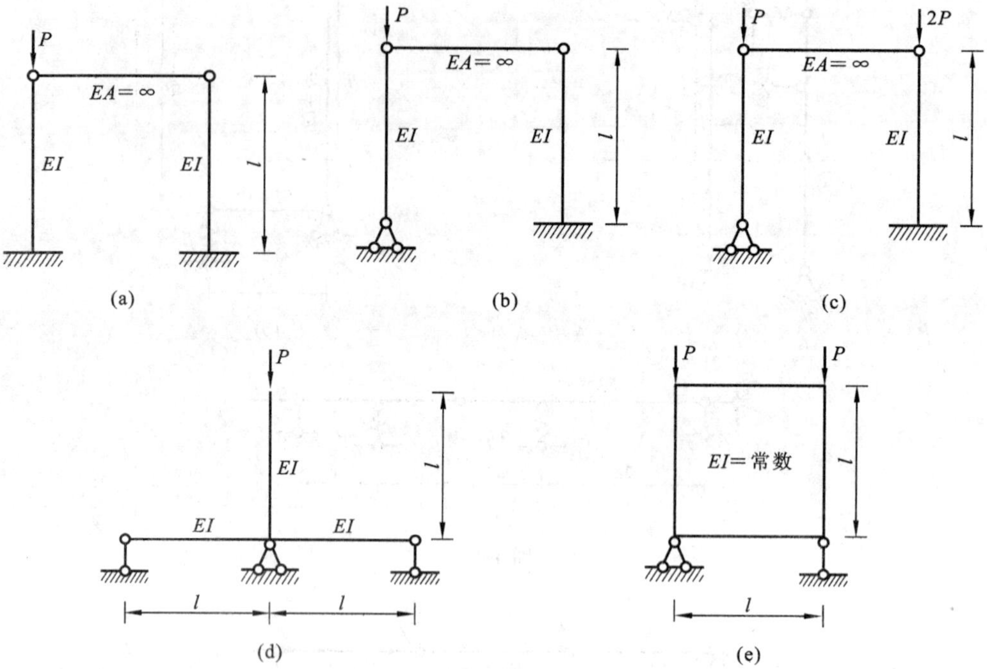

图 14-44

14-5　将图 14-45 所示刚架的竖杆作为弹性支承上的压杆，试用静力法求其稳定方程，并求临界荷载。设 EI 为常数。

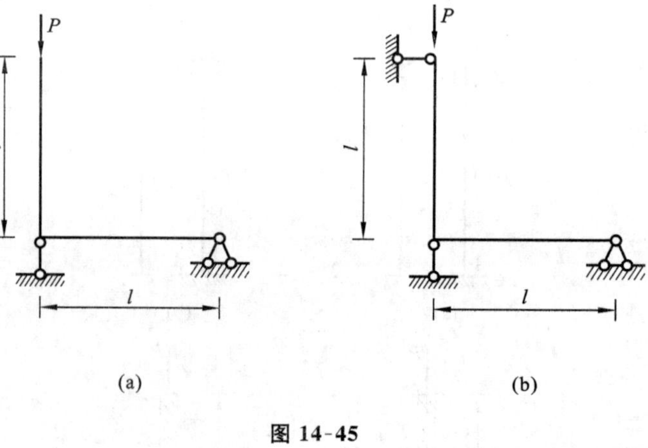

图 14-45

14-6　试将图 14-46 所示结构先化作弹性支座压杆后，再求出其临界荷载。

14-7　试写出图 14-47 所示桥墩的稳定方程，失稳时基础绕 D 点转动，地基的抗转刚度为 β。

14-8　试用能量法求图 14-43(c)所示结构的临界荷载。设失稳时压杆弹性部分的曲线可近似地取为抛物线 $y=\dfrac{ax^2}{l^2}$。

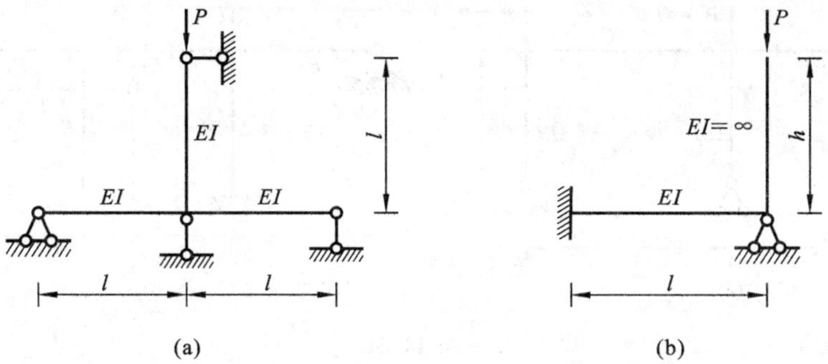

图 14-46

14-9　试用能量法求图 14-43(d)所示结构的临界荷载。设失稳时压杆弹性部分的曲线可近似地采用简支梁在杆端受一力偶作用的挠曲线 $y=ax\left(1-\frac{x^2}{l^2}\right)$。

14-10　试用能量法求图 14-48 所示阶形压杆的临界荷载。设挠曲线取为 $y=a\left(1-\cos\frac{\pi x}{2l}\right)$。

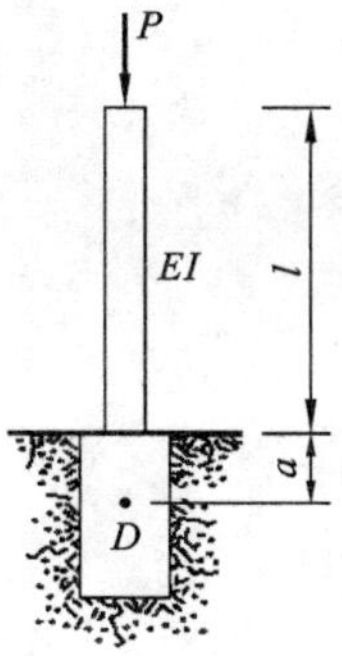

图 14-47

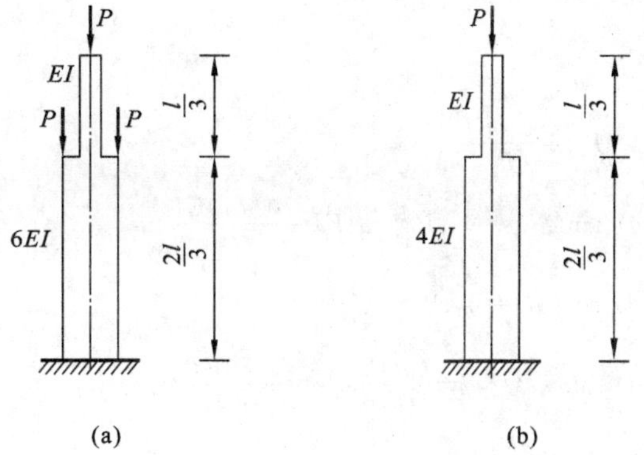

图 14-48

14-11　试用位移法求图 14-49 所示刚架的临界荷载。

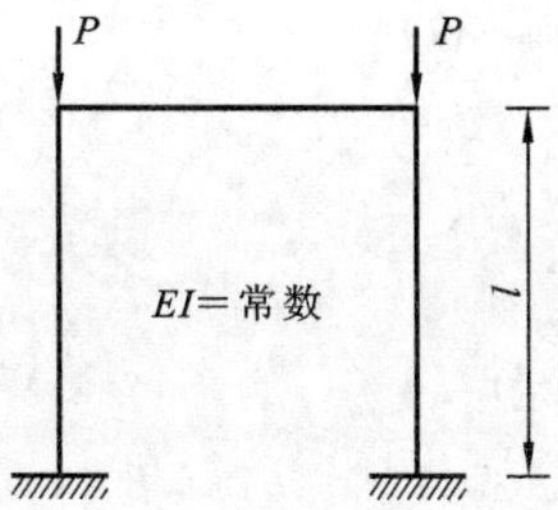

图 14-49

14-12　试用位移法求图 14-50 所示刚架的临界荷载。设 EI 为常数。

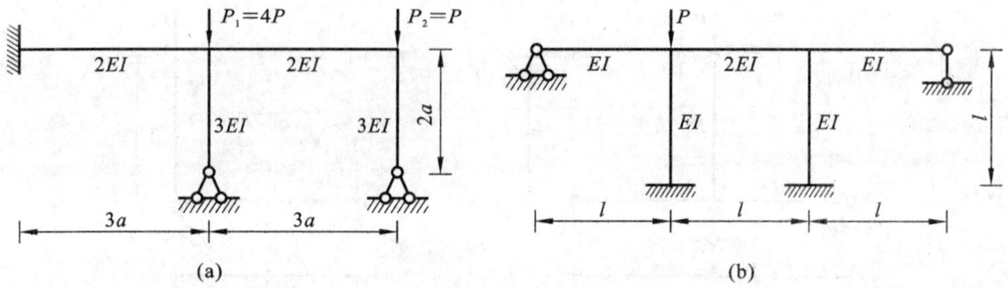

图 14-50

部分习题答案

14-1 (a) $P_C=\frac{ab}{2a+b}\beta$

(b) $q_C=\frac{\beta}{2}$

(c) $P_C=\left(\frac{8}{15}\beta_1+\frac{3}{10}\beta_2\right)a$

14-2 $P_C=\frac{\beta}{a}$

14-3 (a) $P_C=\frac{4\pi^2 EI}{l^2}$

(c) $\tan(\alpha l)=\frac{1}{\alpha l}, P_C=\alpha^2 EI=\frac{0.740EI}{l^2}$

(d) $\cos(\alpha l)=0, P_C=\frac{\pi^2 EI}{4l^2}$

14-4 (a) $\tan(\alpha l)=\alpha l-\frac{(\alpha l)^3}{3}, P_C=\frac{4.86EI}{l^2}$

(b) $\left(1-\frac{3EI}{Pl^2}\right)\sin(\alpha l)=0$

$P_1=\frac{3EI}{l^2}$(此时压杆偏而不弯)

$P_2=\frac{\pi^2 EI}{l^2}$(此时压杆弯而不偏)

应取小者:$P_C=\frac{3EI}{l^2}$

(c) $P_C=1.876\frac{EI}{l^2}$

(d) $\alpha l\tan(\alpha l)=6, P_C=1.82\frac{EI}{l^2}$

(e) 反对称变形时临界荷载较小,稳定方程为 $1+\cos(\alpha l)=\frac{\alpha l}{6}\sin(\alpha l)$

或$\frac{\alpha l}{2}\tan(\alpha l)=3$

或 $\tan(\alpha l)=\frac{12\alpha l}{(\alpha l)^2-36}$

临界荷载为 $P_C=5.688\frac{EI}{l^2}$

14-5　(a) $\alpha l\tan(\alpha l)=3$

(b) $P_C=13.9\frac{EI}{l^2}$

14-6　(a) $\tan(\alpha l)=\frac{\alpha l}{1+\frac{(\alpha l)^2}{6}}$

(b) $P_C=\frac{4EI}{hl}$

14-7　$(\alpha l)^2\left[\frac{\tan(\alpha l)}{\alpha l}+\frac{\alpha}{l}\right]=\frac{\beta l}{EI}$

14-8　$P_C=0.75\frac{EI}{l^2}$

14-9　$P_C=2.5\frac{EI}{l^2}$

14-10　(a) $P_C=7.91\frac{EI}{l^2}$

(b) $P_C=0.821\frac{EI}{l^2}$

14-11　$P_C=7.40\frac{EI}{l^2}$

14-12　(a) $P_C=2.68\frac{EI}{l^2}$

(b) $P_C=32.2\frac{EI}{l^2}$

附　　录

附表　函数 $\xi_1(u)$、$\xi_2(u)$、$\xi_3(u)$、$\eta_1(u)$、$\eta_2(u)$、$\eta_3(u)$ 的数值

$u=l\sqrt{\frac{F_P}{EI}}$	$\xi_1(u)$	$\xi_2(u)$	$\xi_3(u)$	$\eta_1(u)$	$\eta_2(u)$	$\eta_3(u)$
0.00	1.000 0	1.000 0	1.000 0	1.000 0	1.000 0	1.000 0
0.20	0.998 6	1.000 9	0.997 3	0.999 2	0.995 9	0.984 0
0.40	0.994 5	1.002 6	0.989 5	0.997 3	0.984 0	0.936 2
0.60	0.988 1	1.006 1	0.975 6	0.994 1	0.964 1	0.855 6
0.80	0.978 7	1.011 1	0.956 7	0.989 5	0.936 2	0.743 4
1.00	0.966 2	1.017 2	0.931 3	0.983 2	0.899 9	0.598 0
1.10	0.959 0	1.020 9	0.916 4	0.979 8	0.879 0	0.513 1
1.20	0.951 1	1.025 1	0.899 8	0.975 6	0.855 6	0.419 8
1.30	0.942 4	1.029 6	0.881 4	0.971 4	0.830 6	0.318 1
1.40	0.932 9	1.034 8	0.861 3	0.966 9	0.802 5	0.208 0
1.50	0.922 6	1.040 3	0.839 3	0.962 0	0.774 5	0.089 3
$\pi/2$	0.914 9	1.044 5	0.822 5	0.958 1	0.752 5	0
1 60	0.911 6	1.046 3	0.815 3	0.956 7	0.743 4	−0.038 0
1.70	0.899 8	1.052 9	0.789 1	0.951 0	0.710 2	−0.174 2
1.80	0.887 1	1.060 0	0.760 9	0.944 9	0.674 9	−0.319 1
1.90	0.873 5	1.067 6	0.729 7	0.938 3	0.637 5	−0.473 6
2.00	0.859 0	1.076 0	0.699 1	0.931 3	0.598 0	−0.637 2
2.02	0.856 0	1.077 7	0.689 1	0.929 9	0.589 9	−0.671 0
2.04	0.853 0	1.079 5	0.681 9	0.928 5	0.581 7	−0.705 3
2.06	0.849 9	1.081 3	0.674 7	0.927 7	0.573 4	−0.739 8
2.08	0.846 8	1.083 1	0.667 2	0.925 5	0.565 0	−0.774 9
2.10	0.843 7	1.085 0	0.659 7	0.924 0	0.556 5	−0.810 3
2.12	0.840 5	1.086 8	0.652 1	0.922 5	0.548 0	−0.846 5
2.14	0.837 2	1.088 7	0.644 3	0.921 0	0.539 4	−0.882 2
2.16	0.833 9	1.090 7	0.636 4	0.919 5	0.530 7	−0.918 8

续附表

$u=l\sqrt{\frac{F_P}{EI}}$	$\xi_1(u)$	$\xi_2(u)$	$\xi_3(u)$	$\eta_1(u)$	$\eta_2(u)$	$\eta_3(u)$
2.18	0.830 6	1.092 6	0.628 4	0.918 0	0.522 0	−0.955 7
2.20	0.827 3	1.094 6	0.620 2	0.916 4	0.513 1	−0.993 1
2.22	0.823 9	1.096 6	0.611 9	0.914 8	0.504 1	−1.030 9
2.24	0.820 4	1.098 8	0.603 4	0.913 2	0.495 1	−1.069 1
2.26	0.817 0	1.100 9	0.594 8	0.911 6	0.486 0	−1.107 7
2.28	0.813 4	1.102 9	0.586 1	0.910 0	0.476 8	−1.145 7
2.30	0.809 9	1.105 0	0.577 2	0.908 3	0.467 5	−1.186 1
2.32	0.806 3	1.107 2	0.568 1	0.906 6	0.458 1	−1.226 0
2.34	0.802 6	1.109 5	0.558 9	0.904 9	0.448 6	−1.266 3
2.36	0.798 9	1.111 7	0.549 6	0.903 2	0.439 1	−1.306 9
2.38	0.795 2	1.114 0	0.540 1	0.901 5	0.429 5	−1.348 0
2.40	0.791 5	1.116 4	0.530 4	0.899 8	0.419 8	−1.389 6
2.42	0.787 7	1.118 8	0.520 5	0.899 1	0.410 1	−1.431 6
2.44	0.783 8	1.121 2	0.510 5	0.896 3	0.400 2	−1.474 3
2.46	0.779 9	1.123 6	0.500 3	0.894 5	0.390 2	−1.516 9
2.48	0.776 0	1.126 1	0.489 9	0.892 7	0.380 2	−1.560 2
2.50	0.772 0	1.128 6	0.479 3	0.890 9	0.370 1	−1.604 0
2.52	0.767 9	1.131 1	0.468 5	0.889 0	0.359 8	−1.638 3
2.54	0.763 8	1.133 7	0.457 6	0.887 1	0.349 5	−1.692 9
2.56	0.769 6	1.136 3	0.446 1	0.885 2	0.339 1	−1.738 1
2.58	0.755 5	1.139 0	0.435 0	0.883 3	0.328 6	−1.783 8
2.60	0.751 3	1.141 7	0.423 4	0.881 4	0.318 1	−1.829 9
2.62	0.747 0	1.144 5	0.411 6	0.879 5	0.307 5	−1.876 5
2.64	0.742 7	1.147 3	0.399 6	0.877 6	0.296 8	−1.923 6
2.66	0.738 3	1.150 1	0.387 3	0.875 6	0.286 0	−1.971 2
2.68	0.733 9	1.153 0	0.374 8	0.873 6	0.275 1	−2.019 3
2.70	0.729 4	1.155 9	0.362 1	0.871 6	0.264 1	−2.067 9
2.72	0.724 9	1.158 9	0.349 1	0.869 6	0.253 1	−2.117 0
2.74	0.720 4	1.161 9	0.335 8	0.867 6	0.242 0	−2.166 7
2.76	0.715 8	1.165 0	0.322 3	0.865 5	0.230 7	−2.216 9

续附表

$u=l\sqrt{\frac{F_P}{EI}}$	$\xi_1(u)$	$\xi_2(u)$	$\xi_3(u)$	$\eta_1(u)$	$\eta_2(u)$	$\eta_3(u)$
2.78	0.711 1	1.168 1	0.308 5	0.863 4	0.219 2	−2.267 6
2.80	0.706 4	1.171 2	0.294 4	0.861 3	0.208 0	−2.318 9
2.82	0.701 6	1.174 4	0.280 1	0.895 2	0.196 8	−2.370 7
2.84	0.696 7	1.177 7	0.265 4	0.857 1	0.185 0	−2.423 1
2.86	0.691 8	1.181 0	0.250 5	0.855 0	0.173 4	−2.476 0
2.88	0.686 9	1.184 4	0.235 2	0.852 8	0.161 6	−2.529 6
2.90	0.681 9	1.187 8	0.219 5	0.850 6	0.149 8	−2.583 8
2.92	0.676 8	1.191 3	0.203 6	0.848 4	0.137 9	−2.638 5
2.94	0.671 7	1.194 8	0.187 8	0.846 2	0.126 1	−2.693 9
2.96	0.666 5	1.198 4	0.170 6	0.843 9	0.113 8	−2.749 9
2.98	0.661 3	1.202 0	0.153 5	0.841 6	0.101 6	−2.806 6
3.00	0.656 0	1.205 7	0.136 1	0.839 3	0.089 3	−2.863 9
3.02	0.650 6	1.209 5	0.118 2	0.837 0	0.077 0	−2.921 9
3.04	0.645 2	1.213 3	0.100 0	0.834 7	0.064 6	−2.980 5
3.06	0.639 8	1.217 2	0.081 2	0.832 3	0.052 0	−3.040 0
3.08	0.634 3	1.221 2	0.062 1	0.829 9	0.039 4	−3.099 1
3.10	0.628 7	1.225 2	0.042 4	0.827 5	0.026 7	−3.160 9
3.12	0.623 0	1.229 2	0.022 3	0.825 1	0.013 9	−3.222 5
3.14	0.617 3	1.233 4	0.001 7	0.822 7	0.001 1	−3.284 8
π	0.616 8	1.233 6	0	0.822 4	0	−3.289 8
3.16	0.611 5	1.237 6	−0.019 5	0.820 3	−0.011 8	−3.348 0
3.18	0.605 7	1.241 9	−0.041 2	0.817 0	−0.024 9	−3.412 0
3.20	0.599 7	1.246 3	−0.063 5	0.815 3	−0.038 0	−3.4768
3.22	0.593 7	1.250 7	−0.086 4	0.812 8	−0.051 2	−3.542 5
3.24	0.587 6	1.255 2	−0.110 0	0.810 2	−0.064 6	−3.609 2
3.26	0.581 5	1.259 7	−0.134 2	0.807 6	−0.078 0	−3.676 7
3.28	0.575 3	1.264 4	−0.159 1	0.805 0	−0.091 5	−3.745 3
3.30	0.569 1	1.269 1	−0.184 7	0.802 4	−0.105 1	−3.814 7
3.32	0.562 8	1.273 9	−0.211 1	0.799 8	−0.118 7	−3.885 2
3.34	0.556 4	1.278 8	−0.238 3	0.797 2	−0.132 4	−3.956 8

续附表

$u=l\sqrt{\frac{F_P}{EI}}$	$\xi_1(u)$	$\xi_2(u)$	$\xi_3(u)$	$\eta_1(u)$	$\eta_2(u)$	$\eta_3(u)$
3.36	0.549 9	1.283 8	−0.266 3	0.794 5	−0.146 3	−4.029 5
3.38	0.543 3	1.288 9	−0.295 1	0.791 8	−0.160 2	−4.103 2
3.40	0.536 6	1.294 0	−0.324 8	0.789 1	−0.174 2	−4.178 1
3.42	0.529 9	1.299 2	−0.355 5	0.786 3	−0.188 4	−4.254 0
3.44	0.523 1	1.324 5	−0.387 3	0.783 5	−0.202 6	−4.331 8
3.46	0.516 2	1.309 9	−0.420 2	0.780 7	−0.216 9	−4.410 7
3.48	0.509 2	1.315 5	−0.454 2	0.777 9	−0.231 3	−4.491 0
3.50	0.502 1	1.321 2	−0.489 4	0.775 1	−0.245 7	−4.572 7
3.52	0.495 0	1.327 0	−0.525 9	0.772 3	−0.260 2	−4.656 0
3.54	0.487 8	1.332 8	−0.563 8	0.769 5	−0.247 8	−4.741 0
3.56	0.480 5	1.338 7	−0.603 1	0.766 7	−0.289 4	−4.827 6
3.58	0.473 1	1.344 7	−0.643 9	0.763 8	−0.304 2	−4.916 0
3.60	0.465 6	1.350 8	−0.686 2	0.760 9	−0.319 1	−5.006 2
3.62	0.458 0	1.357 1	−0.730 3	0.758 0	−0.334 0	−5.098 4
3.64	0.450 3	1.363 5	−0.776 3	0.755 0	−0.349 1	−5.192 8
3.66	0.442 5	1.370 0	−0.824 3	0.752 0	−0.364 3	−5.289 5
3.68	0.434 5	1.376 6	−0.874 5	0.748 3	−0.379 7	−5.388 6
3.70	0.426 5	1.383 4	−0.927 0	0.745 7	−0.395 1	−5.490 3
3.72	0.418 4	1.390 3	−0.981 9	0.742 5	−0.410 7	−5.594 7
3.74	0.410 2	1.397 3	−1.039 5	0.739 3	−0.426 3	−5.702 0
3.76	0.401 9	1.404 4	−1.099 9	0.736 1	−0.442 0	−5.812 4
3.78	0.393 5	1.421 7	−1.103 4	0.732 9	−0.457 8	−5.926 2
3.80	0.385 0	1.419 1	−1.230 3	0.729 7	−0.473 6	−6.043 6
3.82	0.376 4	1.426 7	−1.309 9	0.726 5	−0.489 5	−6.165 0
3.84	0.367 7	1.434 4	−1.375 4	0.723 2	−0.505 6	−6.290 6
3.86	0.358 8	1.442 3	−1.454 3	0.719 9	−0.521 7	−6.420 8
3.88	0.349 8	1.450 3	−1.538 0	0.716 6	−0.537 9	−6.556 1
3.90	0.340 7	1.458 4	−1.646 8	0.713 3	−0.554 2	−6.696 8
3.92	0.331 5	1.466 7	−1.721 4	0.709 9	−0.570 6	−6.843 5
3.94	0.322 1	1.475 2	−1.822 7	0.706 5	−1.587 1	−6.997 2

续附表

$u=l\sqrt{\frac{F_P}{EI}}$	$\xi_1(u)$	$\xi_2(u)$	$\xi_3(u)$	$\eta_1(u)$	$\eta_2(u)$	$\eta_3(u)$
3.96	0.312 6	1.483 8	−1.931 0	0.703 1	−0.603 7	−7.158 2
3.98	0.030 0	1.492 8	−2.047 3	0.699 6	−0.620 4	−7.327 4
4.00	0.293 3	1.501 8	−2.172 5	0.696 1	−0.637 2	−7.505 8
4.02	0.283 4	1.511 0	−2.307 4	0.692 6	−0.654 1	−7.694 2
4.04	0.273 4	1.520 4	−2.454 7	0.689 1	−0.671 0	−7.895 2
4.06	0.263 2	1.530 1	−2.614 2	0.685 5	−0.688 1	−8.108 7
4.08	0.252 9	1.540 0	−2.788 8	0.681 9	−0.705 3	−8.337 6
4.10	0.242 4	1.550 1	−2.980 6	0.678 3	−0.722 5	−8.583 9
4.12	0.231 8	1.560 4	−3.191 5	0.674 7	−0.739 8	−8.849 6
4.14	0.221 0	1.570 9	−3.426 2	0.671 0	−0.757 3	−9.139 4
4.16	0.210 1	1.581 6	−3.687 7	0.667 3	−0.774 9	−9.456 2
4.18	0.199 0	1.592 5	−3.982 4	0.663 5	−0.792 5	−9.806 5
4.20	0.187 7	1.603 6	−4.315 5	0.659 7	−0.810 3	−10.196
4.22	0.176 2	1.615 0	−4.697 0	0.655 9	−0.828 1	−10.633
4.24	0.164 6	1.626 7	−5.136 9	0.652 1	−0.846 0	−11.129
4.26	0.152 8	1.638 7	−5.651 6	0.648 2	−0.854 1	−11.701
4.28	0.140 9	1.651 0	−6.260 7	0.644 3	−0.882 2	−12.367
4.30	0.128 8	1.663 7	−6.994 9	0.640 4	−0.900 4	−13.158
4.32	0.116 5	1.676 7	−7.895 6	0.636 4	−0.918 8	−14.116
4.34	0.104 0	1.689 9	−9.030 6	0.632 4	−0.937 2	−15.309
4.36	0.097 2	1.703 3	−10.503	0.628 4	−0.955 7	−16.840
4.38	0.078 1	1.717 0	−12.523	0.624 3	−0.974 4	−18.918
4.40	0.064 8	1.731 0	−15.330	0.620 2	−0.993 1	−21.783
4.42	0.051 3	1.745 2	−19.703	0.616 1	−1.011 9	−26.215
4.44	0.037 6	1.760 2	−27.349	0.611 9	−1.030 9	−33.920
4.46	0.023 7	1.775 4	−44.148	0.607 7	−1.049 9	−50.779
4.48	0.009 6	1.791 0	−111.57	0.603 4	−1.069 1	−118.26
4.50	−0.004 8	1.807 0	−227.80	0.599 1	−1.088 4	−221.05
4.52	−0.019 4	1.823 4		0.594 8	−1.107 7	
4.54	−0.034 3	1.840 2		0.590 5	−1.127 1	

续附表

$u=l\sqrt{\frac{F_P}{EI}}$	$\xi_1(u)$	$\xi_2(u)$	$\xi_3(u)$	$\eta_1(u)$	$\eta_2(u)$	$\eta_3(u)$
4.56	−0.049 5	1.857 5		0.586 1	−1.145 7	
4.58	−0.065 0	1.875 2		0.581 7	−1.166 2	
4.60	−0.080 7	1.893 3		0.577 2	−1.186 1	
4.62	−0.096 9	1.911 9		0.572 7	−1.206 0	
4.64	−0.113 3	1.931 0		0.568 1	−1.225 0	
4.66	−0.130 1	1.950 7		0.563 5	−1.246 1	
4.68	−0.147 2	1.971 0		0.558 9	−1.266 3	
4.70	−0.164 6	1.991 9		0.554 3	−1.286 5	
$3\pi/2$	−0.175 5	2.005 2		0.551 4	−1.299 2	
4.72	−0.182 4	2.013 4		0.546 9	−1.306 9	
4.74	−0.200 5	2.035 5		0.544 9	−1.327 4	
4.76	−0.219 0	2.058 2		0.540 2	−1.348 0	
4.78	−0.237 9	2.081 6		0.535 4	−1.358 6	
4.80	−0.257 2	2.105 6		0.530 5	−1.389 6	
4.82	−0.277 0	2.130 4		0.525 5	−1.410 5	
4.84	−0.297 3	2.150 6		0.520 6	−1.431 6	
4.86	−0.318 1	2.182 4		0.515 5	−1.452 8	
4.88	−0.339 4	2.209 6		0.510 5	−1.474 3	
4.90	−0.361 2	2.237 7		0.505 4	−1.495 4	
4.92	−0.373 4	2.266 7		0.500 3	−1.516 9	
4.94	−0.406 1	2.296 6		0.495 1	−1.538 5	
4.96	−0.429 3	2.327 5		0.489 9	−1.560 2	
4.98	−0.453 0	2.359 4		0.484 6	−1.582 1	
5.00	−0.477 2	2.392 4		0.479 3	−1.604 0	
5.02	−0.502 2	2.426 6		0.473 9	−1.626 1	
5.04	−0.528 0	2.462 0		0.468 5	−1.648 3	
5.06	−0.554 5	2.498 6		0.463 0	−1.670 6	
5.08	−0.581 8	2.536 5		0.457 6	−1.692 9	
5.10	−0.609 9	2.275 7		0.452 0	−1.715 5	
5.12	−0.638 8	2.616 4		0.446 4	−1.738 1	

续附表

$u=l\sqrt{\frac{F_P}{EI}}$	$\xi_1(u)$	$\xi_2(u)$	$\xi_3(u)$	$\eta_1(u)$	$\eta_2(u)$	$\eta_3(u)$
5.14	−0.668 5	2.658 7		0.440 7	−1.760 9	
5.16	−0.699 9	2.702 7		0.435 0	−1.783 8	
5.18	−0.730 6	2.748 5		0.429 2	−1.807 8	
5.20	−0.763 0	2.796 1		0.423 4	−1.829 9	
5.22	−0.796 4	2.845 4		0.417 5	−1.853 2	
5.24	−0.831 0	2.896 8		0.411 6	−1.876 5	
5.26	−0.866 8	2.950 4		0.406 5	−1.900 0	
5.28	−0.903 9	3.006 4		0.399 6	−1.923 6	
5.30	−0.942 3	3.064 8		0.393 1	−1.947 7	
5.32	−0.982 1	3.125 7		0.387 3	−1.971 2	
5.34	−1.023 3	3.180 3		0.381 1	−1.995 2	
5.36	−1.066 0	3.255 9		0.374 8	−2.019 3	
5.38	−1.110 3	3.326 7		0.368 5	−2.043 5	
5.40	−1.156 3	3.398 9		0.362 1	−2.067 9	
5.42	−1.204 3	3.475 7		0.355 6	−2.092 4	
5.44	−1.254 4	3.556 3		0.349 1	−2.117 0	
5.46	−1.306 7	3.640 9		0.342 5	−2.141 8	
5.48	−1.361 2	3.729 8		0.335 8	−2.166 7	
5.50	−1.418 1	3.823 4		0.329 1	−2.191 7	
5.52	−1.477 7	3.922 2		0.322 3	−2.216 9	
5.54	−1.540 2	4.026 7		0.315 4	−2.242 2	
5.56	−1.605 9	4.137 4		0.308 5	−2.267 6	
5.58	−1.675 1	4.254 9		0.301 5	−2.293 2	
5.60	−1.748 1	4.379 4		0.294 4	−2.318 9	
5.62	−1.825 2	4.511 8		0.287 3	−2.344 7	
5.64	−1.906 5	4.652 6		0.280 1	−2.370 7	
5.66	−1.992 0	4.802 6		0.272 7	−2.396 9	
5.68	−2.083 3	4.962 9		0.265 4	−2.423 1	
5.70	−2.180 4	5.134 6		0.258 0	−2.449 5	
5.72	−2.283 3	5.319 0		0.250 5	−2.476 0	

续附表

$u=l\sqrt{\frac{F_P}{EI}}$	$\xi_1(u)$	$\xi_2(u)$	$\xi_3(u)$	$\eta_1(u)$	$\eta_2(u)$	$\eta_3(u)$
5.74	−2.394 4	5.517 3		0.242 9	−2.502 7	
5.76	−2.513 0	5.731 4		0.235 2	−2.529 6	
5.78	−2.640 6	5.962 8		0.237 4	−2.546 6	
5.80	−2.777 7	6.214 0		0.219 5	−2.583 8	
5.82	−2.926 2	6.487 3		0.211 6	−2.611 1	
5.84	−3.087 6	6.785 9		0.203 6	−2.638 5	
5.86	−3.263 4	7.113 2		0.195 5	−2.666 1	
5.88	−3.456 2	7.473 8		0.187 3	−2.693 9	
5.90	−3.667 8	7.872 6		0.179 0	−2.721 8	
5.92	−3.901 8	8.316 3		0.170 6	−2.749 9	
5.94	−4.160 3	8.812 2		0.162 1	−2.778 2	
5.96	−4.454 7	9.370 6		0.153 5	−2.806 6	
5.98	−4.781 6	10.004		0.144 8	−2.835 2	
6.00	−5.158 9	10.727		0.136 1	−2.863 9	
6.02	−5.584 5	11.561		0.127 1	−2.892 8	
6.04	−6.065 3	12.534		0.118 2	−2.921 9	
6.06	−6.675 3	13.683		0.109 1	−2.951 2	
6.08	−7.369 9	15.060		0.099 9	−2.980 5	
6.10	−8.235 5	16.739		0.090 6	−3.010 2	
6.12	−9.293 9	18.832		0.081 2	−3.040 0	
6.14	−10.646	21.511		0.071 7	−3.069 9	
6.16	−12.440	25.065		0.062 1	−3.099 1	
6.18	−14.921	29.999		0.052 3	−3.130 4	
6.20	−18.594	37.308		0.042 4	−3.160 9	
6.22	−24.575	49.255		0.032 4	−3.191 6	
6.24	−36.100	72.272		0.022 3	−3.222 5	
6.26	−67.436	135.03		0.012 1	−3.253 5	
6.28	−492.67	984.32		0.001 7	−3.284 8	
2π	$-\infty$	∞		0	−3.2898	

参 考 文 献

1. 龙驭球,包世华.结构力学.北京:高等教育出版社,2005
2. 李廉锟. 结构力学.北京:高等教育出版社,2010
3. 刘昭培,张韫美.结构力学.天津:天津大学出版社,2006
4. 周竞欧,朱伯钦,许哲明. 结构力学.上海:同济大学出版社,2004
5. 王焕定,章梓茂,景瑞.结构力学.北京: 高等教育出版社,2001
6. 朱慈勉,张伟平.结构力学.北京:高等教育出版社,2010
7. 包世华,辛克贵.结构力学.4版.武汉:武汉理工大学出版社,2012
8. 刘金春.结构力学.武汉:华中科技大学出版社,2008
9. 杜正国.结构力学教程.成都:西南交通大学出版社,2004
10. 阳日.结构力学(Ⅱ).乌鲁木齐:新疆大学出版社,2005
11. 洪范文.结构力学.5版.北京:高等教育出版社,2005